HISTORISCHE STUDIEN

Band 443

Die welfischen Hofämter und die welfische Ministerialität in Sachsen

Studien zur Sozialgeschichte des 12. und 13. Jahrhunderts

von

Claus-Peter Hasse

Matthiesen Verlag

Umschlagbild:
Siegel Ottos des Kindes, erster Herzog von Braunschweig und Lüneburg, Typ IV, und Siegel Jordans III. von Blankenburg, Truchseß Herzog Ottos, an der Urkunde für das Stift St. Blasius in Braunschweig von 1235 Mai 13
Wolfenbüttel, Niedersächsisches Staatsarchiv, 7 Urk 22
Foto: Bernd Peter Keiser
Veröffentlichung mit Genehmigung des Niedersächsischen Staatsarchivs Wolfenbüttel

Die Deutsche Bibliothek – CIP-Einheitsaufnahme

Hasse, Claus-Peter:
Die welfischen Hofämter und die welfische Ministerialität in Sachsen : Studien zur Sozialgeschichte des 12. und 13. Jahrhunderts / von Claus-Peter Hasse. – Husum : Matthiesen, 1995
(Historische Studien ; Bd. 443)
Zugl.: Braunschweig, Techn. Univ., Diss., 1993/94
ISBN 3-7868-1443-0
NE: GT

Nordbahnhofstraße 2, D-25813 Husum
Druck und Verarbeitung: Husum Druck- und Verlagsgesellschaft
Postfach 1480, D-25804 Husum
ISBN 3-7868-1443-0

Vorwort

Die vorliegende Untersuchung wurde im Wintersemester 1993/94 vom Fachbereich für Philosophie und Sozialwissenschaften der Technischen Universität Carolo-Wilhelmina zu Braunschweig als Dissertation zur Erlangung des Doktorgrades angenommen.

Meinen vornehmlichsten Dank sage ich meinem verehrten akademischen Lehrer, Professor Dr. Bernd Schneidmüller, der die Arbeit angeregt und ihr Werden stets mit förderlicher Kritik betreut hat.

Zu Dank verpflichtet bin ich ferner Professor Dr. Joachim Ehlers, der im Jahre 1990 meine Magisterarbeit betreut hatte und bei dieser Arbeit freundlicherweise das Korreferat übernahm.

Dank gebührt auch Dr. Lutz Fenske, Hans Mahrenholtz sowie allen Damen und Herren in den genannten Archiven und der Stadtbibliothek Braunschweig.

Professor Dr. Helmut Castritius als Schriftleiter der Historischen Studien und dem Matthiesen Verlag gilt mein Dank für die Aufnahme in eine der ältesten Reihen der deutschen Geschichtswissenschaft.

Für Unterstützung bei den Druckkosten danke ich S. K. H. Ernst August, Prinz von Hannover, Herzog zu Braunschweig und Lüneburg.

Für die Hilfe beim Korrekturlesen sei meiner Verlobten, Linda Sievers, und meinem Bruder, Hans-Christian Hasse, Dank bekundet.

Diese Arbeit ist meinen lieben Eltern, Elisabeth Hasse und †Hans Hasse, gewidmet.

Braunschweig, im Sommer 1995

Claus-Peter Hasse

Inhaltsverzeichnis

EINLEITUNG

1 Zum Thema, zum Forschungsstand, zur Methode und zum Aufbau dieser Arbeit[1]

Die Bedeutung der Ministerialität für den sozialen Wandel vom Hoch- zum Spätmittelalter ist von der historischen Forschung seit langem erkannt und für die Reichsministerialität[2] wie für einzelne Ministerialenverbände[3] beschrieben worden. Die Ministerialität und der aus ihr sich herausbildende niedere Adel gehörten zu den Kräften, die im hohen und späten Mittelalter die Geschichte der Welfen und des gesamten sächsisch-niedersächsischen Raumes mitgestalteten.[4] So wurde denn auch die welfische Ministerialität Gegenstand von diversen Untersuchungen.[5]

Zu der Ministerialität Heinrichs des Löwen legte Haendle eine Arbeit vor,[6] in deren Tradition die Untersuchung von Lubenow steht, der das Werk Haendles vielfach bereicherte und darüberhinaus die welfische Ministerialität etwa bis zum Tode Herzog Ottos des Kindes behandelte.[7] Schon aufgrund der Masse von Ministerialenfamilien und der damit im Einzelfall problematischen Zuordnungen ist die von Lubenow vorgelegte Arbeit allerdings unübersichtlich und weist Lücken und Unstimmigkeiten auf.[8] Da jedoch bis dato keine verbesserte Untersuchung der welfischen Ministerialen und der Familien des entstehenden niederen Adels im genannten Raum[9] als Grundlage für eine dringend erforderliche, umfassende

---

1 Für den Druck wurde die Arbeit, insbesondere um die Nennung von Regestorten bei gedruckt vorliegenden Urkunden gekürzt sowie die neueste Literatur eingearbeitet. Nicht mehr berücksichtigt werden konnten die zeitgleich erscheinenden Ergebnisse des von Bernd Schneidmüller und der Herzog August Bibliothek in Wolfenbüttel initiierten Symposions vom 16. bis 19. 2. 1993 zum Hof der Welfen (Die Welfen und ihr Braunschweiger Hof im hohen Mittelalter. Hrsg. von B. Schneidmüller <Wolfenbütteler Mittelalterstudien 7>. Wiesbaden 1995) und der Landesausstellung des Herzog Anton Ulrich-Museums in Braunschweig anläßlich des 800. Todestages Heinrichs des Löwen vom 6. 8. bis 12. 11. 1995 (Heinrich der Löwe und seine Zeit. Herrschaft und Repräsentation der Welfen 1125-1235. Band 1-3. Hrsg. von J. Luckhardt und F. Niehoff. München 1995). Diese sichern nicht nur den bisherigen Forschungsstand, sondern enthalten mancherlei darüberhinaus gehende Erträge, welche das historische und kunsthistorische Umfeld dieser Arbeit vertiefen, gleichwohl nicht in deren Substanz eingreifen. Die für den Druck notwendige Formatierung des Textes wurde vom Verfasser durchgeführt, wobei sich aufgrund des verwendeten Programmes die angestrebte kapitelweise Zählung der Fußnoten nicht einrichten ließ.

2 Grundlegend dazu: Bosl, Reichsministerialität. Bosl, Grundlagen der Gesellschaft. Vgl. auch: Fleckenstein, Entstehung niederer Adel. Rödel. Rödel, Krieger.

3 Winter (für die Askanier und Brandenburg). Feldbauer (für die Babenberger). Joetze (für Bamberg). Müller Ministerialität und Bradler (für St. Gallen). Flohrschütz (für Freising). Frensdorff, Ahrens und Pötter (für Köln). Zilken und Falck (für Mainz). Schieckel (für Meißen). Ministerialität Pfälzer Raum, darin insb. Schaab, Ministerialität (für die Rheinpfalz). Dopsch, Ministerialität (für die Steiermark). Imhof und Klewitz, Geschichte (für Straßburg). Patze, Landesherrschaft (für Thüringen). Bast (für Trier). Kluckhohn und Schulz (für die Wittelsbacher). Reimann (für Würzburg).

4 Zur Gebietsentwicklung dieses Raumes: Schnath, Gebietsentwicklung. Kleinau, Gebietsentwicklung, insb. S. 22 und 36f. Schwineköper, Östliches Herzogtum Sachsen. Die Einschätzung von Pitz, S. 7, daß es sich dabei um "ein Gebiet" handelt, dessen geschichtliche Betrachtung unaufhörlich dazu nötige," die heutigen politischen Grenzziehungen "zu überschreiten", gilt nach den Ereignissen der Jahre 1989/90 nun nicht mehr für Staats-, sondern für Landesgrenzen.

5 Zuerst, jedoch aufgrund der Quellenlage im Jahre 1873 oft mit Irrtümern: v. Oeynhausen, Nobiles, Ministeriales.

6 Haendle.

7 Lubenow.

8 Vgl. die Rezension von Schnath, NdsJBfLandesgesch.

9 Vgl.: Pitz, Aufgaben Landesforschung, S. 13. Hellfaier, S. 3f.

Untersuchung zur Entstehung der Landesherrschaft, der Beziehungen zwischen Adel und Landesherrn[10] und der besitzgeschichtlichen Bestandsaufnahme[11] für den Bereich des späteren Herzogtums Braunschweig-Lüneburg vorliegt, besitzt die Arbeit Lubenows auch heute noch einen unbestreitbaren Wert. Dementsprechend oft wurde in einer großen Anzahl von Untersuchungen darauf Bezug genommen.

Aus dieser Erkenntnis heraus war ursprünglich geplant, die gesamte welfische Ministerialität darzustellen. Wegen der Masse welfischer Ministerialen und Ministerialenfamilien[12] mußte von diesem Vorhaben Abstand genommen werden, da allein das Ausmaß prosopographischer und genealogischer Studien in keinem zu rechtfertigenden Verhältnis zu den zu erwartenden Ergebnissen gestanden hätte. Aus diesem Grunde wurden jene wichtigen Problemkreise aus dem Forschungsgebiet der welfischen Ministerialität näher in den Blick gefaßt, deren Behandlung zwar ebenfalls umfangreiche prosopographische Studien erforderte, deren Ertrag letztlich jedoch einen höheren Wert für die verfassungs- und sozialgeschichtliche Forschung mit sich bringen mußte. So widmet sich diese Arbeit in erster Linie dem Hofamtswesen der Welfen unter Berücksichtigung des Wandels der welfischen Ministerialität in den politischen und gesellschaftlichen Umbrüchen des 13. Jahrhunderts.

Da die Hofämter an deutschen Fürstenhöfen meist an Ministerialen vergeben wurden, sind sie eingebunden in den größeren Rahmen der Ministerialität. Die hochmittelalterlichen Hofämter waren ihrem Ursprung nach ein Wesenszug der königlichen Hofhaltung und reichten in gewissem Rahmen bis in das frühe Mittelalter zurück.[13] Hofämter am königlichen Hof des 10. und 11. Jahrhunderts wurden wahrscheinlich noch wechselnd und als Ehrendienst durch die Fürsten gestellt. Erst während der zweiten Hälfte des 12. Jahrhunderts bildete sich eine Erblichkeit der vier Erzämter heraus.[14] Das Aufkommen des Reichsfürstenstandes und die Herausbildung des Erstkurrechts der späteren vier weltlichen Kurfürsten trugen dazu bei.[15] Lesbaren Niederschlag fand diese Entwicklung in den Worten über das Kurrecht im Sachsenspiegel[16] sowie in den Annalen Alberts von Stade[17]. Danach verteilten sich nach Reichsrecht die Erzämter folgendermaßen: Der Pfalzgraf bei Rhein war Erztruchseß, der Herzog von Sachsen Erzmarschall, der Markgraf von Brandenburg Erzkämmerer und der König von Böhmen Erzmundschenk. Zwischen diesen Erzämtern und den Hofämtern ist streng zu trennen. Letztere bildeten sich am

---

10 Exemplarisch dafür: Hillebrand, Osnabrücker Adel. Für die spätere Zeit: v. Lenthe, Niedersächsischer Adel. Merker.

11 Eine die neueste Forschung und insb. auch die Ministerialität berücksichtigende Neufassung der Arbeit von Hüttebräuker ist schon wiederholt gefordert worden. Vgl.: Lubenow, S. 489f. Kleinau, v. Werle, S. 78.

12 Allein Lubenow, S. 509, zählt etwa 330 welfische Ministerialenfamilien. Die tatsächliche Zahl dürfte allerdings weit höher liegen (vgl. Jordan, HdL, S. 498), da beispielsweise die Masse der im südlichen Herrschaftsbereich der Welfen beheimateten Ministerialen erst in der zweiten Hälfte des 13. Jahrhunderts deutlich wird.

13 Allgemein dazu mit der weiteren Literatur: Rösener, Hofämter.

14 Latzke, S. 178ff. Boshof, Erstkurrecht S. 103ff.

15 Rösener, Hofämter, S. 505f. Mitteis, Königswahl, S. 171f.

16 Sachsenspiegel, S. 243. Zum Sachsenspiegel, seinem Autor und seiner Entstehung mit der weiteren Literatur: Johanek und jetzt Der sassen speyghel.

17 Annales Stadenses, S. 367. Zu Albert von Stade mit der weiteren Literatur: Wattenbach/Schmale 1, S. 423ff.

deutschen Königshof nach dem Vorbild der vier Erzämter heraus und wurden seit dem 11. Jahrhundert größtenteils durch Angehörige der Reichsministerialität besetzt.[18] Der Dienst in den einflußreichen Hofämtern fand seinen Höhepunkt in der Zeit der staufischen Könige, als der Einfluß auf die Reichspolitik durch die Inhaber der vier Reichshöfämter bedeutend wurde.[19] Und auch diese königlichen Hofämter waren seit dem ausgehenden 12. Jahrhundert erblich.[20]

Das späte 12. und das 13. Jahrhundert wurden maßgeblich von einer Entwicklung geprägt, die als Entstehung der Landesherrschaft charakterisiert worden ist.[21] Im Zuge der Ausbildung und Festigung der landesherrlichen Macht wurden auch von den Fürsten bestimmte Orte bevorzugt, die sich nach einer Übergangszeit später zu regelrechten Residenzen, zu Zentren des politischen und kulturellen Lebens, entwickelten.[22] Die geistlichen und weltlichen Reichsfürsten führten, vielleicht in Nachahmung der königlichen Hofhaltung,[23] an ihren Höfen Hofämter ein. So forderte schon der Schwabenspiegel für die Reichsfürsten die Ämter eines Kämmerers, eines Schenken, eines Truchsessen und eines Marschalls.[24] Ihre Träger sollten von edler Abkunft sein.

Die Einrichtung von Hofämtern diente zunächst einmal der Organisation der Hofverwaltung.[25] Dabei sei der Truchseß traditionell für die Tafel und erweitert für die Güter seines Herrn zuständig gewesen.[26] Für das Bistum Hildesheim beispielsweise läßt sich für das Jahr 1194 zeigen, daß dem Truchsessen Aufgaben hinsichtlich der Versorgung der bischöflichen Tafel oblagen.[27] In die gleiche Richtung zielt die Aufgabe des Truchsessen, wie sie in einer Urkunde des Grafen Moritz von Oldenburg des Jahres 1211 beschrieben wurde.[28] Darüberhinaus lassen sich noch Beispiele für ganz anders geartete Aufgaben eines Truchsessen angeben. So kam in einer Urkunde des Markgrafen Albrecht von Brandenburg für das Kloster Mariental im Jahre 1207 dessen Truchseß als Datar vor.[29] Demnach wäre dem Truchsessen des Brandenburgers eine Bildung zuzusprechen, die über der bislang bei den Hofamtsträgern dieser Zeit vermuteten stünde. Diese Einschätzung wird durch die Datumszeile einer Urkunde der Grafen Ludolf und Adolf von Dassel ebenfalls für das Kloster Mariental vom Jahre 1268 gestützt.[30] Dem Marschall wird traditionell die Sorge für den Stall sowie die Organisation der Reisen seines Herrn zugeordnet, und

---

18 Schubert, Reichshofämter, S. 444ff.

19 Ficker, Reichshofbeamte, S. 447ff. Schubert, Reichshofämter, S. 452ff. Bosl, Reichsministerialität 2, S. 614f.

20 Rösener, Hofämter, S. 508.

21 Brunner, Land und Herrschaft. Patze, Landesherrschaft. Schlesinger, Landesherrschaft.

22 Koller, Residenz. Patze, Residenzen. Patze, Herrschaftspraxis. Peyer, Reisekönigtum. Moraw, Verwaltung. Schulte, Residenz. Residenzenfrage.

23 Anders Rösener, Hofämter, S. 549.

24 MGH Schwabenspiegel, S. 128f.

25 Vgl. Rösener, Hofämter, S. 510ff.

26 Pötter, S. 90 mit weiterer Literatur. Zur Etymologie des Wortes Rösener, Hofämter, S. 502.

27 1194 Juni 1, Druck: UB Hochstift Hildesheim 1, Nr. 503. Vgl. dazu Barth, S. 51.

28 ..., *quod, procurator rerum suarum, id est, dapifer suus, tempore suae procurationis eadem bona debeat procurare.* Druck: Monumenta inedita, S. 37.

29 1207 Februar 4, Orig.: StA WF 22 Urk 22; Druck: Riedel B 1 Nr. 7. Scheidt, Mantissa, S. 466. Abb. des Siegels: Scheidt, Vom Adel, S. 229.

30 1268 Juni 11, ... *datum Holtesminne per manum Henrici plebani, presente dapifero nostro Ludolfo de Indagine, in festo beati Barnabe apostoli.*, Orig.: StA WF 22 Urk 143; Druck: Scheidt, Mantissa, S. 406f.

er ist erweitert als Führer des berittenenen Gefolges anzusehen.[31] Der Schenk sei für den Weinkeller und erweitert für die Güter, besonders die Weinberge seines Herrn zuständig gewesen.[32] Tatsächlich läßt sich diese Funktion für das Stift Gandersheim im Jahre 1188 nachweisen, wobei dem Schenken im Regelfall von zehn Fudern Wein, die dem Stift jährlich geliefert wurden, der zehnte zustand.[33] Traditionell wird dem Kämmerer die Sorge für die Schlafkammer und die Bedienung im Hause seines Herrn zugeordnet. Auch hätten sich seine Aufgaben auf die Schatzkammer seines Herrn erstreckt, mithin verwaltete er die Einkünfte desselben.[34] So gibt es für das Erzbistum Köln Beispiele dafür, daß sich die Verwaltungsarbeit des Kämmerers mit der des Vogtes ergänzte.[35]

Die Hofämter verliehen - neben ihren Aufgaben mit Rechten und Pflichten - dem Hof zusätzliches Ansehen und dienten der Hebung des Prestiges und der Repräsentation. Deutlich kommt dies in der Stederburger Chronik zum Ausdruck, wo die fiktive Einrichtung der vier traditionellen Hofämter anläßlich der Fundation des Klosters damit erklärt wurde, daß die Gründerin das Kloster so "auf das Herrlichste mit dem, was zum Ruhm dieser Welt gehört, geziert hätte".[36] Hofämter sind geradezu als ein wesentliches Merkmal für das Vorhandensein höfischer Kultur anzusehen. Dennoch blieb ihre Einrichtung nicht allein auf die Reichsfürsten beschränkt. Auch bei kleineren Abteien, bei Grafen und sogar bei Edelherren lassen sich Hofamtsträger nachweisen, allerdings nie in der Vierzahl.[37] Offenbar war insbesondere das Amt des Truchsessen für die gräflichen Geschlechter Ostsachsens von größter Bedeutung, da es bei ihnen meist als einziges Hofamt geführt wurde.[38] Aufschlußreich dafür ist eine Urkunde des Grafen Adolf von Dassel aus dem Jahr 1244 für das Marienspital vor Einbeck, in der neben dem ehemaligen Truchsessen Johannes auch der amtierende Truchseß Hermann sowie Graf Hermann von Dassel und dessen Truchseß Hunold testierten.[39] Im Laufe des 13. Jahrhunderts entwickelten sich die Hofämter, deren Träger im Hofdienst zu Ansehen gelangten, zu erblichen Ehrenämtern, deren Träger "nur noch Leitungsfunktionen oder Ehrendienste bei besonderen Anlässen wahrnahmen"[40].

Während zu den Hofämtern am Hof der deutschen Könige grundlegende Arbeiten vorliegen,[41] sind die Hofämter der geistlichen und weltlichen Fürstenhöfe nur in

---

31 Kreiker, Marschall. Pötter, S. 96 mit weiterer Literatur.
32 Kreiker, Mundschenk. Pötter, S. 93 mit weiterer Literatur.
33 1188 Juli 25, Orig.: StA WF 6 Urk 27; Druck: MGH D. Friedrich I. Nr. 974. Vgl. dazu Goetting, Gandersheim, S. 211f.
34 Schubert, Kammer. Pötter, S. 85 mit weiterer Literatur.
35 Pötter, S. 85f.
36 .... *et quod ad huius mundi gloriam pertinet secundum ritum principum, dapiferis, pincernis, marscalcis, militibus, ministerialibus nostram ecclesiam gloriosissime decoravit.* Annales Stederburgenses, S. 200. Zur Stederburger Chronik Wattenbach/Schmale 1, S. 420ff.
37 Ficker, Reichshofbeamte II, 1, S. 242ff. Vgl. Rösener, Hofämter, S. 548.
38 Beispielsweise bei den Grafen von Wohldenberg (siehe dazu Petke, Wöltingerode, S. 404f.) und bei den Edelherren von Homburg, wo schon im Jahre 1200 ein *Sifridus dapifer de Homburch* eine Urkunde der Brüder Bodo d. Ä. und Bodo d. J. von Homburg für das Kloster Amelungsborn, Orig.: StA WF 21 Urk 4, Regest: Reg. v. Homburg Nr. 42, bezeugt.
39 Regest: Urk. Einbeck Nr. 32.
40 Rösener Hofämter, S. 535.
41 Bosl, Reichsministerialität. Ficker, Reichsfürstenstand. Ficker, Reichshofbeamte. Fleckenstein,

geringen Ausmaß Thema neuerer, eigener Darstellungen geworden,[42] werden aber in einer ganzen Reihe von Arbeiten, die sich mit dem Verwaltungsaufbau der entstehenden und konsolidierten Landesherrschaften beschäftigen,[43] mehr oder weniger ausführlich besprochen. Über die Hofämter der Welfen liegen zwei Arbeiten aus dem 18. Jahrhundert vor.[44] Diese gehören den in dieser Zeit relativ häufig zu beobachtenden Untersuchungen an, die mit der Darstellung einer langen Tradition der Hofämter und der damit verbundenen Adelsgeschlechter die Bedeutung und den Ruhm des jeweiligen Fürstenhofes hervorheben wollten.[45] Auch eine Arbeit des 19. Jahrhunderts über die Hofämter der Welfen verfolgte noch in erster Linie einen ähnlichen Zweck.[46] Gegen Ende des letzten Jahrhunderts ist von Bode offenbar eine Arbeit über das welfische Marschallsamt geplant gewesen, die jedoch über bescheidene Vorarbeiten nicht hinaus kam.[47]

Neuere, eingehendere Forschungsarbeiten zu den welfischen Hofämtern fehlen. Im Rahmen seiner Untersuchung über die Ministerialität Heinrichs des Löwen erstellte Haendle eine kurze Übersicht der Hofamtsträger dieses Fürsten.[48] In kurzen Abrissen gingen von Heinemann[49] auf die Hofamtsträger Pfalzgraf Heinrichs und Busch[50] auf die Hofamtsträger (Herzog) Ottos des Kindes ein. Eine Übersicht über die Hofamtsträger der Welfen etwa bis zum Tode Herzog Ottos des Kindes fertigte Lubenow innerhalb seiner Arbeit über die welfischen Ministerialen an.[51] Zuletzt listete Weinmann die Hofämter und deren Träger bis in das 14. Jahrhundert im Rahmen seiner Untersuchung zur Residenzfunktion der Stadt Braunschweig auf,[52] weswegen dabei die mit dem sich entwickelnden Lüneburger Hof verbundenen Hofamtsträger unberücksichtigt blieben. Wie die vorgenannten Untersuchungen sind jedoch auch Weinmanns Zusammenstellungen mit Makeln und Lücken behaftet. Seine Schlußfolgerungen hinsichtlich der Anzahl der Hofämter bei den einzelnen welfischen Fürsten, der Hierarchie der Hofämter sowie ihre Bedeutung und Vererbung lassen dementsprechend wichtige Aspekte und Fragestellungen aus. Die Hofämter unter dem welfischen Kaiser Otto IV. stellen einen Sonderfall dar, insofern dessen Amtsträger streng in welfische und Reichsministerialen getrennt werden müssen. Hier mußten die Ausführungen von Bosl[53] und der ansonsten bahn-

---

Hofkapelle. Schubert, Reichshofämter. Waitz, Verfassungsgeschichte.

42 Klafki (für die Pfalz). Lübeck (für Fulda).

43 Aubin (für Paderborn). Barth (für Halberstadt, Hildesheim, Magdeburg und Merseburg). Eckhardt (für Hessen). Herden (für Braunschweig-Lüneburg). Herkert (für Baden). Krones (für die Steiermark). Lau (für Köln). Meese (für Hildesheim). Nitzsch (für Ravensberg). Patze Landesherrschaft (für Thüringen). Perger (für Münster). Radloff (für Mecklenburg). Schrecker (für Anhalt). Spangenberg (für Brandenburg).

44 Rathlef. Köhler.

45 Estor, Hombergk und Kuchenbecker (für Hessen). Gleichmann (für Thüringen). Heusser (für Mainz). v. Wurmbrand (für Niederösterreich). Für Speyer stellt Andermann, S. 127f. eine ungedruckte Abhandlung vor, die ebenfalls zu den typischen Arbeiten des 18. Jahrhunderts gehört.

46 v. Malortie, Erb-Hof-Ämter.

47 StA WF VII A Hs 26b.

48 Haendle, S. 68ff. Zur Hofamtspolitik Heinrichs des Löwen siehe auch: Rösener, Hofämter, S. 525f., und Weinmann, S. 202ff., die beide einigen Fehlinterpretationen Lubenows folgen.

49 v. Heinemann, S. 257-259.

50 Busch, S. 57f.

51 Lubenow, S. 511-515.

52 Weinmann, S. 202ff.

53 Bosl, Reichsministerialität.

brechenden Arbeit von Hucker[54] ergänzt und geklärt werden.

Aufschlußreich für die Vorbildfunktion und die Übernahme der königlichen Hofhaltung für den Hof eines Fürsten im allgemeinen und für den welfischen Hof im besonderen ist der Bericht der Historia Welforum, die zwischen 1167 und 1174 am Hof Herzog Welfs VI. entstand.[55] Gestützt auf eine machtvolle Landesherrschaft sei der welfische Hof auf königliche Weise mit Hofämtern eingerichtet worden, welche von Grafen oder diesen Ebenbürtigen versehen worden seien. Gewissermaßen als Zusatz wird erklärt, daß dies die Ämter des Truchsessen, Mundschenken, Marschalls, Kämmerers und Bannerträgers gewesen seien. Ferner habe bei Streitigkeiten ein Vogt die welfische *familia* vertreten.[56] Nicht zuletzt soll mit dieser Arbeit eine Antwort auf die Frage gegeben werden, ob und wie das von jener wichtigen Quelle wiedergegebene Bild des welfischen Hofamtswesen mit der Wirklichkeit an den Höfen Heinrichs des Löwen und seiner Nachfolger übereinstimmt.

Von einem Hof und einer Hofhaltung im Sinne eines Herrschaftssitzes kann allerdings für die Welfen im 12. Jahrhundert noch nicht gesprochen werden. "Hof" ist in diesem Zusammenhang als ambivalenter Begriff zu verstehen, der sowohl Herzogsherrschaft als Reiseherrschaft in der Zeit des endenden 12. und beginnenden 13. Jahrhunderts als auch die Verknüpfung von Dynastie und Territorium im Sinne einer Landesherrschaft seit dem ersten Drittel des 13. Jahrhundert bedeuten kann.[57] Analog zum Geschehen am deutschen Königshof sind im weiteren Sinne zum Hof die Personen zu zählen, die sich zu einem bestimmten Zeitpunkt in der Umgebung des welfischen Fürsten aufhielten. Ihre personelle Zusammensetzung schwankte. Im engeren Sinne ist unter dem Begriff "Hof" ein bestimmter, ortsunabhängiger Kreis im Gefolge der Welfen zu verstehen, der nahezu ständig in der Nähe des welfischen Fürsten anzutreffen ist.[58]

Von allen Quellen, die über diesen Personenkreis berichten, sind die Zeugenreihen der Urkunden die reichhaltigsten und auch im Hinblick auf die Bestimmung von Ort und Zeit eines Zusammentreffens von Fürst und Adligen oder Ministerialen die genauesten Texte.[59] Bei den Zeugenreihen handelt es sich um eine Überlieferung, die für das 12. und 13. Jahrhundert besser als alle anderen Quellen zu erkennen gibt, welche Personen sich bei den Welfen aufgehalten haben. Zeugenlisten sind allerdings nicht Anwesenheitslisten der sich gerade am Hof aufhaltenden Personen. Sie entstanden offenbar aus dem Bedürfnis des Urkundenempfängers, die Kraft des

---

54 Hucker, Otto IV.

55 Historia Welforum, S. 4. Zur Historia Welforum mit der weiteren Literatur: Oexle, Welfenquelle. Wattenbach/Schmale 1, S. 298. Oexle, Selbstverständnis. Den Hinweis auf die Historia Welforum, hier Chronicon Weingartensis monachi de Guelfis principibus (SS rer. Brunswic. 1, S. 781-794), gibt schon Köhler.

56 *Domum quoque suam regio more ordinaverant, ita ut quaeque officia curiae (id est ministeria dapiferi, pincernae, marscalci, camerarii, signiferi) per comites vel eis aequipollentes regerentur. Praefecerant etiam familiae suae tam maiori quam minori unum de maioribus curiae, quem nominabant advocatum, qui vice sua pro omnibus suis staret coram regibus seu ducibus vel aliis iudicibus et in quacumque causa vel querimonia pro eis responderet.* Historia Welforum, S. 4.

57 Vgl. dazu Rösener, Hof.

58 Vgl. dazu auch Ganz, S. 31f.

59 Die hier erfolgten methodischen Überlegungen lehnen sich die Ausführungen von Petke, Lothar III., S. 106-117 an.

beurkundeten Rechtsgeschäftes zu verstärken.[60] Die Zeugenliste diente dieser Bekräftigung offenbar in zweifacher Weise. Erstens verzeichnete die Zeugenliste die Personen, welche dem Rechtsakt beigewohnt, ihn gesehen und ihn gehört hatten. Möglichst viele und möglichst hochstehende Personen scheinen dabei erwünscht gewesen zu sein. Zweitens nahm sie Personen auf, die an der beurkundeten Sache interessiert waren oder interessiert erscheinen konnten. Wer Zeugenschaft leistete, stimmte der Rechtshandlung zu und hatte auf sein Recht auf Einspruch verzichtet. Problematisch ist es, ob und wie die Betroffenen und die wegen ihres Ranges genannten Zeugen im Einzelfall zu unterscheiden sind.[61] Dahingehende Mutmaßungen, wie sie gerade am Beispiel der Zeugenreihen in den Urkunden Heinrichs des Löwen getroffen wurden,[62] sind mit größter Vorsicht zu beurteilen und dürften sehr wahrscheinlich nicht zu den gewünschten Ergebnissen führen.[63] Wichtig für die Stellung und den Einfluß der Ministerialen am Hof eines welfischen Fürsten ist, daß unter den Zeugen der welfischen Urkunden mindestens jene Personen anzutreffen sein müssen, die als persönliche Umgebung des Fürsten von dem Rechtsvorgang unterrichtet waren und dementsprechend hohes Ansehen genossen.

Wenn auch die Zeugenreihen ihrer Funktion nach keine Teilnehmerverzeichnisse am Hof des Fürsten sind, können sie als Quelle für den Nachweis der Anwesenheit von Personen in der Umgebung des Fürsten ausgewertet werden. Dennoch kann es sein, daß die tatsächliche politische Bedeutung bestimmter Personengruppen nicht ihrer Rolle in den Zeugenreihen entspricht und damit nicht adäquat erfaßt wird. Diese Einschränkung gilt bei den welfischen Fürsten insbesondere für die Grafen und Edelfreien, deren wirkliche Geltung über ihre Teilhabe als Urkundenzeugen nur bedingt deutlich zu werden scheint. Dementsprechend müssen nicht nur zur Ergänzung und Kontrolle der Beobachtungen alle übrigen Quellen, vornehmlich die Historiographie, herangezogen werden, sondern es sollte darüberhinaus stets daran erinnert sein, daß dieser Mangel besteht. Eine wesentliche Schwierigkeit bei der Analyse der Zeugenreihen bereitet der Umstand, daß in vielen Urkunden Heinrichs des Löwen, und seltener in denjenigen seiner Söhne, die Zeugen lediglich mit Taufnamen und nicht mit Herkunftsnamen genannt wurden. Abhilfe ist hier nur durch konsequente prosopographische Arbeit möglich, die insbesondere die im Hochmittelalter bis weit in das 13., teilweise bis in das 14. Jahrhundert übliche Taufnamengebung anhand von sogenannten Leitnamen berücksichtigen muß.[64] Auch die Zeugenreihen der welfischen Urkunden unterliegen in der Regel einem strengen

60 Demgemäß kommen durchaus, allerdings sehr selten, auch Urkunden von welfischen Fürsten vor, die keine Zeugen aufweisen. Beispielsweise bei Pfalzgraf Heinrich im Jahre 1197, Orig.: StA WF 7 Urk 3; Druck: O.G. III., S. 136; Döll, S. 268, Anm. 90; Schneidmüller, Kollegiatstifte S. 298, und bei Herzog Otto dem Kind im Jahre 1246, Orig.: HStA Han Cal. Or. 100 Mariensee Nr. 51, Druck: O.G. IV., S. 209; Calenberger UB 5, Nr. 52.

61 Vgl. dazu auch Busch, S. 51.

62 Peters, S. 85-126.

63 Weinmann, S. 214f. und S. 217f. Vgl. dazu auch Petke, Lothar III., S. 107, Anm. 6.

64 Siehe dazu: Klewitz, Namengebung S. 23ff. mit weiterer Literatur. v. Klocke, S. 130ff., S. 168ff., S. 200ff. Schmid, Problematik, S. 1ff. Mahrenholtz, Vornamen, S. 1ff. Zur Namengebung in Sachsen im frühen Mittelalter Wenskus, Stammesadel, S. 41ff. Die innerhalb der hier vorgelegten Untersuchung vorgenommenen Einschätzungen hinsichtlich der Leitnamenfunktion und der Häufigkeit eines Taufnamens beruhen auf einer Erfassung sämtlicher Tauf- und Herkunftsnamen der Zeugen in den welfischen Urkunden.

Aufbauschema, das meist zusätzlich mittels Rubrizierung hervorgehoben wird. Als erste Gruppe kommen die geistlichen Zeugen vor, die dabei wiederum hierarchisch geordnet werden. Danach folgen die weltlichen Zeugen, stets zunächst die Grafen, Edelherren und Freien, und ihnen nachgeordnet die Ministerialen. Auch innerhalb der ministerialischen Zeugen ist wiederum eine Ordnung festzustellen, die Rückschlüsse auf die Bedeutung des jeweils Testierenden erlaubt. In der zweiten Hälfte des 13. Jahrhunderts werden zusätzlich die Träger des Rittertitels besonders kenntlich gemacht und hervorgehoben. Hinter den adeligen und ministerialischen Zeugen kommen, jedoch eher selten, bürgerliche Zeugen vor.

Eine Analyse der Zeugenreihen der welfischen Urkunden ergibt schon auf den ersten Blick, daß neben einer Personengruppe von Grafen, Edelherren und Freien die welfischen Ministerialen zu der engen Umgebung der Welfen gehört haben müssen. Der erstgenannte Personenkreis ist in den Zeugenreihen der Urkunden von Heinrich dem Löwen zunächst in einem bedeutenden Ausmaß vertreten, schrumpft jedoch nach seinem Sturz auf die engsten Vasallen des Herzogs zusammen und weist auch in den Urkunden Pfalzgraf Heinrichs nur noch einen beschränkten Umfang aus. Dagegen gewinnen die welfischen Ministerialen in den Zeugenreihen der welfischen Urkunden immer mehr an Gewicht. Unter ihnen treten insbesondere die Hofamtsträger sowie die Vögte von Braunschweig hervor, indem sie sowohl an besonders hervorgehobener Position testierten als auch besonders häufig zu Testaten herangezogen wurden. Aus diesem Grunde dürften die Personen dieser Untersuchung möglicherweise als Ratgeber, als Vertraute und als Helfer dem jeweiligen welfischen Fürsten nahegestanden haben. Ob und wie dieser Personenkreis schon in der frühen Zeit Heinrichs des Löwen und in welchem Umfang in der späteren Zeit, etwa bis zur Gründung des Herzogtums Braunschweig-Lüneburg, für den jeweiligen welfischen Fürsten tätig gewesen ist, kann jedoch aufgrund der Quellenlage nur in ganz geringen Ausmaßen verifiziert werden. Dennoch müssen wenigstens die Personen dieses sehr wahrscheinlich wichtigen Umkreises der Welfen mindestens bekannt gemacht werden, damit das politische Handeln der Welfen auch im Bereich der Ministerialität mit Personen, Persönlichkeiten und Familien erfüllt werden kann. Demgemäß wird im ersten Teil dieser Arbeit zunächst einmal die welfische Ministerialität im Wandel des 12. und des 13. Jahrhunderts dargestellt.

Die Geschichte der welfischen Herrschaft in der zweiten Hälfte des 12. und in der ersten Hälfte des 13. Jahrhunderts ist vor allem von politischen Umbrüchen mit Außenwirkung und durch äußere Einflüsse geprägt. Als Zäsuren, die das erste Kapitel dieses Teils der Arbeit bestimmen, sind insbesondere der Sturz Heinrichs des Löwen im Jahre 1180, sein Tod 1195, die Wahl Ottos IV. zum König 1198, die erste welfische Teilung 1202, der Tod Ottos IV. 1218 und der Tod Pfalzgraf Heinrichs 1227 mit den damit verbundenen Unsicherheiten in der welfischen Erbfolge sowie die Gründung des Herzogtums Braunschweig 1235 zu bedenken. Es werden die Protagonisten der welfischen Herrschaft unter Berücksichtigung ihrer politischen und reichsrechtlichen Bedeutung gewürdigt. Neben der nötigen Diskussion hauptsächlich der neueren Forschungsmeinungen sollen dabei vor allem neue Ansätze für die Beurteilung der welfischen Herrschaft im 13. Jahrhundert aufgezeigt und die Rolle der welfischen Ministerialität deutlicher als bisher herausgestellt werden. Die zeitliche Begrenzung dieses Kapitels ergibt sich aus der Regierungszeit Herzog Ottos des Kindes, unter dem sich die welfische Herrschaft in Folge der Erhebung in den Reichsfürstenstand erheblich stabilisieren konnte.

War die welfische Politik und die welfische Herrschaft in der ersten Hälfte des 13. Jahrhunderts im wesentlichen von Umbrüchen geprägt worden, die sich direkt und indirekt auf die welfische Ministerialität auswirkten, treten in der zweiten Hälfte des 13. Jahrhunderts mehr die inneren Entwicklungen des welfischen Herzogtums in den Vordergrund, die den Gegenstand des 2. Kapitels des ersten Teils dieser Arbeit bilden. In diesem Zeitraum wird der Prozeß der Territorialisierung zunehmend erkennbar. Er erfolgt unter Zuhilfenahme der Ministerialität durch die werdende Landesherrschaft und bestimmt deren Weg in den niederen Adel.[65] So ist zwar die Bedeutung der welfischen Ministerialität für die Entfaltung und die territoriale Erweiterung des welfischen Herzogtums Braunschweig-Lüneburg durchaus erkannt worden,[66] dennoch wird die Herausbildung des entstehenden niederen Adels bislang nicht ausreichend durch Quellen abgesichert und zu pauschal als ein Prozeß der Verschmelzung in "eine neue Sozialgruppe"[67] gewertet. Aus diesem Grunde werden in diesem Kapitel zunächst drei maßgebende Werte hinsichtlich der Einschätzung der welfischen Ministerialität, das Vorkommen in Stiften und Konventen, die Stellung innerhalb der Lehnshierarchie und die Führung des Rittertitels, behandelt, bevor anhand von drei konkreten Beispielen der Prozeß der Herausbildung des niederen Adels besprochen wird.

Der gesellschaftliche und soziale Wandel der welfischen Ministerialität wird daraufhin im 3. Kapitel des ersten Teils dieser Arbeit in seinen Auswirkungen auf die Stellung derjenigen Ministerialen beleuchtet, die von den welfischen Fürsten als Vögte eingesetzt worden sind. Der Schwerpunkt liegt dabei auf dem Vogtamt in Braunschweig, dem Ort, der sich im Laufe des 12. und 13. Jahrhunderts immer enger mit dem Selbstverständnis der Welfen verbindet und somit von zentraler Bedeutung wird.[68] Weil auch die bisherigen Übersichten der welfischen Vögte in Braunschweig bruchstückhaft sind oder sich auf bloße Nennung von Daten beschränken,[69] wurde als Grundlage dieses Kapitels ein Katalog der welfischen Vögte in Braunschweig erstellt. Daraufhin wird das Vogtamt in Braunschweig in seiner Entwicklung und Lozierung zwischen welfischer Herrschaft und beginnender städtischer Selbstverwaltung dargestellt, wobei anhand von prosopographischen Studien neue Lösungsmöglichkeiten aufgezeigt werden. Die vor dem Hintergrund des fortschreitenden Territorialisierungsprozesses in der zweiten Hälfte des 13. Jahrhunderts in zunehmendem Maße auftretenden herrschaftlichen Vögte werden daraufhin am Beispiel des südlichen Bereiches des welfischen Herrschaftsgebietes mit dem Schwerpunkt auf Göttingen behandelt.

Der erste Teil der Untersuchung befaßt sich mit dem Wandel der welfischen Ministerialität und bildet somit die Grundlage für eine genauere Untersuchung der welfischen Hofämter im 12. und 13. Jahrhundert, die im zweiten Teil erfolgt. Wie

---

65 Siehe dazu allgemein: Fleckenstein, Entstehung. Vgl. ferner Bradler (für das Allgäu und Oberschwaben). Fenske, Ministerialität (für Halberstadt). Rösener, Ministerialität. Schulze, Adelherrschaft (für die Altmark und Ostsachsen).

66 Lubenow, S. 489ff. Zillmann, S. 325.

67 Zillmann, S. 325.

68 Vgl. dazu Oexle, Evangeliar, S. 13ff., S. 23.

69 Lubenow, S. 507f. Weinmann, S. 119.

oben angesprochen, sind die bisherigen Übersichten über die Hofamtsträger der Welfen, soweit überhaupt solche vorliegen, sämtlich mit Unstimmigkeiten und Lücken behaftet. Daher wird als Grundlage weiterer Untersuchungen im 1. Kapitel des zweiten Teils dieser Untersuchung zunächst einmal ein Katalog der Hofamtsträger der Welfen erstellt, der das Herzstück der vorliegenden Arbeit darstellt. Die Zusammenstellung der Amtsträger erfolgt chronologisch nach ihrem ersten urkundlichen Auftreten, da die Regierungszeiten der welfischen Fürsten mit den Amtszeiten der Hofamtsträger nicht unbedingt einhergehen. Der Katalog legt vor allem Wert auf die Person des jeweiligen Amtsträgers. Besondere Beachtung gilt hier zunächst einmal seiner Familie, seiner Herkunft und seiner Filiation. Dabei wird bewußt auf eine vollständige genealogische Erfassung der betreffenden Familien verzichtet, um das anzustrebende personengeschichtliche Ergebnis nicht durch allzu kleinteilige Untersuchungen zu verwässern. Von größter Bedeutung ist es dagegen, die Amtszeiten sowie die Titelführungen der jeweiligen Amtsträger nachzuweisen. Besondere Beachtung verdient dabei, wie die Amtsträger durch die welfische Kanzlei sowie durch Kanzleien benachbarter Fürsten, insbesondere Kirchenfürsten, tituliert werden und welchen Titel sie gegebenenfalls in eigenen Urkunden führen. Schließlich werden, soweit vorhanden, die Siegel der jeweiligen Amtsträger besprochen, in denen das Amt des Siegelführenden oft berücksichtigt ist. Auf eine generelle besitzgeschichtliche Bestandsaufnahme der jeweiligen Amtsträger mußte hingegen verzichtet werden, da aus den Urkundeninhalten bis auf seltene Ausnahmefälle eine Scheidung von Eigen- und Familiengut, Dienstlehn- und Lehngut nicht deutlich wird.

In dem darauf folgenden 2. Kapitel des zweiten Teils wird die Hofamtspolitik der jeweiligen welfischen Fürsten dargestellt und erläutert. Hier kommt es in erster Linie darauf an festzustellen, welche Hofämter wann und in welcher zeitlicher Reihenfolge eingerichtet worden sind und in welcher Hierarchie sie untereinander stehen. Dabei ist zu beachten, daß sich aus dem formalen Ordnungsprinzip die faktische Macht nicht bruchlos herleiten läßt. Wichtig ist die Frage, ob und welche spezifischen Aufgaben den Inhabern der welfischen Hofämter oblagen. Keinesfalls darf von vorneherein von den oben erwähnten 'klassischen', auch etymologisch erklärbaren Zuordnungen ausgegangen werden. Dementsprechend werden im 3. Kapitel die über Quellen erfaßbaren Funktionen der einzelnen welfischen Hofämter und im 4. Kapitel deren Erblichkeit und Vererbung erörtert. Den Bedeutungswandel der welfischen Ministerialität haben die Hofämter als ein Bestandteil sowohl der welfischen Herrschaft als auch der welfischen Ministerialität durchgemacht. Dies wird im 5. Kapitel des zweiten Teils dieser Arbeit dargestellt, wobei insbesondere die Auswirkungen der zwischen den welfischen Fürsten vorgenommenen Erbteilungen berücksichtigt werden.

Befassen sich der erste Teil dieser Arbeit mit dem Wandel der welfischen Ministerialität und der zweite Teil mit den welfischen Hofämtern im 12. und 13. Jahrhundert, so widmet sich der dritte Teil einer bisher weitgehend unberücksichtigt gebliebenen Überlieferung, nämlich der Siegel- und Wappenführung der welfischen Ministerialität. Nach einem Überblick über den Forschungsstand und die Quellenlage wird in dem 1. Kapitel dieses Teils der Arbeit die Siegelführung der welfischen Ministerialität behandelt, wobei die Darstellung der Genese der Siegelformen und -bilder einen Hauptbestandteil ausmacht. Daraufhin wird die Tingierung der Wappen vor allem an Hand des sogenannten Quedlinburger

Wappenkastens angesprochen, worauf sich ein Exkurs zur Siegel- und Wappenführung der Welfen anschließt. Gemäß den oben gemachten methodischen Überlegungen werden der Arbeit als Anhang nicht Stammtafeln angefügt, sondern Tafeln, die die Entwicklung und Vererbung der jeweiligen Hofämter sowie des Vogtamtes in Braunschweig veranschaulichen sollen. Auf Siegeltafeln, die die Ausführungen zur Siegelführung der Hofamtsträger sowie der Entwicklung der Siegel- und Wappenführung der welfischen Ministerialität visuell ergänzt hätten, mußte dagegen aus Kostengründen verzichtet werden.

2 Überblick über die Quellenlage

Die Quellensituation zur Darstellung der welfischen Ministerialität im 13. Jahrhundert ist günstig. Wichtigste Grundlage der Arbeit waren zunächst einmal sämtliche Urkunden der Welfen. Die Urkunden Heinrichs des Löwen liegen mit ihrer Edition im Rahmen der Monumenta Germaniae Historica in einem grundlegenden, quellenkritischen Werk vor.[70] Obschon hiermit relativ unkompliziert auf das Quellenmaterial zurückgegriffen werden kann, sind die bisherigen Übersichten über die Hofamtsträger Heinrichs des Löwen in Sachsen trotzdem sämtlich nicht ausreichend. Ein Grund hierfür liegt sicherlich darin, daß der Editor der Urkunden Heinrichs des Löwen im dazugehörigen Namenverzeichnis mehrfach Taufnamen ohne ausreichende Prüfung zu einem Taufnamen mit Herkunftsnamen oder zu einem Taufnamen mit Amtstitel zusammengefaßt hat. Vom prosopographischen Standpunkt aus betrachtet, ist dementsprechend das Namenverzeichnis der MGH-Edition der Urkunden Heinrichs des Löwen als nur bedingt benutzbar zu bezeichnen.

Die Grundlage der Untersuchung für die Zeit Pfalzgraf Heinrichs, Wilhelms von Lüneburg und Ottos des Kindes bilden die Urkunden dieser Fürsten, von denen für den Pfalzgrafen etwa 120 Stück ausgewertet worden sind.[71] Alle anderen Urkunden des Pfalzgrafen weisen entweder keine Zeugen auf, oder die Zeugen sind allein dem rheinpfälzischen Raum zuzuordnen. Von Wilhelm von Lüneburg liegen dagegen nur äußerst wenige Urkunden vor, von denen die Mehrzahl gedruckt ist und durch einige, bislang ungedruckte Stücke erweitert werden konnte. Diese geringe Urkundenzahl erschwert eine Bearbeitung der Lüneburger Hofamtsträger außerordentlich. Zudem sind die Hofamtsträger und eine große Anzahl der übrigen Ministerialen in den Zeugenreihen der Urkunden nicht mit Herkunftsnamen verbunden. Selbst durch konsequente prosopographische Arbeit können jene nur bedingt identifiziert und untereinander getrennt werden, da ihre Taufnamen nicht selten sind. Über diese Tatsache ist bisher weitgehend hinweggegangen worden, indem die Familien aus dem späten 13. Jahrhundert oder sogar noch späterer Zeit

---

70 Urk. HdL. Hinsichtlich der Urkunden Heinrichs des Löwen sind hier und im folgenden stets die Drucke dieser grundlegenden Edition zitiert. Standorte und Signaturen von Originalurkunden Heinrichs des Löwen werden nur für die im HStA Han, StA WF und LA Schleswig aufbewahrten Originale gegeben. Die Orte der anderen Originalurkunden und der Kopialüberlieferungen, soweit sie seitdem nicht zerstört, verloren oder verlagert sein sollten, sowie der weiteren Drucke und Regesten sind Urk HdL zu entnehmen.

71 Eine Untersuchung des Urkundenwesen und der Kanzlei des Pfalzgrafen liegt nicht vor, befindet sich aber nebst einer Edition der Urkunden des Pfalzgrafen durch Bernd Schneidmüller, Bamberg, in Vorbereitung. Vgl. vorerst v. Heinemann, S. 259f. und Weinmann, S. 97f.

rückprojiziert wurden.[72] Die Entwicklung der Ministerialität im Lüneburger Teil der welfischen Herrschaft wird im Rahmen dieser Arbeit wenigstens für die Hofamtsträger zu klären versucht.[73] Von den Urkunden Ottos des Kindes wurden etwa 150 Stück ausgewertet, während seine restlichen Urkunden keine Zeugen aufweisen und deswegen nur in Einzelfällen berücksichtigt worden sind.[74] Die Masse der welfischen Urkunden der ersten Hälfte des 13. Jahrhunderts liegt in Drucken oder zumindest in Regestenform in den einschlägigen Urkundenbüchern und Regestenwerken vor,[75] was die Frage nach der Überlieferung immerhin bedeutend erleichtert hat. Hervorzuheben sind hier die immer noch unentbehrlichen Origines Guelficae[76], obschon sie manche Lesefehler enthalten. Der Rest von bislang unberücksichtigt gebliebenen Originalen oder Kopialüberlieferungen macht dagegen nur einen geringen Umfang aus. Eine Sonderrolle stellen die Urkunden König Ottos IV. dar. Diese sind hauptsächlich dann berücksichtigt worden, wenn in ihnen welfische Ministerialen als Zeugen auftreten. Der Zugang zu den Drucken der Urkunden Ottos IV. ist durch die Regesta imperii[77] relativ leicht gemacht. Ganz anders sieht die Lage bei den Urkunden der Herzöge Albrecht und Johann und ihrer Nachfolger aus. Hier liegt die Masse der Urkunden meist nur in Regestenform vor, und ein nicht unbeträchtlicher Teil der herzoglichen Urkunden dieser Zeit ist noch gar nicht veröffentlicht. Den Zugang zu letzteren hat die Liste der von Mertens benutzten Originale erleichtert.[78]

Neben den Urkunden der welfischen Fürsten wurden außerdem die Urkunden anderer Aussteller herangezogen, insofern sie direkt Bezug auf den jeweiligen welfischen Fürsten oder einen seiner Ministerialen nehmen, sowie die von den Hofamts- und Vogtamtsträgern selbst ausgestellten Urkunden und ihre Siegel. Deren Intitulationes bzw. Umschriften sind im Vergleich mit den Benennungen in den herzoglichen Urkunden von größter Bedeutung. Das Vorkommen von Lesefehlern insbesondere bei wichtigen Textstellen und Zeugenreihen machte jedoch auch für die gedruckten Urkunden einen Vergleich mit der Originalüberlieferung unverzichtbar. Eine Anzahl von Urkunden konnte nicht verifiziert werden, da sie inzwischen verloren oder untergegangen waren. Der überwiegende Teil der übrigen Stücke ist in Zweifelsfragen möglichst im Original oder in Kopialüberlieferung in den ange-

---

72 Lubenow. Vogtherr.

73 Eine eigenständige Untersuchung der Lüneburger Ministerialität in der zweiten Hälfte des 12. Jahrhundert, die deren Gewicht unter Heinrich dem Löwen klären müßte, und der ersten Hälfte des 13. Jahrhunderts fehlt. Zu den wichtigsten Lüneburger Ministerialenfamilien nicht ausreichend Lubenow. Zu denselben vornehmlich im 14. Jahrhundert Vogtherr.

74 Eine Untersuchung zum Urkunden- und Kanzleiwesen Ottos des Kindes liegt durch Busch vor.

75 Zu den Urkunden wird nach Möglichkeit der dazugehörige Druckort oder - falls die Urkunde nicht ediert ist - der Regestort angegeben. In der Regel werden die betreffenden Urkunden hierbei nach Nummern zitiert. Nur in Ausnahmen wird nach Seiten zitiert, insb. dort, wo Verwechslungsmöglichkeiten und Zweifel aufkommen könnten. Dies war beispielsweise für das Urkundenbuch der Stadt Braunschweig (UB Br.) angebracht, in dem die Nachträge im Band 2, S. 536ff. und im Band 4, S. 383ff. wie die regulären Urkunden derselben Bände durchnummeriert sind. Eine Übersicht über die wichtigsten Urkundenveröffentlichen gibt Hamann, wobei aber manche, auch heute noch wichtige Quellenwerke, beispielsweise die Arbeiten von Leuckfeld (vgl. ebenda, S. 68), nicht ausreichend berücksichtigt wurden.

76 O.G., hier im wesentlichen die Bände III. und IV. Zur Entstehung und Vorgeschichte der O.G. mit weiterer Literatur Schwarzmaier, S. 84f.

77 Reg. imperii V, 1; V, 3; V, 4.

78 Mertens, Diss., S. 109ff.

gebenen Archiven eingesehen worden. Gleiches gilt für die Urkunden, deren Aussteller der Ministerialität entstammen. In erster Linie zu nennen sind hier die Bestände des Niedersächsischen Staatsarchivs Wolfenbüttel[79] und des Niedersächsischen Hauptstaatsarchivs Hannover[80], die den größten Teil der relevanten Überlieferung bergen, sowie unter anderem die Bestände des Stadtarchivs Braunschweig[81] und des Landeshauptarchivs Sachsen-Anhalt in Magdeburg[82]. Neben den als wichtigste Quelle zu nennenden Urkunden ist auch die Historiographie berücksichtigt worden. Insbesondere sind hier die Chronik Arnolds von Lübeck[83] und die Braunschweigische Reimchronik[84] zu nennen.

---

79 Zur Geschichte des Archivs Kleinau, Geschichte StA WF. Zum Bestand: Kleinau, Übersicht StAWF und König, Kurzübersicht StAWF. Die weitere Literatur zur Geschichte des Archivs sowie seiner Quellen ebenda.

80 Zum Zustand des Archivs vor den erheblichen Kriegsverlusten 1943/46 Bär. Zum jetzigen Bestand ausführlich Übersicht HStA Han 1-4. Dort auch weitere Literatur zur Geschichte des Archivs sowie seiner Quellen.

81 Zur Geschichte und dem Bestand Spieß, Stadtarchiv.

82 Zum Bestand Gesamtübersicht LHA Magdeburg 1-4.

83 Arnold von Lübeck. Zu Arnold von Lübeck: Wattenbach/Schmale 1, S. 437-441. Hucker, Datierung S. 515. Hucker, Historia regum (Vgl. dazu das Kap. I. 1.2.1.)

84 Br. Reimchronik. Zur Braunschweiger Reimchronik: Kohlmann. Herderhorst. Patze-Ahrens mit der weiteren Literatur. Schneidmüller, Landesherrschaft, S. 85f.

I. Die welfische Ministerialität im Wandel des 13. Jahrhunderts

1 Die welfische Ministerialität in den politischen Umbrüchen der zweiten Hälfte des 12. und der ersten Hälfte des 13. Jahrhunderts

1.1 Heinrich der Löwe

1.1.1 Die Ministerialität unter Heinrich dem Löwen

Nach dem Tod Kaiser Lothars III. im Jahre 1137[85] und dem seines Schwiegersohnes Heinrich des Stolzen 1139[86] übernahm dessen noch jugendlicher Sohn, Heinrich der Löwe, unter der führenden Hand der Kaiserin-Witwe Richenza[87] das welfische Erbe und den Anspruch auf das Herzogtum Sachsen. Heinrich der Löwe führte zunächst die Politik seines Großvaters fort[88] und stellte später in der Vereinigung der alten Stammesherzogtümer Bayern und Sachsen neben den staufischen Königen für lange Zeit die mächtigste Kraft im Reich[89]. Heinrich der Löwe war bestrebt, seine herzogliche Machtstellung in Sachsen ständig zu erweitern, förderte die Besiedelung und Befriedung des nordelbischen Raumes und baute seinem Herrschaftsverständnis entsprechend die alte brunonische Burganlage in Braunschweig soweit aus, daß man von einem residenzartigen Sitz sprechen kann.[90] In die kontinuierliche Entwicklung von Kaiser Lothar III. zu Heinrich dem Löwen fügt sich auch das Heranziehen von Ministerialengeschlechtern, die schon unter Lothar wichtige Funktionen erfüllten.[91]

Die Bedeutung der Ministerialität bereits in den Anfangsjahren der Herrschaft Heinrichs des Löwen zeigt sich unter anderem an zwei Klostergründungen, die von Ministerialen des Herzogs in der Mitte des 12. Jahrhunderts getätigt wurden. In den Jahren um 1145 stiftete Ludolf I. von Dahlum das Zisterzienserkloster Riddagshausen.[92] Die Gründung des Klosters Riddagshausen ist vor allem aus zwei Gründen von Bedeutung: Erstens, weil es sich um ein frühes Zisterzienserkloster handelt, und zweitens, weil die Initiative dazu auf einen Angehörigen der Ministerialität zurückzuführen ist.[93] Welfische Ministerialen verfügten also schon in dieser frühen Zeit über einen gewissen Wohlstand und waren in der Lage,

---

85 †1137 Dezember 4. Siehe Bernhardi, Lothar, S. 786f. mit Anm. 6. Reg. imperii IV, 1, Nr. 654.

86 †1139 Oktober 20. Siehe Bernhardi, Konrad, S. 116f. mit Anm. 34.

87 †1141 Juni 11. Siehe dazu Bernhardi, Konrad, S. 224f. mit Anm. 12. Eine sich dieser bedeutenden Mitregentin widmende Untersuchung fehlt. Zu ihr Petke, Lothar III., S. 407-413. Zu ihrem Eintreten für Heinrich den Löwen: Annales Patherbrunnenses, S. 168 zu 1139. Bernhardi, Konrad III., S. 118ff. Jordan, HdL, S. 26.

88 Jordan, HdL, passim. Fried, S. 316, S. 322ff. und S. 337 zählt die Zeugnisse auf, bei denen sich Heinrich der Löwe auf seinen Großvater berief. Vgl. auch Schneidmüller, Kollegiatstifte, S. 263.

89 Anstelle eines umfangreichen Literaturkanons sei hier auf Jordan, HdL, den Sammelband Heinrich der Löwe, die Würdigung bei Oexle, Evangeliar und Engels, HdL, sowie Berg hingewiesen. Dort Hinweise auf die weitere Literatur. Vgl. auch unten im Kap. II. 2.1.

90 Vgl. dazu Weinmann. Die dort vertretene Meinung, daß Braunschweig schon in der ersten Hälfte des 13., gar schon im 12. Jahrhundert, als Residenz anzusehen sei, ist allerdings zu relativieren.

91 Es sind dies die Ministerialen von Blankenburg, von Dahlum, von Heimburg, von Peine, von Wolfenbüttel, von Weida. Zu ihrer Bedeutung unter Lothar III.: Vogt, S. 79ff. Wadle, 161ff. Vgl. auch Ehlers, Riddagshausen, S. 66f. Allgemein zu der Ministerialität Heinrichs des Löwen: Haendle. Lubenow. Jordan, HdL, S. 127-131.

92 Dazu mit der weiteren Literatur Ehlers, Riddagshausen. Zu Ludolf I. von Dahlum Kap. I. 3.1.1.1. Zu der Familie von Dahlum-Wenden ausführlich unten I. 2.4.1, 3.1 und II. 1.2.14.

93 Ehlers, Riddagshausen, S. 85.

gesellschaftlich selbständig, freilich in enger Anbindung an ihren welfischen Herrn, tätig zu werden. Es steht exemplarisch für das Verhältnis Heinrichs des Löwen zu den monastischen Bestrebungen seiner Zeit,[94] wenn die Klostergründung nicht nur im rechtlichem Sinne durch ihn als Herrn Ludolfs I. von Dahlum genehmigt und gebilligt, sondern von ihm auch gefördert und für die entstehende Landesherrschaft vereinnahmt wurde.[95] Belangvoll ist ferner, daß der damals wohl schon in einem höheren Alter stehende Ludolf als Konverse in das von ihm gegründete Kloster eintrat.[96] Dies muß als ein Beispiel dafür angesehen werden, daß auch innerhalb der Ministerialität die geistig-religiösen Strömungen des 12. Jahrhunderts aufgenommen und gelebt wurden.[97]

Wenige Jahre nach der Gründung des Klosters Riddagshausen, im Jahre 1152, stiftete der welfische Ministeriale Liemar von Flechtorf[98] ein Kloster in dem in der Diözese Hildesheim gelegenen Bokel[99] und stattete es dabei mit nicht unbedeutendem Grundbesitz aus.[100] Es handelt sich um das erste von einem Ministerialen gegründete Kloster im Bistum Hildesheim.[101] Die von Flechtorf gehörten wie die von Dahlum schon zur Ministerialität Lothars III.,[102] und es ist nicht bekannt, warum sie unter seinen Erben keine größere Rolle spielten.[103] Liemar von Flechtorf erschien mit seinem gleichnamigen Sohn jedenfalls nur ein einziges Mal in einer Urkunde im Gefolge Heinrichs des Löwen, in dem sich auch die Söhne Ludolfs I. von Dahlum, Vogt Balduin I. und Friedrich befanden.[104] Liemar übertrug die Stiftung Bokel in Gegenwart seiner Söhne Liemar, Arnold, Iser und Walder sowie des Bischofs Bernhard von Hildesheim und des Bischofs Heinrich von Minden, der für den erblindeten Bischof Bernhard die Weihe vollzog, der Hildesheimer Kirche. Das Kloster sollte die gleiche Rechtslage wie das bischöfliche Eigenkloster St. Godehard in Hildesheim erhalten, allerdings unter Vorbehalt der Erbvogtei für die von Flechtorf. "Als geistigen Urheber dieser Rechtsabmachungen" ist der Dienstherr Liemars, Herzog Heinrich der Löwe, angesehen worden.[105] Die aus der Gründervogtei resultierenden Einflußmöglichkeiten wären in der Tat nicht gering gewesen und passen in die Politik Heinrichs des Löwen gegenüber Bistümern und Stiften.[106] Die Klosterstiftung in Bokel war aus unbekannten Gründen nicht erfolgreich. Die Ortschaft befand sich jedenfalls später nachweislich in welfischem Besitz.[107] Da unter den ministerialischen Familien der Welfen im 13. Jahrhundert

---

94 Vgl. Jordan, HdL, S. 145f.
95 Ehlers, Riddagshausen, S. 82f.
96 Annales Palidenses, S. 81. Sächsische Weltchronik, S. 212f.
97 Vgl. Ehlers, Riddagshausen, S. 69f.
98 Zu ihm: Haendle, S. 19. Lubenow, S. 321.
99 Heute Neubokel, Stadt Gifhorn. Vgl. Landkreis Gifhorn Bd. 2, T. 2, S. 524ff.
100 1152 Oktober 13, Druck: UB Herzöge Br.-Lb. 1, Nr. 1. UB Hochstift Hildesheim 1, Nr. 280.
101 Zur Klostergründung in Bokel: Kunstdenkmale Gifhorn, S. 247ff. mit weiteren Quellenbezügen. Hoogeweg, S. 10. Streich, S. 100. Dagegen findet die versuchte, sehr wahrscheinlich benediktinische Klostergründung Bokel in der Germania Benedictina VI. nicht einmal Erwähnung.
102 1129, ... *Godefridus de Uleththorp* ..., MGH D. Lothar III. Nr. 22. Vgl. dazu Vogt, S. 81.
103 So auch schon Haendle, S. 19.
104 1147 Oktober 18, Druck: Falke Trad. Corb., S. 766; UB Hochstift Halberstadt 1, Nr. 219. Vgl. auch ZsHarzV 1868, S. 266.
105 Heinemann, S. 214.
106 Siehe dazu Ehlers, HdL.
107 1213 Januar 27, Orig.: StA WF 7 Urk 9; Druck: O.G. III., S. 818; Asseburger UB 1, Nr. 80. Die

keine Angehörigen mit dem Herkunftsnamen von Flechtorf und dem seltenen Taufnamen Liemar nachweisbar sind, dürften diese sehr wahrscheinlich ausgestorben sein.[108]

Heinrich der Löwe setzte wichtige Angehörige der welfischen Ministerialität, nämlich Ludolf II. von Dahlum und Ludolf von Peine, neben den Edelherren Heinrich von Schathen und Gunzelin von Hagen[109] bei der Besetzung und Sicherung des 1160 eroberten Slavengebietes als Burgwarte ein.[110] Falsch ist also die Meinung, daß Heinrich der Löwe dabei die Absicht gehabt haben soll, "die Eroberungen durch Ministeriale zu verwalten".[111] Zudem ist fraglich, ob eine solche Stellung "mit ihren militärischen Funktionen auch zugleich ... sämtliche Aufgaben der Verwaltung"[112] überhaupt beinhaltete, da dies aus der einzigen Quelle dafür nicht eindeutig hervorgeht.[113] Es wird sich bei dem Unternehmen, das aus verschiedenen Gründen letztendlich scheiterte,[114] kaum um ein Grafenamt im üblichen Sinne, sondern vielmehr um ein militärisches Kommando gehandelt haben.[115] Während der schweren Kämpfe in und nach dem Jahr 1180 in Folge der Absetzung Heinrichs des Löwen[116] ist für eine Anzahl bedeutender welfischer Ministerialen, so Ludolf von Peine, Ekbert von Wolfenbüttel, Heinrich von Weida, Luppold von Herzberg mit seinem Bruder Heinrich, sowie Ekbert von Heimburg mit seinem Bruder Anno, ein Abfall von ihrem Herrn nachweisbar.[117] Andere wichtige Ministerialen, unter anderem Jordan I. von Blankenburg und Ludolf II. von Dahlum[118], blieben Heinrich dem Löwen treu

---

weiteren Nachweise bei Der Landkreis Gifhorn, Bd 2, T. 2, S. 525. Zillmann, S. 100f. verwechselt Neu-Bokel, Kreis Gifhorn, gelegentlich mit Bokel bei Sprakensehl. Zu der Verwechselungsmöglichkeit schon Kunstdenkmäler Hannover III., 4, S. 247.

108 Die Vermutung, daß eine Familie ausgestorben sein wird, erfolgt hier und zukünftig unter der Einschränkung, daß Angehörige ein und derselben Familie, sogar in direkter Linie, durchaus auch mit unterschiedlichen Herkunftsnamen vorkommen könnten. Vgl. dazu mit Beispielen Fenske, Ministerialität, S. 165, Anm. 42.

109 Zu Gunzelin von Hagen, seiner Herkunft und seiner Stammesverwandtschaft mit den Edelherren von Warberg siehe ausführlich Bode, Gunzelin. Zu korrigieren ist u.a. Helmold von Bosau/Stoob, S. 310, Anm. 5.

110 Helmold von Bosau I. 88, S. 173. Zu Helmold: Wattenbach/Schmale 1, S. 427f. Helmold von Bosau/Stoob, S. 1ff. Vgl. zum gesamten Vorgang Hildebrand, S. 385ff.

111 Engels, HdL, Sp. 2077.

112 Hildebrand, S. 385.

113 Helmold von Bosau I. 88. Daß sich Ludolf von Dahlum nach dem Ende dieser Episode "vom Herzog degradiert fühlen" mußte und seit dem Verlust des Burgkommandos in Quetzin "die Maßnahmen des Herzogs mit einem gewissen Mißtrauen" beobachtet habe, wie Lubenow, S. 176 meint, ist nicht schlüssig und als psychologisierende Erklärung der späteren Entwicklung abzulehnen.

114 Siehe dazu Lubenow, S. 176.

115 Hildebrand, S. 386f.

116 Zu den Kämpfen der Jahre: Annales Pegavienses, zu 1180f., S. 263ff. Arnold von Lübeck, S. 133ff. Vgl. auch Jordan, HdL, S. 187ff. mit der weiteren Literatur S. 283f. Zum Sturz Heinrichs des Löwen: Haller. Erdmann. Heinemeyer. Theuerkauf. Engels. Weinfurter.

117 *Multi enim ministerialium eius, qui a cunabulis ab eo educati fierant, et quorum patres sine omni contradictione ipsi servierant, ut Heinricus de Witha, Luppoldus de Hertesberch, Ludolphus de Peinna et alii plures, recesserunt ab eo et ad imperium se transtulerunt.* Arnold von Lübeck II., 17. 1188 August 8, Druck: MGH D. Friedrich I. Nr. 975. 1188 August 28, Druck: MGH D. Friedrich I. Nr. 978. 1188 September 1, MGH D. Friedrich I. Nr. 979.

118 Ehlers, Riddagshausen, S. 69, Anm. 62 ist dementsprechend zu korrigieren. Die Zeugenschaft Ludolfs zu (1186-1190) in einer Urkunde des Bischofs Adelog von Hildesheim, Druck: UB Hochstift Hildesheim 1, Nr. 447, sticht gegen die in den beiden folgenden Anmerkungen angeführten Testate nicht.

und sind dementsprechend in den Jahren 1182[119] und 118(6)[120] im Gefolge des Herzogs belegbar.

Über die Vorgänge des Reichsaufgebotes gegen Heinrich den Löwen im Jahr 1192 liegen recht zuverlässige Quellen vor.[121] Im Gegensatz zu den Ereignissen nach 1180 handelte es sich bei dem Abfall von Ministerialen jetzt nicht um einen Wechsel zur gegnerischen Partei, sondern um einen innerparteilichen Aufruhr.[122] Die Ursache der Entfremdung und des Aufstandes Ludolfs II. von Dahlum gegen seinen Herrn wird tatsächlich in Streitigkeiten um Gefangene seinen Ausgang genommen haben.[123] Denn die Auslieferung von gefangenen Gegnern, die nicht nur durch das Lösegeld Bedeutung besaßen, hatte schon einmal zu Streit zwischen dem Herzog und seinen Anhängern geführt.[124] Wesentlich ist zum einen, daß Ludolf II. nicht zu den Gegnern des Herzogs überging, sondern sich zunächst auf seine befestigten Plätze Wenden und Dahlum zurückzog, zum anderen, daß der Herzog seinen meuternden Ministerialen zunächst vor sein Hofgericht bestellte. Ein Zeichen seiner Ohnmacht war dies gewiß nicht.[125] Möglich, daß Heinrich der Löwe in Anbetracht der militärischen Lage einem wichtigen Ministerialen noch einmal die Möglichkeit zur Umkehr geben wollte. Erst der Schiedsspruch, nach Ignorierung der Vorladungen über Ludolf gefällt, trieb diesen zu Gewalttätigkeiten. Vielleicht wird der Spruch auf Aberkennung der Dienstlehen gelautet haben.[126] Die Meldung, Ludolf II. von Dahlum sei nach dem Schiedsspruch zu den Gegnern Heinrich des Löwen übergetreten,[127] ist nicht stimmig, da Ludolf in den Friedensvertrag zwischen den bei Leiferde lagernden Fürsten und Heinrich dem Löwen zunächst nicht eingeschlossen war. Erst auf die mühevolle Vermittlung des Pfalzgrafen Konrad[128], eines Bruders Friedrich I., hin, wurde Ludolf in den Frieden eingeschlossen.[129] Wenn es Ludolf II. von Dahlum wagen konnte, eine Position zwischen den beiden gegnerischen Parteien einzunehmen, so wird deutlich, über welche bedeutenden Mittel und welche Streitkraft die führenden Ministerialen verfügt haben müssen.[130] Dennoch war das Scheitern des Aufstandes auch nach dem vorzeitigen, die Abmachungen brechenden Losschlagen, an dem sich auch Ekbert von Wolfenbüttel sowie Ludolf von Peine beteiligten, nicht mehr aufzuhalten. Mit Belagerungsmaschinen zwang Heinrich von Braunschweig, der älteste Sohn Heinrichs des Löwen und spätere Pfalzgraf, die Befestigungen nacheinander zur Aufgabe. Ludolf II. von Dahlum geriet mit seinem jüngeren Sohn Ludolf III. in Gefangenschaft, während Balduin II. fliehen konnte. Über das weitere Schicksal Ludolfs II. ist nichts bekannt. Bloße Vermutung ist, daß

---

119 1182 Mai 4, Orig.: StA WF 12 Urk 10; Druck: Diplomatarium S. Ludgeri II, S. 462; Cod. dipl. Anhalt. 1, S. 453.

120 118(6) August 11, Urk HdL Nr. 118.

121 Annales Stederburgenses zu 1191. Br. Reimchronik zu 1192. Zu den Stederburger Annalen Wattenbach/Schmale 1, S. 420f. Zu den Ereignissen der Jahre auch Toeche, Heinrich VI., S. 547ff.

122 *seditio*, Annales Stederburgenses, S. 225ff.

123 Es wird kein Vorwand gewesen sein, wie Lubenow, S. 177 meint.

124 Arnold von Lübeck II. 16 zu 1179/80.

125 Dagegen Lubenow, S. 177.

126 Vgl. Bosl, Reichsministerialität, S. 123. Lubenow, S. 494.

127 Fenske, Geschlechter, S. 699.

128 Nicht des "Pfalzgrafen Heinrich", wie Haendle, S. 17 irrtümlich meint.

129 Annales Stederburgenses, S. 225ff.

130 Vgl. dazu im Kap. I. 2.2. über die im ersten Drittel des 13. Jahrhunderts erkennbare eigene militärische Dienstmannschaft des Vogtes Balduin II. von Dahlum.

er in Gefangenschaft verstorben sein könnte.[131] Seine Söhne kamen aber offenbar wieder in den Besitz seiner Lehen.[132]

Der bei diesem Aufstand mit agierende Ludolf von Peine wird in der gewöhnlich gut unterrichteten Stederburger Chronik[133] als Oheim Ludolfs II. von Dahlum bezeichnet.[134] Als Grafen von Peine setzte wohl schon Lothar von Süpplingenburg dessen Vater Bertold ein,[135] der später auch als Ministeriale Heinrichs des Löwen nachweisbar ist.[136] Ludolf I. von Peine, der Sohn Bertolds,[137] tätigte schon im Jahre 1160 eine größere Schenkung an das Kloster Riddagshausen.[138] Unter den Zeugen befand sich Ludolf II. von Dahlum, der später auch gemeinsam mit diesem eine Urkunde für das Kloster Riddagshausen bezeugte.[139] Nach dem Sturz Heinrichs des Löwen im Jahre 1180 ging Ludolf I. von Peine zu Kaiser Friedrich I. über. Daneben ist er zu dieser Zeit in Urkunden des Bischofs Adelog von Hildesheim nachweisbar, wo er überraschenderweise unter den Grafen und Edelherren testierte.[140] Dementsprechend kam sein gleichnamiger Sohn, Ludolf II. von Peine, als Graf von Peine im Jahre 1199 bei einer Schenkung Pfalzgraf Heinrichs an das Kloster Riddagshausen vor, die auch Balduin II. und Ludolf III. von Dahlum bezeugten.[141] Häufigeren Umgang pflegten die Ministerialen von Peine allerdings mit dem Kloster Stederburg, welches von ihnen bedeutende Zuwendungen erhielt.[142] So ist es auch zu erklären, daß die welfenfreundlichen Stederburger Annalen den Abfall Ludolfs von Peine im Jahre 1192 über seine Verwandtschaft mit Ludolf II. von Dahlum zu erklären versuchten.[143]

Schon die wenigen hier aufgeführten Beispiele zeigen anschaulich, wie insbesondere die führenden Vertreter der welfischen Ministerialität durch persönlichen qualifizierten Dienst unter Heinrich dem Löwen an Bedeutung gewinnen konnten.[144] An sich sind ähnliche Entwicklungen auch in anderen Teilen des Reiches und bei anderen Reichsfürsten zu beobachten;[145] völlig singulär steht jedoch der ganz eigentümliche, schon an *superbia* grenzende Stolz der führenden Gruppe der welfischen Ministerialität da, der - verbunden mit einer nicht unbeträchtlichen Wohlhabenheit[146]

---

131 Haendle, S. 17.

132 Balduin II. und Ludolf III. finden sich erstmals im Jahre 1196 im Gefolge des Pfalzgrafen Heinrich wieder. Balduin trägt dabei den Vogt-Titel. Orig.: StA WF 7 Urk 1; Druck: O.G. III., S. 605.

133 Vgl. dazu Wattenbach/Schmale 1, S. 420ff.

134 Annales Stederburgenses, S. 225ff. zu 1191. Zu den Ministerialen von Peine: Schmidt-Phiseldeck, Gunzelin. Haendle, S. 30-32.

135 Vogt, S. 48f.

136 Urk HdL Nr. 4, Nr. 6. Nicht sicher, weil nur mit Taufnamen: Urk HdL Nr. 7, Nr. 9, Nr. 10. Vgl. dazu Ehlers, Riddagshausen, S. 62 mit Anm. 17.

137 Urk HdL Nr. 27.

138 Orig.: StA WF 24 Urk 9; Druck: Urk HdL Nr. 45.

139 O. J. (1186-1190), Orig.: StA WF 24 Urk 13; Druck: Vogell S. 8; UB Hochstift Hildesheim 1, Nr. 447. Zur Datierung: ZsHVNds 1878, S. 318f.

140 UB Hochstift Hildesheim 1, Nr. 442, Nr. 473.

141 Orig.: StA WF 24 Urk 21; Druck: O.G. III., S. 621. Es ist das letzte Mal, daß Graf Ludolf II., mit dem die Familie ausstirbt, erwähnt wird. Zu seinem Erbe: Engelke, S. 4f., Zillmann, S. 34f.

142 Annales Stederburgenes, S. 209 zu 1166, S. 216 zu 1182, S. 218 zu 1187, S. 219 zu 1187.

143 Annales Stederburgenes, S. 225ff. zu 1191.

144 Zu den Aufgaben der welfischen Ministerialen Lubenow, S. 503-515.

145 Vgl. dazu Bosl, Reichsministerialität und die weitere in der Einleitung 1. aufgeführte Literatur. Vgl. auch Ehlers, Riddagshausen, S. 67f.

146 Vgl. dazu Arnold von Lübeck V. 2 über die Höhe des Lösegeldes für die Gefangenen: Graf Helmold von Schwerin 300 Mark, Truchseß Jordan von Blankenburg 500 Mark, *quia pecuniosus*

- im Dienst für Heinrich den Löwen und im Glanze seiner Macht erwuchs.[147] Deutlich wird in historiographischen Werken dieser Zeit hierauf hingewiesen, indem die überheblichen Worte Heinrichs von Weida gegenüber Vizelin von Oldenburg beim Streit um die Investitur der nordelbischen Bischöfe[148] und die des herzoglichen Truchsessen Jordan I. von Blankenburg während der Zusammenkunft zwischen Heinrich dem Löwen und Kaiser Friedrich I. in Chiavenna[149] wörtlich wiedergegeben werden. Der Vorteil, den Heinrich der Löwe zunächst durch die verstärkte Heranziehung von personen- und sachenrechtlich abhängigen Dienstleuten gewinnen konnte,[150] tritt dem gegenüber immer mehr in den Hintergrund. Stattdessen mußten die Welfen bei ihren politischen Entscheidungen die Möglichkeit einer Opposition innerhalb dieser militärisch schlagkräftigen und durchaus standesbewußten Gruppe[151] immer stärker berücksichtigen und befürchten. Denn der Abfall welfischer Ministerialen konnte, wie das Beispiel der freiwilligen Übergabe der Harzburgen an Friedrich I. zeigt,[152] durchaus den Ausschlag für das Schicksal der welfischen Sache geben.[153]

1.1.2 Das angebliche Testament Heinrichs des Löwen

Eine testamentarische Verfügung Heinrichs des Löwen nach seinem Tod im Jahre 1195[154] gab es offenbar nicht. Bisweilen ist vermutet worden, daß die Söhne "auf Grund einer väterlichen Bestimmung die Herrschaft in Teilgebieten übernommen hatten".[155] Neu dagegen ist die Behauptung, daß das sogenannte Testament Heinrichs des Löwen,[156] eine Stilübung innerhalb einer Formularsammlung,[157] auf einer echten Vorlage beruhte.[158] Die genaue Überlieferungsgeschichte des Stückes ist immer noch nicht ganz geklärt.[159] Umstritten ist ferner die Datierung des Braunschweiger Teils

---

erat.

147 Vgl. dazu Lubenow, S. 516f.

148 *(...) Facite quod vobis utile est, et approquinquate domno nostro et facite voluntatem eius ... alioquin frustrabitur labor vester, eo quod nec cesar, nec archiepiscopus possit iuvare causam vestram domno meo obnitente. (...)* Helmold von Bosau I. 69, S. 131f. Siehe dazu Ehlers, HdL, S. 442f.

149 *Sinite domine, ut corona imperialis vobis veniat ad pedes, quia veniet et ad caput.* Burchard von Ursberg, S. 54. "Do sproch des hertoghen druczzate: 'herre, iu is de crone komen up den vot, se sal in wol up dat hovet komen.'" Sächsische Weltchronik, S. 229. Siehe dazu: Jordan, HdL, S. 188f. mit der dazugehörigen Literatur auf S. 283. Ehlers, HdL, S. 450 mit Anm. 87.

150 Siehe dazu Lubenow, S. 487f., S. 490f..

151 Allgemein dazu Bosl, ius ministerialium. Siehe auch Ehlers, Riddagshausen, S. 68.

152 Arnold von Lübeck II. 17. Vgl. dazu Lubenow, S. 503.

153 Vgl. dazu, allerdings mit einigen Fehlern, Brenske, Exkurs 2, S. 140-147. So kann beispielsweise die Asseburger Fehde keinesfalls als ein interner Machtkampf Herzog Albrechts des Großen mit welfischen Ministerialen bewertet werden. Siehe dazu im Kap. I. 1.3.3.

154 1195 August 6. Annales Stederburgenses, S. 230f. Arnold von Lübeck V. 24. Memorien St. Blasius 3, S. 40.

155 Kleinau, Gebietsentwicklung, S. 13 i. V. mit Busch, S. 2f. Vgl. auch v. Heinemann, S. 295.

156 Druck: O.G. III., S. 159; Urk. HdL Nr. 140; Vienken, Nr. 14.

157 Jordan, Testament.

158 Hucker, Testament.

159 Vienken, S. 164ff., S. 175ff. Nach einem verlorenen Mainzer Codex (dazu: Goetze, hier S. 57) ist bei Schannat 1, S. 209 (danach der Regest UB Br. IV., S. 394) auch der Freilassungsbrief eines Braunschweiger Vogtes (Vienken, Nr. 10) abgedruckt (bei Hucker, Otto IV., S. 673 nicht berücksichtigt). Dieser verlorene Codex enthielt offenbar auch das Testament Heinrichs des Löwen, obschon es bei Schannat nicht gedruckt wurde. Vgl. dazu: Urk HdL, S. 194. Jordan, Testament, S. 372f. Vienken, S. 170 und S. 178f. Hucker, Testament S. 194. Alle Überlieferungen der

der Formularsammlung.[160] Die Vorschläge reichen von dem Jahr 1198[161] über "bald nach diesem Ereignis" [der Erbteilung von 1202][162] bis zu "Anfang des 13. Jahrhunderts"[163]. Als Autor des Braunschweiger Teils der Stilübungen ist der Kanoniker Ludolf von Volkmarode aus dem Stift St. Blasius in Braunschweig vermutet,[164] keineswegs aber identifiziert worden.[165] Auf dieser Hypothese lassen sich keine neue Hypothesen hinsichtlich der Datierung der Formularsammlung aufbauen.[166] Ferner darf aus der Stilübung des Testamentes eines zu einer Pilgerreise nach Jerusalem abfahrenden Kanonikers des Stifts St. Blasius in Braunschweig mit dem Taufnamen Ludolf aus dem Jahr 1197[167] nicht ohne weiteres gefolgert werden, daß dieser auch Teilnehmer des Kreuzzuges Kaiser Heinrichs VI. von 1197 gewesen sei, an dem auch Pfalzgraf Heinrich teilgenommen hatte.[168] Hätte der vermeintliche Autor der Stilübungen den Kreuzzug mitangetreten, dann wäre ausgerechnet das Testament Heinrichs des Löwen, mit dem 1. September 1197 und der richtigen Indiktionszahl versehen, vordatiert worden, mithin hätte der Autor eben nicht "die jeweils aktuellen Daten verwendet[.]"[169]. Der mutmaßliche Autor der Stilübungen, der Kanoniker Ludolf von Volkmarode, ist auch nicht erst wieder im Jahre 1204 nachweisbar,[170] sondern schon in einer Urkunde Pfalzgraf Heinrichs, deren Datierung zwar nicht mehr lesbar ist, aber in das Jahr 1199 gehört.[171] Er war nicht Kleriker König Ottos IV.[172], und sein Bruder Friedrich von Volkmarode war nicht Marschall Ottos IV., sondern Marschall Pfalzgraf Heinrichs.[173]

In diesen Zusammenhang gehört, daß Pfalzgraf H(einrich) in einer der Stilübungen seinen Bruder W(ilhelm von Lüneburg) und seinen Marschall F(riedrich von Volkmarode) während seiner Kreuzfahrt zu Stellvertretern für den Schutz des Stiftes St. Paulus in Halberstadt bestellt habe.[174] Aber auch bei dieser Urkunde handelt es sich mit großer Sicherheit um eine reine Stilübung,[175] da von einer Vogteistellung Heinrichs über das genannte Stift sonst nichts bekannt ist und da Wilhelm zu der

---

Formularsammlungen sind heute verloren bzw. vernichtet.

160 Zur Aufteilung der sog. Pertzschen Formelbuchfragmente in einen Halberstädter, einen Braunschweiger und einen Hildesheimer Teil Vienken, passim.

161 Hucker, Otto IV., S. 672.

162 Jordan, Testament, S. 376.

163 Vienken, S. 183. So zunächst auch Jordan in Urk. HdL, S. 194.

164 "Vielleicht handelt es sich um den Kanoniker Ludolf von Volkmarode..." Vienken, S. 178.

165 Dagegen Hucker, Otto IV., S. 671f.

166 Hucker, Testament, S. 195f.

167 1197 April 30, Druck: Vienken, Nr. 12. Derselbe Text dann zu 1211 April 30 für einen Ludolf, Kanoniker des Heilig-Kreuz-Stifts in Hildesheim, Druck: Schannat, S. 189; UB Hochstift Hildesheim 1, Nr. 645.

168 Zum Kreuzzug ausführlich Naumann. Zur Teilnahme des Pfalzgrafen vgl. auch Röhricht, S. 89.

169 Hucker, Testament, S. 195. Zum Zeitablauf des Kreuzzuges neben Naumann auch v. Heinemann, S. 51-54.

170 Dagegen Hucker, Testament, S. 196.

171 O. J. (1199) Januar 30, Orig.: LHA Magdeburg Rep. U 7 Nr. 29; Druck: v. Heinemann, Nr. 4 (mit Lesefehler). Die rechte Datierung ergibt sich daraus, daß das Regierungsjahr König Ottos IV. mit *anno regni ejus primo* angegeben ist.

172 Hucker, Testament, S. 198. Hucker, Otto, IV. S. 435 unter Berufung auf die Urkunde Ottos IV. des Jahres 1206, Orig.: StA WF 7 Urk 7; Druck: Asseburger UB 1, Nr. 35. Der genannte Ludolf von Volkmarode war dem Urkundentext gemäß *in ecclesiis nostris sanct[i] Blasii et sanct[i] Cyriaci Bruneswic canonicus.*

173 Siehe zu ihm im Kap. I. 1.2.6.

174 O. J. (1197), Druck: O.G. III., S. 618; UB S. Bonifacius/S. Paulus Nr. 11; Vienken, Nr. 18.

175 Anders Vienken, S. 171. Hucker, Otto IV., S. 369.

Zeit erst 13 Jahre alt gewesen sein dürfte.[176] Im sogenannten Testament Heinrichs des Löwen kommt der Aussteller abgekürzt als "H" mit der Devotions- und Legitimationsformel *dei gratia* und mit dem nicht weiter bestimmten Herzogstitel vor.[177] Ein stilkritisches Argument gegen die mutmaßliche echte Vorlage des Testamentes Heinrichs des Löwen, nämlich die Worte *die exitus mei iam appropinquante*, sind zwar ungewöhnlich, sprechen aber nicht generell gegen die Authenzität des Stückes.[178] Andererseits ist das sogenannte Testament, auch wenn das Jahr nicht stimmt, wenige Tage nach dem tatsächlichen Todestag Heinrichs des Löwen datiert,[179] obschon dem Autor des Stückes dieses Datum eher bekannt gewesen sein muß. Fernerhin spricht eine Anzahl von inhaltlichen Argumenten gegen eine Authenzität der testamentarischen Bestimmungen:
1.) Die Verfügungen des Stückes widersprechen wesentlich den Bestimmungen der ersten welfischen Teilung vom Jahre 1202.[180] Nachträglich konstruierte Erklärungsversuche aufgrund veränderter politischer Konstellationen, die darin kumulieren, daß das Testament Heinrichs des Löwen deswegen "schon bald seine Bedeutung verloren [hatte]" und "seine Bestimmungen ... überholt [waren]",[181] müssen aus verschiedenen Gründen ausscheiden. Zunächst einmal widerspräche eine solche Interpretation der grundsätzlichen Bedeutung eines letzten Willens, der - zumal wenn von Heinrich dem Löwen - gewiß nicht achtlos geblieben wäre. Außerdem hätte der älteste Sohn Heinrichs des Löwen, Pfalzgraf Heinrich, sicherlich auch nicht ohne weiteres auf den Herrschaftsmittelpunkt Braunschweig verzichtet, wenn ihm ein solches Testament seines Vaters bekannt gewesen wäre. Ferner wird in den Urkunden der ersten welfischen Teilung ein letzter Wille oder eine Bestimmung Heinrichs des Löwen mit keinem Wort auch nur andeutungsweise erwähnt.[182]
2.) Auffällig sind in der Arenga die Worte *Ne ergo hereditatis mee testimonium inter filios meos non equa portione distrahatur, ego precavens* .... Der Inhalt dieser Textstelle kann keineswegs auf einer bloßen Formelhaftigkeit beruhen und gewinnt seinen Sinn erst durch die Differenzen zwischen Pfalzgraf Heinrich und Otto IV. nach der ersten welfischen Teilung.[183]
3.) Des weiteren wird (Pfalzgraf) H(einrich) als *senior* bezeichnet. Er wird also ausdrücklich als Erstgeborener gegenüber den beiden jüngeren Söhnen hervorgehoben. Nach Pfalzgraf Heinrich wird gleich W(ilhelm) aufgeführt, womit auffälligerweise der jüngste Sohn Heinrichs des Löwen vor den zweitgeborenen Otto gesetzt wird.
4.) W(ilhelm) werden *Lovenburg et Luneburg* zugesprochen, womit entgegen ihrer tatsächlichen Bedeutung eine nachzuordnende Burg im Harz oder an der Elbe vor einem wichtigsten Schwerpunkt der welfischen Herrschaft eingeordnet wird.

---

176 Jordan, Familie, S. 138f.
177 Vgl. dazu Urk HdL, S. 175, Z. 20ff.
178 Hucker, Testament, S. 196f. gegen Urk HdL, S. 194 "anstößige Worte". Auf die weitergehende Argumentation dazu bei Jordan, Testament, S. 375 geht Hucker allerdings nicht ein.
179 Das Testament datiert 1197 September 1, Druck: O.G. III., S. 159; Urk. HdL Nr. 140; Vienken, Nr. 14. Der Herzog starb am 6. August 1195. Die Nachweise dazu oben.
180 Jordan, Testament, S. 371f. Zur ersten welfischen Teilung mit der weiteren Literatur Pischke, Landesteilungen, S. 12-34 und im Kap. I. 1.3.2.
181 Hucker, Testament, S. 199 und vorher S. 197f.
182 Vgl. dazu Jordan, Testament, S. 371 gegen Busch, S. 2.
183 Siehe dazu im Kap. I. 1.3.2.

5.) Dagegen steht der zweitgeborene Sohn Heinrichs des Löwen, Otto, an letzter Stelle und wird als einziger mit ungekürztem Taufnamen aufgeführt. Hieraus dürfte sich ersehen lassen, auf welche Person und wessen Erbansprüche die Stilübung zielgerichtet war.
6.) Zuletzt werden im Text des Testamentes die Ministerialen ausdrücklich genannt und hervorgehoben, indem diese gemäß den Erbbereichen aufgeteilt werden sollten.[184]

Offensichtlich ist es dem Autor der Stilübungen darauf angekommen, die Rolle der Ministerialität zu betonen. Aus diesem Grunde ist es sehr wahrscheinlich, daß er der welfischen Ministerialität entstammte. Neben diesen bedeutenden inhaltlichen Argumenten spricht außerdem das Fehlen von Zeugen dagegen, daß das sogenannte Testament Heinrichs des Löwen auf einer echten Vorlage beruhte. Es handelt sich in Wirklichkeit um eine reine Stilübung, deren Autor das Ergebnis der ersten welfischen Teilung offenbar als ungerecht empfunden hat. Daß der Autor des sogenannten Testamentes Heinrichs des Löwen und des Braunschweiger Teils der Formelbuchfragmente im Stift St. Blasius in Braunschweig und vermutlich in dem Kanoniker Ludolf von Volkmarode zu suchen sei, widerspricht diesem Ergebnis nicht. Ludolf von Volkmarode war der Bruder des Marschalls von Pfalzgraf Heinrich und dürfte daher die Stimmungen innerhalb des ministerialischen Anhangs dieses Fürsten nach der ersten welfischen Teilung gekannt und geteilt haben, was in der Stilübung zum Ausdruck käme.[185]

Möglicherweise drückt sich in den Worten des sogenannten Testamentes Heinrichs des Löwen aber auch eine gewisse Unzufriedenheit des Stiftskapitels von St. Blasius mit König Otto IV. in Folge seiner ersten Amtshandlung in bezug auf das Stift nach der ersten welfischen Teilung aus. Otto IV. stellte nämlich in einer im Jahre 1204 ausgestellten Urkunde unterschiedliche Rechtspositionen hinsichtlich der Marktkirche St. Martin fest, erteilte den Bürgern der Altstadt das Pfarrerwahlrecht und entschädigte dafür das Stift St. Blasius,[186] was insgesamt eine Schmälerung der Macht des Stiftes und einen Bedeutungsgewinn für die Bürgerschaft bedeutete.[187] Der Stiftsherr Ludolf (von Volkmarode) testierte dabei vor seinem Bruder Anno als erster von acht Stiftsherren hinter dem Dekan und dem Küster. Aus diesem Grund ist es sehr wahrscheinlich, daß das sogenannte Testament Heinrichs des Löwen nach dem Abfall Pfalzgraf Heinrichs von König Otto IV.[188] gegen Ende des Jahres 1204 oder kurz darauf entstand.

---

184 *... ministeriales mei, secundum quod plus vel minus digniores habentur, inter filios meos ad eorum servicium ascribantur.* Urk HdL Nr. 140.
185 Ähnlich schon bei Jordan, Testament, S. 376.
186 1204 Oktober 22, Orig.: StA WF 7 Urk 6; Druck: O.G. III., S. 773; Asseburger UB 1, Nr. 33; UB Br. 2, S. 14f.
187 Vgl. auch Schneidmüller, Kollegiatstifte, S. 261 mit Anm. 28. Die Bedeutung des Privilegs wird auch dadurch deutlich, daß es nicht im Archiv der Stadt, sondern im Archiv des Stifts überliefert ist.
188 Siehe dazu ausführlich im Kap. I. 1.3.2.

1.2 Pfalzgraf Heinrich

1.2.1 Pfalzgraf Heinrich als Nachfolger Heinrichs des Löwen

Nach dem Tod Heinrichs des Löwen führte sein erstgeborener Sohn Heinrich,[189] später auch Pfalzgraf bei Rhein, in seinen Urkunden sowie in seinem zweiten und dritten Siegel neben dem pfalzgräflichen Titel bis auf wenige Ausnahmen den Titel des Herzogs von Sachsen und beharrte so auf dem Anspruch auf das Herzogtum Sachsen.[190] Heinrich trat schon in den letzten Lebensjahren seines Vaters aktiv auf. Dies äußert sich zunächst einmal an den Intitulationes zweier späten von Heinrich dem Löwen ausgestellten Urkunden[191] sowie in den chronikalisch für die Jahre 1189 und 1192 festgehaltenen militärischen Leistungen Heinrichs.[192] Heinrich von Braunschweig brachte zudem nach seinem Abfall von König Heinrich VI. während dessen Italienheerfahrt im Jahre 1191[193] ein päpstliches Privileg mit, wonach eine eventuelle Exkommunikation Heinrichs des Löwen und seiner Nachfolger nur durch den Papst oder dessen Beauftragte erfolgen könne.[194]

Heinrich von Braunschweig war im welfischen Kernland zunächst alleiniger Repräsentant der welfischen Herrschaft. Dies resultierte einmal daraus, daß seine jüngeren Brüder aufgrund ihres Alters und ihrer exiliären geographischen Ferne keine rechte Möglichkeit zu einer Herrschaftsmitwirkung im welfisch-sächsischen Raum besaßen,[195] zweitens aufgrund der politischen Bedeutung Heinrichs, der spätestens seit 1196 als Erbe seines staufischen Schwiegervaters Konrad auch Pfalzgraf bei Rhein war.[196] Nach seiner Eheschließung mit Agnes, der Tochter des Pfalzgrafen Konrad, gegen Ende des Jahres 1193 hat schon die bisherige Forschung für Pfalzgraf Heinrich eine diplomatische, gemäßigte welfische Position ausgemacht.[197] Die einzigartige Eheverbindung zwischen den Kindern zweier gegnerischer Familien ist dementsprechend rezipiert worden. Arnold von Lübeck preist das Beilager der beiden Liebenden mit dichterischen Worten.[198] Die Braunschweiger Reimchronik beschreibt das Verlöbnis Heinrichs mit der Staufertochter Agnes über ein Falkenbild,[199] und bis in die Neuzeit hinein ist die besondere Liebe zwischen zwei

---

189 Zu ihm ausführlich und grundlegend v. Heinemann. Vgl. auch Hucker, Otto IV., S. 359-367.

190 Zur Titelführung Pfalzgraf Heinrichs v. Heinemann, S. 300-307. Die von v. Heinemann, Nr. 5 Pfalzgraf Heinrich zu 1208 Mai 2 zugeordnete Urkunde mit der einmaligen Titelführung *dux de Brunswig* wurde von Herzog Heinrich dem Wunderlichen ausgestellt, Orig.: StA WF 19 Urk 160, und gehört in das Jahr 1298. Vgl. dazu auch: Kleinau, Gebietsentwicklung, S. 13, Anm. 28. Boshof, S. 253, Anm. 22. Dementsprechend ist Hucker, Otto IV., S. 13 zu korrigieren. Allgemein zum Titularherzogtum Werle.

191 1191 Juni 6, *Heinricus dux una cum filio suo Heinrico* ..., Orig.: StA WF 25 Urk 22; Druck: Urk. HdL Nr. 128. (1194 April ?), *H. dux Saxonie et eius unici filii* ..., Urk. HdL Nr. 130, wobei also auch schon die weiteren Söhne berücksichtigt seien dürften.

192 Br. Reimchronik, V. 4089ff., S. 511f. Annales Stederburgenses, S. 225ff.

193 Siehe dazu: v. Heinemann, S. 21ff. Jordan, HdL, S. 225ff.

194 1191 August 5, Orig.: StA WF 1 Urk 6; Druck: O.G. III., S. 563f.

195 Vgl. v. Heinemann, S. 44.

196 Mit dem Titel eines Pfalzgrafen ist Heinrich bei Kaiser Heinrich VI. zu 1196 April 9, Reg. imperii IV, 3 Nr. 502, belegbar. Die weiteren Belege zur Übernahme der Pfalz bei v. Heinemann, S. 48ff. Siehe dazu auch Schneidmüller, Siegel, S. 259f.

197 v. Heinemann, S. 37, S. 43f., S. 184. Toeche S. 566.

198 Arnold von Lübeck, V. 20.

199 Br. Reimchronik, S. 513ff.

von ihrer Herkunft gegnerisch geprägten präsent geblieben.[200] Auch eines der bedeutenden literarischen Werke dieser Zeit, der Tristrant Eilhards von Oberg, dürfte vor diesem Hintergrund eher Pfalzgraf Heinrich denn Otto IV. oder gar Wilhelm von Lüneburg gewidmet worden sein.[201] Allein in der Person des Pfalzgrafen lassen sich die inhaltlichen Hauptthemen des Tristrant, ritterliche Kraft und minnigliche Liebe, in einen realen Zusammenhang bringen und miteinander verbinden.[202] In der möglichen Entstehungszeit des Werkes testierte Eilhard von Oberg zweimal in Urkunden des Pfalzgrafen der Jahre 1196[203] und 1197[204], und der mutmaßliche Auftraggeber des Werkes, ein Truchseß Jordan von Blankenburg[205], kann als Hofamtsträger nur Pfalzgraf Heinrich gedient haben.[206] In einer Urkunde Pfalzgraf Heinrichs für das Kloster Schönau im Jahre 1196 ist zudem der dichtende Edelherr Bligger von Steinach[207] nachweisbar,[208] und obendrein hat ein anonymer Dichter des 13. Jahrhunderts den Pfalzgrafen geehrt.[209]

Vielleicht kommt Pfalzgraf Heinrich auch als ein möglicher Adressat der Chronik Arnolds von Lübeck in Frage.[210] Immerhin findet Pfalzgraf Heinrich bei Arnold viel öfter Erwähnung als sein Bruder Wilhelm von Lüneburg, einem mutmaßlichen Adressaten der Chronik.[211] Pfalzgraf Heinrich ist nicht nur ein eigenes Kapitel gewidmet,[212] sondern auch in der Beschreibung des dritten Kreuzzuges tritt er als Protagonist auf.[213] Entgegen der bisherigen Meinung[214] wird Pfalzgraf Heinrich von Arnold durchaus auch als Herzog, *dux Heinricus, qui et palatinus*, bezeichnet.[215] Politisch wäre mit der Hochzeit Heinrichs von Braunschweig und der Tochter des staufischen Pfalzgrafen möglicherweise auch eine zweite Versöhnung zwischen Welfen und Staufern gestiftet worden, wenn nicht die Doppelwahl im Jahre 1198 von Pfalzgraf Heinrich eine eindeutige Parteinahme gefordert hätte.[216]

Vor seiner Kreuzfahrt legte Pfalzgraf Heinrich wichtige, von seinem Vater ererbte Rechte und Besitztitel auch schriftlich nieder. So beginnt die Überlieferung der Originalurkunden des Stifts St. Blasius in Braunschweig mit drei Urkunden des

---

200 v. Eckhart sowie die bei Mertens, Tristrant, S. 280f. mit Anm. 35 genannte Literatur.
201 Für eine Widmung an die Letztgenannten spricht sich Hucker, Otto IV., S. 367, Anm. 43, und S. 374f. aus.
202 Dies müßte freilich genauer untersucht werden, als es hier getan werden kann. Siehe dazu Mertens, Tristant, S. 275f.
203 1196, Orig.: StA WF 24 Urk 17; Druck: O.G. III., S. 606.
204 1197, Kop.: StA WF VII B Hs 154 S. 102f.; Druck: Dürre, Athelold, S. 15-18. Vgl. dazu Schneidmüller, Kollegiatstifte, S. 277f. mit Anm. 105.
205 Mertens, Tristrant, S. 270ff.
206 In Frage kommen nur Jordan I. und Jordan II. von Blankenburg. Zu ihnen siehe im Kap. II. 1.1.4 und 1.1.7. Hucker, Otto IV., S. 367, Anm. 43 ist demgemäß zu korrigieren.
207 Zu ihm Bumke, S. 127f. Mertens, LexMA.
208 *Blicgerus de Steinahe et filii eius*, Druck: Gudenus, Sylloge, Nr. 20. Der Sohn Bliggers, Konrad von Steinach, bezeugt ferner im Jahre 1211, Druck: Gudenus, Sylloge, Nr. 33, eine weitere Urkunde Pfalzgraf Heinrichs für das Kloster Schönau.
209 Fragmentum poematis.
210 Dagegen, ohne ausreichende Begründung, Hucker, Historia regum, S. 118, Anm. 71.
211 Hucker, Historia Regum, S. 118.
212 Arnold von Lübeck, V. 20.
213 Arnold von Lübeck, V. 28.
214 Hucker, Historia Regum, S. 118, Anm. 71.
215 Arnold von Lübeck, VI, 12 zu 1200.
216 Siehe dazu Winkelmann 1, S. 132. v. Heinemann, S. 71f.

Pfalzgrafen[217] und die des Stiftes St. Cyriacus vor Braunschweig mit zwei Urkunden desselben[218]. Bevor Pfalzgraf Heinrich im Jahre 1197 zum Kreuzzug aufbrach, besiegelte er das Güterverzeichnis des Stiftes St. Cyriacus vor Braunschweig.[219] Ein im Wesen ähnliches Güterverzeichnis, das typologisch ebenfalls "in eine noch nicht hinreichend untersuchte Entwicklungsreihe von der Pergamenturkunde zum Urbar bzw. Lehnbuch"[220] gehört, stellte Pfalzgraf Heinrich für das Kloster Mariental aus.[221] Präzise werden in dem Stück die Güter in †Konsdorf[222] und anderen Ortschaften eingegrenzt, die das Kloster vom Pfalzgrafen erworben hatte.[223] Die Einordnung des Stücks in das Jahr 1197 wird auch durch das anhängende Siegel des Pfalzgrafen gestützt.[224] Als alleiniger Repräsentant der welfischen Herrschaft stellte Pfalzgraf Heinrich im Jahre 1196 eine Urkunde für das Stift St. Blasius in Braunschweig,[225] in der erstmals drei Hofämter belegt sind, und noch (1199) eine für das Kloster Unser Lieben Frau zu Halberstadt[226] *in civitate nostra Bruneswich* aus.[227] Auch in den Urkunden Ottos IV. für Braunschweig der Jahre 1199[228] und 1203[229] und sogar noch des Jahres 1204[230] für das Kloster Riddagshausen erwähnte der Aussteller ausdrücklich die Zustimmung seiner Brüder, Pfalzgraf Heinrich und Wilhelm von Lüneburg.[231]

Die Bedeutung Pfalzgraf Heinrichs als Stifter und Gönner von Klöstern und Stiften ist zum einen hinlänglich bekannt,[232] zum anderen erst in jüngster Zeit erkannt worden.[233] Pfalzgraf Heinrich stiftete außerdem im Jahre 1222 den in der Stiftskirche

---

217 StA WF 7 Urk 1, 2, 3 der Jahre 1196 und 1197. Dasselbe stellt Schneidmüller, Kollegiatstifte, S. 275, Anm. 98 und S. 277 fest.

218 StA WF 8 Urk 1, 2 zu (1196-97). Vgl. dazu Schneidmüller, Aegidien, S. 54.

219 Orig.: StA WF 8 Urk 2; Neuedition: Schneidmüller, Kollegiatstifte, Anhang B, S. 309 mit weiteren Druckorten. Vgl. dazu ausführlich mit der Neudatierung des Stückes bei Schneidmüller, Kollegiatstifte, Anhang 4, S. 301ff. Fotografie: Schneidmüller, Kollegiatstifte, Abb. 7, S. 303.

220 Schneidmüller, Kollegiatstifte, S. 301 mit weiteren Beispielen in Anm. 4.

221 O. J., Orig.: StA WF 22 Urk 16; Druck: ZsHarzV 11, 1878, S. 92f. Das Stück ist bei Schneidmüller, Kollegiatstifte, S. 301 nicht aufgeführt. Herzog Albrecht der Große bestätigt u.a. in einer Urkunde für das Kloster Mariental zu 1259 Januar 23, Kop.: StA WF Hs VII B 341 S. 25f., die Urkunde Pfalzgraf Heinrichs gesehen zu haben.

222 Kleinau, GOV, Nr. 1219, S. 350.

223 Verkaufsurkunde des Pfalzgrafen zu 1197 Mai 17, Kop.: StA WF Hs VII B 340 S. 48-49; Druck: O.G. III., S. 616. In einer undatierten, in das Jahr 1200 gehörenden Urkunde bestätigt König Otto IV. diesen Kontrakt, Kop.: StA WF VII B Hs 340, S. 32; Regest: Reg. imperii V, 1 Nr. 215.

224 Es handelt sich um eine Ausprägung des Typares I. Zur Siegelführung Pfalzgraf Heinrichs: Schneidmüller, Siegel mit der älteren Literatur. Fenske, Adel und Rittertum, S. 156f., sowie unten im Exkurs 2.

225 Orig.: StA WF 7 Urk 1; Druck: O.G. III., S. 605f.

226 (1199) Januar 30. Die rechte Datierung ergibt sich aus dem Zusatz *regnante serenissimo domino nostro Ottone quarto Romanorum rege et semper augusto, anno regni ejus primo.* Orig.: LHA Magdeburg Rep. U 7 Nr. 29; Druck: v. Heinemann, Nr. 4 (mit Lesefehler).

227 Zum Problem der Stadtherrschaft über Braunschweig Garzmann, S. 134f. Hucker, Otto IV., S. 58ff. Vgl. zu letzterem Schneidmüller, NdsJBLGesch., S. 367.

228 Zwei Orig.: StadtA Br A I 1, Nr. 1 u. 1a; Druck: O.G. III., S. 760; Harenberg, S. 1297; UB Br. 2, S. 12f.

229 1203, Orig.: StA WF 24 Urk 25; Druck O.G. III., S. 769.

230 1204 vor Juli 9, Orig.: StA WF 24 Urk 26; Druck: Meibom III., S. 159; O.G. III., S. 770; Asseburger UB 1, Nr. 32.

231 Erst zu 1204 Oktober 22, Orig.: StA WF 7 Urk 6; Druck: O.G. III., S. 773; Asseburger UB 1, Nr. 33; UB Br. 2, S. 14f., bezeichnet Otto IV. Braunschweig als *civitas nostra*, da Pfalzgraf Heinrich kurz zuvor von ihm abgefallen war.

232 v. Heinemann, S. 263-278.

233 Gosebruch, Dom S. 14. Mertens, Tristant. Hucker, Otto IV., S. 367 mit Anm. 43.

St. Blasius gelegenen St. Bartholomäusaltar,[234] bestätigte ein Jahr später die Stiftung des Marienaltars daselbst durch seine Mutter[235] und vermehrte ferner die Patrone des Stifts St. Blasius in Braunschweig durch den Heiligen Thomas von Canterbury[236]. Neben dem damit verbundenen baulichen Endausbau der Stiftskirche St. Blasius dürfte durch ihn auch der Kirchenschatz des Stifts gemehrt worden sein.[237]

1.2.2 Die Ministerialität unter Pfalzgraf Heinrich

Nach dem Sturz Heinrichs des Löwen konnte die welfische Ministerialität eine den reichsfürstlichen Dienstmannen ebenbürtige Position zunächst aufgrund der Stellung des ältesten Sohnes Heinrichs des Löwen als Pfalzgraf bei Rhein genießen. Sie durfte sich in Diensten eines welterfahrenen und militärisch erfolgreichen Fürsten wähnen, der durchaus nicht im Schatten seines Vaters stand. Heinrich von Braunschweig zeichneten offenbar persönliche, militärische und gesundheitliche Qualitäten gleichgewichtig aus.[238] Deutlich wird die Geisteshaltung der welfischen Ministerialität gegenüber Pfalzgraf Heinrich sowie das Selbstverständnis der welfischen Ministerialität bei Arnold von Lübeck, der einen welfischen Ministerialen bei der Belagerung von Thorut sagen läßt: *Castra, que videtis, sunt Heinrici palatini de Reno, filii Heinrici ducis, nominatissimi principis, et nos servi illius.*[239] Wenn auch der Kreuzzug scheiterte, so konnte sich Pfalzgraf Heinrich dennoch seiner Leistungen auf demselben rühmen. Neben der literarischen Resonanz auf seine Taten bei Arnold von Lübeck[240] hat Pfalzgraf Heinrich seiner Kreuzfahrt selbst sozusagen ein steinernes Denkmal gesetzt, indem er die von ihm nach dem August des Jahres 1198 erbaute Burg an der Mosel "Turon" nannte.[241] Dennoch konnte die Pfalz mit ihren ehemals staufischen Dienstmannen selbstverständlich nicht Platz für die welfische Ministerialität bieten.[242] Angehörige der welfischen Ministerialität erschienen auch nur ein einziges Mal, kurz bevor Pfalzgraf Heinrich

---

234 Orig.: StA WF 7 Urk 15; Druck: O.G. III., S. 693. Siehe auch Annales S. Blasii, S. 824. Memorien St. Blasius, S. 25f.

235 Orig.: StA WF 7 Urk 16; Druck: O.G. III., S. 676.

236 Döll, S. 37f. mit Anm. 84, S. 44, S. 49f. Der Hl. Thomas Becket, Erzbischof von Canterbury, kommt zwar schon im Evangeliar Heinrichs des Löwen vor, wird mit Sicherheit aber erst unter dem Pfalzgrafen Mitpatron des Stiftes, da er im Testament Kaiser Ottos IV. (Orig.: StA WF 2 Urk 1, Druck: MGH Constitutiones 2, Nr. 42; O.G. III., S. 363ff.; Asseburger UB 1, Nr. 95. Weitere Druckorte unten.) im Passus zugunsten des Stifts noch nicht erwähnt wird.

237 So das berühmte Büstenreliquiar des hl. Blasius, vgl. Niehr, S. 181f. Zudem wird in der ausführlichen Beschreibung des Reliquienschatzes des Stifts St. Blasius in Braunschweig durch Rethmeier, Kirchenhist. I., S. 102ff., ein "silbern Siegel Hertzog Heinrichs des Löwen, so ihm von dem König in england geschencket worden, worinn die zwey güldene Leoparden zu sehen" (sic!), aufgeführt. Rethmeier, hat sich bei der Zuordnung des Siegelstempels von einer legendenhaften Erzählung leiten lassen (Wolter, S. 54). Jedenfalls dürfte das von Rethmeier, noch gesehene, heute nicht mehr vorhandene Stück eher mit Pfalzgraf Heinrich in Verbindung zu bringen sein, der in seinem zweiten und drittem Siegel die zwei Leoparden erstmals im Schild geführt hat.

238 *... erat preclarus genere, nobilis virtute, speciosus forma, validus corporare, notos opinione, ...* Arnold von Lübeck, V. 20.

239 Arnold von Lübeck, V. 28. Der Bezug auf Pfalzgraf Heinrichs Vater, Heinrich den Löwen, im Zitat läßt kaum zu, daß es sich bei den Ministerialen ausschließlich um pfälzische gehandelt haben könnte.

240 Arnold von Lübeck, V. 28.

241 Gesta Treviorum, S. 390. Vgl. dazu Brinken, S. 224f.

242 Anders sieht das während der Zeit der Verbindung der Pfalz und Bayern unter den Wittelsbachern aus, wobei zeitweilig sogar gemeinsame Hofbeamte vorkommen. Erleichtert worden ist dies hauptsächlich durch die räumliche Nähe beider Landschaften. Siehe dazu Klafki.

zur Kreuzfahrt aufbrach, im Jahre 1197 als Urkundenzeugen in der Pfalz.[243] Daher wird sich auch die welfische Ministerialität dem Anspruch Pfalzgraf Heinrichs auf Restituierung des welfischen Herzogtums Sachsen unterstellt haben.

Ein Beispiel dafür, welche Bedeutung die Ministerialität nicht nur für die Regierung, sondern auch für die höfische Kultur Pfalzgraf Heinrichs spielte, zeigt die Zeugenliste einer Urkunde Pfalzgraf Heinrichs des Jahres 1225.[244] Hier wurden Vicko von Lüneburg, Baldeko, Sohn des Marschalls,[245] und Johannes von Bodenteich als *pueri nostri* des Pfalzgrafen Heinrich bezeichnet. Pfalzgraf Heinrich führte also zu dieser Zeit drei jugendliche Angehörige ministerialischer Familien als Knappen an seinem Hof.[246] Die Anzahl von drei Knappen dürfte dem Bedürfnis und der Würde des fürstlichen Ritters entsprochen haben.[247] Zudem stammten zwei der drei Knappen des Pfalzgrafen aus dem Lüneburger Raum, was sich daraus erklärt, daß Pfalzgraf Heinrich im Jahre 1223 Otto das Kind[248] zu seinem Erbe eingesetzt hatte,[249] womit die Grenzen zwischen dem Lüneburger Erbe Ottos des Kindes und dem Erbteil Pfalzgraf Heinrichs zu verschmelzen begannen.

Pfalzgraf Heinrich hatte bedeutende Hofämter inne. Er war Schenk des Bischofs von Paderborn[250] und als rheinischer Pfalzgraf Erztruchseß des Königs[251]. Somit wäre der Einfluß und die Stellung Pfalzgraf Heinrichs gegenüber seinem Bruder Otto IV. nicht allein aus den verwandtschaftlichen Banden herzuleiten, sondern beruhte auch auf der politischen Bedeutung des rheinischen Pfalzgrafen für das Reich. Pfalzgraf Heinrich starb am 28. April des Jahres 1227[252] und fand seine letzte Ruhe in exponierter Lage in der Stiftskirche St. Blasius in Braunschweig[253]. Der Tod des Pfalzgrafen, für den neben den bekannten Anniversarien auch eines im Kloster St.

---

243 ... *Dietmarus de Vlagelinge, Henricus de Utesheim, Godefridus de Sumerschenburg, Eberhardus Bere*, ..., Druck: UB Mittelrhein 2, Nr. 168.

244 Orig.: StA WF 8 Urk 4; Druck: v. Heinemann, Nr. 21.

245 Gemeint ist der Marschall Friedrich von Volkmarode. Siehe dazu im Kap. II. 1.2.14.

246 Zur Einordnung des Knappen in die ritterliche Kultur des Hochmittelalters mit der weiteren Literatur siehe Fenske, Knappe.

247 Vgl. dazu Fenske, Knappe, S. 106.

248 Zu ihm siehe im Kap. I. 1.5 mit der dazugehörigen Literatur.

249 Original im Jahre 1830 verbrannt (StA WF 36 Alt 385); Druck: O.G. IV., S. 98 nach dem Original; UB Br. 2, S. 22f. Siehe dazu ausführlich im Kap. I. 1.5.1.

250 Osnabrücker UB 2, Nr. 229. Zu Dynasten als Hofamtsträger bei Hochstiften Schulte, S. 386ff. Vgl. auch Petke, Wöltingerode, S. 373, Anm. 287.

251 Rösener, Hofämter, S. 505f. mit der weiteren Literatur. Vgl. auch UB Langensalza, Exkurs V., S. 236-247.

252 Das Jahr und den Todestag haben: Annales S. Blasii, S. 824 *in die S. Vitalis* (= April 28). Chon. ducum Brunswic. Cap. 16, S. 584 "1217 [sic!] IV. Kal. Maii" (= April 28). Chron. Winhusanum (O.G. III., S. 231); Chronik Wienhausen S. 1 *in die Valentini martyris* (= Februar 14). Nur das Jahr haben: Annales Stad., S. 359. Br. Reimchronik, Z. 3417f. Sächsische Weltchronik, Cap. 371, S. 246. Nur den Todestag "IV. Kal. Maii' (= April 28) haben die Memorien St. Blasius 3, S. 25f. mit Anm. 128 (Vgl. dazu Schneidmüller, Landesherrschaft, S. 81ff. Darin auch allgemein zur Memoria der sächsischen Welfen und der Memorienverzeichnisse im Stift St. Blasius.), das Nekrologium des Klosters Loccum mit dem Zusatz *benefactor et defensor* (Totenbuch Loccum, S. 244) und das Nekrologium des Klosters Wöltingerode (Nekrologium Wöltingerode, S. 57). Zum Todesdatum Pfalzgraf Heinrichs auch: v. Heinemann, S. 180. Dürre, Stadt Braunschweig, S. 92f.

253 "... mitten in der Kirchen nahe vor dem Altar belegen, woselbst vor dem ein Grabmahl in gleicher Höhe als des Henrici Leonis zu sehen gewesen, in welchem man denn schon vor Jahren etliche Sarcke oder Todten-Laden, so nahe nebeneinander gestanden, und neuliger Zeit wieder einen höltzernen Sarck voller Gebeine angetroffen ..."(sic!), Rethmeier, Kirchenhist. 1, S. 95ff. Eine Studie zu der Grablege der welfischen Fürsten im Stift St. Blasius, die sich mit der Situation vor und nach den Eingriffen zur Zeit Herzog Anton Ulrichs auseinandersetzen müßte, fehlt.

Ludger in Helmstedt begangen wurde,[254] ist als eine entscheidende Zäsur im Verhältnis der welfischen Ministerialität zu ihren welfischen Herren anzusehen. Dementsprechend wird der Verstorbene in einer Version der Sächsischen Weltchronik als "de leste van Brunswich" bezeichnet.[255]

1.3 Kaiser Otto IV.

1.3.1 Die angebliche Restitution des welfischen Herzogtums Sachsen

Noch bevor Pfalzgraf Heinrich von seiner Kreuzfahrt zurückgekehrt war,[256] wurde sein jüngerer Bruder Otto zum König gewählt.[257] Daß in den Jahren 1198/99 durch den eben gewählten König Otto IV. der *ducatus Saxonie* an den Pfalzgrafen Heinrich übertragen[258] und diese Übertragung dann im Jahre 1204 "zurückgenommen" worden sei,[259] ist eher unwahrscheinlich. Keine einzige Quelle weiß von diesem Vorgang zu berichten. Eine, wenn auch nur versuchte Revision des Urteils über Heinrich den Löwen mit ganzer oder nur teilweiser Restitution des welfischen Herzogtums Sachsen wäre gewiß nicht unbeachtet geblieben.[260] Man vergleiche dazu die Aufmerksamkeit, welche der wirklichen Revision des welfischen Herzogtums - wenn auch neuen Stils - im Jahre 1235 zuteil geworden ist.[261] Die Tatsachen sprechen vielmehr dafür, daß Pfalzgraf Heinrich auf diesen Schritt von Seiten seines Bruders Otto IV. gewartet und denselben eingefordert hat. So erklärt damit die Kölner Königschronik den Abfall Pfalzgraf Heinrichs von Otto IV. im Jahre 1204.[262]

Die Frage, weshalb Otto IV. das sächsische Herzogtum nicht wiederhergestellt hat, ist mehrfach gestellt worden.[263] Dazu ist erstens zu sagen, daß eine Restitution des welfischen Herzogtums Sachsen aufgrund der politischen Lage nur zu wenigen Zeitpunkten überhaupt möglich gewesen wäre. Otto IV. besaß kaum Handlungsspielraum gegenüber seinen bedeutenden Anhängern, dem Erzbischof von Köln und dem askanischen Herzog von Sachsen. Und für die Schaffung eines Herzogtums neuen, territorialen Typus, wie es 1235 unter Friedrich II. mit dem

---

254 Der Prior Eckhard, der Propst und der Konvent des Klosters St. Ludger bekunden u.a., daß Propst Ludger Anniversarien für sich, Bertold von Dobbeln, der Herrin Adelheid, sowie des Herzogs Heinrich von Braunschweig und dessen Gattin gestiftet hat; Orig.: StA WF 12 Urk 50 zu 1243, ungedruckt.

255 Sächs. Weltchronik, S. 246.

256 Zum Zeitpunkt der Wiederkehr Pfalzgraf Heinrichs vom Kreuzzug siehe Schneidmüller, Siegel, S. 260ff.

257 Allgemein zu ihm: G. Langerfeld, Winkelmann und vor allem Hucker, Otto IV. (darin zur Wahl Ottos IV. mit der neueren Literatur S. 22ff.) sowie künftig die Ergebnisse eines Kolloquiums zur Kultur am Hofe Ottos IV. (Kultur Otto IV.).

258 Hucker, Otto IV., S. 40-45.

259 Hucker, Otto IV., S. 45f.

260 Das Schweigen sämtlicher Quellen erkennt zwar auch Hucker, Otto IV., S. 45f., meint aber, die Restitution habe "reichsrechtlich und faktisch keine Konsequenzen gehabt" und daß daher keine der erzählenden Quellen "sich veranlaßt" sah, darüber zu berichten.

261 So gab Kaiser Friedrich bei der Gründung des Herzogtums Braunschweig-Lüneburg die Anweisung, seine Entscheidung in allen Annalen festzuhalten. Annales Colonienses maximae, S. 844. Chronica regia Colonienses, Cont. IV., S. 267. Vgl. dazu Bähr, S. 3. Boshof, Entstehung, S. 274.

262 *Nam idem palatinus infidelis circa fratrem existens, ipso derelicto, ad Phillippum se transtulit, pecunia ab eodem corruptus et promissione ducatus Saxoniae.* Chronica regia Coloniensis, S. 217f. Siehe dazu ausführlich im nächsten Kapitel.

263 Patze, Territorien, S. 10. Garzmann, S. 136. Boshof, S. 257. Hucker, Otto IV., S. 40ff.

Herzogtum Braunschweig-Lüneburg entstand, war die Zeit noch nicht reif.[264] Allerdings ist festzustellen, daß Otto IV. nicht einmal den Versuch dazu unternommen hat. Zweitens dürfte Otto IV. die Zukunft des welfischen Hauses in einem untrennbaren Zusammenhang mit seinem Kaisertum gesehen haben und hat sich dementsprechend der weiteren Unterstützung seines Bruders sicher geglaubt. So verweigerte Otto IV. Pfalzgraf Heinrich das, was er ihm als Mitwähler bei seiner Königswahl mutmaßlich gewiß hätte zugestehen müssen. Drittens ist sicherlich am bedeutendsten, daß Otto IV. bei einer Restitution des welfischen Herzogtums seine vor 1202 in Aussicht genommene und nach 1202 zugesprochene Hausmacht verloren hätte, denn allein auf dem (späteren) Erbteil des Pfalzgrafen wäre die Wiederherstellung eines *ducatus Saxonie* unmöglich gewesen. Es waren somit in erster Linie persönliche politische Gründe, die Otto IV. dazu bewogen, das welfische Herzogtum Sachsen nicht wieder herzustellen.

1.3.2 Die erste welfische Teilung 1202, der Abfall Pfalzgraf Heinrichs von Otto IV. 1204 und die Revision der Teilung 1208

Als Otto IV. zum König gewählt wurde, war das Erbe Heinrichs des Löwen noch ungeteilt und blieb es im wesentlichen bis zur ersten welfischen Teilung von 1202.[265] Der Anstoß zur Teilung des welfischen Erbes wird weniger von Pfalzgraf Heinrich,[266] sondern vielmehr von Otto IV. ausgegangen sein, der für sein Königtum eine Hausmacht als feste Stütze bedurfte[267] und dessen Wunsch sich Pfalzgraf Heinrich offenbar nicht verstellen konnte.[268] Daß die erste welfische Teilung zu allererst eine Teilung zwischen Pfalzgraf Heinrich und Otto IV. war, kommt darin zum Ausdruck, daß Wilhelm von Lüneburg die betreffenden Teilungsurkunden bloß besiegelte und keine eigenen Urkunden hierüber ausstellte.[269] Zudem bezeugte kein einziger Ministeriale Lüneburger Herkunft die vier Urkunden der ersten welfischen Teilung. Während aus der Urkunde Ottos IV. für Wilhelm hervorgeht, daß *convocatis principibus et ministerialibus nostris*[270] die Teilung durchgeführt wurde, spricht die Reimchronik davon, daß das Los entschieden habe.[271] Der Urkundentext unterstützte die These, daß der welfische Anhang, nicht unbedingt aber die Familie der Welfen, "ihre zukünfigten Geschicke ganz mit dem Königtum" verbunden

---

264 Siehe dazu unten im Kap. I. 1.5.3.

265 1202 Mai, Heinrich für Otto, Orig.: im Jahre 1830 verbrannt (StA WF 36 Alt 385); Faksimile des verlorenen Originals O.G. III., Tab. XXVIII.; Druck: O.G. III., S. 627. Heinrich für Wilhelm, Druck: O.G. III., S. 852f.; Reg. v. Campe 1, Nr. 122. Otto für Heinrich, Orig.: im Jahre 1830 verbrannt (StA WF 36 Alt 385); Faksimile des verlorenen Originals O.G. III., Tab. XXVII.; Druck: O.G. III., S. 626ff.; UB Hannover, Nr. 2. Otto für Wilhelm, Druck: O.G. III., S. 853. Zur Teilung mit den Druckorten der Teilungsurkunden Pischke, Landesteilungen, S. 5, S. 12-34.

266 Annales Stederburgenses, S. 229, Anm. 79. Vgl. dazu Pischke, Landesteilungen, S. 12.

267 Hucker, Testament, S. 197.

268 *ex consilio domini nostri Ottonis Romanorum regis invictissimi ... et conniventia nostra*, Druck: O.G. III., S. 852. Vgl. dazu, sich widersprechend, Pischke Landesteilungen, S. 12 "schwer verständlich, daß von Otto der Wunsch nach Teilung ausgegangen sein sollte"; S. 13 "Die Initiative scheint doch von Otto ausgegangen zu sein ...". Die Urheberschaft Ottos sieht auch Hucker, Otto IV., S. 46.

269 So auch Hucker, Otto IV., S. 50. Dagegen Pischke, Landesteilungen, S. 12.

270 O.G. III., S. 853. Siehe dazu Hucker, Otto IV., S. 51.

271 Br. Reimchronik, S. 530. Dazu: Pischke, Landesteilungen, S. 32 mit Anm. 165. Hucker, Otto IV., S. 49f.

hätten.[272] Die Meldung der Reimchronik wäre durch die Tatsachen des weiteren Verlaufs der Beziehungen zwischen Otto IV. und Pfalzgraf Heinrich als schlüssig anzusehen. Einigermaßen unerklärlich erscheint zunächst das Resultat der Teilung, mit der Pfalzgraf Heinrich die sicheren angestammten Besitzungen um die Residenz Braunschweig an Otto IV. verlor und sogar gegenüber dem jüngsten Bruder Wilhelm als benachteiligt angesehen werden muß, der die Besitzungen um Lüneburg und wichtige Harzburgen erhielt.[273]

Die Schwerpunkte des Einflußbereiches Pfalzgraf Heinrichs in den welfischen Landen wurden durch die Teilung der Raum um Stade und Bremen, der im wesentlichen im Gegensatz zu allen anderen keinen unbestrittenen Allodialbesitz, sondern Kirchenlehen des Erzbistums Bremen darstellte, sowie der Allodialbesitz um Celle, Göttingen, Northeim und Einbeck. Dennoch ist das Erbteil Pfalzgraf Heinrichs nicht unbedeutend gewesen, da zu seinem Herrschaftsgebiet immerhin der ganze südliche Raum gehörte[274] und die wichtige welfische Ministerialenfamilie von Blankenburg, die die Hofämter des Truchsessen und des Schenken stellte, aus dem Anteil Wilhelms zugunsten Heinrichs ausgeschlossen wurde. Wilhelm von Lüneburg sollte über alle Ministerialen in seinem Teil verfügen *preter Jordanum et Jusarium et Annonem*. Diese sind sämtlich als die Söhne des Truchsessen Jordan I. von Blankenburg zu identifizieren.[275] Daß einer der drei der Familie von Heimburg zugehörig gewesen sei,[276] ist dagegen ganz unwahrscheinlich. In Frage käme wohl nur derjenige mit Taufnamen Anno. Die Familie von Heimburg spielte zu dieser Zeit keine herausragende Rolle mehr, und ein Angehöriger der von Heimburg mit Taufnamen Anno wird erst wieder im Jahre 1225 in einer Urkunde des Pfalzgrafen Heinrich nachweisbar.[277] Aus dem Text der Teilungsurkunde geht nicht eindeutig hervor, zu wessen Gunsten die Brüder von Blankenburg aus dem Anteil Wilhelms herausgenommen worden sind.[278] Da jedoch Jordan II. der Truchseß und sein Bruder Jusarius II. der Schenk Pfalzgraf Heinrichs waren und größtenteils in seiner Umgebung nachweisbar werden, sind sie offensichtlich dem Anteil des Pfalzgrafen zugeschlagen worden. Zudem dürfte der Marschall Friedrich von Volkmarode aus dem Anteil König Ottos IV. zugunsten des Pfalzgrafen herausgenommen worden sein, was zwar die Teilungsurkunden nicht ausdrücklich vermerken, aber durch dessen Auftreten indirekt nachgewiesen werden kann.[279]

Bevorzugte Orte des Pfalzgrafen Heinrich in den Gebieten seines Erbes können nicht ausgemacht werden,[280] da in der Zeit bis zum Tode Ottos IV. urkundlich jeweils nur ein Aufenthalt des Pfalzgrafen in Stade[281] und in Celle[282] belegt werden kann. Stade gewinnt etwas an Bedeutung, da das dortige Marienkloster von Pfalzgraf

---

272 Boshof, S. 255.
273 v. Heinemann, S. 97ff. und S. 293ff. Boshof, S. 255. Schneidmüller, Siegel, S. 263.
274 Vgl. dazu Last, Göttingen, S. 51ff.
275 Siehe dazu im Kap. II. 1.1.4. Dasselbe Ergebnis haben auch Reg. v. Campe 1, S. 76, Anm. und Lubenow, S. 66.
276 Pischke, Landesteilungen, S. 17 und S. 24. Hucker, Otto IV., S. 49f. und S. 370.
277 Zu Anno III. von Heimburg siehe Lubenow, S. 128-135.
278 Bei Pischke, Landesteilungen, S. 17 und S. 24 nicht berücksichtigt.
279 Siehe dazu im Kap. II. 1.2.6.
280 Anders Hucker, Otto IV., S. 366.
281 1204 August 30, Druck: Archiv Bremen und Verden 3, 1869, S. 278-281.
282 1214 März 9, Orig.: StA Bückeburg Schaumburg Or. Dep. 2 Nr. 33; Druck: O.G. III., S. 651.

Heinrich dotiert wurde[283] und die Grablege der ersten Gattin Pfalzgraf Heinrichs, Agnes von Staufen, aufnahm.[284] Die Bedeutung von Celle, in dessen Nähe Pfalzgraf Heinrich mit seiner zweiten Frau Agnes das Zisterzienserinnenkloster Nienhagen/Wienhausen stiftete,[285] zeigt sich dann noch einmal nach dem Tod des Pfalzgrafen, als es zusammen mit dem Goslarer Bergwerkszehnten[286] und der Helmstedter Vogtei[287] das Witwengut der Agnes bildete.[288] Im südlichen Raum des Herrschaftsgebietes Pfalzgraf Heinrichs trat neben Göttingen[289] vor allem Einbeck hervor. So gründete Pfalzgraf Heinrich vor den Mauern der Stadt im Jahre 1203 das Marienspital,[290] welches er im Jahre 1208 weiter dotierte.[291] Das dortige Stift St. Alexander kommt in Urkunden des Pfalzgrafen dagegen erst in den zwanziger Jahren vor.[292]

Gegen die Einschätzung, daß die erste welfische Teilung bloß auf dem Pergament stattgefunden hat,[293] spricht die von Pfalzgraf Heinrich vor seinem Abfall vom königlichen Bruder vollzogene Forderung nach der Herausgabe Braunschweigs und der Burg Lichtenberg.[294] Dagegen muß allerdings gehalten werden, daß Otto IV. bei zwei Güterübertragungen für das Kloster Riddagshausen der Jahre 1203[295] und 1204[296] des Konsenses seiner beiden Brüder noch ausdrücklich gedachte. Wichtig für die rechtliche Qualität der Teilung ist eine Urkunde Ottos IV. für das Kloster Riddagshausen

283 1204 August 30, Druck: Archiv Bremen und Verden 3, 1869, S. 278-281.

284 Chronicon S. Michaelis Luneburgenses, S. 397. Br. Reimchronik, S. 551. Pfalzgraf Heinrich findet sich auch späterhin mit Stade verbunden: 1225 befreit er die Bürger von Stade vom Zoll in Celle, Orig.: StadtA Stade Nr. 3; Regest: UB Stade Nr. 30; Hansisches UB 1, Nr. 183; Reg. v. Campe 1, Nr. 186.

285 Im Necrologium des Klosters Wienhausen, Chronik Wienhausen, S. LI., wird Pfalzgraf Heinrich als Gründer bezeichnet. Dagegen gestattet Bischof Konrad von Hildesheim zu 1233 April 24, zwei Orig. KlA Wienhausen Nr. 5 (mit drei Siegeln) und HStA Han Celle Or. 100 Wienhausen Nr. 1 (mit einem Siegel); Regest: UB Hochstift Hildesheim 2, Nr. 360, der Agnes, Herzogin von Celle (!), die Gründung zum Andenken ihres verstorbenen Gatten.

286 1243 Juni 3, Druck: O.G. III., S. 719; Rethmeier, Br. Chron. 1, S. 479f.; Cod. dipl. Br. B 1, S. 486; Lüneburger UB 5, Nr. 1. 1243 Juni 3, Druck: O.G. III., S. 720; Rethmeier, Br. Chron. 1, S. 480; Pfeffinger 1, S. 109; Lüneburger UB 5, Nr. 3. Herzoginwitwe Agnes für das Kloster Isenhagen mit Zeugenschaft Herzog Ottos, 1243 Juni 3, Druck: O.G. III., S. 721; Lüneburger UB 5, Nr. 2. Orig.: KlA Wienhausen Nr. 21; Druck: Asseburger UB 1, Nr. 229. 1244 Juli 11; Druck: Lüneburger UB 5, Nr. 4.

287 1230 April 22, Orig.: StA WF 12 Urk 28; Druck: v. Heinemann, S. 29. 1230, Regest: Reg. v. Campe 1, Nr. 210.

288 v. Heinemann, S. 188.

289 1222, Pfalzgraf Heinrich für das Kloster Fredelsloh, ausgestellt in Göttingen, Orig.: HStA Han Cal. Or. 100 Fredelsloh Nr. 12; Druck: O.G. III., S. 694; UB Fredelsloh, Nr. 17. Vgl. auch Wagner, S. 6f.

290 Regest: Urk. Einbeck, Nr. 18. Regest der Bestätigung der Gründung durch Papst Innocenz III. im Jahre 1203: Urk. Einbeck Nr. 19. Das Hospital wird 1297, Orig.: HStA Han Cal. Or. 100 Einbeck St. Marien, Nr. 5; Regest: Urk. Einbeck Nr. 90, durch Herzog Heinrich den Wunderlichen in ein Kollegiatstift umgewandelt.

291 Orig.: verloren (im Bestand HStA Han Cal.Or. 100 Einbeck St. Marien nicht vorhanden); Druck: Bilderbeck 2, S. 140.

292 1224 Juni 5, Orig. (in zweifacher Ausfertigung, davon eines besiegelt): StA WF 23 Urk 25; Druck: O.G. III., S. 696; Cod. dipl. Quedlinburg., S. 142. 1225, Druck: UB Hochstift Hildesheim 2, S. 60. 1226 März 28, Druck: v. Heinemann, Nr. 23. 1226, Orig.: StA WF 19 Urk 14; Druck: O.G. III., S. 708. Dem Stift St. Alexander in Einbeck stiftete Herzog Heinrich der Wunderliche zu 1288 das noch heute erhaltene Chorgestühl. Siehe dazu Urk. Einbeck, Nr. 69 mit weiterer Literatur.

293 Siehe dazu: Hüttebräuker, S. 4. v. Heinemann, S. 298f. Bode, Hasselfelde, S. 84f.

294 Arnold von Lübeck, VI. 6.

295 Orig.: StA WF 24 Urk 25; Druck: O.G. III., S. 769.

296 1204 (vor Juli 12), Orig.: StA WF 24 Urk 26; Druck: O.G. III., S. 770; Asseburger UB 1, Nr. 32.

mit Zustimmung seiner Brüder Pfalzgraf Heinrich und Wilhelm im Jahre 1203 *anno autem regni nostri quinto.*[297] Die Zeugenreihe dieser Urkunde ist in Wirklichkeit eine doppelte: Es testierten zunächst zwei Grafen und vier Ministerialen und danach zwei Edelfreie und sechs Ministerialen. Der Urkundenschreiber wollte damit möglicherweise das Gefolge des anwesenden Pfalzgrafen Heinrich von dem Gefolge Ottos IV. teilen. Demnach wären Otto IV. als Testaten die Grafen Ludeger von Wohldenberg und Bernhard von Wölpe, die Ministerialen Truchseß Ludolf von Esbeck[298] und dessen Bruder Balduin, Ludolf von Bortfeld und Eilhard von Oberg zuzurechnen. Pfalzgraf Heinrich wären dementsprechend die Edelfreien Walter von Bollensen und Luthard von Meinersen, die Ministerialen Marschall Friedrich von Volkmarode, Herwig von Schauen, Otto von Lüneburg, Elverich von Dunstedt, Werner von Lüneburg und Ulrich von Schmedenstedt zuzuordnen. Mit dem Grafen Bernhard von Wölpe, den Brüdern von Esbeck, Friedrich von Volkmarode, Eilhard von Oberg und Ludolf von Bortfeld sind sechs der 14 Testierenden auch in den welfischen Teilungsurkunden als Zeugen vertreten. Einige der Zeugen kommen ferner in einer weiteren Urkunde König Ottos IV. für das Kloster Riddagshausen, *ecclesia nostra in Riddageshusen*, vor, die mit Zustimmung seiner beiden Brüder im Jahre 1204 *anno regni nostri VI* ausgestellt worden ist.[299] Darin testierten hinter dem Pfalzgrafen Heinrich der Graf Bernhard von Wölpe, der Edelherr Luthard von Meinersen und die Ministerialen Ludolf von Esbeck, Ekbert von Wolfenbüttel, Walter von Gandersheim, Gottfried von Sommerschenburg und Bertold von Bornum.

Das Ergebnis der ersten welfischen Teilung wurde offenbar von Pfalzgraf Heinrich und seinen Anhängern als ungerecht empfunden. Die Stimmung innerhalb des ministerialischen Anhanges des Pfalzgrafen kommt deutlich im sogenannten Testament Heinrichs des Löwen zum Ausdruck.[300] In diesen Zusammenhang gehört auch die Datierung *duobus electis Romani Imperii conregnantibus* einer nur kopial überlieferten Urkunde Pfalzgraf Heinrichs für das Kloster Homburg aus dem Jahr 1202,[301] also dem Jahr, in dem Otto IV. nicht seinen Bruder bei dessen Kampf um die Grafschaft Stade, sondern dessen Gegner unterstützt hatte.[302] Trotzdem trat Pfalzgraf Heinrich im Jahre 1203 mit großem persönlichen und militärischen Einsatz für König Otto IV. ein.[303] Vor dem Höhepunkt der Kämpfe des Jahres 1204, als Pfalzgraf Heinrich seinem Bruder mit einer bedeutenden Streitmacht, die er aus Oldenburg, Stade und aus dem Kreis seiner Ministerialen zusammengezogen hatte, zu Hilfe gekommen war,[304] verschlechterte sich die Lage des Pfalzgrafen nochmals. So kam

297 Orig.: StA WF 24 Urk 25, Druck: O.G. III., S. 769. Die Datierung läßt sich hinsichtlich der Regierungsjahre Ottos IV. genauer fassen: 1203 vor Juli 9.

298 Ludolf von Esbeck wird in dieser Urkunde und nur noch ein einziges weiteres Mal als Truchseß Ottos IV. genannt: Reg. imperii V,4 Nr. 34. Zu ihm auch Hucker, Otto IV., S. 387f.

299 Orig.: StA WF 24 Urk 26; Druck: O.G. III., S. 770; Asseburger UB 1, Nr. 32. Die Urkunde ist hinsichtlich der Regierungsjahre Ottos IV. zu 1204 vor Juli 9 einzuordnen.

300 Siehe dazu ausführlich im Kap. I. 1.1.2.

301 Druck: Urk. Kl. Homburg, Nr. 15. Vgl. dazu auch v. Heinemann, S. 98 mit Anm. 4. Die Zeugen könnten mit Ausnahme des sonst nie vorkommenden Ludolf von Assel, bei dem es sich um einen Abschreibfehler aus Ludolf von Esbeck handeln könnte, durchaus in dem genannten Jahr bei Pfalzgraf Heinrich vorkommen.

302 Siehe dazu v. Heinemann, S. 99f.

303 Siehe dazu v. Heinemann, S. 103ff.

304 *(...) cum copiis non parvis, quas de Aldenburch et de Stadio et ministerialium suorum numero contraxerat.* Arnold von Lübeck, VI. 6.

zu dieser Zeit Pfalzgraf Heinrich erstmals in ernsthafte Gefahr, wegen des Streites um die Grafschaft Stade in den Kirchenbann zu geraten.[305] Entscheidend aber dürfte sich der Tod der Gattin des Pfalzgrafen, Agnes von Staufen, am 9. Mai 1204[306] ausgewirkt haben. Mit dem Verlust der Ehefrau drohte nun auch der Verlust der Rheinpfalz, denn erst ihr Tod wird König Philipp die Möglichkeit dazu eröffnet haben, Heinrich die Rheinpfalz zu entziehen. In dieser Situation zog es Pfalzgraf Heinrich vor, sich von seinem königlichen Bruder abzuwenden. Der Abfall ist in die Zeit zwischen der Ankunft König Philipps in Goslar vor dem 25. April[307] und einer am 30. August in Stade ausgestellten Urkunde des Pfalzgrafen[308] zu setzen.[309] Unmittelbar davor soll ein Gespräch zwischen beiden Brüdern stattgefunden haben, das Arnold von Lübeck notiert.[310] Pfalzgraf Heinrich habe dabei als Entschädigung für seine Opfer - gemeint ist mit großer Sicherheit auch der bevorstehende Verlust der Pfalz und der früher oder später unumgängliche Verlust der Grafschaft Stade - die Stadt Braunschweig und die Burg Lichtenberg gefordert.[311] Otto IV. habe abgelehnt, indem er unter anderem das Ansinnen seines Bruders als Erpressung bezeichnete.[312] Die Möglichkeit, daß das Gespräch so stattgefunden haben könnte und nicht nur literarische Fiktion ist, muß bei der in diesem Teil relativ großen Zuverlässigkeit des Geschichtsschreibers[313] in Erwägung gezogen werden. Zumindest jedoch spiegeln sich Motive in den Worten, die Arnold den beiden Brüdern in den Mund legt. Pfalzgraf Heinrich hat sicherlich einen letzten Versuch unternommen, von seinem Bruder Zugeständnisse zu erhalten, die vergleichbar mit den ihm gewiß schon bekannten Offerten Philipps gewesen wären.[314] Als Gründe für den Abfall Pfalzgraf Heinrichs sind zu nennen: Die Unzufriedenheit mit den Ergebnissen der ersten welfischen Teilung, die mangelnde Bereitschaft Ottos IV., Pfalzgraf Heinrich in seinem Kampf um Stade zu unterstützen und das welfische Herzogtum Sachsen wiederentstehen zu lassen,[315] sowie der de facto schon stattgefundene und de jure drohende Verlust der Rheinpfalz. Deutlich erkennbar werden dabei Parallelen zu dem im Jahre 1191 stattgefundenen Abfall Heinrichs von Kaiser Heinrich VI.[316] Hier wie dort gab offenbar die nicht mehr bestehende Aussicht auf eine Restitution des welfischen Herzogtums Sachsen den Ausschlag.[317]

---

305 1204 April 5, Druck: Hamburger UB 1, Nr. 346. Vgl. v. Heinemann, S. 100f.
306 v. Heinemann, S. 107 mit den dazugehörigen Quellen in Anm. 2.
307 Siehe dazu v. Heinemann, S. 105, Anm. 3.
308 Pfalzgraf Heinrich für das Marienkloster in Stade, ausgestellt in Stade; Druck: Archiv Bremen und Verden 3, S. 278.
309 Die Meinung, daß Pfalzgraf Heinrich beim Feldzug König Philipps im August 1204 teilgenommen habe, die in den Reg. imperii V, 1 Nr. 85 und - mit fehlerhafter Jahreszahl - von Engels, HdÄ vertreten wird, hat schon v. Heinemann, S. 108f., Anm. 3, schlüssig widerlegen können.
310 Arnold von Lübeck, VI. 6.
311 *(...) Ut igitur tibi plenarie possim assistere, equum est, ut aliquid emolumenti a te debeam accipere. Dimittas ergo michi si placet civitatem Bruneswich et castrum Lichtenberg, ...* Arnold von Lübeck, VI. 6.
312 *(...) Nolo, ut quadam formidine territus, aliqua modo facere vodear, que forte in posterum quasi penitens mutare compellar.* Arnold von Lübeck, VI. 6.
313 Vgl. dazu Wattenbach/Schmale 1, S. 437ff.
314 Anders Hucker, Otto IV., S. 361f.
315 Siehe dazu im Kap. I. 1.3.1.
316 Siehe dazu v. Heinemann, S. 24ff.
317 Vgl. für 1191 v. Heinemann, S. 25 mit Anm. 4.

Ein plötzlicher Entschluß des Pfalzgrafen ist demnach kaum anzunehmen.[318]

Der Abfall Pfalzgraf Heinrichs von Otto IV. im Jahre 1204, der keineswegs mit einer besonderen Unterstützung Philipps verbunden war,[319] brachte dem Pfalzgrafen zwar nicht die Wiederherstellung der welfischen Herzogswürde, immerhin aber die Bestätigung seiner Reichslehen und der Pfalz,[320] sowie zusätzlich die Reichsvogtei Goslar.[321] Damit war auch die welfische Ministerialität, die trotz der welfischen Teilung bislang noch unter dem Dach gemeinsamer Interessen der beiden welfischen Herren verbunden war, zwischenzeitlich in zwei Lager getrennt. Ein wesentlicher Teil der welfischen Ministerialität, insbesondere die sächsischen Hofamtsträger, folgten ihrem Herrn, dem Pfalzgrafen Heinrich. Selbst der Sohn des Truchsessen des Pfalzgrafen, der kurz zuvor noch mit Zustimmung seines Vaters von Pfalzgraf Heinrich an Otto IV. übergeben worden war,[322] befand sich wenig später zusammen mit seinem Vater sowie dem Marschall Friedrich von Volkmarode und dessen Sohn im Gefolge des Pfalzgrafen in Stade.[323] Nach dem gewaltsamen Tod König Philipps am 21. Juni 1208[324] entschied sich Pfalzgraf Heinrich sehr schnell für die Anerkennung und Wiederwahl seines Bruders Otto IV. Neben der plötzlich günstigen politischen Grundstimmung und der verwandtschaftlichen Bande muß vermutet werden, daß Otto IV. seinem Bruder jetzt das gegeben haben wird, was in den Worten Arnolds von Lübeck schon 1204 zum Ausdruck gekommen war: Wenn er die Königswürde unangefochten besäße, dann solle Pfalzgraf Heinrich alles gemeinsam mit ihm besitzen.[325] Vor allem aus diesem Grund wird von nun an Pfalzgraf Heinrich bis zum Tod Ottos IV. die Sache seines königlichen Bruders mit vertreten und für ihn militärisch gekämpft haben. Dies würde bedeuten, daß die erste welfische Teilung zwischen Pfalzgraf Heinrich und Otto IV. faktisch schon im Jahre 1208 beendet war.[326]

Der Teil der welfischen Ministeralität in Sachsen, der Pfalzgraf Heinrich zuzuordnen ist, unterlag in diesen Jahren immer noch dem Spannungsfaktor zwischen dem tatsächlichen Reichsfürstentum ihres Herrn als Pfalzgrafen bei Rhein und dem Anspruch desselben auf ein Reichsfürstentum als Herzog von Sachsen. Deutlich wird dies in der doppelten und verschiedenen Titelführung des Marschalls Friedrich von Volkmarode im Jahre 1211. Während sich der Aussteller im Urkundentext *Fridericus de Volcmarode palatini comitis Rheni marscalcus dictus* nennt, zeigt sein

---

318 So auch Hucker, Otto IV., S. 362.

319 Siehe dazu v. Heinemann, S. 108 mit Anm. 3.

320 ... *hominio prestito quaedam beneficia cum palatio recepit.* Hugonis ei Honorii Cont. Weingarten., S. 480.

321 ... *ad Phillippum transiit praestitaque ei fidelitate advocaciam Goslariensem ab eo promeruit.* Cronicon Montis Sereni, S. 271. Zur Vogteistellung Heinrichs über Goslar Hölscher. Die Vergabe der Reichsvogtei Goslar ging offensichtlich auf Kosten der Grafen Hermann I. und Heinrich I. von Wohldenberg. Vgl. dazu Petke, Wöltingerode, S. 360f., S. 363f. und passim.

322 Orig. im Jahre 1830 verbrannt (StA WF 36 Alt 385). Druck: Reg. v. Campe 1, Nr. 126. Siehe dazu ausführlich im Kap. II. 1.1.14.

323 1204 August 30, Druck: Archiv Bremen und Verden 3, S. 278.

324 Zum Tod Philipps ausführlich mit den dazugehörenden Quellen Winkelmann 1, S. 464ff. und S. 536ff. Geringe Ergänzungen dazu bringen die Reg. imperii V, 1 Nr. 185a.

325 ... *magis expedit, me primo regni gubernacula potenter possidere, et sic omnia que volueris una mecum equaliter tenere. (...).* Arnold von Lübeck, VI. 6.

326 Hucker, Otto IV., S. 61 nimmt die faktische Beendigung der Teilung dagegen erst in den Jahren 1212/13 an.

Siegel die Umschrift +SIG' FRIDERICI MARSCALCI DVCIS SAXON.[327] Eine ähnliche Beobachtung läßt sich bei der Titelführung des dritten Notars der pfalzgräflichen Kanzlei machen. Es handelt sich um den Notar Johannes, der sehr wahrscheinlich aus der Pfalz stammte[328] und dort auch im Jahre 1209 für den Pfalzgrafen tätig wurde.[329] Während die einfache Bezeichnung als Notar überwiegt, kommt einmalig im Jahre 1215 Johannes als *notarius Palatinus*[330] vor und wird dann im Jahre 1221 als *Johannis notarii ducis Saxonie*[331], in den Jahren 1222 und 1223 als *Johannes notarius ducis*[332] bezeichnet.

Den drohenden Verlust der Pfalz nach der Wahl und allgemeinen Anerkennung Friedrichs II. im August des Jahres 1211 konnte Pfalzgraf Heinrich dieses Mal erfolgreich zuvorkommen, indem er seinem gleichnamigen Sohn die Pfalz Ende 1212 oder Anfang 1213 übergab.[333] Die erste Amtshandlung Pfalzgraf Heinrichs II. ist jedenfalls am 12. April 1213 dokumentiert, als dieser eine Schenkung seines Vaters für das Kloster Schönau bestätigte.[334] Bei der Regierungsübergabe an Pfalzgraf Heinrich II. mußte jedoch klar gewesen sein, daß dieser seine Stellung eher positiv, zumindest aber doch neutral gegenüber Friedrich II. beziehen würde. Pfalzgraf Heinrich I. war also durchaus an der Fortsetzung einer sich in der Pfalz gründenden Tradition interessiert, von der sich aufgrund der politisch-miltärischen Situation der Zeit nur unabhängig von seinen eigenen Interessen im sächsischen Gebiet Bestand erhoffen ließ. Dieser letzte Versuch welfisch-staufischen Ausgleiches in der Pfalz wurde freilich durch den frühen Tod Pfalzgraf Heinrichs II. abgebrochen. Pfalzgraf Heinrich II. starb schon am 26. April 1214[335] und wurde im Kloster Schönau begraben.[336] Obschon Pfalzgraf Heinrich II. zu dieser Zeit immerhin der erste Erbe des welfischen Hauses war, hat die Forschung davon kaum Kenntnis genommen.[337] Dennoch wurden bei der Neuverlehnung der Pfalz an den Wittelsbacher Ludwig die Rechte der Welfen insofern berücksichtigt, da offenbar zur selben Zeit dessen ältester Sohn, Otto, mit der jüngsten Tochter Pfalzgraf Heinrichs, Agnes,

---

327 Orig.: StA WF 19 Urk 10; Druck: v. Heinemann, Nr. 6; UB Hochstift Hildesheim 1, Nr. 651. Siehe dazu im Kap. II. 1.2.6.

328 Weinmann, S. 98.

329 1209 August, *Datum ... per manum Johannis notarii nostri, ...*, Druck: UB Niederrhein, Nr. 27. Die Zeugenreihe der Urkunde besteht nur aus rheinpfälzischen Zeugen, darunter dem Truchsessen Werner von Alzey als erstem von vier Ministerialen.

330 1215 Juli 18, Druck: UB Stadt Halberstadt 1, S. 584; Reg. v. Campe 1, Nr. 144. Zu diesem Zeitpunkt war die Pfalz nicht mehr im Besitz Pfalzgraf Heinrichs. Vgl. dazu unten.

331 Orig.: StA WF 31 Urk 2; Druck: Br. Anzeigen 1751, S. 1091.

332 1222 Januar 31, Orig.: StA WF 22 Urk 39; Druck: v. Heinemann, Nr. 13. 1223 Juni 10, Orig.: HStA Han untergegangen; Druck: v. Heinemann, Nr. 15.

333 v. Heinemann, S. 146, Anm. 1.

334 Druck: O.G. III., S. 647; Gudenus, Sylloge, S. 83, Nr. 34. Vgl. dazu v. Heinemann, S. 146, Anm. 1.

335 Das Todesjahr haben die Annales Stadenses, S. 356. Zum Todestag siehe Inschriften Heidelberg, S. 6f., Nr. 8.

336 Zu seinem Grabmal, das bei Steinmann und v. Malortie, Grabstätten nicht berücksichtigt ist, siehe: Zimmermann, Grabstätten 6, S. 164-166. Huffschmid, Grabmal S. 198f. Es haben sich bis heute zwei Denkmäler für Pfalzgraf Heinrich II. erhalten. Siehe dazu Inschriften Heidelberg, S. 6f., Nr. 8 und S. 40f., Nr. 65. Das erstere weist in einem Gedicht den Todestag des Pfalzgrafen, den 26. April, auf. Das andere gedenkt des Pfalzgrafen Heinrich II. gemeinsam mit seinem staufischen Großvater, des Pfalzgrafen Konrad. Zum Kloster: Huffschmid, Geschichte. Schaab, Schönau.

337 So auch Hucker, Otto IV., S. 384. Pfalzgraf Heinrich II. fehlt in wichtigen Stammtafeln der Welfen, so beispielsweise bei Zimmermann, Stammtafel.

verlobt worden ist.[338] Wesentlich aus diesem Grunde dürfte es später zwischen Pfalzgraf Heinrich und seinem Schwiegersohn zu einer einvernehmlichen Regelung über die Rheinpfalz gekommen sein.[339]

1.3.3 Die welfische Ministerialität unter Otto IV.

Das Königtum Ottos IV. brachte einem Teil der welfischen Ministerialität zwar nicht die rechtliche Gleichstellung zur Reichsministerialität, jedoch machte es zumindest aus Ministerialen eines welfischen Herzogs solche eines welfischen Königs.[340] Es dürfte kein Zweifel daran bestehen, daß diese Entwicklung einen erheblichen Prestigegewinn für den überwiegenden Teil der welfischen Ministerialität bedeutete. Dennoch darf die rechtliche und materielle Hebung des bisherigen Zustandes der welfischen Ministerialität nicht ohne weiteres in einen Zusammenhang mit der Entwicklung unter Otto IV. gebracht werden. Beispielsweise begannen neben den führenden Vertretern der welfischen Ministerialität Ottos IV. auch die führenden Ministerialen Pfalzgraf Heinrichs, in der zweiten Dekade des 13. Jahrhunderts eigene Siegel zu führen.[341] Mit der gestiegenen Bedeutung der welfischen Ministerialität unter Otto IV. war auch deren größere Inanspruchnahme vorwiegend militärischer Art für das welfische Königtum verbunden gewesen. Diese Tatsache wird nur in einem beschränkten Ausmaß durch eine Analyse der Gefangenenliste nach der Schlacht von Bouvines deutlich.[342] Keinesfalls kann aus einer im Grunde doch zufälligen Gefangennahme geschlußfolgert werden, daß Otto IV. insbesondere Edelherren und Ministerialen des Lüneburger Raumes beansprucht haben soll.[343] Zudem waren wichtige, in der Gefangenenliste nachweisbare Teilnehmer, so zum Beispiel die Ministerialen mit dem Herkunftsnamen von Uetze, gerade Ministerialen Ottos IV. und nicht des Pfalzgrafen Heinrich.[344] So wie die von Uetze wird Otto IV. sämtliche Ministerialen aus den Teilen seines Erbes zu militärischen Unternehmungen herangezogen haben.

Kaiser Otto IV. hinterließ seinem Bruder Pfalzgraf Heinrich nach seinem Tod auf der Harzburg am 19. Mai 1218[345] ein schwierig zu handhabendes Erbe. Einerseits zeigen das Testament Ottos IV. und die Nachrichten über seinen Tod einen Herrscher, der in seiner Würde den staufischen Königen und Kaisern in Nichts nachsteht, andererseits wird daraus deutlich, daß wesentliche Probleme hinsichtlich der Stellung der Welfen im Reichsgefüge während der Amtszeit Ottos ungelöst geblieben waren. Pfalzgraf Heinrich verblieb die Aufgabe, die rechtliche Stellung des Welfenhauses gegenüber dem Reich zu regeln, was eigentlich nur eine Restitution des welfischen Herzogtums in Sachsen bedeuten konnte.[346] Wenn

---

338 Vgl. dazu UB Langensalza, S. 242. v. Heinemann, S. 185.
339 Vgl. dazu v. Heinemann, S. 171.
340 Vgl. dazu im Kap. II. 1.2.13 über den Schiedspruch Kaiser Ottos IV. zwischen Heinrich Grubo und dem Kloster Riddagshausen.
341 Siehe dazu mit den Nachweisen im Kap. III. 1.2.
342 Hucker, Otto IV., S. 303-319 mit fehlerhaften Zuweisungen.
343 Hucker, Otto IV., S. 304-306.
344 Siehe dazu das Kap. II. 1.4.3. Dagegen Hucker, Otto IV., S. 305
345 Orig.: StA WF 2 Urk 1, Druck: MGH Constitutiones 2, Nr. 42; O.G. III., S. 363ff.; Asseburger UB 1, Nr. 95. Weitere Druckorte bei Hucker, Otto IV., S. 663f. (dort irrtümliche Bezeichnung des Urkundenbestandes).
346 ... *nostrum et tuum patrimonium per ipsa imperialia possis requirere.* Die einzelnen Bestimmungen

Pfalzgraf Heinrich im Jahre 1219 in Goslar von Friedrich II. bei der Übergabe der Reichsinsignien neben anderem mit der Reichsverweserschaft zwischen Weser und Elbe betraut wurde,[347] so trug Friedrich lediglich den gegenwärtigen Machtverhältnissen Rechnung und gewährte Heinrich nur das, was auch schon sein Vorgänger, Otto IV., nach seiner Wahl im Jahre 1209 Heinrich gewährt hatte. Ob Pfalzgraf Heinrich von Friedrich II. zu der Zeit wirklich das erhielt, was ihm selbst sein Bruder Otto IV. so lange nicht hat gewähren wollen, nämlich den Herzogstitel von Sachsen, selbst auch nur auf Lebenszeit,[348] muß doch sehr fraglich erscheinen. Keine einzige Chronik weiß davon zu berichten, und die Indizien taugen nicht viel, da Friedrich II. in seiner Politik hinsichtlich der sächsischen Verhältnisse und der gewählten Titulation dem Pfalzgrafen Heinrich gegenüber ausgesprochen diplomatisch handelte. Weiter sollte Pfalzgraf Heinrich die Rechtsverletzungen gegenüber dem Kloster Wöltingerode sühnen,[349] er sollte die mehr als großzügige Stiftung von Scheverlingenburg an das St. Blasiusstift anerkennen[350] und dann noch größere Mengen Geldes dafür übrig haben, diverse Rechtstitel zu erwerben sowie Arme und Ministerialen zu beschenken.[351]

Nach dem Tod Kaiser Ottos IV. bestätigte Pfalzgraf Heinrich den von Otto im Jahre 1216[352] genehmigten Güterverkauf des welfischen Vasallen und Edelherrn Bernhard von Dorstadt an das Kloster St. Aegidien in Braunschweig.[353] So unproblematisch wie diese Anerkenntnis der Rechtshandlung seines verstorbenen Bruders und Erblassers waren die Zugeständnisse gegenüber dem Teil der welfischen Ministerialität, die unter der Herrschaft Ottos IV. gestanden hatten, offenbar nicht. Beispielhaft dafür steht das Anerkenntnis Pfalzgraf Heinrichs der von

---

sind aufgelistet bei Hucker, Otto IV., S. 660 Nr. 3, S. 662f.

347 1219 Juli 13, Caesarius von Heisterbach I. 31. Der Pfalzgraf nimmt in einer eigenen Urkunde zu 1219 November 13, Orig.: HStA Han Celle Or. 13 Nr. 595, Druck: O.G. III., S. 672ff.; Hoyer UB 1, Nr. 5; Asseburger UB 1, Nr. 100, Bezug auf den Hoftag und die dabei stattgefundene Übergabe des Reichsverweseramtes.

348 Hucker, Otto IV., S. 347-353.

349 *... donec ... aut frater noster, ..., dominabus in Waltingeroth de expeditis bonis annuatim triginta marcas ... assignet, ...* Pfalzgraf Heinrich erfüllt diese Bestimmung gegenüber dem Kloster Wöltingerode zu 1220, Orig.: HStA Han Hild. Or. 2 Wöltingerode Nr. 7; Druck: Asseburger UB 1, Nr. 105; UB Hochstift Hildesheim 1, Nr. 748. Auch Herzog Otto das Kind mußte sich mit den Ansprüchen des Klosters Wöltingerode wegen der Harlyburg auseinandersetzen: 1236 Juli, Orig.: HStA Han Hild. Or. 2 Wöltingerode Nr. 11; Druck: Asseburger UB 1, Nr. 184; UB Hochstift Hildesheim 2, Nr. 459. 1236 Juli, Orig.: StA WF 1 Urk 15; Druck: O.G. IV., S. 169ff. 1236 Juli, Orig.: HStA Han Hild. Or. 2 Wöltingerode Nr. 10; Druck: Asseburger UB 1, Nr. 186; UB Hochstift Hildesheim 2, Nr. 460. 1237 Februar 5, Orig.: HstA Han Hild. Or. 2 Wöltingerode Nr. 12; Druck: Asseburger UB 1, Nr. 191; UB Hochstift Hildesheim 2, Nr. 480. Vgl. außerdem zu 1236, Druck: UB Herzöge Br.-Lb.1, S. 87, Anm. Nr. 1. Siehe dazu Zillmann, S. 71f.

350 *Omnia bona nostra in Keverlingeburch ... sancto Iohanni Baptiste et sancto Blasio in Bruneswic offerimus. ..* Pfalzgraf Heinrich erfüllt diese Bestimmung gegenüber dem Stift St. Blasius zu 1218, Orig.: StA WF 1 Urk 11; Druck: O.G. III , S. 660f. Die Bestätigungsurkunde desselben Jahres durch den Bischof Siegfried von Hildesheim, Druck: O.G. III., S. 661; UB Hochstift Hildesheim 1, Nr. 710, ist bei dem Schloßbrand im Jahre 1830 vernichtet worden (StA WF 36 Alt 385).

351 Folgende weitere Urkunden Pfalzgraf Heinrichs nehmen Bezug auf Otto IV.: 1218, Orig.: verschollen; Druck: Leyser, S. 30. 1220, Orig.: StA WF 9 Urk 7; Druck: v. Heinemann, Nr. 12. 1221 (u.a. entgegen einer Verfügung Ottos IV.), Orig.: StA WF 31 Urk 2; Regest: UB Br. 4, S. 393; Reg. v. Campe 1, Nr. 163. 1222 September 21, Orig.: HStA Han Hild. Or. 2 Heiningen Nr. 11; Druck: v. Heinemann, Nr. 14 (fehlerhafte Datierung).

352 Pfalzgraf Heinrich als erster Laienzeuge, 1216 Dezember 14, Orig.: StA WF 9 Urk 6; Druck: Rethmeier, Kirchenhist. 1, S. 35; O.G. III., S. 833; Asseburger UB 1, Nr. 87.

353 1220, Orig.: StA WF 9 Urk 7; Druck: v. Heinemann, Nr. 12.

Otto IV. vergebenen Lehen an den Vogt Balduin II. von Dahlum sowie die von Otto genehmigten Eigengutübertragungen auf dessen Kinder im Jahre 1218.[354] Zunächst konnte Pfalzgraf Heinrich nichts anderes tun, als die Zugeständnisse seines Bruders anzuerkennen und bestätigte deswegen seinem *dilectus noster ministerialis* Vogt Balduin II. alle Güter, welche dieser und dessen Kinder von Kaiser Otto IV. nach Lehnrecht besessen hatten, sowie deren sämtliche Eigengüter. Anhand dieser Urkunde wird der Aufschwung deutlich, den einige Ministerialenfamilien durch ihre zeitweilige Stellung als kaiserliche Ministerialen, nicht Reichsministerialen, unter Otto IV. machen konnten.

Schon in einer 1203 für das Kloster Riddagshausen ausgestellten Urkunde übertrug Otto IV. Güter, die sein Ministeriale mit Taufnamen Ludolf nach Lehnrecht besessen hatte.[355] Dieser wurde bislang ohne weiteres mit Ludolf III. von Dahlum identifiziert,[356] da es dabei um Güter in *Dalem* ging, welches mit dem Herkunftsort der Familie von Dahlum gleichgesetzt wurde. Tatsächlich handelte es sich aber offenbar um Salzdahlum.[357] Dementsprechend könnte es sich, da der Taufname Ludolf nicht selten ist, ohne weiteres auch um einen Angehörigen einer anderen Familie handeln.[358] In Frage käme schon der dieselbe Urkunde als erster Ministeriale bezeugende Truchseß Ludolf von Esbeck.

Zu der Zeit Ottos IV. sind wohl Besitztitel nach Dienstrecht in solche nach Lehnrecht übergegangen, deren neuer Rechtsstatus Balduin II. von Dahlum jetzt von seinem neuen Herrn, Pfalzgraf Heinrich, bestätigt wurde.[359] Pfalzgraf Heinrich tat dies jedoch mit der bemerkenswerten Einschränkung, daß diese Bestätigung nur für diejenigen Güter gelten sollte, die mit Erlaubnis und Willen Ottos IV. übergeben worden waren. Ein Präzedenzfall sollte so offensichtlich verhindert werden. Hierin zeigt sich deutlich, wie verschieden die Haltungen Ottos IV. und des Pfalzgrafen gegenüber der welfischen Ministerialität gewesen sein müssen und wie schwierig es werden würde, die ehemaligen Ministerialen Ottos in das Gefüge der welfischen Ministerialität wieder einzugliedern.

Zudem ist die Zeugenreihe der genannten Urkunde für den Inhalt ungewöhnlich. Es testierten drei Grafen, Ludolf von Hallermund und die Brüder Konrad und Hildebold von Rhoden; sieben Edelfreie, Hermann Hodo, Dietrich von Hessen, Dietrich von Adenoys, Dietrich von Ordenberg, Kono von Eltze und die von Gerstenbüttel; neun Ministerialen, der Marschall Konrad und sein Bruder Heinrich, Basil von Osterode, der Truchseß Jordan von Blankenburg mit seinem Bruder Jusarius, der Marschall Wilhelm von Volkmarode, Bertram von Veltheim, Reinhard von Varenholz und Heinrich Hisse. Bei den beiden ersten ministerialischen Zeugen

---

354 Orig. verloren; Druck: Leyser, S. 30.

355 Orig.: StA WF 24 Urk 25; Druck: O.G. III., S. 769.

356 Lubenow, S. 182f. Schneidmüller, Kollegiatstifte, S. 271.

357 Kleinau, GOV, S. 499. v. Boetticher, Riddagshausen, S. 239.

358 Demgemäß ist Schneidmüller, Kollegiatstifte, S. 270, Anm. 77 zu relativieren.

359 *Predicta bona memorato B. ac pueris eius cum omni integritate concessimus, ita ut eadem bona quiete possideant et eisdem libere et absque contradictione cuiuslibet perfruantur.* In einen ähnlichen Zusammenhang gehört, daß Heinrich bei seinem Vergleich mit dem Erzbistum Bremen um die Grafschaft Stade im Jahre 1219, Druck: O.G. III., S. 662; Rethmeier, Br. Chron.1, S. 424f.; Hamburger UB 1, S. 375, auf seinen Allodialgütern in der Grafschaft Stade die Lehen nach Ministerialenrecht in solche nach Lehnrecht umwandelt. Siehe dazu auch: Herden, S. 17. Lubenow, S. 493.

handelt es sich aufgrund der Stellung in der Zeugenreihe offensichtlich nicht um welfische Ministerialen, und aus demselben Grund ist der als erster testierende Marschall Konrad keinesfalls mit dem Sohn des Marschalls Friedrich von Volkmarode zu identifizieren.[360] Beide können auch schwerlich der Reichsministerialität Ottos IV. zugeordnet werden.[361] Es handelte sich vielmehr um den Marschall Konrad des Bistums Hildesheim mit Herkunftsnamen von Emmerke, der von 1214 bis 1221 nachweisbar ist,[362] und seinen Bruder mit dem Taufnamen Heinrich.[363] Ihr Auftreten in der Urkunde Pfalzgraf Heinrichs für Balduin von Dahlum erklärt sich daraus, daß die Ehefrau des Marschalls Konrad die Schwester Balduins von Dahlum war.[364] Die Urkunde ist inhaltlich zeitlich kurz nach dem Tode Ottos IV. anzusetzen. Die beiden wichtigen Ministerialen der Hildesheimer Kirche werden daher vermutlich im Gefolge ihres Herrn, des Bischofs Siegfried von Hildesheim, gewesen sein, der die Bestattungsfeierlichkeiten Ottos IV. ausführte.[365] Demgemäß dürften in den Zeugen der Urkunde Pfalzgraf Heinrichs für Balduin von Dahlum weitere Teilnehmer an den Bestattungsfeierlichkeiten Kaiser Ottos IV. zu sehen sein.[366]

Zu einem Problem größeren Ausmaßes für den Pfalzgrafen und seine Nachfolger entwickelte sich ein anderes Relikt der Ministerialenpolitik Ottos IV.: die Herausnahme des Truchsessen Gunzelin von Wolfenbüttel aus der welfischen Ministerialität und sein Eintritt in die Reichsministerialität.[367] In den Jahren um 1218/19 wurde von dem Reichstruchsessen Gunzelin und seinem Sohn Burchard sowie dem Edelherrn Haold von Biewende[368] die Asseburg errichtet.[369] Daß der Bau der Asseburg und eine gemutmaßte "Konstituierung einer Burgmannschaft"[370] daselbst im Sinne des dahinscheidenden Kaisers Otto IV. erfolgt sein könnte,[371] ist unwahrscheinlich. Erstens lagen für die Errichtung einer weiteren Reichsfeste zu dieser Zeit und in dieser strategischen Lage überhaupt gar keine Gründe von Seiten Kaiser Ottos IV. mehr vor.[372] Zweitens ist in dem Testament Kaiser Ottos IV. von der Asseburg keine Rede. Gerade die von Otto erbauten oder vereinnahmten Burgen bildeten aber den Hauptbestandteil der testamentarischen Verfügungen Ottos IV.[373]

---

360 Dagegen v. Heinemann, S. 258. Zu Marschall Friedrich und seinen Söhnen siehe im Kap. II. 1.2.6.
361 Weinmann, S. 207, Anm. 207. Hucker, Otto IV., S. 397.
362 UB Hochstift Hildesheim 1, Register, S. 770.
363 Vgl. zu ihm Deich, S. 146.
364 1218 Januar 15, Otto IV. für den Bischof von Hildesheim, Druck: O.G. III., S. 828; Asseburger UB 1, Nr. 91; UB Hochstift Hildesheim 1, Nr. 706. Bischof Siegfried von Hildesheim für Otto IV., Druck: Asseburger UB 1, Nr. 92, UB Hochstift Hildesheim 1, Nr. 707. Vgl. dazu Hasse 1, S. 65.
365 Pfalzgraf Heinrich für St. Blasius in Braunschweig 1218, Orig.: StA WF 1 Urk 11; Druck: O.G. III., S. 660f. Bischof Siegfried von Hildesheim für das Stift St. Blasius in Braunschweig 1218, Orig.: 1830 zerstört (StA WF 36 Alt 385); Druck: O.G. III., S. 661; UB Hochstift Hildesheim 1, Nr. 710.
366 Nicht bei Hucker, Otto IV.
367 Siehe dazu im Kap. II. 2.3. Zu Gunzelin von Wolfenbüttel siehe im Kap. II. 1.1.10.
368 Zu den Edelherren von Biewende v. Schmidt-Phiseldeck, v. Biewende. Das Siegel Haolds hat sich am Orig.: Dipl. App. Göttingen Urkunde Nr. 75 zu [1192-1237] Juni 18, Druck: UB Goslar 1, Nr. 495; UB Hochstift Hildesheim 1, Nr. 756, erhalten. Abb.: ZsHarzV 1875, H. 1, Taf. 1, Nr. 1.
369 Zillmann, S. 48-52 mit der weiteren Literatur. Zur Asseburg siehe auch Koch.
370 Hucker, Otto IV., S. 481.
371 Hucker, Otto IV., S. 481f. und S. 508.
372 Im Gegensatz etwa zum Bau der Harlyburg. Vgl. dazu Zillmann, S. 68ff.
373 1218 Mai 18, Orig.: StA WF 2 Urk 1; MGH Const. 2, Nr. 42. Zum Testament Ottos IV. siehe im

Dem sterbenden Kaiser ging es insbesondere darum, den bei den Burgenbauten übergangenen kirchlichen Grundeigentümern nachträglich zu ihrem Recht zu verhelfen. Wäre der Bau der Asseburg mit Billigung oder gar auf Initiative Kaiser Ottos IV. erfolgt, so hätte derselbe in seinem Testament sicherlich auch der Asseburg gedacht, da deren Bau entgegen der Rechte des Stifts Gandersheim erfolgt worden war.[374] Die Errichtung der Asseburg hat Gunzelin von Wolfenbüttel also sehr wahrscheinlich in eigener Verantwortung begonnen. Sie dürfte dem Zweck gedient haben, seine Machtposition mit den Burgen Peine und Wolfenbüttel durch die Erbauung einer fast uneinnehmbaren Höhenburg zu vergrößern, um unabhängig von den ehemaligen welfischen Herren "eine eigene Herrschaft zu begründen".[375] Als Aufbewahrungsort für die Reichsinsignien kommt die Asseburg dementsprechend auf keinen Fall in Betracht.[376] Mit der Erbauung der Asseburg bekamen die Welfen eine der wehrhaftesten Burgen vor die Türe ihrer Residenz gesetzt, die die territoriale Entwicklung der welfischen Herrschaft zu hemmen drohte und sich auch tatsächlich dahingehend entwickeln sollte. Erst der Großneffe Kaiser Ottos IV., Herzog Albrecht der Große von Braunschweig, konnte nach dem Niedergang der staufischen Könige die Entscheidung zwischen dem welfischen Herzogtum und Gunzelin von Wolfenbüttel in der sogenannten Asseburger Fehde herbeiführen.[377]

1.4 Wilhelm von Lüneburg

1.4.1 Das angebliche Herzogtum Wilhelms von Lüneburg

Bereits im Jahre 1199 ist Wilhelm, der jüngste Sohn Heinrichs des Löwen, mit dem Zunamen von Lüneburg belegbar,[378] während er kurz zuvor noch mit dem Zunamen von Braunschweig vorkommt.[379] Lüneburg kann also schon drei Jahre vor der ersten welfischen Teilung in einen Bezug zu Wilhelm gebracht werden. Die erste welfische Teilung im Jahr 1202 setzte Wilhelm von Lüneburg auch offiziell in den Besitz von Lüneburg und weiterreichender Erbteile.[380]

Neuerdings wird behauptet, daß Wilhelm von Lüneburg in den Jahren 1208/1209 durch Kaiser Otto IV. zum Herzog von Lüneburg erhoben worden sei.[381] Die Chroniken des Reiches, auch die sächsischen, wissen von einem solchen Vorgang nichts, und es ist nicht anzunehmen, daß ein solcher unbeachtet gelassen worden wäre. Die Titulierungen Wilhelms von Lüneburg als Herzog bei dem mindestens als

---

Kap. I. 1.3.3.

374 1220 Juni 17, Druck: Asseburger UB 1, Nr. 104. Vgl. dazu Zillmann, S. 51f.

375 Zillmann, S. 52. Die Auffassung bei Deich, S. 46, daß die Asseburg eine Reichsburg gewesen sei, gründet allein auf dessen System von Vogteigeldzuordnungen und ist daher abzulehnen.

376 Anders Hucker, Otto IV., S. 604f.

377 Zur Asseburger Fehde: Bähr, S. 11ff. Hellfaier, S. 29ff. Zillmann, S. 52ff. Vgl. auch im Kap. II. 1.1.10.

378 1199 Januar, zwei Orig. StadtA Br. A I 1, Nr. 1 und 1a; Druck: O.G. III., S. 760; Harenberg, S. 1297; Leyser, S. 22; UB Br. 2, S. 12f. Wilhelm tritt im sächsischen Raum erstmals 1197 bei einer Güterübertragung Pfalzgraf Heinrichs an das Kloster Walkenried in Erscheinung, Orig.: StA WF 25 Urk 27; Druck: O.G. III., S. 562; Urk. Walkenried, Nr. 39. Zu Wilhelm von Lüneburg siehe Hucker, Otto IV., S. 368-376 mit der weiteren Literatur.

379 *Wilhelmus de Brunswich* in einer Urkunde Ottos IV. zu (1198), Druck: MGH Const. 2, Nr. 17.

380 Siehe dazu Pischke, Landesteilungen, S. 12-33, insb. S. 16.

381 Hucker, Datierung, S. 514. Hucker, Otto IV., S. 44f. mit Anm. 79.

latent welfenfreundlich einzuschätzenden Arnold von Lübeck[382] und der späteren Sächsischen Weltchronik[383] taugen wenig als Beweis für einen vom Reich verliehenen Herzogtitel. Der Titel *dux* dürfte hier entweder aus ehrender Rücksichtnahme gegenüber dem welfischen Auftraggeber[384] oder einfach aus der Unsicherheit, die Sonderstellung des Welfen einzuordnen, resultieren[385]. Aus dem gleichen Grund wird Pfalzgraf Heinrich von Arnold von Lübeck meist als Pfalzgraf und lediglich einmal mit seinem nur als Anspruch geführten Herzogstitel bezeichnet.[386] Keine Beweiskraft für die Mutmaßung eines Herzogtums Wilhelms von Lüneburg bietet auch die Heranziehung der Braunschweigischen Reimchronik,[387] deren unbekannter Dichter zudem viel später notiert. Bei den von der Reimchronik auf dem Würzburger Hoftag im November 1208 überlieferten, unter anderem an den Herzog von Bayern ausgegebenen Fahnenlehen wird kaum ein Fahnenlehen Lüneburg für Wilhelm gemeint sein, dessen der Reimchronist vermutlich auch ausdrücklich gedacht hätte. Vielmehr wird es sich um die Bestätigung der übrigen Reichslehen durch Otto IV. gehandelt haben.[388]

Ebenfalls keine Beweiskraft für die Annahme eines Herzogtums Wilhelms von Lüneburg bietet die Heranziehung einer bildlichen Quelle. Die Beobachtung einer Fahne über der Stadt Lüneburg auf der Ebstorfer Weltkarte soll mit dem mutmaßlichen Herzogtum Wilhelms von Lüneburg und gegen die Deutung der Fahne als Symbol für das 1235 errichtete Herzogtum Braunschweig-Lüneburg erklärt werden.[389] Zunächst einmal ist das Fehlen einer gleichen Fahne an der Stadtsilhouette Braunschweigs keineswegs eindeutig, da die betreffenden Stellen am heute vernichteten Original nach den vorliegenden Fotografien und Kopien offenbar verdorben waren. Und überhaupt erscheint es fraglich, ob mit der Fahne wirklich eine Lehnsfahne gemeint sein sollte.[390]

---

382 Arnold von Lübeck, VII. 16. Zu Arnold von Lübeck siehe oben im Kap. I. 1.1.1.

383 Sächsische Weltchronik, S. 239. Zur Sächsischen Weltchronik Herkommer.

384 Diese Erwägung abweisend Hucker, Datierung, S. 515.

385 Vgl. dazu Boshof, S. 252ff.

386 Vgl. dazu in der Einleitung 2., Anm. sowie im Kap. I. 1.2.

387 Hucker, Datierung S. 517. Hucker, Otto IV., S. 45, Anm. 79.

388 "... da leych her dhem von Beygerlant. dha untphinc ouch vil menich hant dher vursten ir vanenlehen, daz men vil herlich mochte sen." Br. Reimchronik, V. 6453f., S. 539.

389 Hucker, Datierung, S. 514ff. Hucker, Otto IV., S. 45, Anm. 79. Zur kontroversen Diskussion über die Ebstorfer Weltkarte mit der weiteren Literatur Wolf, LexMA. Wolf. Hucker, Datierung. Weltbild vor Columbus.

390 Andere plausible Deutungsmöglichkeiten, wie beispielsweise diejenigen einer Art Standortbestimmung, müßten noch in Erwägung gezogen werden. Ohne hier in die Diskussion über die Datierung, den Auftraggeber und der Einordnung der Ebstorfer Weltkarte eingreifen zu wollen, ist allerdings die bei Hucker, Datierung, S. 519 vorgenommene Identifizierung des Stadtnamens *leo* für Braunschweig als einziges "Beispiel der Hervorhebung einer Dynastie" abzulehnen. Gewiß ist der Löwe nicht irgendeinem Siegelstempel entnommen worden, wie auch Hucker, Datierung, S. 519, Anm. 32 feststellt. Keinesfalls steht der Löwe aber auch für den Stadtnamen und den Stadtherrn zugleich, wie von Hucker, Datierung, S. 520 angenommen. Die Bezeichnung *leo* wird vielmehr das Löwenstandbild auf dem Braunschweiger Burgplatz bezeichnen, meint also nicht die Welfen oder die Stadt Braunschweig, sondern eine baugeschichtliche Besonderheit daselbst. Es ist die "[a]ls erste frei im Raum stehende Großplastik" (Jordan, HdL, S. 239) nördlich der Alpen, die schon die Zeitgenossen bewegt hat (Annales Stadenses, S. 345. Br. Reimchronik, V. 2859ff. Arnold von Lübeck, VII., 17). Der Bezug eines weiteren Löwen an der Stadt Rom erklärte sich, wenn man beachtet, daß die Worte welf und *leo* synoym gebraucht worden sein können, womit damit das Standbild der Wölfin auf dem Kapitol gemeint sein dürfte (Vgl. dazu auch Oexle, Evangeliar, S. 70. Anders jetzt Seiler, passim). Zum Burglöwen: Jordan/Gosebruch, der dort auf S.

Auch das Argument, Wilhelm von Lüneburg hätte im Jahre 1209 nicht zur Gründung der Löwenstadt Bleckede schreiten können, ohne Reichsfürst gewesen zu sein,[391] hält einer genauen Nachprüfung nicht stand. Zunächst einmal bedient sich der Aussteller eben nicht eines Titels, sondern nennt sich nur *Willelmus de Luneburch*.[392] Hätte Wilhelm das Recht zur Führung eines Herzogstitels besessen, so hätte er ihn auch gebraucht. Die Gründung der Löwenstadt Bleckede konnte Wilhelm von Lüneburg zunächst einmal durchführen, da er der Rückendeckung seines zu dieser Zeit unangefochtenen königlichen Bruders sicher war. Besondere Beachtung ist ferner der Tatsache zuzumessen, daß die Urkunde in der Kanzlei des Pfalzgrafen Heinrich hergestellt wurde.[393] Mindestens die Zustimmung des Gründungsaktes, wenn nicht sogar die Urheberschaft Pfalzgraf Heinrichs, der im selben Jahr zum Reichsverweser bestimmt worden war,[394] muß daher vorausgesetzt werden. So gesehen ist es kein Zufall, daß Wilhelm bei der Gründung der Löwenstadt Bleckede auf einen Namen zurückgegriffen hat, der schon von seinem Vater Heinrich dem Löwen bei der Verlegung Lübecks verwendet worden ist.[395] Aus der Namensgebung ließe sich ein politisches Programm herauslesen, nämlich die versuchte Revision der welfischen Herrschaft für den elbischen, vielleicht auch nordelbischen Raum.[396] Wenn außerdem in der Urkunde ausdrücklich davon die Rede ist, daß die Gründung mit dem Rat und der Zustimmung der Vasallen Wilhelms erfolgt sei,[397] so wären beim Gründungsvorgang sogar die Rechte wichtiger benachbarter gräflicher und edelfreier Geschlechter berücksichtigt worden. Die mit *homines* Bezeichneten waren zu dieser Zeit keinesfalls uneingeschränkte Anhänger der Welfen[398] oder gar herzogliche Räte[399]. Die Titulierung wird in erster Linie auf dem Lehnsverhältnis gegenüber Wilhelm von Lüneburg als Erbe Herzog Heinrichs des Löwen beruhen. Wenn Wilhelm von Lüneburg schon nicht als Herzog die Stadtgründung vornahm, so doch keineswegs lediglich als "Edelherr",[400] denn er besaß doch mindestens gräfliche Rechte. Auch die Stadtgründung Lübecks im 12. Jahrhundert erfolgte nicht durch einen Herzog, sondern durch dessen Vasallen, den Grafen von Schaumburg,[401] und zu Beginn des 13. Jahrhunderts wurden in Sachsen weitere Städte durch gräfliche Geschlechter gegründet.[402] Selbst wenn man die Rückendeckung des Gründungsvorganges durch Otto IV. und insbesondere Pfalzgraf Heinrich übersähe, ließe sich die Gründung der Löwenstadt Bleckede in die Entwicklung einer gewissen

---

48ff. beide Plastiken einem kunsthistorischen Vergleich unterzieht. Br. Löwe. Br. Burglöwe. Oexle, Memoria, S. 135-146. Zum Zeitpunkt der Errichtung Naß, Cronica Saxonum, S. 571-582.

391 Hucker, Otto IV., S. 45, Anm. 79.

392 1209 August 28, Orig.: HStA Han. Celle Or. 9 Schr. IX Kaps. 44 Nr. 3; Druck: O.G. III., S. 858f.; UB Herzöge Br.-Lb. 1, Nr. 5.

393 Busch, S. 17.

394 Caesarius von Heisterbach I. 31, S. 36.

395 Helmold von Bosau, I. 86.

396 Siehe dazu Hucker, Otto IV., S. 54ff.

397 *... hominibus nostris scientibus et consentientibus ...*

398 Vgl. zu den Machtverhältnissen an der Elbe Zillmann, S. 149f.

399 Dagegen Busch, S. 55.

400 Dagegen Hucker, Otto IV., S. 45, Anm. 79.

401 Helmold von Bosau, I. 76.

402 Beispielsweise wird Neustadt am Rübenberg vor 1215 durch die Grafen von Wölpe (Zillmann, S. 251) und Holzminden vor 1230 durch die Grafen von Everstein (Schnath, Herrschaften, S. 15) gegründet.

inhaltlichen Distanz des Nordens zum Reich und der Reichspolitik einordnen, wie sie in voller Ausprägung seit der Mitte des 13. Jahrhunderts deutlich wird.[403]

Im Register der Passivlehen des Grafen Siegfried von Blankenburg wird Wilhelm von Lüneburg als Herzog bezeichnet.[404] Aber auch dieses "offiziöse[.] Schriftgut"[405] kann nicht zur Beweisführung für einen vom Reich verliehenen und von den Reichsfürsten bestätigten Herzogtitel Wilhelms herangezogen werden. Wilhelm von Lüneburg wird hier als Herzog bezeichnet, weil Siegfried von Blankenburg ansonsten entgegen der Heerschildordnung Lehen von einem Standesgenossen empfangen hätte. In die gleiche Richtung zielt die einzigartige Titulierung Wilhelms als *frater noster comes Willemnus* in einer im Jahre 1207 von Pfalzgraf Heinrich gemeinsam mit seinen Brüdern ausgestellten Urkunde für das Kloster Marienfeld.[406] Auch wenn diese Urkunde offenbar eine Fälschung ist, was aufgrund der Intitulatio[407], des anhängenden Siegels[408], des Fehlens der Urkunde im Kopialbuch des Klosters[409] sowie auch der politischen Situation der Zeit[410] bewiesen werden kann, zeigt sie dennoch, daß Wilhelm von Lüneburg auch von dem Fälscher des späten 13. Jahrhunderts nicht als Herzog angesehen worden ist.[411] Der Fälscher hat der nicht reichsfürstlichen Stellung Wilhelms von Lüneburg dadurch Rechnung getragen, daß er ihm einen Titel des darunterliegenden Heerschildes zuordnete.

Auffällig ist allerdings, daß Wilhelm im Jahre 1208 als *W. dux* in dem Diplom Ottos IV. für Herzog Ludwig von Bayern hinter seinem Bruder Pfalzgraf Heinrich genannt wird.[412] Wilhelm und Heinrich kommen darin allerdings nicht als Zeugen vor, und auch eine Mitbesiegelung der beiden läßt sich nicht nachweisen.[413] Möglicherweise beruhte die Titulierung Wilhelms auf einem Versehen.

Bedeutsam dagegen ist, wie Wilhelm von Lüneburg kurz darauf in einer Urkunde eines benachbarten Reichsfürsten bezeichnet wird: Bischof Friedrich von Halberstadt bestätigte den 1208 stattgefundenen Güterverkauf des Klosters St. Michaelis in Lüneburg an das in seiner Diözese liegende Kloster Ilsenburg[414] und die dazugehörige Zustimmung Wilhelms von Lüneburg[415] in einer im Jahre 1211

---

403 Vgl. dazu: Jordan, Der Norden und das Reich. Schneidmüller, Landesherrschaft, S. 67 mit weiterer Literatur in Anm. 13.

404 Druck: Güterverzeichnis Blankenburg. Siehe dazu mit den Orten der Vorlagen und wichtigen Ergänzungen Fenske/Schwarz, Exkurs, S. 491-546, insb. S. 530ff.

405 Hucker, Datierung, S. 515.

406 Orig.: StA Münster Marienfeld Nr. 21; Druck: Westfälisches UB 3, Nr. 44; Asseburger UB 1, Nr. 38. Unter den Zeugen *Wernherus dapifer fratris nostri comitis Willemmi.*

407 Asseburger UB 1, S. 34.

408 Schneidmüller, Siegel, S. 204 mit Anm. 44.

409 StA Münster Msc. VII, 1326.

410 Pfalzgraf Heinrich stand im Jahr 1207 auf Seiten Philipps von Schwaben. Vgl. dazu im Kap. I. 1.3.2.

411 Datierung und Einschätzung der Urkunde bei Hucker, Otto IV., S. 373 mit Anm. 69 sind demnach zu korrigieren.

412 1208 November 15, Regest: Reg. imperii V, 1 Nr. 243 mit den Druckorten.

413 Der Druck in den O.G. III., praef. S. 33, nach dem Hucker, Datierung S. 516 zitiert, ist äußerst fehlerhaft, da er " ... die besiegler (und oben drein unrichtig) als zeugen..."[sic!] (Reg. imperii V, 1 Nr. 243) aufführt. Das Diplom ist richtig abgedruckt Monumenta Boica Bd. 29a, S. 542.

414 Orig.: LHA Magdeburg Rep. U 12c Ilsenburg Nr. 9; Druck: UB Ilsenburg, 1, Nr. 50 (mit Lesefehler in der Zeugenreihe).

415 Orig.: LHA Magdeburg Rep. U 12c Ilsenburg Nr. 10 (Siegel fehlt); Druck: UB Ilsenburg, 1, Nr. 51 (mit Lesefehler in der Zeugenreihe).

ausgestellten Urkunde.[416] Dabei nennt er den Vogt des Klosters Ilsenburg, Wilhelm von Lüneburg, nur *dominus Willehelmus de Luneburch.*

Ausschlaggebend für die Stellung Wilhelms von Lüneburg sind seine Eigentitulierungen in seinen Urkunden und Siegeln. So bedient er sich in den von ihm ausgestellten zehn Urkunden bis auf zwei Ausnahmen entweder des einfachen Namens Wilhelm von Lüneburg[417] oder desselben mit der Beifügung des Namens und/oder des Titels seines Vaters: *Willehelmus de Luneburch, filius ducis Saxoniae*[418], *Wilhelmus de Luneborg filius domini Henrici ducis Saxoniae*[419].

Einzigartig steht die Intitulatio *Wilhelmus dei gratia Bardhingie princeps* in einer Urkunde für das Domstift Lübeck von 1205 da.[420] Indem sich Wilhelm auf den Bardengau bezog, der mit Lüneburg das Erbgut der mit Herzog Heinrich dem Schwarzen von Bayern verheirateten Wulfhild, Tochter des letzten Billungers und sächsischen Herzogs Magnus, gebildet hatte[421], griff er die billungische Traditions- und Familienlinie auf und bediente sich so bewußt der sächsischen Wurzeln, um den welfischen Herrschaftsanspruch zu begründen.[422] Die Bezeichnung *princeps*, die auch von der kaiserlichen Kanzlei für Wilhelm und von Otto dem Kind in seinem zweiten Siegel gebraucht wurde[423], erinnert an den Titel, den slawische Fürsten zu dieser Zeit führten.[424]

Lediglich eine mit 1200 datierte Urkunde für das Kloster Lüne hat die Intitulatio *Wilhelmus Dei gratia dux de Luneborch.*[425] Diese einmalige Titelführung Wilhelms von Lüneburg könnte daraus zu erklären sein, daß Wilhelm in der Zeit des neuen Königtums seines Bruders Ottos IV. zunächst selbst noch den Anspruch auf Restituierung des Herzogtums seines Vaters begründet sah. In demselben Zusammenhang ist wohl auch die Einrichtung der vier klassischen Hofämter durch Wilhelm von Lüneburg zu sehen.[426] Die Urkunde hat als *actum* das Jahr 1200 und ist keinesfalls fehldatiert.[427] Der mutmaßliche Schreiber der Urkunde führte zwar erst wieder im Jahre 1225 eine Urkunde Ottos des Kindes aus,[428] dennoch gibt es dafür, daß ein Schreiber herzoglicher Urkunden in relativ großen Abständen vorkommen

---

416 Orig.: LHA Magdeburg Rep. U 12c Ilsenburg Nr. 11; Druck: UB Ilsenburg, 1, Nr. 52.

417 *Willehelmus de Luneburg* O. J. (1205), Orig.: StA WF 23 Urk 15 vermißt (Siegel fehlte); Druck: Bode, Heimburg, S. 245. *Willehelmus de Luneburch* 1208, Orig.: LHA Magdeburg Rep. U 12c Ilsenburg Nr. 10 (Siegel fehlt), Druck: UB Ilsenburg, 1, Nr. 51. *Willelmus de Luneburch* 1209 August 28, Orig.: HStA Han. Celle Or. 9 Schr.IX Kaps. 44 Nr. 3 (mit Siegel); Druck: O.G. III., S. 858f.; UB Herzöge Br.-Lb. 1, Nr. 5. 1211, Druck: O.G. III., S. 860. O. J. (1211), Orig.: StA WF 19 Urk 4 (Siegel fehlt); ungedruckt.

418 1204 November 26, Orig.: KlA Lüne Nr. 3 (mit Siegel); Druck: O.G. III. S. 855; Lüneburger UB 7, Nr. 29. 1205, Orig.: KlA Lüne Nr. 4; Druck: O.G. III., S. 857.

419 O. J. (1203-1211), Druck: Naß, Königslutter, S. 166f.

420 Orig. LA Schleswig Urk.-Abt. 268 Nr. 12 (mit beschädigtem Siegel); Druck: UB Bm. Lübeck 1 Nr. 22. Bei Busch, Boshof und Hucker nicht berücksichtigt.

421 Zum Bardengau immer noch v. Hammerstein-Loxten.

422 Vgl. zu dem Bezug auf die Billunger u.a. bei den Welfen im 13. Jahrhundert mit der dazugehörigen Literatur Schneidmüller, Billunger.

423 Vgl. Busch, S. 4 und im Kap. I. 1.5.1.

424 Siehe Mecklenburgisches UB passim.

425 1200 August, Orig.: KlA Lüne Nr. 2 (mit Siegel); Druck (beide fehlerhaft): O.G. III., S. 850f.; Lüneburger UB 7, Nr. 28. Vgl. zur Titelführung Wilhelms von Lüneburg auch v. Heinemann, S. 197, Anm. 4.

426 Siehe dazu im Kap. II. 2.4. Vgl. auch: Boshof, S. 256. Hucker, Datierung, S. 517, Anm. 27.

427 Anders Hucker, Datierung, S. 515f. mit Anm. 22. Hucker, Otto IV., S. 369f. mit Anm. 56.

428 Busch, S. 7.

kann, sogar für die welfische Kanzlei dieser Zeit ein weiteres Beispiel.[429] In die zeitliche Lücke zwischen der Urkunde Wilhelms von Lüneburg im Jahre 1200 und der Urkunde Ottos des Kindes im Jahre 1225 fallen zudem nur sehr wenige Urkunden, nämlich insgesamt neun, von denen mindestens zwei als Empfängerausfertigungen anzusehen sind.[430] Die in der Urkunde Wilhelms gebrauchte Wendung *regnante fratre nostro glorioso Romanorum rege Ottone* spricht nicht gegen die Datierung des Stückes in das Jahr 1200,[431] da auch die Urkunde Wilhelms für das Kloster Lüne von 1204 *regnante glorioso domino nostro Ottone, Romanorum inclito rege* datiert.[432] Allerdings hängt an der Urkunde des Jahres 1200 das Siegel Wilhelms von Lüneburg, das auch der Urkunde des Jahres 1209 anhängt, während zwischenzeitlich ein anderer Stempel gebraucht wird.[433] Beide Stempel dürften also parallel verwendet worden sein.

In den Umschriften seiner Siegel bezeichnet sich Wilhelm von Lüneburg nicht als Herzog, sondern als Sohn eines Herzogs: WILHELMI FILI' DVCIS DE BRUNSWIC[434], WILLEHELMUS DE LUNEBURC FILI' DUCIS SAXONIE[435], SIGILL' WILHELMI DE LUNEBURH FILII DUCIS SAXONIE[436]. Das im Original nicht vorliegende angebliche Siegel Wilhelms von 1203 mit der Umschrift WILHELMI DUCIS DE BRUNESWIC und einem nach links schreitenden Löwen[437] ist wohl kaum Wilhelm von Lüneburg zuzuordnen.[438] Zunächst widerspricht die zeitliche Zuordnung eines solchen Siegelstempels der mutmaßlichen Herzogserhebung Wilhelms von 1208/1209. Ferner hätte die Umschrift seines Siegels konsequenterweise WILHELMI DUCIS DE LUNEBURG lauten müssen, wäre Wilhelm ein Fahnenlehen mit Bezug auf Lüneburg übergeben worden. Möglicherweise handelte es sich bei dem erwähnten Siegel um einen weiteren Stempel Herzog Wilhelms, des dritten Sohnes Herzog Albrechts des Großen, dessen Siegel zu 1292 die Umschrift + S' WILHELMI DEI GRACIA DUCIS DE BRUNSWICH mit einem nach rechts schreitenden Löwen aufweist.[439]

Auch die Witwe Wilhelms von Lüneburg, Helene, erscheint in zwei eigenen Urkunden[440] und in drei Urkunden anderer Austeller[441] als *domina de Luneborg*. In

---

429 Der Schreiber B fertigt erstmals zu (1214), dann erst wieder zu 1230 an. Siehe dazu Busch, S. 7f. und S. 31.

430 Busch, S. 82.

431 Anders Hucker, Datierung, S. 516, Anm. 22.

432 1204 November 26, Orig.: KlA Lüne Nr. 3; Druck: O.G. III., S. 855; Lüneburger UB 7, Nr. 29.

433 Busch, S. 33. Die Siegel Wilhelms sind bei v. Schmidt-Phiseldeck, Siegel S. 3 nur zum Teil berücksichtigt.

434 Abbildungen: O.G. III., Tab. XXV. (1) zu 1203. StA WF 5 Slg Bd. 3, Nr. 15 nach O.G..

435 Schmidt-Phiseldeck, Siegel Nr. 19, S. 3 zu 1205. Abbildungen: O.G. III., Tab. XXV. (2) zu 1204 und 1205. StA WF 5 Slg Bd.3, Nr. 16 (nach O.G.). Abguß: StA WF 3 Slg 19. Fotografie: Zillmann, Abb. 8.

436 Schmidt-Phiseldeck, Siegel Nr. 18, S. 3 zu 1200. Abb.: O.G. III., Tab. XXV. (5). Der gleiche Siegelstempel laut Busch, S. 33 zu 1209.

437 Abb. des Siegels O.G. III., Tab. XXV.(3) zu 1203 nach einem in dem Archiv eines Dr. Hoffmann gesehenen Ausprägung.

438 Dagegen Hucker, Otto IV., S. 45, Anm. 79 (ohne Nennung der Siegelumschrift).

439 Schmidt-Phiseldeck, Siegel Nr. 72, S. 12.

440 O. J., Orig.: KlA Lüne Nr. 5; Druck: O.G. III., S. 863f. O. J. (1218), Orig.: LA Schleswig Urk.-Abt. 268 Nr. 18; Druck: UB Bm. Lübeck 1, Nr. 33.

441 1214 ... *domina mea Helena uxor domini Willehelmi in Luneborg* ..., Orig.: HStA Han Celle Or. 100 Lüneburg St. Michael Nr. 10; Druck: O.G. III., S. 471; Lüneburger UB 7, Nr. 33. 1228 Mai 10,

drei gemeinsam mit ihrem Sohn Otto ausgestellten Urkunden, von denen mindestens eine in die Regierungszeit Ottos als Herzog fällt, ist sie als *ducissa* bezeichnet.[442] Ein weiteres Mal wird sie in einer von dem Abt Johannes von St. Michael in Lüneburg ausgestellten Urkunde als Herzogin bezeichnet,[443] mit dem sie gemeinsam ebenfalls als Herzogin eine Urkunde ausstellt.[444] Demgegenüber führte Helene von Lüneburg jedoch stets ein Siegel mit der Umschrift + HELENA DE LVNEBVRCH SOROR WALDEMARI REGIS DANIE.[445] Hätte Wilhelm von Lüneburg als Herzog dem Reichsfürstenstand angehört, wäre doch eigentlich in ihrem Siegel eine ähnliche Umschrift wie im ersten Siegel der Witwe Pfalzgraf Heinrichs, Agnes, zu erwarten gewesen: + AGNES VIDUA DUCIS HEINRICI DE BRUNESWIC.[446]

Ein vom Reich verliehenes Fahnenlehen müßte zudem auch auf den Sohn Wilhelms von Lüneburg übergegangen sein. Otto das Kind nannte sich aber erst seit seiner Erbeinsetzung durch Pfalzgraf Heinrich Herzog[447] und wurde von Kaiser Otto IV. selbst in dessem Testament ohne Titel, nur als *Otto de Luneburch, nepos noster* bezeichnet.[448] Auch in seinem ersten Siegel führte Otto das Kind lediglich eine sich teilweise auf die dänische Verwandtschaft beziehende Umschrift: + SIGILL OTTONIS DE LUNEBG FILII FRIS IMPATORIS ET SORORIS REGIS DANOR'.[449] Keinesfalls wird in diesen Siegelumschriften der Herzogstitel oder der Anspruch darauf gegenüber einer Hervorhebung kaiserlicher und königlicher Abstammung vernachläßigt worden sein. Ein Siegel stellte zunächst einmal die rechtliche Stellung des Siegelführenden dar und war für geblütspolitische Darstellungen weniger geeignet. Wenn also sowohl Wilhelm von Lüneburg als auch seine Witwe Helene und ihr gemeinsamer Sohn Otto das Kind in den vorliegenden Siegeln nie mit einem eigenen herzoglichen Titel verbunden sind, sondern sich auf ihre reichsfürstliche oder königliche Verwandtschaft oder Abstammung beziehen, so

---

Druck: Lüneburger UB 15, Nr. 14. O. J. ... *domine Helene et illustris filii eius Ottonis de Luneborg* ..., Druck: Lüneburger UB 7, Nr. 37.

442 O. J., Orig.: KlA Ebstorf Nr. 1, Druck: UB Ebstorf Nr. 2 (mit falsch aufgelöster Zeugenreihe). O. J., Abschrift XX.; Druck: UB Ebstorf Nr. 3. 1233, *Helena Dei gratia ducissa et O. filius eius dux de Luneburg et de Brunswic* ..., Orig.: HStA Han Celle Or. 100 Lüneburg St. Michael Nr. 18; Druck: O.G. IV., S. 137; Lüneburger UB 7, Nr. 48.

443 O. J., Druck: O.G. III., S. 864; Lüneburger UB 7, Nr. 38a.

444 O. J., Druck: O.G. III., S. 864.

445 Erhalten an: O. J. (1218), Orig.: LA Schleswig Urk.-Abt. 268 Nr. 18; Druck: UB Bm. Lübeck 1, Nr. 33. O. J. (1218) [Die Datierung ergibt sich aus dem daneben hängenden Siegel Ottos des Kindes, in dessen Umschrift sich dieser als Brudersohn des Kaisers (Otto IV. †1218) bezeichnet], Orig.: KlA Ebstorf Nr. 1; Druck: UB Ebstorf Nr. 2 zu (1215-1221) (fehlerhaft). Abbildungen: O.G. III., Tab. XXV.(4) zu 1222. (nach O.G.:) StA WF 5 Slg Bd. 3, Nr. 17. Vgl. Schmidt-Phiseldeck, Siegel, Nr. 20, S. 3 (fehlerhaft) und Busch, S. 34.

446 Erhalten an Orig. KlA Wienhausen Nr. 16 zu ca. 1241; fehlerhafter Auszug (nach HStA Han Cop. IX 02, Nr. 21): Pröve, S. 37, Anm. 3. Heute nicht mehr am Orig. KlA Wienhausen Nr. 5 zu 1233 April 24; Druck: O.G. III., S. 715. Schmidt-Phiseldeck, Siegel Nr. 11, S. 2 zu ca. 1240. Abguß: StA WF 3 Slg 11. Fotografie des Abgusses: Zillmann, Abb. 5.

447 Siehe dazu im Kap. I. 1.5.

448 Orig.: StA WF 2 Urk 1; Druck: MGH Const.2, Nr. 42; O.G. III., S. 363ff.; Asseburger UB 1, Nr. 95. Weitere Druckorte bei Hucker, Otto IV., S. 663f.

449 Erhalten an: O. J. (1218), Orig.: LA Schleswig Urk.-Abt. 268 Nr. 18; Druck: UB Bm. Lübeck 1, Nr. 33. O. J. (1218) [Die Datierung ergibt sich aus dem daneben hängenden Siegel Ottos des Kindes, in dessen Umschrift sich dieser als Brudersohn des Kaisers (Otto IV. †1218) bezeichnet], Orig.: KlA Ebstorf Nr. 1; Druck: UB Ebstorf, Nr. 2 zu (1215-1221) (fehlerhaft). Schmidt-Phiseldeck, Siegel Nr. 21, S. 3. Vgl. Busch, S. 5 und S. 34 mit Anm. 1: "nicht vor das Jahr 1219 ...".

geschieht dies, weil sie weder den Herzogstitel führten noch einen Anspruch darauf anmeldeten. Es bleibt also festzuhalten, daß Wilhelm von Lüneburg weder den Herzogtitel besaß noch ihn konsequent als Anspruch führte.

1.4.2 Die Ministerialität unter Wilhelm von Lüneburg

Der Regierungszeit Wilhelms von Lüneburg ist, auch wenn Wilhelm keinen Herzogstitel besessen hat, dennoch größere Bedeutung zuzumessen, als es bisher getan wurde. Zwar sind schon unter Heinrich dem Löwen die Lüneburger Ministerialen durch verschiedene mit dem Herkunftsnamen von Lüneburg verbundene Ministerialen zu belegen,[450] dennoch spielten sie, nach ihrem Auftreten und ihrer Stellung in den Zeugenreihen beurteilt, eine eher untergeordnete Rolle. Lediglich der Ministeriale und Vogt Heinrich von Lüneburg nahm offenbar eine hervorragende Position ein, denn er wurde von Heinrich dem Löwen während seiner Pilgerfahrt neben Ekbert von Wolfenbüttel zur Sorge für die Herzogin Mathilde bestellt.[451]

Eine ähnliche Rolle wie unter Heinrich dem Löwen wird der Lüneburger Ministerialität auch unter Pfalzgraf Heinrich bis zum Herrschaftsantritt Wilhelms in Lüneburg zugekommen sein, und nach der ersten welfischen Teilung sind in der näheren Umgebung Pfalzgraf Heinrichs und Ottos IV. im wesentlichen die Braunschweigischen Ministerialen zu belegen. Wenn Hofamtsträger und andere der Lüneburger Herrschaft zuzuordnende Ministerialen unterschiedlicher Taufnamen in den Urkunden Pfalzgraf Heinrichs und Ottos IV. auftreten, so werden sie gemeinhin mit dem Herkunftsnamen von Lüneburg bezeichnet.[452] Die wichtigen Lüneburger Ministerialenfamilien dürften also ihre Bedeutung zunächst einmal als Burgmannen der Burg auf dem Kalkberg von Lüneburg gewonnen haben. Beispielhafterweise bezeugte vor der ersten welfischen Teilung der Ministeriale Heinrich mit Zunamen Kind[453] und dem Herkunftsnamen von Lüneburg als erster welfischer Ministeriale des Lüneburger Raumes eine Urkunde Pfalzgraf Heinrichs für das Kloster Mariental, in der ausdrücklich des Konsenses seiner Brüder Otto und Wilhelm gedacht wurde.[454] In einer Bestätigungsurkunde durch Wilhelm von Lüneburg für das Kloster Königslutter wurde derselbe Heinrich Kind dann aber mit dem Herkunftsnamen von Lüne benannt.[455]

Auch Wilhelm von Lüneburg bezeichnete wichtige Ministerialen in einer Urkunde

---

450 So beispielsweise Lambert von Lüneburg, Urk. HdL Nr. 92. Wasmod von Lüneburg, Urk. HdL Nr. 27.

451 Arnold von Lübeck, I., 1. Zu Vogt Heinrich unten im Kap. II. 1.1.11.

452 1197, Adelhard von Lüneburg, Druck: UB Osterholz, Nr. 8. 1203 Otto von Lüneburg, Werner von Lüneburg, Orig.: StA WF 24 Urk 25; Druck: O.G. III., S. 769. 1224 November 18, Gebhard *dapifer* von Lüneburg, Druck: ZsHVNds 1853, S. 210; UB Ebstorf Nr. 6. 1225, Vicko von Lüneburg, Orig.: StA WF 8 Urk 4; Druck: v. Heinemann, Nr. 21. 1226, Friedrich von Lüneburg, Orig.: StA WF 8 Urk 5; Druck: O.G. III., S. 710f. 1227, Friedrich von Lüneburg, Sohn des Werner, Druck: UB Goslar 1, Nr. 491. 1227, Friedrich von Lüneburg, Druck: UB Hochstift Hildesheim 2, Nr. 220. Friedrich von Lüneburg ist mit großer Wahrscheinlichkeit identisch mit dem Friedrich von Medingen, der zu 1226, Orig.: StA WF 9 Urk 9; Druck: O.G. III., S. 709f., eine Urkunde Pfalzgraf Heinrichs bezeugte.

453 Zur Familie Kind Lubenow, S. 31-35. Vogtherr, S. 108-114.

454 Kop.: StA WF VII B Hs 340 S. 48-49; Druck: O.G. III., S. 615f.

455 O. J. (1202-1213), Druck: Naß, Königslutter, S. 166f.

für das Kloster Lüne im Jahre 1200 als seine Burgmannen.[456] Dementsprechend sind gerade bei den bedeutenden Lüneburger Ministerialenfamilien gehäuft Zunamen belegbar, die nicht Herkunftsnamen sind, wie beispielsweise Magnus (= Grote), Vultur (= Ghyr), Puer (= Kind) und de Monte (= von [dem] Berge).[457] Eigentliche Herkunftsnamen sind dagegen im ersten Drittel des 13. Jahrhunderts nur vereinzelt belegbar. Diese Zunamensfindung wird durch die Hofhaltung Wilhelms von Lüneburg und der damit beginnenden Residenzfunktion Lüneburgs noch gefestigt. Wilhelm von Lüneburg hat durch die Errichtung einer eigenständigen Herrschaft mit Bezug auf den Lüneburger Raum die Position der Lüneburger Ministerialen gehoben, die dadurch innerhalb der Gesamtheit der welfischen Ministerialität eine Sonderrolle darstellen. Mit der Wiedervereinigung der welfischen Erbteile unter Otto dem Kind traten die Lüneburger Ministerialen zwischenzeitlich wieder hinter die Ministerialen des Braunschweiger Teils zurück, gewannen aber nach der zweiten welfischen Teilung und der Errichtung des Lüneburger Teilherzogtums im Jahre 1269 ihre volle Bedeutung wieder.[458]

1.5 Otto das Kind

1.5.1 Otto das Kind als Erbe Wilhelms von Lüneburg 1212/13 und Pfalzgraf Heinrichs 1223 und 1227

Über das Todesjahr Wilhelms von Lüneburg bestehen zwei Varianten, die von vornherein nicht auszuschließen sind[459]: 1212[460] oder 1213[461]. Letztendlich dürfte das genaue Todesjahr Wilhelms von Lüneburg nicht eindeutig bestimmt werden können. Dennoch spricht einiges dafür, daß Wilhelm von Lüneburg schon im Jahre 1212 verstarb. So kommt Otto das Kind in einer im Jahre 1212 in Soltau ausgestellten Urkunde Pfalzgraf Heinrichs als Zeuge ohne Taufnamen als *nepos noster de Luneborch* vor.[462] Zunächst ließe sich mutmaßen, daß Otto das Kind zu Lebzeiten Wilhelms von Lüneburg eher als Brudersohn bezeichnet worden wäre. Die Zeugenreihe dieser Urkunde setzt sich, neben Otto dem Kind an erster Stelle, ferner aus zwei nicht mit Taufnamen genannten Grafen von Hoya und von Wölpe, dem Grafen Hermann von Woldenberg, dem Edelfreien Bernhard von Dorstadt, sowie drei Ministerialen, darunter zwei Hofamtsträgern zusammen. Diese große Anzahl bedeutender Zeugen für eine einfache Güterübertragung ist auffällig und ließe sich durch den Tod Wilhelms von Lüneburg erklären.[463] Neuerdings wird das Jahr der

---

456 1200 ... *et alii quam plures castellani nostri*, Orig.: KlA Lüne Nr. 2; Druck (beide fehlerhaft): O.G. III., S. 850f.; Lüneburger UB 7, Nr. 28. Vgl. dazu auch Lubenow, S. 13-53.

457 Die letzte Zunamensform bezieht sich auf den Kalk- bzw. Burgberg von Lüneburg, zielt also nicht auf einen Herkunftsort, sondern auf die Funktion des Zunamensträgers ab. Vgl. zu solchen Kognomina Fenske, Ministerialität, S. 167f., Anm. 50.

458 Mertens, Diss., S. 77ff. Mertens, NdsJBLGesch,. S. 123ff. Zur zweiten welfischen Teilung siehe Pischke, Landesteilungen, S. 35-44 mit der weiteren Literatur. Siehe dazu auch unten im Kap. II. 5.2.

459 So auch Hucker, Otto IV., S. 376.

460 Das Todesjahr 1212 haben: Annales Stadenses, S. 355. Script. rer. Br. 3, S. 174.

461 Das Todesjahr 1213 und das Datum haben: Sächsische Weltchronik, S. 239. Chron. duc. de Brunswick, S. 584. Nach letzterer Busch, S. 5. Nur das Todesjahr 1213 haben: Annales S. Blasii. Chron. principium Saxoniae.

462 Druck: Lüneburger UB 15, Nr. 8.

463 v. Heinemann, S. 238 schließt aus der Zeugenreihe dieser Urkunde auf eine Landesversammlung

Urkunde mit dem Hinweis auf die fehlerhafte Indiktionszahl bezweifelt.[464] Eine verkehrte Indiktionsrechnung wiegt aber keinesfalls schwerer als eine Jahresdatierung. Ferner wird gegen die rechte Datierung der Urkunde behauptet, daß Otto "nicht vor 1216 ... selbstständig auftritt".[465] Otto das Kind wird aber schon im Jahre 1209 in einer Urkunde seines Vaters Wilhelm von Lüneburg erwähnt[466] und stellte bereits im Jahre 1215 in Anwesenheit seines Onkels, Kaiser Otto IV., eine eigene Urkunde aus[467]. Leider läßt sich die Datierung der Urkunde Pfalzgraf Heinrichs aufgrund der Zeugen nicht weiter verifizieren, da sämtliche Zeugen in einem zu großen Zeitraum auftreten. Die Datierung des Todes Wilhelms von Lüneburg in das Jahr 1212 wird ferner durch die Beobachtung erhärtet, daß im Jahre 1213 in einer Urkunde Pfalzgraf Heinrichs als vierter von fünf ministerialischen Zeugen der Truchseß Werner mit Herkunftsnamen von Lüneburg testierte.[468] Die Urkunde wurde in Walbeck ausgestellt, also in einem Gebiet, das durch die erste welfische Teilung in den Einflußbereich Ottos IV. oder möglicherweise Wilhelms von Lüneburg gekommen war.[469] So ließe sich annehmen, daß sich der Truchseß Werner nach dem Tod seines Herrn Wilhelm von Lüneburg bei Pfalzgraf Heinrich, möglicherweise einem Vormund des noch unmündigen Ottos des Kindes und damit de facto neuem Herrn von Lüneburg, eingefunden hat.[470] Eine ähnliche Beobachtung läßt sich kurz nach der Erbeinsetzung Ottos des Kindes durch Pfalzgraf Heinrich machen, als der Truchseß Gerhard von Lüneburg zwei im Jahre 1224 in Braunschweig ausgestellte Urkunden des Pfalzgrafen für den Deutschen Orden als dritter von vier[471] und als vierter von fünf ministerialischen Zeugen[472] bezeugte. Die Aussage, daß "des Pfalzgrafen Bedeutung für Lüneburg ... auf ein Nichts zusammen ... [schrumpft] ..."[473] ist dementsprechend zu relativieren. Auch die von Pfalzgraf Heinrich im Jahre 1216 für das Kloster St. Michael ausgestellte Schenkungsurkunde[474] muß keineswegs in Braunschweig ausgestellt worden sein,[475] da die Urkundenzeugen zu dem engsten Begleiterkreis des Pfalzgrafen zu zählen sind. Eine gemeinsame Vormundschaft für den noch unmündigen Sohn Wilhelms von Lüneburg durch Pfalzgraf Heinrich und Otto IV. bleibt damit sehr wahrscheinlich.[476] Neben der Diskussion um die Vormundschaft der beiden Oheime Ottos des Kindes ist aber leider Ottos Mutter Helene vernachlässigt worden, die während dessen

---

"sächsischer Grossen" (sic!) unter dem Vorsitz Pfalzgraf Heinrichs.

464 Hucker, Otto IV., S. 244f. Das Argument Huckers, daß "damals Ottos Vater Wilhelm noch lebte", widerspricht der Diskussion des möglichen Todesdatums ebenda, S. 376.

465 Hucker, Otto IV., S. 365, Anm. 33.

466 1209 August 28, Orig.: HStA Han. Celle Or. 9 Schr. IX Kaps. 44 Nr. 3; Druck: O.G. III., S. 858f.; UB Herzöge Br.-Lb. 1, Nr. 5.

467 Orig.: LHA Magdeburg Rep. U 1/2 Nr. 678; Druck: Mader, S. 248; O.G. IV., S. 97.

468 1213 Januar 28, Orig.: StA WF 22 Urk 30; Druck: v. Heinemann, Nr. 7.

469 Pischke, Landesteilungen, S. 21.

470 Zur Vormundschaft über Otto das Kind mit der weiteren Literatur siehe Hucker, Otto IV., S. 244, der aber für die alleinige Vormundschaft Ottos IV. eintritt.

471 1224 August 31, Regest: Reg. v. Campe 1, Nr. 175.

472 1224 September 30, Orig.: Dresden O. U. 259; Druck: v. Heinemann, Nr. 17; UB DO Thüringen 1, Nr. 29.

473 Hucker, Otto IV., S. 245.

474 Druck: Lüneburger UB 7, Nr. 34.

475 Dagegen Hucker, Otto IV., S. 244.

476 So schon Oesterley, S. 15.

Unmündigkeit als Urkundenausstellerin oder als Mitausstellerin neben Otto auftritt,[477] und der deswegen eine bedeutende Rolle zugerechnet werden muß.

Nach dem Tod Wilhelms von Lüneburg wurde die Lüneburger Hofhaltung, die dazugehörenden Hofämter und Ministerialen durch seinen Sohn, Otto das Kind, nach dessen Geschäftsfähigkeit übernommen und ansatzweise selbst in der Zeit nach der Regierungsübernahme Ottos im Braunschweiger Raum fortgesetzt. Als Ergebnis dieser Entwicklung wurde Lüneburg zu einem der beiden herrschaftsbildenden Orte in den welfischen Landen, wie es nach außen hin in der Gründungsurkunde des Herzogtums Braunschweig[478] deutlich und nicht zuletzt auch in den historiographischen Werken der Zeit[479] herausgearbeitet und herausgestellt wird. Nach dem frühen Tod Pfalzgraf Heinrichs des Jüngeren im Jahre 1214[480] war der Sohn Wilhelms von Lüneburg, Otto, genannt das Kind,[481] der einzige männliche Nachkomme des welfischen Hauses.[482] In einer Urkunde, deren Original im Jahre 1830 vernichtet worden ist,[483] setzte Pfalzgraf Heinrich im Juli 1223 seinen geliebten Neffen Otto, Herzog von Lüneburg, mit dem Rat seiner Getreuen zu seinem Erben ein, indem er ihm symbolisch seine Herzogskappe, *cupheus*, aufsetzte.[484] Im Falle seines Todes sollte Otto die Stadt Braunschweig mit allen Ministerialen, Burgen und sonstigem Zubehör, sowie das welfische Erbgut und allen welfischen Besitz erhalten, worauf Pfalzgraf Heinrich seine Ministerialen, Bürger und Bauern zur Treue gegenüber Otto ermahnte und bat. Zuletzt sollten Heinrichs sämtliche Lehen von den Kirchen Bremen, Verden, Minden, Magdeburg, Halberstadt, Hildesheim, Werden, Quedlinburg, Gandersheim und Corvey an Otto das Kind übergehen.

Die Urkunde bezeugten an erster Stelle drei Hofamtsträger, der Truchseß Jordan, der Marschall Wilhelm und der Schenk Jusarius. An vierter Stelle testierte ein Balduin von Rüningen, der sonst in keiner weiteren Urkunde auftaucht. Daher ist anzunehmen, daß der Herkunftsname von Rüningen durch den Träger mit Taufnamen Balduin nur kurzzeitig verwendet worden ist. Mit dem Taufnamen Balduin kommen in den Urkunden Pfalzgraf Heinrichs der Jahre 1222 bis 1224 nur der Vogt Balduin II. von Dahlum[485], Balduin von Wenden[486] sowie der Bruder des

---

477 O. J. (1218), Orig.: LA Schleswig Urk.-Abt. 268 Nr. 18; Druck: UB Bm. Lübeck 1, Nr. 33. O. J. (1218) [Die Datierung ergibt sich aus dem daneben hängenden Siegel Ottos des Kindes, in dessen Umschrift sich dieser als Brudersohn des Kaisers (Otto IV. †1218) bezeichnet], Orig.: KlA Ebstorf Nr. 1; Druck: UB Ebstorf Nr. 2 zu (1215-1221) (fehlerhaft). O. J., Druck: Lüneburger UB 7, Nr. 37. O. J., Druck: O.G. III., S. 863f. O. J., Druck: O.G. III., S. 864.

478 Orig.: StA WF 1 Urk 13; Druck: MGH Const. 2, 263. Fotografien: Brandi, vor S. 33. Zillmann, Abb. 1.

479 Zu diesem Komplex siehe Schneidmüller, Billunger, insb. S. 34ff. und S. 57f.

480 Siehe zu ihm im Kap. I. 1.3.2.

481 Mit diesem Beinamen bezeichnet ihn erstmals die Braunschweigische Reimchronik, S. 552.

482 Zum ihm Oesterley und grundlegend Michels. Die bei Brenske, S. 24-28 vorgenommene Einschätzung Ottos des Kindes ist verfehlt. Allein schon deswegen muß die ebenda vorgenommene "ideologisch-politische" Interpretation von Wand- und Deckenmalereien in der Stiftskirche St. Blasius in Braunschweig - ohne hier in die kunstgeschichtliche Diskussion über deren Datierung eingreifen zu wollen - abgelehnt werden.

483 StA WF 36 Alt 385.

484 Druck: O.G. IV., S. 98 (nach dem Original); UB Br. 2, S. 22f.

485 1222, vierter von fünf ministerialischen Zeugen, Orig.: StA WF 7 Urk 15; Druck: O.G. III., S. 693. 1222, Verkäufer, Orig.: StA WF 24 Urk 51; Druck: O.G. III., S. 692. 1224, dritter von sieben ministerialischen Zeugen, Orig.: StA WF 32 Urk 1; Druck: v. Heinemann, Nr. 18; UB Br. 2, S. 24 [Orig. dort als verschollen bezeichnet]. 1224, Bürge, Orig.: StA WF 24 Urk 52, Druck: Asseburger

Truchsessen, Balduin von Blankenburg[487], vor. Da die Familie von Blankenburg in ihrem späteren Zweig der Schenken von Neindorf in Rüningen umfangreiche Güter von den Welfen zu Lehen hatte,[488] dürfte Balduin mit dem Herkunftsnamen von Rüningen sehr wahrscheinlich mit Balduin von Blankenburg identisch sein. Ungewöhnlich ist das Testat Bernhards von Dorstadt als einzigem Edelfreien inmitten von Ministerialen. Da Bernhard von Dorstadt sonst stets vor den Angehörigen der Ministerialität testiert,[489] ist er entweder durch ein Versehen des Schreibers in diese Position gerückt, oder aber es handelt sich um eine Verschreibung für Heinrich von Dorstadt, der zur selben Zeit Küchenmeister bei Pfalzgraf Heinrich war.[490] Da jedoch auch Johannes, der Notar des Pfalzgrafen, ungewöhnlicherweise mitten unter den übrigen Ministerialen erscheint, dürfte ein Versehen des Schreibers bei der Auflistung der Zeugen anzunehmen sein. Daneben testierten weiterhin Angehörige aus wichtigen Familien der welfischen Ministerialität, unter anderem der Herren von Veltheim, von Hondelage, von Bortfeld, von Rottorf und von Schauen. Da in der Zeugenreihe fast ausschließlich Ministerialen vorkommen, dürfte es sich auch bei den in der Urkunde erwähnten ratgebenden Getreuen im wesentlichen um Angehörige der welfischen Ministerialität gehandelt haben.

In der Urkunde sprach Pfalzgraf Heinrich davon, daß Otto das Kind großen Dienst, Ausgaben und Mühen für ihn aufgebracht hätte. Mit hoher Wahrscheinlichkeit reflektierten diese Worte den Einsatz Ottos des Kindes hinsichtlich des welfischen Anspruchs auf die Grafschaft Stade.[491] Daß die Erbeinsetzung auf die Erhaltung des welfischen Einflusses in der Grafschaft Stade abgezielt haben wird,[492] zeigt sich daran, daß Pfalzgraf Heinrich gleichzeitig die Ministerialen und Bürger daselbst von seiner Erbeinsetzung in Kenntnis setzte[493] und kurz darauf die Streitigkeiten mit dem Erzbischof von Bremen erneut begannen.[494] Das Jahr der Erbeinsetzung hatte seinen Grund zunächst einmal in dem Alter Ottos des Kindes, der kurz vorher 18 Jahre alt

---

UB 1, Nr. 134; Reg. v. Campe 1, Nr. 180.

486 1222 September 21, vierter von zehn ministerialischen Zeugen, Orig.: HStA Han Hild. Or. 2 Heiningen Nr. 11; Druck: v. Heinemann, Nr. 14 (mit fehlerhafter Datierung); UB Hochstift Hildesheim 2, Nr. 50. 1222, fünfter von fünf ministerialischen Zeugen, Orig.: StA WF 7 Urk 15; Druck: O.G. III., S. 693. 1222, vierter von fünf ministerialischen Zeugen, Orig.: HStA Han Cal. Or. 100 Fredelsloh Nr. 12; Druck: O.G. III., S. 694; UB Fredelsloh, Nr. 17.

487 1222 September 21, siebenter von zehn ministerialischen Zeugen, Orig.: HStA Han Hild. Or. 2 Heiningen Nr. 11; Druck: v. Heinemann, Nr. 14; UB Hochstift Hildesheim 2, Nr. 50. 1223, vierter von acht ministerialischen Zeugen, Orig.: StA WF 7 Urk 16; Druck: O.G. III., S. 676. 1224, vierter von zehn ministerialischen Zeugen, Orig.: StA WF 7 Urk 17; Druck: O.G. III., S. 694f.; UB Br. 2, S. 24f. 1224, fünfter von sieben ministerialischen Zeugen, Orig.: StA WF 32 Urk 1; Druck: v. Heinemann, Nr. 18; UB Br. 2, S. 24 [Orig. dort als verschollen bezeichnet]. 1224, Bürge, Orig.: StA WF 24 Urk 52; Druck: Asseburger UB 1, Nr. 134; Reg. v. Campe 1, Nr. 180.

488 Kleinau, GOV, S. 494f.

489 Beispielsweise zu 1224 September 30, Orig.: StA Dresden U.O. 259; Druck: v. Heinemann, Nr. 17; UB DO Thüringen 1, Nr. 23.

490 Siehe zu ihm im Kap. II. 1.5.1.

491 Vgl. zur Vorgeschichte: v. Heinemann, S. 171-175, 178ff. Michels, S. 11-14. Dementsprechend werden auch die Kirchenlehen der Bremer Kirche an erster Stelle genannt, weil sie die bedeutendsten waren.

492 Offenbar sollte der Vergleich Pfalzgraf Heinrichs mit dem Erzbistum Bremen um die Grafschaft Stade von 1219, Druck: O.G. III., S. 662; Rethmeier, Br. Chron.I., S. 424f.; Hamburger UB 1, S. 375, damals revidiert werden.

493 Druck: O.G. IV., S. 80 praef.

494 Siehe dazu und der weiteren Entwicklung unter Otto dem Kind v. Heinemann, S. 178f.

und damit großjährig wurde.[495] Ein weiterer Grund dürfte in einer möglichen Erkrankung des Pfalzgrafen zu sehen sein, da in einer wenige Tage zuvor ausgestellten Urkunde des Pfalzgrafen ein *Johannes phisicus ducis* testiert.[496] Aus demselben Grund wird auch die zweite Urkunde desselben Jahres von Pfalzgraf Heinrich ausgestellt worden sein, in der er die Gründung des Marienaltares im Stift St. Blasius in Braunschweig durch seine Mutter ausdrücklich bestätigte.[497] Daneben wird Pfalzgraf Heinrich mit der Erbeinsetzung seines Neffen auch auf den Aufkauf der Rechte seiner ältesten Tochter Irmgard, Ehefrau des Markgrafen Hermann von Baden, durch Friedrich II. reagiert haben. Zwar ist der Zeitpunkt des Ankaufs der Rechte Irmgards nicht genau bestimmbar, doch muß dieser vor 1225 stattgefunden haben, da erstmals in diesem Jahr in einer von König Heinrich (VII.) für das Kloster Walkenried in Nordhausen ausgestellten Urkunde von dem Erbanspruch der Staufer die Rede ist.[498]

Trotz der Erbeinsetzung Ottos des Kindes, die den Tatbestand eines Staatsaktes erfüllte, sind aber auch Pfalzgraf Heinrichs Töchter aus erster Ehe erbberechtigt geblieben, obschon mindestens die jüngere der beiden abgefunden worden ist.[499] Die ungeklärte Frage des Erbes Pfalzgraf Heinrichs wird in ihrem ganzen Ausmaß in dem Bestreben des Klosters Walkenried deutlich, für eine Schenkung Pfalzgraf Heinrichs aus dem Jahr 1225[500] auch die Zustimmung aller möglichen Erbberechtigten einzuholen.[501] Begonnen hatte die Güterauflassung nach dem September 1224, *eo tempore cum rex Heinricus et Egelbertus Coloniensis episcopus et alii principes super captivitate regis Dacie in dicto loco colloquium habuerunt,*[502] als die Brüder Ludolf und Gottschalk von Plesse vor dem Pfalzgrafen in Lüneburg ihre Lehen zugunsten des Klosters Walkenried resigniert hatten.[503] Neben einer ganzen Anzahl der beteiligten Grundberechtigten[504] holte das Kloster Walkenried die urkundlichen Zustimmungen Ottos des Kindes[505], König Heinrichs (VII.)[506] und der

---

495 Zum Tod Ottos am 9. Juni 1252 bemerken die Annales Stadenses, daß Otto im 48. Lebensjahr gestanden habe.

496 1223 Juni 2, Orig.: HStA Han untergegangen; Druck: v. Heinemann, Nr. 15; UB Hochstift Hildesheim 2, Nr. 76.

497 Orig.: StA WF 7 Urk 16; Druck: O.G. III., S. 676.

498 Orig.: StA WF 25 Urk 1036; Druck: O.G. III., S. 701; UB Herzöge Br.-Lb. 1, Nr. 9; Asseburger UB 1, Nr. 139; Urk. Walkenried, 1, Nr. 148.

499 Die ältere Irmgard war mit Markgraf Hermann von Baden, die jüngere Agnes mit Otto von Wittelsbach verheiratet. Siehe dazu v. Heinemann, S. 185 mit den Quellen in Anm. 3. Die Angabe eines möglichen unehelichen Sohnes des Pfalzgrafen daselbst unter Hinweis auf die Urkunde Pfalzgraf Heinrichs für das Kloster Schönau zu 1208 Mai 30, Druck: Urk. Schönau, S. 31f., ist zu streichen. Am Ende der Zeugenreihe stehen *Lupoldus miles et Leo miles filius noster*, wobei letzteres aus *filius eius* verschrieben sein dürfte.

500 Kop.: StA WF VII B Hs 101 Bl. 53v.; Druck: O.G. III., S. 699.

501 Vgl. dazu: v. Heinemann, S. 276f. Fenske/Schwarz, S. 330ff. Uhde.

502 Zu dem Hoftag in Lüneburg und der Gefangenschaft König Waldemars von Dänemark Michels, S. 17f.

503 Orig.: StA WF 25 Urk 1035; Druck: Asseburger UB 1, Nr. 135.

504 Alle O. J. zu (1225): Die Brüder Bernhard und Konrad von Schöneberg, Orig.: StA WF 25 Urk 1005 (Siegel fehlt), ungedruckt. Der Graf A(dolf) von Dassel mit seinen Neffen von Schöneberg, Orig.: StA WF 25 Urk 1006 (Siegel fehlt), ungedruckt. Der Graf Siegfried von Blankenburg, Orig.: StA WF 25 Urk 1007 (mit Siegel), ungedruckt. Die Brüder von Plesse, Orig.: StA WF 25 Urk 1035, Druck: Asseburger UB 1, Nr. 135. Ludolf von Plesse, Orig.: StA WF 25 Urk 1008, Druck: Urk. Walkenried, 1, Nr. 144.

505 1225, Orig.: StA WF 25 Urk 79; Druck: O.G. III., S. 700.

506 O. J. (1225 Juli?), Orig.: StA WF 25 Urk 1036; Druck: O.G. III., S. 701; UB Herzöge Br.-Lb. 1,

mit Pfalzgraf Otto, Herzog von Bayern, verheirateten zweiten Tochter Pfalzgraf Heinrichs, Agnes,[507] ein. Otto das Kind erkannte den erkauften Erbanspruch der Staufer dabei indirekt an, indem er die Urkunde Heinrichs (VII.) bezeugte.[508] Die Schenkung Pfalzgraf Heinrichs war so bedeutend, daß sich das Kloster diese von Herzog Albrecht dem Großen im Jahre 1251[509] vor und dann gleich noch einmal 1252[510] nach seiner Regierungsübernahme bestätigen ließ. Um das Jahr 1260 wurde wieder Bezug auf den Vorgang genommen, indem der Ritter Basil von Windhausen den Schutz Herzog Albrechts des Großen und den seiner Vögte gegen die offenbar unberechtigten Ansprüche Helmolds von Plesse auf die von diesem vor über 34 Jahren veräußerten Güter erbat.[511]

Eine weitere entscheidende Zäsur im Verhältnis der welfischen Ministerialität zu ihren welfischen Herren bedeutete der Tod Pfalzgraf Heinrichs am 28. April 1227.[512] Als Erbe seines Vaters Wilhelm von Lüneburg nannte sich Otto das Kind, der Neffe und Erbe Pfalzgraf Heinrichs, anfangs nur *dominus de Luneborch*.[513] Die Umschrift seines zweiten Siegelstempels lautete demgemäß + SIGILL OTTONIS PRINCIPIS ET DOMINI DE LUNEBURG.[514] Erst nach der Erbeinsetzung durch Pfalzgraf Heinrich im Jahre 1223 führte Otto das Kind den Titel *dux* und stellte so seinen Anspruch auf Zugehörigkeit zum Reichsfürstenstand dar.[515] Auch die Siegelumschriften von Ottos drittem und viertem Siegel veränderten sich dementsprechend. Beide wiesen jetzt die Umschrift + SIGILLUM OTTONIS DUCIS DE BRUNESWIC auf.[516]

1.5.2 Die Ministerialität unter Otto dem Kind

Unter Otto dem Kind wurden die durch die erste welfische Teilung getrennten welfischen Gebiete wieder unter einem welfischen Fürsten vereinigt. Dabei mußten auch die Lüneburger und die Braunschweiger Ministerialen wieder auf eine Regierungspersönlichkeit eingestellt werden. Als aber Otto das Kind nach dem Tode Pfalzgraf Heinrichs die Herrschaft über Braunschweig einnehmen wollte, fand er

---

Nr. 9; Asseburger UB 1, Nr. 139; Urk. Walkenried, 1, Nr. 148.

507 Druck: O.G. III., S. 703; Urk. Walkenried, 2, Nr. 150.

508 Der deswegen von Winkelmann, Friedrich, S. 505, Anm. 2, geäußerte Fälschungsverdacht ist zu streichen. Vgl. dazu auch in den Reg. imperii V, 1, Nr. 3977.

509 *A. Dei gracia juvenis dux de Brunswich*, Orig.: StA WF 25 Urk 1037; Druck: O.G. III., S. 704; UB Herzöge Br.-Lb. 1, Nr. 35.

510 Orig.: StA WF 25 Urk 1017; Druck: O.G. III., S. 705.

511 O. J., Basil von Windhausen an Herzog Albrecht den Großen, Orig.: StA WF 25 Urk 1019, ungedruckt. O. J., Basil von Windhausen an die Vögte des Herzogs, T. von Seesen, W. von Göttingen, F. von Einbeck, Orig.: StA WF 25 Urk 1020, ungedruckt.

512 Siehe dazu oben im Kap. I. 1.2.1.

513 Busch, S. 35.

514 Beispielsweise erhalten zu 1225 Juni 6, Orig.: HStA Han Celle Or. 100 Lüneburg St. Michael Nr. 11; Druck: Lüneburger UB 7, Nr. 40. Schmidt-Phiseldeck, Siegel, Nr. 22, S. 4 zu 1225. Vgl. Busch, S. 34. Abbildungen: StA WF 5 Slg 3, Nr. 18ff. Abguß: StA WF 3 Slg 22. Fotografie: Zillmann, Abb. 10.

515 Zur Titelführung Ottos siehe Busch, S. 35ff. Boshof, Entstehung, S. 264ff.

516 (1) Erhalten nur am Ottonianum, StadtA Braunschweig A I 1 Nr. 2a, und am Hagenrecht, StadtA Braunschweig A I 1 Nr. 2. Fotografie: UB Br. 1, nach S. 1. Vgl. dazu Busch, S. 34. (2) Mehrfach erhalten, z.B. an StA WF 7 Urk 22 und 24 Urk 95, beide zu 1235. Vgl. Schmidt-Phiseldeck, Siegel, Nr. 23, S. 4. Busch, S. 34. Abb.: Reg.-Urk. v. Campe 1, Nr. 229.

eine Koalition von staufischen Gesandten, aufständischen Ministerialen und Bürgern in Braunschweig vor.[517] Otto das Kind konnte mit Hilfe seiner Schwäger, der Markgrafen von Brandenburg, zuerst die Stadt selbst in seine Gewalt bringen und darauf die Bürgerschaft für sich gewinnen. In diesem Zusammenhang dürften die "Jura et libertates Indaginis"[518] und das Ottonische Stadtrecht[519] sowie die Verpfändung der Vogtei der Altstadt[520] entstanden sein. Der Aufstand der Dienstmannen auf der Burg dauerte dagegen offenbar noch Jahre an.[521] Welche Bedeutung dem Aufstand der Ministerialen gegen Otto das Kind von den Zeitgenossen beigemessen worden ist, kommt in einer im Jahre 1283 in Oedelum ausgestellten Urkunde des Edelherrn Volrad von Depenau zum Ausdruck. Darin stellt der Aussteller anläßlich eines Güterverkaufes fest, daß die Güter durch seinen Vater an den Verkäufer verlehnt worden seien ... *circa illud tempus, dum dominus Otto dux suis fuit reconciliatus ministerialibus.*[522]

Immer wieder ist von der Forschung die versuchte Inbesitznahme der Stadt Braunschweig durch Friedrich II. und seinen Sohn, der Ministerialenaufstand in Braunschweig und die Vergabe der Vogtei über die Altstadt an die Bürger durch Otto beschrieben und erklärt worden.[523] So ist beispielsweise die Frage der Echtheit der beiden, vermutlich zu dieser Zeit entstandenen Braunschweiger Stadtrechtsquellen zwar ausgiebig diskutiert worden, kann aber bis heute immer noch nicht entschieden werden, da eine quellenkritische Untersuchung fehlt.[524] Wenig hilfreich wäre es, das bisher Geschriebene durch immer neue Kombinationen ergänzen zu wollen, jedoch führen selbst in diesem Fall personengeschichtliche Studien zu neuen Ergebnissen.

Zu einseitig als Belohnung für die Treue der Bürger seiner Stadt Braunschweig ist dabei die Verpfändung der Vogtei der Altstadt durch Otto das Kind gesehen worden.[525] Viel wichtiger mußte es dagegen für Otto gewesen sein, die aufständischen Ministerialen von den nicht unerheblichen Einkünften aus der Braunschweiger Vogtei abzuschneiden. Neben den politischen Überlegungen, die Bürgerschaft für die Sache der Welfen zu gewinnen[526] und die aufständischen Ministerialen von einer ständigen Geldquelle zu trennen, werden auch fiskalische Interessen ihren Ausschlag gegeben haben. Denn die Bürgerschaft mußte dafür jährlich 30 Talente aufbringen, "eine erhebliche finanzielle Leistung"[527]; so erheblich, daß diese die

---

517 ... *dhen gesten, dhen dhenestmannen, ... dhen burgeren* ..., Br. Reimchronik, S. 552.
518 Druck: UB Br. 1, S. 1f.
519 Druck: UB Br. 1, S. 3-7.
520 Orig.: verloren; Druck: UB Herzöge Br.-Lb. 6, S. 105; Doebner, Nr. 1 mit weiteren Drucken; UB Br. 2, S. 28f. Die Urkunde ist mit 1227 und der richtigen Indiktionszahl datiert.
521 "... zwischen dhen dhenestmannen und der stat, dhe wol dhri jar was ghehat.", Br. Reimchronik, S. 553.
522 Druck: Scheidt, Mantissa, S. 215, Anm. (fehlerhaft). Calenberger UB 3, Nr. 428.
523 Zu den Ereignissen der Jahre Michels, S. 24ff.
524 Siehe dazu mit der weiteren Literatur: Garzmann, Ottonianum. Diestelkamp, Städteprivilegien. Diestelkamp, Städtegründungen. Schneidmüller, Kollegiatstifte, S. 285, Anm. 132.
525 Druck: UB Herzöge Br.-Lb. 6, S. 105; UB Br. 2, S. 28f.; Doebner, Nr. 1.
526 Kein leichtes Unterfangen, wenn man die Aussicht Braunschweigs, Reichsstadt zu werden, bedenkt. Vgl. dazu Garzmann, S. 139. Zusätzlich darf in diesem Zusammenhang an die fast gleichzeitig vorgenommene Privilegierung Lübecks durch Kaiser Friedrich II., UB Stadt Lübeck 1, Nr. 34, erinnert werden.
527 Garzmann, S. 89.

Vereinbarung im Laufe des 13. Jahrhunderts vermutlich aufheben mußte.[528]

In den gleichen politischen Zusammenhang gehört die zur selben Zeit ausgestellte Urkunde Ottos für das Stift St. Blasius, in der Otto die Übergabe der Güter um Scheverlingenburg durch Kaiser Otto IV. und Pfalzgraf Heinrich bestätigte.[529] Offenbar unrichtig an der Datierung der Urkunde mit 1227 und der richtigen Indiktionszahl ist die Monatsangabe Januar.[530] Pfalzgraf Heinrich kann zu dieser Zeit noch nicht gestorben sein, was nicht nur aus dem überlieferten Todestag hervorgeht.[531] Immerhin stellte Pfalzgraf Heinrich noch im Jahre 1227 drei Urkunden aus,[532] so daß sein Tod nicht durch ein langes Siechtum vorhersehbar gewesen, sondern eher unvorbereitet geschehen sein dürfte. Otto das Kind stellte sich in seiner Urkunde für das Stift St. Blasius deutlich in die Reihe der vorgehenden Patrone des Stifts.[533] Die Worte Ottos von stattgefundenen Übergriffen auf den Stiftbesitz reflektieren nicht nur den Ministerialenaufstand in Braunschweig, sondern gehen konkret auf die von der Familie von Dahlum-Wenden ausgeübte Stiftsvogtei zurück.[534] Mißbräuche der Stiftsvögte von St. Blasius mußte Pfalzgraf Heinrich schon im Jahre 1197 abstellen.[535] Auch im Jahre 1226 - kurz vor der Regierungsübernahme Ottos des Kindes - war es erneut zu erheblichen Unstimmigkeiten mit den Vögten aus der Familie von Dahlum-Wenden gekommen, wie aus einer Urkunde Pfalzgraf Heinrichs deutlich hervorgeht. In deren Folge mußte Heinrich I. von Wenden auf seine Vogteigewalt über Güter des Stifts St. Cyriacus in Benstorf verzichten.[536] Möglicherweise läßt sich sogar noch die Schutzbestellung der Grafen von Wohldenberg über dieselben Güter durch das Stift St. Cyriacus im Jahre 1232 in einen Zusammenhang mit fortdauernden Übergriffen der ehemaligen Besitzer der dortigen Vogtei erklären.[537] Obwohl das Vogteiamt über die beiden Kollegiatstifte durch die welfischen Herren verliehen worden war, nannte sich der Vogt Balduin von Dahlum in einer eigenen Urkunde *Dei gratia conventualium ecclesiarum in Bruneswic advocatus*.[538] Allein aus dem "gesteigerte[n]

---

528 Garzmann, S. 90.

529 Orig.: StA WF 7 Urk 20; Druck: O.G. IV., S. 105f.; Mader Antiq. Br., S. 252. Die Urkunde ist mit 1227 Januar und der richtigen Indiktionszahl datiert.

530 Zur ganzen Problematik Busch, S. 36, Anm. 1.

531 Siehe dazu im Kap. I. 1.2.2.

532 1227, Druck: UB Goslar 1, Nr. 491. 1227, Orig.: StA WF 13 Urk 3; Druck: v. Heinemann, Nr. 25. 1227, Kop.: HStA Han untergegangen; Druck: UB Hochstift Hildesheim 2, Nr. 220.

533 *... predecessorum felicis memorie domini Ottonis, Romani imperatoris, et Henrici, fratris eius, ducis Saxonie, exemplo educti et inducti.*

534 Siehe dazu Schneidmüller, Kollegiatstifte, S. 273f.

535 Orig.: StA WF 7 Urk 3; Druck: Rethmeier, Kirchenhist. 1, Beil. S. 57f.; O.G. III., S. 617; Döll, S. 268; Schneidmüller, Kollegiatstifte, Quellenanhang 1, S. 298.

536 *Cum plerique advocati ecclesiarum debitum sui officii minime, sicut deberent, attendant et advocationis obseqium in abusum dominiationis convertant, ipsas ecclesias violenta offensione ptius offendentes quam defendentes et bona earum usu sacrilego jugiter diripientes. Si quis propter timorem Dei pariter et amorem ecclesias ab huiusmodi vexatione liberare studuerit, sicut coram hominibus eum commendatum videmus, ita apud Deum meritum eum habere non dubitamus. (...) Hac igitur salutari spe inducti, ... , quod, accedens ad presentiam nostram Heinricus de Wenethen advocatiam in Bennestorp, quam de nobis tenuit, ... in manu nostras spontanee resignavit, (...).*, Orig.: StA WF 8 Urk 5; Druck: Rethmeier, Kirchenhist. 1, Beil. S. 8; O.G. III., S. 710. Vgl. dazu auch v. Heinemann, S. 269f. Zu Heinrich von Wenden unten im Kap. I. 3.1.1.7.

537 Orig.: StA WF 8 Urk 9; Regest: Petke, Wöltingerode, S. 564, Nr. 6. Zum Vorgang siehe Schneidmüller, Kollegiatstifte, S. 274.

538 O. J. (1225-1226), Orig.: StA WF 8 Urk 3; Regest: UB Br. 2, S. 26. Der Herausgeber des

Selbstbewußtsein dieser mächtig gewordenen Ministerialienfamilie"[539] oder aus der hohen Würde des Amtes[540] läßt sich diese Titelführung nicht erklären und gewinnt erst durch die dazugehörige Urkunde Pfalzgraf Heinrichs und den Ereignissen nach dessen Tod die rechte Bedeutung.

Zwischen den beiden Urkunden Ottos des Kindes von 1227 für die Bürger der Altstadt in Braunschweig und für das Stift St. Blasius gibt es aber nicht nur inhaltliche Übereinstimmungen. Auch die Zeugenreihen beider Urkunden, die besonders ungewöhnliche Testate besitzen, weisen Parallelen auf, die bei der Prüfung der Stücke bislang noch nicht berücksichtigt worden sind. Die meisten Zeugen der Urkunde Ottos des Kindes für die Bürger der Altstadt gehörten zum Anhang des Markgrafen Johannes von Brandenburg, der an erster Stelle, und des Grafen Heinrich von Lüchow, der an zweiter Stelle testierte.[541] Allein der Edelherr Konrad von Bollensen bezeugte als welfischer Vasall[542], und als einzige welfische Ministerialen testierten darin Heinrich und Heinrich von Heimburg. Der an dritter Stelle testierende *Jachere advocatus de Saltwedele* bezeugte eine Urkunde Otto des Kindes vom Jahre 1232 für das Kloster Mariental hinter dem Grafen Heinrich von Dannenberg.[543] Die Zeugen der Urkunde Ottos für das Stift St. Blasius sind neben den oben genannten Grafen im wesentlichen dem Anhang des Grafen Heinrich von Dannenberg zuzuordnen, der die Urkunde als erster bezeugte.[544] Als welfische Ministerialen testierten neben den aus Lüneburg stammenden Gerhard von Lüneburg, Ulrich Gyr und Lippold von Tarnhusen der aus dem südlichen Teil der welfischen Herrschaft kommende Heinrich Rime. Möglicherweise ist der Vogt Gottfried, der weit vor den Lüneburger Ministerialen testierte, mit dem Vogt Gottfried von Vorsfelde zu identifizieren. Folgende Testaten haben beide Urkunden gemeinsam: Johannes Aura = Johannes Balch[545], Bodo von Salzwedel[546], Heinrich von Heimburg[547], Burchard von Lüchow[548].

Wenn sich das Stift St. Blasius im Frühjahr des Jahres 1227 die Übertragung von Scheverlingenburg durch Papst Gregor IX. bestätigen ließ,[549] so wird auch dadurch die unsichere Lage nach dem Tod Pfalzgraf Heinrichs und den Schwierigkeiten bei der Amtsübernahme Ottos des Kindes deutlich. Zwar war der Aufstand unter

---

Braunschweiger Urkundenbuches datiert "1226?". Zur rechten Datierung siehe Schneidmüller, Kollegiatstifte, S. 273, Anm. 91.

539 Schneidmüller, Kollegiatstifte, S. 273.

540 Vgl. hierzu auch v. Oeynhausen, S. 69f.

541 Zu den Grafen von Lüchow und ihrem Verhältnis zu den Welfen Zillmann, S. 167-176.

542 Zu den Edelherren von Bollensen: Zillmann, S. 212-216. Vogtherr, S. 44-58.

543 Orig.: StA WF 22 Urk 56; Druck: O.G. IV., praef. S. 62f.

544 Zu den Grafen von Dannenberg und ihrem Verhältnis zu den Welfen Zillmann, S. 156-166. Vgl. auch Hucker, Ebstorf, passim.

545 Dritter von zehn Zeugen für die Bürger der Altstadt, zwölfter von 13 für das Stift St. Blasius. *aura* ist identisch mit dem mittelniederdeutschen balch. Vgl. zu letzterem Lübben, S. 25. Johannes Balch testiert in einer Urkunde des Grafen Gunzel von Schwerin für das Kloster Oldenstadt zu 1240 Juli 20, Orig.: HStAHan Celle Or. 100 Oldenstadt Nr. 5; Druck: Mecklenburger UB 1, Nr. 512, in der außerdem Angehörige der welfischen Ministerialität testieren.

546 Vierter von zehn Zeugen für die Bürger der Altstadt; sechster von 13 für das Stift St. Blasius.

547 Sechster von zehn Zeugen für die Bürger der Altstadt; achter von 13 Zeugen für das Stift St. Blasius.

548 Neunter von zehn Zeugen für die Bürger der Altstadt; fünfter von 13 Zeugen für das Stift St. Blasius.

549 1227 Mai 11, ... *Sevlingeburch dicitur* ..., Orig.: StA WF 7 Urk 21 (mit gut erhaltener Bleibulle).

anderem auf Betreiben des Bischofs von Halberstadt zurückzuführen,[550] zu welchem die im welfisch-halberstädtischen Grenzraum sitzenden Vögte von Dahlum sehr oft in Verbindung standen.[551] Andererseits testierten im Jahre 1229 alle drei mit der herrschaftlichen Vogtei in eine Beziehung zu bringenden Persönlichkeiten, Balduin II. von Dahlum, Heinrich I. von Wenden und Gottfried von Vorsfelde, beim Friedensschluß zwischen Otto dem Kind sowie den Bischöfen von Magdeburg und Halberstadt.[552] Jene dürften somit zumindest zu dieser Zeit nicht mehr zu den aufständischen Ministerialen gehört haben, deren Empörung noch länger Bestand hatte.[553] Auch bei dem den Streit um die Stader Grafschaft beendenden Vertrag mit dem Erzstift Bremen[554] waren Balduin II. von Dahlum und Heinrich I. von Wenden anwesend.[555] Die welfischen Vögte in Braunschweig sind also nicht als Hauptbeteiligte bei dem Aufruhr eines Teils der welfischen Ministerialität nach dem Tod Pfalzgraf Heinrichs anzusehen.

Vor diesem Hintergrund gibt es hinsichtlich der Vorgehensweise Ottos des Kindes gegenüber den Hofamtsträgern, über die Otto seit dem Tode Pfalzgraf Heinrichs nun jeweils doppelt in Lüneburg und Braunschweig verfügte, zwei gegensätzliche Meinungen. So wird einmal behauptet, daß Otto das Kind nach seinem Regierungsantritt "aus dem Lüneburgischen mitgebrachte Ministeriale" mit Hofämtern "zu betrauen" versuchte.[556] Andererseits soll Otto das Kind "im Jahre 1227 (...) alle Ministerialen des Pfalzgrafen in ihren früheren Stellungen" übernommen haben.[557] Die weiteren Quellen lassen für die Zeit der Regierungsübernahme Ottos des Kindes mit der komplizierten politischen Situation des Ministerialenaufstandes in Braunschweig und der Gefangenschaft Ottos bis in die ersten Jahre des dritten Jahrzehnts des 13. Jahrhunderts keine eindeutigen Aussagen über die Hofhaltung Ottos des Kindes zu. Daß Otto das Kind tatsächlich eine Änderung der bestehenden Verhältnisse im Erbe Pfalzgraf Heinrichs beabsichtigt haben sollte, ist allerdings eher unwahrscheinlich. So lassen sich die wichtigsten Lüneburger Ministerialen in einer undatierten, um das Jahr 1230 ausgestellten Urkunde des Abtes Johannes von St. Michael in Lüneburg als Burgmannen der Burg Lüneburg, keiner davon mit dem Titel eines Hofamtsträgers, nachweisen.[558] Zudem waren die Hofämter unter Wilhelm von Lüneburg nicht erbliche, sondern auf Zeit vergebene Würden.[559] Dennoch hatten sich vor allem die Braunschweiger Hofamtsträger gegen Otto das Kind gewandt, da bei dem erwähnten Friedensschluß von 1229 kein einziger von ihnen vorkommt, obschon diese wichtige Urkunde von einem Grafen, zwei Edelherren und 22 Ministerialen bezeugt wurde. Vielleicht trieb

---

550 *(Otto) plurimam gwerram circa Brunswich a suis ministerialibus est perpessus, episcopis Magdeburgense et Halverstadense partem eorum foventibus, imperatoris ut dicitur voluntate.* Annales Stadenses, S. 360 zu 1227.
551 Vgl. dazu Hasse 1, S. 26f., S. 35f.
552 Orig.: LHA Magdeburg Rep. U 5 III Nr. 1; Druck: UB Hochstift Halberstadt 1, Nr. 609.
553 Zu den Ereignissen der Jahre Michels, S. 24ff.
554 Zum Vorgang und seiner Vorgeschichte vgl. Michels, S. 45f.
555 O. J. (1236), Druck: UB Herzöge Br.-Lb. 1, S. 16f.
556 Weinmann, S. 207.
557 Busch, S. 57.
558 O. J. (um 1230); Druck: UB Hochstift Hildesheim 2, Nr. 311.
559 Siehe dazu unten im Kap. II. 4.1.

die Hofamtsträger tatsächlich der "Ehrgeiz, ... Reichsdienstmannen zu werden".[560] Bei Otto dem Kind jedenfalls lassen sich die ehemaligen Hofamtsträger Pfalzgraf Heinrichs wenige Jahre später in ihren Ämtern belegen.[561] Dagegen war in der herzoglichen Kanzlei die Regierungsübernahme Ottos des Kindes mit einem Wechsel verbunden.[562] Denn im Jahre 1231 bezeugte *Johannes quondam notarius ducis*, bei dem es sich um den Notar des verstorbenen Pfalzgrafen Heinrich handelt,[563] eine Urkunde des Propstes Dietrich und des Konvents des Klosters Diesdorf für das Kloster Riddagshausen als dritter und letzter von drei Klerikern.[564]

1.5.3 Die Gründung des Herzogtums Braunschweig 1235 und die welfische Ministerialität

Die Gründung des Herzogtums Braunschweig (-Lüneburg) durch Kaiser Friedrich II. im Jahre 1235[565] muß als wesentlicher Stabilisierungsfaktor hinsichtlich der verfassungsmäßigen Einbindung der welfischen Herrschaft in das Reich angesehen werden.[566] Der Verdienst dieses Ergebnisses kommt in erster Linie Otto dem Kind zu, der die von Pfalzgraf Heinrich geschaffenen Grundlagen mittels einer geschickten Politik gegenüber dem Reich[567] und den benachbarten Bistümern und Stiften[568] zu einer Restitution des welfischen Herzogtums vorbereitet hatte. Lediglich der Streit um die Grafschaft Stade mit dem Erzbistum Bremen bestand noch kurz vor der Gründung des Herzogtums Braunschweig.[569] Nachdem Kaiser Friedrich II. zugunsten Herzog Ottos des Kindes interveniert hatte,[570] kam es hierbei schon ein Jahr später zu einer einvernehmlichen Lösung.[571] Die Erhebung Ottos des Kindes in den Reichsfürstenstand durch Kaiser Friedrich II. muß auch in Zusammenhang mit der Blutsverwandtschaft zwischen den Staufern und den Welfen gesehen werden, der schon zur Zeit des Pfalzgrafen Heinrich[572] und auch in der Belehnungsurkunde von 1235 ausdrücklich gedacht wurde.[573] Zudem bildeten erst die Reichsgesetze der Jahre 1220 und 1231/32 die rechtliche Grundlage, auf der überhaupt ein auf territorialer Basis beruhendes Reichsfürstentum geschaffen werden konnte.[574]

Bisher ist die Gründung des Herzogtums Braunschweig ohne Einschränkung oft

560 Michels, S. 26 mit S. 27, Anm. 1.
561 Die jeweiligen Nachweise im Kap. II. 1.
562 Vgl. dazu auch Busch, S. 69.
563 Zu ihm siehe im Kap. II. 1.3.3. Vgl. auch v. Heinemann, S. 260.
564 1231 April 16, Orig.: StA WF 24 Urk 59; Regest: UB Br. 2, S. 32.
565 1235 August, Orig.: StA WF 1 Urk 13; Druck: O.G. IV. S. 49 mit Faksimile nach S. 44; MGH Constitutiones 2, Nr. 263. Abbildungen: Brandi, Abb.1. Zillmann, Abb.1.
566 Zur Vorgeschichte und der Auswirkung der Erhebung siehe: Michels, S. 41ff. Boshof, Entstehung, S. 269ff. Eine diplomatische Untersuchung der Urkunde gibt Brandi.
567 Zu nennen ist hier u.a. der Verzicht Ottos auf ein Gegenkönigtum. Dazu Michels, S. 33ff.
568 Michels, S. 36ff.
569 Michels, S. 38ff. Boshof, Entstehung, S. 268f.
570 O. J. (1236), Kaiser Friedrich II. an die Ministerialen von Stade, Druck: O.G. IV., S. 167. O. J. (1236), Kaiser Friedrich II. an die Bürger von Stade, Druck: O.G. IV., S. 168. Die Originale beider Schreiben sind beim Schloßbrand 1830 (StA WF 36 Alt 385) zerstört worden.
571 (1236), Druck: UB Herzöge Br.-Lb. 1, S. 16f. Zum Vorgang und seiner Vorgeschichte vgl. Michels, S. 45f.
572 König Heinrich (VII.) an Pfalzgraf Heinrich, O. J. (1221 September 1), Druck: O.G. III., S. 682; UB Hochstift Hildesheim 2, Nr. 11.
573 Vgl. dazu Brandi, S. 42.
574 Siehe dazu ausführlich Klingelhöfer.

als ein Erfolg der welfischen Politik angesehen worden, der "die volle Restauration der welfischen Macht bedeutete".[575] Diese Einschätzung erweist sich aber als falsch, denn Otto das Kind hat auf dem Hoftag in Mainz die Ansprüche der Welfen auf das Herzogtum Sachsen aufgegeben und als Reichslehen nicht das Herzogtum Sachsen, sondern nur ein Herzogtum in Sachsen erhalten. Die Welfen haben damit auf bedeutende Rechte gegenüber dem Reich, namentlich auf die Stellung des Herzogs von Sachsen als Reichsmarschall[576] und dem daraus entstehenden Erstkurrecht[577], verzichtet.[578] Wenn seitdem eine geringere Anteilnahme der welfischen Herzöge am Reichsgeschehen festgestellt werden muß, so ist hierin ein gewichtiger Grund zu sehen.

Dem gegenüber wirkte sich die Erhebung von Mainz für das Verhältnis zwischen welfischem Herrn und welfischer Ministerialität positiv aus. Ausdrücklich wurde in der Belehnungsurkunde für Herzog Otto das Kind die rechtliche Gleichstellung der welfischen Ministerialität mit der des Reiches festgelegt.[579] Diese Bestimmung wird der welfischen Ministerialität aber wahrscheinlich keine neuen Rechte eröffnet, sondern eher deren Status de facto auch zu einem Status de jure gemacht haben.

Daß sich die welfische Ministerialität zu einem Stand emanzipiert hatte, der in der Lage war, in seinem Verhältnis zum welfischen Herrn ein eigenes Rechtsempfinden zu entwickeln und zu pflegen, wird spätestens durch zwei Urkunden Ottos des Kindes für das Kloster Michaelstein deutlich. So bekannte Otto das Kind in einer undatierten Urkunde, die aufgrund der Intitulatio *Otto Dei gratia dux de Luneburch* und des in dorso aufgedrückten Siegels mit dem nach links schreitenden Löwen in das Jahr 1223 oder 1224 zu setzen ist, daß sein Ministeriale Dietrich von Wedersleben drei Hufen zu Wedersleben und eine Wiese mit Zubehör verkaufen könne, wann er wolle.[580] In einer zweiten Urkunde von 1224 bestätigte Otto den Verkauf derselben Güter durch seinen Ritter und Ministerialen Dietrich von Wedersleben an das Kloster Michaelstein, nachdem sein Getreuer Werner von Lauenburg den Rechtsspruch gefunden hatte, daß der genannte Ministeriale seine Güter mit Zustimmung seines Herrn und seiner Erben verkaufen dürfe, an wen er wolle.[581] Ebenfalls auf den Rat seiner Getreuen, die gemäß der Zeugenreihe aus Ministerialen bestanden haben werden, gestattete Otto das Kind im Jahre 1230 eine Güterübertragung des Ritters Helmbold an das Domstift Lübeck.[582]

Die Erhebung von Mainz bedeutete nicht zuletzt auch die Lösung des zweiten wichtigen Problems des welfischen Hauses, nämlich der Unsicherheit in der Erbfolge der Welfen. Kaiser Otto IV. und Pfalzgraf Heinrich waren ohne direkten männlichen Nachkommen verstorben, und nach dem Tode des Pfalzgrafen war die

---

575 Zillmann, S. 319.
576 Sachsenspiegel Landrecht, S. 243.
577 Mitteis, S. 171ff. Buchner. Lintzel, S. 448ff.
578 Vgl. auch Patze, Welfische Territorien, S. 23ff.
579 *Ceterum ministeriales suos in ministeriales imperii assumentes (...) eosdem ministeriales iuribus illis uti, quibus ministeriales imperii utuntur.* Orig.: StA WF 1 Urk 13; Druck: MGH Constitutiones 2, S. 318.
580 Orig.: StA WF 23 Urk 26, ungedruckt.
581 1224 September 27, ... *sententiam in jure nostra dictatam* ..., Orig.: StA WF 23 Urk 27; Druck: O.G. IV., S. 102; Cod. dipl. Quedlinburg., Nr. 36.
582 1230 Februar 24, Orig.: LA Schleswig Urk.-Abt. 268 Nr. 33; Druck: UB Bm. Lübeck 1, Nr. 65; UB Stadt Lüneburg 1, Nr. 47.

Erbfolge Ottos des Kindes in dem Braunschweiger Teil der welfischen Lande durch die Erbansprüche der staufischen Könige und des Herzogs von Bayern unmittelbar bedroht gewesen. Am 9. Juni des Jahres 1252 verstarb Herzog Otto das Kind.[583] Herzog Ottos erstgeborener Sohn, der ältere Otto, war zwar noch vor seinem Vater gestorben,[584] dennoch war jetzt durch eine relativ große Anzahl weiterer Söhne die Nachfolge im welfischen Herzogtum gesichert.[585]

2 Die welfische Ministerialität in der zweiten Hälfte des 13. Jahrhunderts

2.1 Welfische Ministerialen in Stiften und Konventen

Ob Angehörige von welfischen Ministerialenfamilien in der ersten Hälfte des 13. Jahrhunderts oder schon im 12. Jahrhundert einen raschen Zugang zu Kanonikaten gefunden haben, ist umstritten.[586] Einerseits können in den Kapiteln der Braunschweiger Stifte St. Blasius und St. Cyriacus Kanoniker ministerialischer Herkunft schon früh und relativ häufig nachgewiesen werden.[587] Demnach ist davon auszugehen, daß diese Stifte, die beide in einem in der Tradition des Eigenkirchenrechts stehenden Patronatsrecht der Welfen verhaftet waren,[588] schon zur Zeit Heinrichs des Löwen zu einer Aufnahme von Angehörigen welfischer Ministerialenfamilien bereit waren.[589] Andererseits sind in den Domkapiteln der umgebenden Bistümer nur sehr selten Kanoniker nachweisbar, die aus Ministerialenfamilien stammten. So waren beispielsweise im Halberstädter Domkapitel während des 13. Jahrhunderts nie mehr als vier Ministerialensöhne vertreten.[590] Durch dessen Zusammensetzung hat sich die Richtigkeit der These bestätigt, daß der Eintritt zahlreicher Söhne in den geistlichen Stand zum Substanzverlust des Hochadels wesentlich beigetragen hat.[591] Man kann geradezu "von einem Wechselverhältnis zwischen dem Erlöschen von Dynastengeschlechtern und dem Sinken der Zahl edelfreier Mitglieder der Domkapitel zu Halberstadt und Hildesheim sprechen."[592] In der frühen Zeit waren unter den nicht edelfreien

583 Den Tag und das Jahr haben: Annales Stadenses zu 1252. Memorien St. Blasius 3, S. 31. Nur das Jahr haben: Annales S. Blasii, S. 824. Braunschweigische Reimchronik V. 7774ff. Nur den Tag hat Totenbuch Loccum, S. 244. Vgl. auch Michels, S. 67.

584 Otto der Ältere bezeugt noch 1243 Februar 17, Druck: Lüneburger UB 15, Nr. 34, eine Urkunde seines Vaters, ist aber schon am 16. Januar 1247 (Annales Stadenses zu 1247; Chron. princ. Saxoniae, S. 16) bei einer Schlittenfahrt (Wedekind Noten 2, S. 265f.) ums Leben gekommen. Dieser ist von der Forschung kaum beachtet worden, findet sich in kaum einer Stammtafel der Welfen (z.B. Zimmermann, Stammtafel) und darf nicht mit dem jüngeren Otto, der 1261 zum Bischof von Hildesheim gewählt wurde, verwechselt werden.

585 Allgemein zu den Söhnen Herzog Ottos des Kindes: Pischke, Landesteilungen, S. 35. Zimmermann, Stammtafel.

586 Dagegen sprach sich Lubenow, S. 522f. aus. Dafür trat Hellfaier, v. Oberg, S. 19 ein.

587 Eine unvollständige Liste der Kanoniker von St. Blasius gab Döll, S. 301ff. Dort auf S. 139ff. eine Liste der von St. Blasius und auf S. 144ff. der Pröpste von St. Cyriacus. Diese wurde durch Meier, Pröpste verbessert und erweitert. Eine Liste der Dekane beider Stifte bei Döll, S. 187ff.

588 Siehe dazu: Döll, S. 82ff. Schneidmüller, Kollegiatstifte, insb. S. 262 mit Anm. 35.

589 Vgl. dazu auch Weinmann, S. 232.

590 Meier, Domkapitel, S. 31f.

591 Schulte, S. 261-294.

592 Meier, Domkapitel, S. 49 mit Beispielen ff.

Halberstädter Domherren nur solche, die sich entweder der außerordentlichen Gunst des Bischofs erfreuten oder besonders einflußreichen Familien entstammten.[593]

Zu den bedeutendsten Gegnern Heinrichs des Löwen gehörte die Mehrzahl der sächsischen Bischöfe, die sich durch den herzoglichen wie territorialen Herrschaftsanspruch Heinrichs in ihren Diözesen und ihrem Machtbereich bedroht fühlen mußten.[594] Allein daher ist es eher unwahrscheinlich, daß die sächsischen Domstifte Angehörigen welfischer Ministerialenfamilien offen gestanden haben sollten.[595] Eine Ausnahme dabei könnten die Domstifte der nordelbischen Bistümer gebildet haben,[596] auf die Heinrich der Löwe seit dem Investiturprivileg Kaiser Friedrich I.[597] einen größtmöglichen Einfluß besaß.[598] Für das Halberstädter Domkapitel beispielsweise kann ein Angehöriger einer welfischen Ministerialenfamilie erst in der Mitte des 13. Jahrhunderts mit dem Domherrn Ludolf von Dahlum nachgewiesen werden.[599] Dieser war der vierte Sohn des Vogtes Balduin II. von Dahlum,[600] ist als Domherr erstmals im Jahre 1248 belegt[601] und wird am 19. November 1289 verstorben sein[602]. Sein Auftreten in einem der vornehmsten Domstifte Sachsens erklärt sich durch die besonderen Beziehungen der wichtigen welfischen Ministerialenfamilie von Dahlum zu dem Hochstift Halberstadt.[603] Diesen Beobachtungen entgegen stünde ein gewichtiger Umstand, wenn nämlich Bischof Hermann von Verden, der im Jahr 1148 gewählt wurde, aus einer welfischen Ministerialenfamilie entstammte.[604] Tatsächlich aber war Bischof Hermann von Verden einwandfrei edelfreier Herkunft und kam vielleicht aus einem im Lüneburger Raum heimischen Adelsgeschlecht.[605]

Eine genaue Antwort auf die Frage, ob die Stifte und Konvente Sachsens den Angehörigen der welfischen Ministerialität einen frühen, zeitigen oder späten Zugang ermöglicht haben, wird sich ohne weiteres nicht geben lassen. Denn da die Kanoniker vom 12. bis weit in das 13. Jahrhundert meist ohne Herkunftsnamen genannt werden, bleiben die erheblichen Schwierigkeiten bei deren Identifizierung

---

593 Meier, Domkapitel, S. 32f.

594 Siehe dazu ausführlich Ehlers, HdL.

595 Vgl. dazu auch Lubenow, S. 523f.

596 So ist mit Konrad von Schack-Estorf erstmals seit 1215 ein aus der welfischen Ministerialität stammender Domherr in Lübeck nachweisbar. Zu ihm Lubenow, S. 44.

597 (1154 Anfang Juni), Orig.: StA WF 1 Urk 1; Druck: MGH D. Friedrich I. Nr. 147 mit den weiteren Druckorten. Vgl. dazu Jordan, Bistumsgründungen, S. 7ff.

598 Vgl. dazu: Jordan, Nordelbingen, S. 36f. Glaeske, S. 159. Ehlers HdL, S. 443ff.

599 Siehe zu ihm auch im Kap. I. 3.1.1.11. Die wesentlichen Nachweise seines Auftretens befinden sich im UB Hochstift Halberstadt 2. Sämtliche Nachweise hat Hasse 1, S. 52 i. V. mit 2 gesammelt, nach dem hier und im folgenden auch die genealogische Zuordnung erfolgt.

600 Zu ihm siehe das Kap. I. 3.1.1.4.

601 1248 September, Druck: Cod. Alvensleben. S. 97; UB Hochstift Halberstadt 2, Nr. 793.

602 Der letzte Nachweis Ludolfs (IV.) von Dahlum findet sich zu 1289 (vor August 2), Druck: UB Hochstift Halberstadt 2, Nr. 1541a. Den Todestag hat das Necrologium des Kloster St. Bonifatius in Boßleben vor Halberstadt, Necrol. Halberstadt, S. 449 (mit der Einschränkung, daß auch Ludolf von Bilstein gemeint sein könnte). Zum Kloster St. Bonifatius Bogumil, S. 114f.

603 Siehe dazu in den Kapiteln I. 2.4.1. und II. 1.2.14. Vgl. auch Schneidmüller, Kollegiatstifte, S. 275, Anm. 96b.

604 So: Jordan, HdL, S. 104f. und S. 143. Ehlers, HdL, S. 452.

605 Wurst, S. 1-6. Vgl. Schulte, Exkurs VIII., S. 349ff. Daß die edelfreie Familie, aus der Bischof Hermann entstammte, in einem genealogischen Zusammenhang mit der erst viel später vorkommenden niederadligen Familie von Behr stehen soll (Wurst, S. 4f.), ist allerdings bloße Spekulation.

bestehen.[606] Auch die sogenannten Leitnamen[607] können hier keine Abhilfe schaffen, da diese nur für die erst- und zweitgeborenen Söhne einer Familie relevant sind, und ihre ursprüngliche Bedeutung mit der Fixierung von Herkunftsnamen auch bei ministerialischen Familien im Laufe des 13. Jahrhunderts verlieren. Untersuchungen hinsichtlich der personellen Zusammensetzung von geistlichen Institutionen sind daher - auch bei umfangreicher prosopographischer Arbeit - nur bedingt möglich. In diesem Sinne sind auch die neuerdings angeführten 'Auffälligkeiten' hinsichtlich einer familienspezifischen Zugehörigkeit der Kanoniker des Stiftes St. Blasius in Braunschweig[608] mit Skepsis zu bewerten.

2.2 Lehnswesen

Leider fehlt eine die neueste Forschung und insbesondere die Ministerialität mitberücksichtigende Neufassung der besitzgeschichtlichen Bestandsaufnahme für den Bereich des späteren Herzogtums Braunschweig-Lüneburg, auf die hier zu rekurrieren wäre.[609] So klammert die Untersuchung zum Besitz Heinrichs des Löwen und seiner Söhne[610] bewußt den Besitz der welfischen Ministerialität aus, obwohl er doch sowohl im Sinne des Herrschaftsverständnisses der Welfen als auch in rechtlicher Hinsicht eng mit diesem verknüpft war. Allerdings erschwert die unregelmäßige und ungleichmäßige Überlieferung in der frühen Zeit den Einblick in die Besitzverhältnisse der welfischen Ministerialität. Äußerst problematisch ist es ferner, Eigengut, echte Lehen und Dienstlehen auseinanderhalten zu wollen. Die Abwesenheit der landrechtlichen Vermögensfähigkeit und die Einschränkungen der Verfügungsfreiheit auch über ererbten oder gekauften Grundbesitz, welche sich aus der Unfreiheit der Ministerialität ergeben, relativieren den Begriff des Eigengutes.[611] Desweiteren wird in den welfischen Urkunden zwischen Dienstlehen und echten Lehen nicht unterschieden.[612]

Jedenfalls wird auch die welfische Ministerialität zunächst fest an ihren Dienstherrn gebunden gewesen sein. In der Auflockerung dieser Bindung und der Möglichkeit, auch mit anderen Herren in Lehnsbeziehungen zu treten, liegt eine wichtige Stufe zur Entwicklung der Ministerialität in den niederen Adel.[613] Offenbar ist dieser Prozeß in Sachsen durch die Zeit der schwankenden Herrschaftsverhältnisse im späten 12. und frühen 13. Jahrhundert beschleunigt worden.[614] So erhielt nachweisbar jede der in die Spitzengruppe der welfischen Ministerialität gehörenden Familien, so die von Blankenburg, von Wolfenbüttel, von Volkmarode,

---

606 Vgl. zu diesem Problem auch Meier, Domkapitel, S. 38f.
607 Siehe dazu in der Einleitung 1.
608 Weinmann, S. 232f.
609 Das gleiche stellen fest: Lubenow, S. 489f. Kleinau, v. Werle, S. 78. Lubenow, hat in seiner Arbeit über die welfischen Ministerialen jeweils hinter den sich größeren Ministerialenfamilien widmenden Abschnitten eine Zusammenstellung deren Besitzes folgen lassen. Zu dem Lehnsbesitz des niederen Adels im Herzogtum Braunschweig-Lüneburg in der frühen Neuzeit G. H. Müller.
610 Hüttebräuker.
611 Von den Problemen, die sich aus der Frage nach Herkunft des "Eigengutes" stellen, z.B. der Frage nach Altfreiheit, ganz zu schweigen. Siehe dazu Wittich.
612 Anders wurde dagegen beispielsweise bei den Bischöfen von Halberstadt verfahren. Siehe dazu Fenske, Ministerialität, Bm. Halberstadt, S. 179f.
613 Bosl, ius ministerialium, S. 82ff. Rödel, Reichslehenswesen, S. 501ff.
614 Fenske, Geschlechter, Nds., S. 695f.

von Esbeck, von Heimburg und von Dahlum, zu Beginn des 13. Jahrhunderts Lehen des Stifts Halberstadt.[615] Beispielsweise fällt die erste nachweisbare nichtwelfische Lehnsbeziehung der Ministerialen von Dahlum vor das Jahr 1220. Über Gunzelin von Krosigk, der aus einer bedeutenden edelfreien Familie Ostsachsens stammte,[616] wurde Balduin II. von Dahlum zu einem Afterlehnsmann des Stifts Halberstadt.[617] Kennzeichnend dafür, daß die welfische Ministerialität bei der Lehnsvergabe hier nicht anders als der lehnsfreie Adel behandelt wurde, ist die Bezeichnung *dilectus fidelis noster, vir Deo devotus, Baldewinus advocatus de Dalhem*, die Bischof Friedrich von Halberstadt für Balduin II. von Dahlum gebrauchte.[618] Derselbe ist relativ früh auch noch als Lehnsmann der Grafen von Blankenburg[619] und der Edelherren von Meinersen[620] nachzuweisen. Gerade das Lehnsverzeichnis des Edelherren Luthard von Meinersen, das um das Jahr 1220 erstellt worden ist, enthält eine große Anzahl von Angehörigen der welfischen sowie auch der stifthildesheimischen Ministerialität.[621]

Ein hervorragendes und seltenes Beispiel dafür, in welchem Umfang selbst Angehörige der mittleren Schicht der welfischen Ministerialität am Ende der Regierungszeit Pfalzgraf Heinrichs über Lehnsbesitz verfügen konnten, ist das im Original vernichtete, aber durch Abschriften überlieferte Güterverzeichnis des Heinrich Hisse.[622] So besaß Heinrich Hisse insgesamt 13 Höfe mit den dazugehörenden Hufen, drei Hausstellen, 29,5 Hufen, neun und drei halbe Zehnten, ein und zwei halbe Mühlen, die Vogtei über Pattensen und über drei Hufen, sowie noch kleinere Einkünfte von den Bischöfen von Hildesheim und von Minden, dem Propst des Stiftes St. Martin in Minden, dem Pfalzgrafen Heinrich, den Grafen von Blankenburg, von Hallermunt, von Hoya, von Limmer-Rhoden, von Oldenburg, von Schaumburg und von Wölpe, sowie den Edelherren von Adensen, von Brünnighausen, von Depenau, von Lippe, von Lon und von Schalksberge zu Lehen. Dagegen hat Heinrich Hisse offenbar nur bescheidenen Eigenbesitz, nämlich drei Höfe mit dazugehörigen Hufen sowie eine Hufe gehabt. Die große Anzahl unterschiedlichster Lehnsherren neben dem welfischen Dienstherrn ist augenfällig und beweist, daß für die welfische Ministerialität schon in dieser frühen Zeit Lehnsbeziehungen zu anderen Herren nichts ungewöhnliches mehr gewesen sein können.

---

615 Fenske, Ministerialität Bm. Halberstadt, S. 172ff., Anm. 70.

616 Gunzelin von Krosigk war ein Bruder Bischof Konrads von Halberstadt (1201-1208). Zu ihm und den Edelherren von Krosigk siehe Meier, Domkapitel, S. 295ff. mit weiterer Literatur.

617 O. J. (1220), Orig.: StA WF 24 Urk 26; Druck: UB Hochstift Halberstadt 1, Nr. 518. 1220, Orig.: 24 Urk 47; Druck: UB Hochstift Halberstadt 1, Nr. 517.

618 1220, Orig.: 24 Urk 47; Druck: UB Hochstift Halberstadt 1, Nr. 517.

619 (1209-1227) Güterverzeichnis Blankenburg, S. 81. Vgl. dazu Fenske/Schwarz, Exkurs, S. 491-546, besonders S. 530ff. Zu den Grafen von Blankenburg Schmidt, Genealogie Regenstein-Blankenburg.

620 Orig.: HStA Han. untergegangen; Druck: UB Herzöge Br.-Lb. 1, Nr. 10, S. 10, Z.13. Zu ihnen siehe im Kap. I. 2.4.2.

621 Orig.: HStA Han. untergegangen; Druck: UB Herzöge Br.-Lb. 1, Nr. 10. Siehe dazu ausführlich im Kap. I. 2.4.2. Einen Überblick zu den für die Erforschung des hiesigen Raumes relevanten Lehnsverzeichnissen gibt Mahrenholtz, Lehnbücher.

622 Edition und Überlieferungsgeschichte bei Dobbertin. Demnach ist in Heinrich Hisse der Stammvater der Herren von Reden zu sehen. Der Zuname Heinrichs dürfte den Hetzer bzw. Jäger meinen, vgl. Lübben, S. 146. Möglicherweise könnte der Zuname aber auch patronym entstanden sein, vgl. dazu einen *Heinricus Hiszele filius* unter den Bürgern zu 1204 Oktober 22, Druck: UB. Br. 2, S. 14f.

Daneben war für die Qualität des Standes insbesondere das Recht zur eigenen Lehnsvergabe von Wichtigkeit.[623] Für die welfische Ministerialität ist die Vergabe eigener Lehen schon sehr früh nachzuweisen. So waren Dietward und Theoderich von Frille, Ministerialen des Pfalzgrafen Heinrich, über den Truchsessen Jordan I. oder Jordan II. von Blankenburg in einer undatierten Urkunde, die sehr wahrscheinlich vor das Jahr 1207 einzuordnen ist, zu Afterlehensmännern des Pfalzgrafen geworden.[624] Wiederum Lehen des Pfalzgrafen verlehnte der Truchseß Jordan II. von Blankenburg an den Ritter Hermann von Myntenstedt und dessen Bruder Segeband im Jahr 1219 oder 1226 weiter.[625] In einer ungefähr im Jahre 1219 ausgestellten Urkunde Pfalzgraf Heinrichs für seinen Ministerialen Arnold von Varenholz werden die Brüder Konrad, Meinzo, Hartmodus und Gottschalk von Sudersen ebenfalls als Afterlehnsleute belegbar.[626] Dagegen läßt die Titulierung *proprius noster* für Thietmar von Alversdorf durch Balduin II. von Dahlum zu (1221-1234) noch nicht sicher auf ein ordentliches Lehnsverhältnis schließen.[627] Thietmar wird zur ritterlichen Dienstmannschaft Balduins gehört haben. In einer von dem Herausgeber des Hoyer Urkundenbuches in das Jahr 1241 gesetzen Urkunde werden Lehen der Grafen von Oldenburg durch den Ritter Balduin von Blankenburg an den Ritter Arnold von Gropelingen weiterverlehnt.[628] Heinrich I. von Wenden[629] wird in einer im Jahre 1248 ausgestellten Urkunde von den Brüdern Ludolf[630], Johannes und Harneit von Bienrode[631] mit *dominus noster* tituliert.[632] Diejenigen Ministerialen, die in der ersten Hälfte des 13. Jahrhunderts selbst Lehen vergaben, gehörten ausnahmslos zu den bedeutendsten welfischen Ministerialenfamilien. Ihre Lehnsnehmer waren, von einer Ausnahme abgesehen, wiederum Angehörige der welfischen Ministerialität. So läßt sich allein aus diesen wenigen Quellenbelegen zeigen, daß

---

623 Vgl. dazu und zu der Entwicklung einer "differenzierten Lehnshierarchie ... innerhalb des niederen Adels" Fenske, Geschlechter, S. 697f.

624 Orig.: HStA Han Cal. Or. 100 Mariensee Nr. 1; Druck: O.G. III., S. 714; Calenberger UB 5, Nr. 1 [zur Datierung siehe dort].

625 O. J. (1219 November oder 1226), Es liegen zwei kopial erhaltene Ausfertigungen vor (UB Osterholz), 1: Druck: Pratje 6, Nr. 145; Hamburger UB 1, Nr. 428; Reg. v. Campe 1, Nr. 153; UB Osterholz, Nr. 27. 2: Druck: Pratje 6, Nr. 146; Hamburger UB 1, Nr. 429; UB Osterholz, Nr. 28.

626 O. J., Orig.: HStA Han Cal. Or. 100 Barsinghausen Nr. 3; Druck: Calenberger UB 1, Nr. 7. Die Urkunde ist vor oder in das Jahr 1219 zu setzen, da Arnold von Varenholz zu dieser Zeit letztmalig bei dem Pfalzgrafen nachweisbar wird (1219, Druck: Hamburger UB 1, Nr. 433). Der wieder zu 1238, Orig.: HStA Han Cal. Or. 100 Wennigsen Nr. 13; Druck: Calenberger UB 7, Nr. 13, bei Herzog Otto dem Kind vorkommende gleichnamige Ministeriale gehört in die nächste Generation.

627 O. J. (1221-1234), Orig.: StA WF 24 Urk 48; Regest: UB Br. 2, S. 21 (Datierung dort: 1220?). Zur Datierung des Stückes siehe Fenske, Geschlechter, S. 700, Anm. 30d.

628 Druck: Hoyer UB 1, S. 18.

629 Zu ihm siehe das Kap. I. 3.1.1.7.

630 Ludolf von Bienrode erscheint zusammen mit Heinrich von Wenden im Juli 1236: 1. Orig.: HStA Han Hild. Or. 2 Wöltingerode Nr. 11; Druck: Asseburger UB 1, Nr. 184; UB Hochstift Hildesheim 2, Nr. 459. 2. Orig.: StA WF 1 Urk 15; Druck: O.G. IV., S. 169.

631 Angehörige dieses Herkunftsnamens sind hier zum ersten Mal urkundlich erwähnt. Zwischen den von Bienrode und den von Querum sowie den Slengerdus besteht eine Stammesverwandtschaft. Vgl. Orig.: StA WF 24 Urk 433 zu 1307 September 20. und Orig.: StA WF 24 Urk 441 zu 1307 Dezember 21. Zu dem Konflikt der kleinen niederadligen Familie von Bienrode-von Querum-Slengerdus mit der sich ausbreitenden Klosterwirtschaft der Zisterzienzer Riddagshausens v. Boetticher, S. 50f., S. 58f. Eine gesonderte Studie dazu befindet sich durch den Verfasser in Vorbereitung.

632 Orig.: StA WF 24 Urk 92; Erwähnung: Meibom Chron., S. 33; Schneidmüller, Kollegiatstifte, S. 281, Anm. 120.

sich innerhalb der Schicht der welfischen Ministerialität schon früh lehnrechtlich differenzierte Verhältnisse entwickelt haben müssen.[633] In diesen Zusammenhang gehört die Unterhaltung eigener militärischer Hilfskräfte durch hervorragende Vertreter der welfischen Ministerialität. Für Burchard von Wolfenbüttel lassen sich solche Hilfskräfte schon zur Mitte des 12. Jahrhunderts nachweisen.[634] Für Balduin II. von Dahlum kann das Vorhandensein einer eigenen ritterlichen Dienstmannschaft, in den Urkunden *familia* genannt, für die erste Hälfte des 13. Jahrhunderts nachgewiesen werden.[635] An deren Existenz zeigt sich der Wohlstand und die gesellschaftliche Macht der führenden welfischen Ministerialengeschlechter in der ersten Hälfte des 13. Jahrhunderts.[636] Von noch größerer Bedeutung ist, daß der Dienst als ritterlicher Eigenmann einer führenden Familie der welfischen Ministerialität gleichsam zu einem Sprungbrett in den niederen Adel werden konnte.[637]

Die Entwicklung der eigenen Lehnsvergabe durch Angehörige der welfischen Ministerialität war in der zweiten Hälfte des 13. Jahrhunderts nahezu abgeschlossen. Die Masse der hervoragenden Vertreter der welfischen Ministerialität führte den Rittertitel, ist mit der Bezeichnung *dominus* als lehensvergebende Herren nachweisbar und vergab eigene Lehen.[638]

Das adelige Selbstverständnis der welfischen Ministerialität zu dieser Zeit wird außerdem dadurch erkennbar, daß seine ritterlichen Angehörigen selber Knappen hatten. So übergab im Jahre 1287 Herzog Heinrich der Wunderliche dem Kloster Mariental Güter, die der *dominus* Ludolf von Esbeck von ihm zu Lehen trug und an seinen Knappen Dietrich Kegel weiterverlehnt hatte.[639] Der Begriff Knappe bezeichnet hier in erster Linie nicht die militärische, soziale und rechtliche Rangstellung der niederadligen Person innerhalb der Gesellschaft, wie sie seit dem 13. Jahrhundert deutlich wird, sondern meint noch den adligen Heranwachsenden, der durch den Dienst und die Erziehung bei einem Ritter in die Gesellschaft Aufnahme findet.[640]

2.3 Der Rittertitel

In den Zeugenreihen der herzoglichen Urkunden wurden die gräflichen und edelfreien Geschlechter bis auf wenige Ausnahmen mittels Rubren deutlich von den Angehörigen ministerialischer Geschlechter getrennt. Wenn auch seit der Mitte des 13. Jahrhunderts die strenge Zäsur zwischen den *nobiles* und den *ministeriales* unter den Zeugen von Regierungsgeschäften immer mehr schwand,[641] wenn auch beide Teile in einer größeren Einheit, als *milites* oder *fideles* des Herzogs zusammengefaßt

---

633 Vgl. dazu mit weiteren Beispielen Fenske/Schwarz, S. 223f.
634 UB Hochstift Hildesheim 1, Nr. 230 zu (1142-1159).
635 O. J. (1218?), Orig.: StA WF 24 Urk 39; Regest: UB Br. 2., S. 19. O. J. (1221-1234), Orig.: StA WF 24 Urk 48; Regest: UB Br. 2, S. 21 ["1220?"]. Zur rechten Datierung Fenske, Geschlechter, S. 700, Anm. 30d.
636 Fenske, Geschlechter, S. 698ff.
637 Fenske, Geschlechter, S. 724f.
638 Zur Unterscheidung von *miles* und *dominus* vgl. u.a. die Zeugenreihe in der Urkunde Herzog Albrechts des Fetten für das Kloster St. Aegidien in Braunschweig von 1294 März 21, Regest: Reg. v. Campe 1, Nr. 512.
639 1287 Dezember 29, Kop.: StA WF VII B Hs 341 Bl. 76v, ungedruckt.
640 Siehe dazu mit der weiteren Literatur Fenske, Knappe.
641 Dazu mit Beispielen der Zeit Mertens, Diss., S. 118ff.

wurden, so war man sich offenbar des Unterschieds dennoch bewußt geblieben.[642]

Die einzige Gemeinsamkeit war die Führung des Rittertitels, der die Geblütsunterschiede noch nicht fortnehmen konnte. Bis weit in das 13. Jahrhundert hinein wurde in den Urkunden des sächsisch-niedersächsischen Raumes eher Wert darauf gelegt, die Ministerialen auch als solche kenntlich zu machen. Dies geschah entweder dadurch, daß die Edelfreien stets an erster Stelle der Zeugenreihen standen und danach die Ministerialien testierten, oder aber mittels Rubrizierung. Deutlich wird dies zum Beispiel in der Urkunde Herzog Ottos des Kindes für die Stadt Hannover von 1241[643] sowie in der Urkunde der Herzöge Albrecht und Johann für das Stift Bardowick von 1266[644]. Sogar innerhalb der Ratgeber der welfischen Herzöge wurden Räte edelfreier Herkunft von denen ministerialischer Herkunft durch Rubren getrennt, so beispielsweise in der Urkunde Herzog Albrechts für das Kloster St. Michael in Hildesheim von 1267.[645]

Angehörige bedeutender welfischer Ministerialenfamilien, selbst wenn sie den Rittertitel trugen, wurden in einer größeren Anzahl herzoglicher Urkunden auch des letzten Drittels des 13. Jahrhunderts durchaus noch als Ministerialen bezeichnet. So nannte Herzog Albrecht der Große den Ritter Johannes von Blankenburg im Jahre 1272 ausdrücklich *ministerialis vir*, und in der Zeugenreihe derselben Urkunde wurde der Graf Albert von Everstein durch das Rubrum *nobilis vir* von den übrigen Zeugen getrennt.[646] Im Jahre 1284 bezeichnete Herzog Heinrich der Wunderliche den Ritter Balduin von Dahlum als *miles, noster ministerialis*.[647] Noch im Jahre 1292 beurkundete Herzog Otto der Strenge von Lüneburg, daß der Verkauf von Gütern an das Kloster Mariental durch seine Ministerialen Heinrich, Herwig, Konrad und Anno, Söhne des verstorbenen Heinrich von Heimburg, mit seinem Willen geschehen sei.[648] Und in einer Urkunde Herzog Albrechts des Fetten vom selben Jahr für das Stift St. Blasius in Braunschweig wurden die Zeugen durch Rubren in *nobiles*

---

642 Vgl. die Zeugenreihen in folgenden herzoglichen Urkunden: 1279 Juni 24, Druck: Asseburger UB 1, S. 257f.; UB Hochstift Hildesheim 3, Nr. 511. 1279 Juli 28, Druck: UB Hochstift Halberstadt 2, Nr. 1345; Asseburger UB 2, S. 9. 1296 Oktober 27, Druck: ZsHVNds. 1830, S. 139.

643 1241 Juni 26, zwei unterschiedliche Orig. mit unterschiedlichen Zeugenreihen: StadtA Han Urk I, 0001 und 0002; Druck: 0001. Rethmeier, Br. Chron. S. 1831; O.G. IV., S. 186; UB Hannover, S. 10ff.; 0002. O.G. IV., S. 184; UB Hannover, S. 13ff. 0001: *... et ad maiorem cautelam fide data promiserunt nobiles, ministeriales et burgenses nostri, qui fidem dederunt, hii: Bernardus de Dorstad et Conradus filius suus, Thidericus de Hessenem, Ludengerus et Bernardus fratres de Indagine, nobiles; ministeriales vero Anno dapifer, Heino de Wenethen, Bertrammus de Veltem, Ludolfus de Honlege, Ludolfus de Werle, Bruno et Gerardus fratres de Gustede, Johannes et Hermannus fratres de Brunsrothe, Hillebrandus de Hereberge, Henricus de Saldere; ....* Verfehlte Interpretation bei v. Oeynhausen, S. 105. Zu der Urkunde ausführlich Plath mit der weiteren Literatur.

644 1266 Juni 11, Kop. HStA Han zerstört; Druck: Lüneburger UB 7, Nr. 92: *Henrico preposito sancti Blasii in Bruneswich, domino Luthardo fratre juniore de Meinersem et domino Conrado de Dorstat, viris nobilibus; Ottone Magno, Ghevehardo de Bortvelde, Wernero de Medinghe et Hunero de Hodeme, Boldewino de Wenedhen, militibus ministerialibus nostris et aliis quam pluribus probis viris.*

645 1267 August 11, Orig.: HStA Han zerstört; Druck: UB Eichsfeld 1, Nr. 477: *acta sunt hec presentibus consiliariis nostris Conrado de Dorstat, Luthardo de Meynersem, Hermanno de Olderdeshusen, nobilibus, Ludolfo de Weynthen et alii quam plures fide dignis.*

646 1272 Juni 12, Druck: Reg. v. Campe 1, Nr. 415.

647 1284 Mai 11, Orig.: StA WF 24 Urk 228; Druck: Asseburger UB 1, S. 279. Zum Vorgang vgl. StA WF 24 Urk 219 sowie Meibom/Zimmermann, Chron. S. 44f. (mit fehlerhafter Signaturangabe).

648 1292 Januar 13, Orig.: StA WF 22 Urk 211 (mit Siegel), ungedruckt. Die Verkaufsurkunde der Brüder von Heimburg desselben Datums Orig.: StA WF 22 Urk 209, ungedruckt.

und *milites, ministeriales nostri* geteilt.[649]

Es gibt selbst für jene Zeit Beispiele dafür, daß der Geblütsunterschied den Unterschied zwischen Ritter und Knappe übertraf. So baut sich im Jahre 1273 die Zeugenreihe einer Urkunde des Knappen Razo von Uetze für das Stift St. Cyriacus vor Braunschweig folgendermaßen auf: *Johannes presbiter, rector ecclesie in Peyne; vir nobilis Gotscalcus dictus de Ellesen, famulus; Bertoldus dictus de Godenstede, Aswinus dictus de Luttere, Conradus dictus de Stockem, milites; Syfridus dictus de Rodhen, famulus; et quam plures alii fide digni.*[650] Obschon der der edelfreien Familie von Eltze entstammende Gottschalk lediglich den Knappentitel führte, wurde er dennoch den aus der Ministerialität stammenden Rittern mit Herkunftsnamen von Gadenstedt und von Stöcken sowie dem Ritter mit Herkunftsnamen von Lutter, welche aus der Edelfreiheit in die Ministerialität gesunken waren, vorangestellt. Etwas anders sieht dann schon die Zeugenreihe einer bischöflichen Urkunde 22 Jahre später aus, in der derselbe Gottschalk von Eltze vorkommt.[651] Die Reihe der weltlichen Zeugen beginnt mit einer Anzahl von Rittern edelfreier und ministerialischer Herkunft, die mit dem Rubrum *milites* beendet wird. Erst danach testierten Gottschalk von Eltze und Otto von Bovenden, die durch das Rubrum *nobiles* von den übrigen Knappen ministerialischer Herkunft getrennt wurden und zusammen das Rubrum *famuli* erhielten.

Einerseits hatten zwar die vielen Vergünstigungen, insbesondere die vom Dienstrecht zum Lehnrecht verlagerte Bindung an den Herrn[652] und der damit verbundene ausgeweitete Rechtsstatus, dem Charakter der Ministerialität im Laufe des 13. Jahrhunderts einen Großteil vom Makel der unfreien Geburt fortgenommen. Andererseits läßt sich der von seinen Ursprüngen her unfreie Rechtsstatus der Ministerialen auch in der zweiten Hälfte des 13. Jahrhunderts weiter nachweisen. Eindeutige Zeugnisse dafür bieten die individuellen Tauschverträge über Ministerialen zwischen den welfischen Herzögen und benachbarten Herrschaften.[653] Deren Zweck war es entweder, Kinder von welfischen Ministerialen, die in Folge von Eheverbindungen mit der benachbarten Ministerialität aus der welfischen Ministerialität ausgeschieden waren, wieder in diese zurückzuholen, oder die der welfischen Ministerialität entstammenden Ehefrauen von Angehörigen der benachbarten Ministerialität aus der welfischen zu entlassen.[654] Andere Dienstherren lösten dagegen dieses Problem durch allgemein gültige Vereinbarungen.[655] So tauschte im Jahre 1257 Herzog Albrecht der Große mit der Äbtissin von Quedlinburg

---

649 1292 November 12, Orig.: StA WF 7 Urk 106; Druck: Br. Anzeigen 1750, S. 1836; Asseburger UB 1, Nr. 463.

650 1273 März 3, Orig.: StA WF 8 Urk 29 (von den ursprünglich sieben anhängenden Siegeln nur noch das dritte [von Eltze] und Reste des sechsten); Regest: UB Hochstift Hildesheim 3, Nr. 1134. Vgl. außerdem: StA WF 8 Urk 30; fehlerhafter Druck: Bilderbeck II., 3, S. 74.

651 1295 November 24, Druck: UB Stadt Hi. 1, Nr. 498.

652 Fleckenstein, Entstehung niederer Adel, S. 38f.

653 Siehe allgemein zu dem Problem solcher "Mischehen" Lubenow, S. 498ff. Zu Ministerialentauschen siehe auch unten im Kap. II. 4.2.4.

654 Siehe beispielsweise: 1218 Januar 15, Otto IV. für den Bischof Siegfried von Hildesheim, Druck: O.G. III., S. 828; Asseburger UB 1, S. 64; UB Hochstift Hildesheim 1, Nr. 706. Der Bischof für Otto IV., Druck: Asseburger UB 1, S. 64f.; UB Hochstift Hildesheim 1, Nr. 707.

655 So zwischen den Bischöfen von Merseburg und Naumburg im Jahre 1251, Druck: UB Merseburg 1, Nr. 274.

Angehörige der Ministerialenfamilie von Salzdahlum gegen Angehörige der Ministerialenfamilie von Bortfeld[656] und im Jahre 1262 derselbe Herzog mit dem Abt von Fulda Angehörige der Ministerialenfamilie von Werle[657]. Herzog Johann überließ im Jahre 1272 dem Kloster St. Michael in Lüneburg seinen Ministerialen Segeband, Sohn des Ritters Hermann von Everingen.[658] Die Herzöge Heinrich der Wunderliche und Albrecht der Fette tauschten mit dem Abt von Werden im Jahre 1287 Angehörige der Ministerialenfamilie von Werle gegen Angehörige der Ministerialenfamilie von Heiligendorf.[659] Angehörige derselben Familien wurden im selben Jahr durch Herzog Albrecht den Fetten mit dem Abt von Werden gegeneinander eingetauscht.[660] Die Zustimmung der Getauschten wird dabei in keinem Fall erwähnt.

Eine Unterscheidung zwischen *miles* und *famulus* im entstehenden niederen Adel, in der die tatsächliche, sich auf einen relativ bedeutenden Wohlstand gründende Geltung[661] gegenüber der Ehrengröße von Herkunft und Ansehen obsiegt haben müßte,[662] kann im ausreichenden Maße für den Bereich der welfischen Herrschaft im 13. Jahrhundert nicht beobachtet werden. Von einer echten Verschmelzung von ursprünglich geburtsständisch geschiedenen Gruppen der edelfreien und der dienstrechtlich gebundenen Lehnsnehmer in der Lehnsmannschaft eines Territorialfürsten, wie es beispielsweise für Meißen[663] und die Wettiner Lande[664] nachgewiesen werden konnte, darf für den hiesigen Raum bis in das letzte Drittel des 13. Jahrhunderts also noch keine Rede sein.[665] Die Einschätzung, daß die strenge Zäsur zwischen den Edelfreien und den Ministerialen in der zweiten Hälfte des 13. Jahrhunderts verschwände,[666] ist dementsprechend zu korrigieren. Pointiert abzulehnen ist in diesem Sinne auch die These, daß sich schon unter den Gefolgsleuten Heinrichs des Löwen "ein Gruppenbewußtsein ausbilden [mußte], das die juristischen Unterschiede zwischen liberi und ministeriales transzendierte"[667].

Es lohnt sich, auch oft wiederholte, verhältnismäßig abstrakt formulierte Meinungen hinsichtlich der Entstehung des niederen Adels unbedingt am Einzelfall zu prüfen.[668] Freilich erfordert diese Methode aufwendige Kleinarbeit,[669] weil die Erforschung selbst bedeutender hochadliger Familien und insbesondere kleinerer niederadliger Geschlechter lückenhaft ist. Für den Bereich des Herzogtums

---

656 1257 April 15, Orig.: LHA Magdeburg Rep. U 9 A XII Nr. 15; Druck: Erath, Cod. dipl. Quedlinburg, Nr. 208.
657 1262 Mai 15, Orig.: StA WF 139 Urk 2; Regest: Kleinau, v. Werle, S. 20.
658 1272 Mai 27, Orig.: HStA Han Celle Or. 100 Lüneburg St. Michael Nr. 47; Druck: Lüneburger UB 7, Nr. 99.
659 1287 Januar 7, Regest: Kleinau, v. Werle, S. 22.
660 1297 April 22, Regest: Kleinau, v. Werle, S. 22.
661 Zu den bedeutenden Kosten allein der Waffenausrüstung Gamber, S. 113ff.
662 Diese Sicht bei v. Dungern, S. 195, S. 210ff. und passim.
663 Schieckel, S. 9ff.
664 Helbig, S. 350.
665 Anders Zillmann, S. 325. Eine ganz ähnliche Feststellung hat Fenske, Ministerialität Bm. Halberstadt, S. 204f. für den Bereich des Bistums Halberstadt getroffen.
666 Mertens, Diss., S. 71f.
667 Ganz, S. 32.
668 Zu diesem Problem auch Rödel, S. 494ff. Sablonier, S. 174ff. Vgl. die Ausführungen bei Spieß, Abgrenzung, S. 188ff.
669 Beispielhaft dafür Rübsamen (für das Pleißenland).

Braunschweig-Lüneburg sollen deswegen zusätzlich drei aussagekräftige Beispiele im folgenden Kapitel besprochen werden.

2.4 Die Herausbildung des niederen Adels im Herzogtum Braunschweig an Beispielen

2.4.1 Die Ministerialen und Herren von Dahlum-Wenden

Seit der Zeit Heinrichs des Löwen ist innerhalb der welfischen Ministerialität die Spitzengruppe von der Masse zu scheiden.[670] Auch im Laufe des 13. Jahrhunderts fanden sich in dem herausbildenden niederen Adel eine große Anzahl der ehemals ministerialischen Familien wieder, die auch vorher mächtig gewesen waren. Ein besonders augenfälliges Beispiel davon, daß selbst eines der führenden Geschlechter der welfischen Ministerialität von einem möglichen sozialen Abstieg um die Jahrhundertwende vom 13. in das 14. Jahrhundert nicht verschont bleiben konnte, bietet die Familie von Dahlum-Wenden.[671]

Infolge einer Erbteilung unter den Söhnen des Vogtes Ludolf II. von Dahlum bildeten sich zwei Zweige der Familie heraus, von denen sich der eine weiterhin mit dem Herkunftsnamen von Dahlum, der andere mit dem neuen Herkunftsnamen von Wenden benannte.[672] Nach dem Tode Balduins II. von Dahlum ist eine Tendenz zur Entfernung aus dem Kreis der engeren Dienstmannschaft der Welfen beim Dahlum-Zweig zu beobachten, die in einem Zusammenhang mit dem Verlust des Vogtamtes in Braunschweig[673] und den engen Lehnsbeziehungen gegenüber dem Stift Halberstadt[674] gesehen werden muß. Offensichtlich gelangte zudem ein Teil des Dahlum-Zweiges, sehr wahrscheinlich durch eine Eheverbindung begründet, in die stifthalberstädtische Ministerialität.[675] Nach dem Jahr 1260[676] finden sich Angehörige dieses Zweiges der Familie in den Urkunden der welfischen Herzöge nur noch ein einziges Mal im Jahre 1282 mit dem Ritter Balduin VII. von Dahlum, Ministeriale

---

670 Vgl. dazu Bosl, Reichsministerialität, S. 606f.

671 Siehe zu ihnen in den Kapiteln II. 1.2.14, I. 3.1.1.1 bis 3.1.1.7 sowie zu ihren Siegeln im Kap. III.

672 Siehe dazu ausführlich in den Kapiteln I. 3.1.1. und 3.1.1.5.

673 Siehe dazu im Kap. I. 3.1.2.

674 Vogt Balduin II. von Dahlum war als einziger welfischer Ministeriale Laienzeuge in Urkunden Bischof Friedrichs von Halberstadt: 1219, Orig.: StA WF 24 Urk 44; Druck: O.G. III., S. 770; UB Hochstift Halberstadt 1, Nr. 508. 1221, Orig.: StA WF 24 Urk 50; Druck: UB S. Bonifacius Nr. 19a. Lehnsbeziehungen zwischen dem Stift Halberstadt und der Familie von Dahlum werden deutlich: 1220, Orig.: StA WF 24 Urk 47; Druck: UB Hochstift Halberstadt 1, Nr. 517. 1253, Orig.: StA WF 24 Urk 113; Druck: Asseburger UB 1, S. 192; UB Br. 2, S. 61f. 1257 Oktober 4, Orig.: StA WF 24 Urk 129; Druck: UB Hochstift Halberstadt 2, Nr. 940. 1258 September 5, Orig.: StA WF 24 Urk 131; Regest: UB Hochstift Halberstadt 2, Nr. 975. 1259 Januar 7, Druck: UB Hochstift Halberstadt 2, Nr. 983. 1262 Oktober 10, Orig.: StA WF 24 Urk 152; Regest: UB Hochstift Halberstadt 2, Nr. 1057. 1264 April 17, Orig.: StA WF 24 Urk 156; Regest: UB Hochstift Halberstadt 2, Nr. 1089. 1286 Juli 27, Orig.: StA WF 24 Urk 248; Regest: UB Hochstift Halberstadt 2, Nr. 1470. 1287 Februar 17, Orig.: StA WF 24 Urk 254; Druck: Asseburger UB 1, S. 286. O. J. (1287 vor April 11), Orig.: StA WF 24 Urk 226, ungedruckt. 1287 April 11, Orig.: StA WF 24 Urk 255; Regest: Reg. Magdeburg. 3, Nr. 205.

675 1248 September 25, ... *recipimus ministerialem Halb. ecclesie, Margaretam videlicet, filiam Balduini de Dalhem*, ..., Druck: UB Hochstift Halberstadt 2, Nr. 792. Vgl. auch Reg. Magdeburg. 2, Nr. 1239. 1259 Januar 7, ... *Baldewinus iunior de Dalem, nostre ministerialis ecclesie*, ..., Druck: UB Hochstift Halberstadt 2, Nr. 983.

676 Also seit O. J. (1260 um Dezember 2), Orig.: StA WF 19 Urk 51; Regest: UB Br. 4, S. 411.

Herzog Heinrichs des Wunderlichen.[677] Angehörige des Dahlum-Zweiges nannten sich seit der Mitte des 13. Jahrhunderts auch nach dem Herkunftsort von Schöppenstedt.[678] Es waren dies Johannes II. und Balduin VI., Söhne des früh verstorbenen Johannes I. von Dahlum. Dabei ist zu beobachten, daß beide Herkunftsnamen von ein und derselben Person verwendet wurden. So nannte sich Johannes II. im Jahre 1260 *de Dalem*[679], im Jahre 1287 aber *de Schepenstide*[680]. In seinem Siegel führte Johannes jedoch stets nur den Herkunftsnamen von Dahlum, wie sich auch sonst kein Beispiel für den Herkunftsnamen von Schöppenstedt in einer Siegelumschrift findet. Die Stammesverwandtschaft war den verschiedenen Zweigen durchaus bewußt geblieben, was eine Urkunde Ludolfs VI. von Wenden aus dem Jahr 1294 beweist.[681] Nach der Jahrhundertwende vom 13. in das 14. Jahrhundert verliert sich der Dahlum-Zweig der Familie von Dahlum-Wenden. Die letzten Nennungen finden sich mit den Brüdern Gerhard und Ludolf von Dahlum im Jahre 1299[682] und mit Gerhard alleine in den Jahren 1304[683] und 1312[684].

Auf dem Herkunftssitz Dahlum saßen nun Angehörige des Wenden-Zweiges,[685] deren Rechte darauf schon in der zweiten Hälfte des 13. Jahrhunderts deutlich werden.[686] Dementsprechend kam es zu Beginn des 14. Jahrhunderts dazu, daß sich Angehörige des Wenden-Zweiges der Familie kurzzeitig wieder nach dem Herkunftsort von Dahlum nannten. Die Benennung nach Dahlum setzte sich dann letztlich aber nicht durch, wie auch in den Siegeln des Wenden-Zweiges stets nur der

---

677 1284 Mai 11, Orig.: StA WF 24 Urk 228; Druck: Asseburger UB 1, Nr. 430. Der in der Urkunde erwähnte Verkauf durch Ludolf von Esbeck fand 1283, Orig.: StA WF 24 Urk 219, statt. Zum Vorgang vgl. auch Meibom/Zimmermann, Chron., S. 44f., dessen Signaturangaben aber fehl gehen.

678 Erstmals zu O. J. (1245), Orig.: StadtA Br. A III 10, Nr. 3; Druck: UB Br. 2, S. 43. Letztmalig zu 1294 April 25, Orig.: StA WF 24 Urk 311. Die übrigen Belege bei Hasse 1, S. 55 i.V. mit 2. Es handelt sich um Schöppenstedt, Kreis Wolfenbüttel (Kleinau, GOV, Nr. 1587). Der Herkunftsname von Schöppenstedt findet sich schon in dem Güterverzeichnis des Stifts St. Cyriacus, worin Güter genannt werden, die der Dekan Reimar von einem Ludolf von Schöppenstedt erwarb (Schneidmüller, Kollegiatstifte, Anhang B, S. 310). Die Person dieses Ludolf von Schöppenstedt ist nicht weiter belegbar, doch aufgrund des Vorkommens des Taufnamen Ludolf als Leitnamen in der Familie von Dahlum und des späteren Beleges eines Herkunftsnamen von Schöppenstedt besteht durchaus die Möglichkeit, daß es sich bei Ludolf von Schöppenstedt um einen Angehörigen der Familie von Dahlum-Wenden gehandelt haben könnte.

679 Orig.: StA WF 19 Urk 50; ungedruckt. Orig.: StA WF 19 Urk 51.

680 1287 April 11, Orig.: StA WF 24 Urk 255; Regest: Reg. Magdeburg III., S. 205.

681 1294 Mai 10, Der Ritter Ludolf von Wenden verkauft dem Kloster Riddagshausen mit Zustimmung seiner Söhne, der Ritter Heinrich und Balduin, sowie *Johannes cognatus meus dictus de Scepenstede* eine Hufe in Groß Wobeck etc.; Orig.: StA WF 24 Urk 313 (mit Siegel), ungedruckt.

682 1299 März 15, Orig.: StadtA Br. A III 10, Nr. 63; Druck: UB Br. 2, S. 215.

683 1304 Oktober 5, (Magdeburg): Der Laie (!) Gerhard von Dahlum schenkt dem Kloster Riddagshausen eine halbe Hufe und ein Wäldchen in Wobeck, Orig.: StA WF 24 Urk 377; Regest: Reg. Magdeburg II., Nr. 1219, S. 468.

684 1312 Februar 10, Gerhard von Dahlum, *famulus, filius Baldewini*, bezeugt, daß zu den Gütern in Berklingen, welche sein Vater an das Kloster Riddagshausen verkauft hatte, auch der *colonus Hermann de Valberge* mit Frau und Kindern nach Litenrecht gehören, Orig.: StA WF 24 Urk 482 mit Siegel, ungedruckt.

685 1294 Mai 10, Der Ritter Ludolf von Wenden mit Konsens seiner Söhne, der Ritter (!) Heinrich und Balduin, für das Kloster Riddagshausen, *datum apud dalem*, Orig.: StA WF 24 Urk 313, ungedruckt.

686 So siegelte bei einem Verkauf der Brüder Balduin III. und Balduin IV. im Jahre 1260, Orig.: StA WF 19 Urk 50, Heinrich I. von Wenden mit. Das Siegel fehlt heute, lag aber dem Zeichner des Marienberger Siegelbuches, StA WF VII B Hs 288, S. 219, noch vor.

Herkunftsname von Wenden zu lesen ist. So waren die *nobiles viri de Dalem ... Henricus et Baldewinus milites dicti de Dalem* in der Gründungsurkunde der Parochie Hehlingen im Jahre 1302 keineswegs dem Dahlum-Zweig zugehörig.[687] Ihre Abstammung klärt sich spätestens in einer Urkunde des Jahres 1304 auf, worin sie als Heinrich und Balduin, Brüder von Dahlum, Söhne des Herrn Ludolf von Wenden, bezeichnet wurden.[688] Es handelte sich also um die Söhne des Ritters Ludolf VI. von Wenden.[689] Ihre Bezeichnung als edle Herren dürfte auf Courtoisie von Seiten der Urkundenausteller, der mit den beiden Brüdern von Wenden verwandten Herren von Bartensleben, beruhen.[690] Sie zielt auf die edelfreie Herkunft deren Mutter, Lutgardis von Meinersen, ab.[691] Einige Jahre später lassen sich dann mit Baldewinus *miles dictus de dalem et de wendhen* sogar einmal doppelte Herkunftsnamen belegen.[692] Danach taucht der Name von Dahlum nur noch als Bezeichnung des Wohnsitzes auf, während sich der Name von Wenden vom Herkunftsnamen zum Familiennamen entwickelte: *Boldewinus de wenden miles morans in Dalum* im Jahre 1318.[693] *Baldewinus miles, de Wenden, dominus castri Voghedesdalen. Ludolfus et Baldewinus filii eius. ... Luthardus, canonicus ecclesie S. Blasii in Brunswich, filius prefati domini Baldewini et Ludolfus et Luthardus fratres, filii Ludolfi, prefati domini Baldewini filii.* im Jahre 1336.[694] Der Kanoniker Luthard "nennt sich 'de Dalem' die anderen aber von Wenden".[695]

Die Ehefrau Ludolfs VI. von Wenden[696] war Lutgard von Meinersen[697], und dementsprechend wurden die aus dieser Verbindung hervorgehenden Söhne Heinrich und Balduin im Jahre 1300 von den Edelherren von Meinersen als Blutsverwandte bezeichnet.[698] Lutgard war eine Tochter Luthards IV. von Meinersen, ihre Geschwister waren Burchard II. von Meinersen, Luthard VI., Bernhard I., Domherr und Kantor zu Hildesheim, Luthard VII., Domherr zu Halberstadt, und Adelheid, Ehefrau Heinrichs von der Gowische, sowie Bia.[699]. Brisant wurde diese Ehe durch den Umstand, daß die von Dahlum-Wenden einmal Lehnsnehmer der Edelherren

---

687 1302 Juni 17, Druck: Urk. Fallersleben, S. 29ff.; Riedel, Cod. dipl. A 17, S. 231. Vgl. dazu Naß, Königslutter, S. 125ff.

688 1304 November 30, StA WF 8 Urk 35; Regest: UB Br. 2, S. 280 (fehlerhaft).

689 Vgl. dazu Hasse 1, S. 57, S. 69f.

690 Gunzelin von Bartensleben war ihr Schwager (Scheidt, Mantissa, S. 365. Reg. v. Wallmoden, Nr. 101).

691 Siehe dazu Hasse 1, S. 57, S. 66f. und weiter unten.

692 StA WF 24 Urk 481 von 1312 Februar 8 mit gut erhaltenem Siegel Balduins (+ S' BALDUINI DE WENDHEN; Vollwappen: Helm mit sechs Fahnen - Schildbild zwei Sparren, gegittert, mit Punkten belegt).

693 1318 nach September 23, Lehnbuch des Herzog Otto von Braunschweig, Druck: UB Herzöge Br.-Lb. 1, Nr. 303.

694 1336 März 27, Regest: UB Br.3, S. 375. Zitat: v. Praun/Br. Anzeigen 1747, S. 733.

695 v. Praun/Br. Anzeigen 1747, S. 733.

696 Im Memorienbuch von St. Blasius zu Braunschweig unter dem Datum des 16. November eingetragen (Memorien St. Blasius 1, S. 91 mit S. 109).

697 1279, Druck: Asseburger UB 1, Nr. 393. Im Memorienbuch von St. Blasius unter dem Datum des 25. April eingetragen (Memorien St. Blasius 1, S. 85). Die Zuordnungen dazu von Dürre, S. 99 und S. 109 wiedersprechen sich. Es kann sich nur um die Gemahlin Ludolfs VI. von Wenden, nicht aber um dessen Tochter Lutgardis handeln.

698 1300 Mai 10, Orig.: HStA Han Celle Or. 9 Schr. X Caps. 4 Nr. 1; Druck: UB Herzöge Br.-Lb.1, Nr. 159.

699 Bode, Uradel, Stammtafel zwischen S. 184 und 185.

von Meinersen waren[700] und daß die Ehe für Lutgard nicht standesgemäß war. Ob eine solche nicht standesgemäße Ehe von Töchtern eines edelfreien Geschlechts in Sachsen keine Besonderheit mehr war, ist durchaus umstritten.[701] Immerhin läßt sich nachweisen, daß Eheverbindungen zwischen Edelfreien und Ministerialen sogar noch in der ersten Hälfte des 14. Jahrhunderts zu Standesminderungen geführt haben.[702] Die Verbindung zwischen Ludolf VI. von Wenden und Lutgardis von Meinersen wurde offenbar dadurch begünstigt, daß Ludolf zu den engsten Ratgebern Herzog Albrechts gehörte, zu denen auch Edelherren von Meinersen und der Vater Lutgardis' zählten.[703] Ferner besaßen auch die Edelherren von Meinersen eine Grablege im Kloster Riddagshausen.[704] Die Verschwägerung mit der hochadeligen Familie derer von Meinersen bedeutete für den Wenden-Zweig der Familie mit Sicherheit eine gesellschaftliche[705] wie auch materielle[706] Hebung. Mit ihr fand auch der in der Familie der Edelherren von Meinersen übliche Taufname Luthard Eingang in die Familie von Wenden.[707]

Von den drei Söhnen Heinrichs I. von Wenden lassen sich verschiedene Zweige der Familie herleiten, die alle drei bedeutende Vertreter des niederen Adels im Herzogtum Braunschweig-Lüneburg stellten. Von dem erstgeborenen Sohn Heinrichs I. von Wenden, Ludolf VI. von Wenden, ist der Familienzweig herzuleiten, welcher am längsten blühte. Mit Hans von Wenden, Hofmarschall des Herzogs Heinrich Julius von Braunschweig und Erbsassen auf Königslutter, starb das Geschlecht schließlich aus.[708] Er fand seine letzte Ruhestätte nicht in der Familiengrabstätte im Kloster Riddagshausen, sondern in Rodersdorf[709] neben seiner ersten Ehefrau Bertha von Bülow.[710] Von dem zweitgeborenen Sohn Heinrichs I. von

---

700 Lehnregister des Edelherrn Luthard von Meinersen um 1220, Orig.: HStA Han untergegangen; Druck: UB Herzöge Br.-Lb. 1, Nr. 10, S. 8, Z. 11f. (vgl. auch S. 10, Z. 13).

701 Dafür verwendete sich Moll, S. 309 mit Anm. 562; dagegen Meier, Domkapitel, S. 47.

702 Moll, S. 254ff. Petke, Wöltingerode, S. 179 und S. 208. Vgl. dazu auch im Kap. II. 1.2.16. Eine gründliche Untersuchung zu diesem Thema bei Schulte, Exkurs II., S. 314-330. Leider fehlt für den hiesigen Raum die schon von Meier, Domkapitel, S. 47 geforderte Katalogisierung des Hochadels. Ein erster Schritt zu letzterem ist Mahrenholtz, Dynastenkatalog.

703 Beispielsweise bei Herzog Albrecht dem Großen *consiliariis nostris: Conrado de Dorstat, Luthardo de Meynersem, Hermanno de Olderdeshusen, nobilibus, Ludolfo de Weynthen* ..., 1267 August 11, Orig.: HStA Han zerstört; Druck: UB Eichsfeld 1, Nr. 477. Vgl. dazu auch im Kap. II. 5.3.

704 Der Grabstein war nach einem notariellen Bericht über die Zerstörung des Klosters im Jahre 1606 noch vorhanden. Siehe dazu Bau- und Kunstdenkmale Br., S. 131 und 171. Vgl. den Bericht über die Bestattung Luthards von Meinersen im Jahre 1303 bei Meibom, Chron., S. 50f.

705 Vgl. dazu mit Beispielen der Ministerialen von Asseburg und von Heimburg Meier, Domkapitel, S. 46f.

706 Der Besitz der Edelherren von Meinersen war enorm. Vgl. dazu im folgenden Kapitel. Auf die Mitgift Lutgards und die Erbansprüche nach Machtverlust und Aussterben der Edelherren von Meinersen werden sich etliche der späteren Besitztitel der von Wenden begründet haben.

707 Vgl. die Stammtafel bei Moll hinter S. 310.

708 †1595 März 15 (v. Praun/Br. Anzeigen 1750, S. 1753. v. Mülverstedt, S. 643f.).

709 Kreis Halberstadt, Sachsen-Anhalt.

710 StA WF VII A Hs 111, S. 33: " (...) a. 1595 d. 13. Marl ist der letzte des geschlechts v. Wenden, nahmens Johann oder Hans, zu Roderstorf im halberst. A. Groeningen geseßen, verstorben, dabey Schild und Helm zerbrochen, und ihm von dem bischöfl. Hofprediger Opeekino seine leichpredigt gehalten worden." Vgl. dazu v. Praun/Br. Anzeigen 1759, S. 823. Zum Brauch des Schildzerschlagens beim Aussterben eines adligen Geschlechts vgl. auch Fenske, Adel und Rittertum, S. 77. Im Herrenhaus zu Rodersdorf hat sich bis heute ein Kamin erhalten, der die Wappen der Familien von Wenden und von Bülow zeigt (Exkursion des Verfassers am 11. Februar 1991).

Wenden, Balduin IX. von Wenden, ist der Familienzweig herzuleiten, dessen bedeutendster, aber auch zugleich letzter Sproß ohne Zweifel Balduin von Wenden war. Er wurde im Jahre 1419 Abt des Klosters St. Michaelis in Lüneburg und war seit 1435 auch Erzbischof von Bremen.[711] Balduins Eltern werden immer wieder falsch benannt.[712] Sein Vater war Otrave von Wenden, was aus der Aufzeichnung über ein Gebetsgedenken im Missalbuch zu Meinersen eindeutig hervorgeht.[713] Die Vermutungen über die Mutter Balduins mit Namen Mechtild, die angeblich eine illegitime Tochter eines Braunschweiger Herzogs gewesen sei, gehören in den Bereich der Legende. Daß Mechtild eine geborene von Wrestedt war, ergibt sich aus der Bestätigung über einen Gütertausch an das Kloster Wienhausen von 1379, bei dem sie das Siegel ihres Bruders Harneit von Wrestedt gebrauchte.[714] Von dem drittgeborenen Sohn Heinrichs I., Heinrich II. von Wenden, ist ein dritter Familienzweig herzuleiten, der sich mit der letzten Nennung eines Heinrichs von Wenden für seine unmündigen Neffen im Jahre 1367 verliert.[715] Aus der Ehe Heinrichs II. von Wenden mit einer Gertrud gingen vier Söhne und sechs Töchter hervor.[716] Heinrichs II. von Wenden erstgeborener Sohn mit Taufnamen Balduin war als Ritter schon im Jahre 1316 Burgmann auf Meinersen,[717] und diese Burgmannenposition wurde auch von dessen Erben eingenommen.[718]

Das Beispiel der welfischen Ministerialen von Dahlum-Wenden zeigt sehr deutlich, daß der Aufstieg von ministerialischen Familien nur über eine durchgehende enge Verbindung zu einer Herrschaft oder einem Fürstenhaus erfolgen und daß anderenfalls auch eine ursprünglich hochgestellte ministerialische Familie in die Bedeutungslosigkeit absinken konnte. Davon, daß die Ministerialität in toto auf dem Weg über das Rittertum Eintritt in den niederen Adel gefunden habe, kann dementsprechend nicht gesprochen werden.

2.4.2 Die Edelherren von Meinersen

In den Zeugenreihen der Urkunden Heinrichs des Löwen lassen sich eine größere Anzahl von Grafen, Edelherren oder Freien nachweisen.[719] Nach seinem Sturz erscheinen in seinen Urkunden sowie in den Urkunden seines erstgeborenen Sohnes, Pfalzgraf Heinrich, immer weniger Edelfreie im Gefolge. Die gleiche Entwicklung

---

711 †1441 Juli 8. Das Geburtsjahr 1365 ohne Angabe der Quelle hat v. Weyhe-Eimke, S. 97. Zu seinem Werdegang ausführlich, allerdings mit den hier gemachten Einschränkungen: Merkel. Reuter (mit zwei Abbildungen von Siegeln des Kirchenfürsten auf S. 3).

712 Fehlerhaft: Merkel, S. 324. Reuter, S. 4f. Inschriften Lüneburg, S. 92. Die hier richtiggestellte Filiation hat schon Holthusen, S. 44.

713 Fiedeler, S. 89ff., Nr. 16. So erklärt sich auch, daß Balduin bei seiner Auszeichnung zum *decretorum doctor* unter dem Namen *Balduinus Octavoni de Saxonia* erscheint (Knod S. 620, Nr. 4136), was für *Balduinus Otraveni de Saxonia* verschrieben sein dürfte.

714 "Mecheld van Wenden" bestätigt "under Harnydes van Wrestede mynes broders ingheseghel" einen Gütertausch zwischen dem Kloster Wienhausen und "Otravene mynem manne". Abschrift StA WF VII Hs C 42, S. 48.

715 Orig.: StA WF 63 Urk 50; Regest: Bege, S. 164.

716 1301 April 11, Orig.: StA WF 26 Urk 51; Druck: UB Br. 2, S. 244. Zu Elisabeth und Bertha *virgines* UB Br. 2, S. 324 zu 1307 Dezember 8.

717 1316 August 1, StA WF 24 Urk 523, ungedruckt.

718 Siehe dazu ausführlich im folgenden Kap. I. 2.4.2.

719 Eine Arbeit, die sich mit diesem Teil des Gefolges Heinrichs des Löwen auseinandersetzt, fehlt. Auch Weinmann, S. 194ff. hat diesen wichtigen Aspekt bei der Entwicklung der höfischen Kultur der Welfen vernachlässigt.

setzt sich unter Otto dem Kind fort, so daß die Liste der Edelfreien in den Zeugenreihen auf wenige Persönlichkeiten zusammenschmilzt. Offenbar nahm also die Bedeutung der Edelfreien im Gefolge der welfischen Herzöge unter Pfalzgraf Heinrich und Herzog Otto dem Kind stetig ab.[720] Ein ganz anderes Bild bieten dagegen die Zeugenreihen der Urkunden Herzog Albrechts des Großen, die insbesondere nach seinem noch jugendlichen Regierungsantritt eine relativ große Anzahl von Grafen und Edelfreien aufweisen. Nach der zweiten welfischen Teilung 1267/69 blieben die gräflichen und edelfreien Vertreter in den Urkunden dieses Herzogs durchaus präsent, während in den Urkunden Herzog Johanns von Braunschweig-Lüneburg nur noch selten Grafen oder Edelherren testierten.

Eine wichtige Stellung im Gefolge der Welfen nahmen Angehörige der Edelherrenfamilie mit dem Herkunftsnamen von Meinersen ein.[721] So ist Luthard I. von Meinersen, anfänglich noch als Sohn des Edelherrn Rudolf von Mahner bezeichnet,[722] oft mit Herkunftsnamen im Gefolge Heinrichs des Löwen nachzuweisen.[723] Mit einiger Wahrscheinlichkeit dürfte er mit dem unter den Freien und Edelherren testierenden Luthard ohne Herkunftsnamen identisch sein,[724] während ein weiterer Luthard als Geistlicher erkannt werden kann.[725] Der Enkel Luthards I. von Meinersen, Luthard II., kommt häufig im Gefolge Pfalzgraf Heinrichs vor,[726] ist

---

720 Dagegen Weinmann, S. 215, Anm. 118. Dessen Zahlenbeispiele sind zwar eindrucksvoll, jedoch in diesem Zusammenhang unbrauchbar, weil die genannten Angehörigen der edelfreien Familie von Dorstadt über längere Zeiträume die einzigen Edelfreien unter den Zeugen blieben.

721 Eine eingehende Untersuchung zu den Edelherren von Meinersen fehlt, befindet sich aber durch den Verfasser in Vorbereitung. Eine Studie ist anderenorts schon begonnen worden (Vgl. Hellfaier, v. Oberg, S. 7, Anm. 32), ein Abschluß ist aber nicht mehr zu erwarten. Zu den Edelherren von Meinersen zunächst: Bode, Uradel, S. 183-206. Moll, S. 259ff. Hodenberger UB, S. 126ff. Kunstdenkmale Gifhorn, S. 214ff. Zillmann, S. 101ff. Die Arbeit Bodes beschränkt sich zwar im wesentlichen auf das 12. Jahrhundert, dennoch ist die von ihm zwischen den S. 184 und 185 gegebene Stammtafel der Edlen von Meinersen, da auf dessen ausführlichen, ungedruckten Studien (StA WF VII A Hs 59) begründet, maßgebend und bildet hier und im folgenden die Grundlage für die gegebenen genealogischen Zuordnungen. Der Herkunftsname bezieht sich auf Meinersen, Kreis Gifhorn. Auch die in Aussicht genommene Monographie zu den Edelherren von Warberg (Vgl. Hellfaier, v. Oberg, S. 7, Anm. 32) ist - allerdings durch den frühen Tod des Bearbeiters - stehen geblieben. Eine Arbeit zu ihnen wäre wegen deren Bedeutung im welfisch-stiftmagdeburgischen Grenzgebiet zu wünschen. Der Zugriff könnte durch den im StA WF relativ reich erhaltenen Urkundenbestand (63 Urk [1263-1654]), den Bruchstücken eines von Warbergschen Lehnbuches vom Ende des 13. Jahrhunderts (VII A Hs 64) sowie mehreren Kopial- und Lehnbüchern des 14. und 15. Jahrhunderts (VII A Hs 65, 66, 67) erfolgen.

722 1143, Urk HdL Nr. 4. (1143/1144), Urk HdL Nr. 5. Das Register von Urk HdL S. 237 ist hinsichtlich der Nachweise des Taufnamens Luthard fehlerhaft.

723 1144 Juli 23, Orig.: HStA Han Cal. Or. 100 Bursfelde Nr. 6; Druck: Urk HdL Nr. 6. 1154 Juni 3, Orig.: HStA Han Hild. Or. 3 Riechenberg Nr. 2; Druck: Urk HdL Nr. 27. 1156 Juni 24, Orig.: HStA Han Cal. Or. 100 Bursfelde Nr. 8; Druck: Urk HdL Nr. 33. 1156 Juli 25, Urk HdL Nr. 34. (1157/1158?), Urk HdL Nr. 39. 1160, Orig.: StA WF 24 Urk 9; Druck: Urk HdL Nr. 45. 116(1) Oktober 18, Urk HdL Nr. 48. 1161, Orig.: StA WF 24 Urk 10; Druck: Urk. HdL Nr. 50. 1162 Februar 3, Orig.: StA WF 24 Urk 11; Druck: Urk HdL Nr. 51. 1162, Urk HdL Nr. 52. 116(3) Juli 12, Orig. LA Schleswig Urk.-Abt. 268 Nr. 4; Druck: Urk. HdL Nr. 60. 1169 April 20, *et duo filii sui*, Orig.: HStA Han Hild. Or. 2 Lamspringe Nr. 5; Druck: Urk HdL Nr. 80.

724 1142 September 3, Urk HdL Nr. 2. Auch der in der Gründungsurkunde des Klosters Riddagshausen von 1146, Orig.: StA WF 24 Urk 2 und 3; Druck: Urk. HdL Nr. 7, unter den Freien testierende *Liuthardus* wird mit großer Wahrscheinlichkeit mit Luthard I. von Meinersen identisch sein. Dagegen Ehlers Riddagshausen, S. 61 "nicht näher bestimmbar[.]". 1147 November (oder Dezember?) 4, Urk HdL Nr. 10. (1153 April 29?), Urk HdL Nr. 20. (1146-1154), Urk HdL Nr. 25.

725 1147, Urk HdL Nr. 8. 1147, Urk HdL Nr. 9.

726 1203, Orig.: StA WF 24 Urk 25, Druck: O.G. III., S. 769 (Vgl. dazu im Kap. I. 1.3.2). 1204, als einziger Edelfreier hinter Pfalzgraf Heinrich, Orig.: StA WF 24 Urk 26; Druck: O.G. II., S. 770;

dabei einmal als *fidelis* des Pfalzgrafen erwähnt[727] und testierte noch in einer Urkunde der Herzoginwitwe Agnes[728]. Beim Tode Kaiser Ottos IV. auf der Harzburg war Luthard II. von Meinersen anwesend,[729] obschon er ansonsten nicht zu dem engeren Gefolge dieses Herrschers zu zählen ist.[730] Seine Anwesenheit erklärt sich dadurch, daß die Edelherren von Meinersen auf der Reichsburg Harzburg Burgherrendienste leisteten und diesen Status gemäß einer Testamentsverfügung Kaiser Ottos IV. auch weiterhin behalten sollten.[731] Tatsächlich läßt sich im Jahre 1223 Luthard II. von Meinersen neben den Grafen und Brüdern Hermann I. und Heinrich I. von Wohldenberg-Harzburg und Graf Adolf von Schaumburg als kaiserlicher Burgmann auf der Harzburg belegen.[732] Er und seine Nachkommen erhielten Geldlehen aus den Goslarer Vogteigeldern.[733] Von Luthard II. von Meinersen hatte sich ein Lehnregister bewahrt,[734] welches von dem Herausgeber des Urkundenbuches der Herzöge von Braunschweig-Lüneburg um das Jahr 1226 datiert worden ist, aber wahrscheinlich um das Jahr 1220 gehört.[735] Es verzeichnet lediglich die Aktivlehen Luthards von Meinersen, wobei allerdings in zwei Fällen ein Oberlehnsherr der verlehnten Güter deutlich wird.[736] Darin werden 417 Hufen, sechseinhalb Dörfer, elf Mühlen, 20 Wälder, 69,5 Zehnten, sechs Vogteien und vier Kirchenpatronate sowie eine Fülle anderer Lehnsobjekte in insgesamt 142 Ortschaften an 152 Lehnsmannen, meist aus der welfischen, stifthildesheimischen und stifthalberstädtischen Ministerialität stammend, sowie an 50 Hörige vergeben.[737] Somit besaßen die

---

Asseburger UB 1, Nr. 32. 1204, Orig. zerstört; Druck: Hodenberger UB, 1, Nr. 97. 1215, Druck: Sudendorf, Wildeshausen, Nr. 15. O. J. (1219-1221 [Die rechte Datierung ergibt sich daraus, daß von den weiteren Zeugen Johannes von Bornum erst seit 1215 und Ludwig von Blankenburg nur von 1219 bis 1221 in den Urkunden vorkommen.], Druck: Sudendorf, Wildeshausen, Nr. 10. 1220, Druck: Asseburger UB 1, Nr. 105. 1222 Januar 31, Orig.: StA WF 22 Urk 39; Druck: v. Heinemann, Nr. 13 (mit fehlerhafter Datierung). 1224 Juni 5, Orig.: StA WF 23 Urk 25 in zweifacher Ausfertigung, davon eines besiegelt; Druck: O.G. III., S. 696; Cod. dipl. Quedlinburg., S. 142. Orig.: StA WF 32 Urk 1; Druck: v. Heinemann, Nr. 18; UB Br. 2, S. 24 [Orig. dort als verschollen bezeichnet]. 1225, Druck: Urk. Homburg S. 29. 1225, Orig.: StadtA Stade Zeven Or. Nr. 9; Druck: UB Herzöge Br.-Lb. 1, Nr. 8. 1225, Druck: v. Heinemann, Nr. 20. 1225, Orig.: HStA Han Celle Or. 13 Nr. 1195; Druck: O.G. III., S. 698; Hoyer UB 7, Nr. 10. 1226 März 28, Druck: v. Heinemann, Nr. 23. 1226, Orig.: StA WF 8 Urk 5; Druck: O.G. III., S. 710f. 1227, Druck: UB Hochstift Hildesheim 2, Nr. 220.

727 1224, Orig.: StA WF 19 Urk 13; Druck: O.G. III., S. 695.

728 1230 April 22, Orig.: StA WF 12 Urk 28; Druck: v. Heinemann, Nr. 29.

729 1218 Mai 18, Orig.: StA WF 2 Urk 1; Druck: MGH Constitutiones II., Nr. 42; O.G. III., S. 363ff.; Asseburger UB 1, Nr. 95. Weitere Druckorte bei Hucker, Otto IV., S. 663f. 1218 Mai 18, Orig.: StA WF 7 Urk 12; Druck: Rethmeier, Kirchenhist. 1, S. 59; Asseburger UB 1, Nr. 94.

730 Vgl. dazu auch die personengeschichtlichen Untersuchungen bei Hucker, Otto IV., S. 359ff.

731 *Castrum Hartisburch (...). (...) Luthardus de Meinershem feodum suum. (...).* Orig.: StA WF 2 Urk 1; Druck: MGH Constitutiones II., Nr. 42; O.G. III., S. 363ff.; Asseburger UB 1, Nr. 95. Weitere Druckorte bei Hucker, Otto IV., S. 663f. Aus diesem Zitat wurde herausgelesen, daß die Edelherren von Meinersen ihre Herrschaft vom Reich verliehen bekommen haben sollen (Kunstdenkmale Gifhorn, S. 215). Die Worte Ottos IV. betreffen jedoch nur deren Burglehen auf der Harzburg. Dagegen Petke, Wöltingerode, S. 367 mit Anm. 251.

732 1223 September 24, Druck: MGH Constitutiones II., Nr. 98; Asseburger UB 1, Nr. 129.

733 UB Herzöge Br.-Lb. 1, Nr. 10, S. 7, Z. 8; UB Goslar 1, Nr. 606. Zum Problem der Goslarer Vogteigelder vgl.: Petke, Wöltingerode, S. 328ff. Wilke, Reichsgebiet. Deich.

734 Orig.: HStA Han. untergegangen; Druck: UB Herzöge Br.-Lb. 1, Nr. 10. Eine Übertragung und erste Analyse des Stücks bietet Teute, S. 185-191.

735 Fenske/Schwarz, S. 27 mit Anm. 84.

736 UB Herzöge Br.-Lb. 1, Nr. 10, ... *talenta in goslariensi moneta.* S. 7, Z. 8; ... *habuit de duce.* S. 11, Z. 3.

737 Teute, S. 191.

Edelherren von Meinersen "eine dem Hochadel vergleichbare Stellung"[738].

Unter Otto dem Kind kommt Luthard II. von Meinersen ebenfalls relativ häufig vor[739] und bürgte bei diesem für seinen Schwiegervater, den Grafen Siegfried von Osterburg-Altenhausen[740]. Auch die gleichnamigen Söhne Luthards II. von Meinersen, Luthard III. und Luthard IV., treten in den Urkunden Herzog Ottos des Kindes auf, wobei nicht immer eindeutig gesagt werden kann, ob es sich um den ältesten oder den jüngsten der beiden handelte. Luthard III. oder Luthard IV. von Meinersen testierte erstmals im Jahre 1240 bei Herzog Otto dem Kind,[741] war in sämtlichen Urkunden zwischen Herzog Otto und der Herzoginwitwe Agnes im Jahre 1243 als Zeuge oder Bürgschaftsempfänger beteiligt[742] und erscheint danach noch öfter[743]. Gemeinsam werden die beiden gleichnamigen Söhne Luthards II. von Meinersen erstmals im Jahre 1242 in der Urkunde Graf Siegfrieds von Osterholz-Altenhausen nachweisbar, in der ihre Zustimmung zu dessen Güterverkauf an Herzog Otto erwähnt wird.[744] In den Urkunden Herzog Ottos traten die Brüder Luthard und Luthard erstmals gemeinsam im Jahre 1249 auf.[745] Wenig später wurde der älteste, Luthard III. von Meinersen, durch das Attribut *senior* kenntlich gemacht,[746] und seitdem kommen die Brüder in den Urkunden Herzog Ottos des Kindes mit der Bezeichnung *senior* und *iunior* vor.[747] Auch nach dem Tode Herzog Ottos des Kindes sind die Brüder Luthard III. und Luthard IV. von Meinersen bei Herzog Albrecht dem Großen sehr häufig, meist gemeinsam[748], seltener auch

---

738 Zillmann, S. 103f.

739 1229, Druck: UB Hochstift Halberstadt 1, Nr. 609. 1231, Druck: O.G. IV., praef. S. 62. 1232 August 29, Druck: Harenberg, S. 386; O.G. IV., S. 127f.

740 1235 April 12.; Orig. im Jahr 1830 zerstört (StA WF 36 Alt 385); Druck: O.G. IV., S. 143f.

741 1240, Orig.: StA WF 22 Urk 70; Druck: O.G. IV., praef. S. 69.

742 1243 Juni 3, Druck: O.G. III., S. 719; Rethmeier, Br. Chron. 1, S. 479f.; Cod. dipl. Brandenburg., B 1, S. 486; Lüneburger UB 5, Nr. 1. 1243 Juni 3, Druck: O.G. III., S. 720; Rethmeier, Br. Chron. 1, S. 480; Pfeffinger 1, S. 109; Lüneburger UB 5, Nr. 3. 1243 Juni 3, Druck: O.G. III., S. 721; Lüneburger UB 5, Nr. 2. 1243, Orig.: KlA Wienhausen Nr. 21; Druck: Asseburger UB 1, Nr. 229.

743 1245 November 13, *dominus*, Orig.: StadtA Br. A III 10 Nr. 4; Druck: Rethmeier, Kirchenhist. 1, Beilage S. 137; O.G. IV., S. 204; Pistorius VIII., S. 2330; UB Br. 2, S. 43f.; Asseburger UB 1, Nr. 327. 1247 Januar 9, Druck: Harenberg, S. 376; Asseburger UB 1, Nr. 243. 1248, Orig.: StA WF 24 Urk 95; Druck: O.G. IV., S. 71 praef.; Asseburger UB 1, Nr. 250; Urk. v. Saldern, Nr. 70.

744 Orig.: StA WF 1 Urk 16; Druck: O.G. IV., S. 146; Cod. dipl. Brandenburg. 1, 16, 319, Nr. 11.

745 1249 Dezember 11, Orig.: StA WF 24 Urk 97; Druck: Asseburger UB 1, Nr. 256. 1249, Orig.: StA WF 7 Urk 35; Druck: O.G. IV., S. 229f.; Asseburger UB 1, Nr. 257.

746 1250 März 14, Orig.: StadtA Br. A III 10 Nr. 9; Druck: Br. Anzeigen 1747, S. 725; Asseburger UB 1, Nr. 259; UB Br. 2, S. 54f. 1250, Orig.: StA WF 26 Urk 7; Druck: Asseburger UB 1, Nr. 262. 1251 Dezember 4, Orig.: LHA Magdeburg Rep. U 7 Nr. 79, ungedruckt.

747 1252, Orig.: StA WF 12 Urk 55; Druck: Asseburger UB 1, Nr. 269. 1252, Druck: Calenberger UB 3, Nr. 159. 1252, Orig.: StA WF 22 Urk 88; Druck: O.G. IV., S. 246f.; Asseburger UB 1, Nr. 270.

748 Es sollen hier beispielhaft nur die Nachweise seit der Regierungsübernahme Herzog Albrechts bis zum Jahr 1260 gegeben werden: 1252 September 25, Orig.: StA WF 22 Urk 89; ungedruckt. 1252, Druck: Calenberger UB 3, Nr. 160. 1253 Mai 6, Orig.: StA WF 22 Urk 91; Regest: UB Br. 4, S. 405. 1254 April 7, Orig.: StadtA Br. A III 10 Nr. 14; Druck: Pistorius VIII., S. 2339; UB Br. 2, S. 69f. 1254 November 11, Orig.: StadtA Br. A III 10 Nr. 16; Druck: Pistorius VIII., S. 2337; Br. Anzeigen 1747, S. 725; UB Br. 2, S. 70f. 1254, Orig.: StadtA Br. A III 10 Nr. 12; Druck: Pistorius VIII., S. 2341; UB Br. 2, S. 63. 1254, Orig.: StadtA Br. A III 10 Nr. 15; Druck: Pistorius VIII., S. 2336; UB Br. 2, S. 63f. 1255 Oktober 2, Regest: Reg. v. Campe 1, Nr. 349. 1256 April 23, Orig.: StadtA Br. A III 10 Nr. 17; Druck: Pistorius VIII., S. 2339; UB Br. 2, S. 74. 1256 August 20, Orig.: HStA Han zerstört; Druck: UB Hochstift Hildesheim 2, Nr. 995. 1256 August 21, Druck: Lüneburger UB 15, Nr. 46. 1258 Juni, Druck: UB Hochstift Hildesheim 2, Nr. 1072.

einzeln[749] zu belegen. Unter Herzog Albrecht kommen im Jahre 1256 beide Brüder[750] und im Jahre 1267 nur einer der beiden[751] auch als herzogliche Ratgeber[752] vor. Auch von den Edelherren Burchard II. und Luthard VI. von Meinersen hatte sich ein Lehnsregister erhalten, das ebenso wie das ihres Großvaters nur Aktivlehen verzeichnete.[753] Es ist von dem Herausgeber des Urkundenbuches der Herzöge von Braunschweig-Lüneburg aufgrund einer einzigen Urkunde um das Jahr 1274 eingeordnet worden.[754] Mit Sicherheit ist das Lehnsverzeichnis vor dem Jahr 1278 angefertigt worden, da darin der Truchseß Anno noch erwähnt wird,[755] dürfte aber eher in die sechziger Jahre des 13. Jahrhunderts zu setzen sein, da der Marschall Johannes von Lutter[756] und Dietrich von Mahner[757] gleichzeitig darin genannt werden.[758]

Die Edelherren von Meinersen besaßen als Anhänger, Vasallen und Berater eine wichtige Bedeutung für die welfischen Fürsten. Durch die welfentreuen Edelherren von Meinersen konnten die welfischen Herzöge über viele Jahrzehnte hinweg außerdem den Einfluß in "einer wichtigen Lücke in ihrem Territorium"[759] bewahren und ausbauen. Denn eingebettet zwischen dem großen welfischen Territorium um Lüneburg und Celle bis an die Aller sowie dem welfischen Territorium um Braunschweig lag die Herrschaft Meinersen.[760] Wie genau diese Herrschaft dem welfischen Territorium eingefügt und wann etwa die Burg Meinersen den Edelherren von Meinersen verloren ging, konnte bis dato nicht ausreichend geklärt werden,[761] läßt sich aber durch eine Aneinanderfügung von Quellenbelegen erschließen.

Im Jahre 1277 war die Burg Meinersen nachweislich noch im Besitz der Edelherren von Meinersen, da eine Urkunde Luthard VI. von Meinersen dort ausgestellt wurde.[762] Schon wenige Jahre nach seinem Regierungsantritt als Sohn

---

749 Auch hier sollen beispielhaft nur die Nachweise seit der Regierungsübernahme Herzog Albrechts bis zum Jahr 1260 gegeben werden: 1253 Oktober 23, Druck: Asseburger UB 1, Nr. 277. 1253, Orig.: StA WF 24 Urk 110; Druck: Urk. v. Saldern, Nr. 79. 1256 Juni 23, Druck: Calenberger UB 3, Nr. 187. 1157 Mai 21, Druck: Calenberger UB 3, Nr. 190. 1258 Mai 26, Druck: UB Herzöge Br.-Lb. 1, Nr. 48. 1159 August 26, Orig.: StA WF 23 Urk 54; Druck: Leuckfeld Antiq. Michelstein, S. 44.

750 1256 Januar 6, Druck: O.G. IV., S. 489; UB Hannover, S. 19; UB Br. 2, S. 72.

751 1267 August 11, Orig.: HStA Han zerstört; Druck: UB Eichsfeld 1, Nr. 477.

752 Siehe dazu auch Mertens, Diss., S. 75f. Mertens, NdsJB Landesgesch., S. 120f. Sowohl in der maschinengeschriebenen Dissertation als auch in dem gedruckten Auszug wird Ludolf von Wenden doppelt genannt. Gemeint jedoch ist einmal Luthard von Meinersen und einmal Ludolf von Wenden. Zur Interpretation eines "noch locker gefügten Ratskollegiums" bei Mertens siehe die zutreffenden Bemerkungen bei Weinmann, S. 228 mit Anm. 165.

753 Orig.: HStA Han zerstört; Druck: UB Herzöge Br.-Lb. 1, Nr. 79.

754 UB Herzöge Br.-Lb. 1, S. 50, Anm. *.

755 UB Herzöge Br.-Lb. 1, Nr. 79, S. 51, Z.16. Zu den Lebensdaten des Truchsessen Anno siehe das Kap. II. 1.1.19.

756 UB Herzöge Br.-Lb. 1, Nr. 79, S. 51, Z. 25. Johannes von Lutter hielt das Marschallsamt nachweisbar von 1263 bis 1264 inne. Siehe dazu im Kap. II. 1.2.17.

757 UB Herzöge Br.-Lb. 1, Nr. 79, S. 51, Z. 43f. Dietrich I. von Mahner läßt sich von 1240 bis 1267 nachweisen. Siehe Bode, Uradel, Stammtafel zwischen S. 184 und S. 185.

758 Die Datierung wurde dagegen von Deich, S. 56 ohne ausreichende Prüfung zur Grundlage genommen. Dementsprechend sind dessen Folgerungen daraus zu beurteilen.

759 Zillmann, S. 99.

760 Zum ungefähren Umfang der Herrschaft Meinersen Zillmann, S. 105f.

761 Zur ganzen Problematik Zillmann, S. 103ff. mit den Datierungsvorschlägen auf S. 105, Anm. 893 und Anm. 894. Vgl. auch Hodenberger UB, 1, S. 128f.

762 Orig.: LHA Magdeburg Rep. U 9 A IX Nr. 62 (mit Siegel); Druck: Erath Cod. dipl. Quedlinburg,

Herzog Johanns von Braunschweig-Lüneburg,[763] im Jahre 1281, sicherte Herzog Otto der Strenge von Lüneburg dem Johann von Vahlberg den ungestörten Besitz von Pfandgütern der Herren von Meinersen zu, *quam diu nos cum antedicto domino de Meynersem guerram habere.*[764] Sehr wahrscheinlich dürfte der Ausbruch einer offenen Fehde zwischen dem Lüneburger Fürsten und den Edelherren von Meinersen erst durch den Tod Herzog Albrechts des Großen am 15. August 1279[765] möglich geworden sein, der in einem guten Einvernehmen mit denen von Meinersen stand. Vor einer Vereinnahmung durch das Lüneburger Fürstentum haben sich die Edelherren von Meinersen offenbar durch eine engere Bindung an die Braunschweiger Fürsten zu bewahren versucht. So bestätigten im Jahre 1286 die Brüder Burchard und Luthard von Meinersen in Gegenwart Herzog Heinrichs des Wunderlichen den Verkauf der im Jahre 1281 erwähnten Güter, die sie an das Kloster Riddagshausen übergeben hatten,[766] und noch im Jahre 1290 testierten Burchard II. und Luthard VI. von Meinersen in einer gemeinsamen Urkunde der Herzöge Heinrich des Wunderlichen, Albrecht des Fetten und Wilhelm für das Stift St. Blasius in Braunschweig.[767] Bald darauf brach die Harlyburger Fehde zwischen Herzog Heinrich dem Wunderlichen und einer übermächtigen Koalition, die unter anderem auch dessen Brüder und Herzog Otto den Strengen verband, aus.[768] Sehr wahrscheinlich standen Angehörige der Edelherren von Meinersen während dieser Fehde auf Seiten Herzog Heinrichs des Wunderlichen. Denn als einziger Edelherr testierte Burchard II. von Meinersen als erster der *nostri milites* in einer Urkunde Herzog Heinrichs im Jahre 1292,[769] während dessen Vetter Luthard V. von Meinersen im selben Jahr eine Urkunde Herzog Albrechts des Fetten[770] bezeugte. Die Brüder Burchard II. und Luthard VI. von Meinersen waren dann noch einmal im Jahre 1294 Zeugen bei der Bestätigung eines zwischen Herzog Heinrich dem Wunderlichen und dem Kloster Stederburg schon 1282 stattgefundenen Gütertausches durch Herzog

---

Nr. 274.

763 Herzog Johann verstarb am 16. Dezember 1277 (nach Memorien St. Blasius 3, S. 63). Das Todesjahr haben auch die Annales S. Blasii, S. 824. Zimmermann, Stammtafel führt dagegen den 13. Dezember 1277 auf.

764 1281 Juli 10, *(...), quam diu nos cum antedicto domino de Meynersem gverram habere contigerit (...)*, Orig.: StA WF 24 Urk 206; Druck: UB Br. 4, S. 424f.

765 Das Jahr mit dem Todestag haben die Memorien St. Blasius 3, S. 41. Den Todestag hat das Nekrologium des Klosters Dorstadt (Nekrologium Dorstadt, S. 402), während das Nekrologium des Klosters Loccum den 14. August nennt (Totenbuch, Loccum, S. 244). Das Todesjahr Annales S. Blasii, S. 824. Vgl. auch Zimmermann, Stammtafel.

766 1286 Januar 15 und 17, Orig.: StA WF 24 Urk 244 und 245; Regest: UB Br. 4, S. 429f.

767 1290 November 11, Orig.: StA WF 7 Urk 99; Druck: Asseburger UB 1, Nr. 452; UB Br. 2, S. 172.

768 †Harlyburg, nördlich Vienenburg, Kreis Goslar. Hier und im folgenden wird dementsprechend die bisher meist in der Literatur gebrauchte Bezeichnung der Burg "auf dem Harlingeberg" oder "Harlyberg" ersetzt. Zur Harlyburger Fehde und den Beteiligten Lüders. Zillmann, S. 73f. Zur Harlyburger Fehde Herzog Heinrichs des Wunderlichen ist ein Lobgedicht auf den Herzog geschrieben worden (Heinrich Rosla). Siehe auch die Anmerkungen dazu in (Meibom) Rer. German. III. 1, S. 784-806 sowie Lüders, passim. Bei Meibom kommt auch zuerst der Beiname *mirabilis* für Herzog Heinrich vor. Vgl. zu der Problematik und der Bedeutung dieses Beinamens ausführlich Zimmermann, Grubenhagen, S. 2f. Anm. 1. Dagegen, ohne rechte Begründung, Krusch, S. 162.

769 1292 März 30, Druck: UB Hameln 1, Nr. 105.

770 1292 November 12, Orig.: StA WF 7 Urk 106; Druck: Br. Anzeigen 1750, S. 1836; Asseburger UB 1, Nr. 463.

Albrecht den Fetten,[771] und Burchard II. von Meinersen testierte außerdem noch in weiteren Urkunden dieses welfischen Fürsten.[772]

In einer abschriftlich erhaltenen Urkunde Herzog Ottos des Strengen für die Grotesche Kolonie in Lauenbruch bei Harburg testierten im Jahre 1296 Grafen (!) von Meinersen.[773] Neben den für diese Zeit überaus ungewöhnlich ausführlichen Bestimmungen im Urkundentext spricht diese Bezeichnung dafür, daß es sich bei dem Stück um eine Fälschung handeln dürfte. Das Verhältnis Herzog Ottos des Strengen gegenüber den Brüdern Burchard II. und Luthard VI. war außerdem auch zu dieser Zeit von offener Feindschaft geprägt gewesen. So bestätigte Herzog Otto der Strenge den schon im Jahre 1286 von den Brüdern von Meinersen in Gegenwart Herzog Heinrichs des Wunderlichen getätigten Verkauf von Gütern an das Kloster Riddagshausen[774] erst im Jahre 1297.[775] Dabei bezeichnete er die Brüder Burchard und Luthard von Meinersen ausdrücklich als *inimici nostri*.[776] Im Jahre 1300 bekundeten die Brüder Burchard II. und Luthard VI. gemeinsam mit ihrem Vetter Luthard V. von Meinersen die Übernahme der Burg Lutter von den Edelherren von Dorstadt, gewährten Bischof Siegfried von Hildesheim sowohl das Öffnungs- als auch das Vorkaufsrecht, traten mit der Burg in ein Dienstverhältnis zum Hochstift Hildesheim und versprachen dem Bischof Lehnsanwartschaft.[777] Dennoch hat der Besitz der Burg Lutter durch die Edelherren von Meinersen offensichtlich nicht den Interessen des Bischofs von Hildesheim, sondern vielmehr denjenigen des mit den von Meinersen schon lange vorher verbundenen Herzogs Heinrich des Wunderlichen gedient.[778] Die Ursache dafür wird in dem zwischenzeitlichen Verlust der Herrschaft Meinersen und des Stammsitzes der Edelherren von Meinersen, der Burg Meinersen, an Herzog Otto den Strengen von Braunschweig-Lüneburg zu suchen sein. Denn schon im Jahre 1301 testierte ein *Johannes plebanus in Meynersem* in einer Urkunde Balduins von Wenden, des ältesten Sohns Heinrichs II. von Wenden.[779] Derselbe Balduin von Wenden wird dann erstmals im Jahre 1316 in der Burg Meinersen

---

771 1294 Oktober 27, Druck: Scheidt Cod. dipl., Vorrede S. XL; Asseburger UB 1, Nr. 477.

772 1294 November 20.; Druck: Pistorius VIII., S. 2358; UB Br. 2, S. 192. 1296 Oktober 27, Druck: UB Göttingen, Nr. 43. 1296 Oktober 27, Regest: Reg. v. Campe 1, Nr. 530.

773 Abschrift XIV. HStA Han Celle Or. 9 Schr. 9 Caps. 42 Nr. 1; Druck: UB Herzöge Br.-Lb. 1, Nr. 142.

774 1286 Januar 15. und 17, Orig.: StA WF 24 Urk 244 und 245; Regest: UB Br. 4, S. 429f.

775 1297 August 1, Es bezeugten *Thidericus de Alten, Johannes de Escherde, Hinricus de Dannenberghe, milites; Johannes de Medinghe, Albertus Bokmaste, datum et actum apud Tsellis*, Orig.: StA WF 24 Urk 329, ungedruckt.

776 Die gleiche Beobachtung ohne Quellenangabe in der Stammtafel der Edelherren von Meinersen bei Meibom, Chron., S. 52.

777 1300 Mai 10, Orig.: HStAHan Celle Or. 9 Schr. X Caps. 4 Nr. 1; Druck: UB Herzöge Br.-Lb. 1, Nr. 159; UB Hochstift Hildesheim 3, Nr. 1265.

778 Siehe dazu Hellfaier, v. Oberg, S. 73ff. Vgl. auch Petke, Wöltingerode, S. 465. Bezeichnenderweise hat sich diese Urkunde im Bestand "Einheimische Sachen" des HStA Hannover erhalten. Die Annahme bei Zillmann, S. 104, daß die Edelherren von Meinersen dabei "meinten (...), (...) ihren Besitz noch länger (...). als unter den Herzögen" halten zu können, geht fehl. Zillmann, S. 95f. gibt die Geschichte der Burg Lutter zwar richtig wieder, übersieht aber die tatsächliche politische Konstellation. Die neue Verortung der von Meinersen in den Braunschweig-Grubenhagenschen Raum drückt sich u.a. auch in der Stiftung von Seelenmessen durch Burchard von Meinersen im Stift St. Alexander in Einbeck aus, Orig. Dipl. App. Göttingen Urkunde Nr. 153 zu 1322 Januar 16, Druck: Bilderbeck 1, Nr. 37.

779 1301 April 28, Orig.: StA WF 24 Urk 348; Regest mit unvollständiger Zeugenreihe: UB Br. 2, S. 245.

nachweisbar[780] und dürfte dementsprechend auch Inhaber des Burglehens gewesen sein. Er starb wahrscheinlich kinderlos, aber seine Burgmannenposition wurde durch seinen Bruder Georg[781] übernommen. Georgs Kinder, Johann und Wilhelm von Wenden,[782] sowie ihre Nachkommen[783] sind später noch als Burgmannen auf Meinersen belegbar.

Erst viel später tauchte infolge der Verfügungen des letzten Angehörigen der Edelherren von Meinersen, Bernhard II., Domherr im Magdeburg und Hildesheim, eine angebliche Lehnsherrlichkeit der Bischöfe von Hildesheim über alle von Meinersenschen Güter, auch der Burg und der Herrschaft Meinersen, auf.[784] Offensichtlich sollte damit der rechtliche Anspruch der Edelherren von Meinersen nach dem Tod der letzten weltlichen Angehörigen der Familie[785] auf das Hochstift Hildesheim übergehen, das aber die tatsächliche Situation nicht revidieren konnte.[786] In Folge dessen blieben die Edelherren von Meinersen seit dem Verlust ihrer Herrschaft über und um die Burg Meinersen in ihrem Wirkungskreis bis zu ihrem Aussterben im Jahre 1367[787] im wesentlichen auf ihre Eigen- und Lehngüter im nordwestlichen Harzvorraum beschränkt. Die Reste ihrer zwischen Meinersen und Braunschweig gelegenen Eigengüter, namentlich Neubrück und Schwülper, verkauften sie nach und nach den welfischen Herzögen von Lüneburg,[788] die mit den ehemals von Meinersenschen Burgen Müden/Dieckhorst, Neubrück und Schwülper ihre Ministerialen von Mahrenholz belehnten[789].

Möglicherweise verloren die Edelherren von Meinersen ihre Stammburg im Verlauf der Harlyburger Fehde, durch deren für Herzog Heinrich ungünstigen Ausgang auch die Grafen von Wohldenberg ihrer Burg Werder an den Bischof von

---

780 1316 August 1, *Baldewinus miles de Wenden morans in meynersen* beendet den Streit zwischen ihm und dem Kloster Riddagshausen um die Grenze der Feldmarken zwischen *deserta* †Thiede (bei Neubrück, Kreis Gifhorn, vgl. Kleinau, GOV, Nr. 2044) und der Curie Harvesse (Kreis Peine, vgl. Kleinau, GOV, Nr. 817) sowie in den Holzungen "dat meyne Holt" genannt und oberhalb des Flusses "Ersenam" (Erse). Anwesend die Äbte von Riddagshausen, von Wienhausen, "dilectus patruus noster Henricus de Wenden", Johannes von Hondelage, Bertold von Veltheim, die Pfarrer von Didderse und †Wirethe (vgl. Oberbeck, S. 103f. und 161). Orig.: StAWF 24 Urk 523 (mit fünf Siegeln, dasjenige v. Veltheim fehlt), ungedruckt. Ein weiterer Nachweis findet sich in einer Urkunde Ludolf Slengerdus' von 1328 November 5, Orig.: StA WF 24 Urk 601, ungedruckt.

781 1330 September 8, *datum Meynessen*, Der Knappe Georg von Wenden an den Knappen Konrad von Mahrenholz, Kop.: StA WF 264 N III 7 Bl. 1, ungedruckt.

782 1338 Januar 7, Druck: UB Herzöge Br.-Lb. 1, Nr. 621.

783 1342 März 31-April 6, Druck: UB Herzöge Br.-Lb. 2, Nr. 8.

784 1352 November 11, Druck: UB Herzöge Br.-Lb. 2, Nr. 449.

785 Burchard III. †1347; Luthard VIII. †1351 (Bode, Uradel, Stammtafel zwischen S. 184 und S. 185).

786 Vgl. dazu auch Zillmann, S. 105.

787 Kunstdenkmale Gifhorn, S. 215.

788 1338 Dezember 7, Orig.: HStA Han Celle Or. 9 Schr. X Caps. 7 Nr. 19; Druck: UB Herzöge Br.-Lb. 1, Nr. 634. 1339 Juli 8, Orig.: HStA Han Celle Or. 9 Schr. X Caps. 36 Nr. 2; Druck: UB Herzöge Br.-Lb. 1, Nr. 638. Vgl. dazu auch Hodenberger UB, S. 127.

789 1340 Juli 25, Orig.: HStA Han Celle Or. 9 Schr. X Caps. 36 Nr. 3; Druck: UB Herzöge Br.-Lb. 1, Nr. 675. 1342 Februar 23, Orig.: HStA Han Celle Or. 9 Schr. X Caps. 36 Nr. 4; Druck: UB Herzöge Br.-Lb. 2, Nr. 5. Vgl. dazu auch Brandt passim. Der Herkunftsname bezieht sich auf Mahrenholz, Gemeinde Groß Oesingen, Kreis Gifhorn. Vgl. dazu den erhaltenen Urkundenbestand (StA WF 80 Urk) sowie die erhaltenen Kopialbücher der Herren von Marenholtz (StA WF 264 N III 7 [ab 1330] und StA WF 264 N III 9 [ab 1349]). Zu den von Mahrenholz hat Graf Albrecht von der Schulenburg in den Jahren 1897 bis 1899 drei Regestenbänden handschriftlich erstellt (StA WF 264 N II 53n). Ein Regesten- und Urkundenwerk zu ihnen befindet sich durch Hans Mahrenholtz, Hannover, in Vorbereitung.

Hildesheim verlustig gegangen waren.[790] Die oben angeführten Quellen machen es aber eher wahrscheinlich, daß der Verlust der Burg Meinersen zwischen dem Jahr 1297, als Herzog Otto der Strenge die Brüder von Meinersen noch als seine Feinde bezeichnete, und dem Jahr 1300, als die Brüder von Meinersen die Burg Lutter in Besitz nahmen, zu setzen ist. Es dürfte hier ein direkter Zusammenhang zwischen der Okkupation des Gebietes um Brome, Vorsfelde, Stellfelde und dem Hasenwinkel durch Herzog Otto den Strengen und den Markgrafen Otto von Brandenburg bestehen. Herzog Heinrich der Wunderliche verlor dieses Gebiet vor dem Jahr 1300 infolge einer Fehde mit Herzog Otto dem Strengen, dem Erzbischof von Magdeburg, dem Bischof von Halberstadt und den Markgrafen von Brandenburg.[791] Hier wie in der Herrschaft Meinersen und den dazu gehörenden Burgen wurden die gleichen Ministerialengeschlechter, die Herren von Wenden und die Herren von Mahrenholz, durch Herzog Otto den Strengen eingesetzt.[792] Zur gleichen Zeit wurden auch die Ministerialen von Bartensleben von den Markgrafen von Brandenburg mit der Wahrung ihrer Interessen in diesem Raum beauftragt.[793]

In den Lüneburger Lehnregistern, die während der gemeinschaftlichen Regierungszeit der Herzöge Otto und Wilhelm von Lüneburg[794] und der alleinigen Regierungszeit Herzog Wilhelms[795] entstanden sind, kommen die Edelherren von Meinersen nicht mehr als Vasallen vor. Es wird jedoch noch in drei Fällen notiert, daß die Lehnsobjekte vorher durch die von Meinersen verlehnt worden seien.[796] Ganz

---

790 Petke, Wöltingerode, S. 462f.

791 Siehe Zillmann, S. 312f.

792 So lassen sich die Brüder und Ritter Heinrich und Balduin von (Dahlum-) Wenden sowie der Ritter Johannes von Mahrenholz in der Urkunde der Brüder von Bartensleben für die Parochie Hehlingen von 1302 Juni 17, Druck: Urk. Fallersleben, S. 29ff.; Riedel, Cod. dipl., A 17, S. 231, nachweisen. Dieselbe Kombination der drei ursprünglich ministerialischen Familien hat auch die Zeugenreihe einer Urkunde Burchards von Mahrenholz von 1303 August 10, Druck: Urk. Fallersleben, S. 50f. Ein Zweig der Familie von Mahrenholz ist seitdem in diesem Raum nachzuweisen, so in Hattorf und Nordsteimke, beide Stadt Wolfsburg, sowie in Bahrdorf, Kreis Helmstedt. Vgl. dazu bei v. d. Schulenburg, passim. Zum Verwandtschaftsverhältnis der Brüder von Wenden mit den von Bartensleben siehe im Kap. I. 2.4.1.

793 Der Bau der Wolfsburg, die erstmals 1302 Juni 17, Druck: Urk. Fallersleben, S. 29ff.; Riedel, Cod. dipl., A 17 S. 231, erwähnt wird (Vgl. dazu Naß, Königslutter, S. 125ff.), dürfte ursprünglich gemeinsam durch die Verbündeten entgegen die von Herzog Heinrich den Wunderlichen gehaltene Burg Vorsfelde vorgenommen worden sein. Vielleicht hat der Name Wolfsburg etwas mit dem Ort *in pratis prope vadum lupi* zu tun, an dem sich zu 1219 September 11 Pfalzgraf Heinrich und der Erzbischof Albrecht von Magdeburg zu Verhandlungen trafen (Orig.: 1830 zerstört [StA WF 36 Alt 385]; Druck: O.G. III., S. 666f. Vgl. dazu v. Heinemann, S. 175ff.). Erst nach der Auseinandersetzung der okkupierten Güter 1309, Druck: UB Herzöge Br.-Lb. 1, Nr. 209 und Nr. 210, und den damit verbundenen neuen Grenzfestsetzungen gewann die Wolfsburg, auf denen offenbar die Herren von Bartensleben jetzt alleine saßen, eine neue strategische Bedeutung. Daß auch Herzog Otto der Strenge an der Wolfsburg partiziperte, geht aus folgenden Urkunden eindeutig hervor: Orig.: HStA Han Celle Or. 9 Schr. VII Caps. 15 Nr. 1; Druck: UB Herzöge Br.-Lb.1, Nr. 392. Orig.: HStA Han Celle Or. 9 Schr. VII Caps. 15 Nr. 2; Druck: UB Herzöge Br.-Lb. 2, Nr. 60. Orig.: HStA Han Celle Or. 9 Schr. VII Caps. 15 Nr. 3; Druck: UB Herzöge Br.-Lb. 2, Nr. 115. Zu den Herren von Bartensleben befindet sich durch Peter Steckhan, Braunschweig, eine Arbeit in Vorbereitung.

794 Lüneburger Lehnregister, Nr. 1-310 (1330-1352).

795 Lüneburger Lehnregister, Nr. 311-540 und Nr. 542-725 (1360). Zur Datierung der Stücke siehe dort S. 7f.

796 Lüneburger Lehnregister, Nr. 422 an Karsten von Langelegen; Nr. 428 "van der herscup to meynersen" an Johannes von Gerstenbüttel; Nr. 463 an Lippold Spange. Ähnliche Formulierungen begegnen einem sogar noch im Lehnregister Herzog Friedrichs von Lüneburg, (1383-1385), Druck: UB Herzöge Br.-Lb. 6, Nr. 61.

anders sieht dagegen das Verhältnis der Edelherren von Meinersen zu den Braunschweiger Herzögen aus. So wurde Burchard II. von Meinersen von Herzog Otto dem Milden im Jahre 1315 noch vor seiner Regierungsübernahme als Ratgeber hinsichtlich strittiger Güter mit dem Kloster Bursfelde bestellt.[797] Die Edelherren von Meinersen blieben Vasallen der Braunschweiger Herzöge, dementsprechend sie noch im Lehnregister der Herzöge Magnus und Ernst vorkommen.[798]

Die Edelherren von Meinersen, seit der Zeit Heinrichs des Löwen treue Anhänger der Welfen, versuchten, ihre Herrschaft vor einer Übernahme in die entstehenden welfischen Landesherrschaften zu bewahren. Ähnlich wie die Grafen von Wohldenberg konnten aber auch die Edelherren von Meinersen letztendlich dem politischen und militärischen Druck der sie umgebenden und untereinander konkurrierenden entstehenden Landesherrschaften nicht standhalten.[799] Zwar läßt sich eine soziale Angleichung von Spitzenleuten der welfischen Ministerialität und der Edelherren von Meinersen anhand gleichgearteter Tätigkeiten als Ratgeber der welfischen Fürsten sowie mittels Eheverbindungen nachweisen, doch von einem Hineinwachsen der Edelherren von Meinersen in einen, idealtypisch die beiden Gruppen verbindenden niederen Adel kann keinesfalls gesprochen werden. Dieser entwickelte sich hinsichtlich der höheren edelfreien Geschlechter offensichtlich nicht freiwillig, sondern durch den Zwang der entstehenden Landesherrschaften.[800]

2.4.3 Die (Edel-) Herren von Gerstenbüttel

Für eine gesellschaftliche Verschmelzung ursprünglich edelfreier Familien mit Familien ministerialischer Herkunft gibt es für den Bereich des Herzogtums Braunschweig-Lüneburg außerordentlich wenige Beispiele.[801] Eines davon soll hier dargestellt werden, weil eine ursprünglich edelfreie Familie zu Beginn des 14. Jahrhunderts als Inhaber eines Hofamtes erscheint. Es handelt sich um die Herren von Gerstenbüttel,[802] deren erste Erwähnung mit Herkunftsnamen für das Jahr 1218 in einer Urkunde Pfalzgraf Heinrichs festzuhalten ist, worin *ille de Garsenebutle* als

---

797 1315 August 22, Orig.: HStA Han Cal. Or. 100 Bursfelde Nr. 46 (mit Siegel), Otto, Sohn Herzog Albrechts von Braunschweig, bekundet, daß sich seine Klage gegenüber dem Kloster Bursfelde über strittige Güter durch Verlesen von Urkunden und Übersetzung derselben in die Muttersprache vor ihm und seinen Räten, den Rittern Burchard von Meinersen, Edelherrn, Heidenreich genannt Struz und Dietrich von Grone, zugunsten des Klosters geklärt habe. Zeugen: *Borchardus de Meynersum nobilis, Heydericus dictus Struz et Thidericus de Grona, milites, nostri consiliarii prenotati, Gunzelinus de Grona miles, Arnoldus de Rostesberch, Dhetmarus de Stochhusen et Hermannus frater suus, famuli, et alii* ....; ungedruckt.

798 (1344-1365), Druck: UB Herzöge Br.-Lb. 2, Nr. 79.

799 Vgl. dazu Petke, Wöltingerode, S. 484f. und passim.

800 Vgl. dazu Lubenow, S. 518. Zillmann, S. 325.

801 Die in diesem Zusammenhang insb. zu nennenden ursprünglich edelfreien Herren sind im südlichen Herrschaftsgebiet der Welfen die Herren von Bovenden (zu ihnen UB Boventen und demnächst Dolle), von Oldershausen (zu ihnen Upmeyer), von Plesse (zu ihnen Last, Plesse) und von Rosdorf (zu ihnen Wolf, v. Rosdorf), sowie im Lüneburger Raum die Herren von Bollensen (zu ihnen Vogtherr, S. 44ff.).

802 Der Herkunftsname bezieht sich auf Gerstenbüttel, Gemeinde Müden, Kreis Gifhorn. Zu ihnen siehe zunächst, weil fehlerhaft, v. Oeynhausen, Gerstenbüttel. In den Urkunden und in der meisten Literatur wird fast ausschließlich die niederdeutsche Namensform Garßenbüttel benutzt. Zur heutigen Ortschaft vgl. Der Landkreis Gifhorn 2, T. 2. Die folgenden genealogischen Zuordnungen werden anhand der durch den Verfasser erstellten Stammtafel der Herren von Gerstenbüttel gemacht, die in einer gesonderten Studie veröffentlicht werden soll.

letzte unter den Edelfreien vor den Ministerialen testierten.[803] Auch in der Mitte und der zweiten Hälfte des 13. Jahrhunderts sind die Herren von Gerstenbüttel als edelfreies Geschlecht nachweisbar.[804]
So bezeichnete sich Ludeger I. von Gerstenbüttel im Jahre 1255 in einer eigenen Urkunde für das Kloster Riddagshausen als *nobiles senior*,[805] und über den gleichen Inhalt urkundeten seine Neffen Wedekind, Ludeger und Heinrich als *nobiles fratres de Garsnebutle*.[806] Die Brüder Ludeger und Wedekind von Gerstenbüttel wurden im Jahre 1258 in einer Urkunde des Bischofs Johann von Hildesheim für das Stift St. Blasius in Braunschweig als *nobiles viri* bezeichnet.[807] In einer eigenen Urkunde für das Kloster Walsrode im Jahre 1269 führten die Brüder Wedekind und Ludeger nebst ihrem Vetter Johannes die Intitulatio *Dei gratia nobiles dicti de Ghersnebutle*.[808] Allerdings kommen die von Gerstenbüttel mit Herkunftsnamen im dritten Exemplar des Lehnregister des Edelherrn Luthard II. von Meinersen vor[809] und hätten somit - der Heerschildordnung widersprechend - Lehen von einem Standesgenossen empfangen. Dieses dritte Exemplar des Lehnregisters stammte nach dem Editor aus der ersten Hälfte des 14. Jahrhunderts[810] und ist gemäß der Notiz auf der Außenseite des Pergaments eindeutig den Verfügungen des letzten Edelherren von Meinersen, Bernhard, Domkanoniker zu Magdeburg und Hildesheim, zuzuordnen.[811] Das Nichtvorhandensein der Herkunftsnamen in den anderen beiden Exemplaren des Lehnregister des Edelherrn Luthard II. von Meinersen, die im 13. Jahrhundert geschrieben worden sind, sowie die Tatsache, daß die Reihenfolge der Taufnamensträger nicht dem sonst üblichen Gebrauch entspricht, macht es eher unwahrscheinlich, daß es sich tatsächlich um Angehörige der Edelfreien von Gerstenbüttel handelte.

Die Mitteilung von einem Stammvater der Edelherren von Gerstenbüttel mit dem Taufnamen Wedekind, welcher als Anhänger Kaiser Ottos IV. denselben auf dessen Romfahrt begleitet haben soll,[812] gehört in den Bereich der Legende. Ein Wedekind findet sich in der Umgebung und in den Urkunden des Kaisers nicht.[813] Auch die

---

803 Orig.: verloren; Druck: Leyser II., S. 30; Regest: Hodenberger UB, S. 33; Reg. v. Campe 1, Nr. 151.

804 Vgl. zur Edelfreiheit der von Gerstenbüttel auch, allerdings ohne Nachweise, Marenholtz, Herrenstand, S. 6.

805 Orig.: StA WF 24 Urk 124 (mit dem nach oben abgerundeten Schildsiegel Ludegers, Umschrift [+L]VDIG[ER] DE GERS[NEBVTLE], Bild: Adler), ungedruckt. Nach Meibom, Chron., S. 44f. ist Ludeger I. im Kloster Riddagshausen 1260 beigesetzt worden.

806 Orig.: StA WF 24 Urk 123 (das angekündigte Siegel Ludegers fehlt heute); Regest: Urk. v. Saldern 1, Nr. 82.

807 1258 Juni 5, Orig.: StA WF 7 Urk 44 (mit den Siegeln des Bischofs und des Kapitels); unvollständiger Regest mit Zeugenreihe: UB Hochstift Hildesheim 2, Nr. 1068.

808 1269 Dezember 2, Druck: Lüneburger UB 15, Nr. 64, S. 58f. Hodenberger UB, 1, Nr. 77.

809 UB Herzöge Br.-Lb. 1, Nr. 10, S. 9, Z. 28f. in Verbindung mit Anm. 174.

810 UB Herzöge Br.-Lb. 1, S. 7, Anm. *.

811 Siehe dazu im vorhergehenden Kap. I. 2.4.2.

812 Zuerst bei Meibom, Chron., S. 44ff. Die Nachricht übernehmen widerspruchslos, aber mit Angabe Meiboms: Harenberg, S. 1417f., der die kurze Nachricht Meiboms noch weiter ausschmückt. Dürre StA WF 32 Slg 107, S. 217. Lüneburger UB 15, S. 59. v. Oeynhausen. Meiboms Nachricht setzt sich bis heute fort (vgl. den Artikel "Vom Meinerser Hochadel und den Landvasallen" in der Braunschweiger Zeitung vom 21. Mai 1988, S. 12).

813 Vgl. die Register und passim in folgenden Werken: Reg. imperii V.. Acta imperii inedita. Winkelmann, Philipp und Otto IV. Hucker, Otto IV., insb. S. 644ff. Immerhin bemerkenswert ist das erste urkundliche Auftreten derer von Gerstenbüttel als Zeugen in einer Urkunde Pfalzgraf

Berücksichtigung der Namensvererbung macht seine Existenz unwahrscheinlich. Denn im ersten Zweig der Familie findet sich der Name Wedekind nicht, und als Leitname der Familie käme nur der Taufname Ludeger in Frage.[814]

Obschon edelfreier Herkunft spielten die von Gerstenbüttel im 13. Jahrhundert keine bedeutende Rolle im welfisch-sächsischen Raum, kommen in der zweiten Hälfte des 13. Jahrhunderts in keiner einzigen herzoglichen Urkunde vor, und auch ihre Besitzungen werden sich im kleineren Rahmen gehalten haben. Diese Beobachtungen sind aber für kleine edelfreie Geschlechter dieses Raumes nicht untypisch. So befanden sich im Gefolge der welfischen Fürsten durchweg Angehörige bedeutender und begüteter Familien des Hochadels sowie führender Ministerialenfamilien. Höhere Bedeutung erlangten Angehörige der von Gerstenbüttel denn auch erst zu Beginn des 14. Jahrhunderts, als sie in die Dienste der welfischen Landesherrschaft traten.[815] Dementsprechend wurden sie nicht mehr als Edelherren bezeichnet und nannten sich auch in ihren eigenen Urkunden nicht mehr edelfrei.

Gestützt auf seine Herkunft als Sohn des Edelfreien Johannes I. von Gerstenbüttel und einer Schwester des Reichstruchsessen Gunzelin von Wolfenbüttel,[816] sowie der Eheverbindung zwischen seiner Schwester Margarethe und dem erstgeborenen Sohn des Truchsessen Jordan von Campen,[817] ist Ludeger IV. von Gerstenbüttel durch Herzog Otto den Milden gleich nach dessen Regierungsantritt im Amt des Truchsessen nachweisbar.[818] Er ist bis in das Jahr 1344 mit dem Titel eines Truchsessen belegbar.[819] Sein Sohn, Ludeger VI. von Gerstenbüttel,[820] führte nach dem Tod des Vaters um die Jahreswende 1344/45 ebenfalls den Truchsessentitel[821] und verstarb vor dem Jahr 1359[822]. Ludegers IV. Vetter zweiten Grades, Wedekind IV. von Gerstenbüttel, befand sich zunächst unter den stifthildesheimischen Rittern[823] und vertrat dann die Interessen Herzog Heinrichs des Wunderlichen im

---

Heinrichs kurz nach dem Tode Otto IV. und mit Bezug auf denselben.

814 Zählung im Ludeger-Zweig: Ludeger viermal, Johannes viermal, Georg dreimal, Rolf zweimal, übrige je einmal; im Wedekind-Zweig: Wedekind fünfmal, Ludeger viermal, übrige je einmal.

815 Der Eintritt in die welfische Ministerialität dürfte freiwillig und nicht aufgrund einer standesmindernden Eheverbindung erfolgt sein, da davon Angehörige beider Familienzweige betroffen waren.

816 (um 1283), Orig.: StA WF 31 Urk 35; Druck: Asseburger UB 1, Nr. 427.

817 1316 November 12, Orig.: StadtA Br. A III 1 Nr. 29; Druck: Reg. v. Campe 2, Nr. 596; UB Br. 2, S. 452f. Siehe dazu und dem folgenden ausführlich auch im Kap. II. 1.1.23.

818 1319 Oktober 31, *Ludegherus de Garsnebutle dapifer*, Druck: Rethmeier, Kirchenhist. 2, Beilage S. 131; UB Br. 2, S. 497ff. 1320 Dezember 13, Druck: UB Br. 2, S. 534f.1321 Februar 26, Druck: Asseburger UB 2, Nr. 837. 1321 August 1, Druck: Asseburger UB 2, Nr. 845. 1322 Januar 10, Druck: UB Br. 3, S. 31.

819 1321 Februar 27, Orig.: StadtA Br A III 1 Nr. 36; Druck: Asseburger UB 2, Nr. 838. 1322 Mai 7, Orig.: StA WF 7 Urk 216. 1344 Februar 10, Orig.: StA WF 24 Urk 671, ungedruckt. 1344 Mai 17, Druck: UB Br. 4, S. 142f.

820 Siehe zu ihm ebenfalls im Kap. II. 1.1.23.

821 Erstmals 1343 Oktober 28 als Knappe und Truchseß, Druck: UB Br. 4, S. 108f. Unter Herzog Magnus kommt er mit Titel 1345 Mai 25, Druck: UB Herzöge Br.-Lb. 2, S. 74; UB Br. 4, S. 185f., und dann noch einmal 1348 April 27, Druck: Scheidt, Mantissa, S. 291f., vor. Weinmann, S. 206 erkennt die Filiation und den stattgefundenen Generationswechsel nicht, obwohl der Truchseß Ludeger IV. mit dem Ritterprädikat, dessen Sohn aber stets nur als Knappe vorkommt.

822 1359 Februar 2, Orig.: StA WF 24 Urk 700; Regest: Reg. v. Campe 2, Nr. 693.

823 Beispielsweise 1308 Dezember 12, Druck: UB Hochstift Hildesheim 3, Nr. 1668; Urk. v. Saldern 1, Nr. 242.

Hildesheimischen[824]. Wenig später gehörte auch er zum Gefolge und dem engeren Personenkreis Herzog Ottos des Milden, wo er in den Zeugenreihen stets vor dem Truchsessen Ludeger IV. von Gerstenbüttel steht.[825]

In den folgenden Jahrzehnten findet man die Herren von Gerstenbüttel häufig als Bürgen und Treuhänder für die welfischen Herzöge sowie für Standesgenossen.[826] Wohnsitz des wichtigsten Zweiges der Herren von Gerstenbüttel war Essenrode.[827] Sie gehörten zu den angesehensten niederadligen Geschlechtern des Herzogtums Braunschweig-Lüneburg, besaßen im Kloster Riddagshausen eine Familiengrablege[828] und stifteten mehrere Memorien[829]. Hildebrand von Gerstenbüttel[830] war von 1543 bis 1544 Verweser des Domstifts Naumburg.[831] Mit Hartwig I. von Gerstenbüttel, der Söldnerführer in Dänemark, Ungarn und den Niederlanden, sowie sechs Jahre fürstlich lüneburgischer Drost in Nienburg und Hoya und zuletzt Hauptmann der Feste Gifhorn war, starb das Geschlecht am 2. August 1625 aus.[832] Während der größte Teil der Lehen an die Herren von Bülow überging,[833] wirkte die Stiftung Hartwigs I. von Gerstenbüttel für die Schule in Essenrode noch viele Jahre fort.[834]

---

824 Verpfändung der Burg Lutter von 1311 Dezember 12 durch Herzog Heinrich gemeinsam an Wedekind IV. und Johann von Oberg, Druck: UB Herzöge Br.-Lb. 1, Nr. 221 (vgl. hier auch Nr. 302); UB Hochstift Hildesheim 4, Nr. 91. Siehe dazu auch Hellfaier, v. Oberg, S. 72ff. Vom Siegel Wedekinds IV. von Gerstenbüttel hat sich zu 1316 November 3. eine Ausprägung erhalten an Orig.: StadtA Br. III 1: 27, Umschrift + S' WEDEKINDI DE GARSTLEBVTL, Bild: Adler.

825 Siehe hierzu beispielhaft die Verpflichtungsurkunde Herzog Ottos des Milden gegenüber den Klerikern, dem Rat und den Bürgern in Braunschweig wegen deren Einigung mit dem Predigerorden von 1319 Oktober 31: *Testes huius rei sunt illustris princeps dominus noster Otto dux in Brunswich, Hinricus de Wenden, Wedekindus de Garsnebutle, Ecbertus de Asseborch, Jordanus de Nendorpe pincerna, Ludegherus de Garsnebutle dapifer, Johannes de Ampleve, Ludolphus de Holleghe, milites.* Druck: UB Br. 2, S. 497ff.

826 Es ließen sich zum Beleg dutzende von Urkunden auflisten, von denen beispielhaft nur die von 1399 Dezember 15, Druck: Asseburger UB 2, Nr. 1453, und von 1400 Februar 3, Druck: UB Herzöge Br.-Lb. 9, Nr. 56, genannt werden sollen.

827 Heute Essenrode, Gemeinde Lehre, Kreis Helmstedt. Siehe dazu die Originalurkunden im HStA Han Celle Or. 101 Nr. 1ff. Vgl. auch Reg.-Urk. v. Campe 2, Nr. 718 [fehlerhaft].

828 Diese war nach dem notariellen Bericht über die Zerstörung des Klosters im Jahre 1606 noch vorhanden. Siehe dazu Langerfeld, Grabstätten, S. 1 und S. 4. Bau und Kunstdenkmale Br., S. 131 und 171.

829 1328, Rolf I. von Gerstenbüttel im Kloster Riddagshausen, Orig.: StA WF 24 Urk 603, ungedruckt (vgl. Klagen betreffs der Memorie, Orig.: StA WF 24 Urk 696 zu 1357). 1322, Wedekind IV. von Gerstenbüttel im Kloster Neuwerk, Erwähnung: StA WF A Hs 14, Bd. 1, S. 78. 1329, Wedekind IV. von Gerstenbüttel im Dom zu Hildesheim, Druck: UB Stadt Hi. 2, Nr. 808. 1345, Wedekind IV. von Gerstenbüttel im Kloster Heiningen, Druck: UB Br. 4, S. 181. 1456 Februar 22, Rolf von Gerstenbüttel im Kreuzkloster vor Braunschweig, Orig.: StA WF 26 Urk 294.

830 Hildebrand kommt noch 1536 Oktober 3, Orig.: StA WF 110 Urk 85, ungedruckt, nebst Hans VI. im Lehnrevers ihres ältesten Bruders Rolf VI. von Gerstenbüttel vor.

831 StA WF VII C Hs 92a.

832 Sämtliche Angaben sind dem Epitaph in der Kirche zu Essenrode, Gemeinde Lehre, Kreis Helmstedt, entnommen. Vgl. zu diesem Kunstwerk, das eine ganze Reihe von genealogischen Nachweisen durch Abbildungen von adligen Wappen enthält, Braunschweigische Anzeigen vom 18. Oktober 1893, Nr. 245, S. 2419. Meier, Epitaph. Kunstdenkmale Gifhorn, S. 57 mit Abb. 52 und 53.

833 1617-1633, Orig.: HStA Han Celle Or. 101 Nr. 19-25.

834 1656 April 20, Der Rat der Stadt Braunschweig verkauft der Schule in Essenrode für 100 Reichstaler, welche dieser von dem Edlen Hartwig von Gerstenbüttel vermacht worden waren und welche der Pastor von Essenrode, Eberhard Schrader, eingezahlt hat, eine jährliche Rente von 5 Reichstalern, Orig.: StA WF 139 Urk 205 (mit beschädigtem Stadtsiegel); ungedruckt. Schon allein aus diesem Grunde ist die Einschätzung für das Aussterben der Herren von Gerstenbüttel und

Im Gegensatz zu ihren bedeutenderen Standesgenossen, die als Grafen oder Edelherren mit reichem Allodial- und Lehnsbesitz ausgestattet waren, konnten sich kleinere, ursprünglich edelfreie Familien gegen die gesellschaftliche und politische Assimilierung unmöglich behaupten. Am Beispiel der Herren von Gerstenbüttel wird deutlich, daß und wie jene im Dienst für die entstehende Landesherrschaft zu einer erneuten Bedeutung erlangen konnten.

3 Ministerialen als welfische Vögte im 12. und 13. Jahrhundert

3.1 Das Vogtamt in Braunschweig

3.1.1 Katalog der welfischen Vögte in Braunschweig im 12. und 13. Jahrhundert

3.1.1.1 Ludolf I. von Dahlum, Ministeriale von Braunschweig 1143

Ludolf I. von Dahlum ist erstmals und dabei gleich mit Herkunftsnamen im Jahre 1129 in zwei Urkunden Lothars III. (von Süpplingenburg) belegbar.[835] In einer der beiden führte er als Ministeriale Lothars III. die Liste der ministerialischen Zeugen an.[836] Die frühesten Herkunftsnamen für Angehörige der Ministerialität im sächsischen Raum datieren aus der ersten Hälfte des 12. Jahrhunderts. Die von Dahlum gehörten zu diesen früh nachweisbaren Ministerialen, was mit einem gehobenen sozialen Ansehen durch eine wichtige Funktion zu erklären wäre.[837]

Die Familie der Ministerialen von Dahlum[838] muß von den ursprünglich edelfreien hildesheimischen Ministerialen von Königsdahlum[839] und den im Laufe des 13. Jahrhunderts auftretenden Ministerialen von Salzdahlum[840] unterschieden werden.[841]

---

anderer alter Adelsfamilien durch Meier S. 15, "alles abgewirthschaftete, der Völlerei des XVI. Jahrhunderts unterlegene Familien", die ganz im Sinne des aufstrebenen Bürgertums des 19. Jahrhunderts erfolgte, abzulehnen.

835 1129 Juni 13, MGH D Lothar III. Nr. 21. 1129 Juni 17, MGH Lothar III. Nr. 22. Zu ihm als Ministeriale Lothars III. siehe Vogt S. 80. Zu den beiden Urkunden des Jahres 1129, in denen Ludolf testiert, Petke, Lothar III., S. 149ff. Zu Ludolf I. von Dahlum: Lubenow, S. 169-171 (fehlerhaft). Ehlers, Riddagshausen S. 82ff. Hasse 1, S. 30ff., S. 46.

836 Allgemein zur Ministerialität Lothars III.: Vogt, S. 78-84. Wadle, S. 161ff.

837 Schulze, Adelsherrschaft und Landesherrschaft, S. 158f.

838 Zu den von Dahlum, die sich in einem Zweig seit dem Beginn des 13. Jahrhunderts auch nach Wenden benennen: Moll, S. 273-280 (fehlerhaft). Haendle, S. 14-18. Lubenow, S. 169-193 (fehlerhaft). Fenske, Geschlechter, S. 698ff. Schneidmüller, Kollegiatstifte, S. 266-284. Hasse. Die Herkunftsnamen beziehen sich auf (Groß) Dahlum, Kreis Wolfenbüttel und Wenden, Stadt Braunschweig.

839 Der Herkunftsname bezieht sich auf Königsdahlum, Gemeinde Bockenem, Kreis Hildesheim. Zu ihnen siehe Günther, S. 453ff. mit Stammtafel auf S. 459, und gründlicher, ebenfalls mit Stammtafel, Bode Uradel S. 96-127.

840 Der Herkunftsname bezieht sich auf Salzdahlum, Kreis Wolfenbüttel. Adrian von Salzdahlum mit seinen Söhnen Werner, Konemann und Rotbert war Ministeriale der Herzöge Heinrich, Albrecht und Wilhelm von Braunschweig, 1284 Mai 26, Orig.: StA WF 24 Urk 229, ungedruckt. Er war Lehnsmann Balduins von Dahlum 1286 August 28, Kop.: StA WF VII B Hs 355 Bl. 37; Druck:

Obwohl in den Urkunden der Herkunftsname aller drei *de Dalem* lautet, fällt eine Trennung dadurch nicht schwer, daß die drei Familien unterschiedliche Leitnamen aufweisen.[842] Für die spätere Zeit sind zur Unterscheidung auch die Siegel heranzuziehen.[843]

Die Ministerialen von Dahlum waren vielleicht aus der brunonischen Ministerialität in die des Süpplingenburgers gekommen.[844] Ludolf I. von Dahlum läßt sich in den Zeugenreihen weiterer Urkunden Lothars III. nachweisen. Er trat darin nur noch ein Mal mit Herkunftsnamen,[845] dann erstmals im Jahre 1134 mit dem Titel eines Vogtes verbunden[846] auf. Als *advocatus de Brunswic* wäre Ludolf gemeinsam mit seinen beiden Söhnen Balduin und Friedrich in einer Urkunde Lothars des Jahres 1130[847] belegbar, wenn nicht diese Urkunde eine Fälschung für das Kloster Drübeck wäre.[848]

Unter Heinrich dem Löwen ist Ludolf von Dahlum mit Herkunftsnamen nicht nachweisbar. Höchstwahrscheinlich wird der erstmals im Jahre 1143 auftretende Ludolf *ministeriale de Brunizwigk oder ... de Bruneswick* mit Ludolf I. von Dahlum zu identifizieren sein.[849] Mit Vogttitel verbunden testierte Ludolf bei Heinrich dem Löwen im Jahre 1144,[850] während ein weiteres Testat aufgrund des nicht seltenen Taufnamens Ludolf unsicher zugeordnet werden kann.[851] Ludolf I. von Dahlum stiftete in den Jahren um 1145 das Zisterzienserkloster Riddagshausen,[852] wurde allerdings in der herzoglichen Urkunde des Jahres 1146, die unter anderem dessen Güterübertragung an den Zisterzienserorden bestätigte, nur mit Taufnamen genannt.[853] Aus der Urkunde geht ferner hervor, daß Ludolfs mündiger Schwestersohn den Taufnamen Reinhold trug. Von diesem kaufte Ludolf von Dahlum zwei Hufen in Riddagshausen zum Zwecke der Klosterstiftung. Reinholds

---

UB Br. 4, S. 431. Aufschlußreich ferner: Orig.: StA WF 24 Urk 354 von 1302 Juli 25, ungedruckt. Orig.: StA WF 24 Urk 606 des Jahres 1316, ungedruckt. Weitere Nachweise zu der Familie von Salzdahlum im UB Br. Neuerdings werden wieder Angehörige der Familie von Salzdahlum fälschlich der Familie von Dahlum-Wenden zugerechnet: Lehnbücher Herzöge Braunschweig, S. 29, S. 32, S. 39, S. 55. Hucker, Otto IV., S. 421.

841 Die Trennung betont schon v. Praun, Br. Anzeigen 1750, S. 1585f. Gleichfalls: Günther, S. 453. Bode, Uradel, S. 98f. Moll, S. 274. Haendle, S. 17 und zuletzt Schneidmüller, Kollegiatstifte, S. 266. Die falsche Auffassung bei Wittich, S. 8 und S. 87 hat Bode, Uradel, S. 98f. gründlich widerlegt. Vgl. dazu auch Haendle, S. 17 und Lubenow, S. 190.

842 von (Vogts- oder Groß-) Dahlum: Ludolf, Balduin, Johannes. von Wenden: Heinrich, Ludolf, Balduin. von (Königs-) Dahlum: Rudolf, Engelbert, Lippold, Johannes. von (Salz-) Dahlum: Hermann, Friedrich, Florin.

843 Siehe dazu ausführlich im Kap. III. 1. 2.

844 Wadle S. 162. Zu den Brunonen und ihren verwandtschaftlichen Beziehungen siehe auch: Wenskus, S. 297, S. 379f., S. 993f. Schölkopf, S. 104ff. Böttger.

845 1131 Februar 7, *de Dalem*, MGH D Lothar III. Nr. 32 (verunechtet!).

846 1134 Januar 25, MGH D Lothar III. Nr. 59. 1136 (Ende Juni), MGH D Lothar III. Nr. 85. 1137 März 17, MGH D Lothar III. Nr. 114.

847 1130 November 13, MGH D Lothar III. Nr. 127.

848 MGH D Lothar III. Nr. 127. Zur Fälschung v. Reinöhl, S. 132ff. Zur möglichen Authenzität der Zeugenreihe: v. Reinöhl S. 137. Jordan, Städtepolitik S. 18. Auch Lubenow, S. 170, Anm. 3 hielt die Zeugenreihe für unverdächtig, während er noch auf S. 116, Anm. 1 mit Einschüben des Fälschers gerechnet hatte.

849 1143, Urk HdL Nr. 4. O. J. (1143-1144), Urk HdL Nr. 5.

850 1144 Juli 23, Orig.: HStA Han Cal. Or. 100 Bursfelde Nr. 6; Druck: Urk HdL Nr. 6.

851 1147 November (Dezember?), Urk HdL Nr. 10.

852 Siehe dazu Ehlers, Riddagshausen mit weiterer Literatur sowie oben im Kap. I. 1.1.1.

853 Zwei unterschiedliche Orig.: StA WF 24 Urk 2 und 3; Druck: Urk HdL Nr. 7.

Vater wird zu der Zeit also schon verstorben gewesen sein. Welcher Familie er angehörte, läßt sich nicht mit Bestimmtheit sagen. In den Urkunden Heinrichs des Löwen kommen Ministerialen mit dem Taufnamen Reinhold jedenfalls zu 116(1) als *Reinholdus comes de Lvibyke*[854] und zu 1162 und 116(3)[855] als *Reinaldi de Ertheneburch* vor. Beide Reinhold, die möglicherweise identisch waren,[856] kämen trotz der räumlichen Entfernung in Frage, da sich Heinrich der Löwe bei der Sicherung und Bewahrung neu erworbener Gebiete oft Ministerialen aus sächsischen Kernlanden bediente.[857]

Daß das Kloster Riddagshausen von ihrer Familie gegründet worden ist, hat sich bei den von Dahlum-Wenden tradiert.[858] Ob Ludolf I. von Dahlum, der als Konverse in das von ihm gegründete Kloster Riddagshausen eingetreten war,[859] dort auch seine letzte Ruhe fand, ist nicht überliefert. Jedenfalls befand sich im Kloster eine Familiengrablege seiner Familie.[860] Auch im 15. Jahrhundert war die Stifterrolle der Herren von Dahlum-Wenden durchaus bekannt. Die Phantasieansicht des Klosters Riddagshausen in der "Cronecken der Sassen" Hermen oder Konrad Botes aus dem Jahr 1492 wurde daher mit dem Wappen der Gründerfamilie versehen.[861]

3.1.1.2 Balduin I. (von Dahlum), Vogt von Braunschweig 1147-1158

Balduin von Dahlum war wahrscheinlich der erstgeborene Sohn des Vogtes Ludolf I. von Dahlum.[862] Bei der Urkunde Lothars III. im Jahre 1130, in der er das erste Mal Erwähnung fände, handelt es sich aber um eine Fälschung des Klosters Drübeck.[863] Ungesichert ist, ob Balduin und sein Bruder Friedrich im Jahre 1146 die Gründungsurkunde des Klosters Riddagshausen bezeugten.[864] Mit Herkunftsnamen ist der Vogt Balduin bei Heinrich dem Löwen nicht nachweisbar. Mit der Bezeichnung *advocatus de Bruneswich* erscheint er gemeinsam mit seinem Bruder Friedrich erstmals in einer Urkunde Bischof Rudolfs von Halberstadt im Jahre

---

854 116(1) Oktober 18, Urk HdL Nr. 48. Reinhold gilt als der erste Vogt der Stadt Lübeck. Vgl. Jordan, HdL, S. 82. Der Gebrauch des *comes*-Titels unter Heinrich dem Löwen bedarf weiterer Prüfung.

855 1162, Urk HdL Nr. 52. 116(3) Juli 12, Orig. LA Schleswig Urk.-Abt. 268 Nr. 4; Druck:Urk HdL Nr. 60.

856 Haendle, S. 18f.

857 Jordan HdL S. 77ff.

858 1256, ... *ob antiquae devotionis et familiaritatis amicitiam, quam pater noster Baldewinus et alii nostri parentes ad ecclesiam Riddageshusen habuerunt, cuius dicti sunt etiam fundatores, nos quoque in quantum possumus quorum sequentes vestigia praedictum locum omni colimus benevolentia et favore ...*, Orig.: StA WF 24 Urk 127; Regest: UB Br. 4, S. 406. Zur Herausbildung solcher Traditionen: Patze, Adel und Stifterchronik. Lewald. Vgl. auch die Schenkung der halben Mühle zu Wenden und weiterer 20 Talente durch Heinrich von Wenden, eines Sohnes Ludolfs VI., zum Bau einer Kapelle zur Memorie seiner Eltern von 1305 November 25, Orig.: StAWF 24 Urk 394, ungedruckt.

859 Siehe dazu im Kap. I. 1.1.1.

860 Diese war nach einem notariellen Bericht über die Zerstörung des Klosters Riddagshausen im Jahre 1606 noch vorhanden. Dazu: Langerfeld, Grabstätten, S. 1 und S. 4. Bau und Kunstdenkmale Br., S. 131 und 171).

861 Mainz 1492, Bl. 129v. Abb.: Braunschweig Bild 2, S. 22 (dort Zuweisung an Hermen Bote). v. Boetticher, Riddagshausen vordere Umschlagseite. Zum Siegel- und Wappenbild der Familie von Dahlum siehe ausführlich unten im Kap. III. Zu Hermen Bote, seinem Umkreis und seinem Schaffen siehe Schneidmüller, Landesherrschaft, S. 95ff. mit der weiteren Literatur.

862 Zu Balduin I. von Dahlum: Lubenow, S. 171-173. Hasse 1, S. 46f. und passim.

863 MGH D. Lothar III. Nr. 127. Zur Fälschung siehe oben.

864 Zwei verschiedene Orig.: StA WF 24 Urk 2 und 3; Druck: Urk HdL Nr. 7.

1147.[865] Nur mit der Bezeichnung *advocatus* ist er in Urkunden des Bischofs Ulrich von Halberstadt unter Mitwirkung Heinrichs des Löwen im Jahre 1150[866] und des Bischofs Bruno von Hildesheim 1158[867] belegbar. Dagegen ist Balduin in den Urkunden Heinrichs des Löwen mit dem Titel *advocatus de Bruneswich* nur ein einziges Mal und erst im Jahre 1156 nachzuweisen.[868] Alle anderen Testate Balduins als eines Ministerialen mit Taufnamen Balduin müssen dagegen als ungesichert gelten.[869]

Nach Caesarius von Heisterbach[870] fand auch ein Vogt Balduin von Dahlum als Konverse Eingang in das Kloster Riddagshausen.[871] Daß es sich bei diesem um Balduin II. von Dahlum handeln soll,[872] ist wenig wahrscheinlich. Eine personengeschichtliche Lücke bei den Belegen zu Vogt Balduin II. von Dahlum zwischen den Jahren 1218 und 1220 gibt es nicht.[873] Zweifelhaft ist ferner, daß der erwähnte Balduin "ein Zeitgenosse des Caesarius"[874] gewesen sein muß. Caesarius von Heisterbach berichtet auch detailliert über Heinrich den Löwen[875] und seinen Ministerialen Heinrich von Weida[876], ohne ihr Zeitgenosse gewesen zu sein. Der bei Caesarius von Heisterbach erwähnte Vogt und spätere Konverse im Kloster Riddagshausen dürfte deswegen ebenfalls in das 12. Jahrhundert gehören. In Frage kommt nur der Sohn Ludolfs I. von Dahlum, Balduin I. von Dahlum. Neben dem furchtbaren Verlauf dieser Konversion - Balduin "war den selbst auferlegten asketischen Übungen so wenig gewachsen, daß er voller Verzweiflung einen Selbstmordversuch unternahm und danach nie wieder ein klares Bewußtsein erlangte"[877] - ist dies ein Beispiel für den Einsatz von Konversen höherer Herkunft in der Klosterwirtschaft. Reichen hier die Möglichkeiten "von der Nutzung des Konverseninstituts als 'Versorgungsstätte' über verantwortungsvolle Verwaltungsaufgaben bis hin zu eindrucksvollen Demutsbekundungen"[878], gewinnt letzteres bei den von Dahlum die größere Bedeutung. In diesem Zusammenhang wäre es prüfenswert, ob das zisterziensische Konverseninstitut für Angehörige ministerialischer Familien nicht geradezu eine Art von Übergangslösung zum Ausleben gewiß vorhandener spiritueller Bedürfnisse gewesen sein könnte; dies insbesondere zu der Zeit, als ihnen noch der ordentliche Zugang zu Klöstern und Stiften verwehrt war.[879]

---

865 1147 Oktober 18, Druck: UB Hochstift Halberstadt 1, Nr. 219; Falke Trad. Corb. S. 766 (Vgl. dazu ZsHarzV 1868, S. 266).
866 Druck: Prutz S. 471; Regest: UB Br. 4, S. 383.
867 1158 Juli 26, Druck: O.G. II. S. 10; Rethmeier, Kirchen-Hist., S. 51; UB Br. 2, S. 5f.
868 1156 Juli 25, Urk HdL Nr. 34.
869 1146, zwei verschiedene Orig.: StA WF 24 Urk 2 und 3, Urk HdL Nr. 7. 1147, Urk HdL Nr. 9. O. J. (1153 April 29.?), Urk HdL Nr. 20.
870 Caesarius von Heisterbach IV., Cap. 45.
871 Ehlers, Riddagshausen, S. 73f.
872 Hucker, Otto IV., S. 279ff.
873 Die Nachweise dazu im Kap. VI. 1.1.4. und anhand der Siegelführung im Kap. III. 1.3.
874 Hucker, Otto IV., S. 279.
875 Caesarius von Heisterbach II, 35; VI. 10.
876 Caesarius von Heisterbach IV, 76.
877 Ehlers, Riddagshausen, S. 73.
878 Toepfer, S. 38.
879 Zu diesem Problem siehe das Kap. I. 2.1. Auch der in der zweiten Hälfte des 13. Jahrhunderts beklagte Rückgang an Konversen (Wiswe, S. 97) würde sich hiermit decken. Solange aber der Anteil von Konversen ministerialischer bzw. niederadliger Herkunft nicht genügend erforscht ist,

3.1.1.3 Ludolf II. (von Dahlum), Vogt von Braunschweig 1160-1190

Zu den bedeutendsten Ministerialen Heinrichs des Löwen ist Ludolf II. von Dahlum zu zählen.[880] Die Identität Ludolfs II. mit dem (1153) bei Heinrich dem Löwen testierenden Ministerialen Ludolf ist unsicher.[881] Auf einem der unbestrittenen Höhepunkte der Macht Heinrichs des Löwen, dem Hoftag zu Goslar Anfang Juni 1154, auf dem der Herzog von Kaiser Friedrich I. das Investiturprivileg für die nordelbischen Bistümer erhielt, ist Ludolf II. als Sohn des Balduin (Vogt Balduin I. von Dahlum) erstmalig sicher nachweisbar.[882] Wie sein Vater ist auch Ludolf II. nicht mit einem Herkunftsnamen verbunden zu belegen. Mit dem Titel eines Vogtes testierte Ludolf II. von Dahlum oft in den Urkunden oder im Gefolge Heinrichs des Löwen, erstmals im Jahre 1160.[883] Mit dem Titel *advocatus de Bruneswig* testierte er in einer Urkunde Heinrichs des Löwen sowie in der Bestätigungsurkunde des Erzbischofs Hartwig von Bremen im Jahre 1163.[884] Die gleiche Titelführung läßt sich in den Jahren 1167(?), 1168, 1170(?) und 118(6) in Urkunden des Herzogs nachweisen.[885] Mit diesem Titel kam Ludolf II. von Dahlum auch auf dem Hoftag Kaiser Friedrichs im Jahre 1173 in Frankfurt im Gefolge Heinrichs des Löwen[886] und in weiteren Urkunden anderer Aussteller[887] vor.

Auf die Fähigkeiten Ludolfs II. von Dahlum griff Herzog Heinrich der Löwe bei der Besetzung des 1160 eroberten Slavengebietes zurück,[888] indem er dabei Ludolf als Burgwart in Quetzin[889] einsetzte. Nach dem Sturz Heinrichs des Löwen blieb Ludolf II. von Dahlum seinem Herrn treu.[890] Es entspricht in seiner Konsequenz durchaus dieser Entwicklung, wenn Ludolf II. im Jahre 1190 als Lehnsnehmer Herzog Heinrichs des Löwen nachweislich wird.[891] Dagegen war Ludolf II. von Dahlum während der Heerfahrt gegen Heinrich den Löwen im Jahr 1191 neben seinem Onkel Ludolf von Peine sowie Ekbert von Wolfenbüttel als maßgebliche Person bei einem innerparteilichen Aufruhr beteiligt.[892]

Der Ehemann der ohne Taufnamen erwähnten Tochter Ludolfs II. von Dahlum war

---

bleibt alles bloße Spekulation.

880 Zu Ludolf II. von Dahlum: Lubenow, S. 173-178. Hasse, S. 10-13, S. 47f. und passim.

881 (1153 April 29 ?), Urk HdL Nr. 20.

882 1154 Juni 3, Orig.: HStA Han Hild. Or. 3 Riechenberg Nr. 2; Druck: Urk. HdL Nr. 27.

883 1160, Orig.: StA WF 24 Urk 8; Druck: Urk HdL Nr. 44. 1160, Orig.: StA WF 24 Urk 45; Druck: Urk HdL Nr. 45. Weitere Testate nur mit Vogttitel: 1161, Orig.: StA WF 24 Urk 10; Druck: Urk HdL Nr. 50. 1175, StA WF 9 Urk 4; Druck: Urk HdL Nr. 105. O. J. (1175-1179?), Orig.: StA WF 24 Urk 12; Druck: Urk HdL Nr. 110. 1182 Mai 4 (7?), Orig.: StA WF 12 Urk 10; Druck: Diplomatarium S. Ludgeri II., S. 462; Cod. dipl. Anhalt 1, S. 453. 1188, Urk HdL Nr. 120. 1190, Urk HdL Nr. 126.

884 116(3) Juli 12, Orig.: LA Schleswig Urk.-Abt. 268 Nr. 4; Druck: Urk HdL Nr. 60. 1163, Orig.: LA Schleswig Urk.-Abt. 268 Nr. 5; Druck: UB Bm. Lübeck 1, Nr. 5.

885 1167(?), Urk HdL Nr. 75. 1168, Urk HdL Nr. 79. 1170(?), Urk HdL Nr. 83. 118(6) August 11, Urk HdL Nr. 118.

886 1173 Juni 8, Druck: O.G. III., S. 521; Harenberg, S. 182; Mecklenburgisches UB 1, S. 104; Prutz, S. 482.

887 1176 November 28, Druck: UB Hochstift Hildesheim 1, S. 359. O. J. (1186-1190), Druck: UB Hochstift Hildesheim 1, Nr. 447 (zur Datierung vgl. ZsHVNds 1878, S. 318f.).

888 Helmold von Bosau I. 88, S. 173.

889 Heute Quetzin, Stadt Plau, Kreis Lübz. Vgl. dazu oben im Kap. I. 1.1.1.

890 Dazu ebenfalls im Kap. I. 1.1.1.

891 Urk HdL Nr. 126. Siehe dazu Schneidmüller, Kollegiatstifte, S. 270.

892 Siehe dazu ausführlich oben im Kap. I. 1.1.1.

1218 der hildesheimische Stiftmarschall Konrad von Emmerke,[893] Sohn des bis 1206 auftretenden Marschalls Siegfried von Emmerke.[894] Die Taufnamen der aus dieser Verbindung hervorgehenden fünf Söhne sind folgende: Die ältesten hießen nach dem Vater Konrad, nach dem väterlichen Onkel Heinrich und nach dem früh verstorbenen Bruder wieder Konrad; die beiden jüngeren aber mütterlicherseits Balduin und Ludolf.[895]

Der *Iggelbertus de Dalehem*, welcher im Jahre 1160 in einer Urkunde Heinrichs des Löwen testierte,[896] hat mit der Familie der Vögte von Dahlum nichts zu tun.[897] Engelbert bezeugte als Letzter der Edelfreien. Es handelt sich ganz sicher um einen Angehörigen der damals noch edelfreien Familie von Königsdahlum.[898] Der Taufname Engelbert kommt bei ihnen oft vor.[899]

3.1.1.4 Balduin II. von Dahlum, Vogt von Braunschweig 1196-1240

Vogt Balduin II. von Dahlum gehörte zu den bedeutendsten Vertretern der Familie von Dahlum-Wenden im ersten Drittel des 13. Jahrhunderts.[900] Balduin war der erstgeborene Sohn Ludolfs II. von Dahlum.[901] Mit seinem Bruder Ludolf III. testierte er im Jahre 1196 in einer Urkunde Pfalzgraf Heinrichs, wobei er den Titel *advocatus* führte, sein Bruder aber nicht.[902] Dagegen wurden beide Brüder in Urkunden Pfalzgraf Heinrichs desselben Jahres[903] und der Jahre 1199[904] und 1201[905] mit dem Vogttitel verbunden.

Daß Balduin II. und sein Bruder Ludolf III. von Dahlum eine Erbteilung durchgeführt haben könnten, ist aufgrund des neuen Herkunftsnamens von Wenden bei den Söhnen Ludolfs III. schon wiederholt vermutet worden.[906] Beweisen läßt sich die Erbteilung anhand einer Urkunde Pfalzgraf Heinrichs von 1201, in der der Pfalzgraf einen Gütertausch der Vögte Balduin II. und Ludolf III. mit dem Kloster Riddagshausen bestätigte.[907] Dabei wurden die Liegenschaften streng nach den beiden Brüdern getrennt aufgeführt. Die Urkunde zeigt außerdem, daß die Behauptung, der Anteil Ludolfs III. "an den Dalemschen Besitzungen" sei "nicht allzu bedeutend"[908] gewesen, falsch ist.

---

893 1218 Januar 15, Druck: O.G. III., S. 828; Scheidt, Cod. dipl., S. 433; Asseburger Ub 1, Nr. 91; UB Hochstift Hildesheim 1, Nr. 706. 1218 Januar 15, Druck: Asseburger UB 1, Nr. 92; UB Hochstift Hildesheim 1, Nr. 707.

894 Zu den von Emmerke vorerst Deich, S. 146.

895 UB Hochstift Hildesheim 2, Nr. 1021 zu 1257 Juni 16.

896 Orig.: StA WF 24 Urk 45; Druck: Urk HdL Nr. 45.

897 Die Vermutung bei Schneidmüller, Kollegiatstifte, S. 269, Anm. 72 ist zu streichen.

898 Zu diesem und seiner Stellung in der Zeugenreihe siehe Bode, Uradel, S. 99f.

899 Siehe dazu in den Kap. II. 1.2.14 und III. 1.2.

900 Allgemein zu ihm: Lubenow, S. 178-187 (fehlerhaft). Fenske, Geschlechter, S. 698ff. Hasse 1, S. 41ff., S. 48f. und passim. Zur Braunschweiger Vogtei zur Zeit Balduins II. von Dahlum siehe auch im Kap. I. 3.1.2. Zur ritterlichen Dienstmannschaft Balduins II. siehe im Kap. I. 2.2.

901 1190, Urk HdL Nr. 126.

902 1196, Orig.: StA WF 7 Urk 1; Druck: O.G. III., S. 605f.

903 1196, *Baldewinus et Ludolfus, ministeriales nostri, advocati de Bruneswic*, Orig.: StA WF 24 Urk 17; Druck: O.G. III., S. 606; Falke S. 117.

904 Orig.: StA WF 24 Urk 21; Druck: O.G. III., S. 621.

905 Orig.: StA WF 24 Urk 24; Druck: O.G. III., S. 625.

906 Lubenow, S. 186. Fenske,Geschlechter, S. 699.

907 Orig.: StA WF 24 Urk 24; Druck: O.G. III., S. 625.

908 Lubenow, S. 186.

Balduin II. von Dahlum ist fernerhin mit Titel ohne Herkunftsnamen[909], mit Titel und Herkunftsnamen[910], nur mit Taufnamen[911] und nur mit Herkunftsnamen[912] nachzuweisen. In einer von Balduin II. selber ausgestellten, undatierten Urkunde für das Stift St. Cyriacus vor Braunschweig bezeichnete er sich als *Baldewinus Dei gratia conventualium ecclesiarum in Bruneswich advocatus*.[913] Diese wichtige Urkunde ist von dem Herausgeber des Braunschweiger Urkundenbuches mit einem Fragezeichen versehen um 1226 datiert worden, gehört aber mit Sicherheit vor Ende des Jahres 1226.[914] Im Jahre 1226 stellte Pfalzgraf Heinrich nämlich eine Urkunde für dasselbe Stift aus, die zwar inhaltlich an diejenige Balduins II. anknüpft, ohne diesen aber zu erwähnen.[915] In seiner Urkunde verpfändete der Vogt Balduin Güter mit Zustimmung seiner Brüdersöhne. Bei diesen handelte es sich um Balduin V.[916] und Heinrich I. von Wenden[917]. Da der erstgeborene Sohn Ludolfs II., Balduin V., letztmalig im Jahre

---

909 1198, Druck: Meibom 3, S. 158; O.G. III., S. 760; Harenberg, S. 1296. O. J. (1199 Januar 30), Druck: v. Heinemann, Nr. 4 (mit Lesefehler). 1204 Oktober 22, Orig.: StA WF 7 Urk 6; Druck: O.G. III., S. 773; Asseburger UB 1, Nr. 33; UB Br. 2, S. 14f. 1204, *advocatus noster* (Otto IV.), Druck: O.G. III., S. 630; Reg. v. Campe 1, Nr. 126. 1213 Januar 27, Orig.: StA WF 7 Urk 9; Druck: O.G. III., S. 818; Asseburger UB 1, Nr. 80. 1213 Januar 27, Orig.: StA WF 7 Urk 10; Druck: Rethmeier, Kirchengesch.1, S. 58; O.G. III., S. 648; Asseburger UB 1, Nr. 81. 1215 August 3, Orig.: StA WF 24 Urk 37; Druck: O.G. III., S. 827f.; Asseburger UB 1, Nr. 82. O. J. (1215), Orig.: StA WF 24 Urk 36; Druck: Asseburger UB 1, Nr. 85. 1219 (September 1-24), Orig.: StadtA Stade untergegangen, Druck: O.G. III., S. 662ff.; Hamburger UB 1, Nr. 432. 1219, Orig.: StA WF 22 Urk 35; Druck: v. Heinemann, Nr. 8. O. J. (nach 1220) [Die Datierung erfolgt so, da der Truchseß Jordan III. als Letzter in der Zeugenreihe auftritt.], Druck: Cod. dipl. Brandenburg. 1, 22, S. 87 (1200?); Regest: Reg. v. Campe 1, Nr. 110; UB Br. 4, S. 392 (um 1220?). 1222, Orig.: StA WF 24 Urk 51; Druck: O.G. III., S. 692. 1224, Orig.: StA WF 32 Urk 1; Druck: v. Heinemann, Nr. 18; UB Br. 2, S. 24 [Orig. dort als verschollen bezeichnet]. 1224, Orig.: StA WF 24 Urk 52; Druck: Asseburger UB 1, Nr. 134; Reg. v. Campe 1, Nr. 180. 1239 Dezember, Orig.: StA WF 24 Urk 82; Druck: O.G. IV., S. 68 praef. 1239 Dezember, Druck: O.G. IV., S. 67 praef. 1240 Dezember, Orig.: StA WF 7 Urk 30; Druck: UB Br. 2, S. 541f.

910 O. J. (1214), *Baldewinus advocatus de Dalem*, Orig.: StA WF 24 Urk 54; Regest: UB Br. 2, S. 26. Der Herausgeber des UB Br. und nach ihm Fenske, Geschlechter, S. 700, Anm. 30 datieren (1225). Zur rechten Datierung: Schneidmüller, Kollegiatstifte, S. 279f., Anm. 114, 116 und 120. Schneidmüller verweist auf den Schied zwischen dem Abt von Riddagshausen und den Bauern von Klein Schöppenstedt sowie den *milites F. et G. de Rothne* von 1214 Juni 13, StA WF 24 Urk 33; ungedruckt, sowie auf O. J., StA WF 24 Urk 32; Druck: Asseburger UB 1, Nr. 146 (Datierung dort 1229); Reg. v. Campe 1, Nr. 139 (Datierung dort 1212-15). 1218 nach Mai 19, *dilectus noster ministerialis Baldewinus advocatus de Dalem et pueri sui Johannes, Baldewinus, Margareta, Adelheidis*, Orig.: verschollen; Druck: Leyser 2, S. 30. O. J. (1226/27), Orig.: StA WF 7 Urk 19; Regest: Reg. v. Campe 1, Nr. 206; UB Br. 2, S. 28; UB Hochstift Hildesheim 2, Nr. 207. 1227, Orig.: StA WF 13 Urk 3; Druck: v. Heinemann, Nr. 25. O. J. (1233?), Druck: UB Herzöge Br.-Lb. 1, Nr. 24 [ca.1241 oder 1242]; Max Grubenhagen 2, Nr. 4 [1233]. O. J. (1236?), Druck: UB Herzöge Br.-Lb. 1, Nr. 19. 1237 Mai 5, Orig.: StA WF 7 Urk 24; Druck: Asseburger UB 1, Nr. 192. 1237 Mai, Druck: Asseburger UB 1, Nr. 193. 1237 Mai, Orig.: StA WF 7 Urk 25; Regest: UB Br. 2, S. 541; Reg. v. Campe 1, Nr. 240. 1239, Druck: UB Langeln S. 14.

911 1202, Druck: Urk. Kl. Homburg, S. 27. Mutmaßung aufgrund des Leitnamens und der Stellung in der Zeugenreihe.

912 1224, Orig.: StA WF 24 Urk 52; Druck: Asseburger UB 1, Nr. 134; Reg. v. Campe 1, Nr. 180. 1225, Kop.: StA WF VII B 101 53v; Druck: O.G. III., S. 699; Urk. Walkenried, 2,1 Nr. 141. 1225, Druck: O.G. III., S. 701; UB Herzöge Br.-Lb.1, Nr. 9; Asseburger UB 1, Nr. 139. 1229, Orig.: LHA Magdeburg Rep. U 5 III Nr. 1; Druck: UB Hochstift Halberstadt 1, Nr. 609. 1237 September 21, Orig.: HStA Han Cal. Or. 100 Northeim St. Blasius Nr. 203; Druck: O.G. IV., S. 64 praef.; Asseburger UB 1, Nr. 195.

913 Orig.: StA WF 8 Urk 3; Regest: UB Br. 2, S. 26 zu (um 1226?).

914 So auch schon Schneidmüller, Kollegiatstifte, S. 273.

915 Orig.: StA WF 8 Urk 5; Druck: Rethmeier, Kirchenhist. 1, Beil. S. 8; O.G. III., S. 710.

916 Zu ihm siehe das Kap. I. 3.1.1.6.

917 Zu ihm siehe das Kap. I. 3.1.1.7.

1222 nachweisbar ist, dürfte die Urkunde schon vor Ende des Jahres 1222 ausgestellt worden sein.

Als verstorben nachgewiesen ist der Vogt Balduin II. von Dahlum im Jahr 1241.[918] Er hatte vier Söhne und zwei Töchter,[919] von denen der älteste, Johannes I. von Dahlum, vor dem Tod seines Vaters zum letzten Mal erwähnt wird.[920] Die beiden mittleren Söhne Balduins II., Balduin III. und Balduin IV. von Dahlum, werden erst wieder im Jahre 1253 durch eine gemeinsam von ihnen ausgestellte Urkunde belegbar.[921] Keiner von ihnen kommt mit dem Titel eines Vogtes verbunden vor. Der jüngste Sohn Balduins II., Ludolf IV., ist seit 1248 als Domherr in Halberstadt nachweisbar.[922] Von dem Vogt Balduin II. von Dahlum können zwei verschiedene Siegelstempel nachgewiesen werden, die beide als Amtsträgersiegel anzusprechen sind.[923]

3.1.1.5 Ludolf III. (von Dahlum-Wenden), Vogt von Braunschweig 1196-1201

Ludolf III. war der zweite Sohn Ludolfs II. von Dahlum, sein Bruder war Balduin II. von Dahlum.[924] In einer Urkunde Pfalzgraf Heinrichs aus dem Jahre 1196 testierte Ludolf III. hinter seinem mit Amtstitel benannten Bruder.[925] Mit dem Titel eines Vogtes kommt Ludolf III. gemeinsam mit seinem Bruder Balduin aber schon in Urkunden Pfalzgraf Heinrichs vom selben Jahr[926] und der Jahre 1199[927] und 1201[928] vor. Allein und mit Titel ist er zweimal belegbar.[929]

Der in einer Urkunde König Ottos IV. für das Kloster Riddagshausen im Jahre 1203 als Lehnsmann erwähnte *Ludolfus ministerialis noster*[930] ist bislang ohne weiteres mit Ludolf III. von Dahlum identifiziert worden.[931] Dies geschah offenbar deswegen, weil es dabei um Güter in *Dalem* ging, das mit dem Herkunftsort der Familie von Dahlum gleichgesetzt wurde. Es handelte sich in Wirklichkeit aber um Salzdahlum.[932] Da der Taufname Ludolf nicht selten ist, könnte es sich bei dem ohne Herkunftsnamen genannten ohne weiteres auch um einen Angehörigen einer anderen Familie handeln.[933] In Frage käme schon der dieselbe Urkunde als erster Ministeriale

---

918 Orig.: StA WF 31 Urk 4; Regest: Br. Anzeigen 1751, S. 1092; Reg. v. Campe 1, Nr. 280; UB Br. 4, S. 401.

919 Johannes, Balduin, Margareta, Adelheid: 1218 nach Mai 19, Orig.: verschollen; Druck: Leyser 2, S. 30. Johannes, Balduin, Balduin, Ludolf: 1234, Orig.: StA WF 19 Urk 18; Regest: UB Br. 4, S. 398.

920 1238, Druck: Asseburger UB 1, S. 144. Siehe zu Johannes I. von Dahlum mit sämtlichen Nachweisen Hasse 1, S. 50.

921 Orig.: StA WF 24 Urk 113; Druck: Asseburger UB 1, S. 192; UB Br. 2, S. 61f. Zu ihnen mit sämtlichen Nachweisen Hasse 1, S. 41ff., S. 50ff. Zu ihren Siegeln siehe im Kap. III.

922 1248 September, Druck: Cod. dipl. Alvensleben, S. 97; UB Hochstift Halberstadt 2, Nr. 793. Zu ihm mit sämtlichen Nachweisen Hasse 1, S. 52 i. V. mit 2. sowie im Kap. I. 3.1.1.11.

923 Zu den Siegeln Balduins II. ausführlich im Kap. III.

924 Zu Ludolf III. von Dahlum siehe: Lubenow, S. 182. Hasse 1, S. 49 und passim.

925 1196, Orig.: StAWF 7 Urk 1; Druck: O.G. III., S. 605f.

926 1196, *Baldewinus et Ludolfus, ministeriales nostri, advocati de Bruneswic*, Orig.: StA WF 24 Urk 17; Druck: O.G. III., S. 606; Falke S. 117.

927 Orig.: StA WF 24 Urk 21; Druck: O.G. III., S. 621.

928 Orig.: StA WF 24 Urk 24; Druck: O.G. III., S. 625.

929 1197 Mai 17, Kop.: StA WF Hs VII B 340, S. 48f.; Druck: O.G. III., S. 615f. 1200 nach Juli, Druck: Asseburger UB 1, Nr. 29; Urk. Hamersleben Nr. 32.

930 Orig.: StA WF 24 Urk 25; Druck: O.G III., S. 769.

931 Lubenow, S. 182f. Schneidmüller, Kollegiatstifte, S. 271.

932 Kleinau, GOV, S. 499. v. Boetticher, Riddagshausen, S. 239.

933 Demgemäß ist Schneidmüller, Kollegiatstifte, S. 270, Anm. 77 zu relativieren.

bezeugende Truchseß Ludolf von Esbeck.

In Folge der Erbteilung unter den Söhnen Ludolfs II. wird sehr wahrscheinlich schon Ludolf III. seinen Wohnsitz in Wenden gefunden haben, das als befestigter Platz der Familie bereits zu 1192 genannt wurde.[934] Seine Söhne, Balduin V. und Heinrich I., benannten sich seitdem mit dem neuen Herkunftsnamen von Wenden.[935] Da Ludolf III. von Dahlum später nicht mehr vorkommt und seine Nennung im Jahre 1203 unsicher ist, dürfte er bereits um 1202 verstorben sein.

3.1.1.6 Balduin V. von Dahlum-Wenden, Vogt 1222

Es wird behauptet, die von Dahlum hätten "sich gelegentlich auch nach ihrem Besitztum in Wenethen"[936] genannt. Eine gewisse Geltung kann dieser Auffassung jedoch nur für Balduin V., keineswegs aber für die ganze Familie zugesprochen werden.

Balduin V. von Dahlum-Wenden war der älteste Sohn des Vogts Ludolf III. von Dahlum und ist der erste Angehörige dieser Familie, bei dem der Herkunftsname von Wenden nachweisbar wird.[937] Aus einer Urkunde Pfalzgraf Heinrichs von 1219 geht hervor, daß der Vogt Balduin II. von Dahlum der Onkel Balduins V. war.[938] Eine undatierte, aufgrund des Inhaltes in dasselbe Jahr zu setzende Urkunde testierten *Baldewinus advocatus de Dalem, Burchardus de Asseburc, Baldewinus de Wenethen*.[939] Der Neffe Balduins II. mit demselben Taufnamen kommt hier erstmals mit dem Herkunftsnamen von Wenden vor. Im Jahre 1220 testierte Balduin V. mit dem Beinamen *juvenis de Wineden*,[940] zu derselben Zeit auch nur mit *juvenis*.[941] Der zweitälteste Sohn Balduins II., Balduin III., ist mit dem *minor Bald(ewin)us de Dalchem*[942] und dem *Baldewinus juvenis advocatus*[943] identifiziert worden.[944] Es wird sich aber dabei kaum um Balduin III. von Dahlum gehandelt haben, der erst wieder im Jahre 1253[945] auftaucht, sondern die Nennungen dürften vielmehr auf Balduin V. von Wenden zu beziehen sein. Neben der Tatsache, daß der älteste Sohn Balduins II., Johannes I. von Dahlum, zu der Zeit noch am Leben war,[946] sind die auffälligen Anfügungen des jüngeren Balduins an Balduin II., die die Nennung als Sohn vermeiden, als Indiz hierfür heranzuziehen. Mit dem Herkunftsnamen von Wenden läßt sich Balduin V. noch ein weiteres Mal im Jahre 1222 belegen.[947] Kurz darauf

---

934 Br. Reimchronik, 4089ff., S. 511f. Annales Stederburgenses, S. 225ff.

935 Hasse 1, S. 49ff. Siehe zu Balduin V. das Kap. I. 3.1.1.6 und zu Heinrich I. das Kap. I. 3.1.1.7.

936 Lubenow, S. 169. Bode, Uradel, S. 98. Nicht ganz eindeutig: Moll, S. 273. Schneidmüller, Kollegiatstifte, S. 281.

937 Zu Balduin V. von Dahlum-Wenden: Lubenow, S. 186f. Hasse 1, S. 53 und passim.

938 *Baldewin advocatus et nepos suus Baldewinus* zu 1219, Druck: O.G. III., S. 662; Hamburger UB 1, S. 375.

939 Orig.: StA WF 24 Urk 41; Druck: Asseburger UB 1, S. 73; UB Hochstift Halberstadt 1, Nr. 510; Reg. v. Campe 1, Nr. 155; UB Br. 2, S. 20.

940 Druck: UB Hochstift Hildesheim 1, Nr. 748; Asseburger UB 1, S. 74.

941 1220, Orig.: StA WF 9 Urk 7; Druck: v. Heinemann, Nr. 12. 1221, Orig.: HStA Han Cal. Or. 100 Nenndorf Nr. 5; Druck: O.G. III., S. 690; Hoyer UB 6, S. 6.

942 1219, Orig.: StA WF 22 Urk 25; Druck: v. Heinemann, Nr. 8;.

943 1222, Orig.: StA WF 7 Urk 15; Druck: O.G. III., S. 693.

944 Lubenow, S. 184.

945 Orig.: StA WF 24 Urk 113; Druck: Asseburger UB 1, S. 192; UB Br. 2, S. 61f.

946 1227, ... *Baldewinus de Dalem et filius ipsius Johannes*, Orig.: StA WF 13 Urk 3; Druck: v. Heinemann, Nr. 25.

947 1222, Orig.: HStA Han Cal.Or. 100 Fredelsloh Nr. 12; Druck: O.G. III., S. 694; UB Fredelsloh, Nr.

dürfte er verstorben sein, da schon zu (1225/26) dessen jüngerer Bruder Heinrich mit dem Vogttitel auftrat.[948]

Balduin V. wird in dem Verzeichnis Exkommunizierter oder schon vom Bann Gelöster des Bistums Hildesheims aufgeführt.[949] Dabei wird noch einmal die Verwandtschaft der Ministerialen von Dahlum-Wenden zu der stifthildesheimischen Familie von Emmerke belegbar,[950] denn Balduin wurde unter Bürgschaft seines Onkels, des hildesheimischen Marschalls Konrad von Emmerke, vom Bann gelöst. Die hohe Kirchenstrafe dürfte ihren Grund in den Streitigkeiten nach der Wahl Bischof Konrads im Jahre 1222,[951] weniger in der Folge der Bannandrohung Kaiser Friedrichs II. von 1226[952] gehabt haben. Hierzu paßt das Verschwinden Balduins V. aus den Quellen. Auch das Vorkommen Balduins V. im Lehnregister des Edelherrn Luthard von Meinersen spräche nicht dagegen,[953] da es sehr wahrscheinlich um das Jahr 1200 einzuordnen ist.[954]

3.1.1.7 Heinrich I. von Wenden, Vogt (1225-1226), 1233, 1236, 1241

Der jüngste Sohn Ludolfs III. von Dahlum-Wenden war Heinrich I. von Wenden.[955] Dies geht aus einer undatierten Urkunde seines Onkels, des Vogtes Balduin II. von Wenden hervor.[956] Die Urkunde ist von dem Herausgeber des Braunschweiger Urkundenbuches mit einem Fragezeichen versehen in das Jahr 1220 gesetzt worden, dürfte aber eher in die Zeit von 1221 bis 1234 gehören.[957] In einer undatierten eigenen Urkunde nannte sich Heinrich von Wenden *H. advocatus de Wenethen.*[958] Diese Urkunde ist von dem Herausgeber des Braunschweiger Urkundenbuches in einen Zusammenhang mit einer weiteren undatierten Urkunde dessen Onkels gebracht worden.[959] Heinrichs I. Urkunde steht dagegen aber in einem inhaltlichen Zusammenhang mit der im Jahre 1226 ausgestellten Urkunde Pfalzgraf Heinrichs,[960] und ist deswegen ganz sicher davor ausgestellt worden. Heinrich von Wenden wurde in der dazugehörigen Urkunde Pfalzgraf Heinrichs jedoch nicht mit dem Amtstitel benannt und testierte dieselbe Urkunde auch nur als *Heinricus de Wenethen.*

Heinrich benannte sich ausschließlich mit dem Herkunftsnamen von Wenden.[961] Bei dem im Jahre 1224 belegbaren Heinrich von Dahlum[962] handelte es sich dagegen um einen Angehörigen der ritterlichen Dienstmannschaft Balduins II. von Dahlum.[963]

17.

948 O. J. (1225-1226), Orig.: StA WF 8 Urk 6 (Siegel fehlt); Erwähnung: UB Br. 2, S. 26, Anm.

949 Druck: O.G. III., S. 684 zu (1222); UB Hochstift Hildesheim 1, Nr. 164 zu (1226).

950 Siehe dazu im Kap. I. 1.3.4.

951 UB Hochstift Hildesheim 2, Nr. 164. Anm.

952 UB Hochstift Hildesheim 2, Nr. 163.

953 UB Herzöge Br.-Lb. 1, S. 8, Z. 11f.

954 Fenske/Schwarz, S. 27 mit Anm. 84.

955 Zu Heinrich I. von Wenden auch: Lubenow, S. 187-189. Hasse 1, S. 54 und passim.

956 O. J., *Heinricus de Wenethen filius fratris mei*, Orig.: StA WF 24 Urk 48; Regest: UB Br. 2, S. 21.

957 Fenske, Geschlechter, S. 700, Anm. 30.

958 O. J. (1225-1226), Orig.: StA WF 8 Urk 6 (Siegel fehlt); Erwähnung: UB Br. 2, S. 26, Anm.

959 O. J., Orig.: StA WF 8 Urk 3; Regest: UB Br. 2, S. 26 zu (um 1226?).

960 Orig.: StA WF 8 Urk 5; Druck: Rethmeier, Kirchenhist. 1, Beil. S. 8; O.G. III., S. 710.

961 Dagegen Schneidmüller, Kollegiatstifte, S. 281.

962 Orig.: LHA Magdeburg Rep. U 7 Nr. 37; Druck: UB Hochstift Halberstadt 1, Nr. 566.

963 Zu diesem Heinrich von Dahlum und dem hinter ihm testierenden Jordan von Dahlum Fenske, Geschlechter, S. 700f. und vor allem S. 704, Anm. 56.

Unter Otto dem Kind und Herzog Albrecht dem Großen kommt Heinrich I. von Wenden bis zum Jahr 1260 in ca. 70 (!) Urkunden mit seinem Herkunftsnamen vor.[964] Mit dem Titel eines Vogtes wurde er nur noch wenige Male verbunden. Sehr wahrscheinlich wird es sich bei dem 1233 in einer Urkunde Ottos des Kindes testierenden *Heinricus advocatus* um Heinrich I. handeln, da er als fünfter von zehn ministerialischen Zeugen auftritt.[965] Mit Herkunftsnamen und Titel wurde Heinrich I. von Wenden im Jahre 1236 in einer Urkunde Herzog Ottos über die Beilegung des Streites zwischen dem Kloster Wöltingerode und dem Stift St. Blasius in Braunschweig benannt.[966] In den weiteren drei Urkunden, die über denselben Streit handeln, wird er dagegen ohne Amtsbezeichnung aufgeführt.[967] Heinrich von Wenden kommt in einer herzoglichen Urkunde mit Amtsbezeichnung dann nur noch ein einziges Mal im Jahre 1241 vor.[968] Daß Heinrich von Wenden identisch mit dem eine Urkunde des Klosters St. Aegidien in Braunschweig im Jahre 1245 testierenden *dominus Henricus advocatus*[969] gewesen sein soll,[970] geht fehl, da sich der Vogt Heinrich in der Zeugenreihe unter Bürgern der Stadt Braunschweig befindet. Bei diesem dürfte es sich um den gleichnamigen Bürgervogt Heinrich (von der Breiten Straße) gehandelt haben.[971]

Bei Herzog Albrecht dem Großen wird Heinrich I. von Wenden unter dessen Ratgebern geführt.[972] Die Söhne Heinrichs I. von Wenden waren Ludolf VI., Balduin VIII. und Heinrich II. von Wenden.[973] Der Erstgeborene wird in einer Urkunde Herzog Albrechts des Großen von 1267 ebenfalls als Ratgeber bezeichnet.[974] Von Heinrich I. von Wenden können zwei verschiedene Siegelstempel nachgewiesen werden.[975] Ein Amt geht aus beiden nicht hervor.

3.1.1.8 Giselbert, angeblicher Vogt von Braunschweig 1220, Vogt von Goslar

In einer 1220 im Stift St. Blasius in Braunschweig ausgestellten Urkunde Pfalzgraf Heinrichs für das Kloster Wöltingerode testierten unter den Ministerialen an letzter Stelle *Gisilbertus advocatus et frater eius*.[976] Bei Giselbert handelte es sich keinesfalls um einen Braunschweiger Vogt.[977] Die Urkunde wurde von einer so außer-

---

964 Die Belege dazu bei Hasse 1, S. 54 i. V. mit 2.

965 1233 Juli, Orig.: StA WF 19 Urk 16; Druck: O.G. IV., S. 134 (fehlerhaft). Die Identifizierung desselben mit dem Braunschweiger Bürgervogt gleichen Taufnamens bei Schneidmüller, Kollegiatstifte, S. 286 ist zu streichen.

966 1236 Juli, *Heino advocatus de Wenethen*, Orig.: HStA Han Hild. Or. 2 Wöltingerode Nr. 10; Druck: Asseburger UB 1, Nr. 186; UB Hochstift Hildesheim 2, Nr. 460.

967 1236 Juli, Orig.: HStA Han Hild. Or. 2 Wöltingerode Nr. 11; Druck: Asseburger UB 1, Nr. 184; UB Hochstift Hildesheim 2, Nr. 459. 1236 Juli, Orig.: StA WF 1 Urk 15; Druck: O.G. IV., S. 169ff. 1237 Februar 5, Orig.: HStA Han Hild. Or. 2 Wöltingerode Nr. 12; Druck: Asseburger UB 1, Nr. 191; UB Hochstift Hildesheim 2, Nr. 480.

968 1241 April 21, Orig.: StA WF 19 Urk 22; Druck: O.G. IV., S. 192.

969 1245 November 30, Regest: UB Br. 2, S. 45.

970 Schneidmüller, Kollegiatstifte, S. 286, Anm. 136.

971 Vgl. Garzmann S. 91, insb. Anm. 117. UB Br. 2, Register S. 579.

972 1254, ... *domini ducis consiliarii*, Orig.: StadtA Br. A III 10 Nr. 13; Druck: Pistorius VIII., S. 2336.

973 Hasse 1, S. 54. Zu ihnen ebenda S. 57-59. Zu ihren Siegeln siehe im Kap. III.

974 1267 August 11, Druck: UB Eichsfeld 1, Nr. 477. Vgl. dazu Mertens, NdsJBLGesch S. 120.

975 Zu den Siegeln Heinrichs I. siehe im Kap. III.

976 Orig.: HStA Han Hild. Or. 2 Wöltingerode Nr. 7 (mit beschädigtem Siegel); Druck: Asseburger UB 1, Nr. 105.

977 Garzmann S. 91, Anm. 111 bezeichnet den Aufgabenbereich des Vogtes Giselbert als unklar.

ordentlich großen Anzahl von Zeugen bezeugt, darunter der Propst des Stifts St. Cyriacus und das ganze Kapitel des Stifts St. Blasius, zehn Grafen, zwei Edelherren und 14 Ministerialen unterschiedlicher Herren, so daß die Zeugen möglicherweise als Teilnehmer eines Fürstentags Pfalzgraf Heinrichs in Folge seines neuen Reichsverweseramtes und der Übernahme der Reichsvogtei Goslar[978] angesehen werden können.

Der Vogt Giselbert ist nicht der welfischen Ministerialität zuzuordnen, da ein Ministeriale mit diesem Taufnamen zu dieser Zeit nicht vorkommt. Es handelt sich vielmehr um den gleichnamigen Vogt von Goslar, der von 1220 bis 1227 mit dem Vogttitel und von 1229 bis 1233 als ehemaliger Vogt nachweisbar ist.[979] Vogt Giselbert von Goslar testierte im Jahre (1220) eine Urkunde des Grafen Hermann von Wohldenberg,[980] der auch in der Urkunde Pfalzgraf Heinrichs von 1220 vorkam. Mit dem Titel eines Vogtes von Goslar und seinem in der Urkunde Pfalzgraf Heinrichs noch ohne Taufnamen genannten Bruder Volkmar wird er im Jahre 1223 nachweisbar.[981]

3.1.1.9 Gottfried von Vorsfelde, Vogt (1219) 1221-1232

Vor dem ersten Auftreten des Gottfried von Vorsfelde als Bürge in einer Urkunde Kaiser Ottos IV. im Jahre 1217[982] kommt kein Ministeriale mit diesem Herkunftsnamen in den welfischen Urkunden vor.[983] Der relativ seltene Taufname ist zuvor im Gefolge Pfalzgraf Heinrichs lediglich mit Gottfried von Sommerschenburg in den Jahren 1197 bis 1204 vertreten.[984] König Otto IV. verzichtete zwar schon im Jahr 1208 auf die Sommerschenburg,[985] doch der endgültige Ausgleich darüber mit dem Erzstift Magdeburg kam erst im Jahre 1219 durch Pfalzgraf Heinrich zustande.[986] Wegen des zeitlichen Zusammenhangs zwischen der testamentarischen Verfügung Kaiser Ottos IV. über die Burg Vorsfelde[987] und dem Verzicht Pfalzgraf Heinrichs auf die Sommerschenburg dürfte ein genealogischer Zusammenhang, vielleicht sogar eine Identität, zwischen Gottfried von Sommerschenburg und Gottfried von Vorsfelde sehr wahrscheinlich sein.

Vielleicht schon seit 1219, ganz sicher aber erst seit 1221 ist Gottfried mit dem

---

Hucker, Otto IV., führt diesen auf S. 279f. fehlerhaft als Braunschweiger Vogt, identifiziert ihn dann (wohl nach Bode im UB Goslar) in einem Quellenanhang S. 670 aber richtig.

978 Siehe dazu im Kap. I. 1.3.3.

979 UB Goslar 1, Register S. 611.

980 Druck: Asseburger UB 1, Nr. 106.

981 Druck: UB Goslar 1, Nr. 433; UB Hochstift Hildesheim 2, Nr. 91.

982 1217 Juni 21, Orig.: StA WF 1 Urk 9; Druck: O.G. III., S. 834f.; UB Hochstift Halberstadt 1, Nr. 499.

983 Zu Gottfried von Vorsfelde auch Lubenow, S. 300-303. Zur Burg Vorsfelde Zillmann, S. 311ff.

984 1197 Mai 27, Druck: UB Mittelrhein 2, Nr. 168. (1199) Januar 30, Orig.: LHA Magdeburg Rep. U 7 Nr. 29; Druck: v. Heinemann, Nr. 4 (mit Lesefehler). 1204 vor Juli 12, Orig.: StA WF 24 Urk 26; Druck: O.G. III., S. 770; Asseburger UB 1, Nr. 32.

985 Orig.: LHA Magdeburg Rep. U 1/2 Nr. 309; Druck: MGH Constitutiones II., Nr. 294 mit den weiteren Druckorten.

986 1219 September 11, Orig. im Jahre 1830 verbrannt (StA WF 36 Alt 385); Druck: O.G. III., S. 666f. Vgl. dazu Zillmann, S. 301.

987 *Castrum Varsfelde reddatur Gardolfo de Hathemersleve, sed si frater noster vult habere, dabit pro ipso centum marcas*. Orig.: StA WF 2 Urk 1; Druck: MGH Const. II., Nr. 42; O.G. III., S. 363ff.; Asseburger UB 1, Nr. 95. Weitere Druckorte bei Hucker, Otto IV., S. 663f. Zur weiteren Geschichte der Burg Zillmann, S. 311ff.

Amtstitel eines Vogtes nachweisbar.[988] Meist ist Vogt Gottfried in den Urkunden mit dem Vogttitel verbunden,[989] allein mit seinem Herkunftsnamen kommt er seltener vor.[990] Gleichzeitig mit Titel und Herkunftsnamen versehen, erscheint er in zwei Urkunden.[991] Mit dem Vogt Gottfried von Stade hat der Vogt Gottfried außer seinem Taufnamen nichts gemein.[992] Jener Vogt Gottfried von Stade ist erstmals im Jahre 1225 nachweisbar[993] und erscheint mit seinem Bruder Otto in weiteren Urkunden Pfalzgraf Heinrichs unter den Ministerialen des Erzbistums Bremen.[994] Nach 1232 verschwindet Vogt Gottfried von Vorsfelde aus der Überlieferung und wird sehr wahrscheinlich verstorben sein. Eine dem Vogt Gottfried zugeschriebene Urkunde, die *G. Dei gratia advocatus de Brunswik* ausstellte,[995] hat es nicht gegeben, da es sich um eine Stilübung handelt.[996] Immerhin wird dadurch die Möglichkeit deutlich, daß der Vogt mit Einwilligung seines herzoglichen Herrn einen Hörigen hat freilassen können.

Bei dem erstmals wieder im Jahre 1253 auftretenden Gottfried von Vorsfelde wird es sich um den gleichnamigen Sohn Vogt Gottfrieds gehandelt haben.[997] Jener testierte bis in das Jahr 1262 relativ häufig bei Herzog Albrecht[998] und verschwindet

---

988 O. J. (1219?), Orig.: StA WF 24 Urk 45; Druck: v. Heinemann, Nr. 10. 1221, Orig.: HStA Han Cal. Or. 100 Nenndorf Nr. 5; Druck: O.G. III., S. 690; Hoyer UB 6, Nr. 8. 1221, Orig.: StA WF 31 Urk 2; Regest: Reg. v. Campe 1, Nr. 163; UB Br. 4, S. 393.

989 1222 Januar 31, Orig.: StA WF 22 Urk 39; Druck: v. Heinemann, Nr. 13 (mit fehlerhaftem Datum). 1223, Orig.: StA WF 7 Urk 16; Druck: O.G. III., S. 676. 1224 *tunc temporis advocatus*, Orig.: StA WF 7 Urk 17; Druck: O.G. III., S. 694f.; UB Br. 2, S. 24f. 1224 *Godefridus advocatus, insuper universi cives nostri Bruneswicksenses* (sic!), Orig.: StA WF 32 Urk 1; Druck: v. Heinemann, Nr. 18; UB Br. 2, S. 24; Vgl. dazu Schneidmüller, Kollegiatstifte, S. 284. 1224, Orig.: StA WF 24 Urk 52; Druck: Asseburger UB 1, Nr. 134; Reg. v. Campe 1, Nr. 180. 1224, Orig.: StA WF 22 Urk 41; Druck: v. Heinemann, Nr. 19; Regest: UB Br. 4, S. 394. 1225, Orig.: StA WF 8 Urk 4; Druck: v. Heinemann, Nr. 21. 1225 *advocatus noster*, Druck: v. Heinemann, Nr. 20. 1225 *advocatus noster*, Orig.: HStA Han Celle Or. 13 Nr. 1195; Druck: O.G. III., S. 698; Hoyer UB 7, Nr. 10. 1225, Druck: UB Hochstift Hildesheim 2, S. 60. 1226 März 12, Orig.: StA WF 22 Urk 46; Druck: O.G. III., S. 709; v. Heinemann, Nr. 22. 1226 März 24, Druck: Leuckfeld Antiq. Poelde, S. 216; O.G. III., S. 712. O. J. (1226/1227?), als fünfter von zwölf Zeugen noch vor (!) Vogt Balduin von Dahlum, Orig.: StA WF 7 Urk 19; Regest: Reg. v. Campe 1, Nr. 206; UB Br. 2, S. 28; UB Hochstift Hildesheim 2, Nr. 207. 1227, Orig.: StA WF 13 Urk 3; Druck: v. Heinemann, Nr. 25. 1227 nach April 28, Orig.: StA WF 7 Urk 20; Druck: O.G. IV., S. 105f.; Mader, S. 252. 1230 Januar, Druck: UB Br. 2, S. 31. 1232 September 13, Druck: O.G. IV., S. 128f. 1232, Orig.: StA WF 22 Urk 56; Druck: O.G. IV., S. 62f. praef.

990 1219 November 7, Orig.: HStA Han Celle Or. 13 Nr. 595; Druck: O.G. III., S. 672ff.; Hoyer UB 1, Nr. 5; Asseburger UB 1, Nr. 100. 1229, Orig.: LHA Magdeburg Rep. U 5 III Nr. 1; Druck: UB Hochstift Halberstadt 1, Nr. 609.

991 1224, *Godefriedus advocatus de Varsvelde*, Orig.: StA WF 19 Urk 13; Druck: O.G. III., S. 695. 1232 September 13, *Godefridus advocatus de Varsvelden*, Druck: O.G. IV., S. 128f.; UB Niederrhein 2, Nr. 184.

992 Die Vermutung bei Hucker, Otto IV., S. 280, Anm. 671 entgegen den Beobachtungen bei Dürre, Stadt Braunschweig, S. 267 und Lubenow, S. 178 ist demgemäß zu streichen.

993 1225, Druck: Pratje 6, S. 109; Hansisches UB 1, Nr. 183.

994 1225, Orig.: StadtA Stade Zeven Or. Nr. 9; Druck: UB Herzöge Br.-Lb. 1, Nr. 8. 1226, Druck: Pratje 5, Nr. 116; UB Osterholz, Nr. 26.

995 O. J. (um 1225?), Druck: Schannat I, S. 209. Eine geringfügig andere Variation bei: Vienken, Nr. 10 (Druck); Hucker, Otto IV., S. 673 (Regest).

996 Siehe dazu im Kap. I. 1.1.2. Zu korrigieren ist demgemäß Weinmann, S. 119, Anm. 30 und S. 122.

997 Orig.: StA WF 24 Urk 110; Druck: Urk. v. Saldern, Nr. 79; UB Br. 2, S. 62; Reg. v. Campe 1, Nr. 338.

998 1255 Oktober 2, Regest: Reg. v. Campe 1, Nr. 349. 1256 Juni 23, Druck: Calenberger UB 3, Nr. 187. 1256 Juli 26, Druck: Calenberger UB 3, Nr. 189. 1256 August 20, Druck: UB Hochstift Hildesheim 2, Nr. 995. 1258 Juni, Druck: UB Hochstift Hildesheim 2, Nr. 1072. 1259 August 26,

danach aus den herzoglichen Urkunden. Im Jahre 1259 tauschte der Ritter Gottfried von Vorsfelde unter Zustimmung seiner Erben mit dem Kloster St. Ludger in Helmstedt Güter.[999] Den Schutz dafür versprachen Gottfried von Vorsfelde selber sowie die Ritter Gerhard von Bervelde und Hermann von Brunsrode. An der Urkunde hängt das beschädigte Siegel Gottfrieds von Vorsfelde mit der Umschrift SIGIL' GODEFRID[I] DE VARS[VELDE]. Es zeigt als Bild zwei aus drei Wurzeln steigende, mit je fünf Trieben versehene Baumtriebe.[1000]

Erst wieder im Jahre 1276 ist ein Gottfried von Vorsfelde, abermals mit einem Vogtamt betraut, nachweisbar. Die Aussteller der Urkunde, die Ritter Burchard von Asseburg, Marschall Herzog A(lbrechts), und Gottfried von Vorsfelde, Vogt in der Asseburg, vermitteln zwischen dem Ritter Johannes von Geitelde und dem Abt von St. Michael in Hildesheim.[1001] Ohne Titelführung läßt sich dieser Gottfried noch einige Male bei den Braunschweiger Herzögen nachweisen,[1002] und in einer Verkaufsurkunde der Brüder Johannes, Ludolf und Bruno von Brunsrode für das Kloster Mariental von 1280 bezeugten: *Godfridus cognatus noster de Varesvelde, Johannes de Honlage socer noster, Johannes de Aderstede gener dom. Godefridi, Valcmarus filius dom. Godefridi.*[1003] Unter den im Jahre 1288 nachweisbaren Burgmannen in Vorsfelde wurde Gottfried von Vorsfelde nicht genannt.[1004] In einer Urkunde des Jahres 1290 resignierte der Ritter Gottfried von Vorsfelde den Herzögen Heinrich, Albrecht und Wilhelm einen bei der Kurie des Bertram von Sambleben gelegenen Hofplatz in Braunschweig, welchen er von den Herzögen nach "hovelen" benannten Lehnrecht besessen, mit Zustimmung seiner Erben, der Brüder Johannes, Ludolf und Bruno von Brunsrode, welchen die Hälfte des Hofplatzes einst gehört hatte.[1005] Gottfrieds im Jahre 1280 genannter Sohn mit Taufnamen Volkmar

---

Orig.: StA WF 23 Urk 54; Druck: Leuckfeld Antiq. Michaelstein S. 44. 1260, Orig.: StA WF 7 Urk 50 verschollen; Regest: Reg. v. Campe 1, Nr. 372; Urk. v. Saldern, Nr. 83. 1262 Januar 10, Orig.: StadtA Br. A III 10 Nr. 22; Druck: Pistorius VIII S. 2342; UB Br. 2, S. 87f.

999 1259 März 2, Orig.: StA 12 Urk 59; ungedruckt.

1000 Später als Hirschgeweih fehlgedeutet bei v. Strombeck, S. 14f., Anm. 41. Auch die Herren von Bervelde führten als Wappenbild entgegen der Fehldeutung v. Strombecks kein Hirschgeweih, sondern zwei Baumstümpfe. Vgl. StA WF 5 Slg 7 Nr. 70 zu 1402. Da Gerhard von Bervelde in der erwähnten Urkunde gemeinsam mit Hermann von Brunsrode und Gottfried von Vorsfelde bürgte, bestand möglicherweise auch zu der Familie von Bervelde eine Stammesverwandtschaft.

1001 Druck: UB Hochstift Hildesheim 3, Nr. 455

1002 1281 August 26, Druck: Asseburger UB 1, Nr. 415. 1283 Januar 13, Regest: Reg. v. Campe 1, Nr. 470. 1283 Oktober 18, Orig.: StA WF 31 Urk 33; Regest: Reg. v. Campe 1, Nr. 473. 1283, Druck: Asseburger UB 1, Nr. 428; Reg. v. Campe 1, Nr. 474. 1284 Mai 4, Orig.: StA WF 22 Urk 173, ungedruckt. 1284 Mai 11, Orig.: StA WF 24 Urk 228; Druck: Asseburger UB 1, S. 279. 1289 Oktober 18, Orig.: StA WF 31 Urk 33, ungedruckt.

1003 Johannes, Ludolf und Bruno von Brunsrode verkaufen dem Kloster Mariental für acht Mark ihr Lehen in Emmerstedt, Orig.: StA WF 22 Urk 157; ungedruckt.

1004 1288 November 29, Hermann von Warberg für das Kloster Mariental. Orig.: StA WF 22 Urk 145, ungedruckt. Es testierten die Burgmannen von Vorsfelde: Gunther von Bartensleben, Johannes von Kißleben, Anno genannt Sone, sowie die Burgmannen von Sommerschenburg: Arnold von Ummendorf, Bartold von Wevensleben, Bertold von Schöningen.

1005 O. J. (1290), *datum Vorsfelde*, Orig.: StA WF 7 Urk 98 (in zwei Ausfertigungen, davon eines besiegelt); Regest: UB Br. 2, S. 218f. Die rechte Datierung ergibt sich aus dem Zusammenhang mit einer Urkunde der Herzöge zu 1290, Orig.: StA WF 7 Urk 99; Druck: Asseburger UB 1, Nr. 452; UB Br. 2, S. 172. Zum Vorgang vgl. auch Weinmann, S. 199. Herzog Albrecht der Fette übergibt zu 1293 Januar 12, Orig.: StA WF 13 Urk 6, Regest: Reg. v. Campe 1, Nr. 500, Güter, die der Ritter Johannes von Brunsrode und seine Brüder, die Knappen Bruno und Ludolf, verkauft haben, dem Kloster Königslutter. Die genannten Brüder von Brunsrode urkunden darüber 1293 Januar 20,

dürfte also schon verstorben gewesen sein. An der Urkunde hängen zwei an Pergamentstreifen hängende schildförmige Siegel, die beide dasselbe Bild haben: zwei mit je fünf Trieben versehene steigende Baumtriebe mit drei Wurzeln. Das an erster Stelle hängende Siegel hat die Umschrift + S[IG G]ODEFRIDI DE VARS[VELDE].[1006] Die Umschrift des an zweiter Stelle hängenden lautet + S' IOHANIS DE BR[VN]SRODE ET FRIS SVI. Gottfried von Vorsfelde bezeichnete in dieser Urkunde die Brüder von Brunsrode als seine Erben, und beide Familien, die von Vorsfelde und die von Brunsrode zeigen das gleiche Wappenbild.

Die Stammesverwandtschaft der Familien von Vorsfelde und von Brunsrode wird dann noch einmal im Jahre 1296 deutlich, als der Ritter Gottfried von Vorsfelde mit Konsens seiner Erben Gottfried, Johannes und Ludolf dem Kloster Riddagshausen Güter verkaufte.[1007] Die Urkunde Gottfrieds wurde in Brunsrode ausgestellt. Ergänzend kann außerdem die Beobachtung herangezogen werden, daß der seltene Taufname Gottfried, gleichzeitig Leitname der Familie von Vorsfelde, auch in der Familie von Brunsrode vorkommt.[1008]

3.1.1.10 Johannes von Brunsrode, Vogt von Braunschweig 1235-1240, Vogt von Hannover 1243-1254

Im Jahre 1235 tritt neben dem Bürgervogt Dietrich ein *Johannes advocatus* auf,[1009] von dem vermutet worden ist, daß es sich um Johannes I. von Dahlum, den ersten Sohn des Vogtes Balduin II. von Dahlum, handelte.[1010] Johannes von Dahlum führte aber sonst nie diesen Titel, sondern nannte sich stets nur *de Dalem*.[1011] Daher wird es sich vielmehr um den Vogt Johannes mit dem Herkunftsnamen von Brunsrode gehandelt haben, der zunächst nur mit Taufnamen und Vogttitel versehen vorkommt.[1012] Erstmals im Jahre 1237 und danach noch öfter führte er neben seiner Amtsbezeichnung auch den Herkunftsnamen von Brunsrode,[1013] wobei er dabei einmal sogar als *advocatus Bruneswicensis* bezeichnet wurde.[1014] Nur mit seinem

---

Orig.: StA WF 13 Urk 7 (Siegel fehlt); Regest: Reg. v. Campe 1, Nr. 501.

1006 Das Siegel ist mit den Maßen 51 x 36 mm deutlich größer als dasjenige der Brüder von Brunsrode mit den Maßen 40 x 38 mm.

1007 Orig.: StA WF 24 Urk 321, ungedruckt. Die genannten Gottfried, Johannes und Ludolf stifteten 1303 Juni 6, Orig.: StA WF 22 Urk 276, ungedruckt, Seelenmessen im Kloster Mariental, wobei sie mit dem Herkunftsnamen von Vorsfelde und als Söhne des verstorbenen Gottfrieds erkennbar werden. 1305 März 9, Orig.: StA WF 24 Urk 385, ungedruckt, verkauften sie Güter an das Kloster Riddagshausen.

1008 1265 Januar 6, Orig.: StA WF 22 Urk 129; Druck: Reg. v. Campe 1, Nr. 383.

1009 Orig.: StA WF 7 Urk 22; Druck: UB Br. 2, S. 34.

1010 So Schneidmüller, Kollegiatstifte, S. 286.

1011 1233 August 18, Orig.: StA WF 24 Urk 67; Druck: Meibom Chron. S. 415; O.G. IV., S. 135; Asseburger UB 1, S. 118f. 1237 Mai 5, Orig.: StA WF 7 Urk 24; Druck: Asseburger UB 1, Nr. 192. 1237 Juni 1, Orig.: StA WF 22 Urk 58; Druck: O.G. IV., S. 63 praef.; Asseburger UB 1, Nr. 194; Reg. v. Campe 1, Nr. 244. 1238, Druck: Asseburger UB 1, Nr. 201; Reg. v. Campe 1, Nr. 255.

1012 1235 Mai 13, Orig.: StA WF 7 Urk 22; Druck: O.G. IV., S. 152f.; UB Br. 2, S. 34; Reg. v. Campe 1, Nr. 229. O. J. (vor 1237 Juni 1?), *Jo. advocatus*, Druck: Lüneburger UB 15, Nr. 23; Reg. v. Campe 1, Nr. 243.

1013 1237 Mai 5, *Iohannes de Brunesrodhe advocatus et Daniel burgensis de Bruneswic et alii multi*, Orig.: StA WF 7 Urk 24; Druck: Asseburger UB 1, Nr. 192. Vgl. dazu Schneidmüller, Kollegiatstifte, S. 286. 1238 November 16, Orig.: StA WF 7 Urk 28; Druck: O.G. IV., S. 174f., Asseburger UB 1, Nr. 199. 1240 Dezember, *Johannes de Brunesrode, illius temporis advocatus*, Orig.: StA WF 7 Urk 30; Druck: UB Br. 2, S. 541f.

1014 1239 März, *Johannes de Brunesrodhe advocatus Bruneswicensis*, Orig.: HStA Han Celle Or. 9

Herkunftsnamen verbunden ist er während seiner Amtszeit lediglich wenige Male belegbar.[1015] Mit ihm identisch wird auch der im Jahre 1239 genannte *Johannes advocatus* sein.[1016] Seine Stellung in der Zeugenreihe im Verhältnis zu *Baldewinus advocatus* (Balduin II. von Dahlum) und *Heine de Weneden* (Heinrich I. von Wenden) läßt jedenfalls keinesfalls an Johannes I. von Dahlum denken. Johannes von Brunsrode ist letztmalig als Vogt mit Bezug auf Braunschweig im Jahre 1240 nachweisbar.[1017] Darauf testierte er einmal mit Herkunftsnamen in der Urkunde Herzog Ottos für die Bürger der Stadt Hannover,[1018] bevor er seit 1243 als Vogt in Hannover belegbar ist.[1019] Später kommt er vielfach ohne Amtstitel, aber mit Herkunftsnamen in einer großen Anzahl von Urkunden Herzog Albrechts oder welcher, die den Herzog direkt betreffen, vor.[1020] Als Vogt in Hannover ist er noch einmal im Jahre 1254 belegt.[1021] Kurz darauf ist Johannes von Brunsrode offenbar von dem Amt in Hannover ausgeschieden, da wenig später weitere Vögte in Hannover auftreten.[1022] Vielleicht ist der Grund hierfür in dem höheren Alter des Vogtes zu suchen, denn er erscheint nur noch einmal im Jahre 1256 in den Urkunden Herzog Albrechts und verschwindet dann aus der Überlieferung.[1023]

Erst im Jahre 1265 sind wieder Angehörige der Familie von Brunsrode bei Herzog Albrecht nachweisbar.[1024] Diese beachtliche welfischen Ministerialenfamilie, der auch Vogt Johannes von Brunsrode entstammte, stand mit der Familie von Vorsfelde in einem agnatischen Zusammenhang.[1025]

Schr. VIII Caps. 17 Nr. 1; Druck: UB Herzöge Br.-Lb. 1, Nr. 22.

1015 1236, Druck: O.G. IV., S. 145. 1236, Orig.: StA WF 24 Urk 77; Druck: O.G. IV. S. 63 praef. O. J. (1240?), Druck: UB Ilsenburg, Nr. 81.

1016 1239 Dezember, Orig.: StA WF 24 Urk 82; Druck: O.G. IV., S. 68 praef.

1017 1240 Dezember, *Johannes de Brunesrode, illius temporis advocatus*, Orig.: StA WF 7 Urk 30; Druck: UB Br. 2, S. 541f.

1018 1241 Juni 26, zwei unterschiedliche Orig. mit unterschiedlichen Zeugenreihen: StadtA Han Urk I, 0001 und 0002; Druck: 0001. Rethmeier, Br. Chron. S. 1831; O.G. IV., S. 186; UB Hannover, S. 10ff.; 0002. O.G. IV., S. 184; UB Hannover, S. 13ff.

1019 1243 Februar 2, *Johannes de Brunesrothe, advocatus in Honovere*, Orig.: HStA Han Cal. Or. 100 Marienwerder Nr. 18; Druck: Calenberger UB 6, Nr. 23; UB Hannover, Nr. 12. 1244, *Johannes de Brunsrothe advocatus noster*, Druck: O.G. IV., S. 200f.; UB Hannover, Nr. 13; Doebner, Nr. 7.

1020 1246, ausgestellt in Elze, Orig.: HStA Han Cal. Or. 100 Wennigsen Nr. 22; Druck: Calenberger UB 7, Nr. 22. 1248, empfängt mit anderen für den Herzog Otto das Kind eine Urkunde des Grafen Heinrich von Lauenrode, testiert auch darin, Druck: UB Herzöge Br.-Lb. 1, Nr. 32. 1249 April 23, Regest: Reg. v. Campe 1, Nr. 316. 1249, ausgestellt *in castris aput Hildensem*, Druck: Calenberger UB 3, Nr. 124. 1252, Orig.: StA WF 22 Urk 88; Druck: O.G. IV., S. 246f.; Asseburger UB 1, Nr. 270. 1252, Druck: Calenberger UB 3, Nr. 160. 1253 Mai 6, nach *Winandus advocatus noster*, Orig.: StA WF 22 Urk 91; Regest: UB Br. 4, S. 405. 1253, Orig.: StA WF 24 Urk 110; Druck: Urk. v. Saldern 1, Nr. 79. 1253, Druck: Reg. v. Campe 1, Nr. 337. 1254 April 7, Orig.: StadtA Br. A III 10 Nr. 14; Druck: Pistorius VIII, S. 2339; UB Br. 2, S. 69f. 1254 November 11, Orig.: StadtA Br. A III Nr. 12; Druck: Pistorius VIII, S. 2337; Br. Anzeigen 1747, S. 725; UB Br. 2, S. 70f. 1254, Orig.: StadtA Br. A III 10 Nr. 15; Druck: Pistorius VIII S. 2336; UB Br. 2, S. 63f.

1021 *Johannes de Brunnesrothe, advocatus in Honovere*, Druck: Hodenberger UB, 1, Nr. 48; UB Hannover, 1, Nr. 16.

1022 O. J. (ca.1255), *dominus Lodewicus de Endelingeborste, advocatus existens Honovere*, Druck: UB Hannover, 1, Nr. 17. 1257 Juni 28, *dominus Arnoldus de Hedesse advocatus existens in Honovere*, Druck: Leyser II. S. 35f.; UB Hannover, 1, Nr. 20. Zu den weiteren Vögten in Hannover vgl.: UB Hannover, S. 24ff. Grotefend. Mooyer.

1023 1256 April 23, in der Zeugenreihe vor Vogt Winand, Orig.: StadtA Br. A III 10 Nr. 17; Druck: Pistorius VIII, S. 2339; UB Br. 2, S. 74.

1024 1265 Januar 6, Orig.: StA WF 22 Urk 129; Druck: Reg. v. Campe 1, Nr. 383. Es handelte sich um die Ritter Gottfried und Hermann von Brunsrode.

1025 Zu Johannes von Brunsrode auch Lubenow, S. 279-282 (fehlerhaft). Allgemein zur Familie vgl.

3.1.1.11 Ludolf, Vogt in Braunschweig 1241-1242

Der Vogt mit dem Taufnamen Ludolf ist im Jahre 1241 mit dem Titel *advocatus in Bruneswic*[1026] und im Jahre 1242 nur als *advocatus*[1027] nachweisbar. Es ist unwahrscheinlich, daß dieser identisch mit Ludolf IV. von Dahlum, dem jüngsten Sohn des Vogtes Balduin II. von Dahlum, gewesen sein soll.[1028] Zwar könnte dessen Auftreten in einen zeitlichen Zusammenhang mit dem Ableben Balduins II. gebracht werden, und auch der Taufname spräche für diese Identifizierung, einzigartig steht aber der Titel des *Ludolf advocatus in Bruneswic*.[1029] Eine solche Bezeichnung taucht nun schon seit einer Generation nicht mehr bei den von Dahlum-Wenden auf. Dementsprechend erscheint Heinrich I. von Wenden in derselben Urkunde als *advocatus de Wenden*. Auffällig ist zudem die Stellung Ludolfs in der Zeugenreihe.

Eine weitere gewichtige Beobachtung spricht gegen obigen Identifizierungsvorschlag. So ist in dem seit 1248 als Halberstädter Domherrn nachweisbaren Ludolf von Dahlum mit großer Wahrscheinlichkeit Ludolf IV. von Dahlum zu sehen.[1030] Normalerweise erschien der Domherr Ludolf in den Halberstädter Urkunden, die Angelegenheiten der Familie von Dahlum betreffen, in der Menge der übrigen Domherren als Zeuge. Dagegen testierte Ludolf von Dahlum in einer Urkunde Bischof Volrads von 1258 lediglich unter vier Domherren und wurde nur durch die Rubren *nostre maioris ecclesie canonici* und *laici vero* von den einzigen Laienzeugen *Baldwinus et Baldwinus fratres, Iohannes et Baldwinus fratres de Dalem* getrennt.[1031] Diese sind leicht als die Brüder Balduin III. und Balduin IV. mit ihren Neffen, den Brüdern Johannes II. und Balduin VI. zu erkennen. Der Aufbau dieser Zeugenreihe spricht neben der zeitlichen Einordnung in die fünfte Generation der Herren von Dahlum dafür, in dem Domherrn Ludolf von Dahlum den jüngsten Sohn Balduins II. und Bruder Balduins III. und Balduins IV., Ludolf IV. von Dahlum zu sehen. Selbst die zweimalige Nennung als Träger eines Vogtamtes in Braunschweig ließe sich damit noch in Einklang bringen, wenn man spekuliert, der des Amtes ledig gewordene Ludolf habe sich nach einer anderen Versorgung umsehen müssen. So muß denn letztendlich die Einordnung des Vogtes Ludolf von 1241 und 1242 offen bleiben.

3.1.1.12 Hermann von Börßum, Vogt von Braunschweig 1240-1246

Der Vogt Hermann von Börßum gehörte einer der unbedeutenderen Ministerialenfamilien der Welfen an.[1032] Im Jahre 1240 erteilte *Hermannus dictus de Borsne, tunc temporis advocatus in Bruneswic* den Bürgern der Altenwiek in

---

Lubenow, S. 278. Zu dem Wappenbild der Familie von Brunsrode und ihrer Stammesverwandtschaft zu der Familie von Vorsfelde siehe im Kap. I. 3.1.1.9.

1026 1241 April 21, Orig.: StA WF 19 Urk 22; Druck: O.G. IV., S. 192. Im Original StAWF 19 Urk 22 steht *in*. Die unterschiedlichen Lesarten - auch in den Regestenwerken - werden sich aus dem schlechten Erhaltungszustand der Urkunde vor der Restaurierung im Jahre 1964 erklären lassen.

1027 Orig.: StA WF 8 Urk 11; Druck: UB Br. 2, S. 40f.

1028 So Lubenow, S. 185.

1029 1241 April 21, Orig.: StA WF 19 Urk 22; Druck: O.G. IV., S. 192.

1030 1248 September, Druck: Cod. dipl. Alvensleben., S. 97; UB Hochstift Halberstadt 2, Nr. 793. 1240. Sämtliche weiteren Nachweise bei Hasse 1, S. 52 i. V. mit 2, Reg. 107ff. Dieselbe Identifizierung auch in der provisorischen Stammtafel der Familie von Dahlum bei H. Dürre, StA WF 32 Slg 107.

1031 1258 August 31, Druck: UB Hochstift Halberstadt 2, Nr. 973.

1032 Vgl. Lubenow, S. 150f. Der Herkunftsname bezieht sich auf Börßum, Kreis Wolfenbüttel.

Braunschweig das Innungsrecht.[1033] Im Privileg Herzog Otto des Kindes für die Lakenmacher der Altenwik von 1245 testierte Hermann von Börßum mit der Beifügung *advocatus noster.*[1034] Bei dem in einer Urkunde des Stifts Stederburg im Jahre 1246 zwischen den *milites* und Braunschweiger Bürgern testierenden *Hermannus advocatus domini ducis*[1035] dürfte es sich ebenfalls um Hermann von Börßum gehandelt haben.

3.1.1.13 Winand (von Allersehl), Vogt von Celle 1236-1245, Vogt von Braunschweig 1253-1258

Vogt Winand erscheint in herzoglichen Urkunden niemals mit einem Herkunftsnamen verbunden. Zunächst trat er mit Vogttitel in zwei in Celle ausgestellten Urkunden Herzog Ottos des Kindes auf.[1036] Daß Winand Vogt in Celle gewesen ist, beweist sich durch seine Nennung als gewesener Vogt daselbst im Jahre 1244.[1037] Tatsächlich ist just zu der Zeit ein Vogt mit dem Taufnamen Heinrich mit Bezug auf Celle nachweisbar.[1038] Ein Jahr später ist auch Winand wieder mit dem Vogttitel belegt,[1039] muß jedoch bald darauf wieder von Vogt Heinrich abgelöst worden sein. Dieser wird im Jahre 1247 wieder mit dem Titel eines Vogtes von Celle genannt.[1040] 1248 jedoch erscheint Heinrich mit dem Titel Gograf[1041] verbunden in einer von dem Grafen Heinrich von Lauenrode für Herzog Otto in Celle ausgestellten Urkunde.[1042] Wie schon im Jahre 1243 kommt Heinrich hier mit seinem Bruder Floreko vor, womit die Identität der beiden Heinrich gesichert wäre. Damals wurde die Ehefrau des Gografen Heinrich durch Herzog Otto das Kind von dem Bischof von Hildesheim ertauscht.[1043]

Seit seiner letzten Nennung als Vogt von Celle im Jahre 1245 ist Winand nicht weiter nachweisbar, bis kurz nach der Regierungsübernahme Herzog Albrechts des Großen wieder ein Vogt mit demselben Taufnamen auftaucht.[1044] Auch dieser Vogt wird niemals mit einem Herkunftsnamen verbunden, wiewohl eine Identität desselben mit dem bis 1245 nachweisbaren Vogt von Celle möglicherweise bestehen könnte. Dafür spricht einmal der seltene gemeinsame Taufname, der sonst lediglich

---

1033 Druck: Rethmeier, Chron. S. 1830; O.G. IV., S. 183; UB Br. 1, S. 9 zu 1240, und 5, Nachträge S. 586 zu 1245 [?].

1034 Druck: Br. Anzeigen 1757, S. 1510; UB Br. 1, S. 10; Doebner, Nr. 8.

1035 Druck: Asseburger UB 1, Nr. 241.

1036 1236, Orig.: HStA Han Cal. Or. 100 Wennigsen Nr. 9; Druck: Calenberger UB 7, Nr. 9. 1237, Druck: UB Herzöge Br.-Lb. 1, S. 18.

1037 1244 Juli 11, *Winandus ministerialis noster dictus quondam advocatus de itsellis*, Druck: Lüneburger UB 5, Nr. 4.

1038 1243 Februar 17, *advocatus noster* (mit Bruder Floreko), ausgestellt in Celle, Druck: Lüneburger UB 15, Nr. 34. Vielleicht besteht zwischen dem Vogt Heinrich eine Verbindung zu dem in Verbindung zu Celle testierenden *Henricus de Glusse advocatus* 1234 und (1234) Januar 12, Druck: Reg. v. Campe 1, Nr. 224 und Nr. 225 (fehlerhaftes Komma).

1039 1245, ..., *Winandus advocatus de Tsellis, ministeriales Bruneswicenses*, Druck: O.G. IV., S. 196 (fehlerhaft); Lüneburger UB 5, Nr. 8.

1040 1247 Juni 30, *Henricus advocatus de Tsiellis*, Druck: O.G. IV., S. 223f.; Rethmeier, Chron. 3, S. 481; ZsHVNds 1858, S. 253.

1041 Zur ursprünglichen rechtlichen Verschiedenheit der beiden Titel vgl. v. Heinemann, S. 244ff.

1042 1248, *Henricus Gogravius et Floreko frater suus*, Druck: UB Herzöge Br.-Lb. 1, Nr. 32.

1043 O. J. (um 1240), Druck: ZsHVNds 1864, S. 131.

1044 1253, Orig.: StA WF 24 Urk 110; Druck: Urk. v. Saldern 1, Nr. 79.

in der Familie von Osterode-Windhausen vorkommt.[1045] Ferner muß als Indiz dafür auch die Tatsache gelten, daß letzterer Vogt Winand offenbar in einem höheren Alter stand. Denn schon im Jahre 1253 ist sein gleichnamiger Sohn belegbar.[1046] Erstmals und einmalig mit dem Titel *advocatus Brunsvicensis* ist Winand in einer Urkunde Herzog Albrechts für das Marienspital in Braunschweig im Jahre 1254 belegt.[1047] In den weiteren Urkunden Herzog Albrechts vom selben Jahr für den gleichen Empfänger wurde er dagegen entweder nur mit *advocatus*[1048] oder *advocatus noster*[1049] bezeichnet. In einer Urkunde des Rates der Stadt Braunschweig und des Marienspitals vom gleichen Jahr stand Winand als *Winandus advocatus noster* unter den *testes sub hiis nominibus domini ducis consiliarii.*[1050] Daß Vogt Winands Amt nicht nur örtlich auf Braunschweig beschränkt gewesen sein dürfte und vielleicht eher auf die Person des Herzogs zu beziehen ist, zeigen die häufigen Nennungen Winands als *advocatus noster* in herzoglichen Urkunden, von denen zwei nicht in Braunschweig, eine davon sogar in einem Feldlager ausgestellt worden sind.[1051] Letztmalig nachweisbar ist Vogt Winand im Jahre 1258, allerdings nur mit Taufnamen.[1052] Seine Stellung in der Zeugenreihe noch vor dem Truchsessen Anno spricht dagegen, daß es sich hier schon um Vogt Winands gleichnamigen Sohn handelte.

Dieser testierte als *Winandus filius Winandi* eine in Gifhorn ausgestellte Urkunde Herzog Albrechts von 1260.[1053] Zu dieser Zeit wird sein Vater also bereits verstorben gewesen sein. Der Sohn Vogt Winands nun ist mit großer Wahrscheinlichkeit identisch mit jenem Winand, welcher im Jahre 1279 gemeinsam mit seinen Brüdern Jordan und Johannes mit Zustimmung seiner Schwester Mechtild eine Urkunde für das Kloster Wienhausen ausgestellt hat. Die Brüder führten dabei den Herkunftsnamen von Allersehl.[1054] An der Urkunde hing ein nach Art der Normannenschilde oben abgerundetes Schildsiegel mit der Umschrift + SIGILLUM ADV[OCA]TI WINANDI, das folgendes Bild hatte: "ein springendes Einhörn,

---

1045 1224, Druck: Urk. Walkenried, 2, Nr. 139; Asseburger UB 1, Nr. 136. 1251, Orig.: StA WF 25 Urk 1015; Druck: Reg. v. Campe 1, Nr. 325. 1252, Orig.: StA WF 25 Urk 1017; Druck: O.G. III., S. 705.

1046 1253, *Winandus advocatus et Winandus filius suus*, Orig.: StA WF 24 Urk 110; Druck: Urk. v. Saldern 1, Nr. 79.

1047 1254 April 7, ausgestellt Braunschweig *in cenaculo nostro* (!), Orig.: StadtA Br. A III 10 Nr. 14; Druck: Pistorius VIII, S. 2339; UB Br. 2, S. 69f. Fehl geht demnach die von Garzmann, S. 92 vertretene Ansicht, der Vogt Winand könnte vom Herzog "für die besonderen Angelegenheiten des im Jahre 1245 errichteten Hospitals" (gemeint ist das Marienspital in Braunschweig) beauftragt worden sein.

1048 1254 November 11, Orig.: StadtA Br. A III 10 Nr. 16; Druck: Pistorius VIII, S. 2337; Br. Anzeigen 1747, S. 725; UB Br. 2, S. 70f.

1049 1254, *W. advocatus noster*, ausgestellt Braunschweig *in curia prepositi Heinrici*, Orig.: StadtA Br. A III 10 Nr. 12; Druck: Pistorius VIII, S. 2341; UB Br. 2, S. 63. 1254, Orig.: StadtA Br. A III 10 Nr. 15; Druck: Pistorius VIII, S. 2336; UB Br. 2, S. 63f.

1050 Orig.: StadtA Br. A III 10 Nr. 13; Druck: Pistorius VIII, S. 2336; UB Br. 2, S. 64ff.

1051 1253 Mai 6, Orig.: StA WF 22 Urk 91; ausgestellt in *Volcmersen* (Volkse ?); Regest: UB Br. 4, S. 98. 1254 Oktober 13, Druck: UB Göttingen, 1, Nr. 6; Regest: UB Br. 4, S. 405. 1256 April 23, Orig.: StadtA Br. A III 10 Nr. 17; Druck: Pistorius VIII, S. 2339; UB Br. 2, S. 74. 1256 Juli 26, ausgestellt *in castris apud Rosendale*, Druck: Calenberger UB 3, Nr. 189.

1052 1258 Februar 28, Druck: UB Herzöge Br.-Lb. 1, Nr. 46.

1053 1260 Dezember 2, Orig.: StA WF 19 Urk 52; Erwähnung: Meibom Chron. S. 35; UB Br. 4, S. 411.

1054 Der Herkunftsname bezieht sich auf Allersehl, Gemeinde Dedelstorf, Kreis Gifhorn.

welches mit einer Decke belegt" (sic!)[1055]. Sowohl die Siegelumschrift als auch die Siegelform[1056] sprechen dafür, daß Winand von Allersehl das Siegel seines Vaters, des Vogtes Winand, weiter benutzt hat.

3.1.1.14 Anno, Vogt 1269-1271

Ein Vogt Anno ohne Herkunftsnamen testierte unter den Rittern in zwei in Braunschweig ausgestellten Urkunden Herzog Albrechts des Großen für das Kloster Riddagshausen im Jahre 1269[1057] und für das Stift St. Blasius im Jahre 1271[1058]. Ein weitergehender Bezug des Vogtes Anno auf die Stadt Braunschweig kann aber nicht festgestellt werden.[1059]

3.1.1.15 Bernhard von Wahle, Vogt in Braunschweig 1276

Bernhard von Wahle wird als *advocatus in Bruneswic* nur ein einziges Mal im Jahre 1276 erwähnt, jedoch nicht in einer herzoglichen, sondern in einer von dem Marschall Burchard von Asseburg und dem Vogt in der Asseburg, Gottfried von Vorsfelde, ausgestellten Urkunde.[1060] Sehr wahrscheinlich besteht zwischen Bernhard von Wahle und dem mit gleichen Herkunftsnamen in der Mitte des 13. Jahrhunderts vorkommenden Ritter Johannes ein direkter Zusammenhang. Johannes von Wahle testierte in zwei Urkunden als Ritter noch vor wichtigen welfischen Ministerialen.[1061] Er war der Schwager des Edelherrn Bernhard von Hagen,[1062] der für ihn im Jahre 1249 eine Urkunde für das Kreuzkloster besiegelte.[1063] In einer weiteren Urkunde wurde Bernhard von seinem Schwager als Edelherr bezeichnet.[1064] Bernhard von Wahle dürfte also mit großer Wahrscheinlichkeit als Sohn Johannes' von Wahle nach seinem edelfreien Onkel benannt worden sein.

Danach ist erst wieder in den Jahren 1288 und 1290 mit Wedekind von Wahle ein Angehöriger dieser Familie als Lehnsmann der Edelherren von Meinersen belegbar.[1065]

3.1.1.16 Heinrich, angeblicher Vogt (vor 1291)

Bei dem neuerdings aufgeführten Vogt mit Taufnamen Heinrich[1066] handelte es sich mit großer Sicherheit nicht um einen herzoglichen Vogt, sondern um den lange vor

---

1055 1279 Juli 13, Orig.: KlA Wienhausen Nr. 86; Es bezeugen: *dominus Winandus miles cuius sigillo scriptum presens est firmiter roboratum, et Henricus filius suus, et Henricus de Valeberch noster gener, Albertus, Alradus fratres de Eldinge et alii ....* Abschrift und Siegelbeschreibung: HStA Han Cop. IX 02, Nr. 111; ungedruckt.

1056 Die in HStA Han Cop. IX 02, Nr. 111 verwendete Siegelbeschreibung "Herzsiegel" ist irreführend. Es handelt sich vielmehr um ein in Art der Normannenschilder oben abgerundetes Schildsiegel, wie es vor allem in der ersten Hälfte des 13. Jahrhunderts vorkommt. Vgl. dazu im Kap. III. 1.3.1.

1057 1269 Februar 11, Orig.: StA WF 24 Urk 178; Regest: UB Br. 2, S. 106f.; Reg. v. Campe 1, Nr. 392.

1058 1271 Januar 4, Orig.: StA WF 7 Urk 63; Regest: UB Br. 2, S. 111; Urk. v. Saldern 1, Nr. 104.

1059 Vgl. dazu auch Garzmann, S. 92.

1060 *de Wolethe*, Druck: UB Hochstift Hildesheim 3, Nr. 455. Der Herkunftsname bezieht sich auf Wahle, Gemeinde Vechelde, Kreis Peine.

1061 1241 Oktober 25, Orig.: StA WF 26 Urk 3; Druck: UB Br. 2, S. 38. 1242, Druck: UB Br. 2, S. 41.

1062 1245, Orig.: StA WF 26 Urk 5, ungedruckt.

1063 Orig.: StA WF 26 Urk 6; Druck: UB Br. 2, S. 50f.

1064 1251, Regest: UB Br. 2, S. 542f.

1065 1286 Januar 15, Regest: UB Br. 2, S. 429. 1290 September 29, Regest: UB Br. 2, S. 436f.

1066 Weinmann, S. 119.

dieser Zeit verstorbenen Bürgervogt Heinrich mit dem Zunamen von der Breiten Straße.[1067]

3.1.2 Der Wandel des Vogtamtes in Braunschweig

Gemäß seiner Stellung in den Zeugenreihen ist dieses Vogtamt von Anfang an mit einem Ministerialen besetzt gewesen, und so gesehen gehört auch das Problem der Braunschweiger Vogtei in den größeren Rahmen der welfischen Ministerialität. Hinsichtlich der Braunschweiger Vogtei bestehen unterschiedliche Forschungsmeinungen, die aufgrund methodischer Schwierigkeiten zu keinem abschließenden Ergebnis kommen konnten.[1068] Neue Lösungsansätze hinsichtlich der Verortung der Braunschweiger Vogtei im Besitzgefüge von Landesherr, Burg, Stiften und entstehender Stadt konnten dagegen unter besonderer Berücksichtigung der Stiftsvogteien aufgetan werden.[1069] Hier zeigte sich, daß ein neuer Zugriff auf die betreffenden Probleme auch durch ein Zusammentragen des gesamten, vornehmlich personengeschichtlichen Materials möglich ist.[1070]

Der Vogt-Titel läßt sich erstmals unter Lothar III. bei den Ministerialen von Dahlum nachweisen, und es wurde daher vermutet, die von Dahlum-Wenden seien schon durch Lothar als Vögte von Braunschweig eingesetzt worden.[1071] Mit dem Titel Vogt erschien erstmals Ludolf I. von Dahlum im Jahre 1134.[1072] Die Urkunde Lothars III. aus dem Jahr 1130[1073], in der Ludolf sogar als Vogt von Braunschweig und gemeinsam mit seinen beiden Söhnen Balduin I. und Friedrich auftauchte, ist eine bekannte Fälschung für das Kloster Drübeck[1074], deren Zeugenliste aber auf einer echten Vorlage beruhen könnte[1075]. Nach Lothars III. Tod findet sich Ludolf I. als Ministeriale von Braunschweig schon im Jahre 1143[1076], mit dem Vogt-Titel dann im Jahre 1144[1077] im Gefolge Heinrichs des Löwen. Somit muß festgestellt werden, daß ein Bezug der Vogtei Ludolfs I. auf Braunschweig unter Lothar III. und Heinrich dem Löwen nicht eindeutig belegt ist.[1078]

Erstmals sicher auf Braunschweig bezogen, war der Vogt-Titel bei Ludolfs I. Sohn und Nachfolger, Balduin I., im Jahre 1147.[1079] Dies deutet zunächst einmal auf eine gewisse örtliche Zuständigkeit des Vogtes hin. Keineswegs kann jedoch seine Verantwortlichkeit allein für die Stadt Braunschweig angenommen werden, da ein

---

1067 Vgl. UB Br. 2, Register S. 579.
1068 Dürre, St. Braunschweig. Bärmann. Diestelkamp. Garzmann.
1069 Schneidmüller, Kollegiatstifte, auch mit weiterer Literatur.
1070 Vgl. Schneidmüller, Kollegiatstifte, S. 266. Hierauf könnte sich eine vergleichende Untersuchung zu der Stadtvogtei des anderen Schwerpunkts der welfischen Herrschaft, Lüneburg, gründen.
1071 Garzmann, S. 83ff.
1072 1134 Januar 25, Druck: MGH D.Lothar III., Nr. 59, S. 94 mit weiteren Druckorten.
1073 1130 November 13, Druck: MGH D.Lothar III., Nr. 127, S. 218 mit den weiteren Druckorten.
1074 v. Reinöhl, S. 132f.
1075 Vgl. Jordan, Städtepolitik, S. 18. Lubenow, S. 170, Anm. 3.
1076 Urk. HdL Nr. 4.
1077 1144 Juli 23, Orig.: HStA Han Cal. Or. 100 Bursfelde Nr. 6; Druck: Urk. HdL Nr. 6.
1078 Vgl. dazu Schneidmüller, Kollegiatstifte, S. 267.
1079 1147 Oktober 18, Druck: Falke Trad. Corb., S. 766 (siehe dazu ZsHarzV. 1868, S. 266); UB Hochstift Halberstadt 1, Nr. 219.

Zusatz wie etwa *civitatis* fehlt.[1080] Über die Tätigkeit des (Braunschweiger) Vogtes im 12. Jahrhundert gibt es keine Quellenbelege.[1081] Aufgrund seiner Stellung in den Zeugenreihen der welfischen Urkunden und der Einschätzung in der Historiographie kann es aber als sicher gelten, daß die Tätigkeit des Vogtes eine höchst wichtige war und daß sein Amt sehr angesehen gewesen sein muß. In der ersten Hälfte des 13. Jahrhunderts gibt es dann einige wenige Quellenbelege, die sämtlich die bedeutende Stellung des Vogtes in der Gerichtsbarkeit dokumentieren.[1082] Aufgaben in der Art eines Verwaltungsbeamten, wie es anderswo beobachtet werden kann[1083], sind bei dem Braunschweiger Vogt nicht nachweisbar. Keinesfalls jedoch darf das Amt des Vogtes mit der Stellung eines Burgmannes verwechselt oder vermischt werden.[1084]

Welche Pertinenzien die Braunschweiger Vogtei ausgemacht haben, läßt sich ebenfalls nicht genau sagen.[1085] Gleiches gilt zunächst auch für den Umfang des zum Vogt in Braunschweig gehörenden Rechtskreis. Es dürfte sich zunächst jedenfalls um einen umfassenderen Vogteibezirk gehandelt haben, den Lothar III. und Heinrich der Löwe von ihrer Ministerialenfamilie von Dahlum-Wenden verwalten ließen und der wahrscheinlich "eher an die herrschaftliche Burg als an die werdende Stadt in Braunschweig geknüpft war"[1086]. Aus dessen Aufspaltung und Auflösung in Zusammenhang mit der Wahrung und Herausbildung der frühen Landesherrlichkeit in den ersten Regierungsjahren des Pfalzgrafen Heinrich erklärt sich die Einrichtung einer speziellen Stiftvogtei für St. Blasius zu Ende des 12. Jahrhunderts und auch die Entstehung der Braunschweiger Stadtvogtei.[1087] Die Ministerialen von Dahlum-Wenden sind erstmals sicher im Jahre 1225 als Lehnsträger der Stiftvogtei auszumachen, doch werden sie es schon seit deren Einrichtung im Jahre 1197 gewesen sein.[1088] Auffällig ist in diesem Zusammenhang die Zeugenreihe der Urkunde Pfalzgraf Heinrichs für das Stift St. Blasius in Braunschweig von 1196, mit der die Urkundenüberlieferung des Stiftes beginnt.[1089] In ihr testierten der Vogt Balduin von Dahlum und dessen Bruder als erste von neun ministerialischen Zeugen noch vor den Hofamtsträgern. Dieser einmalige Befund läßt sich nur aus dem Bezug des Vogtamtes zu dem Kollegiatstift St. Blasius deuten. Ob die von Dahlum-Wenden auch Inhaber der Stadtvogtei waren, ist jedoch nicht genau zu sagen.[1090] Dagegen spräche, daß Balduin II. von Dahlum in dem wichtigen Privileg König Ottos IV. für die Bürger von Braunschweig im Jahre 1199[1091] nicht testierte, während er in der Urkunde Ottos für das Kloster Riddagshausen ein Jahr zuvor[1092] als Zeuge vorkam.

1080 Siehe dazu auch Schneidmüller, Kollegiatstifte, S. 271f.
1081 Vgl. dazu Ehlers, Riddagshausen, S. 63.
1082 v. Heinemann, S. 244ff.
1083 So beispielsweise für Köln. Siehe dazu Pötter, S. 72ff.
1084 So Mertens, Diss, S. 83.
1085 Schneidmüller, Kollegiatstifte, S. 284 und S. 288.
1086 Schneidmüller, Kollegiatstifte, S. 278.
1087 Schneidmüller, Kollegiatstifte, S. 273 und S. 287.
1088 Schneidmüller, Kollegiatstifte, S. 278.
1089 StA WF 7 Urk 1; Druck: O.G. III., S. 605f.
1090 Schneidmüller, Kollegiatstifte, S. 279. Vgl. dazu im Kap. I. 1.5.2.
1091 1199 Januar, zwei Orig. mit unterschiedlichen Zeugenreihen: StadtA Br A I 1 Nr. 1 und 1a; Druck: O.G. III., S. 760; UB Br. 2, S. 12f.
1092 1198, Druck: O.G. III, S. 760.

Kennzeichnend für den Charakter der Ministerialität im allgemeinen und der ministerialischen Vögte im besonderen unter Lothar III. war es gewesen, daß sie Lehen nicht erhalten sollten. Die Beziehung zwischen Herrn und Ministeriale sollte nicht lehnrechtlicher, sondern allein dienstrechtlicher Natur sein.[1093] Beispielhaft dafür sind die Ernennungen ministerialischer Klostervögte, die ihr Amt *absque hereditario iure*[1094] oder *absque aliquo beneficii iure*[1095] bekleiden sollten. Diesen Grundsatz konnten führende Ministerialengeschlechter jedenfalls spätestens unter den Nachfolgern des Süpplingenburgers aufweichen und erschienen bald auch in lehnrechtlicher Abhängigkeit von ihrem Herrn.[1096] So läßt sich beispielsweise die erste Lehnsbeziehung der Ministerialen von Dahlum-Wenden im Jahre 1190 zwischen Heinrich dem Löwen und Ludolf II. von Dahlum belegen[1097] In der Urkunde bezeichnete der Herzog Ludolf als *fidelis noster*. Die in diesem Zusammenhang genannte Urkunde König Ottos IV. des Jahres 1203 über den Verkauf von Gütern, die sein Ministeriale Ludolf von ihm nach Lehnrecht besessen hat,[1098] wird hingegen mit den Ministerialen und Vögten von Dahlum nichts zu tun haben.[1099] Über den aus der Vogteigewalt her möglichen Zugriff auf die beiden Kollegiatstifte St. Blasius und St. Cyriacus konnten die welfischen Herzöge trotz der Aushöhlung der landesherrlichen Rechte im 13. Jahrhundert noch einen größeren Einfluß innerhalb der Stadt wahren, insbesondere weil die Autorität der zuständigen Diözesanbischöfe durch die Privilegien Papst Alexanders IV. in den Jahren seit 1255[1100] ausgeschaltet werden konnte.[1101]

Von den ersten Erwähnungen der Braunschweiger Vogtei in den vierziger Jahren des 12. Jahrhunderts bis in die zweite Dekade des 13. Jahrhunderts sind die Vögte in Braunschweig durch Angehörige der welfischen Ministerialenfamilie von Dahlum gestellt worden. Mit Ludolf I. von Dahlum 1143, Balduin I. (von Dahlum) 1147-1158, Ludolf II. (von Dahlum) 1160-1190, Balduin II. von Dahlum und seinem Bruder Ludolf III. (von Dahlum-Wenden) seit 1196 ist dies über vier Generationen hinweg zu beobachten.[1102] Demgemäß ist es sehr wahrscheinlich, daß entweder das Vogtamt in der Familie erblich geworden oder aber zumindest als ein erbliches Amt angesehen worden ist. Die wichtige Stiftvogtei, Relikt des alten ganzheitlichen Vogteibezirks, wie er unter Lothar III. und Heinrich dem Löwen noch bestanden hatte, besaß Balduin II. von Dahlum. Gewisse aus der Vogtei rührende Rechte waren aber offenbar unter den Söhnen Ludolfs II. nicht an eine Einzelperson, sondern an die Familie geknüpft.[1103] So ist es zu erklären, wenn die Neffen des Vogts Balduin II.

1093 Schneidmüller, Kollegiatstifte, S. 271.
1094 MGH D Lothar 74 zu 1135 August 1 über die Vogtei des Klosters St. Peter und Paul in Königslutter. Vgl. dazu: Vogt, Herzogtum Lothar, S. 84. Lubenow, S. 506.
1095 MGH D Lothar III. 67 zu 1134 über die Verwaltung des Klosters St. Aegidien in Braunschweig. Vgl. dazu: Vogt, Herzogtum Lothar, S. 84. Schneidmüller, Kollegiatstifte, S. 263.
1096 Zur Rechtsstellung der welfischen Ministerialität im allgemeinen Lubenow, S. 489ff.
1097 Urk. HdL Nr. 126.
1098 Orig.: StA WF 24 Urk 25; Druck: O.G. III., S. 769.
1099 Siehe dazu im Kap. I. 3.1.1.5.
1100 Neuedition des wichtigsten Dokumentes von 1255 Mai 8 bei Schneidmüller, Kollegiatstifte, Quellenanhang 2, S. 299.
1101 Schneidmüller, Kollegiatstifte, S. 289f. Hergemöller, Beziehungen Klerus Stadt Br., S. 167f.
1102 Siehe dazu auch im Anhang die Tafel 4.
1103 1196, Orig.: StA WF 24 Urk 17; Druck: Falke Trad. Corb., S. 117; O.G. III., S. 606; Pfeffinger, Br. Hist., S. 975. Parallelbenennungen: 1197 Mai 17, Kop.: StA WF VII B Hs 340 S. 48f. ; Druck:

von Dahlum, Balduin V.[1104] und Heinrich I. von Wenden[1105], vereinzelt mit dem Vogt-Titel auftraten und auch gewisse Rechte an der Stiftvogtei besaßen.[1106] Dennoch mußte dies insofern zu Problemen führen, da das Amt der Braunschweiger Vogtei und seine Pertinenzien in diesem Fall durch Erbauseinandersetzungen noch weiter zu zersplittern drohten. Eine solche Entwicklung konnte offenbar zunächst dadurch hinausgezögert werden, daß der jüngere der beiden Söhne Ludolfs II., Ludolf III., früh verstarb und noch minderjährige Söhne hinterließ. In dieser Zeit hat Balduin II. von Dahlum das Braunschweiger Amt allein ausgeübt. Um das Jahr 1220 wurden dann die Söhne Ludolfs III. von Dahlum volljährig.[1107] In dieselbe Zeit fällt das erste Auftreten eines welfischen Vogtes von Braunschweig, der nicht aus der Familie von Dahlum-Wenden entstammte[1108], sowie die Eigenbezeichnung Balduins II. von Dahlum als Vogt der Stiftskirchen in Braunschweig[1109]. Möglicherweise wurde also zu dieser Zeit die Braunschweiger Vogtei durch Pfalzgraf Heinrich neu geordnet, was in einem direkten Zusammenhang mit dem Tod Kaiser Ottos IV. im Jahre 1218 und den daraufhin durch Pfalzgraf Heinrich durchgeführten Nachlaßregelungen stehen dürfte.[1110] Gerade über die von Otto IV. für den Vogt Balduin II. von Dahlum vergebenen Vergünstigungen stellte Pfalzgraf Heinrich eine besondere Urkunde aus.[1111] In beiden Fällen wird die Neuordnung der Braunschweiger Vogteiverhältnisse auf Kosten des bisherigen Einflußgebietes der Vögte aus der Familie von Dahlum-Wenden gegangen sein. Hieraus erklärt sich eine mögliche Ursache für den nach dem Tode Pfalzgraf Heinrichs stattgefundenen Ministerialenaufstand in Braunschweig und der von Otto dem Kind als Konsequenz daraufhin an die Bürger der Altstadt von Braunschweig verliehenen Vogtei.[1112]

Ob bei der Einsetzung des Vogtes Gottfried von Vorsfelde dessen mögliche Verwandtschaft mit der Familie von Dahlum-Wenden eine Rolle gespielt hat, kann aufgrund der fehlenden Quellen nicht gesagt werden. Nach dem Ende seines Vogtamtes ist bei der Einsetzung seines Nachfolgers, Johannes von Brunsrode, aber offensichtlich Rücksicht auf verwandtschaftliche Bande genommen worden, denn Gottfried von Vorsfelde und Johannes von Brunsrode standen in einem direkten agnatischen Zusammenhang.[1113] Von einer Erblichkeit der Braunschweiger Vogtei kann jedoch schon für das Amt Gottfrieds von Vorsfelde keine Rede mehr sein, da er im Jahre 1224 in einer Urkunde Pfalzgraf Heinrichs mit dem Zusatz *tunc temporis*

O.G. III., S. 615. 1198, Druck: Meibom, Scrip. rer. Germ. III., S. 158; O.G. III., S. 760; Harenberg, S. 1296. 1199, Orig.: StA WF 24 Urk 21; Druck: O.G. III., S. 621. 1201, Orig.: StA WF 24 Urk 24; Druck: O.G. III., S. 625. Siehe dazu auch Schneidmüller, Kollegiatstifte, S. 271.

1104 1222, Orig.: StA WF 7 Urk 15; Druck: O.G. III., S. 693.

1105 (1225-1226), Orig.: StA WF 8 Urk 6; Erwähnung: UB Br. 2, S. 26, Anm. 1226, Orig.: StA WF 8 Urk 5; Druck: Rethmeier, Kirchenhist. 1, Beilage S. 8; O.G. III., S. 710; Regest: UB Br. 2, S. 26f.; Reg. v. Campe 1, Nr. 200.

1106 Die Nachweise dazu im Kap. I. 3.1.1.5 und 3.1.1.6.

1107 Es handelt sich um Balduin V. von Dahlum-Wenden (zu ihm das Kap. I. 3.1.1.6) und Heinrich I. von Wenden (zu ihm das Kap. I. 3.1.1.7).

1108 Gottfried von Vorsfelde, Kap. I. 3.1.1.9.

1109 Siehe dazu im Kap. I. 3.1.1.4.

1110 Siehe dazu im Kap. I. 1.3.3.

1111 Siehe dazu mit ausführlicher Diskussion der betreffenden Urkunde ebenfalls im Kap. I. 1.3.3.

1112 Ausführlich dazu und der Stellung der Ministerialen von Dahlum dabei im Kap. I. 1.5.2.

1113 Die Nachweise dazu im Kap. I. 3.1.1.9. und 3.1.1.10.

advocatus testierte.[1114] Ganz sicher ist eine Erblichkeit des Amtes für seinen Nachfolger Johannes von Brunsrode auszuschließen. Denn dieser ist nach seiner Amtszeit von 1235 bis 1240 als welfischer Vogt in Braunschweig von 1243 bis 1254 als welfischer Vogt in Hannover nachweisbar.[1115] Das gleiche läßt sich bei dem von 1253 bis 1258 als Vogt in Braunschweig belegbaren Winand (von Allersehl) feststellen, der vorher von 1236 bis 1245 Vogt in Celle gewesen ist.[1116] Somit ist festzuhalten, daß das Amt des Braunschweiger Vogtes seit der vollständigen Regierungsübernahme durch Pfalzgraf Heinrich nach dem Tod Kaiser Ottos IV. kein erbliches, sondern ein zeitlich begrenztes Amt gewesen sein muß. Ganz ähnliche Beobachtungen lassen sich für die zweite Hälfte des 13. Jahrhunderts bei den Vogtämtern von Einbeck und Göttingen machen.[1117]

Ein gutes Beispiel dafür, wie die Vogtei aus der einheitlichen und umfassenden Gerichtsgewalt im 12. Jahrhundert im Zuge der Verdinglichung von Rechten in der zweiten Hälfte des 13. Jahrhunderts zu einem Institut geworden ist,[1118] bietet die Kirchenvogtei über das Stift Marienberg. Um 1209 war die Vogtei über das Stift noch welfisches Lehen des Pfalzgrafen Heinrich an die Grafen von Blankenburg.[1119] In einer Urkunde Bischofs Friedrich von Halberstadt für das Stift Marienberg im Jahre 1222 testierte als erster der Ministerialen *Fridericus advocatus de Esbike*,[1120] dessen Titel sich auf die Vogtei über das Stift bezogen haben wird. Denn für das Jahr 1246 ist dort Friedrich aus der welfischen Ministerialenfamilie von Esbeck als Vogt nachweisbar. In der von ihm ausgestellten Urkunde bestätigte Friedrich, Mindervogt des Klosters Marienberg und Herr von Esbeck, einen durch Propst Ulrich erfolgten Güterankauf und erklärte die Güter für vogtfrei.[1121] Derselbe Friedrich, diesmal als Ritter in Esbeck tituliert, verkaufte 1247 mit seinen Söhnen und Rittern F(riedrich) und L(udolf) die Vogtei über zwei Hufen des Klosters Marienberg.[1122] Im Jahre 1264 stellte dann Gerhard von Alvensleben eine Urkunde für das Stift aus, aus der hervorgeht, daß er die Vogtei über das Stift von den Herren von Esbeck käuflich erworben hatte.[1123]

1114 Orig.: StA WF 7 Urk 17; Druck: O.G. III., S. 694f.; UB Br. 2, S. 24f.; Regest: Reg. v. Campe 1, Nr. 176.

1115 Siehe dazu im Kap. I. 3.1.1.9.

1116 Siehe dazu im Kap. I. 3.1.1.13.

1117 Dazu im folgenden Kap. I. 3.2.

1118 Vgl. dazu auch Schneidmüller, Kollegiatstifte, S. 273f.

1119 Lehnregister Blankenburg, S. 92.

1120 Druck: UB Hochstift Halberstadt 1, Nr. 546. Vgl. dazu das Testat eines *Heinricus advocatus de Asbeke* in dem Vertrag zwischen dem Kloster St. Ludger in Helmstedt und dem Kloster Mariental von 1203 Dezember 15, Orig.: StA WF 22 Urk 18.

1121 Orig.: StA WF 19 Urk 33 (mit gut erhaltenem Siegel, Bild: quergeteilter Schild, oben leer, unten drei Rosen 2 : 1), ungedruckt. Verkäufer war der Ritter Dietmar von Warmsdorf unter Zustimmung seiner Söhne Bernhard und Dietmar. Zeugen: *Thidericus sacerdos in Warmesdorp et dominus Manegold sacerdos in Ofleve et dominus Johannes de Hadeinst cappellanus in Monte bea. virg.; dom. Bernard Rust et duo filii sui Thidericus et Ludolf.*

1122 Orig.: StA WF 19 Urk 35 (mit beschädigtem Siegel + SIGILLVM FRI[DERIC]I [DE ESBEC]E), ungedruckt. Käufer war ein Johannes, Bewohner in Hamersleben.

1123 1264 Juli 31 (mit beschädigtem Siegel + SIGILLVM GHEV[EHAR]DI DE ALVENSLEVE), Orig.: StA WF 19 Urk 55; Druck: Cod. dipl. Alvensleben 122. Sein Sohn ist 1297 Mai 14, Orig.: StA WF 19 Urk 158; Druck: Cod. dipl. Anhalt. 230, als stiftshalberstädter Truchseß und Burgmann in Slonstedt nachweisbar.

Heinrich I. von Wenden führte als letzter Angehöriger der Ministerialen und Herren von Dahlum-Wenden im Jahre 1241 den Vogt-Titel.[1124] Der Hauptgrund hierfür ist in der Veränderung des Vogtamtes hin zu einem zeitlich beschränkten Amt zu sehen. Daneben dürfte auch die oben erklärte Aufsplitterung des ursprünglichen Vogteibegriffs, die daraus resultierende Mehrzahl von Vögten und der daraus resultierende Machtverlust des einzelnen Vogtes dazu beigetragen haben, daß Angehörige solch bedeutender Familien wie die von (Dahlum-) Wenden letztlich das Vogtamt aufließen.

Den Abbruch der Kontinuität im Amt des welfischen Vogtes in Braunschweig und den daraus resultierenden bedeutenden Einnahmen meisterten die beiden Zweige der Familie von Dahlum-Wenden unterschiedlich.[1125] Der Vertreter des Wenden-Zweiges der Familie, Heinrich I. von Wenden, konnte durch eine enge Bindung an den herzoglichen Hof zu den engsten Ratgebern der welfischen Herzöge aufsteigen. Dabei ließen noch seine Kinder bedeutende Rechte, die offenbar aus der ehemaligen Stiftvogtei resultierten, auf.[1126] Dagegen nahm der Einfluß des Dahlum-Zweiges im Laufe des 13. Jahrhunderts immer mehr ab. Die Ursachen hierfür lagen in der frühen vasallischen Bindung Balduins II. von Dahlum an das Hochstift Halberstadt[1127] und insbesondere darin, daß der größte Teil von Balduins Kindern - offenbar durch eine Eheverbindung begründet - Eintritt in die stifthalberstädtische Ministerialität nehmen mußte.[1128] Nach dem Bruch ihrer Tradition als Vögte von Braunschweig konnte also immerhin ein Teil der ministerialischen Familie von Dahlum-Wenden durch die Wahrnehmung von Hofnähe und einer damit verbundenen Beratungstätigkeit ihre Bedeutung gemäß der Entwicklung der Zeit fortführen.

Ebenso wie bei den Hofämtern ist auch für das Vogtamt von Braunschweig im Verlauf des 12. und 13. Jahrhunderts ein entscheidender Wandel festzustellen. Während die Hofämter in einem direkten Zusammenhang mit den welfischen Fürsten gesehen werden müssen, spielte bei der Entwicklung der Vogtämter deren funktionale Differenzierung auf einen Ort oder einen Raum eine größere Rolle. So war die Genese des herzoglichen Vogtamtes in Braunschweig im 13. Jahrhundert untrennbar mit dem Stadtwerdungsprozeß verbunden, in dem städtische Selbstverwaltung und städtische Freiheiten in einem Wechselverhältnis standen. Das Vorhandensein bürgerlicher Vögte, die nicht Gegenstand dieser Untersuchung waren, ist dafür als frühes Indiz zu werten.

1124 Orig.: StA WF 19 Urk 22; Druck: O.G. IV., S. 192.

1125 Vgl. dazu im Kap. I. 2.4.1.

1126 1272 Dezember 10, Verkauf der Vogtei über vier Hufen in Wackersleben durch die Brüder Ludolf, Balduin und Heinrich von Wenden an das Stift St. Cyriacus, Orig.: verschollen. Druck: Bilderbeck II., S. 71. 1281 Mai 5, Verkauf der Vogtei über fünf Hufen in Nenndorf durch Heinrich II. von Wenden an das Stift St. Cyriacus, Orig.: StA WF 8 Urk 18; Druck: Asseburger UB 1, S. 268f. Vgl. dazu Schneidmüller, Kollegiatstifte, S. 273. Siehe auch zu 1318; Druck: Lehnbücher Herzöge Braunschweig I. 51, S. 33: *Boldewinus de Wenden miles, morans in Dalem, recepit in pheodo a domino duce Ottone advocatiam in Apelderstede et in Cicte super bonis canonicorum sancti Cyriaci apud Brunswich, item 1/2 mansum in Vinsleue et tertiam partem iudicii, quod dicitur goscop, ibidem.*

1127 Siehe dazu im Kap. I. 2.4.1.

1128 1248 September 25, ... *recipimus ministerialem Halb. ecclesie, Margaretam videlicet, filiam Balduini de Dalhem,* ..., Druck: UB Hochstift Halberstadt 2, Nr. 792. Vgl. auch Reg. Magdeburg. 2, Nr. 1239. 1259 Januar 7, ... *Baldewinus iunior de Dalem, nostre ministerialis ecclesie,* ..., Druck: UB Hochstift Halberstadt 2, Nr. 983.

3.2 Die Vogtämter im südlichen Teil des welfischen Herrschaftsgebietes

Neben den Braunschweiger Vögten sind im 13. Jahrhundert noch in einer ganzen Anzahl weiterer Städte, Burgen und Landesteile welfische Vögte nachweisbar. Diese kommen überwiegend in der zweiten Hälfte und gegen Ende des 13. Jahrhunderts vor, sind im Zusammenhang mit der frühesten Entwicklung zu einer Amtsverfassung im beginnenden Territorium zu bewerten[1129] und können deswegen in ihrer Rechtsstellung nur bedingt mit den Vögten des 12. und des frühen 13. Jahrhunderts verglichen werden[1130]. Eine genaue Zusammenstellung sämtlicher welfischer Vögte kann hier nicht intendiert sein. Dennoch soll zur Veranschaulichung eine Reihe von Orten angegeben werden, an denen welfische Vögte zu belegen sind.[1131]

So sind nachweisbar: in der Asseburg der Vogt Gottfried von Vorsfelde im Jahre 1276[1132] sowie 1281 der Vogt Bertram von Werle[1133], in Celle der Vogt Winand und der Vogt Heinrich in den Jahren von 1236 bis 1245[1134] sowie im Jahre 1265 der Vogt Jacob[1135], in Gifhorn der Vogt Gerlagus von 1264 bis 1269[1136] sowie ein weiterer Vogt 1265[1137] und im Jahre 1296 der Vogt Bertold von Dorstadt[1138], in Hannover der Vogt Johannes von Brunsrode von 1243 bis 1254[1139] und weitere Vögte[1140], in der Harlyburg der Vogt Johannes mit seinem Bruder Merebodo im Jahre 1219[1141] sowie 1276 der Vogt Ludwig von Elvelingerode[1142], in Helmstedt der Vogt Burchard im Jahre 1224[1143], in der Burg Lichtenberg der Vogt Albert im Jahre 1264[1144] sowie 1300 der Amtmann Aschwin von Salder[1145], in Stade der Vogt Heinrich im Jahre 1204[1146] sowie 1225 der Vogt Gottfried[1147]. Unter Kaiser Otto IV. sind in Goslar der Vogt

---

1129 Vgl. dazu Willoweit, S. 96ff.

1130 Zu der Rechtstellung und den Aufgaben der welfischen Vögte: v. Heinemann, S. 240-256. Lubenow, S. 508ff.

1131 Siehe dazu die fragmentarische und korrekturbedürftige Liste welfischer Vögte bei Lubenow, S. 507f. Lubenow hat irrtümlich u.a. einigen Vögten deren Amtsorte als Herkunftsnamen beigeordnet. Vgl. auch die ebenfalls korrekturbedürftigen Ausführungen zu den welfischen Vögten bei: Mertens, Diss., S. 81-87. Mertens, NdsJBLandesgesch., S. 126-132.

1132 Druck: UB Hochstift Hildesheim 3, Nr. 455.

1133 1281 Juni 29, Druck: UB Hochstift Hildesheim 3, Nr. 569.

1134 Zu ihnen siehe ausführlich im Kap. I. 3.1.1.13.

1135 1265 April 10, *Jacobus advocatus de Zellis*, ausgestellt in Meine, Regest: UB Hochstift Hildesheim 3, Nr. 87; Urk. v. Saldern 1, Nr. 88.

1136 1264 August 29, *Gerlagus advocatus noster in Gifhorne*, ausgestellt in Celle, Kop.: StA WF VII B Hs 341 Bl. 81v, ungedruckt. 1265 März 16, *advocato Gerlago de Gifhorn*, ausgestellt in Hankensbüttel, Druck: Lüneburger UB 5, Nr. 35. 1267 November 4, *advocatus noster*, Druck: Lüneburger UB 5, Nr. 37. 1269 Januar 25, *Heinricus in Gyfhorn plebanus et advocatus Ger. ibidem*, ausgestellt in Gifhorn, Druck: Lüneburger UB 5, Nr. 38.

1137 1265 März 15, Orig.: StA WF 24 Urk 160; Regest: v. Boetticher S. 266, Nr. 29.

1138 1296 Juni 19, Druck: UB Herzöge Br.-Lb. 1, Nr. 147.

1139 Zu ihm siehe ausführlich im Kap. I. 3.1.1.10.

1140 Grotefend. Mooyer.

1141 1219, Druck: v. Heinemann, Nr. 9.

1142 1276 März 31, Druck: Asseburger UB 1, Nr. 377 zu 1275 März 31 (zur rechten Datierung siehe UB Hochstift Hildesheim 3, Nr. 433).

1143 1224, ausgestellt in Braunschweig, Orig.: StA WF 19 Urk 13; Druck: O.G. III., S. 695.

1144 1264 Oktober 28, Druck: Scheidt, Vom Adel, S. 315; Calenberger UB 3, Nr. 239.

1145 *officialis illustris principis Ot. ducis de Luneburgh in Lechtenberghe*, 1300 April 3, Druck: UB Herzöge Br.-Lb. 1, Nr. 158.

1146 1204 August 30, Druck: Archiv Bremen und Verden 3, S. 278.

1147 Druck: Pratje 6, S. 109; Hansisches UB 1, Nr. 183.

Ulrich von 1215 bis 1218[1148] und in Quedlinburg der Vogt Caesarius im Jahre 1215[1149] belegt. Daneben lassen sich Gografen in Schöningen[1150] und in Gifhorn[1151], sowie Schultheißen in Schöningen[1152] und in Helmstedt[1153] nachweisen.

Von besonderer Bedeutung sind die Vögte, die mit Bezug auf die Stadt Lüneburg[1154] oder den Lüneburger Raum[1155] auftreten. Von ihnen soll hier nur ein Auszug für die erste Hälfte des 13. Jahrhunderts gegeben werden. So lassen sich nachweisen: der Vogt Hartmann im Jahre 1200[1156] und von (1215) bis 1238[1157], der Vogt Berning im Jahre 1225[1158], der Vogt Dietrich Bor von 1228 bis 1230[1159], der Vogt ohne Taufnamen mit Zunamen von Berge im Jahre 1238[1160], der Vogt Friedrich von Hoseringen im Jahre 1239[1161] und der Vogt Segeband von Wittorf von 1247 bis 1252[1162].

1148 1215 März 9, Orig.: StA WF 24 Urk 35; Druck: O.G. III., S. 825; Asseburger UB 1, Nr. 83. 1215 August 3, Orig.: StA WF 24 Urk 37; Druck: O.G. III., S. 827f.; Asseburger UB 1, Nr. 82. 1218 Mai 18, O. HN., Orig.: StA WF 7 Urk 12; Druck: Mader S. 249; Rethmeier, Kirchenhist. 1, S. 59; Asseburger UB 1, Nr. 94. Vogt Ulrich ist auf keinen Fall Braunschweig zuzuordnen. Vgl. dazu Schneidmüller, Kollegiatstifte, S. 284, Anm. 128.

1149 1215 März 9, Orig.: StA WF 24 Urk 35; Druck: O.G. III., S. 825; Asseburger UB 1, Nr. 83. O. HN., 1215, Druck: Mader S. 248; O.G. IV., S. 97.

1150 1196 September 8, Gograf Heinrich, Orig.: StA WF 17 Urk 12; Druck: O.G. III., S. 607f.

1151 Die Nachweise im Kap. I. 3.1.1.13.

1152 1196 September 8, Schultheiß Bertold, Orig.: StA WF 17 Urk 12; Druck: O.G. III., S. 607f.

1153 1217 Juni 21, Schultheiß Hudo, Druck: O.G. III., S. 834f.; UB Hochstift Halberstadt 1, Nr. 499. Vgl. v. Heinemann, S. 254.

1154 Eine Monographie zu den Vögten in Lüneburg und ihrer Verortung im landesherrlichen Gefüge von Burg und Stadt fehlt. Vgl. vorerst W. Reinecke, S. 74f. Thurich. Unvollständig ist die Liste im UB Stadt Lüneburg, S. 274.

1155 So beispielsweise der *prefectus* Gerhard in Bardowick zu 1163, Orig. LA Schleswig Urk.-Abt. 268 Nr. 3; Druck: UB Bm. Lübeck 1, Nr. 4.

1156 1200 August, Orig.: KlA Lüne Nr. 2, Druck: O.G. III., S. 850 (fehlerhafte Zeugenreihe); Lüneburger UB 7, Nr. 28 (fehlerhafte Zeugenreihe). O. J., Druck: O.G. III., S. 864.

1157 O. J. (1219?), dritter von vier Zeugen, Druck: UB Bm.Lübeck 1, Nr. 33, UB Stadt Lüneburg 1, Nr. 38. O. J. (um 1219?), Druck: O.G. III., S. 864; Lüneburger UB 7, Nr. 38a. O. J. (1215-1221), erster von elf Zeugen; Orig.: KlA Ebstorf Nr. 1; Druck: UB Ebstorf Nr. 1 (falsch aufgelöste Zeugenreihe). O. J. (1215-1221), letzter von fünf Zeugen; Druck: UB Ebstorf Nr. 3. 1224, zweiter von vier Zeugen, Orig.: StA WF 22 Urk 42; Druck: O.G. IV., S. 103. 1225 August, *advocatus noster* als letzter von sieben Zeugen, Orig.: HStA Han Celle Or. 100 Lüneburg St. Michael Nr. 14; Druck: O.G. IV., S. 103f.; Lüneburger UB 7, Nr. 41. 1228 November 1, unsicher, da nur mit Taufnamen; Druck: O.G. IV., S. 112; Lüneburger UB 15, Nr. 45. 1234, als 15. von 20 Zeugen, Orig.: HStA Han Celle Or. 100 Lüneburg St. Michael Nr. 19; Druck: Rethmeier, Chron. 1, S. 471f.; O.G. IV., S. 142; Wedekind Noten 3, S. 304; Lüneburger UB 7, Nr. 49. 1238 August 14, *advocatus noster in Luneborg*, Druck: Lüneburger UB 7, Nr. 50.

1158 1225 Juni 6, achter von elf Zeugen, Orig.: HStA Han Celle Or. 100 Lüneburg St. Michael Nr. 11; Druck: Lüneburger UB 7, Nr. 40.

1159 1228 November 1, *tunc temporis advocatus* als zwölfter von 18 Zeugen, ausgestellt in Lüneburg, Druck: O.G. IV., S. 112; Lüneburger UB 15, Nr. 45. 1230, O. HN., Druck: UB Hochstift Hildesheim 2, Nr. 311. O. J. (vor 1237 Juni 1 ?), Druck: Lüneburger UB 15, Nr. 22. Bei der Urkunde Ottos für Werner von Medingen aus dem Jahr 1230, Druck: O.G. IV., S. 119, handelt es sich um eine Fälschung. Siehe dazu Busch, S. 19.

1160 1238, Orig.: HStA Han Cal. Or. 100 Wennigsen Nr. 13; Druck: Calenberger UB 7, Nr. 13.

1161 1239 November 2, Orig.: HStA Han Celle Or. 100 Lüneburg St. Michael Nr. 20; Druck: O.G. IV., S. 182 (fehlerhaft); Lüneburger UB 7, Nr. 51.

1162 1247 April 28, *advocatus noster*, Druck: O.G. IV., S. 213f.; UB Stadt Lüneburg S. 36; Lüneburger UB 15, Nr. 58; Rethmeier, Chron. 3, S. 1832; Doebner, Nr. 10. 1247 April 28, *advocatus noster*, Druck: UB Herzöge Br.-Lb. 1, Nr. 29; UB Stadt Lüneburg S. 20. Beide Urkunden für die Bürger der Stadt Lüneburg, ausgestellt in Lüneburg. 1247, *advocatus noster*, Druck: Lüneburger UB 7, Nr. 19. 1248 April 27, *advocatus noster*, Orig.: LA Schleswig Urk.-Abt. 268 Nr. 43; Druck: UB Bm. Lübeck 1, Nr. 102. 1249 April 28, mit seinen Brüdern Heinrich und Anton, Orig.: KlA Lüne Nr.

Daneben traten seit der Mitte des 13. Jahrhunderts die Vögte im südlichen Teil des Herzogtums Braunschweig-Lüneburg mit seinen Städten Göttingen, Northeim und Einbeck sowie den wichtigen Burgorten Osterode, Herzberg und Seesen immer stärker hervor. Obwohl der Nachweis herzoglicher Vögte für die Regionalgeschichte dieses Raumes wesentlich wäre, fehlt auch hier bis dato sowohl eine genaue Auflistung der Vögte und Vogteien sowie eine Untersuchung der Beziehungen von welfischem Herrn und den genannten Gemeinden im 13. Jahrhundert. Die ersten nachweisbaren welfischen Vögte in diesem Raum im 13. Jahrhundert sind die Vögte von Osterode, die von Ministerialenfamilien mit den Herkunftsnamen von Osterode und von Oldershausen gestellt wurden.[1163] Als Vogt in Herzberg wird im Jahre 1272 Adrian nachweisbar,[1164] der mit Amtstitel ohne Beziehung auf einen Ort noch im Jahre 1282[1165] und mit seinem Bruder Dietrich und dem Herkunftsnamen von Esplingerode 1282[1166] vorkommt. Dabei wurden beide als Vögte bezeichnet. Dietrich von Esplingerode könnte deswegen mit dem T. von Seesen identisch sein, der neben W. (Willekin oder Wilhelm) von Göttingen und F. (Friedrich) von Einbeck, *advocati domini ducis de Bruneswic*, Adressat einer undatierten Urkunde Basils von Windhausen war, die um das Jahr 1260 eingeordnet werden kann.[1167] Im Jahre 1287 kommt dann Lippold von Hetjershausen als Vogt in Seesen vor.[1168] Im Jahre 1285 ist noch ein Vogt in Northeim mit Taufnamen Siegfried belegt,[1169] bevor dort im Jahre 1292 Andreas von Hetjershausen als Vogt nachweisbar wird.[1170] Lippold und Andreas von Hetjershausen entstammten einer ministerialischen Familie, deren Vertreter häufig bei den Grafen von Wohldenberg vorkommen, ohne daß sie direkt als Ministerialen dieses Grafengeschlechtes nachweisbar wären.[1171] Die Ehefrau des

---

11, ungedruckt. 1250, Druck: Lüneburger UB 15, Nr. 37. 1251 April, mit seinen Brüdern Heinrich und Anton, Druck: O.G. IV., S. 232f.; Pfeffinger S. 255; Lüneburger UB 7, Nr. 70. 1251, Druck: Calenberger UB 3, Nr. 153. 1252, mit Bruder Anton, Orig.: KlA Lüne Nr. 13, ungedruckt.

1163 Upmeyer S. 125-132.

1164 1272 Februar 15, Druck: Scheidt Cod. dipl. Anm. S. 577; UB Herzöge Br.-Lb. 1, S. 47.

1165 1282 Juni 29 [Braunschweig], Juli 21 und 29 [Lauterberg], Druck: Scheidt Cod. dipl. S. XL. Vgl. dazu auch das Transsumpt der Urkunde von 1294 Oktober 27, Druck: Asseburger UB 1, Nr. 477. Garzmann S. 92 ist demgemäß zu korrigieren.

1166 *Adrianus et Theodericus de Espelingerode, milites et advocati nostri*, 1282, Druck: UB Herzöge Br.-Lb. 1, Nr. 95. Theoderich von Esplingerode testiert noch 1293 Juli 6, Orig.: StA WF 23 Urk 139; Regest: Reg. v. Campe 1, Nr. 507 und 1294 November 21, Druck: UB Herzöge Br.-Lb. 1, Nr. 129; UB Stadt Hameln 2, Nr. 117, in Urkunden Herzog Heinrichs des Wunderlichen. Zu der im Eichsfeld beheimateten welfischen Ministerialenfamilie von Esplingerode auch Fenske/Schwarz, S. 437ff.

1167 O. J., Orig.: StA WF 25 Urk 1020; ungedruckt.

1168 1287 April 24, Orig.: HStA Han Celle Or. 9 Schr. X Caps. 15 Nr. 1; Druck: UB Herzöge Br.-Lb. 1, Nr. 105. UB Goslar 2, Nr. 352. Zur Entwicklung Seesens Kleinau, Seesen.

1169 1285 Juni 15, Regest: UB Göttingen, Nr. 26.

1170 1292 Dezember 28, Orig.: HStA Han Cal. Or. 100 Fredelsloh Nr. 66; Druck: UB Fredelsloh, Nr. 74.

1171 So kommt ein Hermann von Hetjershausen schon im Lehnregister des Edelherrn Luthard von Meinersen von ca. 1220 (UB Herzöge Br.-Lb. Nr. 10, S. 10, Z. 20) vor. Zu den Beziehungen der von Hetjershausen zu den Grafen von Wohldenberg Petke Wöltingerode S. 414. Der Herkunftsname bezieht sich wohl eher auf †Hetjershausen bei Lamspringe als auf Hetjershausen bei Göttingen. Vgl. dazu Günther, S. 481f. Von den von Hetjershausen haben sich zwei Urkunden für das Kloster Lamspringe erhalten: Andreas, Ritter, und Lippold und Dietrich von Hetjershausen von 1296, Orig.: HStA Han Hild. Or. 2 Lamspringe Nr. 73; Regest: UB Hochstift Hildesheim 3, Nr. 1082. Ritter Andreas von Hetjershausen von 1296 März 25-31, Orig.: HStA Han Hild. Or. 2 Lamspringe Nr. 69, Erwähnung: UB Hochstift Hildesheim 3, Nr. 1082.

Ritters Andreas von Hetjershausen war die Tochter Heinrichs II. von Wenden.[1172] Für sie siegelte Andreas zu 1301.[1173]

Mit dem Amtstitel werden im Jahre 1255 erstmals die Vögte Willekin/Wilhelm[1174] und Friedrich belegbar.[1175] Deren genauer Zuständigkeitsbereich wird dann im Jahre 1258 deutlich[1176]: Wilhelm war Vogt in Göttingen und Friedrich Vogt in Einbeck.[1177] Der Vogt in Einbeck, Friedrich, kommt weiter im Jahre 1261[1178] vor, nachdem zwischenzeitlich Hermann von Uslar als dortiger Vogt[1179] nachweisbar wird. Vielleicht war Vogt Friedrich mit dem im Jahre 1263 genannten Vogt von Uslar identisch.[1180] Wieder als Vogt von Einbeck ist Friedrich in einer undatierten, in das Jahr 1269 zu setzenden eigenen Urkunde als *Fredericus dictus de Warmerstorpe advocatus in Embike* nachweisbar.[1181] Vogt Friedrich kommt im Jahre 1270 ohne Herkunftsnamen vor,[1182] und stellte im Jahre 1271 als *Fredericus advocatus illustris principis domini ducis de Bruneswic* eine Urkunde für das Kloster Mariengarten[1183] aus.

Die Vogteientwicklung Göttingens verdient schon aus dem Grunde heraus größere Beachtung,[1184] da möglicherweise der *M. de Gottingen* in einer undatierten, in das Jahr 1226 zu setzenden[1185] Urkunde Pfalzgraf Heinrichs[1186] identisch mit dem zur gleichen Zeit belegbaren *Milo ducis prefectus*[1187] sein könnte. Schon vor seiner ersten urkundlichen Nennung trat der Vogt in Göttingen, Wilhelm, in einer chronikalischen Überlieferung als ein Protagonist während der Asseburger Fehde hervor. Vogt Wilhelm konnte den Erzbischof Gerhard von Mainz und den Grafen Konrad von Everstein in einem kühnen Handstreich gefangennehmen,[1188] was als entscheidende Wende im Konflikt zugunsten Herzog Albrechts des Großen anzusehen ist. Der Herausgeber der Braunschweigischen Reimchronik hat entgegen der Lesart der Handschrift den Vogt Wilhelm mit dem Herkunftsnamen von Altenhausen ver-

---

1172 1301 April 11, Regest: UB Br. 2, S. 244f.

1173 Orig.: StA WF 26 Urk 59; ungedruckt. Das schildförmige Siegel mit der Umschrift S' ANDREE MILITEIS DE HEDERSHVSEN hat als Bild ein liegendes Jagdhorn nach links. Vgl. auch die Abb. bei StA WF 5 Slg 8 Nr. 254.

1174 Da es sich bei der Namensform Willekin um eine Dimunitivform des Taufnamens Wilhelm handelt, soll im Folgenden der letzteren Namensform der Vorzug gegeben werden.

1175 1255 April 8, Urkunde der Edelherren von Plesse, *acta sunt hec publice in monte Layne in presentia advocatum domini ducis, Willekin et Frederici* ..., Druck: UB Göttingen, Nr. 7. 1255 Oktober 2, ausgestellt in Göttingen, Regest: Reg. v. Campe 1, Nr. 349. Zum Leineberggericht Wolters. Kupsch. Upmeyer, S. 63ff. Zillmann, S. 275f.

1176 1258 April 3, Orig.: StA WF 1 Urk 21; Druck: Scheidt, Mantissa, S. 442; Regest: Reg. v. Campe 1, Nr. 363.

1177 Kurz zuvor, im Jahre 1254, ist ein Vogt Helmicus als Vogt in Einbeck nachweisbar: Winzer, Anhang S. 182.

1178 Druck: UB Goslar 2, Nr. 76.

1179 1260 Mai 30, Druck: Niederrheinisches UB 2, Nr. 489.

1180 Upmeyer, S. 130 mit Anm. 571.

1181 O. J. (um 1269), Druck: Calenberger UB 3, Nr. 297 ["Siegel fehlt"].

1182 Regest: Urk. Einbeck, Nr. 52.

1183 Orig.: HStA Han Cal. Or. 100 Mariengarten Nr. 28, Druck: UB Mariengarten, Nr. 30.

1184 Keinen Hinweis auf diese Problematik bieten: Wagner. Last, Göttingen. Mohnhaupt, der auf S. 242 den ersten Vogt von Göttingen nicht einmal namentlich erwähnt.

1185 Zotz, S. 42 mit Anm. 44.

1186 Druck (mit fehlerhaftem Datierungsvorschlag): Inventar Paderborn, S. 19.

1187 Elerd, S. 28. Vgl. dazu Zotz, S. 44f.

1188 Braunschweigische Reimchronik V., 8034ff. Vgl. dazu Bähr, S. 13. Zillmann, S. 234.

bunden.[1189] Begründet wurde die Emendation damit, daß im Jahre 1260 ein Vogt Wilhelm von Altenhausen vorkäme[1190] und der Überfall in einem Hof des Klosters Volkerode bei Bollstedt südöstlich von Mühlhausen[1191] erfolgt sei. Die zitierte Urkunde des Vogtes Wilhelm von Altenhausen wurde jedoch erst im Jahre 1266 ausgestellt, und dieser war offensichtlich nicht mit dem Vogt von Göttingen identisch, sondern war Vogt von Hannover und später Vogt von Lüneburg.[1192] Zudem ist es eher unwahrscheinlich, daß die Gefangennahme im Thüringischen, so weit entfernt von den durch den Kriegszug Bischof Gerhards und Graf Konrads von Everstein betroffenen Gebiete, stattgefunden haben soll.[1193] Bei dem besagten *Aldenhusen* dürfte es sich also möglicherweise nicht um den Herkunftsnamen des Göttinger Vogtes Wilhelm, sondern um den Namen desjenigen Klosterhofes[1194] gehandelt haben, bei dem der Überfall stattfand.[1195]

In seiner Eigenschaft als Vogt besiegelte Wilhelm Verpfändungsurkunden der Brüder von Plesse für das Kloster Katlenburg im Jahre 1258[1196] und testierte als *Willekinus advocatus* die diese Rechtsgeschäfte bestätigende, in Osterode ausgestellte Urkunde Herzog Albrechts von 1259.[1197] Er war als *W. de Gotingen* neben T. (wohl Dietrich) von Seesen und F(riedrich) von Einbeck, *advocati domini ducis de Bruneswic,* Adressat einer undatierten, um das Jahr 1260 einzuordnenden Urkunde Basils von Windhausen.[1198] Im Jahre 1260 sind Heinrich von Homburg als Vogt in Göttingen und Hermann von Uslar als Vogt in Einbeck beim Friedensbündnis zwischen Herzog Albrecht, dem Erzbischof von Köln und dem Abt des Klosters Corvey nachweisbar.[1199] Bei Herzog Albrecht dem Großen ist Wilhelm mit Titel ferner in einer in Göttingen im Jahre 1261 ausgestellten Urkunde nachweisbar[1200] und testierte als *advocatus domini ducis* in einer Urkunde Heinrichs von Mühlhausen des Jahres 1262.[1201] 1263 hatte der Vogt von Göttingen, Wilhelm, Urkunden ausgestellt,[1202] war Zeuge in einer Urkunde des Stiftes St. Blasius in

---

1189 "(...) noch helt vuget Willekin / von Aldenhusen gar vorborgen (...). Braunschweigische Reimchronik, 8060f. Die Handschrift liest aber statt "von": "vor". Siehe dazu ebenda S. 559, Anm. a) und Anm. 1, sowie Asseburger UB 1, S. 199.

1190 1266 September 27, Druck: UB Herzöge Br.-Lb. 1, Nr. 63.

1191 Diese Ortsangabe *in villa dicta Bollestede, in predio monachorum de Volkolderode* sowie das Datum der Gefangennahme, 1256 Januar 16, hat allein Chronica S. Petri Erfordensis moderna, S. 399f.

1192 Siehe dazu ausführlich unten.

1193 "(...) ober dhem walde (...)", Braunschweigische Reimchronik, 8031. Gemeint ist die Landschaft Oberwald zwischen Göttingen und Münden.

1194 "(...) munchehob (...), Braunschweigische Reimchronik, 8050.

1195 In Frage käme beispielsweise Olenhusen, Gemeinde Rosdorf, Kreis Göttingen, das im späten Mittelalter als befestigter Hof nachweisbar wird (Vgl. dazu: UB v. Boventen Nr. 62, Nr. 266, Nr. 335, Nr. 351ff. Exkursionskarte Göttingen, S. 111).

1196 1258 Juli 27, Orig.: HStA Han. Cal. Or. 100 Katlenburg Nr. 5 (ursprünglich mit fünf Siegeln, dasjenige des Vogtes fehlt); Regest: Leuckfeld Antiq. Katlenburg, S. 46. 1258 Dezember 22, Orig.: HStA Han Cal. Or. 100 Katlenburg Nr. 7 (ursprünglich mit acht Siegeln, dasjenige des Vogtes fehlt); Regest: Reg. v. Uslar-Gleichen, Nr. 93.

1197 1259 Januar 5, Orig.: HStA Han Cal. Or. 100 Katlenburg Nr. 8; Regest: Winzer, S. 38.

1198 O. J., Orig.: StA WF 25 Urk 1020; ungedruckt.

1199 1260 Mai 30, Druck: Niederrheinisches UB 2, Nr. 489.

1200 1261 Juli 23, Druck: UB Eichsfeld, Nr. 419.

1201 Druck: UB Eichsfeld, Nr. 439. Vogt Wilhelm hat diese Urkunde außerdem mitbesiegelt.

1202 1263, Druck: Falke Trad.Corb., S. 881. 1263, mit den Ratsherren von Northeim, Druck: Falke Trad. Corb., S. 881.

Northeim für das Stift St. Blasius in Braunschweig[1203] und testierte mit Titel in einer im Jahre 1267 in Duderstadt ausgestellten Urkunde Herzog Albrechts.[1204] Nachdem für 1272 erstmals Bertram von Werle als Vogt in Göttingen belegbar ist,[1205] erscheint im selben Jahr Wilhelm als *quondam advocatus noster* bei Herzog Albrecht.[1206] Der genannte Bertram von Werle dürfte identisch mit dem *dominus Betencannus advocatus domini ducis de Brunswic* sein, in dessen Gegenwart eine Urkunde des Ritters Hermann von Schardenberg und seines Neffen im Jahre 1278 ausgestellt worden ist.[1207] Im Jahre 1279 kommt Wilhelm wieder mit Vogttitel in einer Urkunde der Herzöge für die Stadt Göttingen vor,[1208] testierte 1280 mit dem Vogttitel unter den Ratgebern der Herzogin Adelheid und ihrem noch unmündigen Sohn Heinrich, des späteren Herzog Heinrich des Wunderlichen, für das Kloster Mariengarten[1209] und wurde abermals als ehemaliger Vogt bezeichnet[1210]. Danach wird wieder der kurz zuvor noch als Vogt in der Asseburg genannte Bertram von Werle[1211] als *Berterammus advocatus in Gotinge de Werle* in der Zeugenreihe einer Urkunde Herzog Heinrichs des Wunderlichen für das Stift Marienberg im Jahre 1281 vor *Willekinus advocatus de Gotinge*[1212] genannt. Im selben Jahr und in derselben Eigenschaft stellte Wilhelm, Ritter und herzoglicher Vogt in Göttingen, eine Urkunde über den Verzicht des Edelherrn Heinrich Kegel zugunsten des Klosters Loccum aus.[1213] Vogt Wilhelm testierte weiter im Jahre 1284[1214] und stellte mit dem Vogttitel am 16. Februar 1285 gemeinsam mit Konrad von Berlepsch und Dietrich von Kerstlingerode eine Urkunde aus,[1215] bevor am 30. November 1285 Heinrich von Honhorst als *advocatus in Gotinge domini ducis de Brunswic* urkundete.[1216]

An den Urkunden der Jahre 1280 und 1285 haben sich Abdrücke des Siegels von Vogt Wilhelm, wenn auch schwer beschädigt, erhalten: Es zeigt als Bild einen Greifen- oder Adlerkopf. Zwar kommen Greifenköpfe als Siegelbilder bei den Familien von (Königs-) Dahlum[1217] und von Bortfeld[1218] vor, doch kann der Vogt

---

1203 1263 April 25, Orig.: StA WF 7 Urk 53; Regest: UB Br. 2, S. 89 und 4, S. 414.

1204 1267 April 5, Druck: UB Eichsfeld, Nr. 473.

1205 1272 Februar 15, unter den *famuli* vor dem Vogt Adrian in Herzberg, Druck: Scheidt, Cod. dipl., Anm. S. 577; UB Herzöge Br.-Lb. 1, S. 47. Weitere Nachweise als Vogt in Göttingen: 1276 Juli 1, Druck: Asseburger UB 1, Nr. 384. 1276 November 30, Druck mit Beschreibung des Siegels Bertram von Werles: UB Göttingen, Nr. 20. Zu dem Vogt Bertram von Werle und allgemein zu der Familie von Werle Kleinau, v. Werle.

1206 1272 Dezember 10, Druck: Bilderbeck II., S. 71. Garzmann S. 92 mit Anm. 124 ist demgemäß zu korrigieren.

1207 1278 November 8, Druck: Winzer, Anhang S. 184.

1208 *Willekin advocato de Aldehusen*, ausgestellt in Göttingen *apud ecclesiam beati Jacobi*, Druck: UB Göttingen, Nr. 22.

1209 1280 Januar 8, Orig.: HStA Han Cal.Or. 100 Mariengarten Nr. 40; Druck: UB Mariengarten, Nr. 45.

1210 1280 Mai 9, Regest: Reg. v. Campe 1, Nr. 453.

1211 1281 Juni 29, *tunc temporis advocatus in Asseburg* mit seinem Untervogt Heinrich *de Smerdeshusen*, Druck: UB Hochstift Hildesheim 3, Nr. 569.

1212 1281 Juli 2, Orig.: StA WF 19 Urk 104; Druck: Cod. dipl. Alvensleben 1, Nr. 167; Asseburger UB 1, Nr. 414.

1213 Erwähnung: Calenberger UB 3, Nr. 408, Anm. 3.

1214 1284 September 30, ausgestellt in Braunschweig, Druck: Asseburger UB 1, Nr. 432.

1215 Orig.: HStA Han. Cal.Or. 100 Mariengarten Nr. 49.; Druck: UB Mariengarten, Nr. 57.

1216 Druck: UB Herzöge Br.-Lb. 1, Nr. 102.

1217 So im Siegel des Johannes von Dahlum und seiner Söhne Engelbert und Rudolf von 1303. Siehe dazu: UB Hochstift Hildesheim 3, Nr. 1419. Bode, Uradel S. 118.

1218 So im Siegel Heinrichs von Bortfeld von 1312 Dezember 24, Orig.: StA WF 26 Urk 72. Abb.: StA

Wilhelm ohne weiteres keiner dieser oder anderer ministerialischen Familien des südniedersächsischen Raumes sicher zugeordnet werden.[1219] Letztmalig testierte Wilhelm als *dominus Wilkinus advocatus* im Jahre 1288 in einer Urkunde, in der sein durch die Herzöge begründetes Vogtamt erwähnt wird.[1220]

Streng getrennt werden muß der Vogt Wilhelm von Göttingen von einem Vogt gleichen Taufnamens und dem Herkunftsnamen von Altenhausen,[1221] der nach der zweiten welfischen Teilung ausschließlich mit dem Lüneburger Fürstentum verbunden werden kann. Angehörige dieser ministerialischen Familie kommen erstmals im Jahre 1262 in bezug auf den Lüneburger Raum vor.[1222] Zu ihnen dürfte auch derjenige Vogt Wilhelm von Altenhausen gehören, der im Jahre 1264 bei Herzog Johann in Vorsfelde nachweisbar wird.[1223] Wilhelm von Altenhausen tritt als *dominus Willehelmus de Alethehusen, advocatus illustris principis domini, A. ducis de Brunswich* in einem von dem Grafen Heinrich von Hoya im Jahre 1266 gestifteten Vergleich zwischen Vogt Wilhelm sowie dem Dekan und Kapitel von St. Andreas in Verden auf[1224] und stellte darüber in Nienburg eine eigene Urkunde[1225] aus. Dieser Wilhelm mit dem Herkunftsnamen von Altenhausen war in den Jahren 1266/67 Vogt von Hannover[1226] und läßt sich - nachdem 1267 Hilmar von Oberg Vogt von Hannover wurde[1227] - bei Herzog Johann im Jahre 1274 mit Herkunftsnamen belegen.[1228] Möglicherweise war er mit dem in einer Urkunde Herzog Johanns von 1274 an erster Stelle testierenden *Willekinus advocatus*[1229] identisch, bei dem es sich aber eher um den im Jahre 1277 belegbaren Vogt in Lüneburg gleichen Taufnamens mit dem Herkunftsnamen von Gustedt gehandelt haben dürfte.[1230] Mit Herkunftsnamen von Altenhausen, aber ohne Amtstitel läßt sich Wilhelm danach noch einmal im Jahre 1285 bei Herzog Otto dem Strengen nachweisen[1231] und könnte

---

WF 5 Slg 7 Nr. 98.

1219 UB Göttingen, S. 8, Anm. 1, unter anderem gegen W. Havemann 1, S. 386f., Anm. 4.

1220 Druck: UB Eichsfeld, Nr. 645.

1221 Ein Zusammenhang zwischen der Familie und einem Herkunftsort kann bis dato nicht hergestellt werden, weshalb hier und im folgenden an der Namensform "von Altenhausen" festgehalten werden soll. Der Herkunftsname könnte sich auf Oldershausen, Gemeinde Marschacht, Kreis Harburg beziehen. Der Herausgeber der Braunschweigischen Reimchronik, S. 559, Anm. 1, bezieht den Herkunftsnamen auf Ahausen, Kreis Rotenburg-Wümme.

1222 1262 Oktober 2, Orig.: HStA Han Celle Or. 100 Lüneburg St. Michael Nr. 43; Druck: Lüneburger UB 7, Nr. 82.

1223 1264 Oktober 20, *Wilhelmo advocato de Aldenhusen*, Druck: Urk. Hamersleben Nr. 57.

1224 1266 September 27, Druck: UB Herzöge Br.-Lb. 1, Nr. 62.

1225 1266 September 27, Druck: UB Herzöge Br.-Lb. 1, Nr. 63.

1226 1266, Druck: Würdtwein 11, Nr. 27. 1267, Orig.: HStA Han Cal. Or. 100 Barsinghausen Nr. 46; Druck: Calenberger UB 1, Nr. 46. Vgl. Grotefend, S. 406 und Mooyer, S. 320f.

1227 1267 August 21, Druck: UB Hannover, 1, Nr. 36. Zu ihm Hellfaier, von Oberg, S. 32-41. Vgl. auch Grotefend, S. 406 und Mooyer, S. 321f.

1228 1274 Oktober 1, *de Aldehusen*, Druck: Lüneburger UB 7, Nr. 106.

1229 1274 März 11, Orig.: KlA Lüne Nr. 43; ungedruckt.

1230 1277 April 10, *Willekinus advocatus in Luneborch dictus de Guzstede*, Orig. LA Schleswig Urk.-Abt. 268 Nr. 100; Druck: UB Bm. Lübeck 1, Nr. 257. 1277 September 2, *Willekino de Gustede tunc temporis advocato et Johanne de Gandersem iudicio presidente*, inseriert in Orig.: HStA Han Celle Or. 100 Lüneburg Stadt Nr. 151 von 1411 Februar 3. Der Herkunftsname bezieht sich auf Gustedt, Gemeinde Elbe, Kreis Wolfenbüttel. Wilhelm von Altenhausen und Wilhelm von Gustedt können nicht identisch sein, da beide gleichzeitig eine Urkunde Herzog Johanns zu 1264 Oktober 20, Druck: Urk. Hamersleben, Nr. 57, bezeugten.

1231 1285 April 22, *de Aledhehusen*, Orig.: HStA Han Celle Or. 100 Bardowick Nr. 28. Unter Umständen besteht zwischen diesem und dem als Mönch im Kloster Loccum nachweisbaren

vielleicht mit dem Wilhelm in Altencelle, der in einer undatierten Urkunde Güter verpfändete, identisch gewesen sein.[1232]

Auf Seiten der entstehenden herzoglichen Landesherrschaft bildeten sich neue vogteiliche Instrumentarien heraus. So läßt sich schon im ersten Drittel des 13. Jahrhunderts eine zeitlich befristete Besetzung von Vogtämtern nachweisen, die vielleicht zunächst noch Rücksichten auf familiäre Traditionen nahm. Damit sollte offensichtlich einmal der Gefahr vorgebeugt werden, daß auch Vogtämter durch das Innehaben über mehrere Generationen hinweg erblich werden konnten. Dennoch griffen die welfischen Herzöge immer wieder auf denselben Personenkreis zurück, so daß beispielsweise für Celle und Göttingen zeitweise ein Alternieren zweier Persönlichkeiten im Amt nachzuweisen ist. Damit wurden Grundzüge für die erstmals zur Jahrhundertwende vom 13. in das 14. Jahrhundert erkennbare Entwicklung von der Vogteiverfassung hin zu einer Ämterverfassung gelegt.

Willekino de Aldehusen , O. J., Druck: Calenberger UB 3, Nr. 698 (Datierung dort: "um 1320???" [sic!]), ein genealogischer Zusammenhang. Falls die Einsetzung der Urkunde in die zweite Dekade des 13. Jahrhunderts stimmen sollte, dürfte dieser Wilhelm mit dem zu 1321 November 12, Regest: Calenberger UB 3, Nr. 622, Anm. 1, nur mit Taufnamen Willekin genannten Gastmeister des Klosters identisch sein.

1232 O. J., *Willekinus in antiqua szelle*, Orig.: HStA Han Celle Or.9 Schr.VIII Caps. 32 Nr. 2; ungedruckt.

II. DIE WELFISCHEN HOFÄMTER IM 12. UND 13. JAHRHUNDERT

1 Katalog der welfischen Hofamtsträger im 12. und 13. Jahrhundert

1.1 Die Truchsessen

1.1.1 Arnold von Einbeck, angeblicher Truchseß Heinrichs des Löwen

Das gefälschte Diplom Kaiser Lothars III. für das Kloster Drübeck im Jahre 1130 bezeugte der Ministeriale Arnold von Einbeck mit dem Amtstitel eines Truchsessen.[1233] Möglicherweise könnte die Zeugenreihe dieser Urkunde auf eine echte zurückzuführen sein,[1234] darf jedoch nicht dazu dienen, das Auftreten dieses Truchsessen mit Heinrich dem Löwen in Verbindung zu bringen.[1235] Zudem befindet sich Arnold von Einbeck keineswegs häufig in den Urkunden Heinrichs des Löwen.[1236] Arnolds Funktion klärt sich zum Jahre 1163 auf, als er den Titel *advocatus* führte.[1237] Möglicherweise bezog sich das Vogtamt Arnolds auf das von Lothar III. an Heinrich den Löwen übergegangene Einbeck.[1238] Eine welfische Ministerialenfamilie mit Herkunftsnamen von Einbeck läßt sich in der Folgezeit jedenfalls nicht nachweisen, und ein welfischer Vogt in Einbeck ist erst wieder im Jahr 1258 belegbar.[1239]

1.1.2 Lupold, möglicherweise Truchseß Heinrichs des Löwen (1157)

Der Truchseß Lupold testierte in einer Heinrich dem Löwen zugeschriebenen Urkundennotiz des Klosters Baumburg in Bayern als *Liupoldus dapifer eiusdem ducis et alii quam plures ministeriales regni.*[1240] Es ist aber nicht ganz eindeutig, ob sich die Notiz tatsächlich auf Heinrich den Löwen bezog, da keine sächsischen Ministerialen darin vorkommen.[1241] Sollte der Truchseß Lupold dennoch zur Ministerialität Heinrichs des Löwen zu zählen sein, dann ist er gewiß nicht mit Lupold von Herzberg identisch,[1242] sondern gehörte zu den bayerischen Ministerialen des Herzogs.[1243]

1233 MGH D. Lothar III. Nr. 127. Zur Fälschung v. Reinöhl, S. 132ff. Zu Arnold von Einbeck auch Lubenow, S. 205f. Der Herkunftsname bezieht sich auf Einbeck, Kreis Northeim.

1234 v. Reinöhl, S. 137. Jordan, Städtepolitik, S. 18. Auch Lubenow, S. 170, Anm. 3 hält die Zeugenreihe für unverdächtig, während er noch auf S. 116, Anm. 1 mit Einschüben des Fälschers gerechnet hatte.

1235 So Rösener, Hofämter, S. 525f.

1236 Anders: Rösener, Hofämter, S. 526, Anm. 194. Arnold ist dreimal in den Urkunden Heinrichs des Löwen nachweisbar: 1154 Juni 3, Orig.: HStA Han Hild. Or. 3 Riechenberg Nr. 2; Druck: Urk. HdL Nr. 27. 1163 November 30, Urk. HdL Nr. 65. 1166, Urk. HdL Nr. 73.

1237 *Arnoldus advocatus de Enbiche* 1163 November 30, Urk. HdL Nr. 65.

1238 Vgl. Lubenow, S. 107.

1239 1258 April 3, Orig.: StA WF 1 Urk 21; Druck: Scheidt, Mantissa, S. 442. Es handelt sich um Friedrich, Vogt von Einbeck. Zu ihm siehe ausführlich im Kap. I. 3. 2.

1240 (1157 November), Urk. Hdl Nr. 38.

1241 Anders der Herausgeber von Urk HdL S. 54, der gerade damit einen Bezug der Notiz auf Herzog Heinrich Jasomirgott unwahrscheinlich macht. Einige Zeugen kommen in der Tat auch in Urk HdL Nr. 37 von 1157 November 23 vor, was zumindest für die Datierung des Tauschgeschäftes wichtig ist.

1242 Urk HdL Register S. 237 mit Fragezeichen.

1243 So auch Haendle, S. 68. Lupold gehörte zu den sogenannten *ministeriales regni.* Siehe dazu Haendle, S. 53f. Dagegen Lubenow, S. 265. Grundlegend Kirchner, S. 450ff. Vgl. Kraus.

1.1.3 Ludolf, Truchseß Heinrichs des Löwen 116(1)

Ludolf ist der erste, eindeutig Heinrich dem Löwen zuzuordnende Truchseß. Er kommt nur ein einziges Mal in dessen Urkunden mit Amtstitel vor.[1244] Aufgrund der großen Anzahl von Ministerialen desselben Taufnamens kann er nicht eindeutig identifiziert werden. Vielleicht besteht ein Zusammenhang zwischen der Einsetzung Ludolfs von Esbeck als Truchseß durch König Otto IV.[1245] und dem Truchsessen Heinrichs des Löwen mit Taufnamen Ludolf. Dieser müßte dann in die Generation vor den vier Brüdern Wilhelm und Friedrich, die sich mit dem Herkunftsnamen von Volkmarode nachweisen lassen, und Ludolf und Balduin, die sich nach Esbeck benennen, gehören.[1246]

1.1.4 Jordan I. von Blankenburg, Truchseß Heinrichs des Löwen 1162-1194 und Truchseß Pfalzgraf Heinrichs 1196

Der Truchseß Jordan wird erstmals im Jahre 1162 erwähnt.[1247] Er war möglicherweise mit dem 1161 nur mit Taufnamen testierenden Jordan identisch.[1248] Seitdem bezeugte Jordan noch etliche Urkunden Heinrichs des Löwen, zweimal nur mit Taufnamen,[1249] einige Male mit seinem Bruder namens Jusarius, stets mit Amtsbezeichnung, niemals jedoch gleichzeitig mit Herkunftsnamen[1250] bezeichnet. Lediglich in einer verunechteten Urkunde Heinrichs des Löwen tritt Jordan mit dem Herkunftsnamen von Blankenburg auf.[1251] In zwei weiteren Urkunden des Herzogs testierte er mit Titel neben seinem Bruder Jusarius, der dabei mit dem Herkunftsnamen verbunden wurde.[1252] Mit dem Herkunftsnamen von Blankenburg, jedoch ohne Titel, läßt sich Jordan im Jahre 1173 im Gefolge Heinrichs des Löwen auf dem Hoftag Friedrichs I. in Frankfurt nachweisen.[1253]

Auch wenn die Belege nicht häufig sind, muß dieser Herkunftsname für den Truchsessen Jordan als gesichert gelten. Ihn und seinen Bruder Jusarius als Angehörige der Familie von Blankenburg anzusehen, ergibt sich ferner im Zusammenhang mit den Söhnen Jordans, des Truchsessen Jordan II. und des

---

1244 116(1?) Oktober 18, Urk. HdL Nr. 48.

1245 Zu ihm siehe das Kap. II. 1.1.9.

1246 Zu der Familie von Volkmarode-Esbeck siehe im Kap. II. 1.2.5 und passim sowie die Tafel 2.

1247 Urk. HdL Nr. 53.

1248 1161, Orig.: StA WF 24 Urk 10; Druck: Urk. HdL Nr. 50.

1249 (1166?), Urk. HdL Nr. 71. (1174?), Urk. HdL Nr. 102.

1250 1164, Urk. HdL Nr. 69. 1167(?), Urk. HdL Nr. 75. 1169 April 20, Orig.: HStA Han Hild. Or. 2 Lamspringe Nr. 5; Druck: Urk. HdL Nr. 80. 1169 November 7, Urk. HdL Nr. 81. 1170 November 7, Orig.: LA Schleswig Urk.-Abt. 268 Nr. 7; Druck: Urk. HdL Nr. 82. 1170 November 12, Urk. HdL Nr. 83. 1171 Februar, Urk. HdL Nr. 84. 1171 August 8, Orig.: HStA Han Celle Or. 13 Nr. 795; Druck: Urk. HdL Nr. 88. 1171 September 9, Urk. HdL Nr. 89. 1171 September 19, Urk. HdL Nr. 92. 1172, Orig.: StA WF 1 Urk 4; Druck: Urk. HdL Nr. 94. 1174 September 17, Urk. HdL Nr. 100. 1175, Orig.: StA WF 9 Urk 4; Druck: Urk. HdL Nr. 105. 1176, Urk. HdL Nr. 107. 118(6?) August 11, Urk. HdL Nr. 118. 1188, Urk. HdL Nr. 120. 1190, Urk. HdL Nr. 126. 1191 Juni 6, Orig.: StA WF 25 Urk 22; Druck: Urk. HdL Nr. 128. 1194 April 2, Orig.: HStA Han Cal. Or. 33 Salem Nr. 1; Druck: Urk. HdL Nr. 129.

1251 *Iordan de Blangkenburgk et frater suus Iusarius*, [1163] (1144), November 2, Urk. HdL Nr. 64. Der Herkunftsname bezieht sich auf Blankenburg, Kreis Blankenburg, und/oder die Burg Blankenburg. Vgl. dazu Kleinau, GOV, S. 71ff.

1252 *Iordanis dapifer et Iosarius frater eius de Blankenburg*, [1158], Urk. HdL Nr. 41 (ebenfalls verunechtet). *Gesarii de Blankenb. et Iordani fratris sui*, 1162, Urk. HdL Nr. 52.

1253 1173 Juni 8, MGH D Friedrich I. Nr. 604 mit den weiteren Druckorten.

Schenken Jusarius II. sowie des mit dem mit Herkunftsnamen von Blankenburg noch öfter in Urkunden Pfalzgraf Heinrichs testierenden Anno.[1254] Bei der Familie von Blankenburg handelte es sich um eines der bedeutendsten welfischen Ministerialengeschlechtern[1255], welche streng von dem gleichnamigen Grafengeschlecht[1256] getrennt werden müssen. Vertreter mit dem gleichen Herkunftsnamen sind schon unter den Ministerialen Lothars III. nachweisbar, wenn auch eine genealogische Verbindung nicht zu beweisen ist.[1257]

Truchseß Jordan war eine der wichtigsten Persönlichkeiten im Umkreis Heinrichs des Löwen.[1258] Er begleitete zusammen mit seinem Bruder Jusarius den Herzog bei dessen Pilgerfahrt in das Heilige Land[1259], und sein Ansehen und seine Bedeutung als Berater des Löwen spiegelt sich auch in den historiographischen Werken der Zeit wider.[1260] Die große räumliche Distanz zu Braunschweig und das Vorhandensein eines der großen Grafengeschlechter im selben Ort lassen jedoch Zweifel daran aufkommen, ob der Herkunftsort und der tatsächliche Sitz des Truchsessen Jordan I. immer identisch gewesen seien können. Seit der Mitte des 13. Jahrhunderts begannen denn auch bei der Familie von Blankenburg die Herkunftsnamen von Campen[1261] und von Neindorf[1262] den alten Herkunftsnamen abzulösen, soweit dieser überhaupt noch verwendet worden war. Die Herren von Campen und von Neindorf entwickelten sich zu zwei der einflußreichsten niederadligen Geschlechter im Herzogtum Braunschweig. Durch einen Angehörigen der Familie wurde sogar ein Kloster gegründet.[1263]

Der aus der Familie von Blankenburg stammende Truchseß Jordan I. war der einzige Hofamtsträger Heinrichs des Löwen, der von Pfalzgraf Heinrich in seiner Stellung übernommen worden ist. Er diente dem Pfalzgrafen nur kurze Zeit: In einer der ersten Urkunden Pfalzgraf Heinrichs überhaupt, für das Stift St. Blasius in Braunschweig im Jahre 1196, bezeugte er als erster von sieben ministerialischen Zeugen mit dem Zusatz *senior dapifer*.[1264] An dritter Stelle derselben Urkunde

---

1254 Kop.: StA WF VII B Hs 154, S. 102f., Druck: Dürre, Athelold, S. 15-18. Zu dem Stück siehe: Schneidmüller, Kollegiatstifte, S. 277, Anm. 105. Zu Anno von Blankenburg mit weiteren Nachweisen Lubenow, S. 71f.

1255 Zur Familie von Blankenburg-Campen: Haendle, S. 3-10. Lubenow, S. 58-114. Zu ihnen ist ein zweibändiges Urkunden- und Regestenwerk erschienen (Reg. v. Campe), welches für das 12. Jahrhundert jedoch wenig brauchbar ist, da es durch Urk. HdL überholt ist und zudem den Kämmerer Heinrichs des Löwen, Anno, fehlerhaft zur Familie von Blankenburg zählt. Für das 13. Jahrhundert dagegen lassen sich über Reg. v. Campe eine große Anzahl wichtiger Urkunden im Regest und dabei stets mit dazugehöriger Zeugenreihe erschließen. Fehlerhaft sind hier allerdings die Zuordnung des Caesarius von Halberstadt in die Familie von Blankenburg-Campen sowie die auf S. 10, Anm. gemachten Feststellungen.

1256 Zu ihnen Schmidt, Genealogie Regenstein-Blankenburg.

1257 Zu den Ministerialen von Blankenburg bei Lothar III. Vogt, S. 78-84.

1258 Haendle, S. 4f. und S. 68. Urk. HdL, Namensregister S. 234. Lubenow, S. 59-69 (fehlerhaft) und S. 512. Jordan, HdL, S. 129f.

1259 1172, Orig.: StA WF 1 Urk 4; Druck: Urk. HdL Nr. 94. Arnold von Lübeck I, 2ff.

1260 Arnold von Lübeck II, 2. V, 2. Chronicon Urspergense, S. 357. Sächsische Weltchronik, S. 229.

1261 Der Herkunftsname von Campen ist erstmals im Jahre 1240 nachweisbar. Siehe dazu im Kap. II. 1.2.22. Der Herkunftsname bezieht sich auf Campen, Gemeinde Lehre, Kreis Helmstedt. Vgl. dazu Kleinau, GOV, S. 401f.

1262 Der Herkunftsname von Neindorf wird erstmals 1264/65 nachweisbar. Siehe dazu im Kap. II. 1.3.6; 1.3.7; 1.3.8; 1.3.9. Der Herkunftsname bezieht sich auf Hausneindorf, Kreis Aschersleben.

1263 Siehe dazu im Kap. II. 1.3.9.

1264 Orig.: StA WF 7 Urk 2; Druck: v. Heinemann, Nr. 2.

testierte Jordan *iunior dapifer* nach dem Marschall Friedrich und vor dem Schenken Jusarius, was als Beleg für einen stattgefundenen Generationswechsel genommen werden muß. Der jüngere Truchseß Jordan ist mit großer Wahrscheinlichkeit als Sohn des älteren zu sehen. Aufgrund der gleichen Taufnamen der beiden Truchsessen, sehr wahrscheinlich Vater und Sohn, müssen die Testate eines Truchsessen Jordan in den Urkunden des Pfalzgrafen des Jahres 1196 ansonsten unentschieden bleiben.[1265] Der Todestag des Truchsessen Jordan I. von Blankenburg war der 12. März,[1266] sein Todesjahr wahrscheinlich 1196.[1267] Truchseß Jordan I. hatte offenbar vier Söhne: *Jordanus dapifer, Jusarius pincerna, Anno de Blankenborgh frater eorum*, die im Jahre 1197 gemeinsam eine Urkunde Pfalzgraf Heinrichs für das Stift St. Blasius in Braunschweig als erste von sieben Ministerialen bezeugten,[1268] sowie Ludwig[1269], der beim Ableben seines Vaters noch unmündig gewesen sein wird.

1.1.5 Erchembert, Truchseß Heinrichs des Löwen 1169

In den Urkunden Heinrichs des Löwen ist im Jahre 1169 ein einziges Mal *Er(c)henbertus dapifer* belegbar.[1270] Bislang wurde der Truchseß Erchembert mit Erchembert von Weida[1271] oder mit Ekbert von Schoderstedt[1272] identifiziert. Der Taufname Ekbert oder Erchembert tritt in den Urkunden Heinrichs des Löwen allerdings in Verbindung mit verschiedenen Herkunftsnamen auf. In der Familie von Weida erscheint der Taufname Ekbert in deutlicher zeitlicher Distanz zum Auftreten des Truchsessen Erchembert.[1273] Ein Angehöriger der Familie von Schoderstedt mit Taufnamen Ekbert ist darin nicht nachweisbar, befand sich aber mit seinem Bruder Heinrich im Jahre 1182 im Gefolge des Herzogs.[1274] Möglicherweise handelte es sich bei Letzterem um den erstmals im Jahre 1190 vorkommenden Truchsessen Heinrichs des Löwen, Heinrich von Schoderstedt.[1275] Darüberhinaus ist der Taufname bei der Familie von Schoderstedt erst wieder am Ende des 12. Jahrhunderts in zwei Urkunden Pfalzgraf Heinrichs nachweisbar.[1276]

Der Taufname Ekbert läßt sich unter den Ministerialen Heinrichs des Löwen aber

---

1265 Orig.: StA WF 7 Urk 1; Druck: O.G. III., S. 605f. Orig.: StA WF 24 Urk 17; Druck: O.G. III., S. 606. Orig.: LHA Magdeburg Rep. U 12c Ilsenburg Nr. 6a; Druck: UB Ilsenburg, 1, Nr. 43. (Orig.: KlA Loccum); Druck: O.G. III., S. 615; Calenberger UB 3, Nr. 26.

1266 Memorien St. Blasius 2, S. 18 mit S. 73f., Anm. 79. Zum Memorienregister vgl. Schneidmüller, Landesherrschaft, S. 79ff.

1267 Dasselbe Ergebnis hat Haendle, S. 7f., während Lubenow, S. 59ff. fälschlich den Truchsessen Jordan I. bis 1220 nachzuweisen versucht. Letztere Meinung auch bei Jordan, HdL, S. 129. Die Diskussion der Lebensdaten des Truchsessen Jordan I. richtig bei Fenske/Schwarz, S. 339f.

1268 Kop.: StA WF VII B Hs 154, S. 102f.; Druck: Dürre, Athelold, S. 15-18. Zu dem Stück siehe Schneidmüller, Kollegiatstifte, S. 277, Anm. 105.

1269 1219, Orig.: LHA Magdeburg Rep. U 8a Nr. 2; Druck: v. Heinemann, Nr. 9.

1270 1169 November 7, Urk. HdL Nr. 81.

1271 Urk. HdL, Namensregister S. 221. Weinmann, S. 202. Zur Familie von Weida: Haendle, S. 37-40. Lubenow, S. 197-204. Der Herkunftsname bezieht sich auf †Weida, nordöstlich Mühlhausen.

1272 Haendle, S. 34 ist dabei vorsichtig, während Lubenow, S. 406 und S. 512 die Identifizierung bestimmt vornimmt. Zur Familie von Schoderstedt siehe im Kap. II. 1.1.5 und 1.1.6.

1273 1143, Urk. HdL Nr. 4. (1143/44), Urk. HdL Nr. 5.

1274 1182 Mai 4 (7?), Druck: Diplomatarium S. Ludgeri II., S. 462; Cod. dipl. Anhalt. 1, S. 453.

1275 Zu ihm siehe das Kap. II. 1.1.6.

1276 1196, Orig.: StA WF 24 Urk 17; Druck: O.G. III., S. 606. 1197 Mai 17, Copiar StA WF VII B Hs 340 S. 48f.; Druck: O.G. III., S. 615.

noch bei einer anderen wichtigen Familie nachweisen, in der er geradezu die Funktion eines Leitnamens erfüllte. Es handelt sich um die Familie mit Herkunftsnamen von Wolfenbüttel.[1277] Heinrich der Löwe setzte Ekbert von Wolfenbüttel und (den Vogt) Heinrich von Lüneburg vor seiner Pilgerreise nach Jerusalem 1172 als Stellvertreter über die welfische Ministerialität ein.[1278] Der Herzog wird mit großer Wahrscheinlichkeit der Ministerialität Persönlichkeiten mit hohem Rang vorangestellt haben, und diese müssen in dem Kreis der Hofamtsträger oder der Vögte des Herzogs gesucht werden.[1279] Da der Truchseß Jordan den Herzog auf dessen Pilgerfahrt begleitete,[1280] könnte Heinrich der Löwe seinen anderen Truchsessen eingesetzt haben. Somit bestünde möglicherweise eine Identität zwischen Ekbert von Wolfenbüttel und dem Truchsessen Heinrichs des Löwen mit dem Taufnamen Ekbert. Daß Ekbert von Wolfenbüttel nicht weiter mit Amtstitel belegbar ist, erklärte sich aus der chronikalischen Meldung seiner Bestrafung durch den Herzog, nachdem Ekbert dessen Vertrauen während der Pilgerreise enttäuscht habe.[1281] Die mutmaßliche Identität beider würde endlich auch erklären, warum König Otto IV. Gunzelin von Wolfenbüttel, den zweiten Sohn Ekberts von Wolfenbüttel, zu seinem Truchsessen gemacht hat.[1282] Letztendlich muß aber unentschieden bleiben, ob es sich bei dem Truchsessen Ekbert um den mutmaßlichen Vater des Truchsessen Heinrich von Schoderstedt oder um Ekbert von Wolfenbüttel handelte, da für beide Identifizierungsmöglichkeiten nur etwa gleichgewichtige Indizien vorliegen.

1.1.6 Heinrich von Schoderstedt, Truchseß Heinrichs des Löwen 1190-1194

Heinrich von Schoderstedt entstammte einer Familie der welfischen Ministerialität, die mit zwei Vertretern schon früh in den Urkunden Heinrichs des Löwen mit ihrem Herkunftsnamen vorkommt.[1283] In der ersten Hälfte des 13. Jahrhunderts verschwindet die Familie aus der Überlieferung, dürfte mithin ausgestorben sein. In zwei

---

1277 Zu ihnen siehe: Haendle, S. 40-46. Lubenow, S. 334-366. Trippenbach. Zillmann, S. 32-38 und S. 46-54. Zu der Familie ist ein dreibändiges Urkundenwerk erschienen (Asseburger UB), durch welches eine große Anzahl wichtiger Urkunden gedruckt vorliegen. Die Herkunftsnamen beziehen sich auf Wolfenbüttel, Kreis Wolfenbüttel und auf die †Asseburg. Vgl. dazu Kleinau, GOV, S. 721ff. und S. 30f.

1278 Arnold von Lübeck II, 1. Die weiteren Nachweise zu Ekbert von Wolfenbüttel bei Lubenow, S. 338f. Fehl geht Weinmann, S. 204, Anm. 43.

1279 Heinrich von Lüneburg war Vogt des Herzogs in Lüneburg. Vgl. dazu im Kap. II. 1.1.11.

1280 1172, Orig.: StA WF 1 Urk 4; Druck: Urk. HdL Nr. 94. Arnold von Lübeck I, 1.

1281 Arnold von Lübeck II, 1. Gegen die Authenzität der Meldung Arnolds über die Untreue Ekberts haben sich Haendle, S. 42f. und Hampe, S. 61f. eingesetzt. Dagegen hat sich Haller, S. 329f. gewandt. Auf einer Verwechslung wird die Meldung Arnolds kaum beruhen, da gerade die Beschreibung der Pilgerreise Heinrichs des Löwen so ausführlich und detailliert erfolgt, daß " ... eine persönliche Teilnahme des Autors ... wahrscheinlich ..." (Wattenbach/Schmale 1, S. 437-441, hier: S. 438) ist. Zu Arnolds Chronik siehe auch Hucker, Historia regum sowie im Kap. I. 1.2.1. Daß Ekbert von Heinrich dem Löwen als Stellvertreter zu der im Jahr 1174 erfolgten Weihe der Stederburger Kirche geschickt worden ist, widerspricht dem Verlust des Truchsessenamtes nicht. Nach 1174 aber trat Ekbert bezeichnenderweise nur noch in Urkunden des Bischofs von Hildesheim auf: 1174 Juni 2, UB Hochstift Hildesheim 1, Nr. 266. 1175 April 18, UB Hochstift Hildesheim 1, Nr. 369. 1176 März 15, UB Hochstift Hildesheim 1, Nr. 373.

1282 Zu ihm siehe das Kap. II. 1.1.10.

1283 Allgemein zu der Familie von Schoderstedt: Haendle, S. 34. Lubenow, S. 406-409. Röhr, S. 52. Der Herkunftsname bezieht sich auf †Schoderstedt bei Königslutter, Kreis Helmstedt. Vgl. dazu Kleinau, GOV, S. 545f.

Urkunden Heinrichs des Löwen der Jahre 1190 und 1194 bezeugte der Truchseß Heinrich von Schoderstedt direkt hinter dem Truchsessen Jordan.[1284] Der einmal ohne Herkunftsnamen hinter dem Truchsessen Jordan bezeugende *Heinricus dapifer* ist mit großer Wahrscheinlichkeit mit Heinrich von Schoderstedt identisch.[1285]

Bei dem erstmals im Jahre 1217 als Bürge für Kaiser Otto IV. auftretenden Heinrich von Schoderstedt wird es sich aufgrund der großen zeitlichen Distanz zu dem Truchsessen Heinrich von Schoderstedt mit großer Sicherheit um einen Vertreter der nächsten Generation handeln,[1286] vielleicht um einen der im Jahre 1213 ohne Taufnamen genannten Brüder Gerhards von Schoderstedt.[1287] Daß seine Brüder Heinrich von Jerxheim und Friedrich von Wendhausen gewesen seien,[1288] beruht dagegen auf einem Lesefehler, wenn hinter *Gerhardus miles de Scoderstede et fratres sui* kein Komma gesetzt wird.

1.1.7 Jordan II. von Blankenburg, Truchseß Pfalzgraf Heinrichs 1196-1221

Der Truchseß Jordan II. von Blankenburg war sehr wahrscheinlich der Sohn des Truchsessen Jordan I. von Blankenburg und ist schon in einer der ersten Urkunden Pfalzgraf Heinrichs für das Stift St. Blasius in Braunschweig im Jahre 1196 nachweisbar, in der er noch als *iunior dapifer* hinter seinem Vater testierte.[1289] Aufgrund der gleichen Taufnamen der beiden Truchsessen, Vater und Sohn, müssen die Zuordnungen in den Urkunden des Jahres 1196 unentschieden bleiben.[1290] Der Truchseß Jordan II. testierte mit Herkunftsnamen von Blankenburg lediglich dreimal in Urkunden des Pfalzgrafen Heinrich[1291] sowie des Königs Otto IV.[1292], die alle noch im 12. Jahrhundert ausgestellt sind. Alle anderen Testate in welfischen Urkunden tätigte er nur mit dem Amtstitel, ohne mit einem Herkunftsnamen verbunden zu sein.[1293] Bei der ersten welfischen Teilung 1202 wurde Truchseß Jordan II.

1284 1190, Urk. HdL Nr. 126. 1194 April 2, Orig.: HStA Han Cal. Or. 33 Salem Nr. 1; Druck: Urk. HdL Nr. 129.

1285 1191 Juni 6, Orig.: StA WF 25 Urk 22; Druck: Urk. HdL Nr. 128.

1286 1217 Juni 21, Druck: O.G. III., S. 834f.; UB Hochstift Halberstadt 1, Nr. 499. Anders Lubenow, S. 407. Zu dessen möglicher Identifizierung mit dem 1216 auftretenden Truchsessen Heinrich siehe im Kap. II. 1.1.15.

1287 1213 Januar 28, Orig.: StA WF 22 Urk 30, Kop.: StA WF VII B Hs 340 S. 91; Druck: v. Heinemann, Nr. 7 (mit dem Lesefehler).

1288 So Lubenow, S. 407.

1289 Orig.: StA WF 7 Urk 2; Druck: v. Heinemann, Nr. 2.

1290 Orig.: StA WF 7 Urk 1; Druck: O.G. III., S. 605f. Orig.: StA WF 24 Urk 17; Druck: O.G. III., S. 606. Orig.: LHA Magdeburg Rep. U 12c Ilsenburg Nr. 6a; Druck: UB Ilsenburg, 1, Nr. 43. (Orig.: KlA Loccum); Druck: O.G. III., S. 615; Calenberger UB 3, Nr. 26.

1291 1197, Druck: O.G. III., S. 738; Hamburger UB 1, Nr. 313. 1199, Orig.: StA WF 24 Urk 21; Druck: O.G. III., S. 621.

1292 1199 Januar, zwei Orig.: StadtA Br. A I 1, Nr. 1 und 1a; Druck: O.G. III., S. 760; Harenberg, S. 1297; Leyser, S. 22; UB Br. 2, S. 12f.

1293 1197 Mai 17, Kop.: StA WF VII B Hs 340, S. 48-49; Druck: O.G. III., S. 615f. 1197, Kop.: StA WF VII B Hs 154 S. 102-103; Druck: Dürre, Athelold, S. 15-18. (1199) Januar 30, Orig.: LHA Magdeburg Rep. U 7 Nr. 29; Druck: v. Heinemann, Nr. 4 (mit Lesefehler). 1200, Orig.: StA WF 25 Urk 30; Druck: O.G. III., S. 624; Leuckfeld S. 421; Urk. Walkenried, 1, Nr. 45. 1202, Druck: Urk. Kl. Homburg, S. 27. 1204, Orig.: StA WF 24 Urk 27; Druck: O.G. III., S. 632. 1204, Druck: O.G. III., S. 630; Reg. v. Campe 1, Nr. 126. 1204 August 30, Druck: Archiv Bremen und Verden 3 (1869), S. 278. 1204, Orig.: zerstört; Druck: Hodenberger UB, Nr. 19; Hamburger UB 1, Nr. 350; Bremisches UB 1, Nr. 97. O. J. (vor 1207), Orig.: HStA Han Cal. Or. 100 Mariensee Nr. 1; Druck: O.G. III., S. 714; Calenberger UB 5, Nr. 1. 1212 November 29, Druck: Calenberger UB 2, Nr. 36. 1212 [vgl. dazu im Kap. III. 5. 1], Druck: Lüneburger UB 15, Nr. 8. 1221, Orig.: HStA Han Celle

zusammen mit seinen Brüdern, dem Schenken Jusarius II. und Anno, ausdrücklich aus dem Erbteil Wilhelms von Lüneburg zugunsten Pfalzgraf Heinrichs herausgenommen.[1294] In einer Urkunde Bischof Konrads von Halberstadt des Jahres 1202 testierte Jordan II. als *Jordanus dapifer de Bruneswic* als erster von drei Ministerialen.[1295] Eine im Jahre 1207 auf der Papenburg ausgestellte Urkunde der Grafen und Brüder Konrad und Hildebold von Limmer für das Kloster Mariental, in der sie einem größeren Verkauf durch ihren Lehnsmann Anno von Blankenburg zustimmten, bezeugten als ministerialische Zeugen die weiteren Angehörigen der Familie von Blankenburg: *Jordanis dapifer, Cesarius pincerna ducis, Ludewicus de Blankinburg*.[1296] Anno von Blankenburg[1297], der Schenk Jusarius II. und Ludwig von Blankenburg[1298] waren die Brüder des Truchsessen Jordan II.

Truchseß Jordan II. von Blankenburg starb im Jahre 1221. Der Generationswechsel läßt sich aus dem Vergleich zweier Urkundenbelege dieses Jahres beweisen: So bezeugte der Truchseß Jordan II. eine Urkunde Pfalzgraf Heinrichs für das Kloster Nenndorf als erster von sechs ministerialischen Zeugen vor dem an zweiter Stelle in der Zeugenreihe stehenden Marschall Wilhelm von Volkmarode und seinem an letzter Stelle testierten, jüngsten Sohn Balduin.[1299] In einer weiteren Urkunde Pfalzgraf Heinrichs vom selben Jahr für den Deutschen Orden bezeugte der Truchseß Jordan als zweiter von 14 ministerialischen Zeugen hinter dem Marschall Wilhelm von Volkmarode.[1300] Balduin testierte in derselben Urkunde an fünfter Stelle als *frater dapiferi*. Es handelt sich dabei also schon um den Truchsessen Jordan III. Ein weiterer Beleg für den im Jahre 1221 stattgefundenen Generationswechsel bei den Truchsessen ist die Zeugenreihe einer Urkunde Pfalzgraf Heinrichs für das

---

Or. 100 Nenndorf Nr. 5; Druck: O.G. III., S. 690; Hoyer UB 6, Nr. 8. 1215 Juli 18, Druck: UB Stadt Halberstadt 1, S. 584. 1215, Kop.: StA Oldenburg Best.109 Ab Nr. 31 S. 7f.; Druck: Sudendorf, Wildeshausen, Nr. 15. 1216, Druck: Lüneburger UB 7, Nr. 34. 1218 nach Mai 18, Druck: O.G. III., S. 660. 1218 nach Mai 19; Orig.: verloren; Druck: Leyser, S. 30. O. J. (um 1218?), Druck: Lüneburger UB 15, Nr. 9. 1219 (September 1-24), Druck: Hamburger UB 1, Nr. 433. 1219, Orig.: StA WF 22 Urk 35; Druck: v. Heinemann, Nr. 8. 1219, Orig.: LHA Magdeburg Rep. U 8a Nr. 2; Druck: v. Heinemann, Nr. 9. O. J. (1219?), Orig.: StA WF 24 Urk 45; Druck: v. Heinemann, Nr. 10. O. J. (1219 November), Druck: Pratje 6, Nr. 145; Hamburger UB 1, Nr. 428; Reg. v. Campe 1, Nr. 153; UB Osterholz, Nr. 27 [datiert "1226?"]. O. J. (1219 November), Druck: Pratje 6, Nr. 146; Hamburger UB 1, Nr. 429; UB Osterholz, Nr. 28 [datiert "1226?"]. O. J. (1219-1221) [Sudendorf und das Oldenburger UB datieren "1195-1216?". Die rechte Datierung ergibt sich daraus, daß Johannes von Bornum erst seit 1215 und Ludwig von Blankenburg nur von 1219-1221 in den Urkunden vorkommen. Das Vorkommen der Kanoniker zeigt lediglich, daß die Urkunde keinesfalls vor 1207 ausgestellt sein kann. Vgl. zu letzterem: Döll, S. 301f.], Kop.: StA Oldenburg Wildeshausen Nr. 60; Druck: Sudendorf Wildeshausen Nr. 10. 1220 März 5, Orig.: untergegangen, Druck: v. Heinemann, Nr. 11; UB Goslar 1, Nr. 409. 1220, Druck: Asseburger UB 1, Nr. 105. 1220, Orig.: StA WF 9 Urk 7; Druck: v. Heinemann, Nr. 12. 1222 September 21, Orig.: HStA Han Hild. Or. 2 Heiningen Nr. 11; Druck: v. Heinemann, Nr. 14 (mit fehlerhafter Datierung); UB Hochstift Hildesheim 2, Nr. 50. 1226, Druck: Urk. Kl. Homburg, S. 30.

1294 Siehe dazu ausführlich mit der dazugehörigen Literatur oben im Kap. I. 1.3.2.

1295 Druck: Falke, Trad. Corb., 777.

1296 1207 August 14, Orig.: StA WF 22 Urk 23; Druck: Reg. v. Campe 1, Nr. 130; Vgl. dazu auch UB Hochstift Hildesheim 1, Nr. 488 und Nr. 489.

1297 1197, Kop.: StA WF VII B Hs 154, S. 102f.; Druck: Dürre, Athelold, S. 15-18.

1298 1219, Orig.: LHA Magdeburg Rep. U 8a Nr. 2; Druck: v. Heinemann, Nr. 9.

1299 Orig.: HStA Han Celle Or. 100 Nendorf Nr. 5; Druck: O.G. III., S. 690; Hoyer UB 6, Nr. 8. Den Generationswechsel zum gleichen Jahr, aber fälschlich von der ersten zur zweiten Generation, erkennt auch v. Heinemann, S. 259.

1300 Orig.: StA WF 31 Urk 2; Regest: Reg. v. Campe 1, Nr. 163; UB Br. 4, S. 393.

Johannesspital in Braunschweig von 1224.[1301] Hier testierte der Truchseß Jordan ungewöhnlicherweise hinter dem Schenken Jusarius, was sich nur durch den gerade stattgefundenen Generationswechsel erklären läßt. So wurde der Truchseß Jordan III. von Blankenburg hinter seinem schon in höherem Alter stehenden Onkel, dem Schenken Jusarius II. von Blankenburg, geführt. Neben dem vorgenannten zwei Söhnen mit den Taufnamen Jordan[1302] und Balduin hatte der Truchseß Jordan II. noch einen dritten, zu seinen Lebzeiten offenbar noch unmündigen Sohn mit Taufnamen Jusarius[1303].

In einer im Bestand des Klosters Riddagshausen erhaltenen Urkunde tritt der Truchseß Jordan II. als Mitaussteller auf.[1304] Darin legten die Aussteller *Guncelinus imperialis aule dapifer, Baldewinus advocatus de Dalem, Fridericus marscalcus de Volcmerrothe, Iordanis dapifer* einen Streit zwischen dem Kloster Riddagshausen und den Brüdern Friedrich und Balduin von Esbeck sowie den Bauern von Klein Schöppenstedt bei. Die Urkunde ist nicht datiert und vom Herausgeber des Asseburger Urkundenbuches um das Jahr 1229,[1305] vom Herausgeber der von Blankenburg-Campeschen Regesten aufgrund der genannten Personen in die Zeit von 1212-1215[1306] gesetzt worden. Neuerdings konnte die richtige Datierung in das Jahr 1214 nachgewiesen werden.[1307] An vierter Stelle hängt an der Urkunde das erste in der Familie von Blankenburg nachweisbare Siegel. Es hat die Umschrift + SIGIL[L IORDANIS DAPIFERI DVCIS S]AXONE.[1308] Als Bild zeigt es einen Zickzackbalken mit vier ganzen und zwei halben Spitzen nach oben und fünf ganzen Spitzen nach unten.[1309] Das Siegel ist in seinem unteren Teil stark beschädigt, so daß der Herausgeber der von Blankenburg-Campeschen Regesten seine Form als Rundsiegel vermutet hat.[1310] In Wirklichkeit wird es sich aber um ein im oberen Teil nach Art der Normannenschilder stark abgerundetes Schildsiegel gehandelt haben, da Rundsiegel bei Ministerialen in dieser frühen Zeit im sächsischen Raum sonst nicht nachweisbar sind und erst gegen Ende des 13. Jahrhunderts auftreten.[1311]

1.1.8 Anton, Truchseß Wilhelms von Lüneburg 1200, 1209

In der ersten Urkunde Wilhelms von Lüneburg im Jahre 1200 fungierte ein Truchseß mit dem Taufnamen Anton ohne Herkunftsnamen als erster von sechs ministerialischen Zeugen.[1312] Bislang ist dieser Truchseß Wilhelms von Lüneburg mit dem

---

1301 Orig.: StA WF 32 Urk 1; Druck: v. Heinemann, Nr. 18; UB Br. 2, S. 24 [Orig. dort als verschollen bezeichnet].

1302 Zu diesem, der Nachfolger seines Vaters im Truchsessenamt wurde, siehe das Kap. II. 1.1.17.

1303 1226 März 24, *Jordanus dapifer noster et fratres sui Balduinus et Jusarius*, Druck: Leuckfeld, Antiq. Poelde, S. 216; O.G. III., S. 712.

1304 Orig.: StA WF 24 Urk 32 (mit vier Siegeln); Druck: Asseburger UB 1, Nr. 146; Reg. v. Campe 1, Nr. 139.

1305 Asseburger UB 1, S. 103f.

1306 Reg. v. Campe 1, S. 87, Anm.

1307 Schneidmüller, Kollegiatstifte, S. 279, Anm. 114. Die richtige Datierung ergibt sich daraus, daß eine der Urkunden um den Rechtsstreit datiert ist (Orig.: StA WF 24 Urk 33 von 1214 Juni 13).

1308 Das Siegel ist als Zeichnung wiedergegeben in Reg. v. Campe 1, S. 87.

1309 Die Versuche zur Deutung des Wappenbildes bei Reg. v. Campe 1, S. 88 sind abzulehnen.

1310 Reg. v. Campe 1, S. 87, Anm.

1311 Zu dieser Siegelform siehe ausführlich im Kap. III. 1.3.7.

1312 1200 August, Orig.: KlA Lüne Nr. 2; Druck (beide fehlerhaft): O.G. III., S. 850; Lüneburger UB 7, Nr. 28.

Taufnamen Anno bekannt. Dies ist jedoch auf einen Lesefehler zurückzuführen, denn im Original in Lüne steht *Antonius dapifer noster*. Truchseß Anton läßt sich noch einmal im Jahre 1209 in einer weiteren Urkunde Wilhelms von Lüneburg nachweisen. Als erster von 12 ministerialischen Zeugen testierte er dabei in der Gründungsurkunde für die Löwenstadt Bleckede.[1313] Danach erscheint der Truchseß Anton nicht wieder. Die Testate des Truchsessen Anton im Jahre 1200 und dann erst wieder im Jahre 1209 bedeuten entweder, daß nach dem zwischenzeitlichen Auftreten zweier anderer Truchsessen abermals der Truchseß Anton in das Amt berufen wurde oder aber daß es sich um zwei unterschiedliche Personen gleichen Taufnamens handelte. So könnte es sich bei dem Anton, der eine Urkunde Wilhelms von Lüneburg des Jahres 1211 unter anderem mit dem Truchsessen Werner bezeugte, vielleicht um den ehemaligen Truchsessen gehandelt haben.[1314] Dieser Anton testierte direkt vor Friedrich von Edendorf, was möglicherweise auf eine Verwandtschaft der beiden schließen ließe.[1315]

Eine genealogische Verbindung des Truchsessen Anton zu einer der Lüneburger Ministerialenfamilien läßt sich nicht beweisen. Auch die jüngst vorgebrachte Vermutung, der Truchseß "Anno" entstamme der Familie von Heimburg oder von Blankenburg,[1316] wird durch die Korrektur des Taufnamens von vornherein obsolet. Sein scheinbares Vorkommen kann somit auch nicht als ein Beweis für die Herrschaft Wilhelms in den beiden Harzburgen vor der ersten welfischen Teilung[1317] in Anspruch genommen werden.

Da der Taufname Anton bei der Familie Grote-von Schwerin, die erst viel später mit dem Truchsessenamt zu verbinden ist,[1318] im 13. Jahrhundert nicht nachweisbar wird, dürfte der Truchseß Anton auch kaum dieser Familie zugeordnet werden können. Hingegen kommt der seltene Taufname Anton in den herzoglichen Urkunden wieder im Jahre 1246 in Verbindung mit dem Herkunftsnamen von Wittorf vor.[1319]

1.1.9 Ludolf von Esbeck, Truchseß König Ottos IV. 1203-1204

Ludolf von Esbeck läßt sich gemeinsam mit dem später als seinen Bruder bezeichneten Balduin schon in den ersten Urkunden Pfalzgraf Heinrichs von 1196

1313 1209 August 28, Orig.: HStA Han. Celle Or. 9 Schr. IX Kaps. 44 Nr. 3; Druck: O.G. III., S. 858f.; UB Herzöge Br.-Lb.1, Nr. 5.

1314 Druck: O.G. III., S. 860; UB U.L.F., Nr. 92.

1315 Dasselbe stellt schon Lubenow, S. 321 ohne Bezug auf den Truchsessen Anton fest. Der Herkunftsname bezieht sich auf Edendorf, Gemeinde Bienenbüttel, Kreis Lüneburg. Die direkte Nachbarschaft von Edendorf und Altenmedingen ist auffällig. Vielleicht besteht zwischen beiden Familien eine Identität, zudem sich nach 1214 der Herkunftsname von Edendorf nicht mehr nachweisen läßt.

1316 Hucker, Otto IV., S. 50, S. 369f.

1317 Hucker, Otto IV., S. 370.

1318 Siehe dazu im Kap. II. 1.1.11.

1319 1246, Druck: Lüneburger UB 5, Nr. 16. Zu der Familie von Wittorf im späten 13. und im 14. Jahrhundert Vogtherr, S. 163-176. Der Herkunftsname bezieht sich auf Wittorf, Kreis Lüneburg.

und 1197 nachweisen.[1320] In einer Urkunde König Ottos IV.[1321] sowie in allen vier Urkunden zur ersten welfischen Teilung 1202[1322] testierte Ludolf zunächst nur mit Herkunftsnamen, ist dann aber bei König Otto IV. im Jahre 1203[1323] sowohl mit Herkunftsnamen als auch dem Titel eines Truchsessen verbunden. Ein Jahr später ist er bei Otto das letzte Mal und nur mit Herkunftsnamen nachweisbar.[1324]

Bisher ist angenommen worden, daß es im Truchsessenamt bei Otto IV. "mehrere Amtsträger nebeneinander gegeben hat".[1325] Grundlegend für diese Annahme ist eine Urkunde des Königs für das Kloster Hamersleben von 1200, die im Original nicht mehr vorliegt und nach verschiedenen Kopialüberlieferungen sowie Abschriften gedruckt worden ist.[1326] Darin testierte Gunzelin von Wolfenbüttel als erster von sieben ministerialischen Zeugen mit dem Titel eines Truchsessen, und Ludolf von Esbeck am Ende der Zeugenreihe ohne Amtstitel. In der Urkunde ging es um den Verkauf der drei Brüder Anno, Bodo und Friedrich, die aufgrund einer Urkunde des Bischofs Friedrich von Halberstadt für dasselbe Kloster als Brüder mit dem Herkunftsnamen von Ampleben identifiziert werden können.[1327] Die überlieferte Datierung der Urkunde zu 1200 stimmt aber nicht mit den Zählungen nach Regierungsjahren überein. Hier bestehen drei Varianten: *regni nostri III* (1201), *regni nostri IIII* (1202), *und regni nostri VI* (1204).[1328] An der bis 1834 noch nachweisbaren Originalurkunde hing ein Siegel Ottos, von dessen Umschrift die Worte ODDO DEI GRA [...] AUGUST lesbar waren.[1329] Unterstellt man die Richtigkeit dieser Angabe und vergleicht die Umschrift mit den Siegeln und Bullen Ottos IV.,[1330] so ergibt sich, daß die ungewöhnliche Namenform Oddo lediglich auf dem Ringsiegel sowie auf der Bulle von 1209 vorkommt. Kein anderes Siegel oder keine andere Bulle haben sonst diese Namenform, insbesondere nicht dasjenige des Jahres 1201.[1331] Somit wäre eine spätere Einordnung des Stückes als zum Jahr 1200 oder 1201 wahrscheinlich. Daß in der Urkunde ausdrücklich des Konsenses

---

1320 Orig.: StA WF 7 Urk 1; Druck: O.G. III., S. 605f. 1197 Mai 17, vierter Zeuge von 13, während Balduin von Esbeck an zehnter Stelle bezeugt; Druck: O.G. III., S. 615f. Zu der Familie von Esbeck siehe im Kap. II. 1.2.5 und passim. Zu Ludolf als Truchseß Ottos IV. auch Hucker, Otto IV., S. 387f.

1321 1199 Januar, zwei Orig.: StadtA Br. A I 1 Nr. 1 und 1a; Druck: O.G. III., S. 760; Harenberg, S. 1297; Leyser, S. 22; UB Br. 2, S. 12f.

1322 1203, Heinrich für Otto, Faksimile des verlorenen Originals: O.G. III., Tab. XXVIII.; Druck: O.G. III., S. 627. 1203, Heinrich für Wilhelm, Druck: O.G. III., S. 852f.; Reg. v. Campe 1, Nr. 122. 1203, Otto für Heinrich, Faksimile des verlorenen Originals: O.G. III., Tab. XXVII.; Druck: O.G. III., S. 626ff.; UB Hannover, Nr. 2. 1203, Otto für Wilhelm, Druck: O.G. III., S. 853. Die weiteren Druckorte der Urkunden zur ersten welfischen Teilung bei Pischke, Teilungen, S. 5.

1323 1203, Orig.: StA WF 24 Urk 25; Druck: O.G. III., S. 769. 1203, Regest: Reg. EB Köln 3, Nr. 1609a; Reg. imperii V, 4 Nr. 34.

1324 1204 vor Juli 12, Orig.: StA WF 24 Urk 12.; Druck: Meibom III., S. 159; O.G. III., S. 770; Asseburger UB 1, Nr. 32.

1325 Hucker, Otto IV., S. 387.

1326 1200 nach Juli, Druck: Asseburger UB 1, Nr. 29; Urk. Hamersleben, Nr. 32 (kritische Edition). Zur Überlieferungsgeschichte des Klosters Urk. Hamersleben, S. 26ff.

1327 1220, Druck: UB Hochstift Halberstadt 1, Nr. 513; Urk. Hamersleben, Nr. 40.

1328 Vgl. Urk. Hamersleben, S. 144.

1329 Urk. Hamersleben, S. 144.

1330 Zu den Bullen und Siegel Ottos IV. mit der weiteren Literatur Hucker, Otto IV., S. 621-624 und S. 653. Der Titel *Augustus* kommt in den Bullen und Siegeln Ottos IV. schon vor 1209 vor. Vgl. die folgende Anm.

1331 Hucker, Otto IV., S. 623 i.V. mit S. 653.

Pfalzgraf Heinrichs und Wilhelms von Lüneburg gedacht wurde,[1332] spricht nicht für eine Einordnung des Stückes in die Zeit vor der ersten welfischen Teilung 1202, da sich eine ähnliche Wendung in einer weiteren Urkunde König Ottos IV. auch noch nach der Teilung findet.[1333] Die Zeugenreihe weist als einzigen Kleriker den Abt Albert von St. Aegidien in Braunschweig auf, der in einem größeren Zeitraum vorkommt.[1334] Abt Albert testierte bei König Otto IV. noch einmal im Jahre 1206.[1335] Der an erster Stelle der Ministerialen stehende Truchseß Gunzelin tritt sonst erstmals im Jahre 1204 mit dieser Amtsbezeichnung auf.[1336] Der an zweiter Stelle testierende Balduin von Dahlum kommt zwar relativ häufig in den Urkunden Pfalzgraf Heinrichs und Ottos IV. vor, niemals jedoch vor 1214 mit Herkunftsnamen, sondern nur mit dem Titel eines Vogtes verbunden.[1337] Von den danach testierenden Brüdern Bertram und Ludolf von Veltheim läßt sich Ludolf letztmalig im Jahr 1204 belegen,[1338] während Bertram noch mindestens bis 1223 nachweisbar ist.[1339] An letzter Stelle testierten Balduin und Ludolf von Esbeck und nach ihnen ein Vogt Ludolf. Daß Ludolf von Esbeck hinter seinem jüngeren Bruder Balduin und nach den Brüdern von Veltheim aufgeführt ist, ist ausgesprochen ungewöhnlich. In einer der Abschriften der Urkunde kommt jedoch Ludolf von Esbeck garnicht vor. Dort stehen statt der drei letzten Zeugen *Balduinus et Ludolfus de Esbeke, Ludolfus advocatus*: *Balduinus de Esbeke et Luidolfus advocatus.*[1340]

Nimmt man alle hier genannten Indizien zusammen, so spricht vieles dafür, daß die Urkunde Ottos nicht in das Jahr 1200, sondern vielmehr in das Jahr 1204 gehört. Damit wäre Ludolf von Esbeck der erste Truchseß Ottos IV. aus der welfischen Ministerialität gewesen, hätte bis zur Mitte des Jahres 1204 amtiert und wäre zur gleichen Zeit verstorben, womöglich in den Kämpfen desselben Jahres gefallen. Gunzelin von Wolfenbüttel wäre als Nachfolger Ludolfs von Esbeck anzusprechen, und eine Doppelbesetzung hätte es nicht gegeben.[1341] Warum König Otto IV. Ludolf von Esbeck zu seinem ersten Truchsessen berufen hat, ist nicht eindeutig zu beantworten. Es besteht möglicherweise ein Zusammenhang zwischen der Einsetzung

---

1332 *consensu fratrum nostrorum Henrici ducis Saxoniae et comitis palatini Rheni et Wilhelmi principis de Luneborch.*

1333 Otto IV. für das Kloster Riddagshausen im Jahre 1203, *cum consensu duorum fratrum nostrorum*, Orig.: StA WF 24 Urk 25; Druck: O.G. III., S. 769.

1334 Zu den Amtsdaten der Äbte von St. Aegidien und ihren Siegeln Naß, Äbtesiegel, Anhang S. 28ff.; darin zu Abt Albert S. 29 i.V. mit S. 8-18. Naß nahm die hier besprochene Urkunde als Beleg des ersten Auftretens Abt Alberts.

1335 Orig.: StA WF 7 Urk 7; Druck: Asseburger UB 1, Nr. 35.

1336 *dapifer*, 1204 Oktober 22, Orig.: StA WF 7 Urk 6; Druck: O.G. III., S. 773; Asseburger UB 1, Nr. 33; UB Br. 2, S. 14f. Die übrigen Nachweise zum Auftreten Gunzelins von Wolfenbüttel im Asseburger UB 1, Register.

1337 Zu ihm siehe das Kap. I. 3.1.1.4.

1338 1204 Oktober 22, Orig.: StA WF 7 Urk 6; Druck: Asseburger UB 1, Nr. 33; UB Br. 2, S. 14f. Die Ausführungen zu Bertam und Ludolf von Veltheim bei Lubenow, S. 156-158 sind lückenhaft.

1339 1223 Juli, Druck: O.G. IV., S. 98f.; UB Br. 2, S. 22f. Es testieren darin hintereinander Bertram *senior* und Bertram *iunior* von Veltheim, womit ein Generationswechsel belegt sein dürfte.

1340 Asseburger UB S. 29, Anm. Urk. Hamersleben, S. 144.

1341 Streng getrennt werden müssen die Truchsessen Ludolf von Esbeck und Gunzelin von Wolfenbüttel von dem (Reichs-) Hoftruchsessen Konrad von Wijlre. Die gleichzeitge Nennung der beiden Letzteren zu 1204, Druck: O.G. III., S. 630; Reg. v. Campe 1, Nr. 126, kann deswegen nicht als Beweis einer Mehrfachbesetzung dienen. Zu Konrad von Wijlre Hucker, Otto IV., S. 393f. Der Reichstruchseß Heinrich von Waldburg diente Otto IV. nicht mehr. Zu ihm Hucker, Otto IV., S. 389 mit der weiteren Literatur.

Ludolfs und dem Vorkommen eines Truchsessen Heinrichs des Löwen mit Taufnamen Ludolf.[1342] Dieser müßte dann in die Generation vor den vier Brüdern Wilhelm und Friedrich, die sich mit Herkunftsnamen von Volkmarode nachweisen lassen, und Ludolf und Balduin, die sich nach Esbeck benannten, gehören, und wäre demgemäß wenn schon nicht der Vater, so doch mindestens ein Onkel des Truchsessen Ottos IV. gewesen.

1.1.10 Gunzelin von Wolfenbüttel, Truchseß König Ottos IV. 1204-1209, Reichstruchseß Kaiser Ottos IV. 1209-1218

Gunzelin von Wolfenbüttel entstammte einer der wichtigsten Familien der welfischen Ministerialität[1343] und entwickelte sich zu dem "bedeutendsten Ministerialen seiner Zeit überhaupt"[1344]. Bisher ist angenommen worden, daß Gunzelin von Wolfenbüttel schon im Jahre 1200 Truchseß König Ottos IV. gewesen sei. Sehr wahrscheinlich wurde Gunzelin aber erst nach dem Tod des Truchsessen Ludolf von Esbeck Ottos Truchseß.[1345] Seine Herkunft und die gewiß vorhandenen persönlichen Fähigkeiten Gunzelins erklären jedoch nicht hinreichend, warum König Otto IV. gerade ihn zu seinem Truchsessen machte. Möglicherweise beruhte die Einsetzung darauf, daß Gunzelins Vater, Ekbert von Wolfenbüttel, bei Heinrich dem Löwen einmal das Amt des Truchsessen innegehabt haben könnte.[1346] Ferner ist bislang unerklärt, warum bei der Besetzung des Truchsessenamtes Gunzelin seinem älteren Bruder Ekbert vorgezogen wurde.[1347] Möglich wäre, daß der zudem offenbar kinderlose[1348] Ekbert II. gesundheitlich nicht in der Lage zur Amtsübernahme gewesen ist. Denn er ist zum letzten Mal 1204 in derselben Urkunde König Ottos IV. nachweisbar, in der sein Bruder Gunzelin zum ersten Mal mit dem Truchsessentitel vorkommt.[1349]

Seit 1209 ist der Truchseß Gunzelin von Wolfenbüttel als Hoftruchseß Kaiser Ottos IV. nachzuweisen und gehörte seitdem zur Reichsministerialität,[1350] in welcher Rechtsstellung er auch Kaiser Friedrich II. diente. Nach dem Aussterben der Grafen von Peine um 1200 erhob Gunzelin von Wolfenbüttel Anspruch auf deren Erbe,[1351] weswegen er wohl in einem heute nicht bekannten, näherem Verwandtschaftsverhältnis zu den Ministerialen von Peine[1352] gestanden hatte. In dem Bau der Asseburg durch Gunzelin von Wolfenbüttel um 1218/19, die daraufhin auch namensgebend für seine Familie wurde,[1353] ist ein Beweis für das Streben nach

---

1342 Zu ihm siehe das Kap. II. 1.1.3.
1343 Siehe dazu im Kap. II. 1.1.5 und passim.
1344 Fenske/Schwarz, S. 485. Zu Gunzelin von Wolfenbüttel: v. Schmidt-Phiseldeck, Gunzelin. Lubenow, S. 342-354. Bosl, Reichsministerialität 2, S. 582ff. Hucker, Otto IV., S. 389-392 mit weiterer Literatur.
1345 Siehe dazu im Kap. II. 1.1.9.
1346 Siehe dazu im Kap. II. 1.1.5.
1347 Zu Eckbert II. von Wolfenbüttel Lubenow, S. 339-342.
1348 Lubenow, S. 356.
1349 1204 Oktober 22, Orig.: StA WF 7 Urk 6; Druck: Asseburger UB 1, Nr. 33; UB Br. 2, S. 14f.
1350 Erstmals 1209 August 19. Siehe dazu Hucker, Otto IV., S. 389f. Zu dem Problem seines Wechsels aus der welfischen Ministerialität in die des Reiches siehe unten im Kap. II. 2.3.
1351 Engelke, S. 4f. Zillmann, S. 34f.
1352 Siehe zu ihnen im Kap. I. 1.1.1.
1353 Zuerst bei dem Sohn Gunzelins, Burchard, im Jahre 1224, Druck: Asseburger UB 1, Nr. 134. Die von dem Herausgeber des Asseburger Urkundenbuches (um 1219) gesetzte Urkunde des Caesarius

Unhabhängigkeit und militärischer Macht gegenüber den Welfen zu sehen.

Hinsichtlich der Siegelführung des Reichstruchsessen Gunzelin von Wolfenbüttel lassen sich drei Stempel nachweisen, von denen sich mehrere Ausprägungen erhalten haben[1354] und die aufgrund ihrer Umschriften als Amtsträgersiegel anzusehen sind. Alle drei Siegel weisen als Bild einen nach rechts liegenden Wolf über zwei Korngarben auf. Dieses Siegelbild, seit der Mitte des 13. Jahrhunderts auch ohne die beiden Korngarben, entwickelte sich später zu dem Familienwappen der von Wolfenbüttel-Asseburg.[1355] Als Zusatz weist der erste Stempel Gunzelins einen langbehaarten Menschenkopf über dem Wolf auf, der in den Siegeln seines gleichnamigen jüngsten Sohnes wiederkehrt.[1356] Die beiden anderen Stempel haben einen von einer Hand gereichten Lilienzweig (oder -stab) sowie einen wachsenden Lilienstab als Zusatz. Schon der Herausgeber des Asseburger Urkundenbuches hat erkannt, daß diese Beizeichen "schwerlich als willkürliche Zugaben"[1357] zu bewerten seien. Möglicherweise sollte damit zum Ausdruck gebracht werden, daß Gunzelin von Wolfenbüttel Lehen vom Reich empfangen hat. Aus dem gleichen Grunde dürfte der jüngste Sohn des Truchsessen Gunzelin, Gunzelin der Jüngere, in seinem ersten Siegelstempel vor 1255 einen gekrönten Wolf als Siegelbild geführt haben.[1358] In seinem, nach dem Verlust der Reichslehen in Folge der Asseburger Fehde vorkommenden zweiten Siegelstempel fehlt dagegen die Krone.[1359] Die spätere Legende von einem Siegel der von Wolfenbüttel-Asseburg, das einen den welfischen Löwen in Klauen haltenden Wolf zeigen sollte,[1360] nahm möglicherweise hier ihren Ursprung.

Das gleiche Siegelbild der Familie von Wolfenbüttel-Asseburg kommt später noch bei anderen Familien des hiesigen Raumes vor, so beispielsweise bei den Familien von Berwinkel[1361] und von Bartensleben[1362]. Wie und ob diese Familien mit der Familie von Wolfenbüttel-Asseburg in einen Zusammenhang gebracht werden können, bedarf noch einer eingehenderen Prüfung. Auffällig ist immerhin, daß der spätere Stammsitz der Herren von Bartensleben, bei denen auch der Taufname Gunzelin als Leitname vorkommt, Wolfsburg heißt.[1363] Ein ähnliches Siegelbild hatte auch die Familie mit dem Zunamen Wulfgrove.[1364] Die Wulfgrove sind zwar häufig bei den Grafen von Wohldenberg nachzuweisen, doch als deren Ministerialen

von Halberstadt, Druck: Asseburger UB 1, Nr. 103, in der Burchard mit dem Herkunftsnamen von Asseburg testiert, dürfte später zu datieren sein. Vgl. dazu auch im Asseburger UB 1, S. 73, Anm. 1. Der Herkunftsname wird der lateinischen Form *de* gemäß im Folgenden mit "von" und nicht "von der" wiedergegeben. Singulär ist die Wendung *Burchardus marcalcus ab Asseburg dictus* zu 1280 März 17, Druck: Harenberg, S. 1328.

1354 Asseburger UB 1, S. 331ff., Siegeltafel I, Nr. 1, 1a, 1b.

1355 Asseburger UB 1, Siegeltafel I-IV.; 2, Siegeltafel V-XII. StA WF 5 Slg 7, Nr. 28-41.

1356 Asseburger UB 1, Siegeltafel II, Nr. 4, 4a.

1357 Asseburger UB 1, S. 332.

1358 Asseburger UB 1, S. 333, Abb. Siegeltafel II., Nr. 4.

1359 Asseburger UB 1 Siegeltafel II., Nr. 4a.

1360 W. Havemann 1, S. 384f.

1361 StA WF 5 Slg 7 Nr. 71f. (das erste Siegel zu 1297 nachweisbar). UB Goslar 2, Tafel XIV., Nr. 58 zu 1295.

1362 StA WF 5 Slg 7 Nr. 43-59. (das erste Siegel zu 1318 nachweisbar). Vgl. auch Asseburger UB 1, S. 334f.

1363 Siehe dazu im Kap. I. 2.4.1 und 2.4.2.

1364 Fenske, Adel und Rittertum, S. 112 mit einer Fotografie des Siegels des Hoger Wulfgrove von (1235) Abb. 9.

können sie zumindest im ersten Drittel des 13. Jahrhunderts nicht ohne weiteres angesprochen werden.[1365] So kommen Angehörige dieser Familie in Urkunden Pfalzgraf Heinrichs und Ottos des Kindes vor, ohne daß ein Bezug auf die Grafen von Wohldenberg erkennbar wird.[1366] Lediglich in einer Urkunde Pfalzgraf Heinrichs von 1226 testierte gleichzeitig an erster Stelle der Graf Hermann von Harzburg aus der Familie von Wohldenberg. Daß außerdem die Familie Wulfgrove nicht ohne weiteres im Ambergau angesiedelt werden kann, beweist das Siegel des Heinrich Wulfgrove von 1267.[1367] In dessen Umschrift nennt sich Heinrich Wulfgrove mit Herkunftsnamen von Stederdorf.[1368] Dieser Ort liegt in unmittelbarer Nähe zu Peine, nach dem bisweilen auch der Reichstruchseß Gunzelin von Wolfenbüttel benannt wurde. So könnte das Siegelbild der Wulfgrove, entgegen der durchaus plausiblen Deutung, daß darin "ein gegenständlich auf den Namen deutendes und in diesem Sinne 'redendes' Zeichen"[1369] zum Ausdruck käme, möglicherweise auch mit dem Siegel- bzw. Wappenbild des Reichstruchsessen in einen Zusammenhang gebracht werden.[1370]

1.1.11 Otto (Grote), Truchseß Wilhelms von Lüneburg 1204-1205

Erstmals im Jahre 1204 bezeugte der Truchseß Otto zusammen mit dem Marschall Werner und seinem Bruder Werner ohne Herkunftsnamen eine Urkunde Wilhelms von Lüneburg.[1371] Im Jahre 1205 testierte er als erster von zehn ministerialischen Zeugen in einer weiteren Urkunde Wilhelms von Lüneburg und dabei ebenfalls als erster der vier in dieser Urkunde erstmals gemeinsam vorkommenden Hofamtsträger. Darin kommen ferner die beiden Brüder Ottos mit Taufnamen Werner und Gebhard als sechste und siebente in der Zeugenreihe vor.[1372] Die Vermutungen, daß der Truchseß Otto aus der Familie Grote stammen könnte[1373] und daß die Familie mit Zunamen Grote oder Magnus identisch mit der Familie mit Herkunftsnamen von Lauenburg sei,[1374] entbehren zwar nicht einer gewissen Wahrscheinlichkeit, sind aber nicht beweisbar. Sollte die Notiz einer Stiftung für das Kloster St. Michael in Lüneburg durch *Otto dictus magnus, filius Henrici advocati in Luneburgh* im Jahre 1206[1375] echt sein, so zeigt sie, daß Otto Grote nicht als Truchseß oder ehemaliger Truchseß, sondern als Sohn des ehemaligen Vogtes von Lüneburg angesehen wurde. Erstmals im Jahre 1225 kommt überhaupt ein mit dem Zunamen

---

1365 Anders Petke, Wöltingerode, S. 412f.

1366 1219, Orig.: LHA Magdeburg Rep. U 8a Nr. 2; Druck: v. Heinemann, Nr. 9. 1226 März 24, Druck: O.G. III., S. 712. 1233 Juli, Orig.: StA WF 19 Urk 16, Druck: O.G. IV., S. 134 (fehlerhaft).

1367 Orig.: KlA Wienhausen Nr. 72; Abschrift StA WF VII C Hs 42; ungedruckt.

1368 Siehe auch Hellfaier, S. 48, Anm. 235. Der Herkunftsname bezieht sich auf Stederdorf, Stadt Peine.

1369 Fenske, Adel und Rittertum, S. 112.

1370 Einen ganz anderen Zusammenhang zwischen den Wulfgrove und Gunzelin von Wolfenbüttel stellt Deich, S. 158f. vor dem Hintergrund eines fiktiven Burgensystems dar.

1371 1204 November 26, Orig.: KlA Lüne Nr. 3; Druck: O.G. III., S. 855; Lüneburger UB 7, Nr. 29.

1372 Orig.: KlA Lüne Nr. 4; Druck: O.G. III., S. 857.

1373 Busch, S. 58. Lubenow, S. 18f. und S. 513. Vogtherr, S. 77. Zur Familie Grote: Grote. Reg. v. Grote. Vogtherr, S. 77ff.

1374 Busch, S. 58. Lubenow, S. 21.

1375 Lubenow, S. 19 nach einer nicht näher erklärten Quelle. Es dürfte sich dabei um die in den Reg. v. Grote, S. 3, Nr. 13a mit weiterer Literatur aufgeführte Stiftung für das Kloster St. Michael in Lüneburg handeln. Zu Vogt Heinrich vgl.: Urk. HdL Nr. 52 und Nr. 60. Arnold von Lübeck I. 1 zu 1172.

Magnus verbundener Ministeriale mit Taufnamen Otto als sechster von elf Zeugen hinter den an den ersten Stellen testierenden Angehörigen der Familie von Lauenburg bei Otto dem Kind vor.[1376] Außerdem bezeugten 1226 eine Urkunde Ottos des Kindes an dritter Stelle Otto Magnus und an vierter Stelle Werner von Lauenburg, ohne daß sich eine Verwandtschaft erkennen ließe.[1377] Die Familie Grote führte wie sehr viele, der Burg Lüneburg zuzuordnenden Ministerialenfamilien den Herkunftsnamen von Lüneburg. Erstmals im Jahre 1245 gebraucht der Bruder Otto Magnus' jedoch den Herkunftsnamen von Schwerin.[1378]

Das Truchsessenamt bei der Familie Grote ist erst in den dreißiger Jahren des 14. Jahrhunderts für Gebhard Grote nachweisbar,[1379] der sich 1337 *Ghevehardus Grote miles, dapifer illustrum principum ducum de Brunswic et Luneborg* nennen konnte.[1380] Truchseß Gebhard führte im Jahre 1336 ein Siegel mit der Umschrift: S' GHEVEHARDI DROTSATI DUCIS LVNEBORGH.[1381] Das Siegelbild zeigt ein Vollwappen mit einem rechtsschreitenden, gezügelten Pferd im Schild unter einem nach rechts gewandten Helm, wiewohl das Pferd als Wappenbild der Grote schon in ihrem ersten nachweisbaren Siegel vorkommt.[1382] Ein symbolischer Hinweis des Wappenbildes auf das Amt des Truchsessen ist dabei unwahrscheinlich, da die Aufsicht über den herzoglichen Marstall traditionell dem Marschall oblag. Auch dürfte das Siegelbild der Grote-von Schwerin nicht von dem welfischen Wappen abgeleitet sein,[1383] da bei den Welfen das Pferd erst viel später auftrat.[1384] Eine Ableitung des Groteschen Wappenbildes von dem zweiten Wappenbild der Grafen von Schwerin,[1385] wie die Welfen Lehnsherren der Grote,[1386] müßte dagegen eher in Erwägung gezogen werden. Dafür spricht, daß sich ein bedeutender Zweig der Familie mit dem Herkunftsnamen von Schwerin benannte und schon früh mit demselben Siegelbild nachweisbar wird.[1387]

1376 1225 Juni 5, Orig.: HStA Han Celle Or. 100 Lüneburg St. Michael Nr. 11; Druck: Lüneburger UB 7, Nr. 40.

1377 1226 Dezember, Orig.: HStA Han Celle Or. 100 Bardowick Nr. 8; Druck: O.G. IV., S. 104; UB Stadt Lüneburg, Nr. 42.

1378 1245 November 13, ... *Otto magnus de Luneburch et Wernerus de Zwerin fratres,... ministeriales Bruneswicenses. ..*; Druck: O.G. IV., S. 196; Lüneburger UB 5, Nr. 8.

1379 1335, Orig.: HStA Han Celle Or. 100 Lüneburg St. Michael Nr. 261; Druck: Lüneburger UB 7, Nr. 401. Vgl. Grote S. 8 mit Anm. ***. Vgl. zum Wiederauftreten des Truchsessentitels Vogtherr, S. 253.

1380 1337 Juli 15, Druck: Scheidt, Mantissa, S. 550.

1381 StA WF 5 Slg 8 Nr. 120.

1382 Orig.: HStA Han Celle Or. 100 Scharnebeck Nr. 24 zu O. J. (1264), + SIGILLVM OTTONIS MAGNI DE LVNEBORCH; Druck: UB Scharnebeck, Nr. 25. Abb. bei Grote, S. 10.

1383 Dagegen Grote, S. 12.

1384 Ausführlich dazu Schnath, Sachsenroß.

1385 Abbildungen im UB Mecklenburg 4, Taf. 21f., Nr. 89, 92f. Zu den verschiedenen Wappenbildern der Grafen von Schwerin siehe, mit einigen Irrtümern: Beyer. Lisch. Teske. Bode, Gunzelin, S. 71-76. Hucker, Ebstorf, insb. S. 155ff.

1386 Vgl. Vogtherr, S. 93ff. Angehörige der Familie Grote-von Schwerin bezeugten zudem häufig Urkunden der Grafen von Schwerin. Die Nachweise dazu bei Reg. Grote.

1387 StA WF 24 Urk 259 von 1288 März 1: [SIGILLU]M HE[NR]IC[I DE ZVERIN] (ergänzt nach StA WF 5 Slg 8, Nr. 119). Das ursprünglich an sechster Stelle an der Urkunde hängende Siegel des Johannes Magnus fehlt heute. Das gleiche Siegel hing ursprünglich auch an HStA Han Celle Or. 100 Lüneburg St. Michael Nr. 79; Druck: Lüneburger UB 7, Nr. 167, von 1299 September 28, fehlt aber heute. Abb.: Lüneburger UB 7, S. 115.

1.1.12 Albert, Truchseß Wilhelms von Lüneburg 1208

Truchseß Albert kommt nur zweimal als Zeuge in einer Urkunde des Klosters St. Michael in Lüneburg und in der dazugehörigen Bestätigungsurkunde Wilhelms von Lüneburg für das Kloster Ilsenburg vor.[1388] In beiden Urkunden testierte er dabei als erster der ministerialischen Zeugen. Der Taufname Albert ist innerhalb der welfischen Ministerialität äußerst selten.[1389] Sehr wahrscheinlich dürfte der Truchseß deswegen identisch mit Albert von Reinvelde sein oder aber zumindest in einem genealogischen Zusammenhang mit diesem stehen, da noch Helene von Lüneburg in einer undatierten Urkunde einen Verkauf desselben an das Kloster Lüne bestätigte, wobei Albert als *dominus* bezeichnet wird.[1390]

1.1.13 Herwig von Uetze, Truchseß Kaiser Ottos IV. 1211

Bevor Herwig von Uetze als Truchseß Kaiser Ottos IV. nachweisbar wird, ist er Kämmerer bei Pfalzgraf Heinrich gewesen. Daher wird er im Kapitel II. 4.3 (Herwig von Uetze, Kämmerer Pfalzgraf Heinrichs (1199), Truchseß Kaiser Ottos IV. 1211, Kämmerer Pfalzgraf Heinrichs 1220-1226/27) aufgeführt.

1.1.14 Werner von Lüneburg (-Lauenburg), Truchseß Wilhelms von Lüneburg 1211-1212 und Ottos des Kindes 1213-1215

Den ersten Nachweis des Truchsessen Werner gibt im Jahre 1207 eine Urkunde Pfalzgraf Heinrichs gemeinsam mit seinen Brüdern, dem König Otto IV. und dem Grafen (!) Wilhelm für das Kloster Marienfeld,[1391] wobei es sich allerdings sehr wahrscheinlich um eine Fälschung handelt.[1392] Zuverlässig belegbar bezeugte der Truchseß Werner erstmalig im Jahre 1211 eine Urkunde Wilhelms von Lüneburg für das Kloster St. Maria in Magdeburg als erster von 16 ministerialischen Zeugen und einziger Hofamtsträger.[1393] In den gleichen Zeitraum ist aufgrund des Zeugenvorkommens eine undatierte Urkunde Wilhelms von Lüneburg für das Stift Marienberg zu setzen, in der Truchseß Werner als erster von sieben ministerialischen Zeugen vor dem Marschall Werner und dem Schenk Segeband testierte.[1394] Bei dem bei Pfalzgraf Heinrich im Jahre 1213 in Walbeck als vierter von fünf ministerialischen Zeugen auftretenden Truchsessen Werner mit Herkunftsnamen von

---

1388 1208, Kloster St. Michael für das Kloster Ilsenburg, als erster der Zeugen *dominus Wilhelmus de Luneburc*, Orig.: LHA Magdeburg Rep. U 12c Ilsenburg Nr. 9; Druck: UB Ilsenburg 1, Nr. 50. 1208, Wilhelm von Lüneburg für das Kloster Ilsenburg, Orig.: LHA Magdeburg Rep. U 12c Ilsenburg Nr. 10; Druck: UB Ilsenburg 1, Nr. 51.

1389 Albert von Schonstedt 1196, Pfalzgraf Heinrich für das Kloster Homburg, Druck: Urk. Homburg Nr. 13; UB Langensalza Nr. 303. Albert von Salza 1197, Pfalzgraf Heinrich mit Konsens Wilhelms für das Kloster Walkenried, Orig.: StA WF 25 Urk 27; Druck: O.G. III., S. 61 praef.; Urk. Walkenried, 1, Nr. 39. Albert von Ardbeck 1217 Juni 21, Kaiser Otto IV. für die Brüder von Harbke, Orig.: StA WF 1 Urk 9; Druck: O.G. III., S. 834f.; UB Hochstift Halberstadt 1, Nr. 499.

1390 Orig.: KlA Lüne Nr. 5; Druck: O.G. III., S. 863f.

1391 *Wernherus dapifer fratris nostri comitis Willemmi*, Orig.: StA Münster Marienfeld Nr. 21; Druck: Westfälisches UB 3, Nr. 44; Asseburger UB 1, Nr. 38.

1392 Siehe dazu oben im Kap. I. 1.4.1.

1393 Druck: O.G. III., S. 860.

1394 Wilhelm von Lüneburg bekennt, daß Alexander von Werden Güter dem Stift Marienberg übergeben hat. Es testierten hinter dem Abt Burchard von St. Michael in Lüneburg *ministerialis Wernerus dapifer, Wernerus marscalcus, Sigebandus pincerna, Ulrich Vultur, Heinrich Puer, Wernerus de Merewide, Eckhardus Scaccen*, Orig.: StA WF 19 Urk 4 (ohne Siegel, fehlt auch im Marienberger Siegelbuch); ungedruckt.

Lüneburg wird es sich um denselben handeln.[1395] Wichtig ist, daß Truchseß Werner hier eindeutig Lüneburg zugeordnet wird. Er bezeugte ferner als erster von acht Ministerialen eine Urkunde des Abtes Burchard von St. Michael in Lüneburg von 1214 für die für ihren noch unmündigen Sohn Otto auftretende Helene von Lüneburg.[1396] An zweiter Stelle testierte ein Gebhard ohne Amtstitel und ohne Herkunftsnamen. Die erste Urkunde Ottos des Kindes ein Jahr später bezeugten an den beiden ersten Stellen noch vor dem Marschall Werner die beiden Brüder Werner und Gebhard von Lauenburg.[1397] Daraus dürfte die Identität des Truchsessen Werner mit Werner von Lauenburg erschlossen sein. Werner von Lauenburg ist in einer weiteren Urkunde Ottos des Kindes mit Herkunftsnamen nachweisbar.[1398] Es läßt sich dagegen nicht beweisen, den mit Herkunftsnamen von Lüneburg oder von Lauenburg auftretenden Truchsessen Werner als Angehörigen der Familie Grote anzusehen.[1399]

1.1.15 Heinrich, Truchseß (Kaiser Ottos IV.) 1216

Im Jahre 1216 testierte in einer Urkunde des Stifts St. Blasius hinter dem Reichstruchsessen Gunzelin und vor vier Braunschweiger Bürgern ein *Hinricus dapifer*.[1400] Dieser Truchseß Heinrich wurde als Heinrich von Schoderstedt identifiziert,[1401] obschon jedoch eine große zeitliche Distanz zu dem Vorkommen des Truchsessen Heinrich von Schoderstedt besteht.[1402] Da besagter Truchseß Heinrich sonst nicht weiter vorkommt und sich hier eindeutig im Gefolge des Reichstruchsessen Gunzelin von Wolfenbüttel befindet, wird es sich eher um einen Unterbeamten Gunzelins gehandelt haben.[1403] Der Truchseß Heinrich läßt sich aufgrund der großen Häufigkeit seines Taufnamens nicht weiter identifizieren.

1.1.16 Gebhard von Lüneburg (-Lauenburg), Truchseß Ottos des Kindes 1219-1225

Truchseß Gebhard bezeugte erstmals in drei undatierten, von Helene von Lüneburg und Otto dem Kind gemeinsam ausgestellten Urkunden von ungefähr 1218.[1404] Mit Herkunftsnamen von Lüneburg benannt, ist er im Jahre 1224 zweimal als

---

1395 1213 Januar 28, Orig.: StA WF 22 Urk 30; Druck: v. Heinemann, Nr. 7.

1396 Orig.: HStA Han Celle Or. 100 Lüneburg St. Michael Nr. 10; Druck: O.G. III., S. 861; Lüneburger UB 7, Nr. 33.

1397 1215, Orig.: LHA Magdeburg Rep. U 1/2 Nr. 678; Druck: Mader Antiq.Br., S. 248; O.G. IV., S. 97.

1398 1222 März 25, Orig.: LHA Magdeburg Rep. U 21a Nr. 12; Druck: Riedel 1, 22, 89, 6.

1399 Vogtherr, S. 77.

1400 1216 März 11, Druck: Asseburger UB 1, Nr. 86. UB Br. 2, S. 18f.

1401 Lubenow, S. 407.

1402 Siehe zu ihm das Kap. II. 1.1.6.

1403 Nicht berücksichtigt bei Hucker, Otto IV., S. 389ff.

1404 O. J. (1218), Orig.: LA Schleswig Urk.-Abt. 268 Nr. 18; Druck: UB Bm. Lübeck 1, Nr. 33. O. J. (1218) [Die Datierung ergibt sich aus dem daneben hängenden Siegel Ottos des Kindes, in dessen Umschrift sich dieser als Brudersohn des Kaisers (Otto IV. †1218) bezeichnet], Orig.: KlA Ebstorf Nr. 1; Druck: UB Ebstorf, Nr. 2 zu (1215-1221) (mit falsch aufgelöster Zeugenreihe). Kopial, Druck: UB Ebstorf, Nr. 3.

Urkundenzeuge bei Pfalzgraf Heinrich belegbar.[1405] Bei Otto dem Kind[1406] und im Gefolge Ottos des Kindes[1407] bezeugte der Truchseß Gebhard ohne Herkunftsname Urkunden des Jahres 1224. Den Verkauf von Gütern des Truchsessen Gebhard von Lüneburg an das Kloster Ebstorf beurkundete Pfalzgraf Heinrich im Jahre 1224.[1408] Letztmalig mit Herkunftsnamen von Lüneburg und Amtstitel verbunden, testierte Truchseß Werner eine Urkunde Ottos des Kindes von 1226.[1409] Daß sich Truchseß Gebhard wie auch der vormalige Truchseß Werner mit großer Wahrscheinlichkeit mit dem Herkunftsnamen von Lauenburg verbinden lassen, zeigt einmal die Zeugenreihe einer Urkunde Ottos des Kindes von 1224.[1410] Der Truchseß Gebhard testierte darin, allerdings ohne Herkunftsnamen, hinter seinem mutmaßlichen Bruder Werner von Lauenburg und dessen ohne Taufnamen benannten Sohn. Diese Vermutung läßt sich zudem durch einen Zeugenreihenvergleich zweier weiterer Urkunden Ottos des Kindes erhärten: 1225 testierten als erste von elf ministerialischen Zeugen die Brüder Truchseß Werner und Gebhard[1411] und im selben Jahr 1225 als erste von sieben ministerialischen Zeugen die Brüder Werner und Gebhard von Lauenburg[1412]. Ohne Herkunftsnamen[1413] und mit Herkunftsnamen von Lüneburg[1414] kommt Truchseß Gebhard in weiteren Urkunden Ottos des Kindes vor.

1.1.17 Jordan III. von Blankenburg, Truchseß Pfalzgraf Heinrichs 1221-1227 und Truchseß (Herzog) Ottos des Kindes 1231-1240

In einer Urkunde des Jahres 1204 übergab Pfalzgraf Heinrich den Sohn des Truchsessen Jordan II. von Blankenburg, Jordan III., mit Zustimmung des Vaters und dessen Erben an seinen Bruder König Otto IV. als Ministerialen.[1415] Stattgefunden hat diese Übergabe freilich nie.[1416] Denn sowohl Truchseß Jordan II. als auch sein Sohn befanden sich 1204 im Gefolge des Pfalzgrafen Heinrich in Stade,[1417] ihres kurz zuvor von König Otto IV. abgefallenen Herrn.[1418] Als Sohn Jordans II. ist Jordan III. außerdem zu 1218 nachweisbar.[1419] Bevor Jordan III. als

---

1405 1224 August 31; Regest: Reg. v. Campe 1, Nr. 175. 1224 September 30, Orig.: StA Dresden O. U. 259; Druck: v. Heinemann, Nr. 17; UB DO Thüringen 1, Nr. 29. 1224 November 18, Druck: UB Ebstorf, Nr. 6.

1406 1224 September 27, Orig.: StA WF 23 Urk 27; Druck: O.G. IV., S. 102; Cod. dipl. Quedlinburg., Nr. 36. Die Datierung ist dem Original gemäß korrigiert.

1407 Graf Albrecht von Orlamünde und Holstein für die Bürger von Hamburg, 1224 Dezember 24, Druck: O.G. IV., praef. S. 85; Hamburger UB 1, S. 419.

1408 1224 November 18, Druck: UB Ebstorf, Nr. 6.

1409 Orig.: LHA Magdeburg Rep. U 21a Nr. 17; Druck: Riedel 1, 22, S. 91.

1410 1224 September 27, Orig.: StA WF 23 Urk 27; Druck: O.G. IV., S. 102; Cod. dipl. Quedlinburg., Nr. 36. Die Datierung ist dem Original gemäß korrigiert.

1411 1225 Juni 6, Orig.: HStA Han Celle Or. 100 Lüneburg St. Michael Nr. 11; Druck: Lüneburger UB 7, Nr. 40.

1412 1225 August, Orig.: HStA Han Celle Or. 100 Lüneburg St. Michael Nr. 14; Druck: O.G. IV., S. 103; Lüneburger UB 7, Nr. 41.

1413 1224, Orig.: StA WF 22 Urk 42; Druck: O.G. IV., S. 103. 1225, Orig.: StA WF 25 Urk 79; Druck: O.G. III, S. 700; Urk. Walkenried, Nr. 143.

1414 Orig.: LHA Magdeburg Rep. U 21a Nr. 17; Druck: Riedel 1, 22, S. 91.

1415 Orig. im Jahre 1830 verbrannt (StA WF 36 Alt 385); Druck: O.G. III., S. 690; Reg. v. Campe 1, Nr. 126.

1416 Anders Hucker, Otto IV., S. 474.

1417 1204 August 30, Druck: Archiv Bremen und Verden 3, S. 278.

1418 Siehe dazu im Kap. I. 1.3.2.

1419 Druck: O.G. III., S. 661f.

Erbe und Nachfolger seines Vaters den Truchsessentitel führte, tritt er schon relativ oft - jedoch jetzt und auch später niemals mit einem Herkunftsnamen verbunden - in Urkunden auf.[1420] Mit Amtstitel testierte er in einer großen Anzahl von Urkunden Pfalzgraf Heinrichs[1421] sowie Ottos des Kindes.[1422] Im Jahre 1234 bezeugte Jordan III.

1420 1215 Juli 18, Druck: UB Stadt Halberstadt 1, S. 584. Bischof Siegfried von Hildesheim für St. Blasius in Braunschweig, 1218 nach Mai 18, Orig.: im Jahre 1830 verbrannt (StA WF 36 Alt 385); Druck: O.G. III., S. 661; Asseburger UB 1, Nr. 97. 1219 (September 1-24), Orig.: untergegangen; Druck: O.G. III., S. 662ff.; Hamburger UB 1, Nr. 432. 1219, Orig.: LHA Magdeburg Rep. U 8a Nr. 2; Druck: v. Heinemann, Nr. 9. O. J. (1219?), Orig.: StA WF 24 Urk 45; Druck: v. Heinemann, Nr. 10. 1220, Druck: Asseburger UB 1, Nr. 105. 1220, Orig.: StA WF 9 Urk 7; Druck: v. Heinemann, Nr. 12.

1421 1221, Orig.: 31 Urk 2; Regest: Reg. v. Campe 1, Nr. 163; UB Br. 4, S. 393. O. J. (nach 1221) [Riedel datiert "ca. 1200" und das UB Br. "um 1220?". Pfalzgraf Heinrich konnte Wilhelm von Volkmarode erst nach dem Tod Kaiser Ottos IV. 1218 als *dilectus noster marscalcus* bezeichnen. Die übrigen Zeugen treten sämtlich in einem größeren Zeitraum auf. Den Ausschlag bei der Datierung gibt, daß der Truchseß Jordan als letzter von sechs ministerialischen Zeugen vorkommt, so daß es sich um Jordan III. handeln dürfte.], Orig.: LHA Magdeburg Rep. U 21a Nr. 5; Druck: Riedel 1, 22, S. 87. 1222 September 21; Orig.: StA Han Hild. Or. 2 Heiningen Nr. 11, Druck: v. Heinemann, Nr. 14; UB Hochstift Hildesheim 2, Nr. 50. 1222, Orig.: StA WF 7 Urk 15; Druck: O.G. III., S. 693. 1222, Orig.: HStA Han Cal.Or. 100 Fredelsloh Nr. 12; Druck: O.G. III., S. 694; UB Fredelsloh, Nr. 17. 1222, Orig.: KlA Dorstadt Nr. 15; Regest. Reg. v. Campe 1, Nr. 168. 1223 Juni 2, Orig.: untergegangen; Druck: v. Heinemann, Nr. 15; UB Hochstift Hildesheim 2, Nr. 76. 1223 Juli, Druck: O.G. IV., S. 98f; UB Br. 2, S. 22f. 1223, Orig.: StA WF 7 Urk 16; Druck: O.G. III., S. 676. O. J. (1223?), Druck: Hamburger UB 1, Nr. 474; UB Osterholz, Nr. 23. 1224 Juni 5, Orig.: StA WF 23 Urk 25; Druck: O.G. III., S. 696; Cod. dipl. Quedlinburg. S. 142. 1224 August 31, Regest: Reg. v. Campe 1, Nr. 175. 1224 September 30, Orig.: StA Dresden U.O. 259; Druck: v. Heinemann, Nr. 17; UB DO Thüringen 1, Nr. 23. 1224, Orig.: StA WF 7 Urk 17; Druck: O.G. III., S. 694f; UB Br. 2, S. 24f. 1224, Orig.: StAWF 32 Urk 1; Druck: v. Heinemann, Nr. 18; UB Br. 2, S. 24. 1224, Orig.: StA WF 24 Urk 52; Druck: Asseburger UB 1, Nr. 134; Reg. v. Campe 1, Nr. 180. 1224, Orig.: HStA Han Celle Or. 13 Nr. 1054; Druck: O.G. III., S. 697; Hoyer UB 6, Nr. 10. 1224, Orig.: StA WF 19 Urk 13; Druck: O.G. III., S. 695. 1225, Druck: Urk. Kl. Homburg, S. 29. 1225, Kop.: StA WF VII B 101 S. 53; Druck: O.G. III., S. 699; Urk. Walkenried, Nr. 141. König Heinrich für das Kloster Walkenried 1225, Orig.: StA WF 25 Urk 1036; Druck: O.G. III., S. 701; UB Herzöge Br.-Lb. 1, Nr. 9; Asseburger UB 1, Nr. 139. 1225, Druck: Pratje 6, S. 109; Hansisches UB 1, Nr. 183. 1225, Orig.: Stade Zeven Or. Nr. 9; Druck: UB Herzöge Br.-Lb. 1, Nr. 8. 1225, Orig.: StA WF 8 Urk 4; Druck: v. Heinemann, Nr. 21. 1225, Orig.: HStA Han Celle Or. 13 Nr. 1195; Druck: O.G. III., S. 698; Hoyer UB 7, Nr. 10. 1226 März 12, Orig.: StA WF 22 Urk 46; Druck: O.G. III., S. 709; v. Heinemann, Nr. 22. 1226 März 24, Druck: Leuckfeld Antiq. Poelde S. 216; O.G. III., S. 712. 1226 März 28, Druck: v. Heinemann, Nr. 23. 1226; Druck: Calenberger UB 3, Nr. 51. 1226, Orig.: HStA Han Cal. Or. 100 Wennigsen Nr. 2; Druck: Calenberger UB 7, Nr. 2. 1226, Orig.: StA WF 8 Urk 5; Druck: O.G. III., S. 710f. 1226, Druck: O.G. III., S. 678; Hoyer UB 7, Nr. 12. Bischof Konrad von Hildesheim für das Stift St. Blasius O. J. (1226/27), Orig.: StA WF 7 Urk 19; Regest: Reg. v. Campe 1, Nr. 206; UB Br. 2, S. 28; UB Hochstift Hildesheim 2, Nr. 207. 1227, Druck: UB Goslar 1, Nr. 491. 1227, Orig.: StA WF 13 Urk 3; Druck: v. Heinemann, Nr. 25. 1227, Druck: UB Hochstift Hildesheim 2, Nr. 220.

1422 1231, Druck: O.G. IV., S. 62 praef. O. J. (1231/32) [Datierung nach Diestelkamp, S. 94. Dieser ist zuzustimmen, wenn man die Zeugenreihe der Urkunde mit der Urkunde Ottos für das Kloster Mariental zu 1232, Orig.: StA WF 22 Urk 56, Druck: O.G. IV., S. 62f. praef., vergleicht.], Druck: O.G. IV., S. 130f.; UB Göttingen, Nr. 1 ("1229?"); Doebner, Nr. 2; Reg. v. Campe 1, Nr. 209. 1232 August 29; Druck: Harenberg, S. 386; O.G. IV., S. 127f. 1232, Orig.: StA WF 22 Urk 56; Druck: O.G. IV., S. 62f. praef. 1233 vor März 5, Orig.: HStA Han Cal. Or. 100 Osterode St. Jacob Nr. 5 a und b; Druck: O.G. IV., S. 136; Br. Anzeigen 1747, S. 943; Max Grubenhagen 2, Nr. 3. 1233 Juli, Orig.: StA WF 19 Urk 16; Druck: O.G. IV., S. 134. 1233 August 18, Orig.: StA WF 24 Urk 67; Druck: Meibom Chron. III., S. 415; O.G. IV., S. 135; Asseburger UB 1, Nr. 171. O. J. (1233?) [Die Urkunde ist gewiß vor 1241 ausgestellt, da der Truchseß Jordan danach nicht mehr vorkommt], Druck: UB Herzöge Br.-Lb. 1, Nr. 24 ("ca. 1241 oder 1242"); Max Grubenhagen 2, Nr. 4 ("1233"). 1234 März, Druck: O.G. IV., S. 140f. 1234 Oktober 31, Druck: Westfälisches UB 3, Nr. 322; Osnabrücker UB 2, Nr. 323. 1235 April 11, Druck: Cassel, Nr. 2. Graf Siegfried von Osterburg für Otto das Kind, 1235 April 12, Druck: O.G. IV., S. 143f. 1235 Mai 13, Orig.: StA WF 7 Urk 22; Druck: O.G. IV., S. 152f.; UB Br. 2, S. 34; Reg. v. Campe 1, Nr. 229. 1235 Juni, Orig.: KlA

als *Jordanus dapifer ducis Ottonis de Bruneswich* als erster von fünf ministerialischen Zeugen eine Urkunde Bischof Konrads von Hildesheim.[1423]

Truchseß Jordan III. von Blankenburg hatte zwei Brüder mit Taufnamen Balduin und Jusarius. Der ältere von beiden war Balduin von Blankenburg, der spätestens nach dem Tode seines Bruders Jordan zu einem der bedeutendsten Ministerialen Herzog Ottos des Kindes wurde.[1424] Balduin ist im Jahre 1231 erstmals auch mit dem Herkunftsnamen von Herzberg nachweisbar, wobei Truchseß Jordan III. als *Jordanis dapifer de Bruneswic* erschien.[1425] Balduin von Blankenburg, der spätestens seit 1234 immer wieder mit Celle verbunden wurde[1426] und auch dort sehr wahrscheinlich Burgmann war, dürfte mit dem nur ein einziges Mal im Jahr 1237 belegbaren Balduin von Celle[1427] sehr wahrscheinlich identisch sein. Ferner wurde Balduin von

---

Wienhausen Nr. 8; Druck: O.G. III., S. 718. Bernhard von Dorstadt für das Stift Hildesheim, 1235 Oktober 26-1236 Februar 21, hier 1235 November 3 und 1235 Dezember 22; Druck: UB Herzöge Br.-Lb. 1, Nr. 18; Reg. v. Campe 1, Nr. 231. 1236 Juli, Orig.: HStA Han Hild. Or. 2 Wöltingerode Nr. 10; Druck: Asseburger UB 1, Nr. 186; UB Hochstift Hildesheim 2, Nr. 460. Das Stift St. Blasius für das Kloster Wöltingerode in Anwesenheit Herzog Ottos, 1236 Juli, Orig.: HStA Han Hild. Or. 2 Wöltingerode Nr. 11; Druck: Asseburger UB 1, Nr. 184; UB Hochstift Hildesheim 2, Nr. 459. Das Kloster Wöltingerode für das Stift St. Blasius in Braunschweig in Anwesenheit Herzog Ottos, 1236 Juli, Orig.: StA WF 1 Urk 15; Druck: O.G. IV., S. 169ff. Graf Siegfried von Osterburg für Herzog Otto, 1236, Orig.: 1830 zerstört (StA WF 36 Alt 385); Druck: O.G. IV., S. 145. 1236, Orig.: StA WF 24 Urk 77; Druck: O.G. IV., S. 63 praef. *J. dapifer*, O. J. (1236), Druck: UB Herzöge Br.-Lb. 1, Nr. 19. 1237 Februar 5, Orig.: HStA Han Hild. Or. 2 Wöltingerode Nr. 12; Druck: Asseburger UB 1, Nr. 191; UB Hochstift Hildesheim 2, Nr. 480. Die Grafen von Wohldenberg für das Stift St. Blasius in Braunschweig, 1237 Mai 5, Orig.: StA WF 7 Urk 24; Druck: Asseburger UB 1, Nr. 192. 1237 Juni 1, Orig.: StA WF 22 Urk 58; Druck: O.G. IV., S. 63 praef.; Asseburger UB 1, Nr. 194. 1237 September 21, Orig.: HStA Han Cal. Or. 100 Northeim St. Blasius Nr. 203; Druck: O.G. IV., S. 64 praef.; Asseburger UB 1, Nr. 195. 1238 November 16, Orig.: StA WF 7 Urk 28; Druck: O.G. IV., S. 174f.; Asseburger UB 1, Nr. 199. Gräfin Clementia von Dassel für Herzog Otto, 1238, Orig.: HStA Han Celle Or. 9 Schr. XI Caps. 15 Nr. 1; Druck: UB Herzöge Br.-Lb. 1, Nr. 21. 1238, Orig.: HStA Han Cal. 100 Wennigsen Nr. 13; Druck: Calenberger UB 7, Nr. 13. Helmold von Biewende für Herzog Otto, 1238, Druck: Asseburger UB 1, Nr. 201. Das Stift St. Blasius in Braunschweig für das Kloster Wöltingerode auf Bitten Herzog Ottos, 1238, Orig.: HStA Han Hild. Or. 2 Wöltingerode Nr. 14; Druck: UB Hochstift Hildesheim 2, Nr. 521. 1239 Juni 16, Druck: O.G. IV., S. 177ff. 1239 Juni, Druck: Dreyhaupt 2, S. 969. 1239 November 2, Orig.: HStA Han Celle Or. 100 Lüneburg St. Michael Nr. 20; Druck: O.G. IV., S. 182 (fehlerhaft); Lüneburger UB 7, Nr. 51. 1239 Dezember, Orig.: StA WF 24 Urk 82; Druck: O.G. IV., S. 68 praef. 1239 Dezember, Druck: O.G. IV., S. 67f. praef. 1239, Druck: UB Langeln S. 14. 1239, Druck: UB Langeln S. 14. 1239, Orig.: StA WF 31 Urk 3; Regest: Reg. v. Campe 1, Nr. 264. O. J. (1239) [Die Datierung erfolgt im Vergleich der Zeugenreihe zu denjenigen in den Urkunden Herzog Ottos für den Erzbischof von Mainz 1239 Juni 16, Druck: O.G. IV. S. 177f., und Herzog Otto für das Kloster Riddagshausen, 1239 Dezember, Orig.: StA WF 24 Urk 82; Druck: O.G. IV. S. 68 praef.], Druck: UB Ilsenburg, Nr. 81 ("1240?"). 1240 Dezember, Orig.: StA WF 7 Urk 30; Druck: UB Br. 2, S. 541f. 1240, Orig.: StA WF 22 Urk 70; Druck: O.G. IV., S. 69 praef. 1240, Orig.: StA WF 22 Urk 69; Druck: O.G. IV., S. 68f. praef. O. J. (1240?), Druck: Harenberg, S. 378; Asseburger UB 1, Nr. 213. 1240 (1249) [Zur Datierung siehe Reg. v. Campe 1, S. 189f., Anm.], Regest: Reg. v. Campe 1, Nr. 318. Regest mit Auszug: UB Br. 2, S. 50f.

1423 1234 August 25, Regest: Reg. v. Campe 1, Nr. 227.

1424 Zu ihm, genealogisch jedoch unrichtig eingeordnet, Lubenow, S. 84-90. Eine große Anzahl von Nachweisen ferner in Reg. v. Campe, passim. Sein Todesjahr war 1255 (Reg. v. Campe 1, Nr. 350).

1425 1231 Januar 21, *Jordanis dapifer de Bruneswic et Baldewinus de Herthesberech, frater ipsius*, Orig.: StA WF 24 Urk 57; Regest: Reg. v. Campe 1, Nr. 214.

1426 (1234) Januar 12, Orig.: LHA Magdeburg Rep. U 9 A XIII Nr. 1; Druck: Reg. v. Campe 1, Nr. 225 (Vgl. dazu und wegen der Datierung: Reg. v. Campe 1, Nr. 224). 1237, Druck: UB Herzöge Br.-Lb. S. 18. Die weiteren Belege bei Reg. v. Campe 1, passim. Sein Siegel mit der Umschrift + SIG[ILL B]OLDEVINI DE BLANKENBORCH ist bei Reg. v. Campe, S. 139 abgebildet.

1427 1237 Mai, Orig.: StA WF 7 Urk 25; Regest: UB Br. 2, S. 541; Reg. v. Campe 1, Nr. 240.

Blankenburg-Herzberg von Herzog Otto dem Kind mit der richterlichen Gewalt in Osterode und den dazugehörigen Landesteilen betraut,[1428] nachdem er dem Herzog schon im Jahre 1247 wichtige Dienste als Unterhändler und Gesandter geleistet hatte.[1429] Mit großer Wahrscheinlichkeit ist in ihm der legendenhafte Gründer des Kreuzklosters vor Braunschweig mit Namen Balduin von Campen von 1230 zu sehen.[1430] Ob es sich bei der Gründung um ein Zisterzienserinnen- oder ein Benediktinerinnenkloster gehandelt hat, ist nicht ganz eindeutig.[1431] Daß Balduin in der Gründungslegende mit dem bei ihm sonst nicht überlieferten Herkunftsnamen von Campen verbunden wird, erklärt sich aus der seit der Mitte des 13. Jahrhunderts zu beobachtenden Annahme dieses neuen Herkunftsnamen durch einen Zweig der Familie von Blankenburg.[1432] Bei der in der Gründungslegende erwähnten Fehde dürfte es sich um die literarisch verarbeiteten Kämpfe nach der Regierungsübernahme Ottos des Kindes gehandelt haben, bei denen Balduin von Blankenburg-Herzberg als einer der wenigen wichtigen Braunschweiger Ministerialen eindeutig auf der Seite Ottos gestanden hatte.[1433]

Der zweite Bruder des Truchsessen Jordan III. mit Taufnamen Jusarius ist zunächst mit dem Herkunftsnamen von Blankenburg[1434] und seit etwa 1250 mit dem Herkunftsnamen von Harlyburg[1435] nachweisbar. Das Verwandtschaftsverhältnis läßt sich durch sein Siegel belegen. Es hat sich an seiner eigenen Urkunde für das Kloster Wöltingerode des Jahres 1261 erhalten, in der er sich *Jusarius Dei gratia de Harlungeborch* nennt,[1436] zeigt als Bild einen Zickzackbalken mit fünf ganzen Zacken nach oben und zwei ganzen und zwei halben Zacken nach unten und hat die Umschrift + IVSARII FRATRIS IORDANIS [DAPIF]ERI.[1437]

Der erstgeborene Sohn des Truchsessen Jordan III. von Blankenburg hieß Anno. Er erscheint erstmals im Jahre 1236 in Urkunden mit direktem Bezug auf Herzog Otto das Kind, wobei er stets als Sohn des Truchsessen Jordan (III.) bezeichnet wird.[1438] Jordans III. weitere Söhne hießen Balduin und Heinrich.[1439] Letztmalig

---

1428 1251, ... *in presentia domni Baldewini de Herthesberch, qui ex parte domini ducis bruneswicensis in Osterod et in partibus terre dicti domini ducis potestate iudicaria fungebatur.*, Orig.: StA WF 25 Urk 1015; Druck: Reg. v. Campe 1, Nr. 325.

1429 1247 März 7, Privileg für die Stadt Münden, Druck: O.G. IV., S. 201; Pfeffinger Br. Hist. 2, S. 698; Doebner, Nr. 9; Reg. v. Campe 1, Nr. 298. Zur Datierung vgl. Gräfe, S. 4f. Zur Echtheit des Urkunde vgl. Diestelkamp, S. 173ff. Zum Inhalt vgl. auch Zillmann, S. 274f.

1430 Leibniz Scrip. rer. Brunsvic. II., S. 469ff. Reg. v. Campe 1, Nr. 212 und Nr. 211 mit weiterer Literatur. Zum Kloster: Hoogeweg, S. 15. Streich, S. 46. Germania Benedictina XI., S. 67-99 mit weiteren Bezügen.

1431 Germania Benedictina XI., S. 68ff. Nach Meibom, Chron., S. 26 war Abt Arnold von Riddagshausen bei der Gründung anwesend.

1432 Der Herkunftsname von Campen ist erstmals zu 1240 nachweisbar. Siehe dazu im Kap. II. 1.1.17. Der Herkunftsname bezieht sich auf Campen, Gemeinde Lehre, Kreis Helmstedt. Vgl. dazu Kleinau, GOV, S. 401f.

1433 1229, Druck: UB Hochstift Halberstadt 1, Nr. 609. Bei der Herzoginwitwe Agnes ist er 1230 April 22, Orig.: StA WF 12 Urk 28; Druck: v. Heinemann, Nr. 29, belegbar.

1434 Zu ihm, genealogisch jedoch unrichtig eingeordnet, Lubenow, S. 92-94.

1435 O. J. (um 1250), Druck: Asseburger UB 1, Nr. 263. 1252, Druck: Calenberger UB 3, Nr. 159. Zur Harlyburg Zillmann, S. 68-74. Der Herkunftsname bezieht sich auf †Harlyburg, nördlich Vienenburg, Kreis Goslar.

1436 Druck: Reg. v. Campe 1, Nr. 374.

1437 Das Siegel ist abgebildet bei Reg. v. Campe 1, S. 221.

1438 Das Stift St. Blasius für das Kloster Wöltingerode in Anwesenheit Herzog Ottos, 1236 Juli, *Anno filius Jordanis dapiferi*, Orig.: HStA Han Hild. Or. 2 Wöltingerode Nr. 11; Druck: Asseburger UB

nachweisbar ist der Truchseß Jordan III. von Blankenburg in einer im Jahre 1240 ausgestellten Urkunde Herzog Ottos für das Stift St. Blasius in Braunschweig.[1440] Er wird bald darauf verstorben sein, da im Jahre 1241 sein Sohn Anno erstmals als Truchseß belegbar ist.[1441]

Als falsch erweist sich die Annahme, die in einer Urkunde Herzog Ottos für das Kloster Michaelstein von 1248 als Verkäufer von Gütern in Gersdorf genannten Brüder Jordan und Jusarius von Lauenburg[1442] mit dem auf einem "Altersitz" weilenden Truchseß Jordan und seinem Bruder zu identifizieren.[1443] Eine undatierte Urkunde des Grafen Siegfried von Blankenburg, die wohl in die dieselbe Zeit des 13. Jahrhunderts gehört, erwähnt einen Jordan und dessen Bruder Jusarius mit Herkunftsnamen von Gersdorf.[1444] Da es in der Urkunde Ottos des Kindes um Güter in Gersdorf ging und die Taufnamen der Verkäufer identisch sind, wird es sich bei den Brüdern von Lauenburg mit großer Wahrscheinlichkeit um dieselben handeln.[1445] Dennoch ist eine Verwandtschaft zwischen der Familie von Blankenburg und den von Gersdorf aufgrund der relativ seltenen Taufnamen Jordan und Jusarius, vor allem aber aufgrund des Siegelbildes Ritter Jordans von Gersdorf sehr wahrscheinlich. Es hatte sich eine Ausprägung aus dem Jahr 1267 erhalten, die einen quergeteilten Schild, rechts drei gefehte Querbalken und links einen halben Zickzackbalken zeigt.[1446] Wie schon der Herausgeber der von Blankenburg-Campeschen Regesten vermutet hat, wird die rechte Hälfte das ursprüngliche Wappenbild der Familie von Gersdorf enthalten, das wahrscheinlich aufgrund eines Konnubiums mit dem von Blankenburgischen erweitert worden ist.[1447]

Truchseß Jordan III. von Blankenburg urkundete für das Kloster Walsrode, wobei er sich *J. dapifer in Brunswich* nannte.[1448] Und auch eine weitere von ihm für das Domstift Hildesheim ausgestellte Urkunde hatte sich erhalten.[1449] Der Aussteller bediente sich der Intitulatio *Jordanis Dei gratia dapifer...* und führte ein oben

---

1, Nr. 184; UB Hochstift Hildesheim 2, Nr. 459. Das Kloster Wöltingerode für das Stift St. Blasius in Braunschweig in Anwesenheit Herzog Ottos, 1236 Juli, *Anno filius Jordanis dapiferi*, Orig.: StA WF 1 Urk 15; Druck: O.G. IV., S. 169ff. 1236 Juli, *Anno filius Jordanis dapiferi*, Orig.: HStA Han Hild. Or. 2 Wöltingerode Nr. 10; Druck: Asseburger UB 1, Nr. 186. 1237 Februar 5, *Anno filius Jordanis dapiferi*, Orig.: HStA Han Hild. Or. 2 Wöltingerode Nr. 12; Druck: Asseburger UB 1, Nr. 191; UB Hochstift Hildesheim 2, Nr. 480. 1237 September 21, *Jordanis dapifer et filius suus Anno*, Orig.: HStA Han Cal. Or. 100 Northeim St. Blasius Nr. 203; Druck: O.G. IV., S. 64 praef.; Asseburger UB 1, Nr. 195.

1439 1240 (1249), Regest: Reg. v. Campe 1, Nr. 318; UB Br. 2, S. 50f. 1253, Druck: Reg. v. Campe 1, Nr. 337.

1440 1240 Dezember, Orig.: StA WF 7 Urk 30; Druck: UB Br. 2, S. 541f. Die Ausführungen bei Busch, S. 57 und danach bei Mertens, Diss., S. 78, Lubenow, S. 82 und Weinmann, S. 204 sind dahingehend zu korrigieren.

1441 1241 um Februar 21 [Die Tagesdatierung ergibt sich aus: O.G. IV., praef S. 72ff.; Asseburger UB 1, Nr. 214.], Druck: O.G. IV., S. 75 praef..

1442 1248 Oktober 1, Orig.: StA WF 23 Urk 43; Druck: O.G. IV., praef. S. 71f.; Asseburger UB 1, Nr. 249. Sie nennen sich nach der Lauenburg im Harz.

1443 Lubenow, S. 83.

1444 Orig.: StA WF 23 Urk 23, ungedruckt.

1445 Dasselbe Ergebnis bei Fenske/Schwarz, S. 413f., Anm. 24, allerdings ohne Bezug auf Lubenow.

1446 Reg. v. Campe 1, Nr. 386 mit Abb. des Siegels auf S. 228.

1447 Reg. v. Campe 1, S. 229, Anm.

1448 1237 vor Juni 1, Druck: Lüneburger UB 15, Nr. 21 (zur Datierung siehe dort).

1449 Orig.: HStA Han untergegangen; Druck: UB Hochstift Hildesheim 1, Nr. 705 zu O. J. (1217-1220); Reg. v. Campe 1, Nr. 164 zu O. J. (1221/22). Zur Datierung siehe dort S. 105f., Anm.

abgerundetes Schildsiegel mit der Umschrift + SIGILLVM IORDANIS D[A]PIFERI DVCIS SAXONIE.[1450] Das Siegelbild zeigte einen Zickzackbalken mit vier ganzen und zwei halben Spitzen nach oben sowie drei ganzen und zwei halben nach unten. Siegelbild und Siegelumschrift sind also gleich mit denen des Vaters des Truchesssen.[1451] Zwar ist die Datierung des Stückes nicht gesichert, aber bei dem Siegelstempel handelt es sich um einen anderen als bei dem 1214 von dem Truchsessen Jordan II. verwendeten und um den gleichen, den Truchseß Jordan III. im Jahre 1235 verwendet.[1452] Dessen Abdruck hat sich als einziges Siegel des Truchsessen Jordan III. von Blankenburg bis heute an einer Urkunde Ottos des Kindes für das Stift St. Blasius in Braunschweig von 1235 erhalten.[1453] Der Truchseß Jordan III. bezeugte zwar als erster von acht ministerialischen Zeugen die herzogliche Urkunde, doch von seiner Mitbesiegelung ist in dem Urkundentext mit keinem Wort die Rede.[1454]

1.1.18 Burchard von Wolfenbüttel, angeblicher Truchseß Ottos des Kindes 1226

Vor dem Tod Pfalzgraf Heinrichs läßt sich in einer Urkunde Ottos des Kindes als erster von neun testierenden Ministerialen Burchard von Wolfenbüttel, der zweite Sohn des Reichstruchsessen Gunzelin von Wolfenbüttel, belegen.[1455] Dieser war wahrscheinlich identisch mit dem B. von Wolfenbüttel, dessentwegen Otto das Kind einen undatierten Brief an den Bischof Konrad von Hildesheim schrieb, welcher in die Zeit nach Dezember 1226 und aufgrund der Erwähnung Pfalzgraf Heinrichs als Onkel des Ausstellers gewiß vor dessen Tod am 18. April 1227 gehört.[1456] Burchard von Wolfenbüttel wird neuerdings als Truchseß Ottos des Kindes zum Jahr 1226 aufgeführt.[1457] Dieser Auffassung liegt eine Fehldeutung der Zeugenreihe einer Urkunde Ottos des Kindes zugrunde, wenn hinter Burchard von Wolfenbüttel kein Komma gesetzt wird.[1458] Richtig zitiert lautet die Stelle: *Burchardo de Wlferbutle, dapifero nostro Gevehardo de Luneborch, ...* Die Amtsbezeichnung in dieser Wendung wird zwar normalerweise dem Namen angehängt, doch es kann kein Zweifel bestehen, da Gebhard von Lüneburg zur selben Zeit als Truchseß Ottos nachgewiesen ist.[1459]

1450 Das Siegel ist abgezeichnet bei Reg. v. Campe 1, S. 105.
1451 Siehe dazu im Kap. II. 1.1.7.
1452 Dasselbe Ergebnis bei Reg. v. Campe 1, S. 106.
1453 1235 Mai 13, Orig.: StA WF 7 Urk 22; Druck: O.G. IV., S. 152f.; UB Br. 2, S. 34; Reg. v. Campe 1, Nr. 229. Abb. der Siegel Herzog Ottos und seines Truchsessen: O.G. IV., Tab. IV. nach S. 78. Reg. v. Campe 1, S. 142. Fotografie: Titelbild dieser Untersuchung.
1454 Vgl. dazu Busch, S. 33 und im Kap. II. 3. 1.
1455 1226 August 9, Orig.: LHA Magdeburg Rep. U 21a Nr. 15; Druck: Riedel 1, 22, S. 90.
1456 Busch, S. 35, Anm. 7. In das Jahr 1223 setzen den Brief die Drucke in: O.G. IV., S. 98; Asseburger UB 1, Nr. 130; Cod. dipl. Anhalt. 2, Nr. 69. Zum Vorgang Michels S. 16f.
1457 Weinmann, S. 204.
1458 Orig.: LHA Magdeburg Rep. U 21a Nr. 17; Druck: Riedel 1, 22, S. 91.
1459 Zu ihm im Kap. II. 1.1.16.

1.1.19 Anno von Blankenburg-Campen, Truchseß Herzog Ottos des Kindes 1241-1252, der Herzöge Albrecht und Johann von Braunschweig 1252-1267 und des Herzogs Albrecht von Braunschweig 1267-1278

Truchseß Anno war der Sohn des Truchsessen Jordan III. von Blankenburg.[1460] Erstmals mit dem Titel Truchseß bezeugte er im Jahre 1241 als erster von zehn ministerialischen Zeugen eine Urkunde Herzog Ottos für das Kloster St. Blasius in Northeim.[1461] In einer großen Anzahl von Urkunden Herzog Ottos kommt er stets noch mit Amtstitel, niemals jedoch mit einem Herkunftsnamen verbunden vor,[1462] bis er als dritter von fünf ministerialischen Zeugen und einziger Hofamtsträger die letzte von Otto dem Kind im Jahre 1252 in Helmstedt für das Kloster Mariental ausgestellte Urkunde bezeugte, in der auch der Sohn und Erbe Ottos, Albrecht auftrat.[1463] Ins selbe Jahr fällt sein Testat als erster von fünf Rittern in einer Urkunde des Ritters Heinrich von Heimburg für das Kloster Wienhausen, wobei er *Anno dapifer de Bruneswich* genannt wurde.[1464] Anno ist als Truchseß schon kurz nach der

---

1460 Siehe dazu im Kap. II. 1.1.17.

1461 1241 um Februar 21 [Die Tagesdatierung ergibt sich aus: O.G. IV., praef S. 72ff.; Asseburger UB 1, Nr. 214.], Druck: O.G. IV., S. 75 praef.

1462 1241 April 21, Orig.: StA WF 19 Urk 22; Druck: O.G. IV., S. 192. 1241 Juni 26, zwei unterschiedliche Orig. mit unterschiedlichen Zeugenreihen StadtA Han Urk I, 0001 und 0002; Druck 0001: Rethmeier, Br. Chron. S. 1831; O.G. IV., S. 186; UB Hannover, S. 10ff.; 0002: O.G. IV., S. 184; UB Hannover, S. 13ff. Bischof Konrad von Hildesheim für Herzog Otto, 1241, Druck: O.G. IV., S. 190. 1241, Orig.: StA WF 31 Urk 4; Regest: Br. Anzeigen 1751, S. 1092; Reg. v. Campe 1, Nr. 280; UB Br. 4, S. 401. 1242; Druck: O.G. IV., S. 194; Leuckfeld, Antiq. Poelde, S. 52; Rethmeier, Br. Chron. 1, S. 478. O. J. (1242?), Orig.: StA Münster Kemnade Nr. 7 (mit fehlerhafter Datierung 1257); Druck: Asseburger UB 1, Nr. 287 ("1257", fehlerhaft zugeordnet). 1243 Juni 3, Druck: O.G. III., S. 719; Rethmeier, Br. Chron. 1, S. 479f.; Cod. dipl. Br. B 1, S. 486; Lüneburger UB 5, Nr. 1. 1243 Juni 3, Druck: O.G. III., S. 720; Rethmeier, Br. Chron. 1, S. 480; Pfeffinger 1, S. 109; Lüneburger UB 5, Nr. 3. Herzoginwitwe Agnes für das Kloster Isenhagen mit Zeugenschaft Herzog Ottos, 1243 Juni 3, Druck: O.G. III., S. 721; Lüneburger UB 5, Nr. 2. 1243, Orig.: KlA Wienhausen Nr. 21; Druck: Asseburger UB 1, Nr. 229. 1244 Juli 11.; Druck: Lüneburger UB 5, Nr. 4. 1245 November 13, Orig.: StadtA Br. A III 10 Nr. 4; Druck: Rethmeier, Kirchenhist. 1, Beilage S. 137; O.G. IV., S. 204; Pistorius VIII., S. 2330; UB Br. 2, S. 43f.; Asseburger UB 1, Nr. 327. 1246 Mai 6, Kop.: Wienhausen HStA Han untergegangen, Abschrift HStA Han Cop. IX. 02, Nr. 36; Regest: Reg. v. Campe 1, Nr. 299. 1247 Januar 9, Druck: Harenberg, S. 376; Asseburger UB 1, Nr. 243. 1247 März 7, Druck: O.G. IV., S. 201; Pfeffinger Br.-Lb. Hist. 2, S. 698; Doebner, Nr. 9; Reg. v. Campe 1, Nr. 298. 1247 April 28, Druck: O.G. IV., S. 213f.; UB Stadt Lüneburg S. 36; Lüneburger UB 15, Nr. 58; Rethmeier, Br. Hist. 3, S. 1832; Doebner, Nr. 10. Herzogin Mechtild für die Bürger der Stadt Lüneburg, 1247 April 28, Druck: UB Herzöge Br.-Lb. 1, Nr. 29; UB Stadt Lüneburg S. 20. 1247 [nach Diestelkamp, S. 22ff. und S. 161ff. gefälscht oder stark verfälscht], Druck: Wolf Nr. 4; Doebner, Nr. 11; UB Duderstadt Nr. 1; Asseburger UB 2, Nr. 529. 1248 Oktober 1, Orig.: StA WF 23 Urk 43; Druck: O.G. IV., S. 71f. praef.; Asseburger UB 1, Nr. 249; Cod. dipl. Quedlinburg. S. 180. 1248, Orig.: KlA Wienhausen Nr. 31; Druck: O.G. IV., S. 722; Asseburger UB 1, Nr. 254; Reg. v. Campe 1, Nr. 313. 1248, Orig.: KlA Wienhausen Nr. 30; Druck: Pfeffinger Br. Hist. 1, S. 75; Asseburger UB 1, Nr. 255; Reg. v. Campe 1, Nr. 314. 1248, Orig.: HStA Han Cal. Or. 100 Marienrode Nr. 18; Druck: UB Herzöge Br.-Lb. 1, Nr. 30; Asseburger UB 1, Nr. 252. 1248, Orig.: HStA Han Cal. Or. 100 Marienrode Nr. 19; Druck: UB Herzöge Br.-Lb. 1, Nr. 31; Asseburger UB 1, Nr. 253. 1248, Orig.: StA WF 24 Urk 95; Druck: O.G. IV., S. 71 praef.; Asseburger UB 1, Nr. 250; Urk. v. Saldern 1, Nr. 70. 1249 April 23, Orig.: LHA Magdeburg Rep. U 7 Nr. 70; Regest: Reg. v. Campe 1, Nr. 316. 1249 Dezember 11, Orig.: StA WF 24 Urk 97; Druck: Asseburger UB 1, Nr. 256. 1249, Orig.: StA WF 24 Urk 96; Druck: O.G. IV., S. 231; Asseburger UB 1, Nr. 258. 1249, Orig.: StA WF 7 Urk 35; Druck: O.G. IV., S. 229f.; Asseburger UB 1, Nr. 257. 1250, Orig.: StA WF 26 Urk 7; Druck: Asseburger UB 1, Nr. 262. 1252, Orig.: StA WF 12 Urk 55; Druck: Asseburger UB 1, Nr. 269. 1252, Druck: Calenberger UB 3, Nr. 159. 1252, Orig.: StA WF 22 Urk 88; Druck: O.G. IV., S. 246f.; Asseburger UB 1, Nr. 270.

1463 Orig.: StA WF 22 Urk 88; Druck: O.G. IV., S. 246f.; Asseburger UB 1, Nr. 270.

1464 Orig.: KlA Wienhausen Nr. 32, Abschrift HStAHan Cop. IX. 02 Nr. 40; ungedruckt.

Regierungsübernahme auch bei Herzog Albrecht dem Großen nachweisbar und testierte mit einer einzigen Ausnahme stets mit Amtsbezeichnung in einer größeren Anzahl von Urkunden, die Herzog Albrecht selbst ausgestellt hatte oder diesen direkt betrafen.[1465] In einer der ersten Urkunden Herzog Johanns von 1264 testierte Truchseß Anno ebenfalls.[1466] Vor der zweiten welfischen Teilung ist er in einer der von beiden Herzögen gemeinsam ausgestellten Urkunden nachweisbar.[1467] Nach der Teilung testierte der Truchseß Anno in einer Urkunde des Ritters Ekbert von Asseburg im Jahre 1268[1468], nur noch ein einziges Mal 1270 bei Herzog Albrecht[1469] und zuletzt in zwei Urkunden von 1278, die das Kloster Riddagshausen betrafen.[1470] Er wird bald darauf verstorben sein.

Truchseß Anno von Blankenburg hatte zwei Brüder mit Taufnamen Balduin und Heinrich,[1471] mit denen er gemeinsam in einer Urkunde des Edelherren Johannes von Wahle erstmals den Herkunftsnamen von Campen führte.[1472] Die Urkunde ist zwar mit 1249 datiert, gehört aber in das Jahr 1240.[1473] Daß Angehörige der Familie von Blankenburg schon im Jahre 1221 mit dem Herkunftsnamen von Campen auftreten sollen, beruht dagegen auf einem Irrtum.[1474] Mit dem Herkunftsnamen von Campen testierte Anno weiter nur ein einziges Mal und dabei ohne Amtsbezeichnung in einer Urkunde Herzog Albrechts von 1258.[1475] Die Brüder des Truchsessen spielten in den sechziger Jahren als Urkundenzeugen und im Gefolge der welfischen Herzöge eine größere Rolle als der Truchseß selber.[1476] Der Grund hierfür ist einmal darin zu finden, daß die Herzöge nach der zweiten welfischen Teilung zunächst auch die

---

1465 1252 September 25, *dapifer noster*, Orig.: StA WF 22 Urk 89, ungedruckt. 1252, Druck: Calenberger UB 3, Nr. 160. 1253, Orig.: StA WF 24 Urk 110; Druck: Urk. v. Saldern 1, Nr. 79. 1256 Juni 23, Druck: Calenberger UB 3, Nr. 187. 1256 Juli 26, Druck: Calenberger UB 3, Nr. 189. 1256 August 20, Druck: UB Hochstift Hildesheim 2, Nr. 995. 1257 Mai 21, Druck: Calenberger UB 3, Nr. 190. 1257, Druck: Asseburger UB 1, S. 196. 1258 Februar 28, Druck: UB Herzöge Br.-Lb. 1, Nr. 46. 1258 April 3, Druck: Scheidt, Mantissa S. 442. 1258 Mai 26, *Anno et Henricus de Campe fratres*, Druck: UB Herzöge Br.-Lb.1, Nr. 48. 1258 Juni, Druck: UB Hochstift Hildesheim 2, Nr. 1072. 1258 August 4, Druck: UB Himmelpforten, Nr. 5; Asseburger UB 2, Nr. 531. 1262 Januar 19, Orig.: StA WF 26 Urk 13, Druck: ZsHVNds 1880, S. 40.

1466 1264 Januar 10, Orig.: StA WF 7 Urk 54; Regest: Reg. v. Campe 1, Nr. 381.

1467 1266 Mai 5, Regest: Reg. v. Campe 1, Nr. 385.

1468 1268 August 25, *dominus Anno dapifer*, Druck: Asseburger UB 1, Nr. 337.

1469 1270 Dezember 21, *dapifer noster*, Orig.: StA WF 26 Urk 22; Druck: Br. Anzeigen 1749, S. 1935.

1470 1278 März 21, mit Amtstitel vor seinen mit dem Herkunftsnamen von Campen verbundenen Brüdern Balduin und Heinrich, Druck: UB Br. 2, S. 128f. 1278 März 26, Regest: Reg. v. Campe 1, Nr. 439. Die von Busch, S. 57 und Weinmann, S. 205 angegebenen letzten Nennungen sind demgemäß zu korrigieren. Das richtige Datum hat Mertens, Diss., S. 78.

1471 1253, Druck: Reg. v. Campe 1, Nr. 337.

1472 Regest: Reg. v. Campe 1, Nr. 318; UB Br. 2, S. 50f. Eine weitere Nennung mit dem Herkunftsnamen von Campen findet sich erst wieder zu 1256, Druck: Reg. v. Campe 1, Nr. 357, bei den Brüdern des Truchsessen Anno.

1473 So auch bei Reg. v. Campe 1, S. 189f., Anm. Die Genehmigung des Verkaufes zu 1245 durch den Schwager des Ausstellers, den Edelherrn Bernhard von Hagen, fand dementsprechend auch nicht vor dem Verkauf, sondern nach diesem statt. Erwähnung: UB Br. 2, S. 51.

1474 Reg. v. Campe 1, S. 77, Anm. nach Br. Anzeigen 1751, S. 1091f. Hier ist die Zeugenreihe einer Urkunde Pfalzgraf Heinrichs zu 1221, Orig.: StA WF 31 Urk 2; Regest: Reg. v. Campe 1, Nr. 163, fehlerhaft wiedergegeben. Die weiteren Nennungen in Reg. v. Campe zu 1230 und 1244 beziehen sich auf keine Urkunden, sondern auf spätere chronikalische Überlieferungen.

1475 1258 Mai 26, Druck: UB Herzöge Br.-Lb. 1, Nr. 48.

1476 Beide werden gemeinschaftlich belehnt (Reg. v. Campe 1, Nr. 390 zu 1268), stellen gemeinsam Urkunden aus (Reg. v. Campe 1, Nr. 391) und führen ein gemeinschaftliches Siegel (Abb. bei Reg. v. Campe 1, S. 232).

Hofämter getrennt haben und der Truchseß Anno Herzog Albrecht allein verblieben war, zum anderen darin, daß Anno zu dieser Zeit bereits in einem hohen Alter stand. Ein Sohn Annos mit Taufnamen Ludolf ist im Jahr 1237 nachweisbar.[1477] Dieser kommt aber später nicht wieder vor und wird früh verstorben sein, so daß der Truchseß Anno von Blankenburg bei seinem Tod sehr wahrscheinlich keine lebenden Kinder hatte.

Im Jahre 1253 stellte Truchseß Anno mit seinen Brüdern Balduin und Heinrich eine Urkunde für das Kreuzkloster vor Braunschweig aus[1478] und eine weitere undatierte, aber um das Jahr 1260 einzuordnende gemeinsam mit seinen Brüdern Hen(rich), Jor(dan) und Bal(duin) für das Kloster Dorstadt.[1479] Erhalten hatte sich eine von dem Truchsessen Anno von Blankenburg für Bischof Johann von Hildesheim ausgestellte, undatierte Urkunde, die in die Jahre von 1257 bis 1261 einzusetzen ist.[1480] Der Aussteller *Anno dapifer ducis de Brunswic* siegelte mit einem Schildsiegel, das als Bild einen nach rechts springenden Hirsch, welcher mit einer mit Zickzackbalken geschmückten Turnierdecke belegt ist, zeigte. Die Umschrift lautete + SIGIL' ANNONIS DAP[IFERI] DVCIS DE BR[VNESW]IC.[1481] Zweifellos ist der Zickzackbalken als das Familienwappen der Familie von Blankenburg anzusehen, während der Hirsch als Helmzier der Familie wiederkehrt.[1482]

1.1.20 Gerhard von Bortfeld, Truchseß Herzog Johanns von Braunschweig-Lüneburg 1273-1275

Gerhard von Bortfeld gehörte einer wichtigen Familien der welfischen Ministerialiät an, von der Angehörige schon in Urkunden Heinrichs des Löwen nachweisbar sind.[1483] Zuerst kommt ein Bertold von Bortfeld in einer Urkunde Heinrichs des Löwen im Jahre 1169 vor.[1484] Bertold von Bortfeld testierte hier ausschließlich unter welfischen Ministerialen. Auch in einer Urkunde des Bischofs Adelog von Hildesheim für das Kloster Riddagshausen von (1186-1190), die Bertold bezeugte,[1485] kommt neben stifthildesheimischen Ministerialen eine ganze Anzahl welfischer Ministerialen vor, so daß die Bedenken gegen eine Zugehörigkeit Bertolds zur welfischen Ministerialität[1486] zerstreut werden können. Ganz sicher der welfischen Ministerialität angehörig war auch Ludolf von Bortfeld, der erstmals im Jahre 1194 in einer Urkunde Heinrichs des Löwen nachweisbar ist[1487] und schon in den ersten Urkunden Pfalzgraf Heinrichs testierte[1488]. Bei ihm könnte es sich um einen Sohn

---

1477 1237 November 19, Orig.: StA WF 23 Urk 40, Druck: O.G. IV., S. 168f.; Cod. dipl. Quedlinburg., S. 165.

1478 Druck: Reg. v. Campe 1, Nr. 337.

1479 Druck: UB Hochstift Hildesheim 3, Nr. 7.

1480 Orig.: HStA Han untergegangen; Druck: Reg. v. Campe 1, Nr. 361. Zur Datierung siehe dort S. 213, Anm.

1481 Das Siegel ist abgebildet bei Reg. v. Campe 1, S. 361.

1482 Reg. v. Campe 1, S. 213, Anm.

1483 Allgemein zur Familie von Bortfeld: Haendle, S. 10f. Lubenow, S. 310-318. v. Boetticher, v. Bortfeld, S. 14-21. Der Herkunftsname bezieht sich auf Bortfeld, Gemeinde Wendeburg, Kreis Peine.

1484 1169 April 20, Orig.: HStA Han Hild. Or. 2 Lamspringe Nr. 5; Druck: Urk HdL Nr. 80.

1485 Orig.: StA WF 24 Urk 13, Druck: UB Hochstift Hildesheim 1, Nr. 447 [zur Datierung siehe dort].

1486 Haendle, S. 11, Anm. 59. Lubenow, S. 310.

1487 1194 April 2, Orig.: HStA Han Cal. Or. 33 Salem Nr. 1; Druck: Urk HdL Nr. 129.

1488 Beispielsweise zu 1196, Orig.: StA Dresden O. U. 113, Druck: v. Heinemann, Nr. 1. Weitere

Bertolds von Bortfeld handeln.[1489]

Lediglich zweimal ist Gerhard von Bortfeld als Truchseß Herzog Johanns belegbar.[1490] Einmal gehörte er zu den Sonderbevollmächtigten in einer 1273 von den Herzögen Albrecht und Johann gemeinsam ausgestellten Urkunde wegen der Schutzvogtei über die Stadt Lübeck, in der er aber eindeutig dem Gefolge Herzog Johanns zugeordnet werden kann.[1491] Danach testierte er im Jahre 1275 als fünfter von sechs Zeugen ministerialischer Herkunft in einer Urkunde Herzog Johanns für einen Bürger von Salzwedel.[1492]

Wenn Gerhard von Bortfeld im Jahre 1273 als *iunior* bezeichnet wird, so muß dies als Indiz für einen gerade stattfindenden Generationswechsel in der Familie von Bortfeld stehen. Jener Gerhard, der eine Urkunde beider Herzöge desselben Inhalts und für denselben Empfänger im Jahre 1269 bezeugte,[1493] dürfte der Vater des Truchsessen Gerhard von Bortfeld gewesen sein. Gerhard (der Ältere) von Bortfeld stiftete mit Zustimmung seines gleichnamigen Sohnes und des späteren Truchsessen für sich, seine zweite Frau Margarete, seine erste verstorbene Frau Bertradis und seine Vorfahren eine Seelenmesse in der Kapelle St. Johannes des Täufers im Kloster Riddagshausen.[1494] Er dürfte auch mit dem im Jahre 1246 vorkommenden gleichnamigen Burgmann in Lichtenberg identisch sein.[1495] Der gleichnamige Sohn Gerhards von Bortfeld, der Truchseß Herzog Johanns, ist dann wieder Anfang der achtziger Jahre als Burgmann in Lichtenberg zu belegen.[1496] Der Vater Truchseß Gerhards dürfte um das Jahr 1275 verstorben sein, da Gerhard *senior* und *iunior* von Bortfeld in diesem Zeitraum noch belegbar sind.[1497] Daß der Truchseß Gerhard von Bortfeld nicht mit dem etwa zur selben Zeit auftretenden Gerhard *longus* von Bortfeld identisch ist, beweist ihr gemeinsames Auftreten im Jahre 1275.[1498] Dieser Gerhard war der Sohn Ludolfs von Bortfeld[1499], des Stifters des St. Philipp und St. Jacob-Altares im Stift St. Blasius in Braunschweig,[1500] also ein Vetter des Truchsessen.

Gerhard von Bortfeld kam möglicherweise durch ein Konnubium in das Truchsessenamt. Daß die Familie von Bortfeld mit der Familie der Truchsessen von

---

Nachweise bei Lubenow, S. 310f.

1489 Siehe dazu in den genealogische Notizen zur Familie von Bortfeld mit einem Stammtafelentwurf von H. Dürre, StA WF 32 Slg 107, S. 83ff.

1490 Gleichwohl ist er im Gefolge Herzog Johanns in Lüneburg schon vor der zweiten welfischen Teilung nachzuweisen und testierte dabei als erster von sieben ministerialischen Zeugen: 1266 September 8, Orig.: HStA Han Celle Or. 100 Bardowick Nr. 14. 1266, Orig.: HStA Han Celle Or. 100 Bardowick Nr. 15.

1491 1273 März 14, ... *dominus Gevehardus de Bortfelde iunior dapifer et dominus Hinricus de Linthlo ex parte domini ducis Johannis;* ..., Druck: UB Stadt Lübeck 1, Nr. 336. Weinmann, S. 205 verwechselt Gerhard mit Heinrich von Bortfeld.

1492 1275 August 30, Druck: Hamburger UB 1, Nr. 760.

1493 1269 März 18, Druck: UB Stadt Lübeck 1, Nr. 310.

1494 1271, Orig.: StA WF 24 Urk 182; ungedruckt.

1495 Druck: UB Hochstift Hildesheim 2, Nr. 780. Zur Burg Lichtenberg: Zillmann, S. 57-60. Kleinau, GOV, S. 373.

1496 O. J. (vor 1282) nach September 22, Druck: UB Hochstift Hildesheim 3, Nr. 590.

1497 1274 November 12, Druck: Scheidt, Mantissa, S. 270. 1275 August 14, Druck: UB Bm Lübeck 1, Nr. 245.

1498 1275 August 14, Druck: UB Bm Lübeck 1, Nr. 245.

1499 1276 Juli 25, Orig.: StA WF 18 Urk 10; Druck: Urk. v. Saldern 1, Nr. 127.

1500 Memorien St. Blasius II., S. 81, S. 97, Anm. 42. Memorien St. Blasius III., S. 18. Vgl. Döll, S. 176.

Blankenburg-Campen verwandt war, läßt sich anhand der Zeugenreihe in einer Urkunde des Truchsessen Anno von Blankenburg-Campen und seinen Brüdern von 1253 wahrscheinlich machen.[1501] Dort testierten als erste von vier ritterlichen Zeugen *dominus Ghevehardus de Borthvelde et Ludolfus frater suus.*

Die Familie von Bortfeld entwickelte sich zu einem der bedeutendsten niederadligen Geschlechter im Kerngebiet des Herzogtums Braunschweig.[1502] Ihr Wappenbild waren zwei gekreuzte Lilienstäbe.[1503] Sie führten damit dasselbe Wappenbild wie die welfischen Ministerialen von Hondelage.[1504] Eine Stammesverwandtschaft beider Familien läßt sich aber bislang nicht beweisen, obwohl auch die Taufnamen Bertold und Ludolf bei den von Hondelage häufig vorkommen.

1.1.21 Heinrich von Bortfeld, Truchseß der Herzogin Adelheid, Gattin Herzog Albrechts des Großen, 1276

Ein einziges Mal, im Jahre 1276, wird der Ritter Heinrich von Bortfeld als Truchseß der Gattin Herzog Albrechts des Großen in einer in Gifhorn für das Kloster Dorstadt ausgestellten herzoglichen Urkunde erwähnt,[1505] und es ist gleichzeitig das letzte Mal, daß derselbe vorkommt. Sehr wahrscheinlich war Heinrich identisch mit dem Ritter Heinrich von Bortfeld, der 1256 zusammen mit seinem Blutsverwandten, dem Ritter Heinrich von Loden und dessen Gattin, vor Herzog Albrecht dem Großen Güter zugunsten des Klosters Loccum aufgelassen hatte.[1506]

Heinrich von Bortfelds Verwandtschaftsverhältnis zu den weiteren Angehörigen der Familie von Bortfeld kann bis dato nicht eindeutig geklärt werden.[1507] Möglicherweise besteht zwischen dem Truchsessen und Ritter Heinrich von Bortfeld und dem in den Jahren 1308[1508] und 1312[1509] belegbaren Knappen Heinrich von Bortfeld ein Zusammenhang. Sein Siegel aus dem Jahr 1312 weist einen Hahnen- oder Greifenkopf als Bild auf.[1510] Allein die Differenz dieses Siegelbildes zu dem in der Familie von Bortfeld sonst nachweisbaren Wappen läßt jedenfalls die von dem Herausgeber des Braunschweiger Urkundenbuches gemachte Feststellung, "er

---

1501 Druck: Reg. v. Campe 1, Nr. 337.

1502 Vgl. dazu v. Boetticher, v. Bortfeld.

1503 StA WF 5 Slg 7 Nr. 93-97 (das erste Siegel zu 1291).

1504 StA WF 5 Slg 8 Nr. 284-286 (das erste Siegel zu 1316). Siehe auch im Kap. II. 1.4.7.

1505 1276 März 31, *Henricus de Bortvelde, dapifer uxoris nostre*, Druck: Asseburger UB 1, Nr. 377 (zur Datierung siehe UB Hochstift Hildesheim 3, Nr. 433). Die Urkunde ist nicht mit 1275 April 9 zu datieren, wie der Herausgeber des Asseburger UB und nach ihm Mertens, Diss., S. 78 angeben. Richtig dagegen Weinmann, S. 205, Anm. 50, der jedoch Heinrich von Bortfeld mit Gerhard von Bortfeld verwechselt.

1506 1256 Juni 23, Druck: Calenberger UB 3, Nr. 187. Den Verkauf Heinrichs von Loden hat das Calenberger UB 3, Nr. 186. Die von Loden waren zumindest in einem Zweig welfische Ministerialen, was 1253 Dezember 28, Druck: Calenberger UB 3, Nr. 174, deutlich wird. Nach dem offenbar kinderlosen Tod Heinrichs von Loden holte das Kloster Loccum noch von einer ganzen Anzahl Erbberechtigter Konsenserklärungen ein (Calenberger UB 3, Nr. 293-299, Nr. 302).

1507 Vgl. auch StA WF 32 Slg 107, S. 83ff.

1508 1308 Juni 10, Druck: UB Br. 2, S. 334f.

1509 1312 Dezember 24, Orig.: StA WF 26 Urk 72, Heinrich von Bortfeld stimmt der Übertragung von Gütern durch seine Blutsverwandte Gertrud, Tochter des †Harneid Slengerdus, und ihrem Gatten, Heinrich Herbordi (Bürger in Braunschweig), in Anwesenheit Herzog Albrechts des Fetten zu; Regest: UB Br. 2, S. 398. Heinrich von Bortfeld dürfte demnach der Onkel Gertruds gewesen sein.

1510 StA WF 26 Urk 72 zu 1312 Dezember 24. Abb.: StA WF 5 Slg 7 Nr. 98.

gehörte (...) nicht zu den v. B. auf Lichtenberg und Gebhardshagen, (...)"[1511], nicht ausreichend begründen. Möglicherweise geht die mutmaßliche Verwandtschaft zwischen den Herren von Bortfeld und den Herren von Hahnensee, die einen Hahn im Wappen führten,[1512] auf Heinrich von Bortfeld zurück.[1513]

1.1.22 Jordan IV. von (Blankenburg-) Campen, Truchseß der Herzöge Heinrich des Wunderlichen und Albrecht des Fetten 1279-1293

Truchseß Jordan IV. von Campen war der Sohn Balduins von Campen[1514] und damit ein Neffe des Truchsessen Anno von Blankenburg.[1515] Mit Amtstitel ist er erstmals im Jahre 1274 in einer Urkunde der Brüder Burchard, Ekbert und Hermann von Wolfenbüttel nachweisbar.[1516] Abgesehen davon, daß die Urkunde in der äußerst umfangreichen Überlieferung des Klosters Riddagshausen weder im Original noch kopial verifiziert werden kann[1517] und damit fälschungsverdächtig ist, dürfte die Bezeichnung Jordans hier eher als herkunftsnamengleicher Ersatz erfolgt sein, da sein Onkel, der Truchseß Anno, zu dieser Zeit noch lebte. Offenbar stand zu dieser Zeit aber schon dessen Erbfolge auf den ältesten Sohn seines nächstgeborenen Bruders fest.

Mit Amtstitel versehen testierte der Truchseß Jordan bei Herzog Heinrich dem Wunderlichen gleich nach dessen Amtsübernahme 1279.[1518] Im Jahre 1282 stellte dann der Truchseß Jordan IV. von Campen auf Bitten seines Herrn, des Herzogs Heinrichs, eine Urkunde für das Kloster Riddagshausen aus.[1519] In keiner weiteren herzoglichen Urkunde dieser Zeit ist ein Testat Jordans mit dem Truchsessentitel nachzuweisen, obschon ein Jordan von Campen relativ häufig darin vorkommt. Bei diesem Jordan von Campen kann nicht eindeutig gesagt werden, ob es sich um Jordan IV. von Campen oder dessen gleichnamigen Onkel oder Vetter gehandelt hat.[1520] Sicher ist nur, daß der Truchseß Jordan nicht der Bruder des Propstes des Stiftes St. Blasius in Braunschweig, Balduin von Campen, war.[1521] Truchseß Jordan IV. testierte dann im Jahre 1284 in einer Urkunde des Edelherrn Gottschalk von

---

1511 UB Br. 2, S. 398.
1512 v. Boetticher, v. Bortfeld, S. 28.
1513 Vgl. dazu v. Boetticher, v. Bortfeld, S. 25ff.
1514 1274 März 21, Regest: Reg. v. Campe 1, Nr. 418.
1515 Die von Mertens, Diss., S. 78 angegebene Filiation geht fehl. Weinmann, S. 205 gibt gar keinen genealogischen Zusammenhang.
1516 1274 März 28, Druck: Asseburger UB 1, Nr. 371.
1517 Ähnliche Feststellungen haben schon: Asseburger UB 1, S. 247. Reg. v. Campe 1, S. 245.
1518 1279 Oktober 5, Druck: UB Duderstadt Nr. 6. Verkehrt bei Mertens, Diss., S. 78. Richtig bei Weinmann, S. 205.
1519 1282 Juni 27, mit der Intitulatio *Jordanus dapifer*, Orig.: StA WF 24 Urk 217 (Siegel fehlt); Druck: Asseburger UB 1, Nr. 420; Reg. v. Campe 1, Nr. 466; UB Br. 2, S. 144.
1520 Die Nachweise der beiden Jordan von Campen fast sämtlich in Reg. v. Campe 1.
1521 1284 September 1, Orig.: StA WF 24 Urk 231; Regest: Reg. v. Campe 1, Nr. 479; UB Br. 2, S. 153. Zu Propst Balduin von Campen, der auch Notar Herzog Heinrichs des Wunderlichen war, Meier, Pröpste, S. 31, dessen genealogische Einordnungen jedoch, da nach Reg. v. Campe, korrekturbedürftig sind. Bei Weinmann, S. 94ff. nicht berücksichtigt.

Eltze[1522] für das Kloster Riddagshausen,[1523] bis er erst wieder im Jahre 1291 mit einer eigenen Urkunde belegbar ist.[1524] An dieser Urkunde hing sein Siegel mit dem von Blankenburgischen Zickzackbalken mit vier ganzen und zwei halben Zacken nach oben sowie drei ganzen und zwei halben Zacken nach unten. Es wies die Umschrift + SI[GILLVM IORDAN]IS DAPI[FERI] DU[CI]S D[E BRVNSWIC] auf.[1525] Eine weitere Urkunde des Truchsessen Jordan ist undatiert, gehört aber in den Zusammenhang mit der Vorgenannten und dürfte deswegen nicht lange nach 1291 ausgestellt worden sein.[1526] Der Siegelstempel war jedoch ein anderer, da das Bild fünf ganze Zacken nach oben sowie vier ganze und zwei halbe Zacken nach unten zeigte.[1527]

Erst im Jahre 1293 testierte Truchseß Jordan IV. von Campen mit Amtsbezeichnung, jedoch ohne Herkunftsnamen in zwei Urkunden Herzog Albrechts des Fetten für das Kloster Riddagshausen.[1528] Sehr wahrscheinlich war er identisch mit dem Jordan von Campen, der wenig später gemeinsam mit seinem gleichnamigen Sohn eine weitere Urkunde Herzog Albrechts für das Kloster Riddagshausen bezeugte.[1529] Demgemäß dürfte in der folgenden Zeit ein Generationswechsel stattgefunden haben, der sich aber aufgrund des gleichen Taufnamens von Vater und Sohn nicht eindeutig nachweisen läßt. Sehr wahrscheinlich aber ist in dem seit 1296 als gemeinsamer Truchseß der beiden Herzöge belegbaren Ritter Jordan schon der Sohn des Truchsessen Jordan IV. von Campen zu sehen. Zudem benannte sich dieser mit dem in der Familie von Blankenburg-Campen bislang nicht vorkommenden Herkunftsnamen von Wettmershagen.[1530]

1.1.23 Jordan V. von (Campen-) Wettmershagen, Truchseß der Herzöge Heinrich des Wunderlichen und Albrecht des Fetten 1296-1315

Der Truchseß Jordan V. wird in einer Urkunde Herzog Heinrichs des Wunderlichen im Jahre 1296 als *dapifer Heinrici inclyti ducis Brunswicensis* bezeichnet.[1531] Dagegen nannte der Ritter Jordan von Campen in einer Urkunde im Jahre 1297 diesen, seinen Oheim oder Vetter, *Jordan militis dapifer illustris principis Alberti ducis in Brunswich.*[1532] Entweder hatte Jordan das Truchsessenamt bei beiden Herzögen,[1533] oder aber es gäbe, ähnlich wie vorher bei den Marschällen von Salder,

---

1522 Der Herkunftsname bezieht sich auf Eltze, Gemeinde Uetze, Kreis Hannover. Diese edelfreie Familie muß von den Edelherren von Elze, die sich nach Elze, Kreis Hildesheim, benannten und zu den bedeutendsten Vasallen der Hildesheimer Kirche zählten, streng unterschieden werden. Vgl. dazu Rauls, S. 11f.

1523 1284 September 1, Orig.: StA WF 24 Urk 231; Regest: Reg. v. Campe 1, Nr. 479; UB Br. 2, S. 153.

1524 1291 Juli 21, Druck: Pfeffinger Br. Hist 2, S. 1064; Reg. v. Campe 1, Nr. 486.

1525 Abb. des Siegels bei Reg. v. Campe 1, S. 280.

1526 Druck: Reg. v. Campe 1, Nr. 488 zu (1291).

1527 Die Umschrift war nicht mehr lesbar. Abb. des Siegels Reg. v. Campe S. 281.

1528 1293 Juli 9, Orig.: StA WF 24 Urk 309; Druck: Asseburger UB 1, Nr. 472. 1293 Juli 9, Orig.: StA WF 24 Urk 308; Druck: Asseburger UB 1, Nr. 473.

1529 1293 Oktober 18, Regest: Reg. v. Campe 1, Nr. 510.

1530 Der Herkunftsname bezieht sich auf Wettmershagen, Gemeinde Calberlah, Kreis Gifhorn. Spätere Nachweise, die von Campen auf Wettmershagen betreffend: Reg. v. Campe 1, S. 297, Anm.

1531 1296 Januar 22, Druck: Br. Anzeigen 1747, S. 1668.

1532 1297 Mai 10, Druck: Reg. v. Campe 1, Nr. 534.

1533 Siehe dazu Weinmann, S. 205, der aber diese beiden Urkunden übersehen hat.

zwei Truchsessen mit demselben Taufnamen. Dafür spräche, daß der Truchseß Jordan im Jahr 1296 mit zwei verschiedenen Herkunftsnamen nachweisbar ist. Einmal wurde er mit von Neindorf[1534] bezeichnet, das andere Mal nannte er sich von Wettmershagen[1535]. Ausschlaggebend ist, daß sich der Truchseß Jordan in der letzteren eigenen Urkunde von (1296) als *dapifer dominorum de Brunswic* bezeichnete. Letztmalig in diesem Untersuchungszeitraum ist der Truchseß Jordan V. im Jahr 1300 in einer Urkunde Herzog Albrechts des Fetten belegt.[1536] Bis in die zweite Dekade des 14. Jahrhunderts ist er aber mit dem Truchsessentitel nachweisbar, wobei auch hierbei deutlich zum Ausdruck kommt, daß er der Truchseß beider Herzöge war.[1537] Das Siegel des Truchsessen Jordan von Campen-Wettmarshagen mit der Umschrift S' JORDANIS DAPIFERI DUCIS DE BRUNSWIC hat sich an einer Urkunde für das Marienspital in Braunschweig aus dem Jahr 1306 erhalten.[1538]

Der erstgeborene Sohn des kurz zuvor verstorbenen Truchsessen Jordan von Campen, der Knappe Anno von Campen,[1539] wird im Jahre 1316 mit seiner Gattin, Margarethe von Gerstenbüttel, nachweisbar.[1540] In einer eigenen Urkunde von 1316 bedient sich Anno der Intitulatio *Anno famulus dictus drohstete.*.[1541] Aber auch an dieser Urkunde befindet sich das erste Siegel Annos mit der Umschrift [SIGIL]LVM ANNO [DE] BLANKENBVRG und einem Zickzackbalken als Bild.[1542] Offenbar ist

---

1534 1296 August 6, Orig.: StA WF 24 Urk 323; Druck: UB Ilsenburg, Nr. 151. Der Herausgeber der von Blankenburg-Campeschen Regesten erklärt den Herkunftsnamen mit einem Bezug auf die Schenkenlinie von Blankenburg-Neindorf (Hausneindorf). Da der Truchseß Jordan mit der Schenkenlinie direkt nichts zu tun hatte, dürfte sich der Herkunftsname eher auf einen anderen der vielen gleichnamigen Orte beziehen (z.B. Neindorf am Ösel; †Neindorf bei Schöppenstedt; Neindorf, Stadt Wolfsburg).

1535 O. J. (1296?) März 18 (Siegel fehlte), Druck: UB Herzöge Br.-Lb. 1, Nr. 145; Reg. v. Campe 1, Nr. 521. Die Datierung ergibt sich aus einer Urkunde der Brüder von Harlyburg von 1296 Juni 19, Druck: UB Herzöge Br.-Lb. 1, Nr. 147; Reg. v. Campe 1, Nr. 525, dasselbe Rechtsgeschäft betreffend. In dieser Urkunde wird auch der Truchseß Jordan als Vetter der Aussteller erwähnt.

1536 1300 März 16, Druck: UB Hochstift Hildesheim 3, Nr. 1256.

1537 1304 Mai 20, *miles et dapifer dictus de Campe*, Druck: Reg. v. Campe 2, Nr. 557. 1306 Januar 29, *Jordanus miles, dapifer illustrium principum ducum in Bruneswich*, Druck: Reg. v. Campe 2, Nr. 562; UB Br. 2, S. 302. 1307 März 21, *Jordanus miles dictus de Witmereshaghen, dapifer illustris principis Alberti ducis in Bruneswich*, Druck: Reg. v. Campe 2, Nr. 563. 1307 August 13, Truchseß Jordan läßt den Herzögen *curia mea ad officium dapiferi pertinenta, in Brunswic sita* auf, Druck: Reg. v. Campe 2, Nr. 566. 1307 August 17, *dapifer illustrium principum Hinrici et Alberti ducum in Brunswic*, Druck: Reg. v. Campe 2, Nr. 567; UB Br. 2, S. 320f. 1310 Juli 18, *dapifer illustrum ducorum*, Druck: Reg. v. Campe 2, Nr. 575. 1314 Juni 23, Herzog Heinrich wegen der Stiftung des *Jordanus miles dapifer noster residens in Witmershaghen* für die Kirche daselbst, Druck: UB Herzöge Br.-Lb. 1, S. 143; Reg. v. Campe 2, Nr. 585. 1314 November 29, *dapifer illustrum principum dominorum ducum in Bruneswich*, Druck: Reg. v. Campe 2, S. 42. 1315 April 21, Druck: Reg. v. Campe 2, S. 46.

1538 1306 Januar 29, Druck: Reg. v. Campe 2, Nr. 562; UB Br. 2, S. 302. Abb.: StA WF 5 Slg 7 Nr. 119. Reg. v. Campe 2, S. 21 (desgleichen ebenda S. 33 zu 1310 Juli 18 und S. 43 zu 1314 November 29).

1539 1310 Juli 18, Druck: Reg. v. Campe 2, Nr. 575.

1540 1316 November 12, *Anno filius quondam Jordani dapiferi illustrum principum ducum in Bruneswic*, Orig.: StadtA Br. A III 1 Nr. 29 (mit Siegel); Druck: Reg. v. Campe 2, Nr. 596; UB Br. 2, S. 452f. Abb. des Siegels Reg. v. Campe 2, S. 50 (desgleichen ebenda S. 33 zu 1310 Juli 18).

1541 1316 November 1, Orig.: HStA Han Celle Or. 100 Lüneburg St. Michael Nr. 136; Druck: Lüneburger UB 7, Nr. 246 mit Abb. auf S. 171; Reg. v. Campe 2, Nr. 595.

1542 StadtA Br. A III 1 Nr. 29 von 1316 November 12. Abbildungen: Lüneburger UB 7, S. 171 zu 1316 November 1. Reg. v. Campe 2, S. 33 zu 1310 Juli 18. Reg. v. Campe 2, S. 50 zu 1316 November 12.

Anno von Blankenburg-Campen zunächst nicht ohne weiteres seinem Vater in das Amt gefolgt, da er als Knappe entweder mit dem Truchsessentitel[1543] oder als Sohn des verstorbenen Ritters und Truchsessen Jordan[1544] Urkunden ausstellte. Sein zweites Siegel aus dem Jahr 1323 ist dagegen als Amtsträgersiegel anzusprechen. Es hat die Umschrift + S' ANNEN DROZTHEN und als Bild den Zickzackbalken.[1545] Nachdem der Truchseß Anno letztmalig in den dreißiger Jahren des 14. Jahrhunderts[1546] und im Jahr 1342 als verstorben[1547] nachgewiesen werden kann, führte sein gleichnamiger dritter Sohn noch einmal im Jahr 1357 dessen Siegel.[1548]

Der Schwager Annos von Campen, Ludeger IV. von Gerstenbüttel, dessen Mutter eine Schwester des Reichstruchsessen Gunzelin von Wolfenbüttel war,[1549] ist nach dem Regierungsantritt Herzog Ottos des Milden als dessen Truchseß nachweisbar.[1550] Die Urkunde von 1312, in der er schon mit dem Titel testierte,[1551] dürfte also eher in das Jahr 1322 zu setzen sein.[1552] 1321 stellte Ludeger von Gerstenbüttel als Truchseß Herzog Ottos von Braunschweig eine eigene Urkunde aus.[1553] Der an dieser Urkunde erhaltene Abdruck des ersten Stempels[1554] und auch das zweite Typar des Truchsessen[1555] enthalten keinen Hinweis auf dessen Amt. Im Jahre 1322 wird Truchseß Ludeger IV. von Gerstenbüttel auch unter den drei *officiati nostri* Herzog Heinrichs des Wunderlichen genannt[1556] und läßt sich bis 1344 mit dem Amtstitel nachweisen.[1557] Der gleichnamige Sohn des Truchsessen, Ludeger VI. von Gerstenbüttel,[1558] führte nach dem Tod seines Vaters um die Jahreswende 1344/45 ebenfalls den Truchsessentitel,[1559] der sich zudem in seinen Siegeln wiederfindet.[1560]

1543 1320 Mai 8, *Anno de Kampe dictus dapifer*, Druck: Reg. v. Campe 2, Nr. 610. Daneben ist er zu 1325 Februar 3, Druck: UB Br.3, S. 98f., mit dem Amtstitel in einer Zeugenreihe zu belegen.

1544 1321 März 23, Druck: Reg. v. Campe 2, S. 59; UB Br.3, S. 13. 1323, Druck: Asseburger UB 2, Nr. 88; Reg. v. Campe 2, Nr. 619; UB Br.3, S. 58f.

1545 Druck: Asseburger UB 2, Nr. 88; Reg. v. Campe 2, Nr. 619; UB Br.3, S. 58f. Abbildungen: Reg. v. Campe 2, S. 64. StA WF 5 Slg 7 Nr. 121.

1546 1330 Februar 28, *Anno dapifer dictus de Kampe, filius domini dapiferi felicis memorie*, Druck: Reg. v. Campe 2, Nr. 632. 1331 März 12, Druck: Reg. v. Campe 2, Nr. 635.

1547 1342 Oktober 13, Druck: Lüneburger UB 5, Nr. 199; Reg. v. Campe 2, Nr. 664.

1548 1357 März 19, Druck: Reg. v. Campe 2, Nr. 688 mit Abb. auf S. 125.

1549 (um 1283), Orig.: StA WF 31 Urk 35; Druck: Asseburger UB 1, Nr. 427.

1550 1319 Oktober 31, *Ludegherus de Garsnebutle dapifer*, Druck: Rethmeier, Kirchenhist. 2, Beilage S. 131; UB Br. 2, S. 497ff. 1320 Dezember 13, Druck: UB Br. 2, S. 534f. 1321 Februar 26, Druck: Asseburger UB 2, Nr. 837. 1321 August 1, Druck: Asseburger UB 2, Nr. 845. 1322 Januar 10, Druck: UB Br.3, S. 31.

1551 1312 April 2, O. HN., Druck: UB Br. 2, S. 388f.

1552 Vgl. UB Br. 2, S. 388, Anm.

1553 1321 Februar 27, Orig.: StadtA Br A III 1 Nr. 36; Druck: Asseburger UB 2, Nr. 838.

1554 Schildförmig, Umschrift: + S' LVDEGHERI ML' DE GHARSNEBVTLE, Bild: Adler.

1555 StadtA Br A III 10 Nr. 203 zu 1341 März 6; Druck: UB Br. 4, S. 17f. Schildförmig, Umschrift: [+LV]DEGRI MILIT DE GA[RSN]EBVTL[E], Bild: Adler.

1556 1322 Mai 7, Orig.: StA WF 7 Urk 216; Regest ohne Zeugenreihe: UB Br.3, S. 44.

1557 1344 Februar 10, Orig.: StA WF 24 Urk 671, ungedruckt. 1344 Mai 17, Druck: UB Br. 4, S. 142f.

1558 Dieser war im Jahre 1316, Orig.: StadtA Br. A III 1, Nr. 56; Druck: UB Br. 2, S. 452, noch minderjährig und ist erstmals 1333, Orig.: StadtA Br. A III 1, Nr. 56; Erwähnung: Schmidt, Martinskirche, S. 15, mit dem Knappentitel nachweisbar.

1559 Erstmals 1343 Oktober 28 als Knappe und Truchseß, Druck: UB Br. 4, S. 108f. Unter Herzog Magnus kommt er mit Titel erstmals 1345 Mai 25, Druck: UB Herzöge Br.-Lb. 2, S. 74; UB Br. 4, S. 185f., und dann noch einmal 1348 April 27, Druck: Scheidt, Mantissa S. 291f., vor. Weinmann, S. 206 erkennt die Filiation und den stattgefundenen Generationswechsel nicht, obwohl der Truchseß Ludeger IV. mit dem Ritterprädikat, sein Sohn aber stets nur als Knappe vorkommt.

1560 Erstes Typar erhalten zu 1333 August 24 an StadtA Br. A III 1, Nr. 56. Schildförmig, Umschrift +

Dieser war mit Bertha, einer Tochter des Ritters Dietrich von Hondelage, verheiratet, die im Jahr 1359 als Witwe des Truchsessen erwähnt wurde.[1561] Offenbar blieb die Ehe kinderlos, so daß das Truchsessenamt nach dem Tode des Truchsessen Ludeger VI. von Gerstenbüttel in der Familie von Gerstenbüttel nicht mehr nachweisbar ist.[1562]

1.2 Die Marschälle

1.2.1 Werner, Marschall Heinrichs des Löwen 1155

Der erste belegbare Marschall Heinrichs des Löwen war im Jahre 1155 Marschall Werner.[1563] Von ihm wird vermutet, daß er der Familie mit Herkunftsnamen von Medingen entstammte,[1564] die 1162 mit Otto von Medingen in einer Urkunde Heinrichs des Löwen erstmals belegbar wird.[1565] Ministerialen mit dem Taufnamen Werner kommen in den Urkunden Heinrichs des Löwen zwar relativ selten, niemals jedoch mit den Herkunftsnamen von Medingen benannt vor, so daß nicht ohne weiteres auf eine solche Familienzugehörigkeit gefolgert werden darf. Zwei Plätze vor dem Marschall Werner bezeugte *Herimannus mariscalcus de Rauenesburc*, der vielleicht aus der Familie von Ravensburg-Peissenberge stammte.[1566] Auch der Marschall Werner wird möglicherweise eher zu den bayerischen Ministerialen Heinrichs des Löwen zu zählen sein.

1.2.2 Hermann von Gustedt, Marschall Heinrichs des Löwen 1169

Der erste eindeutig dem sächsischen Raum zuzuordnende Marschall Heinrichs des Löwen war im Jahre 1169 Hermann von Gustedt,[1567] welcher ohne Amtstitel bereits im Jahre 1154 beim Herzog nachweisbar ist.[1568] Hermann von Gustedt entstammte einer Familie der welfischen Ministerialität, die schon in der folgenden Generation, offenbar durch ein Konnubium begründet, mit mindestens einem Zweig in die stifthildesheimische Ministerialität eintreten mußte, und aus diesem Grund die herausgehobene Stellung des Marschalls innerhalb der welfischen Ministerialität niemals mehr hat erreichen können.[1569] Möglicherweise liegt für die spätere Zeit aber

---

S' LVDEGERI FILII DAPIFERI, Bild: Schild längsgeteilt, halber Adler rechts, links quer geteilt. Zweites Typar zu 1348, Abb.: StA WF 5 Slg Bd. 8, Nr. 195. Schildförmig, Umschrift + S LUDEGHERI * DROSTEN, Bild: Schild längsgeteilt, halber Adler rechts.

1561 1359 Februar 2, Orig.: StA WF 24 Urk 700; Regest: Reg. v. Campe 2, Nr. 693.

1562 Weinmann, S. 206 ist demgemäß zu korrigieren.

1563 1155 (Februar 1-13), Urk. HdL Nr. 31. Zu ihm auch Weinmann, S. 206. Bei Haendle, S. 68ff. und Lubenow, S. 51ff. ist er nicht berücksichtigt.

1564 v. Meding, Aphorismen, S. 193 und mit ihm Vogtherr, S. 115. Der Herkunftsname bezieht sich auf Altenmedingen, Gemeinde Bad Bevensen, Kreis Lüneburg.

1565 Urk. HdL Nr. 52. Die von v. Meding, Aphorismen, S. 193f. vorgenommenen weiteren Identifizierungen sind unbegründet.

1566 Haendle, S. 57.

1567 1169 April 20, Orig.: HStA Han Hild. Or. 2 Lamspringe Nr. 5; Druck: Urk. HdL Nr. 80. Er testierte darin mit seinen zwei Söhnen. Der Herkunftsname bezieht sich auf Gustedt, Gemeinde Elbe, Kreis Wolfenbüttel.

1568 1154 Juni 3, Orig.: HStA Han Hild. Or. 3 Riechenberg Nr. 2; Druck: Urk. HdL Nr. 27.

1569 Zur Familie von Gustedt Lubenow, S. 225-229. Das Siegelbild der Herren von Gustedt ist erstmals zu 1275, Orig.: HStA Han Cal. Or. 100 Marienrode Nr. 41, im Siegel des Ritters Bruno von Gustedt nachweisbar. Es zeigt drei Kesselhaken 2 : 1. Vgl. auch die Abbildungen in StA WF 5 Slg

auch der seltene Fall vor, daß sich zwei unterschiedliche ministerialische Geschlechter verschiedener Herren nach ein und demselben Ort benannt haben. Keinesfalls aber darf bei den Ministerialen von Gustedt "ein Pendeln zwischen den Rechtskreisen"[1570], zwischen der welfischen und der stifthildesheimischen Ministerialität also, angenommen werden.

1.2.3 Heinrich, Marschall Heinrichs des Löwen 1169-1172

Marschall Heinrich ist zweimal, in den Jahren 1169 und 1170, bei Heinrich dem Löwen nachweisbar[1571] und gehörte zu den Teilnehmern der Pilgerreise des Herzogs in das Heilige Land.[1572] Über den ohne Herkunftsnamen auftretenden Marschall mit Taufnamen Heinrich wird gemutmaßt, daß er aus der Familie von Volkmarode stammte.[1573] Ministerialen mit dem Taufnamen Heinrich kommen in den Urkunden Heinrichs des Löwen aber zu oft und darüberhinaus niemals mit den Herkunftsnamen von Volkmarode vor, als daß auf eine solche Familienzugehörigkeit gefolgert werden könnte. Überhaupt taucht der sonst häufige Taufname Heinrich in der Familie von Volkmarode erst im Jahr 1218 mit dem Bruder des Marschalls Wilhelm von Volkmarode auf.[1574]

Das gleiche gilt für die Mutmaßung, Marschall Heinrich entstammte der Familie von Medingen, in der der Taufname Heinrich sogar erst Generationen später belegbar ist.[1575] Die Behauptung, Marschall Heinrich (von Medingen) sei bei der Königskrönung Ottos IV. in Aachen anwesend gewesen,[1576] ist abzulehnen. Es befindet sich in den Zeugenreihen der betreffenden Urkunden kein einziger Ministeriale sächsischer Herkunft, und die darin testierenden Hofamtsträger werden im wesentlichen der Kölner Kirche zuzuordnen sein.[1577] Es gibt somit keinen schlüssigen Grund, in dem Marschall Heinrich einen Angehörigen der Familie von Volkmarode oder gar der Familie von Medingen zu sehen. Überhaupt liegt für einen Heinrich von Volkmarode oder einen Heinrich von Medingen zu dieser Zeit und Generation kein Beleg vor.

1.2.4 Hildebrand, möglicherweise Marschall Heinrichs des Löwen 1182

Bei einer Güterübertragung des Abtes Siegfried von Nienburg an das Kloster St. Ludger in Helmstedt im Jahre 1182 ist neben Erzbischof Wichmann von Magdeburg und Herzog Heinrich dem Löwen eine Gruppe von welfischen Ministerialen anwesend, von denen als neunter von zehn ein Marschall Hildebrand ohne Herkunftsnamen genannt ist.[1578] Es ist nicht ganz sicher, ob es sich bei diesem um

---

8 Nr. 228-233 (dort erstmals zu 1312).

1570 Lubenow, S. 228.

1571 1169 November 7, Urk. HdL Nr. 81. 1170 November 12, Urk. HdL Nr. 83.

1572 1172, Arnold von Lübeck I, 3.

1573 Haendle, S. 36. Lubenow, S. 428.

1574 1218 nach Mai 18, Druck: O.G. III., S. 660.

1575 v. Meding, Aphorismen, S. 193 und mit ihm Vogtherr, S. 115. Zur Familie von Medingen: Lubenow, S. 11-13. v. Meding, Aphorismen. Vogtherr, S. 115-130.

1576 v. Meding, Aphorismen S. 193 und mit ihm Vogtherr, S. 115 nach dem Regest Reg. imperii V, 1 Nr. 199.

1577 Vgl. auch das prosopographische Verzeichnis der Hofamtsträger Ottos IV. bei Hucker, Otto IV., S. 387-410.

1578 1182 Mai 4 (7?), Orig.: StA WF 12 Urk 10, Druck: Diplomatarium S. Ludgeri II., S. 462; Cod.

einen Marschall Heinrichs des Löwen gehandelt hat. Der Taufname Hildebrand jedenfalls ist in der welfischen Ministerialität außerordentlich selten. In den Urkunden Heinrichs des Löwen kommt ein Ministeriale mit diesem Taufnamen in den Jahren 1169/70 vor,[1579] ansonsten erst wieder im Jahre 1241 bei Herzog Otto dem Kind in der Familie von Herberge.[1580]

1.2.5 Wilhelm I. von Volkmarode, Marschall Heinrichs des Löwen 118(6)-1188

Der letzte nachweisbare Marschall Heinrichs des Löwen mit Taufnamen Wilhelm[1581] wird bislang mit dem in den Urkunden Heinrichs des Löwen teils nur mit Taufnamen, dabei aber jedesmal mit seinem Bruder Friedrich auftretenden, teils mit Herkunftsnamen auftretenden Wilhelm von Volkmarode[1582] identifiziert.[1583] Die Beobachtung, daß neben Wilhelm von Volkmarode sonst kein Ministeriale gleichen Taufnamens in den Urkunden Heinrichs des Löwen auftritt, neben der Tatsache des Vorkommens des Marschallsamtes in der Familie von Volkmarode unter Pfalzgraf Heinrich, macht diese Theorie auch äußerst wahrscheinlich. Dennoch muß festgehalten werden, daß der Marschall Wilhelm stets ohne Herkunftsnamen genannt wird und daß er in einer Urkunde Heinrichs des Löwen als letzter von zehn ministerialischen Zeugen testierte, in der der Zustimmung Wilhelms von Volkmarode im Urkundentext ausdrücklich schon gedacht wurde.

Der Marschall Wilhelm I. von Volkmarode entstammte einer der wichtigsten Familien der welfischen Ministerialiät. Schon unter Heinrich dem Löwen ist die Stammverwandtschaft der Herren von Volkmarode mit der welfischen Ministerialenfamilie von Esbeck belegbar.[1584] Während die von Volkmarode in der Mitte des 13. Jahrhunderts ausstarben,[1585] entwickelten sich die Herren von Esbeck zu einem der bedeutendsten niederadligen Geschlechter im östlichen Grenzbereich des Herzogtums Braunschweig.

Darüberhinaus ist die Auffassung vertreten worden, daß die Ministerialen von Volkmarode-Esbeck und von Dahlum-Wenden eines Stammes gewesen seien.[1586] Der

---

dipl. Anhalt. 1, S. 453.

1579 1169 November 7, Urk HdL Nr. 81. 1170 November 7, Orig.: LA Schleswig Urk.-Abt. 268 Nr. 7; Druck: Urk HdL Nr. 82.

1580 1241 Juni 26, zwei unterschiedliche Orig. mit unterschiedlichen Zeugenreihen: StadtA Han Urk I, 0001 und 0002; Druck: 0001: Rethmeier, Br. Chron. S. 1831; O.G. IV., S. 186; UB Hannover, S. 10ff.; 0002: O.G. IV., S. 184; UB Hannover, S. 13ff.

1581 118(6?) August 11, Urk. HdL Nr. 118 [ob echt?]. 1188, Urk. HdL Nr. 120.

1582 1160, O. HN., Orig.: StA WF 24 Urk 8; Druck: Urk. HdL Nr. 44. 1160, *de Folcmerrothe*, Orig.: StA WF 24 Urk 9; Druck: Urk. HdL Nr. 45. 1161, O. HN., Orig.: StA WF 24 Urk 10; Druck: Urk. HdL Nr. 50. 1175, O. HN., Orig.: StA WF 9 Urk 4; Druck: Urk. HdL Nr. 105. 1188, *de Volkmerrothe*, Urk. HdL Nr. 120. (um 1190?), *de Folmare*, Urk. HdL Nr. 126. 1191 Juni 6, *de Folkmarrothe*, Orig.: StA WF 25 Urk 22; Druck: Urk. HdL Nr. 128. Der Herkunftsname bezieht sich auf Volkmarode, Stadt Braunschweig. Vgl. dazu Kleinau, GOV, S. 657f.

1583 Urk. HdL, Namenregister S. 256. Lubenow, S. 424. Weinmann, S. 206.

1584 ... *Ludolfus de Asbike ... videlicet fratres sui Willelmus et Fridericus de Volkmerothe, Balduuinus de Asbike...*, (1188), Urk. HdL Nr. 120. Zu den beiden Zweigen der Familie Lubenow, S. 424-454. Der Herkunftsname bezieht sich auf Esbeck, Gemeinde Schöningen, Kreis Helmstedt. Vgl. dazu Kleinau, GOV, S. 181f.

1585 Siehe dazu im Kap. II. 4.2.2.

1586 Deich, S. 111ff. Deich hat in seiner Arbeit außerordentlich viele Verbindungen zwischen Familien und Burgstellen völlig unterschiedlicher Rechtskreise hergestellt, die in der Regel auf Hypothesen beruhen, und auf diesen Hypothesen weitere Hypothesen aufgebaut, um das Problem des Goslarer Reichsvogteigeldes anhand eines vorgegebenen Systems aufzulösen. Aus diesem Grunde, ohne

zweite Sohn Ludolfs I. von Dahlum, Friedrich I., sei mit Friedrich I. von Volkmarode identisch. Zwar treten die Leitnamen der Ministerialen von Dahlum, Ludolf und Balduin, bei denen von Volkmarode-Esbeck häufig auf, dennoch sind beide Namen keinesfalls selten. Und wenn im Jahre 1224 Balduin II. von Dahlum durch Marschall Wilhelm von Volkmarode als erster seiner Kognaten genannt wird,[1587] dokumentiert dies zunächst nur eine Bluts-, aber keine Stammesverwandtschaft. Worin genau diese Verwandtschaft bestand, ist nicht zu bestimmen, nur aufgrund der Leitnamen zu vermuten. Unwahrscheinlich wäre eine Ehe Balduins II. von Dahlum mit einer von Volkmarode-Esbeck, denn sein ältester Sohn hieß Johannes. Möglich wäre es, daß der Bruder Balduins II., Ludolf III., mit einer Schwester des Marschalls verheiratet war. So ließe sich auch das Auftreten des Namens Heinrich unter seinen Söhnen erklären, denn der Bruder des Marschalls hieß Heinrich.[1588] Wahrscheinlicher aber ist, daß Friedrich I. von Volkmarode mit einer Schwester Balduins I. von Dahlum verheiratet war. Dann wären seine ältesten Söhne Wilhelm und Friedrich väterlicherseits, die jüngeren Söhne Ludolf und Balduin aber mütterlicherseits benannt worden.

Zur Untermauerung der These einer Stammesverwandtschaft beider Geschlechter wird ferner ein besonderes Verhältnis der Ministerialen von Volkmarode-Esbeck gegenüber dem Kloster Riddagshausen angeführt.[1589] Solche Äußerungen sind jedoch mit Vorsicht zu treffen, wenn dabei die völlig unterschiedliche Überlieferungssituation des hiesigen Raumes nicht genügend gewürdigt wird. Gerade die Urkunden- und Kopialüberlieferung des Klosters Riddagshausen ist im Gegensatz zu anderen geistlichen Institutionen als überaus reichhaltig zu bewerten,[1590] womit sich die Besonderheit schon relativierte. Ein häufiger Kontakt der von Volkmarode-Esbeck mit dem Kloster Riddagshausen läßt sich darüberhinaus einfach damit erklären, daß sich in dem gleichen Raum, in welchem das Kloster arrondierte, ein großer Teil des Lehnsbesitzes der von Volkmarode befunden haben wird.[1591] Gemeinsam traten Angehörige beider Familien bereits im Jahre 1222 vor ihrem Lehnsherrn Pfalzgraf Heinrich auf.[1592] Der Marschall Wilhelm II. von Volkmarode und Balduin II. von Dahlum werden dabei als Verkäufer von Gütern an das Kloster Riddagshausen genannt, wobei gemeinsame Rechte aber nicht erkennbar werden. Eine Verbindung zwischen beiden Familien läßt sich noch einmal im Jahre 1284

---

weiter auf die von Deich nur am Rande besprochenen tatsächlichen Probleme um den Besitz des Goslarer Bergzehnten einzugehen, ist die Selbsteinschätzung von Deich, S. 14f. abzulehnen, daß "[d]ie künftige Burgen- und Familienforschung ... darauf zu achten haben [wird], daß ihre Aussagen über die im Vogteigeldsystem erfaßten Burgen und Familien nicht im Widerspruch zu diesem System stehen.". Beispielhaft soll hier nur der von Deich unterstellte agnatische Zusammenhang der Familien mit dem Herkunftsnamen von Volkmarode und von Dahlum behandelt und sonst nur in wenigen Einzelfällen auf die Arbeit Deichs eingegangen werden. Weitere Einwendungen gegen Deich bei Hellfaier, v. Oberg, S. 96ff. Zur Familie von Dahlum-Wenden mit der weiteren Literatur siehe in den Kapiteln II. 2.12 und III. 1.-7.

1587 Orig.: StA WF 24 Urk 52; Druck: Bege Burgen S. 45; Asseburger UB 1, S. 97f.; Reg. v. Campe 1, Nr. 180.

1588 Druck: Riedel Cod. dipl., A XXII, S. 87.

1589 Deich S. 114. Vgl. auch Lubenow, S. 451f.

1590 Einen Überblick über die Überlieferungssituation des Klosters Riddagshausens gibt v. Boetticher, Riddagshausen, S. 6ff.

1591 Vgl. dazu die Besitzzusammenstellung der Familie bei Lubenow, S. 452ff.

1592 Orig.: StA WF 24 Urk 51; Druck: O.G. III., S. 692.

nachweisen, als der Ritter Balduin von Dahlum allen Erbansprüchen auf die von Ritter Ludolf von Esbeck an das Kloster Riddagshausen verkauften Güter entsagte.[1593] Auch diese Erbansprüche werden aber eher durch eine Eheverbindung als durch eine Stammesverwandtschaft begründet worden sein. Schließlich spricht gegen eine vermutete Stammesverwandtschaft der Ministerialen von Dahlum-Wenden und von Volkmarode-Esbeck - mit den nötigen Einschränkungen[1594] - auch das unterschiedliche Wappenbild.[1595]

1.2.6 Friedrich von Volkmarode, Marschall Pfalzgraf Heinrichs 1196-1215

Marschall Friedrich von Volkmarode wird erstmals im Jahre 1196 in einer der ersten Urkunden Pfalzgraf Heinrichs genannt.[1596] Und schon diese erste Erwähnung eröffnet den Blick auf eine der wichtigsten Familien der welfischen Ministerialität: Pfalzgraf Heinrich bestätigte eine Stiftung der *nobilis matrona* Gertrud von Volkmarode an das Kloster Ilsenburg, wozu Friedrich gemeinsam mit seinen drei Brüdern Ludolf und Anno, Kanonikern von St. Blasius in Braunschweig, sowie Balduin ihre Zustimmung gaben. Die Zeugenreihe der Urkunde weist zehn geistliche und zwei weltliche Zeugen auf. Unter den Geistlichen werden die drei vorletzten, sämtlich Kanoniker von St. Blasius in Braunschweig, mit Herkunftsnamen genannt. Es sind die aus der welfischen Ministerialität stammenden Konrad von Gandersheim[1597], Friedrich von Veltheim[1598] und Heinrich von Blankenburg[1599]. Einzige Laienzeugen der Urkunde sind die ohne Herkunftsnamen, aber mit ihrem Amt bezeichneten Jordan I. und Jusarius I. von Blankenburg.[1600] Gertrud von Volkmarode war eine geborene von Blankenburg,[1601] vielleicht eine Schwester des Truchsessen Jordan I. von Blankenburg.[1602] Nicht nur, daß gleich zwei von Gertruds Söhnen Kanoniker im Stift St. Blasius in Braunschweig wurden; sie findet sich zusammen mit Drude und Eileke, mit hoher Wahrscheinlichkeit ihre beiden Töchter, im Memorienregister von St. Blasius.[1603]

Der erwähnte Kanoniker Ludolf von Volkmarode tätigte im gleichen Jahr 1196

1593 Orig.: 24 Urk 228; Druck: Asseburger UB 1, Nr. 430. Der Verkauf durch Ludolf von Esbeck fand im Jahre 1283, Orig.: StA WF 24 Urk 219, statt. Zum Vorgang Meibom/Zimmermann, Chron., S. 44f., dessen Signaturangabe aber falsch ist.

1594 Verschiedene Wappen kommen auch bei engen Verwandten vor. Vgl. dazu mit Beispielen Posse, Siegel, Bd. 2, S. 27, S. 34, S. 43, S. 57f.; Bd. 4, S. 86. sowie v. Schmidt-Phiseldeck, v. Biewende, S. 29, S. 31, S. 33.

1595 Das Wappen der von Volkmarode-Esbeck zeigt drei Rosen 2 : 1. Siehe dazu: Reg. v. Campe, S. 89 mit Siegelzeichnung S. 87. Fenske, Adel und Rittertum, S. 111ff., S. 159 mit Fotografien Abb. 6-8. Das Wappen der von Dahlum-Wenden zeigt zwei Sparren. Siehe dazu ausführlich im Kap. III.

1596 Orig.: LHA Magdeburg Rep. U 12c Ilsenburg Nr. 6a; Druck: UB Ilsenburg 1, Nr. 43.

1597 Zu der Familie von Gandersheim Lubenow, S. 220-225.

1598 Zu den von Veltheim Lubenow, S. 156-160.

1599 Zu der Familie von Blankenburg mit der dazugehörigen Literatur siehe im Kap. II. 1.1.4.

1600 Zu dem Truchsessen Jordan I. siehe das Kap. II. 1.1.4. und zu dem Schenken Jusarius I. das Kap. II. 1.3.3.

1601 .... *Liudolfi presbyteri, confratis nostri et matertere sue Berte venerabilis matrone de Blankenburch.* Orig.: StA WF 7 Urk 5 zu 1203; Druck: Reg. v. Campe 1, Nr. 121.

1602 Lubenow, S. 425.

1603 Memorien St. Blasius 2, S. 61 und S. 92. Ihr Todesdatum wird mit Dezember 8 angegeben; die Randzahlen sind nach Dürre dem Jahr 1225 zuzuordnen. Zur Quelle und ihrer Bedeutung Schneidmüller, Landesherrschaft, S. 79ff.

eine Stiftung für das Stift St. Blasius, welche ebenfalls von Pfalzgraf Heinrich bestätigt wurde.[1604] Die Urkunde wird an letzter Stelle unter neun Geistlichen von dem Kanoniker Anno bezeugt, bei dem es sich um Ludolfs leiblichen Bruder Anno von Volkmarode handeln dürfte. Als zweiter von sieben weltlichen Zeugen nach dem *senior dapifer* Jordan bezeugte der Marschall Friedrich. Auch an einer weiteren Stiftung zugunsten des Stifts im Jahr 1203 war der Kanoniker Ludolf von Volkmarode beteiligt.[1605] In der Zeugenreihe dieser Urkunde, die der Dekan Herwig von St. Blasius ausgestellt hat, taucht Ludolf selbst zusammen mit seinem Bruder Anno an dritter Stelle von elf geistlichen Zeugen auf. Noch in einem anderen Zusammenhang ist der Kanoniker Ludolf von Volkmarode aus St. Blasius zu nennen. Er ist vielleicht als Autor des Braunschweiger Teils der sogenannten Pertzschen Formelbuchfragmente zu identifizieren.[1606] In denselben Kontext gehört eine angebliche Urkunde Pfalzgraf Heinrichs für das Stift St. Paul in Halberstadt, in der er seinen Bruder W(ilhelm von Lüneburg) und seinen Marschall F(riedrich von Volkmarode) zu Stellvertretern während des Kreuzzuges bestellte.[1607]

Der Ehemann der Witwe Gertruds von Volkmarode dürfte der Bruder des Marschalls Wilhelm I. von Volkmarode, Friedrich von Volkmarode, gewesen sein, da der erstgeborene Sohn, der spätere Marschall Pfalzgraf Heinrichs, den Taufnamen Friedrich erhielt. Wilhelm I. von Volkmarode wird nicht der Gatte Gertruds gewesen sein, da auch bei den drei weiteren Söhnen der Taufname Wilhelm nicht vorkommt. Allein mit Herkunftsnamen testierte der Marschall Friedrich von Volkmarode nur in drei Urkunden, die noch in das 12. Jahrhundert fallen. Davon wurden zwei von Pfalzgraf Heinrich[1608] und eine von König Otto IV.[1609] ausgestellt. Nur mit Amtstitel verbunden findet sich Friedrich in einer großen Anzahl von Urkunden Pfalzgraf Heinrichs[1610] und auch noch zweimal in Urkunden König Ottos IV.[1611]. Gemeinsam mit Titel und Herkunftsnamen ist Friedrich in zwei Urkunden Pfalzgraf Heinrichs[1612] und in einer Urkunde König Ottos IV.[1613] belegbar. Marschall Friedrich von

---

1604 Orig.: StA WF 7 Urk 2; Druck: v. Heinemann, Nr. 2.

1605 Orig.: StA WF 7 Urk 5 ; Druck: Reg. v. Campe 1, Nr. 121.

1606 Zu den Stilübungen von St. Blasius, dem sogenannten Testament Heinrichs des Löwen und der mutmaßlichen Urheberschaft Ludolfs von Volkmarode mit der dazugehörenden Literatur siehe ausführlich im Kap. I. 1.1.2.

1607 O. J. (1197), Druck: O.G. III., S. 618; UB S. Bonifacius/S. Paulus Nr. 11; Vienken, Nr. 18. Vgl. ebenfalls im Kap. I. 1.1.2.

1608 1197, Druck: O.G. III., S. 738; Hamburger UB 1, Nr. 313; Regest: Reg. v. Campe 1, Nr. 101. 1199, Orig.: StA WF 24 Urk 21; Druck: O.G. III., S. 621.

1609 1199 Januar, zwei Orig.: StadtA Br. A I 1, Nr. 1 und 1a; Druck: O.G. III., S. 760; Harenberg, S. 1297; Leyser, S. 22; UB Br. 2, S. 12f.

1610 1196, Orig.: StA WF 7 Urk 1; Druck: O.G. III., S. 605f.; Regest: Reg. v. Campe 1, Nr. 87; UB Br. 2, S. 10. 1196, Orig.: StA WF 7 Urk 2; Druck: v. Heinemann, Nr. 2. 1196, Orig.: StA WF 24 Urk 17; Druck: O.G. III., S. 606. 1197 Mai 17, Kop.: StA WF VII B Hs 340, S. 48-49; Druck: O.G. III., S. 615f. 1197, Kop.: StA WF VII B Hs 154 S. 102-103; Druck: Dürre, Athelold, S. 15-18. 1197, Druck: UB Osterholz, Nr. 8. 1204 August 30, Druck: Archiv Bremen und Verden 3 (1869), S. 278. 1224, als † genannt, Orig.: StA WF 24 Urk 52; Druck: Asseburger UB 1, Nr. 134; Reg. v. Campe 1, Nr. 180.

1611 1203, Orig.: StA WF 24 Urk 25; Druck: O.G. III., S. 769. 1215 März 9, Orig.: StA WF 24 Urk 35; Druck: O.G. III., S. 825; Asseburger UB 1, Nr. 83.

1612 ... *marscalci nostri Friderici de Volcmaroth* ..., O. J. (1196), Orig.: StA WF 24 Urk 18, Druck: v. Heinemann, Nr. 3. (1199) Januar 30, Orig.: LHA Magdeburg Rep. U 7 Nr. 29; Druck: v. Heinemann, Nr. 4 (mit Lesefehler).

1613 1215 August 3, Orig.: StA WF 24 Urk 37; Druck: O.G. III., S. 827f.; Asseburger UB 1, Nr. 82.

Volkmarode war Zeuge in allen vier Urkunden der ersten welfischen Teilung 1202, wobei er jedoch nicht einheitlich benannt wurde:[1614] Mit Herkunftsnamen und ohne Titel testierte er in den Urkunden Pfalzgraf Heinrichs für König Otto IV.[1615] und Wilhelm (von Lüneburg)[1616]. Mit Titel ohne Herkunftsnamen bezeugte er die Urkunden König Ottos IV. für Pfalzgraf Heinrich[1617] und Wilhelm[1618].

Fehl geht die Behauptung, daß der Marschall Friedrich nach 1202 "nicht mehr erwähnt wird, auch nicht in Privaturkunden" und bald darauf verstorben sei.[1619] Ferner kann Friedrich von Volkmarode schon deswegen keineswegs als Marschall Ottos IV. angesehen werden,[1620] da er sich mit seinem Sohn Konrad nach dem Abfall Pfalzgraf Heinrichs von König Otto IV. im Gefolge des Pfalzgrafen in Stade befand.[1621] Aus einer Urkunde Kaiser Ottos IV. von 1215 geht hervor, daß der Marschall Friedrich von Volkmarode mindestens zwei Söhne hatte.[1622] Diese sind nach dem Tod ihres Vaters in die Vormundschaft des Marschalls Wilhelm von Volkmarode genommen worden, was durch eine Urkunde Pfalzgraf Heinrichs aus dem Jahr 1224 erkennbar wird.[1623] Dazu paßt die Eintragung der *pueri de wolcmerrode* im Lehnsverzeichnis des Edelherrn Luthard von Meinersen,[1624] welches von dem Herausgeber des Urkundenbuches der Herzöge von Braunschweig-Lüneburg um das Jahr 1226 datiert worden ist, aber wahrscheinlich um das Jahr 1220 gehört.[1625] Ferner paßt, daß nach 1215 der Marschall Friedrich von Volkmarode aus den Urkunden verschwindet. Er wird bald darauf verstorben sein.[1626] Der Sohn des Marschalls Friedrich von Volkmarode mit Taufnamen Konrad ist später nicht mehr belegbar.[1627] Bei dem zweiten Sohn des Marschalls handelte es sich um Balduin von Volkmarode.[1628]

Von Marschall Friedrich von Volkmarode sind zwei Urkunden erhalten, in denen er selber als Aussteller auftritt, sowie eine, in der er Mitaussteller ist. Bei der ersten Urkunde Friedrichs von Volkmarode von 1211 handelt es sich um die früheste

---

1614 Bei Pischke, Landesteilungen, S. 17ff. nicht berücksichtigt.

1615 Faksimile des verlorenen Originals O.G. III., Tab. XXVIII.; Druck: O.G. III., S. 627.

1616 Druck: O.G. III., S. 852f.; Reg. v. Campe 1, Nr. 122.

1617 Faksimile des verlorenen Originals O.G. III., Tab. XXVII.; Druck: O.G. III., S. 626ff.; UB Hannover, Nr. 2.

1618 Druck: O.G. III., S. 853.

1619 Hucker, Otto IV., S. 396. Auch der von Hucker deswegen angenommene Generationswechsel von einem Marschall Friedrich I. zu einem Marschall Friedrich II. ist zu korrigieren.

1620 Hucker, Otto IV., S. 396f. Weinmann, S. 207.

1621 1204 August 30; Druck: Archiv Bremen und Verden 3, S. 278. Der Beweis gelingt ferner durch die Intitulatio einer Urkunde des Marschalls. Siehe dazu in diesem Kap. weiter unten.

1622 1215 März 9, Orig.: StA WF 24 Urk 35; Druck: O.G. III., S. 825; Asseburger UB 1, Nr. 83.

1623 Orig.: StA WF 24 Urk 52; Druck: Asseburger UB 1, Nr. 134; Reg. v. Campe 1, Nr. 180.

1624 Orig.: HStA Han. untergegangen; Druck: UB Herzöge Br.-Lb. 1, Nr. 10, hier: S. 8, Z. 7. Siehe dazu ausführlich im Kap. I. 2.4.2.

1625 Fenske/Schwarz, S. 27 mit Anm. 84.

1626 Einen fehlerhaften Todeszeitraum hat v. Heinemann, S. 257f. Widersprüchlich Weinmann, S. 206 "von 1196 bis 1211 nachweisbar", S. 207 "noch 1215 als Marschall erwähnt".

1627 Er ist nicht identisch mit dem als erster Ministerial testierenden Marschall Konrad in einer Urkunde Pfalzgraf Heinrichs von 1218 nach Mai 19, Orig.: verloren; Druck: Leyser, S. 30, wie v. Heinemann, S. 258 vermutet. Der Marschall Konrad, hinter dem sein Bruder mit Taufnamen Heinrich testiert, ist auch nicht der Reichsministerialität des damals verstorbenen Ottos IV. zuzuordnen, wie Weinmann, S. 207, Anm. 207 und Hucker, Otto IV., S. 397 aufgrund des Urkundeninhaltes vermuten. Beide gehören vielmehr der Ministerialität des Bischofs Siegfried von Hildesheim an. Siehe dazu ausführlich im Kap. I. 1.3.4.

1628 Zu ihm siehe das Kap. II. 1.2.12.

erhaltene Urkunde, deren Aussteller ein Angehöriger der welfischen Ministerialität war. Die Urkunde hat sich im Original im Bestand der Urkunden des Augustinerchorfrauenstifts Marienberg erhalten.[1629] In ihr verkauft der Marschall Friedrich von Volkmarode eine Hufe in Wackersleben an das Kloster Ringelheim. Das Stück dürfte dadurch in den Bestand Marienberg gekommen sein, daß das Kloster Ringelheim die Hufe im Dorf Wackersleben an das Stift Marienberg später weiterveräußert hat.[1630] Der Aufbau der Urkunde ist ungewöhnlich, da Invocatio und Intitulatio eigentlich fehlen und sie mit der Arenga beginnt. Der Aussteller erscheint im Nebensatz wie sonst bei einer herzoglichen Bestätigung üblich. Er nennt sich *Fridericus de Volcmarode, palatini comitis Rheni marscalcus dictus*. Dies beweist, daß Friedrich von Volkmarode nicht Marschall Ottos IV., sondern Marschall des Pfalzgrafen Heinrich gewesen ist. An derselben Urkunde hängt an erster Stelle das unter dem eigentlichen Text angekündigte Siegel des Bischofs Hartbert von Hildesheim.[1631] Dieser stand mit Pfalzgraf Heinrich in gutem Einvernehmen und war bis zu seinem Tod ein Anhänger Ottos IV.[1632] Das Kloster Ringelheim lag in der Diözese Hildesheim, womit sich die Besiegelung durch Bischof Hartbert erklärt. Gemäß der Siegelankündigung in der Corroboratio hängt an zweiter Stelle das Siegel des Ausstellers. Es war am Schildhaupt beschädigt, so daß es im Jahre 1971 restauriert worden ist. Leider ist dies gänzlich falsch geschehen, womit jetzt am Original ein spitzovales Siegel hängt, wie es in der Regel nur Geistliche führten.[1633] Der Restaurator hat sich vielleicht von dem daneben hängenden Siegel des Bischofs dazu verleiten lassen. Jedenfalls handelt es sich in Wirklichkeit um ein in der Art der Normannenschilder oben abgerundetes Schildsiegel, wie es nur in der ersten Hälfte des 13. Jahrhunderts im hiesigen Raum vorkommt. Seine Umschrift lautet: [+ SIG' FRI]DERICI MARSCALCI DVCIS [SAXON]. Richtig als oben abgerundetes Schildsiegel und zudem ohne Beschädigung wiedergegeben ist es im Marienberger Siegelbuch aus dem Jahr 1725.[1634] Seine Umschrift hat der Zeichner des Marienberger Siegelbuches entweder noch im Ganzen lesen können oder aber aus eigenen Stücken rekonstruiert. Bei diesem Siegel Friedrichs handelt es sich nicht um eine Ausprägung des gleichen Stempels wie bei demjenigen von ungefähr 1214/15,[1635] weswegen es als erstes Typar des Marschalls Friedrich von Volkmarode bezeichnet werden kann. Es handelt sich um das bislang früheste erhaltene Siegel eines Angehörigen der welfischen Ministerialität.[1636]

1629 Orig.: StA WF 19 Urk 10; Druck (ohne Siegelbeschreibung): v. Heinemann, Nr. 6; UB Hochstift Hildesheim 1, Nr. 651.

1630 Das Kloster Ringelheim hat seinen entfernter liegenden Besitz nach und nach aufgegeben. Vgl. Germania Benedictina VI., S. 443f. Der maßgebliche Grund hierfür, "aus Not", wird in einer Erlaubnis zum Verkauf von Gütern in Wackersleben an das Stift St. Blasius von 1305 März 29, Druck: UB Hochstift Hildesheim 3, Nr. 1519, genannt. Das Stift Marienberg hat in Wackersleben Grundbesitz gehabt: StA WF 19 Urk 44 von 1256 Mai 14. 19 Urk 106 von 1283 Februar 10.

1631 Es handelt sich um denselben Siegelstempel des Bischofs, der im UB Hochstift Hildesheim 1, Tafel III. abgebildet ist. Zur Siegelführung Bischof Hartberts Goetting, Hildesheim, S. 508.

1632 Goetting, Hildesheim, S. 478-509. Hucker, Otto IV., S. 439.

1633 Siehe dazu im Kap. III. 1.3.6.

1634 StA WF VII B Hs 288 S. 237. Zum Marienberger Siegelbuch siehe im Kap. III. 1. 1.

1635 Dieses Siegel ausführlich behandelt von Fenske, Adel und Rittertum, S. 110ff., S. 159, Abb. 6. Fenske hat jedoch die Verschiedenheit der beiden Siegel des Marschalls Friedrich von Volkmarode an StA WF 19 Urk 10 und StA WF 24 Urk 32 nicht erkannt.

1636 Zur Siegelführung der welfischen Ministerialität siehe das Kap. III.

Das Bild dieses ersten Siegels Marschalls Friedrich von Volkmarode ist allerdings identisch mit dem seines zweiten. Es zeigt quergeteilt oben einen rechtsschreitenden Leoparden, unten drei Rosen 2 : 1. Der Leopard hat als Amtsymbol zu gelten, während die drei Rosen als persönliches und später familiäres Zeichen erklärt werden müssen.[1637] Auch die Siegelumschrift und das Siegelbild beweisen, daß Friedrich von Volkmarode nicht der Marschall Ottos IV. gewesen ist. Friedrich weist sich in seinem Amtsträgersiegel als Marschall des Herzogs von Sachsen aus, bezieht sich also auf den Titel, den Pfalzgraf Heinrich führte.[1638] Demgemäß entnahm der Marschall Friedrich von Volkmarode aus dem Wappen seines Herrn einen Leoparden.

Eine zweite Urkunde Friedrichs von Volkmarode hat sich im Bestand des Klosters Riddagshausen erhalten[1639] und wird mit 1215 zu datieren sein.[1640] Es bezeugen: *Ludolfus frater meus can. S. Blasii, Willekinus, Herwicus de Scowe, Conradus procurator meus, Lambertus clippearius*. Der an erster Stelle testierende Bruder Friedrichs von Volkmarode ist Ludolf, Kanoniker zu St. Blasius in Braunschweig.[1641] Bei dem an zweiter Stelle ohne Herkunftsnamen und Amtsbezeichnung testierenden Willekin wird es sich mit großer Wahrscheinlichkeit um Wilhelm von Volkmarode gehandelt haben;[1642] Herwig von Schauen testierte an dritter Stelle.[1643] Der vierte Zeuge wird als Verwalter oder Stellvertreter Friedrichs von Volkmarode bezeichnet. Es ist nicht eindeutig zu sagen, ob sich diese Funktion auf die Güter oder auf das Amt des Marschalls bezog, und mithin möglich, daß sich hinter dem ohne Herkunftsnamen testierenden Konrad ein Unterbeamter des Marschalls Friedrichs von Volkmarode verbirgt. An letzter und fünfter Stelle bezeugte der Schildträger Lambert. Er wird zur persönlichen militärischen Begleitung des Marschalls Friedrich von Volkmarode zu zählen sein. Das Siegel an dieser Urkunde hat sich nur bruchstückhaft erhalten. Bei dem Stempel handelt es sich jedoch eindeutig um eine Ausprägung des auch bei der nächstbesprochenen Urkunde benutzten zweiten Typars Friedrichs von Volkmarode. In dieser, ebenfalls im Bestand des Klosters

---

1637 So schon der Herausgeber der Reg. v. Campe, S. 89. Ausführlich dazu Fenske, Adel und Rittertum, S. 110ff.

1638 Zur Titelführung des Pfalzgrafen siehe im Kap. I. 1.2.1. Die Behauptung, daß Marschall Friedrichs Siegel "die drei Leoparden Ottos IV. [zeigt]" (Hucker, Otto IV., S. 397), geht fehl.

1639 O. D., Orig.: StA WF 24 Urk 34, Friedrich von Volkmarode gibt dem Kloster Riddagshausen mit Konsens seiner Söhne sein Dorf †Schachthorst (Vgl. Kleinau, GOV, Nr. 1808, S. 534) mit dem Wald Snetholz zwischen Volkmarode und dem Kloster (bei Dibbesdorf; zum späteren Besitz des Waldes vergleiche StA WF 24 Urk 470 von 1311), welche er in die Hände seines Lehnsherrn Kaiser Otto IV. resigniert hat; ungedruckt.

1640 Die Datierung ergibt sich aus dem Vergleich mit einer Urkunde Ottos IV. von 1215 März 9, Orig.: StA WF 24 Urk 35; Druck: Asseburger UB 1, Nr. 83, in der er den Verkauf des Dorfes (nicht jedoch des Waldes), das Friedrich Marschall von Volkmarode aus dem welfischen *patrimonium* zu Lehn getragen habe, bestätigt. Ausdrücklich wird dabei der Zustimmung Pfalzgraf Heinrichs gedacht.

1641 Zu ihm siehe in den Kapiteln II. 1.2.6 und I. 1.1.2.

1642 Zu ihm siehe das Kap. II. 1.2.10.

1643 Zu ihm Lubenow, S. 147f. Herwig von Schauen (Schauen, südlich Osterwieck) findet sich 1200-1225 in den Urkunden Pfalzgraf Heinrichs und Ottos IV. Der zu 1236 Juli, Orig.: StA WF 1 Urk 15; Druck: O.G. IV., S. 169ff., bei Otto dem Kind testierende Herwig von Schauen ist aufgrund seiner Stellung in der Zeugenreihe der nächsten Generation zuzuordnen. Wichtig ist, daß Herwig von Schauen eine weitere frühe Urkunde Friedrichs von Volkmarode von (1215), Orig.: StA WF 24 Urk 34, bezeugte.

Riddagshausen erhaltenen Urkunde trat Friedrich von Volkmarode als Mitaussteller auf.[1644] Dabei legten die Aussteller *Guncelinus imperialis aule dapifer, Baldewinus advocatus de Dalem, Fridericus marscalcus de Volcmerrothe, Iordanis dapifer* einen Streit zwischen dem Kloster Riddagshausen einerseits und den Brüdern Friedrich und Balduin von Esbeck sowie den Bauern von Klein Schöppenstedt andererseits bei. Die Urkunde ist zwar nicht datiert, aber in das Jahr 1214 zu setzen.[1645] An zweiter Stelle hängt daran ein Abdruck des zweiten Typars des Marschalls Friedrich von Volkmarode mit der Umschrift + SIGILV FRIDERICI [MARSCALCI DE V]OLCMAROD.[1646] Daß in die Siegelumschrift nun auch der Herkunftsname des Siegelführenden aufgenommen wird, ist zudem ein gutes Beispiel dafür, wie führende Angehörige der welfischen Ministerialität zu Beginn des 13. Jahrhunderts ein gestiegenes Bewußtsein im Sinne einer sich herausbildenden Familienidentität und ihrer Beziehung auf einen Stammsitz entwickelten.

1.2.7 Werner, Marschall Wilhelms von Lüneburg 1200-1205 und Ottos des Kindes 1215

Erstmals im Jahre 1200 bezeugte bei Wilhelm von Lüneburg der Marschall Werner als zweiter von sechs ministerialischen Zeugen.[1647] Nach den Drucken dieser Urkunde zu urteilen, wäre der Marschall Werner dabei mit dem Herkunftsnamen von Medingen verbunden worden[1648] Dies ist auf einen Lesefehler zurückzuführen, denn das Original in Lüne hat nur *Wernerus marescalcus*. Weiter kommt der Marschall Werner in zwei weiteren Urkunden Wilhelms von Lüneburg für das Kloster Lüne im Jahre 1204[1649] als zweiter von drei ministerialischen Zeugen und 1205[1650] als zweiter von zehn ministerialischen Zeugen vor. Als erster von vier Ministerialen bezeugte Marschall Werner eine Urkunde Wilhelms von Lüneburg für das Kloster Königslutter[1651] sowie als erster von fünf eine für das Domstift Lübeck von 1205[1652]. Bei Otto dem Kind ist der Marschall Werner noch einmal mit Titel in dessen erster Urkunde von 1215 nachweisbar.[1653]

Eine eigene Urkunde und damit ein eigenes Siegel des Marschalls Werner hat sich nicht erhalten. Daß sich ein solches Siegel von angeblich 1200 im Klosterarchiv Lüne an einer Urkunde erhalten haben sollte,[1654] war aufgrund des frühen Zeitpunktes von vornherein verdächtig und konnte dort auch nicht verifiziert werden. Der

---

1644 Orig.: StA WF 24 Urk 32; Druck: Asseburger UB 1, Nr. 146; Reg. v. Campe 1, Nr. 139.

1645 Schneidmüller, Kollegiatstifte, S. 279, Anm. 114. Die richtige Datierung ergibt sich daraus, daß eine der Urkunden um den Rechtsstreit datiert ist: Orig.: StA WF 24 Urk 33 von 1214 Juni 13.

1646 Das Siegel ist wiedergegeben, als Zeichnung bei Reg. v. Campe 1, S. 87, als Fotografie bei Fenske, Adel und Rittertum, nach S. 160, Abb. 6.

1647 1200 August, Orig.: KlA Lüne Nr. 2; Druck (beide fehlerhaft): O.G. III., S. 850; Lüneburger UB 7, Nr. 28.

1648 Zu der Familie von Medingen, sämtlich für die frühe Zeit korrekturbedürftig: v. Meding, Geschichte. Lubenow, S. 11-13 und 387-392. v. Meding, Aphorismen. Vogtherr, S. 115ff.

1649 1204 November 26, Orig.: KlA Lüne Nr. 3; Druck: O.G. III., S. 855; Lüneburger UB 7, Nr. 29.

1650 Orig.: KlA Lüne Nr. 4; Druck: O.G. III., S. 857.

1651 O. J., Druck: Naß, Königslutter, S. 166f.

1652 Orig.: LA Schleswig Urk.-Abt. 268 Nr. 12; Druck: UB Bm. Lübeck 1, Nr. 22.

1653 Orig.: LHA Magdeburg Rep. U 1/2 Nr. 678; Druck: Mader Antiq.Br., S. 248; O.G. IV., S. 97.

1654 v.Meding, S. 55f. mit Zeichnung auf S. 56: Umschrift + SIGILL WERNERI MARSCALCI IN LVNEBVRGG; Bild quergeteilt, oben rechtsschreitender Löwe, unten zwei gefehte Querbalken.

Marschall Werner ist nicht mit dem Herkunftsnamen von Medingen nachzuweisen, und ein Beweis, ihn als Angehörigen der Familie von Medingen anzusprechen, besteht nicht (mehr).[1655]

1.2.8 Dietmar von Flögeln, Marschall Pfalzgraf Heinrichs 1201

Die Urkunde König Ottos IV. für das Erzbistum Köln im Jahre 1201 enthält eine Liste von Bürgen für seine Brüder Pfalzgraf Heinrich und Wilhelm, in der auch ein Marschall *Dietmar de Vlogelincken* aufgeführt wird.[1656] Neben dem Marschall bürgten noch zwei andere Hofamtsträger, ein Truchseß Werner und ein Schenk Jusarius. Ein welfischer Truchseß mit dem Taufnamen Werner ist aber nicht nachweisbar. Entweder handelte es sich um einen nicht weiter bekannten Unterbeamten, oder aber es liegt ein Irrtum in der Titulierung vor, und gemeint wäre der gleichnamige Marschall Wilhelms von Lüneburg.[1657] Bei dem Schenken Jusarius könnte es sich um Jusarius II. von Blankenburg gehandelt haben.[1658] In der Urkunde ist zwar ein direkter Bezug des Marschalls Dietmar von Flögeln auf Pfalzgraf Heinrich nicht feststellbar, dennoch kann kein Zweifel daran bestehen, daß dieser zum ministerialischen Anhang des Pfalzgrafen gehörte; denn in einer frühen Urkunde des Pfalzgrafen von 1197 wird Dietmar von Flögeln mit *ministerialis noster* bezeichnet.[1659] Auch in weiteren Urkunden des Pfalzgrafen kommt er niemals mit irgendeiner Amtsbezeichnung, sondern stets nur mit Herkunftsnamen vor.[1660] Dagegen wird es sich bei dem im Jahre 1221 bei Pfalzgraf Heinrich nachweisbaren Dietmar von Flögeln schon um dessen gleichnamigen Sohn mit dem selben Taufnamen handeln.[1661] Der Generationswechsel ergibt sich daraus, daß ein Angehöriger der Familie von Flögeln von 1204 bis 1221 nicht nachweisbar ist. Selbst in dem wichtigen Vergleich zwischen Pfalzgraf Heinrich und dem Erzbischof Gerhard von Bremen im Jahre 1219 erscheint kein Angehöriger der Ministerialen von Flögeln[1662], auch nicht in der dazugehörigen Liste der Stader Ministerialen[1663].

Dietmar von Flögeln kann allerdings nicht ohne weiteres als Marschall Pfalzgraf Heinrichs bezeichnet werden.[1664] Zunächst einmal spricht dagegen, daß das Marschallsamt zur gleichen Zeit eindeutig Friedrich von Volkmarode zuzuordnen ist. Eine Doppeltbesetzung von Hofämtern unter Pfalzgraf Heinrich kommt nicht vor.[1665] Ferner spricht gegen ein Marschallamt des Dietmar von Flögeln seine

---

1655 Dagegen: v. Meding, Aphorismen S. 193f. Lubenow, S. 11ff. Vogtherr, S. 115f.

1656 1201 Februar 3, Druck: O.G. III., S. 763; UB Niederrhein 1, Nr. 566; Reg. v. Campe 1, Nr. 109. Der Herkunftsname bezieht sich auf Flögeln, Kreis Cuxhaven. Zu Dietmar von Flögeln auch Lubenow, S. 484, der den Herkunftsnamen nicht zuordnen konnte. Besser und allgemein zur Familie Hucker, von Flögeln.

1657 Zu ihm siehe das Kap. II. 1.2.1.

1658 Zu ihm siehe das Kap. II. 1.3.4.

1659 1196/7, *Thiedmarus de Vlugelingen*, Druck: O.G. III., S. 738f.; Hamburger UB 1, Nr. 313.

1660 1197 Mai 27, Druck: UB Mittelrhein 2, Nr. 168. 1197, nach dem Marschall Friedrich von Volkmarode, Druck: UB Osterholz, Nr. 8. 1204, Orig.: zerstört, Druck: Hodenberger UB, Nr. 19; Hamburger UB 1, Nr. 350; Bremisches UB 1, Nr. 97.

1661 Orig.: StA WF 31 Urk 2, Regest: Reg. v. Campe 1, Nr. 163; UB Br. 4, S. 393. Anders Hucker, von Flögeln, S. 94, dessen Annahme eines schon zu 1219 auftretenden Dietmar von Flögeln fehl geht.

1662 Orig.: StA Stade untergegangen, Druck: O.G. III., S. 662ff.; Hamburger UB 1, Nr. 432.

1663 Druck: Hamburger UB 1, Nr. 433. Eine personengeschichtliche Auswertung des Stücks gibt Förste.

1664 Rathlef, S. 35f. und nach diesem Hucker, Otto IV., S. 396. Sonst nicht berücksichtigt.

1665 Hucker, von Flögeln, S. 90 ist demgemäß zu korrigieren.

Herkunft aus einer weniger bedeutenden Familie der welfischen Ministerialität, die ihren Sitz zudem fern von den welfischen Kernlanden hatte. Einigen Chroniken zufolge ist Pfalzgraf Heinrich bei der Heerfahrt seines Bruders im Jahre 1201 dabei gewesen.[1666] Der Ausstellung der Urkunde König Ottos IV. für den Erzbischof von Köln in Weißenburg wird Pfalzgraf Heinrich entweder nicht beigewohnt oder aber dem Urkundeninhalt ablehnend gegenübergestanden haben, da er die Urkunde seines Bruders nicht bezeugte.[1667] Dietmar von Flögeln dürfte darin also entweder als Unterbeamter des Marschalls Friedrich von Volkmarode und in besonderem Auftrag Pfalzgraf Heinrichs gebürgt haben, oder aber er wird, was wahrscheinlicher ist, gemeinsam mit einem nicht weiter bekannten Truchsessen Werner von Otto IV. zur Bürgschaft bestellt worden sein.

1.2.9 Paridam, Marschall Ottos des Kindes 1222-1225

Marschall Paridam bezeugte erstmals im Jahre 1222 als vierter von acht ministerialischen Zeugen eine Urkunde Ottos des Kindes.[1668] Er erscheint mit Amtsbezeichnung noch einmal 1225 in einer Urkunde desselben Fürsten[1669] und wird mit dem ohne Titel und Herkunftsnamen als zweiter von neun ministerialischen Zeugen 1226 testierenden Paridam[1670] identisch sein. Der Taufname Paridam kommt ohne Herkunftsnamen schon in zwei Urkunden Wilhelms von Lüneburg vor, wobei jener mit seinem Bruder Friedrich testierte.[1671] Daß der Marschall Paridam der Familie von Medingen[1672] oder der Familie von Knesebeck[1673] zuzuordnen sei, ist unbeweisbar und zudem auch sehr unwahrscheinlich.[1674] Der Taufname Paridam ist im 13. Jahrhundert in der Familie von Medingen gar nicht und in der Familie von Knesebeck erst im Jahre 1265 nachweisbar.[1675] Dagegen läßt sich der seltene Taufname in einen direkten Zusammenhang mit der Familie von Wrestedt bringen.[1676]

Otto das Kind genehmigte im Jahre 1226 in zwei verschiedenen Urkunden Güter-

---

1666 Annales Colonienses maximi, S. 810. Burchard von Ursberg, S. 306. Danach auch v. Heinemann, S. 89.

1667 Vgl. dazu Boshof, Entstehung, S. 254.

1668 1222 März 28, Orig.: LHA Magdeburg Rep. U 21a Nr. 12; Druck: Riedel 1, 22, 89, 6.

1669 1225 August, Orig.: HStA Han Celle Or. 100 Lüneburg St. Michael Nr. 14; Druck: O.G. IV., S. 103f.; Lüneburger UB 7, Nr. 41.

1670 1226 August 9, Orig.: LHA Magdeburg Rep. U 21a Nr. 15; Druck: Riedel 1, 22, S. 90.

1671 1209 August 28, Orig.: HStA Han. Celle Or. 9 Schr. IX Kaps. 44 Nr. 3; Druck: O.G. III., S. 858f.; UB Herzöge Br.-Lb. 1, Nr. 5. 1211, Druck: O.G. III., S. 860.

1672 Dagegen: Busch, S. 58. Weinmann, S. 208f. v. Meding, Paridam. v. Meding, Aphorismen. Vogtherr, S. 115. Die drei Letzteren nehmen fälschlich außerdem die Identität desselben mit dem Paridam von 1209 und 1211 an.

1673 Urk. Reg. v. d. Knesebeck 1, passim. Der ebenfalls seltene Taufname Harneid, der sehr früh in der Familie von Wrestedt vorkommt, ist später auch in der Familie von Knesebeck belegbar. Vgl. dazu Mahrenholtz, Vererbung, S. 3f.

1674 Ein Zweig der Familie mit Herkunftsnamen von Knesebeck gehörte zur Brandenburgischen Ministerialität, weswegen bei ihnen die Greifenklaue im Siegelbild vorkommt. Vgl. Krüger, S. 75 und weiter unten. Diese werden spätestens im 14. Jahrhundert als Schenken der Brandenburger nachweisbar. So führte 1341 August 24, Druck: Lüneburger UB 5, Nr. 194, der Ritter Bertold von Knesebeck ein Siegel mit der Umschrift + [B]ARTOLDI SCENKEN MILITIS (sic!) und sein Sohn ein Siegel mit der Umschrift + S' BARTOLDI SCHENKEN.

1675 Der Ritter Paridam von Knesebeck bei Herzog Albrecht I., 1265 Januar 6, Orig.: StA WF 22 Urk 129; Druck: Reg. v. Campe 1, Nr. 383.

1676 Zur Familie von Wrestedt siehe fehlerhaft und dürftig Lubenow, S. 57f. Der Herkunftsname bezieht sich auf Wrestedt, Kreis Uelzen.

übertragungen seines Ministerialen Harneid von Wrestedt an das Kloster Diesdorf. In der einen Urkunde wird der Zustimmung des Gebhard von Wrestedt sowie Hermanns und Heinrichs Ribe *et alii sui parentes et amici* gedacht.[1677] Der als zweiter von neun Ministerialen noch vor den beiden Ribe testierende Paridam dürfte identisch mit dem Marschall Paridam sein. Wer die anderen Verwandten Harneids von Wrestedt waren, wird aus der zweiten Urkunde ersichtlich, in der die Zustimmung der Erben Harneids sowie des Paridam und eines weiteren Harneids erwähnt wird.[1678] In diesem Zusammenhang fällt weiter auf, daß der Marschall Paridam in der Urkunde Ottos des Kindes für dasselbe Kloster des Jahres 1222 direkt vor Johannes von Wrestedt testierte.[1679] Sehr wahrscheinlich also dürfte der Marschall Paridam in einem engen verwandtschaftlichen Verhältnis zu der Familie von Wrestedt gestanden haben. Daß die gleichen seltenen Taufnamen Paridam und Harneid in den Familien von Wrestedt und von Knesebeck oft vorkommen und beide Familien dasselbe Siegelbild, ein Einhorn, führen, dürfte allerdings auf eine Stammesverwandtschaft beider Familien hinweisen.[1680]

1.2.10 Wilhelm II. von Volkmarode, Marschall Kaiser Ottos IV. 1204-1218, Pfalzgraf Heinrichs 1218-1227 und (Herzog) Ottos des Kindes 1229-1241

Bei Wilhelm II. von Volkmarode dürfte es sich mit großer Wahrscheinlichkeit um den Sohn des Marschalls Wilhelm I. von Volkmarode gehandelt haben. Der Marschall Wilhelm II. und der Marschall Friedrich I. von Volkmarode waren also Vettern. Wilhelm II. ist, anders als Friedrich I. von Volkmarode, eindeutig als Marschall Ottos IV. zu identifizieren.[1681] Während der Marschall Friedrich von Volkmarode in den Urkunden Ottos IV. niemals als *marescalcus noster* bezeichnet wird, wird der Marschall Wilhelm II. schon im Jahre 1206 so genannt.[1682] Marschall Wilhelm II. kommt noch in einer ganzen Reihe von Urkunden Ottos IV. mit Amtstitel, niemals jedoch mit einem Herkunftsnamen verbunden, vor.[1683] Vor dem Tod Kaiser Ottos IV. testierte Wilhelm zweimal mit Amtstitel in Urkunden des Pfalzgrafen Heinrich, wobei er im Jahre 1204 eindeutig dem Gefolge König Ottos IV. zuzuordnen ist.[1684] Nach dem Tod des Kaisers testierte er stets nur mit dem Amtstitel verbunden in einer großen Anzahl von Urkunden des Pfalzgrafen Heinrich.[1685] Daß er zu dieser Zeit bei Pfalzgraf Heinrich das Marschallamt

---

1677 1226 August 9, Orig.: LHA Magdeburg Rep. U 21a Nr. 15; Druck: Riedel 1, 22, S. 90.

1678 1226, Orig.: LHA Magdeburg Rep. U 21a Nr. 17; Druck: Riedel 1, 22, S. 91.

1679 1222 März 28.; Orig.: LHA Magdeburg Rep. U 21a Nr. 12; Druck: Riedel 1, 22, 89, 6.

1680 Krüger, S. 75f. Als Siegelbild der Familie von Knesebeck kommen 1291 Juni 17, Lüneburger UB 5, Nr. 51, ein Einhorn sowie eine Greifenklaue vor. In der Familie von Wrestedt läßt sich 1338 April 24, Lüneburger UB 5, Nr. 179, das Einhorn als Siegelbild nachweisen.

1681 Siehe zu ihm, allerdings fehler- und lückenhaft, Hucker, Otto IV., S. 397.

1682 1206, Orig.: StA WF 7 Urk 7; Druck: Asseburger UB 1, Nr. 35.

1683 1215 März 9, Orig.: StA WF 24 Urk 35; Druck: O.G. III., S. 825; Asseburger UB 1, Nr. 83. Die weiteren Nachweise bei Hucker, Otto IV., S. 397f., Anm. 104.

1684 1204, Orig.: im Jahre 1830 zerstört (StA WF 36 Alt 385); Druck: O.G. III., S. 630; Reg. v. Campe 1, Nr. 126; Regest: Asseburger UB 1, Nr. 34; UB Br. 4, S. 389f. 1216, Kopiar HStA Han zerstört; Druck: Lüneburger UB 7, Nr. 34.

1685 1212 [Vgl. dazu im Kap. I. 1.5.1], Druck: Lüneburger UB 15, Nr. 8. 1218 nach Mai 18, Druck: O.G. III., S. 660. 1219, Orig.: StA WF 22 Urk 35; Druck: v. Heinemann, Nr. 8. O. J. (1219?), Orig.: StA WF 24 Urk 45; Druck: v. Heinemann, Nr. 10. O. J. (1219 November), Druck: Pratje 6, Nr. 145; Hamburger UB 1, Nr. 428; Reg. v. Campe 1, Nr. 153; UB Osterholz, Nr. 27 [datiert

innegehabt hatte, ist zudem durch eine kopial überlieferte Urkunde des Jahres 1224 belegbar. Dabei verkauften der Propst Otrave, der Dekan Udo und das Kapitel des Alexanderstiftes zu Einbeck Güter an Wilhelm, Marschall des Herzogs von Sachsen und Pfalzgrafen.[1686]

Nach dem Tod Pfalzgraf Heinrichs war Marschall Wilhelm als *Willekinus marscalcus de Bruneswik* im Mai 1229 und im Jahr 1230 Zeuge in einer Urkunde Bischof Konrads von Hildesheim für das Kloster Dorstadt mit Resignation der Grafen Heinrich und Hermann von Wohldenberg.[1687] Die Resignation durch Heinrich von Wohldenberg fand statt in *Ris, quando cum domino de Lunenborg et nobilibus et ministerialibus, fidelibus nostris, de pace terre colloquium et tractatum habebamus.*

"1226?"]. O. J. (1219 November), Druck: Pratje 6, Nr. 146; Hamburger UB 1, Nr. 429; UB Osterholz, Nr. 28 [datiert "1226?"]. O. J. (1219-1221) [Sudendorf und das Oldenburger UB datieren "1195-1216?". Die rechte Datierung ergibt sich daraus, daß Johannes von Bornum erst seit 1215 und Ludwig von Blankenburg nur von 1219-1221 in den Urkunden vorkommen. Das Vorkommen der Kanoniker zeigt lediglich, daß die Urkunde keinesfalls vor 1207 ausgestellt sein kann. Vgl. dazu Döll, S. 301f.], Kop.: StA Oldenburg Best. 109 Ab Nr. 31 S. 6; Druck: Sudendorf, Wildeshausen, Nr. 10. 1220 März 5, Orig.: untergegangen, Druck: v. Heinemann, Nr. 11; UB Goslar 1, Nr. 409. 1220, Druck: Asseburger UB 1, Nr. 105. 1220, Orig.: StA WF 9 Urk 7; Druck: v. Heinemann, Nr. 12. 1221, Orig.: HStA Han Celle Or. 100 Nenndorf Nr. 5; Druck: O.G. III., S. 690; Hoyer UB 6, Nr. 8. 1221, Orig.: 31 Urk 2; Regest: Reg. v. Campe 1, Nr. 163; UB Br. 4, S. 393. O. J. (nach 1221) [Zur Datierung siehe im Kap. II. 1. 16], Orig.: LHA Magdeburg Rep. U 21a Nr. 5; Druck: Riedel 1, 22, S. 87. 1222 Januar 31, Orig.: 22 Urk 39; Druck: v. Heinemann, Nr. 13 (mit fehlerhafter Datierung). 1222 September 21.; Orig.: HStA Han Hild. Or. 2 Heiningen Nr. 11; Druck: v. Heinemann, Nr. 14 (mit fehlerhafter Datierung); UB Hochstift Hildesheim 2, Nr. 50. 1222, Orig.: StA WF 7 Urk 15; Druck: O.G. III., S. 693. 1222, Orig.: HStA Han Cal.Or. 100 Fredelsloh Nr. 12; Druck: O.G. III., S. 694; UB Fredelsloh, Nr. 17. 1222, Orig.: KlA Dorstadt Nr. 15; Regest. Reg. v. Campe 1, Nr. 168. *dilectus marscalcus noster*, 1222, Orig.: StA WF 24 Urk 51; Druck: O.G. III., S. 692. 1223 Juni 2, Orig.: untergegangen; Druck: v. Heinemann, Nr. 15; UB Hochstift Hildesheim 2, Nr. 76. 1223 Juli, Druck: O.G. IV., S. 98f; UB Br. 2, S. 22f. 1223, Orig.: StA WF 7 Urk 16; Druck: O.G. III., S. 676. O. J. (1223?), Druck: Hamburger UB 1, Nr. 474; UB Osterholz, Nr. 23. 1224 Juni 5, Orig.: StA WF 23 Urk 25; Druck: O.G. III., S. 696; Cod. dipl. Quedlinburg. S. 142. 1224 August 31, Regest: Reg. v. Campe 1, Nr. 175. 1224 September 30, Orig.: StA Dresden U.O. 259; Druck v. Heinemann, Nr. 17; UB DO Thüringen 1, Nr. 23. 1224, Orig.: StA WF 7 Urk 17; Druck: O.G III., S. 694f; UB Br. 2, S. 24f. 1224, Orig.: StA WF 32 Urk 1; Druck: v. Heinemann, Nr. 18; UB Br. 2, S. 24. 1224, Orig.: StA WF 24 Urk 52; Druck: Asseburger UB 1, Nr. 134; Reg. v. Campe 1, Nr. 180. 1224, Orig.: HStA Han Celle Or. 13 Nr. 1054; Druck: O.G. III., S. 697; Hoyer UB 6, Nr. 10. 1224, Orig.: StA WF 19 Urk 13; Druck: O.G. III., S. 695. 1225, Druck: Urk. Kl. Homburg, S. 29. *W. marscalcus*, 1225, Orig.: StA Stade Altkloster Or. Nr. 3; Druck: UB Herzöge Br.-Lb. 1, Nr. 7. 1225, Kop.: StA WF VII B 101 S. 53; Druck: O.G. III., S. 699; Urk. Walkenried, Nr. 141. König Heinrich für das Kloster Walkenried 1225, Orig.: StA WF 25 Urk 1036; Druck: O.G. III., S. 701; UB Herzöge Br.-Lb. 1, Nr. 9; Asseburger UB 1, Nr. 139 [zur Frage der Echtheit vgl. Winkelmann, Friedrich 1, S. 505, Anm. 2.]. 1225, Druck: Pratje 6, S. 109; Hansisches UB 1, Nr. 183. 1225, Orig.: Stade Zeven Or. Nr. 9; Druck: UB Herzöge Br.-Lb. 1, Nr. 8. 1225, Orig.: StA WF 8 Urk 4; Druck: v. Heinemann, Nr. 21. 1225, Druck: v. Heinemann, Nr. 20. 1225, Orig.: HStA Han Celle Or. 13 Nr. 1195; Druck: O.G. III., S. 698; Hoyer UB 7, Nr. 10. 1226 März 24, Druck: Leuckfeld Antiq. Poelde S. 216; O.G. III., S. 712. 1226 März 28, Druck: v. Heinemann, Nr. 23. 1226, Druck: Calenberger UB 3, Nr. 51. 1226, Orig.: StA WF 9 Urk 8; Druck: O.G. III., S. 709f. 1226, Orig.: StA WF 9 Urk 9; Faksimile O.G. III., Tab. XXXI; ungedruckt. 1226, Orig.: StA WF 8 Urk 5; Druck: O.G. III., S. 710f. 1226, Druck: O.G. III., S. 678; Hoyer UB 7, Nr. 12. 1226, Druck: Pratje 5, Nr. 116; UB Osterholz, Nr. 26. Bischof Konrad von Hildesheim für das Stift St. Blasius O. J. (1226/27), Orig.: StA WF 7 Urk 19; Regest: Reg. v. Campe 1, Nr. 206; UB Br. 2, S. 28; UB Hochstift Hildesheim 2, Nr. 207. 1227, Druck: UB Goslar 1, Nr. 491. 1227, Orig.: StA WF 13 Urk 3; Druck: v. Heinemann, Nr. 25. 1227, Druck: UB Hochstift Hildesheim 2, Nr. 220.

1686 Orig.: StA WF VII B Hs 341 Bl. 125r; Regest: UB Br. 4, S. 394 (nach demselben Kopiar mit der alten Zählung Bl. 117r).

1687 Druck: UB Goslar 1, Nr. 498.

Der Marschall Wilhelm ist also schon im Mai 1229 im Gefolge Otto des Kindes belegbar und damit der erste ehemalige Hofamtsträger Pfalzgraf Heinrichs, der sich bei Otto dem Kind nachweisen läßt. Im Jahre 1231 bezeugte er als erster von fünf ministerialischen Zeugen eine in Braunschweig ausgestellte Urkunde des Propstes Dietrich und des Konventes des Klosters Diesdorf für das Kloster Riddagshausen.[1688] In den Urkunden Ottos des Kindes findet sich der Marschall Wilhelm seit 1233 oft, niemals aber mit Herkunftsnamen, sondern stets mit Amtstitel verbunden.[1689]

Zwar trat der Marschall Wilhelm II. in den Urkunden der welfischen Herzöge stets nur mit seinem Amtstitel auf, dennoch ist er ist mit großer Wahrscheinlichkeit der Familie von Volkmarode zuzuordnen. Einmal, da sein Bruder Heinrich mit diesem Herkunftsnamen nachweisbar ist,[1690] und zum zweiten, da seiner Vormundschaft für die Söhne des verstorbenen Marschalls Friedrich von Volkmarode gedacht wird.[1691]

Marschall Wilhelm von Volkmarode wird in den Urkunden meist mit Willekin,

---

1688 1231 April 16, Orig.: StA WF 24 Urk 59; Regest: UB Br. 2, S. 32.

1689 1233 vor März 5, Orig.: HStA Han Cal. Or. 100 Osterode St. Jacob Nr. 5 a und b; Druck: O.G. IV., S. 136; Br. Anzeigen 1747, S. 943; Max, Grubenhagen 2, Nr. 3. 1233 August 18, Orig.: StA WF 24 Urk 67; Druck: Meibom Chron. III., S. 415; O.G. IV., S. 135; Asseburger UB 1, Nr. 171. Vgl. dazu die undatierte Urkunde StA WF 24 Urk 66; Regest: UB Br. 2, S. 32. 1234 März, Druck: O.G. IV., S. 140f. 1235 April 11, Druck: Cassel, Nr. 2. Graf Siegfried von Osterburg für Otto das Kind, 1235 April 12, Druck: O.G. IV., S. 143f. 1235 Mai 13, Orig.: StA WF 7 Urk 22; Druck: O.G. IV., S. 152f.; UB Br. 2, S. 34; Reg. v. Campe 1, Nr. 229. 1235 Juni, Orig.: KlA Wienhausen Nr. 8; Druck: O.G. III., S. 718. Bernhard von Dorstadt für das Stift Hildesheim, 1235 Oktober 26-1236 Februar 21, hier 1235 November 3, Druck: UB Herzöge Br.-Lb. 1, Nr. 18; Reg. v. Campe 1, Nr. 231. Das Stift St. Blasius für das Kloster Wöltingerode in Anwesenheit Herzog Ottos, 1236 Juli, Orig.: HStA Han Hild. Or. 2 Wöltingerode Nr. 11; Druck: Asseburger UB 1, Nr. 184; UB Hochstift Hildesheim 2, Nr. 459. Das Kloster Wöltingerode für das Stift St. Blasius in Braunschweig in Anwesenheit Herzog Ottos, 1236 Juli, Orig.: StA WF 1 Urk 15; Druck: O.G. IV., S. 169ff. Graf Siegfried von Osterburg für Herzog Otto, 1236, Orig.: 1830 verbrannt (StA WF 36 Alt 385); Druck: O.G. IV., S. 145. *W. marscalcus*, O. J. (1236), Druck: UB Herzöge Br.-Lb. 1, Nr. 19. 1237 Februar 5, Orig.: HStA Han Hild. Or. 2 Wöltingerode Nr. 12; Druck: Asseburger UB 1, Nr. 191; UB Hochstift Hildesheim 2, Nr. 480. Die Grafen von Wohldenberg für das Stift St. Blasius in Braunschweig, 1237 Mai 5, Orig.: StA WF 7 Urk 24; Druck: Asseburger UB 1, Nr. 192. 1237 Mai, Druck: Asseburger UB 1, Nr. 193. 1237 Mai, Orig.: StA WF 7 Urk 25; Regest: UB Br. 2, S. 541; Reg. v. Campe 1, Nr. 240. 1237 Juni 1, Orig.: StA WF 22 Urk 58; Druck: O.G. IV., S. 63 praef.; Asseburger UB 1, Nr. 194. *dilecti et fidelis nostri Willekini marescalci*, 1238 November 16, Orig.: StA WF 7 Urk 28; Druck: O.G. IV., S. 174f.; Asseburger UB 1, Nr. 199. Gräfin Clementia von Dassel für Herzog Otto, 1238, Orig.: HStA Han Celle Or. 9 Schr. XI Caps. 15 Nr. 1; Druck: UB Herzöge Br.-Lb. 1, Nr. 21. Helmold von Biewende für Herzog Otto, 1238, Druck: Asseburger UB 1, Nr. 201. Das Stift St. Blasius in Braunschweig für das Kloster Wöltingerode auf Bitten Herzog Ottos, 1238, Orig.: HStA Han Hild. Or. 2 Wöltingerode Nr. 14; Druck: UB Hochstift Hildesheim 2, Nr. 521. 1239 Juni 16, Druck: O.G. IV., S. 177ff. 1239 Juni, Druck: Dreyhaupt 2, S. 969. 1239 Dezember, Orig.: StA WF 24 Urk 82; Druck: O.G. IV., S. 68 praef. 1239 Dezember, Druck: O.G. IV., S. 67f. praef. 1239, Druck: UB Langeln S. 14. 1239, Orig.: StA WF 31 Urk 3; Regest: Reg. v. Campe 1, Nr. 264. 1239, Druck: O.G. IV., S. 180f.; Max, Grubenhagen 2, S. 5; UB Goslar 1, Nr. 570; Doebner, Nr. 5. O. J. (1239) [Die Datierung erfolgt im Vergleich der Zeugenreihe zu denjenigen in den Urkunden Herzog Ottos für den Erzbischof von Mainz 1239 Juni 16, Druck: O.G. IV., S. 177ff., und das Kloster Riddagshausen, 1239 Dezember, Orig.: StA WF 24 Urk 82, Druck: O.G. IV., S. 68 praef.], UB Ilsenburg, Nr. 81 ("1240?"). 1240 Dezember, Orig.: StA WF 7 Urk 30; Druck: UB Br. 2, S. 541f. 1240, Orig.: StA WF 22 Urk 70; Druck: O.G. IV., S. 69 praef. 1240, Orig.: StA WF 22 Urk 69; Druck: O.G. IV., S. 68f. praef. 1241 vor Februar 27, Druck: O.G. IV., S. 75 praef. 1241, Orig.: StA WF 31 Urk 4; Regest: Br. Anzeigen 1751, S. 1092; Reg. v. Campe 1, Nr. 280; UB Br. 4, S. 401.

1690 1226 März 12, *Willekinus marscalcus et Heinricus frater eius de Volkmerothe* an zweiter und dritter Stelle von insgesamt sieben Zeugen, Orig.: StA WF 22 Urk 46; Druck: v. Heinemann, Nr. 22.

1691 1224, Orig.: StA WF 24 Urk 52; Druck: Asseburger UB 1, Nr. 134; Reg. v. Campe 1, Nr. 180.

einer verkleinernden Form seines Taufnamens, benannt.[1692] Nicht immer wurde erkannt, daß Willekin lediglich eine Namensform von Wilhelm ist.[1693] Insofern wurden aus einem Marschall zwei Vettern, die sich gegenseitig ablösten.[1694] Eine Periodisierung der einen oder anderen Namensform läßt sich selbst bei nur flüchtiger Durchsicht der Quellenbelege nicht feststellen. Die Namengebung variiert vielmehr durchgehend,[1695] obschon die Namensform Willekin insgesamt gesehen überwiegt.[1696] Ferner findet sich trotz des häufigen Auftretens Willekins und Wilhelms in den Urkunden der Welfen keine einzige Zeugenreihe, in der beide gemeinsam vorkommen. Zudem verschwinden beide Namenformen gleichzeitig aus den Urkunden: Im Jahre 1240 ist der Marschall letztmalig als Wilhelm[1697], 1241 letztmalig als Willekin[1698] nachweisbar und wird also verstorben sein.

Von Marschall Wilhelm hat sich im Bestand des Klosters Riddagshausen aus dem Jahre 1239 eine Urkunde erhalten.[1699] Der Aussteller *Willekinus marscalcus dictus* verkauft zwei Braunschweiger Bürgern zwei Hufen in Schapen. Leider fehlt heute das im Urkundentext angekündigte Siegel des Marschalls. Die Gattin des Marschalls Wilhelm II. von Volkmarode im Jahre 1224 war Jutta, ihr in derselben Urkunde genannter gemeinsamer Sohn hieß Johannes.[1700] Da Johannes von Volkmarode später nicht mehr belegbar ist, wird er früh verstorben sein. Marschall Wilhelm von Volkmarode verstarb also sehr wahrscheinlich ohne Erben. Der Bruder Marschall Wilhelms war Heinrich von Volkmarode. Er bezeugte dreimal Urkunden des Pfalzgrafen Heinrich im Zeitraum der Jahre 1223-1226,[1701] wobei er niemals als Marschall bezeichnet wird. In einer Urkunde des Vogtes Balduin II. von Dahlum für das Stift Marienberg im Jahre 1234 bezeugte hinter den Brüdern Friedrich, Balduin und Ludolf von Esbeck ein *Heynricus marscalcus*[1702], bei dem es sich möglicherweise um Heinrich von Volkmarode handeln könnte. Die Bezeichnung wäre hier nicht auf ein tatsächlich ausgeübtes Amt bezogen, sondern als ein herkunftsnamengleicher Ersatz erfolgt. Im Jahre 1249 wurden die Söhne des damals längst verstorbenen Heinrich von Volkmarode in einer Urkunde Herzog Ottos für

---

1692 So auch Fenske/Schwarz, S. 483f.

1693 Richtig bei Busch, S. 58. Deich, S. 113ff. erwähnt das Problem zweier Namensformen gar nicht.

1694 Lubenow: Wilhelm S. 429-433, Willekin S. 444-448. Weinmann, S. 206f., der in Anm. 63 Personennamenbücher zur Untermauerung seiner These bemüht.

1695 Beispielhaft seien hier nur einige Belege für die Zeit von 1219-1222 aufgeführt: *Willekinus marscalcus noster* 1219, Orig.: 22 Urk 35; Druck: v. Heinemann, Nr. 8. *Willehelmus marscalcus* 1220 März 5, Orig.: 1945 vernichtet; Druck: v. Heinemann, Nr. 11, UB Goslar 1, Nr. 409. *Willekinus marscalcus* 1220, Druck: Asseburger UB 1, Nr. 105. *Willhelmus marescalcus* 1221, Orig.: HStA Han Celle Or. 100 Nenndorf Nr. 5; Druck: Hoyer UB 6, Nr. 8. *Wilhelmus marscalcus* 1222, Orig.: StA WF 7 Urk 15; Regest: UB Br. 2, S. 22; Reg. v. Campe 1, Nr. 167. *Willicinus marscalcus* 1222, Orig.: HStA Han Cal.Or. 100 Fredelsloh Nr. 12; Druck: O.G. III., S. 694; UB Fredelsloh, Nr. 17.

1696 Fenske/Schwarz, S. 483.

1697 Druck: UB Ilsenburg, Nr. 80.

1698 Orig.: StA WF 31 Urk 4; Regest: Br. Anzeigen 1751, S. 1092; Reg. v. Campe 1, Nr. 280; UB Br. 4, S. 401.

1699 Orig.: StA WF 24 Urk 80; Druck: UB Br. 2, S. 35.

1700 Orig.: StA WF 24 Urk 52; Druck: Asseburger UB 1, Nr. 134; Reg. v. Campe 1, Nr. 180.

1701 1223, Orig.: StA WF 7 Urk 17; Druck: O.G. III., S. 676. 1224, Orig.: StA WF 19 Urk 13; Druck: O.G. III., S. 695. 1226 März 12, Orig.: StA WF 22 Urk 46; Druck: O.G. III., S. 709; v. Heinemann, Nr. 22.

1702 Orig.: StA WF 19 Urk 18; Regest: UB Br. 4, S. 398.

das Kloster Riddagshausen genannt.[1703] Es waren Wedekind und Ulrich von Volkmarode, die beide später nicht wieder belegbar werden und mit denen die Familie von Volkmarode wahrscheinlich ausstarb.

1.2.11 Werner von Medingen, Marschall (Herzog) Ottos des Kindes 1228-1251

Im Jahre 1228 bezeugte der Marschall Werner *et fratres eius omnes* an vierter Stelle von 18 ministerialischen Zeugen die erste Urkunde Ottos des Kindes nach dessen Schweriner Gefangenschaft.[1704] Es besteht die Möglichkeit, daß der Marschall Werner identisch war mit jenem Werner von Medingen, für den Otto das Kind 1226 einen Verkauf an das Kloster Diesdorf beurkundete.[1705] Die Urkunde Ottos des Kindes von 1230 für Werner von Medingen, in der Otto die sonst nicht wieder vorkommende Intitulatio *dux de Brunswic et dominus de Luneborg* verwendet,[1706] ist eine Fälschung, die nach der Urkunde Ottos des Kindes für das Hochstift Halberstadt hergestellt worden ist.[1707] Im Jahre 1231 kam Werner von Medingen als letzter von sieben ministerialischen Zeugen in einer Urkunde Ottos des Kindes vor.[1708] Dessen Brüder Friedrich und Jordan werden in der Verkaufsurkunde Werners von Medingen desselben Jahres an das Domstift Lübeck beim Namen genannt,[1709] hingegen in der dazugehörigen Bestätigungsurkunde Ottos des Kindes nicht erwähnt.[1710] Die Identität zwischen Werner von Medingen und dem Marschall Werner wird damit eindeutig, denn im Jahre 1234 trat Marschall Werner mit seinem Bruder Friedrich als dritter und vierter von 20 ministerialischen Zeugen in einer Urkunde Ottos des Kindes für das Kloster St. Michael in Lüneburg auf.[1711] Er bezeugte mit Titel und ohne Herkunftsnamen weiterhin noch zwei weitere Urkunden Herzog Ottos, von denen eine undatiert ist,[1712] eine für das Kreuzkloster vor Braunschweig im Jahre 1241[1713] und die letzte im Jahre 1251[1714] ausgestellt wurde. Mit dem Herkunftsnamen von Medingen bezeugte Werner drei weitere Urkunden Herzog Ottos[1715] und zwei

1703 1249 Dezember 11, Orig.: StA WF 24 Urk 97; Druck: Asseburger UB 1, Nr. 256.

1704 1228 November 11, Druck: O.G. IV., S. 112; UB Stadt Lüneburg Nr. 45; Lüneburger UB 15, Nr. 45. Der Befreiung Ottos wird in der Urkunde ausdrücklich gedacht: *Actum est hoc apud Luneburg primo mensis Novembris, qui erat infra annum illum, in quo a captivitate nostra fuimus, disponente Domino, liberati.*

1705 1226 Dezember, Orig.: LHA Magdeburg Rep. U 21a Nr. 16; Druck: Riedel 1, 22, S. 90f. Die gemeinsame Zeugenschaft des Marschalls W. an erster und des W. von Medingen an zweiter Stelle in der Zeugenreihe einer undatierten, in das Jahr 1236 einzuordnenden Urkunde, Druck: UB Herzöge Br.-Lb. 1, Nr. 19, kann nicht dagegen herangezogen werden, da es sich um den Marschall Wilhelm von Volkmarode handeln dürfte.

1706 Druck: O.G. IV., S. 119. Werner von Medingen wird darin als *dominus, fidelis noster* bezeichnet.

1707 Busch, S. 19.

1708 1231 Juni 24, Druck: UB Bm Lübeck 1, Nr. 67; UB Stadt Lb. 1, Nr. 49.

1709 1231 Dezember, Orig.: LA Schleswig Urk.-Abt. 268 Nr. 36; Druck: UB Bm. Lübeck 1, Nr. 71.

1710 1231, Druck: UB Bm. Lübeck 1, Nr. 72.

1711 Orig.: HStA Han Celle Or. 100 Lüneburg St. Michael Nr. 19; Druck: O.G. IV., S. 142f.; Wedekind Noten 3, S. 304; Lüneburger UB 7, Nr. 49.

1712 O. J. (vor 1237 Juni 1), Druck: Lüneburger UB 15, Nr. 22.

1713 (Lüneburg) 1241 November 5, Orig.: StA WF 26 Urk 4, ungedruckt.

1714 1251 April, Orig.: HStA Han Celle Or. 100 Scharnebeck Nr. 11; Druck: O.G. IV., S. 232f.; Pfeffinger Br. Hist. 2, S. 255; Lüneburger UB 7, Nr. 70.

1715 1239 November 2, Orig.: HStA Han Celle Or. 100 Lüneburg St. Michael Nr. 20; Druck: O.G. IV., S. 182; UB Stadt Lüneburg Nr. 62; Lüneburger UB 7, Nr. 51. 1239 Dezember 21, Druck: Hamburger UB 1, Nr. 527; UB Stadt Lb. Nr. 63. 1245, Regest: Reg. v. Campe 1, Nr. 297. 1247 April 28, Druck: O.G. IV., S. 213f.; UB Stadt Lüneburg S. 36; Lüneburger UB 15, Nr. 58; Rethmeier, Br. Chron. III., S. 1832; Doebner, Nr. 10.

Urkunden anderer Aussteller mit direktem Bezug auf den Welfen[1716]. In der Urkunde des Abtes Gerhard des Klosters St. Michael in Lüneburg für das Kloster Scharnebeck von 1251 wird die hervorgehobene Stellung des Werner von Medingen offenbar.[1717] Hier testierten Herzog Otto das Kind gemeinsam mit Werner von Medingen und Lippold ohne Herkunftsnamen unter dem Rubrum *milites*; dabei sind alle drei Zeugen mit dem Titel *dominus* verbunden. Ein Vergleich mit der sich auf dasselbe Rechtsgeschäft beziehenden Urkunde Herzog Ottos einen Monat später[1718] zeigt endgültig, daß Werner von Medingen identisch mit dem Marschall Werner gewesen ist.[1719]

Bei der Familie von Medingen handelte es sich um eine der wichtigsten ministerialischen Familien des Lüneburger Raumes,[1720] die zur Zeit des Marschalls Werner von Medingen mit der Ansiedlung und Förderung eines Zisterzienserinnenklosters an ihrem Herkunftsort die Grundlagen für das spätere Kloster Medingen schufen.[1721]

1.2.12 Balduin von Volkmarode, Marschall (Herzog) Ottos des Kindes 1233-1236

Vor seiner ersten Nennung mit dem Titel eines Marschalls testierte Balduin in vier Urkunden Pfalzgraf Heinrichs,[1722] wobei er im Jahre 1225 als *Baldeko filius marscalci* unter den drei *pueri nostri* des Pfalzgrafen Heinrich belegbar wird.[1723] Die Namensform Baldeko und die Bezeichnung als Knappen des Pfalzgrafen lassen diesen als jungen Mann erkennen. Dieselbe Urkunde bezeugte in vorgerückter Position als zweiter der ersten vier Testierenden der Marschall Wilhelm. Insofern könnte man geneigt sein, Baldeko als Sohn Marschall Wilhelms anzusprechen. Die Urkunde Pfalzgraf Heinrichs für das Kloster St. Aegidien aus dem Jahr 1226 stellt die Filiation allerdings klar: An erster und zweiter Stelle von sechs ministerialischen Zeugen testierten *Wilhelmus marescalcus, Baldewinus filius marescalci Friderici*.[1724] Von den Urkunden Ottos des Kindes bezeugte der Marschall Balduin zuerst 1233 eine für das Kloster Riddagshausen als zweiter von acht ministerialischen Zeugen hinter dem Truchsessen Jordan,[1725] und drei weitere aus dem Zeitraum 1233 bis 1234

1716 1246, Orig.: HStA Han Cal. Or. 100 Wennigsen Nr. 22; Druck: Calenberger UB 7, Nr. 22. 1247 April 28, Druck: UB Herzöge Br.-Lb. 1, Nr. 29; UB Stadt Lüneburg S. 20.

1717 1251 März, Druck: Lüneburger UB 7, Nr. 69b.

1718 1251 April, Orig.: HStA Han Celle Or. 100 Scharnebeck Nr. 11; Druck: O.G. IV., S. 232f.; Pfeffinger Br. Hist. 2, S. 255; Lüneburger UB 7, Nr. 70.

1719 Vgl. dazu auch Vogtherr, S. 116.

1720 Zu der Familie von Medingen siehe auch die Kap. II. 1.2.1, 1.2.4 und 1.2.24 mit der dazugehörigen Literatur.

1721 Vgl. dazu: Lyßmann. Homeyer.

1722 1223 Juli, Druck: O.G. IV., S. 98f.; UB Br. 2, S. 22f. 1226, Orig.: StA WF 9 Urk 8; Druck: O.G. III., S. 709f. 1226, Orig.: StA WF 8 Urk 5; Druck: O.G. III., S. 710f.

1723 Orig.: StA WF 8 Urk 4; Druck: v. Heinemann, Nr. 21.

1724 Orig.: StA WF 9 Urk 9; Druck: O.G. III., S. 709f. Deich S. 114 hat dieselbe Filiation gemutmaßt, identifiziert aber fälschlich den zu 1240, Druck: Asseburger UB 1, Nr. 209, auftretenden Balduin von Wendhausen aus dem Esbecker Zweig mit dem Marschall Balduin von Volkmarode. Zu Balduin von Wendhausen und seinem verwandtschaftlichem Umfeld grundlegend Fenske/Schwarz, S. 470ff., insb. S. 471, Anm. 13.

1725 1233 August 18, Orig.: StA WF 24 Urk 67; Druck: Meibom Chron. III., S. 415; O.G. IV., S. 135; Asseburger UB 1, Nr. 171. Vgl. dazu die undatierte Urkunde StA WF 24 Urk 66; Regest: UB Br. 2, S. 32, in der Marschall Balduin bürgt.

an vorgerückter Stellung in den Zeugenreihen.[1726] Marschall Balduin bezeugte ferner Rechtsgeschäfte des Edelherren Bernhard von Dorstadt aus dem Jahr 1236 in direkter Verbindung mit Herzog Otto.[1727]

Daß der bisweilen mit Herkunftsnamen von Volkmarode auftretende Balduin[1728] identisch mit dem Marschall Balduin gewesen sein muß, kann noch einmal durch die Verbindung zweier Quellenbelege nachgewiesen werden. Im Jahre 1234 wurde er in einer Urkunde des Grafen Adolf von Schaumburg für das Kloster Riddagshausen mit Amtsbezeichnung und Herkunftsnamen *Baldewinus marschalcus de Volcmerod* genannt.[1729] Und im Jahre 1235 bezeugte Balduin von Volkmarode als vierter von acht ministerialischen Zeugen direkt hinter drei Hofamtsträgern eine Urkunde Herzog Ottos für das Stift St. Blasius.[1730] Da der Marschall Balduin von Volkmarode später nicht mehr belegbar ist, wird er bald nach 1236 verstorben sein.

1.2.13 Heinrich I. Grubo, Marschall Herzog Ottos des Kindes 1245-1249

Heinrich Grubo gehörte einer hochgestellten Familie der welfischen Ministerialiät an. Die Grubo entwickelten sich zu einem der bedeutendsten niederadligen Geschlechter im südlichen Bereich des Herzogtums Braunschweig, den späteren Herren von Grubenhagen.[1731] Die Meinung, daß der in Hildesheimer Urkunden, einmal unter den *servi* testierende Heinrich Grubo[1732] nichts mit den Grubo zu tun gehabt habe,[1733] dürfte fehlgehen. Die Wendung *servus* wird hier zur Unterscheidung von den ritterlichen Zeugen gebraucht und bezeichnet die Knappen.[1734] Jedenfalls war Heinrich Grubo gewiß nicht ein Bruder Balduins von Steinberg.[1735] Die betreffende Stelle in der Zeugenreihe einer Urkunde des Erwählten Otto von Hildesheim aus dem Jahr 1265 war offenbar verderbt, was der Herausgeber des Urkundenbuches der Herzöge von Braunschweig-Lüneburg durch Punkte deutlich zu machen versuchte.[1736] Der Herausgeber des Asseburger Urkundenbuches liest zudem nicht *de*

1726 O. HN. *marscalcus* als vierter von sieben Bürgen für die unmündigen Kinder des Rother von Veltheim, (1233), Orig.: StA WF 24 Urk 66; Regest: UB Br. 2, S. 32. O. HN. *marscalcus* als zweiter von acht Zeugen, 1233 August 18, Orig.: StA WF 24 Urk 67; Druck: Meibom Chron. III., S. 415; O.G. IV., S. 135; Asseburger UB 1, Nr. 171. O. HN. *marscalcus* als zweiter von zwei Zeugen, 1234 Oktober 31, Druck: Westfälisches UB 3, Nr. 322; Osnabrücker UB 2, Nr. 323.

1727 O. HN. *marscalcus* als zweiter von fünf Zeugen hinter Marschall Wilhelm, 1235 Oktober 26-1236 Februar 21, hier 1235 November 3, Druck: UB Herzöge Br.-Lb. 1, Nr. 18; Reg. v. Campe 1, Nr. 231.

1728 1235 April 11, Druck: Cassel Nr. 2. 1235 Mai 13, Orig.: StA WF 7 Urk 22; Druck: O.G. IV., S. 152f.; UB Br. 2, S. 34; Reg. v. Campe 1, Nr. 229.

1729 1234 Januar 23, Orig.: StA WF 24 Urk 69; Druck: Br. Anzeigen 1748, S. 1983; Regesten Schleswig-Holstein 1, Nr. 515; Asseburger UB 1, Nr. 174.

1730 1235 Mai 13, Orig.: StA WF 7 Urk 22; Druck: O.G. IV., S. 152f.; UB Br. 2, S. 34; Reg. v. Campe 1, Nr. 229.

1731 Max, Grubenhagen, S. 353-359. Exkursionskarte Moringen, S. 123f. Pischke, Grubo.

1732 1238 Dezember 2, Druck: Calenberger UB 8, Nr. 5; UB Hochstift Hildesheim 2, Nr. 518. O. J. (um 1240), Druck: UB Hochstift Hildesheim 2, Nr. 610.

1733 Pischke, Grubo, S. 94.

1734 So werden beispielsweise 1277 Juni 21, Druck: UB Hochstift Hildesheim 3, Nr. 473, in einer Urkunde Herzog Albrechts des Großen Anno und Heinrich von Heimburg als *milites* und ihre Brüder Anno und Heinrich als *servi* bezeichnet. Weitere Beispiele dafür bei Scheidt, Mantissa, S. 554-557. Vgl. auch Fenske, Knappe, S. 101.

1735 Anders Pischke, Grubo, S. 94.

1736 UB Herzöge Br.-Lb. 1, Nr. 59 von 1265 August 23.

Stenberg sondern *de Itenberg*.[1737] Letztere Lesart stimmt, weil sonst die als Bürgen genannten Brüder von Steinberg in ihre eigene Hand gebürgt haben müßten. Demgemäß wird es sich auch bei den in den siebziger Jahren des 13. Jahrhunderts auftretenden Grubo um Angehörige ein- und derselben Familie handeln.[1738]

Als erster Angehöriger der Familie mit Zunamen Grubo in Urkunden welfischer Aussteller kommt ein Heinrich Grubo schon im Jahre 1199 in einer Urkunde Pfalzgraf Heinrichs vor.[1739] Heinrich Grubo gehörte zu den Ministerialen, die zum Anteil Pfalzgraf Heinrichs nach der ersten welfischen Teilung zu zählen sind. Im Jahr 1204, noch vor dem Abfall Pfalzgraf Heinrichs von König Otto IV., ist er bei Bischof Hartbert von Hildesheim nachweisbar.[1740] Im Jahre 1208, also wahrscheinlich noch vor der allgemeinen Anerkennung König Ottos IV. Ende 1208, war Heinrich Grubo der erste von vier ministerialischen Zeugen einer Urkunde Pfalzgraf Heinrichs für das Hospital in Einbeck.[1741] Derselbe Heinrich Grubo wurde im Jahre 1215 von Kaiser Otto IV. als sein Ministeriale bezeichnet.[1742] Aufgrund der lehnrechtlichen Abhängigkeiten der Familie Grubo macht diese Titulierung Heinrich Grubo keinesfalls zu einem Reichsministerialen.[1743] Kaiser Otto IV. trat hier vielmehr als Herr der welfischen Ministerialität auf, während Pfalzgraf Heinrich auf einem Feldzug gegen König Waldemar von Dänemark in Stade weilte.[1744] Der durch Otto geschlichtete Rechtsstreit offenbart, daß Heinrich Grubo mit einer Schwester des Marschalls Friedrich von Volkmarode verheiratet gewesen ist. In einer eigenen Urkunde ohne Datum verzichtete er auf seine, in diesem Konnubium gründenden Rechtsansprüche und erhielt dafür eine Entschädigung von seinem Schwager Marschall Friedrich.[1745] An der Urkunde hängt das bislang früheste in der Familie Grubo nachweisbare Siegel in Form eines oben abgerundeten Schildsiegels. Es zeigt als Bild zwei Längsbalken mit der Umschrift [+ SIG HEN]RIC[V]S GRVB[ONIS].[1746]

Um das Jahr 1238 wird bei den Grubo ein Generationswechsel stattgefunden haben, denn im Jahr 1235 kommt ein Grubo *iunior* im Gefolge Herzog Ottos des Kindes vor,[1747] und 1238 bezeugt ein Heinrich Grubo *senior* bei Herzog Otto.[1748] Bei dem Heinrich Grubo *senior* wird es sich um denselben Heinrich Grubo handeln, der als Ministeriale insgesamt viermal in den Urkunden des Pfalzgrafen Heinrich

---

1737 Asseburger UB 1, Nr. 325 von 1265 August 23.

1738 Verfehlt Pischke, Grubo, S. 99, die versucht, die Zunamen- und Herkunftsnamenvariationen von Angehörigen der Familie Grubo-von Grubenhagen damit zu erklären, daß "sowohl der welfische als auch der hildesheimische Heinrich Grubo Zeugen" seien.

1739 Orig.: StA WF 24 Urk 21; Druck: O.G. III., S. 621. Weitere Nachweise: Lubenow, S. 469-472. Pischke, Grubo, S. 96f.

1740 1204, Druck: UB Hochstift Hildesheim 1, Nr. 592.

1741 Druck: Bilderbeck 2, S. 140.

1742 1215 August 3, Orig.: StA WF 24 Urk 36; Druck: O.G. III., S. 827; Asseburger UB 1, Nr. 82.

1743 Heinrich Grubo wird in der Kopfzeile im Asseburger UB 1, Nr. 85 als Reichsministeriale bezeichnet, obschon dies aus der Intitulatio seiner Urkunde nicht ableitbar ist. Haendle, S. 36 übernimmt dies, während Hucker, Otto IV. die Möglichkeit der Zugehörigkeit Heinrich Grubos zur Ministerialität Ottos IV. nicht in Erwägung zieht. Richtig Pischke, Grubo, S. 96.

1744 Annales Stadenses, S. 356.

1745 Orig.: StA WF 24 Urk 36; Druck: Asseburger UB 1, Nr. 85.

1746 Zur späteren Wappenführung der Familie Grubo siehe auch StA WF 5 Slg 8 Nr. 127.

1747 1235 Dezember 22, *in publico placito*, inseriert zu 1236 Februar 21, Druck: UB Herzöge Br.-Lb. 1, Nr. 18; Reg. v. Campe 1, Nr. 231. Pischke, Grubo, S. 97 ist demgemäß zu korrigieren.

1748 Druck: O.G. IV, praef. S. 66f.

auftritt.[1749] Auch wenn die Menge der Nachweise nicht hoch ist, so ist doch auffällig, daß drei der vier Urkunden den einbeckisch-northeimischen Raum betreffen. Der räumliche Bezug Heinrich Grubos auf das südliche Gebiet des Herzogtums wird noch einmal im Jahre 1241 deutlich, als Herzog Otto das Kind ihn gemeinsam mit Heinrich von Hokenem zu Schützern des Klosters Northeim bestellte.[1750] Diese Beobachtungen finden ihre Bestätigung in den sämtlich späteren Nachrichten über die Besitzgeschichte der Grubo und dem im letzten Drittel des 13. Jahrhunderts erstmals auftretenden Herkunftsnamen.

Nach dem Ableben des Marschalls Wilhelm von Volkmarode um das Jahr 1241[1751] wird im Jahre 1245 Heinrich Grubo als Marschall Herzog Ottos bezeichnet.[1752] Der Marschall Heinrich Grubo erscheint in den Urkunden oder im Gefolge Herzog Ottos des Kindes meistens nur mit Zunamen und nur fünfmal mit Amtsbezeichnung.[1753] Die Annahme, daß er auch der Gattin Herzog Ottos, der Herzogin Mechtild, diente,[1754] ist abzulehnen. Die dafür herangezogene Urkunde Mechtilds für die Bürger der Stadt Lüneburg aus dem Jahr 1247[1755] muß vielmehr in den Gesamtzusammenhang mit derjenigen Herzog Ottos desselben Datums[1756] gestellt werden. Auch wenn beide Urkunden von unterschiedlichen Notaren verfaßt[1757] und auch von verschiedenen Händen geschrieben[1758] wurden, so sind doch die Zeugenreihen beider Stücke völlig identisch. Ferner sind sämtliche Amtsbezeichnungen der Hofamtsträger und auch die des als letzten von 24 Zeugen testierenden Vogtes Segeband mit der Beifügung

---

1749 Pfalzgraf Heinrich für das Kloster Riddagshausen 1199, Orig.: StA WF 24 Urk 21; Druck: O.G. III., S. 621. Pfalzgraf Heinrich für das Hospital in Einbeck 1208, Orig.: verschollen [befindet sich nicht im Urkundenbestand des Marienstiftes HStA Han Cal. Or. 100 Einbeck St. Marien]; Druck: Bilderbeck 2, S. 140. Pfalzgraf Heinrich bestätigt einen Verkauf seines Ministerialen Heinrich Grubo an das Kloster Northeim 1225, Druck: v. Heinemann, Nr. 20. Pfalzgraf Heinrich bestätigt einen Vertrag zwischen dem Kloster Northeim und dem Stift Einbeck 1226 März 28, Druck: v. Heinemann, Nr. 23.

1750 Druck: O.G. IV., praef. S. 70.

1751 Siehe dazu im Kap. II. 1.2.10.

1752 1245 November 13, Orig.: StadtA Br A III 10 Nr. 4; Druck: Rethmeier, Kirchenhist. 1, Beil. S. 137; O.G. IV., S. 204; Pistorius VIII. S. 2330; Asseburger UB 1, Nr. 237; UB Br. 2, S. 43f.

1753 *marscalcus noster* 1245 November 13, Orig.: StadtA Br A III 10 Nr. 4; Druck: Rethmeier, Kirchenhist. 1, Beil. S. 137; O.G. IV., S. 204; Pistorius VIII. S. 2330; Asseburger UB 1, Nr. 237; UB Br. 2, S. 43f. 1246 März 7, Druck: O.G. IV., S. 201 ["Synbo"*; *"forte Grubo"]; Pfeffinger Br.-Lb. Hist. 2, S. 698; Doebner, Nr. 9; Reg. v. Campe 1, Nr. 298 ["Synbo"]. 1247 Januar 9, Druck: Harenberg, S. 376; Asseburger UB 1, Nr. 243. 1247 Januar 9, Druck: O.G. IV., S. 211f. *marscalcus noster* 1247 April 28, Druck: O.G. IV., S. 213f; UB Stadt Lb S. 36; Lüneburger UB 15, Nr. 58; Rethmeier: Br. Chron. III., S. 1832; Doebner, Nr. 10. *marscalcus noster* 1247 April 28, Druck: UB Herzöge Br.-Lb.1, Nr. 29; UB Stadt Lb S. 20. *marscalcus noster* 1248, Orig.: KlA Wienhausen Nr. 31; Druck: O.G. III., S. 722; Asseburger UB 1, Nr. 254; Reg. v. Campe 1, Nr. 313. *marscalcus noster* 1248, Orig.: KlA Wienhausen Nr. 30; Druck: Pfeffinger Br. Hist. 1, S. 75; Asseburger UB 1, Nr. 255; Reg. v. Campe 1, Nr. 314. 1248, Orig.: HStA Han Cal. Or. 100 Marienrode Nr. 18; Druck: UB Herzöge Br.-Lb. 1, Nr. 30; Asseburger UB 1, Nr. 252; Calenberger UB 4, Nr. 18. 1248, Orig.: HStA Han Cal. Or. 100 Marienrode Nr. 19; Druck: UB Herzöge Br.-Lb. 1, Nr. 31; Asseburger UB 1, Nr. 253; Calenberger UB 4, Nr. 19. 1249 Dezember 11, Orig.: StA WF 24 Urk 97; Druck: Asseburger UB 1, Nr. 256. 1249, Orig.: HStA Han Cal. Or. 100 Marienwerder Nr. 22; Druck: Calenberger UB 6, Nr. 28.

1754 Weinmann, S. 208.

1755 1247 April 28, Druck: UB Herzöge Br.-Lb.1, Nr. 29; UB Stadt Lb. S. 20.

1756 Druck: O.G. IV., S. 213; UB Stadt Lb. S. 36; Lüneburger UB 15, Nr. 58; Rethmeier, Br. Chron. III., S. 1832; Doebner, Nr. 10.

1757 Herzog Ottos Urkunde datiert *per manum Heinrici notarii nostri*, diejenige Herzogin Mechtilds *per manum Iohannis notarii nostri.*

1758 Busch, S. 15 und S. 16 mit Anm. 1. Vgl. dazu auch Weinmann, S. 99ff.

noster verbunden. In den herzoglichen Urkunden ist (der Marschall) Heinrich I. Grubo letztmalig im Jahre 1249 nachweisbar,[1759] dürfte jedoch nicht verstorben sein, da er noch in den fünfziger Jahren belegbar ist.[1760] Demgemäß wird er sehr wahrscheinlich von Herzog Albrecht dem Großen nach seiner Regierungsübernahme nicht übernommen worden sein.

1.2.14 Balduin von Dahlum, Marschall Herzog Albrechts des Großen 1259

Der Marschall Balduin von Dahlum entstammte einer der bedeutendsten Familien der welfischen Ministerialität,[1761] deren Angehörige vor allem als Vögte von Braunschweig bekannt geworden sind.[1762] Marschall Balduin von Dahlum ist der dritte seiner Familie mit dem Taufnamen Balduin[1763] und gehört zu dem Zweig der Familie, der sich nach den Herkunftsorten von Dahlum oder auch von Schöppenstedt benannte. Dieser Familienzweig sank in seiner Bedeutung bis zur Jahrhundertwende mehr und mehr und starb schließlich aus. Dagegen stellte jener Zweig der Familie, der sich seit dem ersten Viertel des 13. Jahrhunderts nach dem Herkunftsort von Wenden benannte, weiterhin wichtige Persönlichkeiten am herzoglichen Hof und entwickelte sich zu einem der einflußreichsten niederadligen Geschlechter des Herzogtums.[1764] Balduin von Dahlums Bruder gleichen Taufnamens war Ministeriale des Bischofs von Halberstadt,[1765] und auch Balduin von Dahlum verbanden mit diesem vielfältige Lehnsbeziehungen. Dennoch ist er nicht der halberstädtischen Ministerialität zuzuordnen,[1766] sondern war Ministeriale des welfischen Herzogs Albrecht des Großen.

In den Zeugenreihen der Urkunden Herzog Albrechts ist Balduin von Dahlum mit dem Marschalltitel nicht nachzuweisen,[1767] und auch in seinen eigenen Urkunden bediente sich Balduin von Dahlum vorerst nicht des Marschallstitels.[1768] Auch bei Erwähnungen in Urkunden anderer Aussteller[1769] sowie in seinen Siegeln[1770] wird

---

1759 1249 Dezember 11, Orig.: StA WF 24 Urk 97; Druck: Asseburger UB 1, Nr. 256.

1760 Urk. Einbeck, Nr. 34 und Nr. 36. Pischke, Grubo, S. 98 hat eine andere Filiation.

1761 Zu den von Dahlum-Wenden mit der weiteren Literatur siehe oben im Kap. I. 3.1.1.1.

1762 Siehe zu diesen ausführlich in den Kapiteln I. 3.1.1.1-3.1.1.7 und 3.1.2.

1763 Zu Balduin III. von Dahlum Hasse 1, S. 50f., S. 85ff. und passim. Vgl. im Anhang die Tafel 4.

1764 Siehe dazu im Kap. I. 2.4.1.

1765 *Baldewinus iunior de Dalem, nostre ministerialis ecclesie*, 1259 Januar 7, Druck: UB Hochstift Halberstadt 2, Nr. 983.

1766 So irrtümlich bei Fenske, Ministerialität Bm Halberstadt, S. 178, Anm. 82.

1767 *Baldewinus et Baldewinus fratres de Dalem*, 1256 Juni 23, Druck: Calenberger UB 3, S. 187. *Baldewinus de Dalem*, 1256 August 20, Druck: UB Hochstift Hildesheim 2, Nr. 995.

1768 1253, Orig.: StA WF 24 Urk 113; Druck: Asseburger UB 1, S. 192; UB Br. 2, S. 61f. 1256, Orig.: StA WF 24 Urk 127; Regest: UB Br. 4, S. 406. 1257, Orig.: StadtA Br. A III 10, Nr. 18; Druck: Pistorius VIII, S. 2345; UB Br. 2, S. 76f. *senior*, 1259, Balduin der ältere von Dahlum läßt die Vogtei über eine Hufe in Wobeck zugunsten des Stifts Marienberg auf, Orig.: StA WF 19 Urk 49; ungedruckt. 1260, Balduin und Balduin von Dahlum verkaufen die Vogtei über vier Hufen in Schliestedterburg an das Stift Marienberg, Orig.: StA WF 19 Urk 50; ungedruckt.

1769 1253, Kop.: StA WF VII B Hs 359b Bl.46; Druck: UB Br. 4, S. 403f. 1257 Oktober 4, Orig.: StA WF 24 Urk 129; Druck: UB Hochstift Halberstadt 2, Nr. 940. 1258 August 31, Druck UB Hochstift Halberstadt 2, Nr. 973. 1258 September 5, Orig.: StA WF 24 Urk 131; Druck: UB Hochstift Halberstadt 2, Nr. 975. *dominus Baldewinus maior*, 1259 Januar 7, Druck UB Hochstift Halberstadt 2, Nr. 983. O. J. (1260 um Dezember 2.), Orig.: StA WF 19 Urk 51; Regest: UB Br. 4, S. 411. *senior*, 1262 Oktober 10, Orig.: StA WF 24 Urk 152; Regest: UB Hochstift Halberstadt 2, Nr. 1057. *senior*, 1264 April 17, Orig.: StA WF 24 Urk 156; Regest: UB Hochstift Halberstadt 2, Nr. 1089.

1770 Siegelausprägungen Balduins haben sich an folgenden Urkunden erhalten: 1253, StA WF 24 Urk

Balduin nicht mit dem Marschalltitel bezeichnet. Erst im Jahre 1259 nannte sich Balduin in einer in Braunschweig für das Stift St. Blasius in Braunschweig ausgestellten Urkunde Marschall des Herzogs Albrecht.[1771] Hierin ließ der Marschall Balduin von Dahlum den Rittern Bernhard von Hagen, Gerhard von Bortfeld und Bertold von Gadenstedt die Vogtei über 12,5 Hufen in Schöppenstedt zugunsten des Stifts St. Blasius auf, die er mit seinem jüngeren Bruder vom Herzog zu Lehn trug, mit der Verpflichtung, dies sobald als möglich dem Herzog persönlich zu leisten. Als erste von sieben ministerialischen Zeugen hinter dem Edelherrn Bernhard von Hagen bezeugten die Urkunde der Vetter Balduins, Heinrich von Wenden[1772] mit Sohn Balduin. In der in Braunschweig ausgestellten Bestätigungsurkunde dieses Verkaufes aus dem Jahr 1260 bezeichnet Herzog Albrecht Balduin von Dahlum jedoch nicht mit Titel, sondern als *Baldewinus longus de Dalem.*[1773] Auch in der Zeugenreihe einer in Gifhorn ausgestellten Urkunde Herzog Albrechts für das Kloster Mariental von 1260 testierte *Baldewinus longus de Dalem.*[1774] An letzter Stelle dieser Zeugenreihe aber steht *Iohannes marscalcus noster de Saldere.* In einer Urkunde Herzog Albrechts für das Stift Marienberg des Jahres 1260, in der er den Verkauf der Vogtei Schliestedterburg durch die Brüder Balduin und Balduin von Dahlum bestätigte, nennt er Balduin von Dahlum *senior.*[1775]

Warum sich Balduin von Dahlum im Jahre 1259 ein einziges Mal Marschall Herzog Albrechts nannte und sonst überhaupt nicht mit diesem Amt in Verbindung gebracht werden kann, ist nicht eindeutig zu erklären. Vielleicht erhob Balduin von Dahlum einen Anspruch auf das Marschallamt aufgrund verwandtschaftlicher Beziehungen, konnte sich dann aber nicht gegen die Ansprüche des Johannes von Salder durchsetzen. Möglicherweise übernahm Balduin von Dahlum aber auch während der Asseburger Fehde[1776] oder in der Vorbereitung der Fehde Herzog Albrechts des Großen gegen den Bischof von Minden[1777] Aufgaben, die ihn zum Führen des Marschalltitels berechtigten. Als ein Unterbeamter des Marschalls Johannes von Salder kann Balduin von Dahlum aber kaum angesehen werden, da jener erst nach dem Jahr 1260 regelmäßig mit dem Marschalltitel nachweisbar wird.

1.2.15 Johannes I. von Salder, Marschall Herzog Albrechts des Großen 1258-1271 und Herzog Heinrichs des Wunderlichen 1280

Johannes von Salder entstammte einer der wenigen Familien, deren ursprüngliche Edelfreiheit begründet vermutet werden kann, und deren Angehörige teils der

---

113. 1257, StadtA Br. A III 10, Nr. 18. 1259, StA WF 7 Urk 48. 1259, StA WF 19 Urk 49. Die Zeichnung seines Siegels zu 1260, das heute an der betreffenden Urkunde, StA WF 19 Urk 50, nicht mehr hängt, hat das Marienberger Siegelbuch, StA WF VII B Hs 288, S. 219. Alle Siegel zeigen das gleiche Bild: zwei mit doppelten Ringen belegte Sparren. Auch die Umschrift ist, soweit lesbar, die gleiche: + SIGILLVM BALDEWINI DE DALEM.

1771 1259 April 10, Orig.: StA WF 7 Urk 48; Regest: Bege, Burgen, S. 114; UB Br. 2, S. 83.

1772 Zu ihm siehe das Kap. I. 3.1.1.7.

1773 Orig.: StA WF 7 Urk 50 fehlt seit dem 13. April 1946; Regest: Reg. v. Campe 1, Nr. 372; Urk. v. Saldern 1, Nr. 83.

1774 1260 Februar 27, Kop.: StA WF VII B Hs 340 S. 75; Regest: Urk. v. Saldern, Nr. 84.

1775 1260 Dezember 2, Orig.: StA WF 19 Urk 52; Erwähnung: UB Br. 4, S. 411.

1776 Zur Asseburger Fehde: Bähr, S. 11ff. Hellfaier, S. 29ff. Der Termin des Waffenstillstandes UB Herzöge Br.-Lb. 1, Nr. 51.

1777 Vgl. Bähr, S. 27f.

welfischen, teils der stifthildesheimischen Ministerialität zuzuordnen sind.[1778] Innerhalb der welfischen Ministerialität haben die von Salder allerdings bis zum Auftreten der Marschälle Johannes und Johannes von Salder so gut wie gar keine Rolle gespielt. In den Zeugenreihen der Urkunden Pfalzgraf Heinrichs kommen keine Angehörigen dieser Familie vor, lediglich als Bürge der Edelherren von Depenau findet Bodo von Salder im Jahre 1219 in einer Urkunde Pfalzgraf Heinrichs Erwähnung.[1779] In den Urkunden Herzog Ottos kommt nur ein einziges Mal 1241 Heinrich von Salder vor.[1780]

Im Jahre 1248 bestätigte Herzog Otto das Kind in einer Urkunde für das Kloster Riddagshausen eine Güterübertragung Dietrichs von Mahner.[1781] Die Güter waren offenbar Eigengut, teilweise ursprünglich Mitgift von Dietrichs Gattin, einer Tochter Dietrichs von Salder. Herzog Otto wies aber in dieser Urkunde ausdrücklich darauf hin, daß der Vorgang ohne seine Zustimmung ungültig gewesen wäre. Da jedoch irgendwelche herzoglichen Rechte lehnrechtlicher Natur an den genannten Gütern nicht genannt werden, könnte die erwähnte obligatorische Zustimmung Herzog Ottos auf dem Umstand beruhen, daß Dietrich von Salder der herzoglichen Ministerialität zugehörte. Der stifthildesheimischen Ministerialität hat Dietrich sicher nicht angehört, da er in keiner Urkunde der Hildesheimer Bischöfe erscheint. In ihnen testierten stets Angehörige der Familie von Salder mit den Taufnamen Bodo und Burchard.[1782] Wie aus einer Urkunde Bischof Konrads für das Kloster Dorstadt des Jahres 1230 hervorgeht, war Dietrich von Salder im Mai des Jahres 1229 bei Verhandlungen über den Landfrieden zwischen Herzog Otto, Bischof Konrad von Hildesheim und anderen, auch der Edelherren von Dorstadt, anwesend.[1783] Im Jahre 1232 bezeugte er ferner eine Urkunde Graf Heinrichs von Schladen ebenfalls für das Kloster Dorstadt im Gefolge der Edelherren von Dorstadt,[1784] die bedeutende Vasallen und Getreue der welfischen Herzöge waren. Möglicherweise hat dieser Familienzweig der Herren von Salder in einem Abhängigkeitsverhältnis gegenüber den Edelherren von Dorstadt und gegenüber den welfischen Herzögen vorerst mehr in einem Afterlehnsverhältnis gestanden.

Ein Marschall Johannes bezeugte erstmals mit dem Herkunftsnamen von Salder im Jahre 1260 als letzter von drei Zeugen ministerialischer Herkunft eine in Braunschweig ausgestellte Urkunde Herzog Albrechts für das Kloster Mariental,[1785] dürfte aber identisch mit dem schon 1258 ohne Herkunftsnamen nachweisbaren

---

1778 Vgl. allgemein zur frühen Zeit mit der weiteren Literatur Lubenow, S. 328. Zur Genealogie der Familie: Meyer, v. Salder. Moll, S. 281-291. Zur Familie von Salder liegt ein zweibändiges Regesten- und Urkundenwerk vor (Urk. v. Saldern). Der Herkunftsname bezieht sich auf Salder, Stadt Salzgitter. Die Namensform "von Saldern" ist erst seit dem 18. Jahrhundert üblich (Kleinau, GOV, S. 525), weswegen hier der Schreibweise "von Salder" der Vorzug gegeben wird.

1779 1219 November 7, Orig.: HStA Han Celle Or. 13 Nr. 595; Druck: O.G. III., S. 672ff.; Hoyer UB 1, Nr. 5; Asseburger UB 1, Nr. 100.

1780 1241 Juni 26, zwei unterschiedliche Orig. mit unterschiedlichen Zeugenreihen: StadtA Han Urk I, 0001 und 0002; Druck: 0001: Rethmeier, Br. Chron. S. 1831; O.G. IV., S. 186; UB Hannover, S. 10ff.; 0002: O.G. IV., S. 184; UB Hannover, S. 13ff.

1781 Orig.: StA WF 24 Urk 95; Druck: O.G. IV., S. 71 praef.; Asseburger UB 1, Nr. 250.

1782 Die Nachweise befinden sich in Urk. v. Saldern 1.

1783 Druck: UB Goslar 1, Nr. 498.

1784 Druck: UB Hochstift Hildesheim 2, Nr. 355.

1785 1260 Februar 27, *marscalcus noster*, Kop.: StA WF VII B Hs 340 S. 75; Regest: Urk. v. Saldern, Nr. 84.

Marschall Johannes gewesen sein.[1786] Johannes von Salder ist in den folgenden Jahren bis zur zweiten welfischen Teilung als herzoglicher Marschall nachweisbar.[1787] Sein Vater kann nicht ermittelt, nur vermutet werden.[1788] Schwierig wird die Identifizierung nach der zweiten welfischen Teilung in den Jahren 1267/69,[1789] da eben zu dieser Zeit mehrere Familienangehörige gleichen Taufnamens auftreten. Entscheidend ist, daß im Gefolge der Herzöge Albrecht und Johann jeweils ein Johannes von Salder belegbar ist. Der eine Johannes von Salder wird mit dem schon seit 1260 bei Herzog Albrecht nachweisbaren Marschall Johannes identisch sein, der andere findet sich erstmals im Jahre 1268 mit dem Titel *miles* in einer in der Burg Twieflingen ausgestellten Urkunde Herzog Johanns für das Kloster Mariental.[1790] Seit dem Jahr 1271 ist dieser auch bei Herzog Johann mit dem Marschallamt nachweisbar.[1791] Die ministerialische Gefolgschaft wurde also getreu der vorvertraglichen Vereinbarung zwischen beiden Herzögen geteilt, was auch bei anderen Familien beobachtet werden kann.[1792] Dies erklärt die Tatsache, warum zwei Angehörige der Familie von Salder, vielleicht Vettern,[1793] gleichzeitig als Marschälle belegbar sind.[1794] Die Folgerung, "daß in der Familie von Salder sich nun schon regelmäßig verschiedene Mitglieder Marschälle nennen",[1795] geht demnach fehl.

Der Marschall Johannes I. von Salder findet sich mit dem Amtstitel in weiteren Urkunden Herzog Albrechts.[1796] Nach 1271 ist er bei diesem als Marschall nicht mehr nachweisbar. Dazu paßt der Beleg eines nicht mit Herkunftsnamen bekannten *Cuno marscalcus* im Gefolge Herzog Albrechts im Jahr 1272[1797] und das Auftreten Heinrich Grubos als Marschall Herzog Albrechts im Jahr 1273[1798]. Dennoch ist Johannes I. von Salder offenbar nicht verstorben, da ein *Io. miles dictus de Saldere quondam marscalcus* im Jahre 1280 eine Urkunde für das Kloster Dorstadt ausstellte.[1799] Bei dem daran hängenden Siegel handelt es sich um das des Marschalls

1786 1258 Mai 26, Druck: Pfeffinger Br. Hist. 1, S. 6; UB Herzöge Br.-Lb.1, Nr. 48.

1787 O. HN. *marscalcus noster* 1260, Kop.: StA WF VII B Hs 129, Bl. 13 [sein Name fehlt im Orig.: StA WF 19 Urk 52; ungedruckt]; Regest: Urk. v. Saldern 1, Nr. 83. 1262 Dezember 17, Druck: Mecklenburger UB 2, Nr. 970. *dominus ... marscalcus*, 1265 April 10, Regest UB Hochstift Hildesheim 3, Nr. 87; Urk. v. Saldern 1, Nr. 88. *marscalcus*, 1265 April 28, Orig.: HStAHan Cal. Or. 100 Katlenburg Nr. 17; Regest: Urk. v. Saldern 1, Nr. 89. *marscalcus*, 1266 April 23, Druck: Scheidt, Cod. dipl., S. 712; UB Göttingen, Nr. 13.

1788 Meyer, v. Salder, S. 6f. Moll, S. 287.

1789 Der Vorvertrag datiert 1267 März 31, Druck UB Herzöge Br.-Lb. 1, Nr. 64. Zur Teilung: Patze, Welfische Territorien, S. 14. Goetze, S. 103. Pischke, Landesteilungen, S. 35ff.

1790 Orig.: StA WF 22 Urk 142; Druck: Reg. v. Campe 1, Nr. 390.

1791 *marschalcus*, Orig.: StA WF 24 Urk 183; Regest: Urk. v. Saldern 1, Nr. 103.

1792 Die Söhne Heinrichs I. von Wenden, Ludolf VI., Balduin IX. und Heinrich II. finden sich nach der welfischen Teilung von 1269 an verschiedenen Höfen. Der älteste Ludolf bei Herzog Albrecht, die beiden jüngeren bei Herzog Johann. Sämtliche Nachweise bei Hasse 1, S. 23 i. V. m. 2 passim. Pischke, Landesteilungen, S. 39 läßt dieses Problem offen.

1793 Mertens, Diss., S. 79. Mertens, NdsJBfLGesch., S. 125.

1794 Nicht erkannt bei: Meyer, v. Salder. Moll. Weinmann, S. 208 mit Anm. 74.

1795 Mertens, Diss., S. 79. Mertens, NdsJBfLGesch., S. 125.

1796 *noster marscalcus*, 1269 Februar 19, Druck O.G. IV, S. 12f. praef. *marscalcus noster*, 1270 Dezember 21, Orig.: StA WF 26 Urk 22; Druck: Br. Anzeigen 1749, S. 1935. *marscalcus noster*, 1271 Januar 4, Orig.: StA WF 7 Urk 63; Regest: UB Br. 2, S. 111; Urk. v. Saldern 1, Nr. 104.

1797 1272 Juni 12, Druck: Reg. v. Campe 1, Nr. 415.

1798 1273 September 24, Druck: Scheidt, Vom Adel S. 423; UB Herzöge Br.-Lb. 1, Nr. 78.

1799 Orig.: KlA Dorstadt Nr. 224; Druck: Urk. v. Saldern 1, Nr. 133.

Johannes I. von Salder.[1800] Er wird mit dem im Jahre 1280 in einer Urkunde Herzog Heinrichs des Wunderlichen genannten *dominus marscalcus Iohanne dictus de Saldere* identisch gewesen sein, wobei als erster Ministeriale *dominus Burchardus marscalcus dictus de Asseburch* bezeugte.[1801]

Burchard von Asseburg war sehr wahrscheinlich der Schwager Johannes' I. von Salder.[1802] Die Verwandtschaft zwischen der Familie von Salder und der Familie von Asseburg ist ferner durch zwei Urkundenbelege indirekt zu erschließen.[1803] Die Interpretation, daß das Nichterscheinen des Marschalls Johannes I. von Salder in den Urkunden "wohl nicht auf ein freiwilliges Ausscheiden aus dem Amt zurückzuführen" sei,[1804] ist demgemäß zu korrigieren. Der Marschall Johannes I. von Salder schied möglicherweise aufgrund seines hohen Alters aus dem Amt, und dieses ging auf seinen Schwager über, da Johannes I. von Salder nur Töchter hatte.[1805] Eine der Töchter des Marschalls, Hildeburg, war mit Graf Konrad I. von Wohldenberg verheiratet, was für die aus dieser Verbindung hervorgehenden Kinder standesmindernd gewirkt hat. Die Ehe und ihre Folgen lassen sich erst 1323 nachweisen, da in diesem Jahr König Ludwig der Bayer durch einen besonderen Nobilitierungsakt einem der Söhne Graf Konrads, Heinrich XI. von Wohldenberg, die Rechte seiner edelfreien Geburt bestätigte.[1806]

Als Vögte unter Herzog Heinrich dem Wunderlichen sind Angehörige der Familie von Salder im 13. Jahrhundert weiter nachweisbar.[1807]

1.2.16 Johannes II. von Salder, Marschall Herzog Johanns 1270-1281 und Herzog Ottos des Strengen 1281

Johannes II. von Salder findet sich erstmals im Jahre 1268 mit dem Titel *miles* in einer in der Burg Twieflingen für das Kloster Mariental ausgestellten Urkunde Herzog Johanns.[1808] Mit dem Amtstitel eines Marschalls kommt er in weiteren Urkunden desselben Fürsten sowie anderer Aussteller vor.[1809] In einer undatierten, vielleicht um 1270 von Johannes II. von Salder mitausgestellten Urkunde für das Kloster Heinigen nannte er sich *Io. dei gratia miles in Lictenberghe dictus marscalcus*.[1810] An dieser Urkunde hängt auch das älteste bekannte Siegel der Familie von Salder, das als Bild eine Rose zeigt.[1811] Seit dem Jahr 1271 ist Johannes II. bei

1800 Meyer, v. Salder, S. 7.
1801 1280 März 17, Kop.: StA WF VII B Hs 365, S. 194; Druck: Asseburger UB 1, Nr. 399.
1802 Moll, S. 283.
1803 1276 September 21, Druck: Asseburger UB 1, Nr. 385. 1280 März 17, Druck: Asseburger UB 1, Nr. 399.
1804 Weinmann, S. 209.
1805 Moll S. 287f. Anders Meyer, v. Salder, S. 6f.
1806 1323 November 15, ..., *qui de matre sua Hildeburgi filia marschalci Ioh. servilis condicionis servus fuit Heinrici ducis Brunswicensis, manumissum per dictum ducem liberavit*, ..., Druck: MGH Constitutiones V. Nr. 819; Urk. v. Saldern 1, Nr. 313. Siehe dazu Petke, Wöltingerode, S. 179, S. 208, S. 481.
1807 1286 Oktober 28, Johannes der Schwarze von Salder *advocatus ducis Brunswicensis in Eversten*, Druck: Urk. v. Saldern 1, Nr. 148. 1295 Juni 21, Aschwin von Salder *illustris principis domini Henrici ducis de Bruneswic advocatus in Bocla*, Druck: UB Goslar 2, Nr. 487.
1808 Orig.: StA WF 22 Urk 142; Druck: Reg. v. Campe 1, Nr. 390.
1809 *marschalcus*, 1271, Orig.: StA WF 24 Urk 183; Regest: Urk. v. Saldern 1, Nr. 103. 1273 Oktober 15, Orig.: HStA Han Cal. Or. 100 Marienwerder Nr. 38; Druck: Calenberger UB 6, Nr. 50.
1810 Druck: Asseburger UB 1, Nr. 348; Urk. v. Saldern 1, Nr. 102.
1811 Urk. v. Saldern 1, S. 43.

Herzog Johann von Braunschweig-Lüneburg mit dem Marschallamt nachweisbar[1812] und wurde von diesem mit der Burgmannschaft der wichtigen Burg Lichtenberg betraut. Er ist auch später noch in dieser Funktion nachweisbar,[1813] in der er einmal als erster der ausstellenden Burgmannen der Burg Lichtenberg im Jahre 1281 über einen Vergleich urkundete.[1814] Letztmalig und dazu noch mit Amtstitel kommt Johannes II. von Salder in einer in Lichtenberg ausgestellten Urkunde Herzog Ottos des Strengen von 1282 vor.[1815]

Möglicherweise hatte der Marschall Johannes II. von Salder Söhne,[1816] welche jedoch nicht mit dem Marschallsamt verbunden auftraten. Am Ende des Untersuchungszeitraumes dieser Arbeit wird ein Angehöriger dieses Familienzweiges der von Salder als Amtmann Herzog Ottos des Strengen auf der Burg Lichtenberg belegbar.[1817]

1.2.17 Johannes von Lutter, Marschall der Herzöge Albrecht und Johannes 1263-1264

Johannes von Lutter gehörte offenbar zu einem welfischen Ministerialengeschlecht,[1818] das erstmals im Jahre 1224 mit Otrave von Lutter in einer Urkunde Pfalzgraf Heinrichs für das Kloster Mariental zu belegen ist.[1819] Die Ministerialen von Lutter müssen von den Herren von Lutter, die sich nach Lutter am Barenberge nannten,[1820] streng unterschieden werden. In herzoglichen Urkunden kommt bis zum Auftreten des Marschalls Johannes von Lutter lediglich im Jahre 1233 ein Aschwin von Lutter in einer Urkunde Ottos des Kindes vor.[1821]

In einer in Gifhorn 1263 ausgestellten Urkunde bekennen die Herzöge Albrecht und Johann von Braunschweig, daß *Johannes marscalcus et fidelis noster de Luttere* dem Kloster Mariental vier Hufen in Schoderstedt verkauft habe.[1822] Johannes von Lutter nennt sich in einer eigenen im Jahre 1264 gemeinsam mit Wedekind von Eilenstedt[1823] und dessen Brüdern für das Kloster Riddagshausen ausgestellten

---

1812 *marschalcus*, Orig.: StA WF 24 Urk 183; Regest: Urk. v. Saldern 1, Nr. 103.

1813 1273, Druck: Urk. v. Saldern 1, Nr. 106.

1814 1281 Januar 20, *Iohannes marscalcus, Theodericus de Walmede, Borchardus de Cramme nec non Andreas de Luttere, milites castellani in Lichtenberche*, Orig.: StA WF 18 Urk 12; Regest: UB Hochstift Hildesheim 3, Nr. 546; Urk. v. Saldern 1, Nr. 136.

1815 1282 Juli 24, *Ioannes militis marscalcus dictus de Salder*, Druck: Cod. dipl. Brand. A 2 S. 87; Urk. v. Saldern 1, Nr. 138.

1816 Meyer v. Salder S. 6ff.

1817 1300 April 3, Aschwin von Salder *officialis illustris principis Ot. ducis de Luneburgh in Lechtenberghe*, Druck: UB Herzöge Br.-Lb. 1, Nr. 158.

1818 Der Herkunftsname bezieht sich auf Königslutter, Kreis Helmstedt. Vgl. dazu Kleinau, GOV, S. 344ff.

1819 Orig.: StA WF 22 Urk 41; Druck: v. Heinemann, Nr. 19 (nach dem Kopiar StA WF VII B Hs 340 S. 20f.). Weder Otrave von Lutter noch der erste nachweisbare Träger des seltenen Taufnamens Otrave im hiesigen Raum, Otrave von Rottorf (erstmals nachweisbar bei Pfalzgraf Heinrich 1197 Mai 17, Druck: O.G. III., S. 615f.) sind bei Holthusen verzeichnet.

1820 Zu ihnen und der Geschichte der Burg Lutter Zillmann, S. 93-96. Bei dem eine Urkunde Herzog Albrechts von 1253 Oktober 23, Druck: Asseburger UB 1, Nr. 277, für das Kloster Wöltingerode testierenden Ekbert von Lutter handelt es sich um einen Angehörigen der Familie von Lutter am Barenberge. Vgl. Asseburger UB 1, Nr. 293.

1821 1233 Juli, Orig.: StA WF 19 Urk 16; Druck: O.G. IV., S. 134 (fehlerhaft).

1822 1263 Februar 22, Kop.: StA WF VII B Hs 341 Bl. 81v und VII B Hs 342 Bl. 108v; ungedruckt.

1823 Zu der Familie von Eilenstedt, die zu einer der bedeutendsten Familien der stifthalberstädtischen Ministerialität zu zählen sind, Fenske/Schwarz, S. 364f. Der Herkunftsname bezieht sich auf

Urkunde *Johannes marscalcus dictus de Luttere.*[1824] Die Aussteller übergaben dem Kloster Riddagshausen ihr Recht an anderthalb Hufen in Schapen. Von den ursprünglich zwei anhängenden Siegeln fehlt leider dasjenige des Marschalls, von dem weitere Aufschlüsse hinsichtlich der Familienzugehörigkeit desselben zu erwarten gewesen wären. An zweiter Stelle hängt das Siegel des Edelherrn Hermann von Eltze, weil, wie in der Siegelankündigung erwähnt, Wedekind von Eilenstedt und seine Brüder kein eigenes Siegel besaßen. Der Marschall Johannes von Lutter ist zu (1274) als Lehnsmann der Edelherren Luthard und Burchard von Meinersen nachzuweisen.[1825] In Urkunden kommt der Marschall Johannes von Lutter als Ritter *Johannes marscalcus de Luttere* erst wieder im Jahre 1282 als Zeuge in einer Urkunde des Ritters Ludolf von Esbeck für das Kloster Mariental vor.[1826] Möglicherweise besteht zwischen dem Marschall und dem Ritter Betemanus von Lutter und dessen Bruder Manegold, die als einzige Laienzeugen 1295 eine in Braunschweig ausgestellte Urkunde Herzog Heinrichs des Wunderlichen für das Sift St. Blasius bezeugten,[1827] ein genealogischer Zusammenhang.

1.2.18 Kuno, Marschall Herzog Albrechts 1272

Nur ein einziges Mal ist im Jahre 1272 in der Zeugenreihe einer in Herzberg für das Kloster Hedersleben ausgestellten Urkunde Herzog Albrechts nach dem Kämmerer Herwig von Uetze ein *Cuno marscalcus noster* nachweisbar.[1828] Aufgrund dieser Nennung muß der Marschall Kuno jedenfalls zu dem Gefolge des welfischen Herzogs gezählt werden.[1829] Daß der Marschall Kuno hinter dem Kämmerer Herwig von Uetze testierte, könnte seinen Grund möglicherweise in dem noch jugendlichen Alter des Marschalls haben. Da jedoch der Marschall Kuno und auch sonst kein Träger dieses seltenen Taufnamens im Gefolge der welfischen Herzöge mehr nachweisbar ist, und da kurz darauf der Marschall Heinrich II. Grubo vorkommt, wird es sich bei jenem sehr wahrscheinlich um einen militärischen Unterbeamten gehandelt haben.

1.2.19 Heinrich II. Grubo, Marschall Herzog Albrechts des Großen 1273

Seit dem Tode des Marschalls Heinrich I. Grubo nach 1249 kommt bis 1272 kein Angehöriger der Familie Grubo mehr in den Urkunden der welfischen Herzöge vor. In diesem Jahr bezeugte der Ritter[1830] Grubo von Grubenhagen eine in Osterode ausgestellte Urkunde des Grafen Ludolf von Dassel für Herzog Albrecht.[1831] Es ist das erste Mal, daß ein Grubo mit einem Herkunftsnamen, in diesem Fall sogar mit einem Burgennamen, verbunden wird.[1832] Dieser Grubo von Grubenhagen dürfte

---

Eilenstedt, Kreis Halberstadt.

1824 Orig.: StA WF 24 Urk 158; Druck: Scheidt, Mantissa S. 545f.

1825 UB Herzöge Br.-Lb. 1, S. 51, Z. 25.

1826 Ritter Ludolf von Esbeck für das Kloster Mariental, 1282 September 13, Orig.: StA WF 22 Urk 164; ungedruckt.

1827 Orig.: StA WF 7 Urk 116 (mit gut erhaltenem Siegel); Erwähnung: UB Br. 2, S. 194.

1828 1272 Juni 12, Druck: Reg. v. Campe 1, Nr. 415.

1829 Die Erwägung dagegen bei Weinmann, S. 208, Anm. 75 ist zu streichen.

1830 Nicht Knappe, wie Max, Grubenhagen, S. 354 angibt. Auch Pischke, Grubo, S. 99 ist demgemäß zu korrigieren.

1831 1272 Februar 15, Druck: UB Herzöge Br.-Lb. 1, S. 47; Scheidt, Cod. dipl. S. 577.

1832 Zur Burg Grubenhagen: Max, Grubenhagen, S. 21ff. Handbuch histor. Stätten 2, S. 158.

identisch sein mit jenem Heinrich Grubo, der sich im Jahre 1273 bei seinem Vergleich mit dem Propst von St. Jacobus zu Osterode als *marscalcus illustris principis Alberti ducis de Bruneswic* bezeichnete.[1833] Sein dreieckiges Siegel zeigt zwei senkrecht stehende Balken mit der Umschrift SIGILLUM HENRICI GRUBONIS.[1834] Der Marschall Heinrich II. Grubo, sehr wahrscheinlich der Sohn des Marschalls Heinrich I. Grubo, erscheint nicht weiter in den herzoglichen Urkunden. Vielleicht ist er verstorben.

Erst in den Jahren 1281[1835] und 1284[1836] wurden zwei Urkunden für das Kloster Fredelsloh wieder von einem Ritter Heinrich Grubo von Grubenhagen ausgestellt. Möglicherweise war dieser identisch mit dem Grubo von Grubenhagen, der eine 1292 in Einbeck ausgestellte Urkunde Herzog Heinrichs des Wunderlichen für das Kloster Hameln als letzter von fünf Zeugen ministerialischer Herkunft bezeugte.[1837] Die Namensform "Grubo von Grubenhagen" entwickelte sich offenbar zu einen Zunamen, denn in einer 1297 in Göttingen ausgestellten Urkunde Herzog Albrechts des Fetten für das Kloster Fredelsloh testierte als vierter von sieben ritterlichen Zeugen ein Johannes *dictus Grubo* von Grubenhagen.[1838]

1.2.20 Werner von Medingen, Marschall Herzog Johanns von Braunschweig-Lüneburg 1273

Werner von Medingen testierte in einer im Jahre 1273 in Lüneburg ausgestellten Urkunde des Ritters Lippold von Doren für das Kloster St. Michael als erster der ritterlichen Zeugen,[1839] wobei er als *dominius Wernerus de Medinge marscalcus in Luneburg* bezeichnet wird.[1840] In einer Urkunde der Brüder von Thondorf des Jahres 1273 wird eine Mitbesiegelung durch den nicht näher genannten herzoglichen Marschall angekündigt, bei dem es sich ebenfalls um Werner von Medingen handeln dürfte.[1841] Die Einschätzung, daß "eigenartigerweise" kein Angehöriger der Familie von Medingen unter Herzog Johann von Braunschweig-Lüneburg "als Marschall bezeichnet" wird,[1842] ist demgemäß zu korrigieren.

Exkursionskarte Moringen, S. 123-125.

1833 1273 September 24, Druck: Scheidt, Vom Adel, S. 423; UB Herzöge Br.-Lb. 1, Nr. 78; Max, Grubenhagen 2, Nr. 12.

1834 Max, Grubenhagen 2, Nr. 23.

1835 1281 Mai 3, ausgestellt in Einbeck, Orig.: HStA Han Cal. Or. 100 Fredelsloh Nr. 46; Druck: UB Fredelsloh, Nr. 52.

1836 1284 März 30, ausgestellt in Fredelsloh, Orig.: HStA Han Cal. Or. 100 Fredelsloh Nr. 48; Druck: UB Fredelsloh, Nr. 55.

1837 1292 März 30, Druck: Scrip. rer. Br. 2, S. 515.

1838 1297 April 21, Orig.: HStA Han Cal.Or. 100 Fredelsloh Nr. 76; Druck: Asseburger UB 1, Nr. 494.

1839 Orig.: HStA Han Celle Or. 100 Lüneburg St. Michael Nr. 48; Druck: Lüneburger UB 7, Nr. 100.

1840 Der Ritter Werner von Medingen kommt sonst noch häufiger vor. Siehe beipielsweise seine Urkunde für das Stift Bardowick von 1266 September 8, Orig.: HStA Han Celle Or. 100 Bardowick Nr. 14, in Gegenwart Herzog Johanns in Lüneburg ausgestellt (Vgl. dazu die Bestätigungsurkunde Herzog Johanns zu 1266, Orig.: HStA Han Celle Or. 100 Bardowick Nr. 15). Die Stammtafel der Herren von Medingen bei Vogtherr, S. 290 gibt die genealogische Zuordnung nur ungenau.

1841 1273 November 11, ... *confectam sigillo domini marscalci ducis* ..., Orig.: HStA Han Celle Or. 100 Lüneburg St. Michael Nr. 49 (Siegel fehlt); Druck: Lüneburger UB 7, Nr. 102.

1842 Mertens, Diss., S. 80. Mertens, NdsJBfLGesch., S. 125. Als Gegenbeispiel dafür, daß sich verschiedene Mitglieder der Familie von Salder Marschälle nennen, kommt diese Beobachtung keineswegs in Betracht.

1.2.21 Burchard von Asseburg, Marschall Herzog Albrechts des Großen 1275-1279 und Herzog Heinrichs des Wunderlichen 1280-1281

Der Marschall Burchard von Asseburg entstammte einer der wichtigsten Familien der welfischen Ministerialität, die sich zuerst nach dem Herkunftsort von Wolfenbüttel und seit der Erbauung der Burg auf dem Höhenzug Asse nach derselben benannte.[1843] Auch nach dem Verlust der Burg infolge der Asseburger Fehde benannten sich die Angehörigen der Familie weiterhin mit diesem Namen,[1844] - ein Beweis für die im Verlauf der ersten Hälfte des 13. Jahrhunderts stattgefundene Verfestigung des Herkunfts- zum Familiennamen.

Erstmals wird Burchard von Asseburg in einer Urkunde Herzog Albrechts des Großen für das Kloster Dorstadt im Jahre 1275 als *miles, marscalcus noster* bezeichnet.[1845] Der Ritter Burchard von Asseburg wurde keinesfalls bloß "als Zeichen der Aussöhnung zwischen Welfen und Asseburgern mit diesem Amt betraut",[1846] da er mit dem Marschalltitel in drei weiteren Urkunden Herzog Albrechts[1847] sowie in Urkunden anderer Aussteller[1848] vorkommt. Möglicherweise hat bei der Übergabe des Marschallamtes an Burchard von Asseburg sein Verwandtschaftsverhältnis gegenüber dem Marschall Johannes I. von Salder eine Rolle gespielt, denn Burchard war sehr wahrscheinlich dessen Schwager.[1849] Zudem hat der Marschall Burchard von Asseburg zur Zeit Herzog Albrechts des Großen drei Urkunden ausgestellt, in deren Intitulationes er sich des Marschalltitels bediente: *... dei gratia Burchardus dictus de Asseborch, marscalcus domini ducis in Brunswic*[1850], *Ego Borchardus dictus de Asseburg, marscalcus domini Alberti ducis de Bruneswic*[1851], *Burchardus de Asseborch, marchalcus ducis de Brunswich* (sic!)[1852].

Nach dem Tode Herzog Albrechts des Großen ist Burchard von Asseburg mit dem Marschalltitel unter Herzog Heinrich dem Wunderlichen[1853] sowie in einer Urkunde des Ritters Heinrich von Wenden mit Bezug auf Herzog Heinrich[1854] nachweisbar. Nach dem Jahre 1281 verschwindet der Marschall Burchard von Asseburg aus den Urkunden und wird also verstorben sein. Er hat drei unterschiedliche Siegelstempel

---

1843 Siehe dazu im Kap. II. 1.1.10.

1844 Asseburger UB 1, S. 9f.

1845 1275 April 9, Druck: Asseburger UB 1, Nr. 377. Weinmann, S. 208 hat bei seiner gegen Mertens, NdsJBLGesch, S. 126 geführten Argumentation diesen Nachweis übersehen.

1846 Mertens, Diss., S. 80. Mertens, NdsJBLGesch, S. 126.

1847 *dominus Burchardus marscalcus*, 1276, Regest: Asseburger UB 1, Nr. 387. *Borgardus marscalcus noster de Asseburch*, 1279 Juli 28, Druck: UB Hochstift Halberstadt 2, Nr. 1345.

1848 1276 Juli 1, Orig.: StadtA Br. A III 10: 34; Druck: Pistorius VII., S. 2359; Asseburger UB 1, Nr. 384. 1276 September 21, Orig.: StAWF 18 Urk 11; Druck: Asseburger UB 1, Nr. 385. 1279 Juni 24, Druck: Asseburger UB 1, Nr. 393.

1849 Moll S. 283.

1850 1276 März 31, Druck: Asseburger UB 1, Nr. 381.

1851 1277 Dezember 9, Druck: Asseburger UB 2, Nr. 538.

1852 1277, Orig.: StA WF 24 Urk 195; Druck: Asseburger UB 1, Nr. 388.

1853 *Ecbertus de Asseboch et Borchardus marscalcus, frater ipsius* 1280 Februar 26, Orig.: StA WF 24 Urk 202; Druck: Asseburger UB 1, Nr. 395. *marscalcus noster* 1280 März 17; Druck: Asseburger UB 1, Nr. 399. 1280 April 26, Orig.: StA WF 22 Urk 158; Druck: Asseburger UB 1, Nr. 400. O. HN. *marescalko* 1280 November 11, Orig.: StA WF 7 Urk 82; Druck: Asseburger UB 1, Nr. 403. O. HN. *marscalcus noster* 1281 März 11, Orig.: LHA Magdeburg Rep. U 7 Nr. 186; Regest: Asseburger UB 1, Nr. 408. 1281 Mai 5, Orig.: StA WF 8 Urk 19; Druck: Asseburger UB 1, Nr. 412.

1854 1281 Mai 5, *Borchardus marscalcus noster (sic!) et Ecbertus frater suus dicti de Asseborch*, Orig.: StA WF 8 Urk 18; Druck: Asseburger UB 1. Nr. 411.

gebraucht, von denen sich verschiedene Ausprägungen erhalten haben,[1855] in denen das Marschallamt aber nicht zum Ausdruck kommt.

1.2.22 Jordan von Campen, Marschall Herzog Albrechts des Fetten 1279-1302

Der Marschall Jordan von Campen ist erstmals im Jahre 1279 mit Herkunftsnamen und Amtstitel in einer Urkunde der Brüder und Edelherren Burchard und Luthard von Meinersen nachweisbar.[1856] Ein direkter Bezug des Marschallamtes auf Herzog Albrecht den Fetten wird zu dieser Zeit aber noch nicht erkennbar. Im Jahre 1283 stellte der Marschall Jordan gemeinsam mit einem weiteren Jordan, beide Ritter und mit Herkunftsnamen von Campen, eine eigene Urkunde aus.[1857] 1284 besiegelte der Marschall Jordan von Campen eine Urkunde seines Neffen, des Ritters Jordan von Campen, mit.[1858] Das an zweiter Stelle hängende Siegel des Marschalls ist stark beschädigt, so daß von der Umschrift lediglich [...]ORDA[...] erkennbar wird. Bei dem Siegelbild hat es sich um ein Vollwappen gehandelt, von dem heute bloß der nach rechts geneigte Wappenschild mit einem Zickzackbalken zu erkennen ist. In einer Urkunde des Herzogs Albrecht des Fetten des Jahres 1296 testierte er mit Herkunftsnamen und Amtsbezeichnung verbunden.[1859] Verstorben ist der Marschall Jordan von Campen vor dem Jahre 1302, da in einer Urkunde dieses Jahres Heinrich und Jordan als Söhne des verstorbenen Marschalls Jordan vorkommen.[1860]

Der gleichnamige Sohn des Marschalls Jordan von Campen erscheint in einer eigenen Urkunde von 1307[1861] sowie im Lehnbuch Herzog Ottos des Milden von Braunschweig aus dem Jahr 1318[1862] nicht mit dem Titel eines Marschalls, sondern als *filius marscalci*. Er hat demnach den Marschallstitel nicht besessen, und es kommen stattdessen unter Herzog Otto dem Milden Marschälle aus anderen Familien vor.[1863] Insbesondere sind hier die Herren von Oldershausen zu nennen, unter denen das Marschallamt bis in die frühe Neuzeit erblich blieb.[1864] Der erste Marschall aus der Familie von Oldershausen war Hermann VI. von Oldershausen.[1865] Er war der Sohn Bertolds I. von Oldershausen und einer Schwester des Marschalls Jordan von Campen.[1866] Unter Herzog Magnus hat aber offenbar auch noch Gerhard von Campen das Amt eines Marschalls bekleidet, da sein Siegel aus dem Jahr 1354 als Amtsträgersiegel anzusprechen ist.[1867]

1855 Asseburger UB 1, S. 333, mit Abbildungen auf Siegeltafel III. 5, 5a, 5b.
1856 1279 Dezember 24, Regest: Reg. v. Campe 1, Nr. 445.
1857 1283 Juli 22, Druck: Reg. v. Campe 1, Nr. 472.
1858 1284 Juni 4, Orig.: StA WF 22 Urk 174; Druck: Reg. v. Campe 1, Nr. 476. Eine Abb. des Siegels des Ritters Jordan von Campen hat Reg. v. Campe 1, S. 274.
1859 1296 Mai 19, Druck: UB Br. 1, S. 17.
1860 1302 Februar 25, Orig.: StA WF 9 Urk 56; Druck: Reg. v. Campe 2, Nr. 549. 1302 Mai 25, Orig.: StA WF 9 Urk 60; Druck: Reg. v. Campe 2, Nr. 552.
1861 1307 Juli 22, Druck: Reg. v. Campe 2, Nr. 565.
1862 Lehnbücher Herzöge Braunschweig, I 92, S. 38.
1863 Weinmann, S. 209. Lehnbücher Herzöge Braunschweig, S. 95.
1864 Zu den Herren von Oldershausen Upmeyer, darin S. 132-140 zum Marschallamt der Familie. Weinmann, S. 209 ist demgemäß zu korrigieren.
1865 Zu ihm siehe Upmeyer, S. 192-196.
1866 Upmeyer, S. 185.
1867 Abb.: StA WF 5 Slg 7 Nr. 125. Umschrift: S' GERHARDI DE CAMPEN, Bild: zwei Leoparden.

1.2.23 Johannes von Rethen, Marschall Herzog Ottos des Strengen 1284

Bei der Familie von Rethen[1868] handelte es sich um eine kleinere Ministerialenfamilie, die von den Familien mit Herkunftsnamen von Reden[1869] und von Rheden[1870] getrennt werden muß.[1871] Johannes von Rethen testierte im Jahre 1284 mit der Amtsbezeichnung *marscalcus noster* eine in Braunschweig für das Kloster Loccum ausgestellte Urkunde Herzog Ottos hinter den ritterlichen Zeugen.[1872] Daher wird es sich bei ihm um einen militärischen Unterbeamten gehandelt haben. Sehr wahrscheinlich dürfte das Marschallamt Johannes' von Rethen in einen Zusammenhang mit dem sogenannten Ritterorlog, einem Aufstand eines Teils der Lüneburger Ministerialen gegen Herzog Otto den Strengen,[1873] zu bringen sein.

1.2.24 Werner von Medingen, Marschall Herzog Ottos des Strengen 1287-1312

Werner von Medingen ist erstmalig mit dem Marschalltitel, dabei aber ohne Herkunftsnamen, in einer Urkunde Herzog Ottos des Strengen von 1287 nachweisbar.[1874] Mit Titel und Herkunftsnamen gemeinsam kommt der Marschall Werner von Medingen im Jahre 1291 in zwei von Herzog Otto dem Strengen für ihn und seinen Bruder Jordan ausgestellten Urkunden vor.[1875] In einer Urkunde Gerhards und Johannes von dem Berge für das Kloster Lüne von 1291 wird der Knappe Jordan ein einziges Mal als Marschall bezeichnet.[1876] Die Bezeichnung dürfte hier zunamensgleich erfolgt sein. Dagegen ist sein älterer Bruder, der Ritter Werner, bis zum Ende des Untersuchungszeitraumes[1877] und weiter unter Herzog Otto dem Strengen[1878] mit dem Marschallstitel belegbar. Dementsprechend führte der Marschall Werner von Medingen im Jahre 1307 ein rundes Siegel, das als Amtsträgersiegel anzusprechen ist. Es hat die Umschrift + S' WE[RNERI] MARSCALCI DE LVNEB' und ein Vollwappen: Der nach rechts geneigte Schild zeigt einen, mit einer Turnierdecke belegten, springenden Hirsch; darüber ein Topfhelm mit fünf Fahnen als Helmzier.[1879]

Der Marschall Werner von Medingen hatte einen jüngeren Bruder gleichen Taufnamens,[1880] der zwar mit dem Amtstitel nicht weiter vorkommt, ebenfalls jedoch

---

1868 Der Herkunftsname bezieht sich auf Rethen, Gemeinde Laatzen, Kreis Hannover.

1869 Der Herkunftsname bezieht sich auf Reden, Gemeinde Pattensen, Kreis Hannover. Der Stammvater dieser Familie war Heinrich Hisse, von dem ein Lehnverzeichnis existierte und der in einer größeren Anzahl von Urkunden Pfalzgraf Heinrichs testierte. Siehe dazu Dobbertin und oben im Kap. I. 2.2.

1870 Der Herkunftsname bezieht sich auf Reden, Kreis Hildesheim.

1871 Dobbertin, S. 177.

1872 1284 Januar 26, Druck: Calenberger UB 3, Nr. 437.

1873 Zum Ritterorlog mit der dazugehörenden Literatur Vogtherr, S. 258-269.

1874 1287 August 3, *Wernerus marschalcus noster*, Druck: Pfeffinger, Br. Hist. 2, S. 368f.

1875 1291 September 14, Orig.: StA WF 24 Urk 296, ungedruckt. 1291 September 14, Druck: UB Br. 2, S. 179f.

1876 1291 Januar 29, ... *famuli: Jordanus marschalcus domini ducis,* ..., Druck: Scheidt, Mantissa, S. 396f.

1877 Ohne Titel: 1294 Februar 10, Druck: UB Herzöge Br.-Lb.1, Nr. 127. 1295 September 28, Druck: UB Herzöge Br.-Lb.1, Nr. 141. Mit Titel: 1296, Druck: UB Herzöge Br.-Lb.1, Nr. 142.

1878 Vgl. dazu, ohne Nachweise, Vogtherr, S. 116 mit Anm. 918, wobei die genealogische Einordnung nicht korrekt seien kann.

1879 Erhalten zu 1307 Juni 15, Orig.: HStA Han Celle Or. 100 Lüneburg St. Michael Nr. 92; Druck: Lüneburger UB 7, Nr. 189 mit einer Abb. des Siegels auf S. 133.

1880 1308 April 14, Orig.: HSt A Han Celle Or. 100 Lüneburg St. Michael Nr. 96; Druck: Lüneburger

ein als Amtsträgersiegel anzusprechendes Siegel führte. Es hat die Umschrift + S' [WER]NERI DE MEDINGEN IVVENIS und als Bild einen quergeteilten Schild, oben ein Leopard, unten zwei gefehte Querbalken.[1881] Analog zu dem Amtsträgersiegel des Marschalls Friedrich von Volkmarode[1882] könnte in den zwei gefehten Querbalken das Wappenbild der Herren von Medingen gesehen werden. Deren Familienwappen war aber ein nach rechts springender, mit einer Decke belegter Hirsch.[1883] Dagegen zeigte das Siegel des Wasmodus Kind aus dem Jahr 1288 zwei gefehte Querbalken als Bild.[1884] Wasmodus Kind war Ritter und Burgmann Herzog Ottos des Strengen in Lüneburg,[1885] was sich durch die Umschrift seines Siegels bestätigen läßt: [+ SIGILLI WASMODI DICTI PVE]RI DE LVN[EBVRG].[1886] Demgemäß könnte das Vorkommen der zwei gefehten Querbalken im Siegel des Marschalls Werner von Medingen seinen Grund in einem Konnubium beider Familien haben. Da aber auch in der Familie Kind später ein anderes Wappenbild vorkommt,[1887] deutete jenes Siegelbild möglicherweise die gemeinsame Burgmannschaft beider Familien an. Diese Vermutung läßt sich durch den erhaltenen Siegelstempel eines Werner von Schwerin aus dem 13. Jahrhundert bestätigen: Das Bild zeigt oben ein gezügeltes Pferd, das Wappenbild der Familie Grote-von Schwerin, und unten zwei Fehpfähle.[1888]

Das Marschallamt im Fürstentum Lüneburg aber blieb seit dem Marschall Werner in der Familie von Medingen erblich.[1889]

1.2.25 Hermann (von Oldershausen), angeblicher Marschall 1291

Bei dem Ritter *Hermannus marscalcus*, der im Jahre 1291 eine Urkunde für das Kloster Northeim ausstellte,[1890] handelte es sich nicht um einen Marschall eines welfischen Herzogs und/oder um Hermann von Oldershausen, sondern um einen Ritter Hermann mit Zunamen Marschall, der später auch mit dem Herkunftsnamen von Warburg vorkommt[1891] und dessen Amtsbezeichnung bis dato ungelöst bleibt.

UB 7, Nr. 193.

1881 Die Ausprägung von 1308 April 14, Orig.: HStA Han Celle Or. 100 Lüneburg St. Michael Nr. 101, Druck: Lüneburger UB 7, Nr. 201, fehlt heute. Abb.: Lüneburger UB 7, S. 135. Von 1312 September 29, Orig.: HStA Han Celle Or. 100 Lüneburg St. Michael Nr. 117, Druck: Lüneburger UB 7, Nr. 221, hat sich eine Ausprägung erhalten. Abb.: Lüneburger UB 7, S. 155. Das gleiche Siegel ist abgebildet zu 1312 in StA WF 5 Slg 9 Nr. 345.

1882 Siehe dazu oben im Kap. II. 1.2.6.

1883 v. Meding S. 63ff. StA WF 5 Slg 9 Nr. 346-349. Auch der Lüneburger Vogt, Ritter Johann von Lobeck, führt zu 1288 einen Hirsch als Siegelbild, Orig.: StA WF 24 Urk 259; Abb.: StA WF 5 Slg 9 Nr. 333. Vgl. zu ihm Vogtherr, S. 251 und S. 261.

1884 Es hat sich an StA WF 24 Urk 259 erhalten.

1885 1295 September 28, Druck: UB Herzöge Br.-Lb.1, Nr. 141.

1886 Abb. des Siegels StA WF 5 Slg 8 Nr. 307 mit der (stark ergänzten) Umschrift.

1887 StA WF 5 Slg 8 Nr. 308-310.

1888 Er befindet sich heute im Museum für das Fürstentum Lüneburg. Siehe Körner, A 6, S. 17f.

1889 Vgl. dazu: Lüneburger Lehnregister S. 53, Nr. 616 von ca. 1360. Scheidt, Mantissa, S. 397f. zu 1410.

1890 Druck (beide mit fehlerhaftem Kopfregest): Scheidt, Mantissa, S. 424f. Max, Grubenhagen 2, S. 10f.

1891 Ausführlich dazu Upmeyer, S. 133.

1.2.26 Gereko Rogelsac, Marschall Herzog Heinrichs des Wunderlichen 1297

In einer 1297 in *castro Stenem*[1892] für das Kloster Mariental ausgestellten Urkunde Herzog Heinrichs des Wunderlichen testierten hinter dem Magister Ubertus, Propst des Stifts Einbeck, *Heidenreich Reme, Thilo de Espelingerode, Basil de Wolderdeshusen, Johannes Slengerdus, milites, Thileco de Grunenberge, Gereko Rogelsac marscalcus noster, Olricus de Hilgendorp advocatus noster.*[1893] Der Marschall Gereko Rogelsac ist aufgrund seines Zunamens und seiner Stellung in der Zeugenreihe hinter den ritterlichen Zeugen als ein militärischer Unterbeamter anzusehen.

1.3 Die Schenken

1.3.1 Heinrich, Schenk Heinrichs des Löwen 1167-1171

Heinrich ist als erster Schenk in den Urkunden Heinrichs des Löwen seit 1167 nachweisbar.[1894] Er erscheint stets ohne Herkunftsnamen und kann aufgrund der Häufigkeit seines Taufnamens keiner Familie zugeordnet werden. Vielleicht vermag die Beobachtung, daß Schenk Heinrich im Jahre 1167(?) als Afterlehnsmann Volkwins von Schwalenberg in einer Urkunde für das Kloster Obernkirchen genannt wird,[1895] zu dessen Identifizierung beitragen. Bei dem in einer weiteren Urkunde Heinrichs des Löwen für das Kloster Obernkirchen auftretenden *Henrico ministeriali nostro,*[1896] ebenfalls als Afterlehnsmann Volkwins von Schwalenberg bezeichnet, wird es sich um denselben Heinrich gehandelt haben.[1897]

1.3.2 Lupold, Schenk Heinrichs des Löwen 1169-1170

Der Schenk Lupold erscheint in zwei Urkunden Heinrichs des Löwen der Jahre 1169 und 1170,[1898] und auch er kann zunächst aufgrund des fehlenden Herkunftsnamens und der relativen Häufigkeit seines Taufnamens keiner bestimmten Familie eindeutig zugeordnet werden. Vielleicht war er identisch mit dem erstmals 1154 in den Urkunden Heinrichs des Löwen belegbaren Lupold von Herzberg,[1899] der wiederum

---

1892 Gemeint ist vielleicht Groß Steinum, Kreis Helmstedt. Vgl. Kleinau, GOV, Nr. 1975.

1893 1297 September 15, Herzog Heinrich von Braunschweig gibt dem Kloster Mariental mit Konsens seiner Erben sein Eigentum am Holz Astbruch; Orig.: StA WF 22 Urk 243 mit Siegel, ungedruckt.

1894 1167(?), Urk. HdL Nr. 75. 1169 April 20, Orig.: HStA Han Hild. Or. 2 Lamspringe Nr. 5; Druck: Urk. HdL Nr. 80. 1169 November 7, Urk. HdL Nr. 81. 1170 November 7, Orig.: LA Schleswig Urk.-Abt. 268 Nr. 7; Druck: Urk. HdL Nr. 82. 1170 November 12, Urk. HdL Nr. 83. (1171 Februar), Urk. HdL Nr. 84. 1171 August 8, Orig.: HStA Han Celle Or. 13 Nr. 795; Druck: Urk. HdL Nr. 88.

1895 1167(?), Urk. HdL Nr. 75.

1896 1171 August 3, Urk. HdL Nr. 87.

1897 Diese Schenkung und ihre Beteiligten finden dann noch einmal im Jahre 1186 Erwähnung. Regest: Reg. Schaumburg., Nr. 81.

1898 1169 November 7, Urk. HdL Nr. 81. 1170 November 7, Orig.: LA Schleswig Urk.-Abt. 268 Nr. 7; Druck: Urk. HdL Nr. 82.

1899 1154 Juni 3, Orig.: HStA Han Hild. Or. 3 Riechenberg Nr. 2; Druck: Urk HdL Nr. 27. 1154, Urk HdL Nr. 28. 1155 (Februar 1.-13.), Urk HdL Nr. 31. 1156 Juni 24, Orig.: HStA Han Cal. Or. 100 Bursfelde Nr. 8; Druck: Urk HdL Nr. 33. 1156 Juli 25, Urk HdL Nr. 34. 1157 November 23, Urk HdL Nr. 37. (1158), Urk HdL Nr. 41 (verunechtet). 1162 Februar 3, Orig.: StA WF 24 Urk 11; Druck: Urk HdL Nr. 51. 1162, Urk HdL Nr. 52. 1162, Urk HdL Nr. 53 (verunechtet). (1163) [1144] November 2, Urk HdL Nr. 64. 1164, Urk HdL Nr. 69. 1166, Urk HdL Nr. 73. 1179, Urk

mit einem weiteren, ohne Herkunftsnamen auftretenden Ministerialen Lupold[1900] nicht ohne weiteres identifiziert werden kann.[1901] Auf dem Hoftag in Frankfurt im Jahre 1173 testierten im Gefolge Heinrichs des Löwen *Lupoldus et Annono frater eius de Heimenburg*.[1902] Anno von Heimburg muß also einen älteren Bruder mit Taufnamen Lupold gehabt haben, welcher aber sonst nie in den Urkunden Heinrichs des Löwen belegbar wird.[1903] Auch dieser Lupold (von Heimburg) könnte aufgrund der zeitlichen Nähe gegenüber den Testaten des Schenken Lupold mit diesem identisch gewesen sein. Möglicherweise war aber dieser Bruder Annos von Heimburg mit Taufnamen Lupold sogar identisch mit Lupold von Herzberg, was ein Vergleich mit den Zeugenreihen von drei Urkunden des Herzogs nahe legte.[1904]

1.3.3 Jusarius I. von Blankenburg, angeblicher Schenk Heinrichs des Löwen, Schenk Pfalzgraf Heinrichs 1196

Der Ministeriale mit Taufnamen Jusarius, der in den Urkunden Heinrichs des Löwen zuletzt im Jahre 1175 als Bruder des Jordan (vermutlich Truchseß Jordan I. von Blankenburg) belegbar ist,[1905] kommt als Schenk Heinrichs des Löwen nicht vor.[1906] Dennoch ist dessen Identität mit dem bei Pfalzgraf Heinrich im Jahre 1196 nachweisbaren Schenken Jusarius sehr wahrscheinlich.[1907] Der Schenk Jusarius I. von Blankenburg testierte in diesem Jahr in mehreren Urkunden des Pfalzgrafen.[1908] Er wird schon im selben Jahr und ohne männliche Nachkommen verstorben sein, da es sich bei dem seit 1197 nachweisbaren Schenken Jusarius um den zweitgeborenen Sohn seines Bruders handelte.[1909] Der Todestag des Schenken Jusarius I. von Blankenburg dürfte der 9. Januar gewesen sein.[1910]

1.3.4 Jusarius II. von Blankenburg, Schenk Pfalzgraf Heinrichs 1197-1225

Der Schenk Jusarius II. war der zweitgeborene Sohn des Truchsessen Jordan I. von Blankenburg und der Neffe des kinderlos verstorbenen Schenken Jusarius I. von Blankenburg.[1911] Jusarius II. ist als Schenk in einer großen Anzahl von Urkunden des

---

HdL Nr. 112 (verunechtet).

1900 (vor 1152) Februar 1, Urk HdL Nr. 17. (1146-1154), Urk HdL Nr. 24.

1901 Urk HdL, Register S. 237. Lubenow, S. 263-266. Zur Familie von Herzberg und ihren Machtverlust nach dem Übertritt zu Friedrich I.: Haendle, S. 46f. Lubenow, S. 263-268.

1902 1173 Juni 8, MGH D Friedrich I. Nr. 604 mit den weiteren Druckorten.

1903 Lubenow, S. 125f.

1904 ... *Anno de Heimenburch, Liuppoldus de Hertesberch*, ..., 1156 Juli 25, Urk HdL Nr. 34. ... *Lippoldus de Hertzberch, Anno advocatus Goslarie*, ..., (1163) [1144] November 2, Urk HdL Nr. 64. ... *Liupoldo de Hertisberch, Annone de Heimenburch*, ..., 1166, Urk HdL Nr. 73. Vgl. auch Deich, S. 263-270.

1905 Orig.: StA WF 9 Urk 4; Druck: Urk HdL Nr. 105. Unsicher ist das Vorkommen eines Jusarius zu (1175-1179), Orig.: StA WF 24 Urk 12; Druck: Urk HdL Nr. 110. Zu Jordan I. von Blankenburg siehe das Kap. II. 1.1.4.

1906 Fehlerhaft: Mertens, Diss., S. 78. Mertens, NdsJBLGesch., S. 124. Busch, S. 58, der zudem statt des Taufnamen Jusarius den falschen Taufnamen Lothar hat.

1907 Haendle, S. 8. Lubenow, S. 70.

1908 1196, Orig.: LHA Magdeburg Rep. U 12c Ilsenburg Nr. 6a; Druck: UB Ilsenburg, 1, Nr. 43. 1196, Orig.: StA Dresden O. U. 113; Druck: v. Heinemann, Nr. 1. 1196, Orig.: StA WF 7 Urk 2; Druck: v. Heinemann, Nr. 2. 1196, Druck: Urk. Kl. Homburg, S. 26.

1909 Haendle, S. 8. Die von Lubenow, S. 70f. angenommene Identität derselben ist abzulehnen. Vgl. dazu auch Fenske/Schwarz, S. 339f.

1910 Memorien St. Blasius 2, S. 11 mit S. 68, Anm. 21.

1911 Kop.: StA WF VII B Hs 154, S. 102f.; Druck: Dürre, Athelold, S. 15-18. Siehe dazu im Kap. 1.1.4.

Pfalzgrafen Heinrich belegbar.[1912] Mit Herkunftsnamen verbunden läßt sich Jusarius in einer frühen Urkunde Pfalzgraf Heinrichs nachweisen.[1913] Ansonsten tritt er in den Urkunden Pfalzgraf Heinrichs mit Taufnamen und Amtstitel[1914], nur mit Taufnamen[1915] sowie ohne Taufnamen und mit Amtstitel[1916] auf. Bei der ersten welfischen Teilung 1202 wurde Schenk Jusarius II. von Blankenburg gemeinsam mit seinen Brüdern ausdrücklich aus dem Erbteil Wilhelms von Lüneburg herausgenommen und Pfalzgraf Heinrich zugeordnet.[1917] Im Jahre 1207 testierte der Schenk Jusarius als *Cesarius pincerna ducis* als zweiter von drei ministerialischen Zeugen in einer Urkunde der Grafen und Brüder Konrad und Hildebold von Limmer für das Kloster Mariental.[1918] Daß die Taufnamen Jusarius und Caesarius verwechselt werden, kommt häufiger vor.[1919] Die Identität des in dieser Urkunde genannten Caesarius mit dem Schenk Jusarius II. geht aber aus den weiteren Zeugen des Dokuments eindeutig hervor.

Einen Generationswechsel bei den Schenken festzustellen, wird dadurch erschwert, daß Jusarius II. von Blankenburg vermutlich einen Sohn gleichen Taufnamens hatte. Durch die Verbindung mehrerer Quellenbelege kann aber der Zeitpunkt des Generationswechsels erschlossen werden. In einer Urkunde Ottos des Kindes von 1225 für das Kloster Walkenried testierten als zweite und dritte *Jusarius pincerna et filius suus*.[1920] Auffällig ist dagegen die untergeordnete Stellung des Schenken mit Taufnamen Jusarius in der Zeugenreihe einer Urkunde des Pfalzgrafen Heinrich desselben Jahres ebenfalls für das Kloster Walkenried.[1921] Der Schenk Jusarius bezeugte als elfter von 14 ministerialischen Zeugen und wird somit als gleichnamiger Sohn des Schenken Jusarius II. von Blankenburg zu identifizieren sein. Jusarius II. von Blankenburg, der der gleichen Generation wie sein wahrschein-

---

1912 Zu ihm Lubenow, S. 70f., der ihn jedoch irrtümlich mit dem Schenken Jusarius I. gleichsetzt und ihn schon im Jahre 1220 sterben läßt. Ihm folgt Weinmann, S. 209. Lubenows Bezug auf Memorien St. Blasius 2, S. 11 und S. 68, Anm. 21 geht fehl. Irrtümlich ebenfalls die Darstellung bei Busch, S. 58. Richtig: Mertens, Diss., S. 78f. Mertens, NdsJBLGesch., S. 124.

1913 1197, Druck: O.G. III., S. 738; Hamburger UB 1, Nr. 313.

1914 1197, Kop.: StA WF VII B Hs 154 S. 102-103; Druck: Dürre, Athelold, S. 15-18. (1199) Januar 30, Orig.: LHA Magdeburg Rep U 7 Nr. 29; Druck: v. Heinemann, Nr. 4 (mit Lesefehler). 1200 Februar 3, Druck: O.G. III., S. 763; Reg. v. Campe 1, Nr. 109. 1202, Druck: Urk. Kl. Homburg, S. 27. 1215 Juli 18, Druck: UB Stadt Halberstadt 1, S. 584. 1216, Druck: Lüneburger UB 7, Nr. 34. 1217 Juni 21, Druck: O.G. III., S. 834f.; UB Hochstift Halberstadt 1, Nr. 499. 1219 (September 1-24), Orig.: untergegangen; Druck: O.G III., S. 662ff.; Hamburger UB 1, Nr. 432. 1219 (September 1-24), Druck: Hamburger UB 1, Nr. 433. 1220 März 5, Orig.: untergegangen, Druck: v. Heinemann, Nr. 11; UB Goslar 1, Nr. 409. 1220, Orig.: StA WF 9 Urk 7; Druck: v. Heinemann, Nr. 12. 1223 Juli, Druck: O.G. IV., S. 98f; UB Br. 2, S. 22f. O. J. (1223?), Druck: Hamburger UB 1, Nr. 474; UB Osterholz, Nr. 23. 1224, Orig.: StA WF 32 Urk 1; Druck: v. Heinemann, Nr. 18; UB Br. 2, S. 24 [Orig. dort als verschollen bezeichnet]. 1225, Druck: Urk. Kl. Homburg, S. 29.

1915 1200, Orig.: StA WF 25 Urk 30; Druck: O.G. III., S. 624; Leuckfeld S. 421; Urk. Walkenried, 1, Nr. 45. 1218 nach Mai 19; Orig.: verloren; Druck: Leyser S. 30. 1225, Druck: Pratje 6, S. 109; Hansisches UB 1, Nr. 183. 1225, Orig.: Stade Zeven Or. Nr. 9; Druck: UB Herzöge Br.-Lb. 1, Nr. 8. 1226 März 24, Druck: Leuckfeld, Antiq. Poelde, S. 216; O.G. III., S. 712.

1916 O. J. (um 1218?), Druck: Lüneburger UB 15, Nr. 9. 1219, Orig.: LHA Magdeburg Rep U 8a Nr. 2; Druck: v. Heinemann, Nr. 9.

1917 Siehe dazu im Kap. I. 1.3.2.

1918 1207 August 14, Orig.: StA WF 22 Urk 23; Druck: Reg. v. Campe 1, Nr. 130. Vgl. UB Hochstift Hildesheim 1, Nr. 488.

1919 Siehe dazu in den Kapiteln II. 1.3.3 und 1.3.7.

1920 Druck: O.G. III., S. 700; Urk. Walkenried 2,1, Nr. 143.

1921 Kop.: StA WF VII B Hs 101, Bl. 53v; Druck: O.G. III., S. 699; Urk. Walkenried 2,1, Nr. 141.

lich im Jahr 1221 verstorbener älterer Bruder, Truchseß Jordan II. von Blankenburg, angehörte, wird also um das Jahr 1225 verstorben sein.[1922]

1.3.5 Segeband, Schenk Wilhelms von Lüneburg 1205-(1211)

Der Schenk Segeband bezeugte zwei Urkunden Wilhelms von Lüneburg von 1205[1923] und eine undatierte Urkunde Wilhelms, die aufgrund eines Zeugenreihenvergleiches um das Jahr 1211[1924] zu setzen ist. Mit Amtstitel testierte er ferner in zwei undatierten Urkunden Helenes von Lüneburg und Ottos des Kindes[1925] und wird aufgrund seiner Stellung in der Zeugenreihe mit dem ohne Titel bezeugenden Segeband einer ebenfalls undatierten Urkunde Helenes und Ottos identisch gewesen sein.[1926] Es besteht die hohe Wahrscheinlichkeit, keinesfalls die Gewißheit,[1927] daß der Schenk Segeband mit dem im Jahre 1222 bei Otto dem Kind als zweiter von acht ministerialischen Zeugen testierenden Segeband von Berge identisch war.[1928] Sein Bruder war Dietrich von Berge, der im Jahre 1238 bei Herzog Otto dem Kind als Vogt nachweisbar ist.[1929] Für die genannte Vermutung spricht, daß der Schenk Segeband in verschiedenen Urkunden direkt vor Dietrich von Berge testierte.[1930]

Nicht mehr in den Untersuchungszeitraum fällt der Nachweis des Schenkenamtes in der Familie von Berge im 14. Jahrhundert. Als Schenk Herzog Ottos des Strengen von Braunschweig-Lüneburg ist erstmals im Jahre 1309 Segeband von Berge nachweisbar,[1931] dessen Siegel aus dem Jahr 1312 als Amtsträgersiegel anzusehen ist.[1932]

1.3.6 Jusarius III. von Blankenburg, Schenk Pfalzgraf Heinrichs 1225-1227 und Schenk Ottos des Kindes 1231-1235

Schenk Jusarius III. von Blankenburg, Sohn des Schenken Jusarius II., ist in den Urkunden Pfalzgraf Heinrichs erstmals im Jahre 1225 belegbar.[1933] Seine unter-

1922 Bei dem in den Urkunden der Zeit testierenden, niemals mit dem Schenkenamt verbundenen Jusarius handelt es sich hingegen um den jüngsten Bruder des Truchsessen Jordan III.

1923 Orig.: KlA Lüne Nr. 4; Druck: O.G. III., S. 857.

1924 Orig.: StA WF 19 Urk 4, ungedruckt. Zur zeitlichen Einordnung des Stückes siehe im Kap. II. 1.1.14.

1925 O. J. (1218), Orig.: LA Schleswig Urk.-Abt. 268 Nr. 18; Druck: UB Bm. Lübeck 1, Nr. 33. O. J. (1218) [Die Datierung ergibt sich aus dem daneben hängenden Siegel Ottos des Kindes, in dessen Umschrift sich dieser als Brudersohn des Kaisers (Otto IV. †1218) bezeichnet], Orig.: KlA Ebstorf Nr. 1; Druck: UB Ebstorf, Nr. 2 zu (1215-1221) (fehlerhaft). Druck: UB Ebstorf, Nr. 3. zu 1215-1221.

1926 O. J. (1218), Orig.: KlA Ebstorf Nr. 1; Druck: UB Ebstorf Nr. 2 (falsch aufgelöste Zeugenreihe).

1927 Busch, S. 58. Lubenow, S. 35ff. und S. 513. Weinmann, S. 210.

1928 1222 März 25, Orig.: LHA Magdeburg Rep. U 21a Nr. 12; Druck: Riedel 1, 22, 89, 6. Zu der Familie von Berge, vornehmlich im 14. Jahrhundert, Vogtherr, S. 12ff.

1929 Orig.: HStA Han Cal. Or. 100 Wennigsen Nr. 13; Druck: Calenberger UB 7, Nr. 13.

1930 1215-1221, Orig.: KlA Ebstorf Nr. 1; Druck: UB Ebstorf Nr. 2.

1931 1309 Februar 10, Orig.: HStA Han Celle Or. 100 Lüneburg St. Michael Nr. 102; Druck: Lüneburger UB 7, Nr. 202. 1317 November 11, Druck: Lüneburger UB 7, Nr. 253.

1932 1312 Februar 25, + S' SEGHEBANDI DE MONTE DCI PINCERNE, Bild: drei ganze und oben ein halber gezackte Querbalken; Orig.: HStA Han Celle Or. 100 Lüneburg St. Michael Nr. 113; Druck: Lüneburger UB 7, Nr. 218 mit Siegelbeschreibung. Das gleiche Siegel zu 1340 Juni 29, Druck: Lüneburger UB 5, Nr. 189 mit Siegelbeschreibung. Vgl. dazu die Abb. des Siegels bei Lüneburger UB 7, S. 148. Möglicherweise könnten sich auch die drei Menschenköpfe im Siegel des Manegold von Berge von 1338 April 24, Druck: Reg. v. Campe 2, Nr. 650 mit Abb. auf S. 90 (dort fehlerhaft als "Türkenköpfe" interpretiert), auf ein Hofamt beziehen. Vgl. dazu unten im Kap. II. 1.4.9.

1933 Kop.: StA WF VII B Hs 101, Bl. 53v; Druck: O.G. III., S. 699; Urk. Walkenried 2, 1, Nr. 141.

geordnete Stellung in der Zeugenreihe läßt vermuten, daß er noch ein junger Mann gewesen sein wird. Mit Amtstitel verbunden bezeugt er erst wieder eine undatierte, um die Jahreswende 1226/27 zu setzende Urkunde Bischof Konrads von Hildesheim in Anwesenheit Pfalzgraf Heinrichs.[1934] Hier kommt er als dritter von zwölf ministerialischen Zeugen hinter dem Truchsessen Jordan und dem Marschall Wilhelm und vor dem Kämmerer Herwig und den übrigen vor. Im Jahre 1225 testierte er mit Amtstitel in einer Urkunde Ottos des Kindes,[1935] in der auch Caesarius von Halberstadt auftrat, womit eine mögliche Identität beider ausgeschlossen werden kann. Nur mit Taufnamen und als Bruder Jordans kommt Jusarius in weiteren Urkunden Pfalzgraf Heinrichs bis zu dessen Tod vor.[1936] Erst wieder im Jahre 1231 bezeugt der Schenk Jusarius III. als *Cesarius pincerna de Bruneswic* eine Urkunde der Brüder von Plesse für das Kloster Riddagshausen[1937] und im gleichen Jahr eine Urkunde Ottos des Kindes, erstmals nach dessen Regierungsübernahme in Braunschweig, für das Stift St. Alexander in Einbeck[1938]. Der Schenk Jusarius III. von Blankenburg ist seitdem in den Urkunden Ottos des Kindes mehrfach an vorgerückter Position in den Zeugenreihen belegbar.

Vor dem Jahr 1236 muß bei den Schenken mit Taufnamen Jusarius jedoch wieder ein Generationswechsel stattgefunden haben. Ab jetzt wird der Schenk Jusarius nämlich in untergeordneter Position in den Zeugenreihen der herzoglichen Urkunden geführt. So bezeugt der Schenk Jusarius eine Urkunde Herzog Ottos und zwei Urkunden mit Bezug auf Herzog Otto von 1236 zweimal als 14. von 17[1939] und einmal als 13. von 16 ministerialischen Zeugen[1940]. Es handelt sich mit an Sicherheit grenzender Wahrscheinlichkeit um einen weiteren Schenken mit Taufnamen Jusarius, dessen verwandtschaftliches Verhältnis zu dem Schenken Jusarius III. von Blankenburg nur vermutet werden kann.[1941] Zu dieser Beobachtung paßt der Eintrag im Memorienregister des St. Philipp und St. Jacob-Altares in der Stiftskirche St. Blasius zu Braunschweig, das als sogenanntes zweites Memorienregister des Stifts bekannt ist. Am 23. September ist ein Schenk Jusarius eingetragen, dessen Todesjahr nach dem Herausgeber des Registers um 1237 gewesen sein dürfte.[1942] Dieses Jahr hat der Editor der Memorienregister von St. Blasius keinem der Schenken Jusarius zuordnen können, da er die Generationenfolge nicht genau kannte. Der Schenk Jusarius III. von Blankenburg verstarb also höchstwahrscheinlich am 23. September 1235 oder 1236.

1934 Orig.: StA WF 7 Urk 19 (der untere Teil der Urkunde beschnitten); Regest: Reg. v. Campe 1, Nr. 206; UB Br. 2, S. 28; UB Hochstift Hildesheim 2, Nr. 207. Zur Datierung Döll, S. 37ff.

1935 1225, Orig.: StA WF 25 Urk 79; Druck: O.G. III., S. 700; Urk. Walkenried, Nr. 143.

1936 1226, Orig.: StA WF 8 Urk 5; Druck: O.G. III., S. 710f. 1227, Druck: UB Goslar 1, Nr. 491. 1227, Druck: UB Hochstift Hildesheim 2, Nr. 220.

1937 1231 Januar 21, Orig.: StA WF 24 Urk 57; Regest: Reg. v. Campe 1, Nr. 214.

1938 Druck: O.G. IV., S. 62 praef.

1939 1236 Juli, Orig.: HStA Han Hild. Or. 2 Wöltingerode Nr. 10; Druck: Asseburger UB 1, Nr. 186. 1236 Juli, Orig.: Han Hild. Or. 2 Wöltingerode Nr. 11; Druck: Asseburger UB 1, Nr. 184; UB Hochstift Hildesheim 2, Nr. 459.

1940 1236 Juli, Orig.: StA WF 1 Urk 15; Druck: O.G. IV., S. 169ff.

1941 Mertens, Diss., S. 78. Mertens, NdsJBLGesch., S. 124 vermutet eine Filiation.

1942 Memorien St. Blasius 1, S. 89 mit S. 105f., Anm. 106. Zu den Memorienregistern des Stifts St. Blasius Schneidmüller, Landesherrschaft, S. 79ff.

1.3.7 Jusarius IV. von Blankenburg, Schenk Herzog Ottos des Kindes 1236-1252 und Herzog Albrechts 1254-1256

Der Schenk Jusarius IV. von Blankenburg war vielleicht ein Sohn des Schenken Jusarius III. von Blankenburg. Mit Herkunftsnamen ist Jusarius IV. von Blankenburg lediglich zweimal in den Urkunden Ottos des Kindes nachweisbar,[1943] während er mit Amtstitel außerordentlich oft belegbar ist.[1944] Häufig ist der Schenk Jusarius IV., hierbei stets nur mit der Amtsbezeichnung verbunden, auch in den Urkunden Herzog Albrechts des Großen von 1254 bis 1256 nachweisbar.[1945] Schenk Jusarius IV. hatte

---

1943 1239, Druck: UB Langeln, S. 14. 1247 März 7, Druck: O.G. IV., S. 201; Pfeffinger, Br.-Lb. Hist. 2, S. 698; Doebner, Nr. 9; Reg. v. Campe 1, Nr. 298. 1247 [nach Diestelkamp, S. 22ff. und S. 161ff. gefälscht oder stark verfälscht], Druck: Wolf, Nr. 4; Doebner, Nr. 11; UB Duderstadt, Nr. 1; Asseburger UB 2, Nr. 529.

1944 1235 April 11, Druck: Cassel Nr. 2. 1235 Mai 13, Orig.: StA WF 7 Urk 22; Druck: O.G. IV., S. 152f.; UB Br. 2, S. 34; Reg. v. Campe 1, Nr. 229. 1236 Juli, Orig.: HStA Han Hild. Or. 2 Wöltingerode Nr. 10; Druck: Asseburger UB 1, Nr. 186; UB Hochstift Hildesheim 2, Nr. 460. Das Stift St. Blasius für das Kloster Wöltingerode in Anwesenheit Herzog Ottos, 1236 Juli, Orig.: HStA Han Hild. Or. 2 Wöltingerode Nr. 11; Druck: Asseburger UB 1, Nr. 184; UB Hochstift Hildesheim 2, Nr. 459. Das Kloster Wöltingerode für das Stift St. Blasius in Braunschweig in Anwesenheit Herzog Ottos, 1236 Juli, Orig.: StA WF 1 Urk 15; Druck: O.G. IV., S. 169ff. Die Grafen von Wohldenberg für das Stift St. Blasius in Braunschweig, 1237 Mai 5, Orig.: StA WF 7 Urk 24; Druck: Asseburger UB 1, Nr. 192. 1237 Mai, Druck: Asseburger UB 1, Nr. 193. 1237 Mai, Orig.: StA WF 7 Urk 25; Regest: UB Br. 2, S. 541; Reg. v. Campe 1, Nr. 240. 1237 Juni 1, Orig.: StA WF 22 Urk 58; Druck: O.G. IV., S. 63 praef.; Asseburger UB 1, Nr. 194. Bischof Konrad von Hildesheim für das Kloster Wienhausen mit Zeugenschaft Herzog Ottos, *Jusarius pincerna ducis*, 1239 Juni 15, Orig.: KlA Wienhausen Nr. 13; Druck: Asseburger UB 1, Nr. 204. 1239 Juni 16, Druck: O.G. IV., S. 177ff. 1239 Juni, Druck: Dreyhaupt 2, S. 969. 1239 Dezember, Orig.: StA WF 24 Urk 82; Druck: O.G. IV., S. 68 praef. 1239 Dezember; Druck: O.G. IV., S. 67f. praef. 1239, Druck: UB Langeln S. 14. O. J. (1239) [Die Datierung erfolgt im Vergleich der Zeugenreihe zu denjenigen der Urkunden Herzog Ottos für den Erzbischof von Mainz 1239 Juni 16, Druck: O.G. IV., S. 177ff., und für das Kloster Riddagshausen, 1239 Dezember, Orig.: StA WF 24 Urk 82; Druck: O.G. IV., S. 68 praef.], UB Ilsenburg, Nr. 81 ("1240?"). 1240, Orig.: StA WF 22 Urk 70; Druck: O.G. IV., S. 69 praef. 1243 Juni 3, Druck: O.G. III., S. 719; Rethmeier, Br. Chron. 1, S. 479f.; Riedel Cod. dipl. Brandenburg B 1, S. 486; Lüneburger UB 5, Nr. 1. *Caesarius pincerna et frater suus*, 1243, Druck: Bilderbeck Nr. 2 (mit Lesefehler in der Zeugenreihe). Die Markgrafen von Brandenburg für den Bischof von Halberstadt mit Zeugenschaft Herzog Ottos, 1245 Mai 22, Druck: Cod. dipl. Br. 1, 25, S. 171; Asseburger UB 1, Nr. 235; UB Hochstift Halberstadt 2, Nr. 751. 1246 Mai 6, Kop.: Wienhausen HStA Han untergegangen, Abschrift HStA Han Cop.IX. 02, Nr. 36; Regest: Reg. v. Campe 1, Nr. 299. 1247 April 28, Druck: O.G. IV., S. 213f.; UB Stadt Lüneburg S. 36; Lüneburger UB 15, Nr. 58; Rethmeier, Br. Hist. 3, S. 1832; Doebner, Nr. 10. Herzogin Mechtild für die Bürger der Stadt Lüneburg, 1247 April 28, Druck: UB Herzöge Br.-Lb. 1, Nr,29; UB Stadt Lüneburg S. 20. 1248, Orig.: KlA Wienhausen Nr. 31; Druck: O.G. IV., S. 722; Asseburger UB 1, Nr. 254; Reg. v. Campe 1, Nr. 313. 1248, Orig.: KlA Wienhausen Nr. 30; Druck: Pfeffinger Br. Hist. 1, S. 75; Asseburger UB 1, Nr. 255; Reg. v. Campe 1, Nr. 314. 1248, Orig.: HStA Han Cal. Or. 100 Marienrode Nr. 18; Druck: UB Herzöge Br.-Lb. 1, Nr. 30; Asseburger UB 1, Nr. 252. 1248, Orig.: HStA Han Cal. Or. 100 Marienrode Nr. 19; Druck: UB Herzöge Br.-Lb. 1, Nr. 31; Asseburger UB 1, Nr. 253. 1249 Dezember 11, Orig.: StA WF 24 Urk 97; Druck: Asseburger UB 1, Nr. 256. 1249, Orig.: StA WF 24 Urk 96; Druck: O.G. IV., S. 231; Asseburger UB 1, Nr. 258. 1249, Orig.: StA WF 7 Urk 35; Druck: O.G. IV., S. 229f.; Asseburger UB 1, Nr. 257. 1250, Orig.: StA WF 26 Urk 7; Druck: Asseburger UB 1, Nr. 262. O. J. (um 1250), Druck: Asseburger UB 1, Nr. 263 ("um 1250?").

1945 1254 April 7, *pincerna noster*, Orig.: StadtA Br. A III 10 Nr. 14; Druck: Pistorius VIII, S. 2339; UB Br. 2, S. 69f. 1254 November 11, *pincerna noster*, Orig.: StadtA Br. A III 10 Nr. 16; Druck: Pistorius VIII, S. 2337; Br. Anzeigen 1747, S. 725; UB Br. 2, S. 70f. 1254, *pincerna*, Orig.: StadtA Br. A III 10 Nr. 15; Druck: Pistorius VIII, S. 2336; UB Br. 2, S. 63f. 1245, Druck: Pistorius VIII, S. 2335; UB Br. 2, S. 66ff. 1245, Orig.: StadtA Br. A III 10 Nr. 13; Druck: Pistorius VIII, S. 2336. 1256 April 23, Orig.: StadtA Br. A III 10 Nr. 17; Druck: Pistorius VIII, S. 2339; UB Br. 2, S. 74. 1256 Juni 23, Druck: Calenberger UB 3, Nr. 187. 1256 August 13, *pincerna noster*, Orig.: StA WF 23 Urk 52; Druck: Bode Heimburg S. 250f. 1256 August 21, *pincerna noster*, Druck: Lüneburger

einen Bruder, der erstmals im Jahre 1243 ohne Taufnamen vorkommt.[1946] Aus zwei Drucken dieser Urkunde könnte man folgern, daß Heinrich von Wenden jener Bruder des Schenken gewesen sei. Dies beruht auf einem Lesefehler, wenn zwischen *Cesarius pincerna et frater suus* sowie *Henricus de Wenden*[1947] kein Komma gesetzt wird. Im Jahre 1248 ist der Bruder des Schenken dann mit seinem Taufnamen Ludwig nachweisbar.[1948] Dieser dürfte mit dem eine Urkunde des Grafen Heinrich II. von Anhalt des Jahres 1254 bezeugenden *Lodwicus pincerna de Blankenburch* identisch sein.[1949] Der Titel wird hier zunamensgleich verwendet worden sein. Möglicherweise war Ludwig von Blankenburg mit dem 1264 nachweisbaren Deutschordensritter Ludwig von Neindorf[1950] identisch,[1951] durch den der Herkunftsname von Neindorf zum ersten Mal in der Familie von Blankenburg vorkäme.[1952]

Den Schenken Jusarius IV. als "Stammvater der Schenkenfamilie von Neindorf" zu bezeichnen,[1953] ist insofern nicht korrekt, da dieser nie mit dem Herkunftsnamen von Neindorf, sondern mit dem Herkunftsnamen von Blankenburg belegbar ist, und auch in seinem Siegel diesen Herkunftsnamen führte. Es hat sich an einer Urkunde des Jahres 1251, bei der der Schenk Jusarius IV. von Blankenburg als Mitaussteller auftrat, erhalten.[1954] Die Aussteller *H. de Wenethen, Jos. pincerna, B. de Wlferbutle, Ethelerus de Domo* schlichteten einen Streit zwischen dem Kloster Riddagshausen und den Brüdern Arnold und Dietrich von Ohrum. An der Urkunde hängt an zweiter Stelle das am Rande stark beschädigte Siegel des Schenken mit der Umschrift IVS[ARIVS PIN]CER[A] DE BLAN[CENB]ORCH.[1955] In der Siegelumschrift ist also sowohl das Amt des Schenken Jusarius IV. von Blankenburg, als auch sein Herkunftsort berücksichtigt. Das Bild zeigt einen Zickzackbalken mit fünf ganzen und zwei halben Zacken nach oben und vier ganzen und zwei halben Zacken nach unten.

Schenk Jusarius IV. hatte einen Sohn mit Taufnamen Jordan, der während der Asseburger Fehde im Trutzkastell Sarstedt als dessen Sohn nachzuweisen ist.[1956]

UB 15, Nr. 46.

1946 1243, Druck: Bilderbeck Nr. 2 (mit Lesefehler in der Zeugenreihe); Regest: Asseburger UB 1, Nr. 230 (mit Lesefehler in der Zeugenreihe); Reg. v. Campe 1, Nr. 288; UB Br. 2, S. 41.

1947 Zu Heinrich von Wenden siehe das Kap. I. 3.1.1.7.

1948 1248, Orig.: KlA Wienhausen Nr. 30; Druck: Pfeffinger Br. Hist.1, S. 75; Asseburger UB 1, Nr. 255; Reg. v. Campe 1, Nr. 314. 1248 Orig.: KlA Wienhausen Nr. 31; Druck: O.G. III., S. 722; Asseburger UB 1, Nr. 254; Reg. v. Campe 1, Nr. 313.

1949 Druck: Cod. dipl. Anhalt. 2, Nr. 209.

1950 1264 Januar 4, Druck: Asseburger UB 1, Nr. 319. 1264 Januar 4, Druck: Asseburger UB 1, Nr. 320.

1951 Fenske/Schwarz, S. 426f.

1952 "[Z]weifellos" ist die Identität der beiden jedoch nicht, da der Ortsname Neindorf noch öfter vorkommt (z.B. Neindorf am Ösel. †Neindorf bei Schöppenstedt. Neindorf, Stadt Wolfsburg. Vgl. Fenske/Schwarz, S. 424, Anm. 1), und Ludwig von Neindorf nicht unbedingt Deutschordensritter in Langeln, sondern auch im †Reitling oder der †Elmsburg gewesen seien könnte. Der Herkunftsname bezieht sich auf Hausneindorf, Kreis Aschersleben.

1953 Mertens, Diss., S. 78. Mertens, NdsJBfLGesch, S. 124. Danach Weinmann, S. 210.

1954 Orig.: StA WF 24 Urk 104; Druck: Asseburger UB 1, Nr. 267; Reg. v. Campe 1, Nr. 324.

1955 Eine Abb. des Siegels hat Reg. v. Campe 1, S. 193. Das an erster Stelle der Urkunde (StA WF 24 Urk 104) hängende Siegel Heinrichs von Wenden läßt im Gegensatz zu der bei Reg. v. Campe 1, S. 193 gewählten keine Umschrift erkennen. Es zeigt als Bild zwei Sparren. Zur weiteren Siegelführung der Schenken von (Blankenburg-) Neindorf siehe auch StA WF 5 Slg 9 Nr. 356-360.

1956 1256 August 13, Orig.: StA WF 23 Urk 52; Druck: Bode, Heimburg, S. 250f. Dieselbe Filiation

1.3.8 Jordan von (Blankenburg-) Neindorf, Schenk Herzog Albrechts des Großen 1256-1266

Zur selben Zeit und am selben Ort, da Jordan als Sohn des Truchsessen Jusarius IV. auftrat,[1957] ist er auch erstmals als Schenk Herzog Albrechts nachweisbar.[1958] Schenk Jordan von Blankenburg testierte in weiteren Urkunden Herzog Albrechts[1959] und ist in den Urkunden der Herzöge Albrecht und Johann für die Saline in Lüneburg eindeutig zum ministerialischen Gefolge Herzog Albrechts zu zählen.[1960] Er war der erste Schenk der welfischen Herzöge, der sich gemeinsam mit einem Friedrich mit dem Herkunftsnamen von Neindorf nachweisen läßt.[1961]

Das verwandtschaftliche Verhältnis des Schenken Jusarius zu Friedrich von Neindorf kann allerdings nicht eindeutig geklärt werden.[1962] Friedrich von Neindorf testierte noch in einer ganzen Anzahl von Urkunden Herzog Albrechts,[1963] dabei noch zweimal direkt hinter dem Schenken Jordan.[1964] Im Jahre 1266 bestätigte Herzog Albrecht der Große eine Güterübertragung des Ritters Friedrich von Neindorf an das Kloster Hedersleben, die Friedrich selber als erster vor seinen Stammesverwandten von Blankenburg-Campen bezeugte.[1965] Die Verwandtschaft Friedrichs von Neindorf mit der Familie von Blankenburg wird dann noch einmal im Jahre 1272 deutlich, als Friedrich als erster von sechs ritterlichen Zeugen die Bestätigungsurkunde Herzog Albrechts über eine Güterübertragung des *Johannes miles dictus de Blankenborch ministralis vir* (sic!) an dasselbe Kloster bezeugte.[1966]

1.3.9 Ludwig von Neindorf, Schenk der Herzöge Heinrich des Wunderlichen und Albrecht des Fetten 1281-1300

Ludwig von Neindorf wird mit Amtstitel erstmals im Jahre 1275 gemeinsam mit Heinrich von Adersleben als Burgmann der Grafen von Anhalt in Wegeleben belegbar.[1967] Schon der Ritter Johannes von Blankenburg hatte dort offenbar ein Burglehen.[1968] Ansonsten testierte Ludwig in einer ganzen Anzahl von Urkunden,

---

haben auch Fenske/Schwarz, S. 427. Unbestimmt ist Mertens, Diss., S. 79. Mertens, NdsJBfLGesch., S. 124. Keine genealogische Verbindung gibt Weinmann, S. 210.

1957 1256 August 13, Orig.: StA WF 23 Urk 52; Druck: Bode Heimburg S. 250f.

1958 1256 August 20, *pincerna noster*, Druck: UB Hochstift Hildesheim 2, Nr. 995.

1959 1258 August 4, *pincerna noster*, Druck: UB Himmelpforten Nr. 5; Asseburger UB 2, Nr. 531. 1260 Juni 8, Orig.: StA WF 23 Urk 55, ungedruckt. 1261 März 11, *pincerna noster*, Druck: Lüneburger UB 15, S. 49.

1960 *pincerna noster* unter den *fideles nostri* Herzog Albrechts: 1263 April 28, Druck: UB Stadt Lüneburg, S. 59; UB Herzöge Br.-Lb. 1, Nr. 57. 1263 Juli 6, Druck: UB Stadt Lüneburg, S. 60.

1961 1265 April 10, *Iordanus pincerna et Fridericus milites de Neytorpe*, Regest: UB Hochstift Hildesheim 3, Nr. 87; Urk. v. Saldern 1, Nr. 88. Siehe auch Weinmann, S. 210. Beide sind in einer ähnlichen Konstellation schon 1259 Januar 17, Druck: UB Hochstift Halberstadt 2, Nr. 984, nachweisbar. Die Urkunden sind bei Reg. v. Campe nicht berücksichtigt, von dessem Herausgeber Friedrich von Neindorf auch nicht als Angehöriger der Familie von Blankenburg erkannt worden ist.

1962 Es wird sich um Vettern gehandelt haben. Brüder dürften beide kaum gewesen sein, da dieser Verwandtschaftsgrad in den Zeugenreihen herzoglicher Urkunden oft Erwähnung findet.

1963 1259 August 26, Orig.: StA WF 23 Urk 54; Druck: Leuckfeld, Antiq. Michelstein, S. 44.

1964 1263 April 28, Druck: UB Stadt Lüneburg S. 59; UB Herzöge Br.-Lb. 1, Nr. 57. 1263 Juli 6, Druck: UB Stadt Lüneburg S. 60.

1965 1266 Mai 5, Regest: Reg. v. Campe 1, Nr. 385.

1966 1272 Juni 12, Druck: Reg. v. Campe 1, Nr. 415.

1967 1275 Januar 2, Druck: Cod. dipl. Anhalt. 2, Nr. 450.

1968 O. J. (1267?), *residet in Wegelege*, Druck: UB Hochstift Hildesheim 3, Nr. 184.

insbesondere des Grafen Otto von Anhalt, nur mit Herkunftsnamen.[1969] Auch im Jahre 1283 wird deutlich, daß Graf Otto von Anhalt ein Lehnsherr des Schenken war.[1970] Vom Jahre 1281 hat sich eine Urkunde des Schenken Ludwig für das Kloster Unser Lieben Frauen in Halberstadt erhalten.[1971] Das daran hängende Siegel weist als Bild einen Zickzackbalken mit fünf ganzen Zacken nach oben sowie vier ganzen Zacken nach unten und die Umschrift SIGILLUM LU[D]WICI PINCERNE auf. Kurz darauf bestätigte Herzog Heinrich der Wunderliche diese Güterübertragung seines *dilectus noster pincerna* Ritter Ludwig von Neindorf.[1972] Der Schenk Ludwig von Neindorf testierte als erster von neun Zeugen ministerialischer Herkunft in einer gemeinsamen Urkunde der Herzöge Heinrich, Albrecht und Wilhelm von 1283.[1973] Eigene Urkunden stellte Ludwig im Jahre 1284 als *Lodewicus pincerna dictus de Nendorp miles*[1974], 1289 gemeinsam mit seinem Sohn Jordan als *Lodewicus pincerna et Jordanis filius noster dicti de Nendorp*[1975] und 1292 mit Konsens seines Sohnes[1976] aus. Schenk Ludwig von Neindorf ist noch einmal im Jahre 1288 als Zeuge in einer Urkunde Herzog Albrechts des Fetten nachweisbar,[1977] bevor er an der Harlyburger Fehde gegen Herzog Heinrich den Wunderlichen teilnahm.[1978] Eine Urkunde des Ritters Konrad von Ballenstedt und seiner Söhne im Jahre 1299 besiegelten *dominus Ludewicus de Nendorp pincerna curie Brunswicensis et dominus Hinricus de Alvensleve pincerna curie Brandeburgensis*, weil die Aussteller kein eigenes Siegel besaßen.[1979] Letztmalig in dem Untersuchungszeitraum dieser Arbeit stellten im Jahre 1300 *Lodwicus pincerna ducum et Jordanus, filius eius, dicti de Nendorp* in Halberstadt eine Urkunde für das Kloster St. Aegidien in Braunschweig aus, in der sie die betreffenden Güter ihren Herren H(einrich) und Al(brecht), Herzögen von Braunschweig, resignierten.[1980] Herzog Albrecht bestätigte die Güterübertragung des *dominus Lodewicus miles dictus de Nendorp pincerna noster* und dessen Sohn, des Ritters Jordan, sowie wiederum dessen Söhnen Jordan und Johannes.[1981]

Der genannte Sohn des Schenken Ludwig von Neindorf und seiner Gattin Jutta von Freckleben[1982], Jordan von Neindorf, kommt erstmals im Jahre 1304[1983] und bis in

---

1969 1276, Druck: Cod. dipl. Anhalt 2, Nr. 486. 1282 April 22, Druck: Cod. dipl. Anhalt. 2, Nr. 531. 1282, Druck: Cod. dipl. Anhalt. 2, Nr. 545.

1970 1283 März 10, Orig.: StA WF 24 Urk 221; Druck: Cod. dipl. Anhalt. 2, Nr. 550. 1283 März 10, Orig.: StA WF 24 Urk 220; Druck: Cod. dipl. Anhalt. 2, Nr. 551.

1971 Orig.: LHA Magdeburg Rep. U 7 Nr. 185 (mit vier Siegeln); Druck: Reg. v. Campe 1, Nr. 457. Abb. des Schenkensiegels bei Reg. v. Campe 1, S. 263.

1972 1281 März 11, Orig.: LHA Magdeburg Rep. U 7 Nr. 186 (Siegel fehlt); Regest: Asseburger UB 1, Nr. 408; Reg. v. Campe 1, Nr. 458.

1973 *Lodewig pincerna*, Druck: Asseburger UB 1, Nr. 428; Reg. v. Campe 1, Nr. 474.

1974 1284 Januar 22, Druck: Reg. v. Campe 1, Nr. 475.

1975 1289 Oktober 14, Orig.: LHA Magdeburg Rep. U 7 Nr. 226 (mit drei Siegeln); Druck: Cod. dipl. Anhalt. 2, Nr. 687. Der Sohn des Schenken wird erstmals 1287 Mai 1, Druck: Cod. dipl. Anhalt. 2, Nr. 614, belegbar.

1976 1292 März 27, Druck: Cod. dipl. Anhalt. 2, Nr. 720.

1977 *Lodewig pincerna de Nendorp*, Druck: UB Göttingen, Nr. 29.

1978 1291 August 6, Orig.: HStA Han Celle Or. 3b Michaelstein Nr. 7; Druck: Cod. dipl. Anhalt. 2, Nr. 702.

1979 Druck: Cod. dipl. Anhalt. 2, Nr. 874.

1980 1300 Februar 5, Orig.: StA WF 9 Urk 51 (Siegel fehlen).

1981 1300 Februar 19, Orig.: StA WF 9 Urk 52; Druck: Rethmeier, Kirchenhist. 5, Beil. S. 14f. (fehlerhaft); Asseburger UB 1, Nr. 511. Fehlerhaft Weinmann, S. 210f. mit Anm. 95.

1982 1302 Juli 15, Druck: Cod. dipl. Anhalt. 3, Nr. 37.

1983 1304 April 1, Druck: Cod. dipl. Anhalt. 3, Nr. 77. Weitere Nachweise vgl. Cod. dipl. Anhalt. 6

die zwanziger Jahre des 14. Jahrhunderts[1984] mit dem Titel eines Schenken vor. Dessen Söhne Johannes und Jordan von Neindorf, die auch noch im Jahre 1307 belegbar sind,[1985] werden im Lehnbuch der Herzöge Magnus und Ernst von 1344/65 als *pincerne dominorum* bezeichnet,[1986] treten aber sonst nicht mit dem Amtstitel auf.[1987] Ein weiterer Sohn des Schenken Jordan von Neindorf mit Taufnamen Ludwig war zunächst Kanoniker in Merseburg[1988], dann Kanoniker und Scholastiker in Halberstadt[1989] und wurde später sogar Bischof von Brandenburg[1990]. In den weiteren Generationen der Familie von Neindorf entwickelte sich der Amtstitel zu einem Zunamen, so daß deren Angehörige mit den Namen "Schenk von Neindorf" auftraten. Ähnliches läßt sich bei den stifthalberstädtischen Schenken mit dem Herkunftsnamen von Flechtingen beobachten.[1991]

1.4 Die Kämmerer

1.4.1 Anno, Kämmerer Heinrichs des Löwen 1144-1170

Als erster Kämmerer und erster Hofamtsträger überhaupt ist bei Heinrich dem Löwen der Kämmerer Anno nachweisbar.[1992] Nicht zu beweisen, aber durch einen Vergleich der Zeugenreihen wahrscheinlich,[1993] ist die Identifizierung des Genannten mit dem bei Lothar III. im Jahre 1134 ohne Herkunftsnamen nachweisbaren *cubicularius* Anno.[1994] Der große Zeitraum zwischen der Titelführung des Kämmerers Anno schon unter Lothar III. und seinem letzten Vorkommen im Jahre 1170 macht eigentlich einen zwischenzeitlichen Generationswechsel wahrscheinlich. Wenn aber der Kämmerer Anno die Liste der Hofamtsträger in der Zeugenreihe einer Urkunde Heinrichs des Löwen von 1170 anführt,[1995] so läßt sich diese ungewöhnliche Beobachtung mit dem hohen Alter Annos erklären.

(Register). Weinmann, S. 210f. erkennt die Filiation nicht.

1984 1319 Oktober 31, Druck: Rethmeier, Kirchenhist. V., Beil. S. 131; UB Br. 2, S. 497ff. Mit dem Titel eines Schenken kommt Jordan von Neindorf im Lehnbuch des Herzogs Otto des Milden von 1318, Lehnbücher Herzöge Braunschweig, I 77, S. 36, vor. Er testiert außerdem 1321 Mai 18, Druck: UB Stötterlingenburg Nr. 92, eine Urkunde Herzog Ottos für das Kloster Stötterlingenburg und gehört 1322 Mai 7, Orig.: StA WF 7 Urk 216; Regest: UB Br.3, S. 44), zu den *officiati nostri* Herzog Heinrichs des Wunderlichen. Weitere Nachweise im Cod. dipl. Anhalt. 6 (Register), S. 179.

1985 1307 März 27, Druck: Cod. dipl. Anhalt. 3, Nr. 139.

1986 Lehnbücher Herzöge Braunschweig II 80 S. 60.

1987 Cod. dipl. Anhalt. 6 [Register], S. 179.

1988 1311, Orig.: LHA Magdeburg Rep. U 7 A IX Nr. 92; Druck: Erath, Cod. dipl. Quedlinburg, S. 357. Vgl. ferner Cod. dipl. Anhalt. 6, S. 168.

1989 Cod. dipl. Anhalt. 6, S. 116.

1990 (1327-1347), Cod. dipl. Anhalt. 6, S. 36. Siehe auch Reg. v. Campe 2, Nr. 626 mit einer Abb. des Siegels des Kirchenfürsten auf S. 69. Darin findet sich das von Blankenburg-Neindorfsche Wappen rechts unten eingehängt.

1991 Sie nannten sich zunächst nach dem Herkunftsnamen von Dönstedt. Vgl. Fenske, Ministerialität, S. 171. Weinmann, S. 211 ordnet sie fehlerhaft als Schenken der Braunschweiger Herzöge ein.

1992 1144 Juli 23, Orig.: HStA Han Cal. Or. 100 Bursfelde Nr. 6; Druck: Urk. HdL Nr. 6. 1156 Juni 24, Orig.: HStA Han Cal. Or. 100 Bursfelde Nr. 8; Druck: Urk. HdL Nr. 33. 116(1) Oktober 18, Urk. HdL Nr. 48. 1170 November 12, Urk. HdL Nr. 83.

1993 Vogt, S. 81. Lubenow, S. 115-125, insb. S. 116. Ohne Vergleich der Zeugenreihen vermuten das gleiche: Haendle, S. 20-26. Jordan, HdL, S. 130. Petke, Lothar III., S. 11.

1994 MGH D Lothar III. Nr. 59.

1995 1170 November 12, Urk. HdL Nr. 83.

Der Kämmerer Anno wurde jedoch nie mit einem Herkunftsnamen bezeichnet. Zunächst kann nur vermutet werden, daß er mit dem ohne Herkunftsnamen testierenden Anno[1996] und/oder mit dem mit Herkunftsnamen von Heimburg testierenden Anno[1997] gleichzusetzen wäre.[1998] Ein Vergleich der Zeugenreihen[1999] kann jedoch in diesem Fall nicht das gewünschte Resultat erbringen, da der Kämmerer Anno außerdem noch mit dem Vogt von Goslar, der denselben Taufnamen hat, identisch gewesen sein soll. Eine erneute Diskussion der Probleme um die Goslarer Vogteiverhältnisse kann hier nicht intendiert sein, zumal sich diese wahrscheinlich nicht mit letzter Sicherheit werden klären lassen.[2000] Allerdings wurden gerade die prosopographischen Probleme einer der wichtigsten Argumente der damit verbundenen Forschungsdiskussion vorschnell als gelöst vorausgesetzt. In zwei Urkunden Heinrichs des Löwen für das Kloster Riechenberg vor Goslar wird der Goslarer Vogt mit dem Taufnamen Anno als Ministeriale des Ausstellers bezeichnet.[2001] Beide Urkunden wurden von Anno von Heimburg bezeugt, ohne daß dieser dabei mit einem Titel verbunden ist.[2002] Dennoch ist die Gleichsetzung der beiden wegen des Aufbaus der Zeugenreihen in hohen Maße wahrscheinlich, da Anno von Heimburg einmal als erster der Ministerialen[2003] und das andere Mal als einziger Ministeriale testiert[2004]. Unwahrscheinlich dagegen wird damit die Gleichsetzung des Kämmerers Anno mit Anno von Heimburg: Zwar wird der Kämmerer aufgrund seiner Aufgabenstellung von allen Hofamtsträgern mutmaßlich den größten Kontakt mit den herzoglichen Vögten gehabt haben;[2005] fragwürdig und beispiellos ist jedoch die Häufung zweier völlig verschiedener Ämter, eines Vogt- und eines Kämmereramtes, in ein- und derselben Hand und vor allem zu ein- und derselben Zeit.[2006] Aus diesem Grund dürfte es sich bei dem Kämmerer Heinrichs des Löwen und dem Vogt von Goslar sehr wahrscheinlich um zwei verschiedene Personen gehandelt haben, die den gleichen Taufnamen Anno besaßen.

1996 1146, Orig.: StA WF 24 Urk 2 und 3; Druck: Urk. HdL Nr. 7. 1147, Urk. HdL Nr. 8. 1147, Urk. HdL Nr. 9. 1147 November (oder Dezember?) 4, Urk. HdL Nr. 10. (vor 1152) Februar 1, Urk. HdL Nr. 17. (1153 April 29?), Urk. HdL Nr. 20. 1153, Urk. HdL Nr. 21. 1154 Juni 3, Orig.: HStA Han Hild. Or. 3 Riechenberg Nr. 2; Druck: Urk. HdL Nr. 27.

1997 1143, Urk. HdL Nr. 4. (1143/44), Urk. HdL Nr. 5. 1154, Orig.: HStA Han Hild. Or. 3 Riechenberg Nr. 2; Druck: Urk. HdL Nr. 27. 1156 Juli 25, Urk. HdL Nr. 34. (1157/58?), Orig.: HStA Han Hild Or. 3 Riechenberg Nr. 3; Druck: Urk. HdL Nr. 39. 1166, Urk. HdL Nr. 73. Allgemein zur Familie von Heimburg: Bode, Heimburg. Haendle, S. 20-26. Lubenow, S. 114-146.

1998 Anders Ehlers, Riddagshausen, S. 63.

1999 Lubenow, S. 116, Anm. 1 und S. 117, Anm. 6..

2000 Allgemein zur Goslarer Vogtei mit weiterer Literatur Jordan, Goslar. Zum gegenwärtigen Forschungsstand: Lubenow, HdL. Petke, Pfalzstadt. Jordan, Harzraum, insb. S. 177ff.

2001 ... *Annone ministeriali meo advocato Goslariensi* ..., 1154 Juni 3, Orig.: HStA Han Hild. Or. 3 Riechenberg Nr. 2; Druck: Urk. HdL Nr. 27. ... *Annonis ministerialis nostri et Goslariensis advocati*, (1157/58?), Orig.: HStA Han Hild. Or. 3 Riechenberg Nr. 3; Druck: Urk. HdL Nr. 39. Der Vogt Anno wird dann noch einmal in einer verunechteten Urkunde Heinrichs von [1163] (1144) November 2, Urk. HdL Nr. 64, erwähnt.

2002 *Anno (de Heimenburch)*, ..., Orig.: HStA Han Hild. Or. 3 Riechenberg Nr. 2; Druck: Urk. HdL Nr. 27. *Anno de Heinmenburch*, Orig.: HStA Han Hild. Or. 3 Riechenberg Nr. 3; Druck: Urk. HdL Nr. 39.

2003 Orig.: HStA Han Hild. Or. 3 Riechenberg Nr. 2; Druck: Urk. HdL Nr. 27.

2004 Orig.: HStA Han Hild. Or. 3 Riechenberg Nr. 3; Druck: Urk. HdL Nr. 39.

2005 Vgl. beispielsweise die für Köln belegte Zusammenarbeit des Kämmerers mit dem Vogt von Köln. Siehe dazu Pötter, S. 85f.

2006 Vgl. dazu die Zeitangaben in den obigen Anmerkungen sowie die von Lubenow, S. 118ff. gebrachte Zusammenstellung.

1.4.2 Werner, Kämmerer Heinrichs des Löwen 1169-1171

Der Kämmerer Werner ist in den Zeugenreihen der Urkunden Heinrichs des Löwen um das Jahr 1170 zeitgleich mit dem Kämmerer Anno mehrmals belegbar.[2007] Obschon der Taufname Werner unter den Ministerialen Heinrichs des Löwen relativ selten ist, kann der Kämmerer Werner keiner bestimmten Familie zugeordnet werden.

1.4.3 Herwig I. von Uetze, Kämmerer Pfalzgraf Heinrichs (1199), Truchseß Kaiser Ottos IV. 1211, Kämmerer Pfalzgraf Heinrichs 1220-1226/27

Herwig von Uetze entstammte einer bedeutenden welfischen Ministerialenfamilie, die schon früh mit ihren Angehörigen Herwig und Razo als Urkundenzeugen bei Pfalzgraf Heinrich auftraten.[2008] Herwig von Uetze findet sich vor der ersten welfischen Teilung in fünf Urkunden Pfalzgraf Heinrichs nur mit Herkunftsnamen verbunden.[2009] Mit dem Amtstitel des Kämmerers und gleichzeitig mit Herkunftsnamen testierte er lediglich ein einziges Mal in einer Urkunde Pfalzgraf Heinrichs für das Kloster Unser Lieben Frau zu Halberstadt.[2010] An dem Original der Urkunde ist zwar die Jahresdatierung nicht mehr lesbar, jedoch ergibt sich die rechte Datierung aus den Zusätzen *regnante serenissimo domino nostro Ottone quarto Romanorum rege et semper augusto, anno regni ejus primo*, das wäre das Jahr 1199, und *in civitate nostra Bruneswich*.[2011]

Alle vier Urkunden der ersten welfischen Teilung im Jahre 1202 bezeugte Herwig von Uetze.[2012] Bei dieser Teilung wurde der Gau Flutwidde[2013] mittels einer gedachten Linie von Hannover zur Nordburg so geteilt, daß Pfalzgraf Heinrich der nordwestliche, König Otto IV. der südöstliche Teil zugesprochen wurden.[2014] Damit fiel der Herkunftsort der Familie von Uetze an König Otto IV.[2015] Tatsächlich ist Herwig von Uetze nach der ersten welfischen Teilung bei Pfalzgraf Heinrich nicht mehr nachweisbar, sondern befand sich bei Otto IV. bis zu dessem Tod. So ist Herwig von

---

2007 1169 November 7, Urk. HdL Nr. 81. 1170 November 7, Orig.: LA Schleswig Urk.-Abt. 268 Nr. 7; Druck: Urk. HdL Nr. 82. 1170 November 12, Urk. HdL Nr. 83. 1171 August 8, Orig.: HStA Han Celle Or. 13 Nr. 795; Urk. HdL Nr. 88.

2008 Zu ihnen Lubenow, S. 411-416; S. 468. Die dabei gegebene Generationenfolge eines Herwig I. 1196-1206 und eines Herwig II. 1218-1250 geht fehl. Lubenow, übersieht u.a. das zwischenzeitliche Vorkommen Herwigs. Fehlerhaft auch Weinmann, S. 211 (nach Lubenow). Der Herkunftsname bezieht sich auf Uetze, Kreis Hannover.

2009 1196, Orig.: StA Dresden O. U. 113; Druck: v. Heinemann, Nr. 1. 1196, Druck: Urk. Kl. Homburg, S. 26. 1196, Orig.: StA WF 7 Urk 2; Druck: v. Heinemann, Nr. 2. 1199, Orig.: StA WF 24 Urk 22; Druck: Harenberg, Hist. eccl. Gandershem., S. 1354. 1199, Orig.: StA WF 24 Urk 22; Druck: Harenberg, Hist. eccl. Gandershem., S. 1354.

2010 (1199) Januar 30, Orig.: LHA Magdeburg Rep U 7 Nr. 29; Druck: v. Heinemann, Nr. 4 (mit Lesefehler).

2011 Zum Problem der Stadtherrschaft über Braunschweig: Garzmann, S. 134f. Hucker, Otto IV., S. 58ff. Vgl. zu letzterem Schneidmüller, NdsJBfLGesch., S. 367.

2012 Heinrich für Otto, Faksimile des verlorenen Originals O.G. III., Tab. XXVIII.; Druck: O.G. III., S. 627. Heinrich für Wilhelm, Druck: O.G. III., S. 852f.; Reg. v. Campe 1, Nr. 122. Otto für Heinrich, Faksimile des verlorenen Originals O.G. III., Tab.XXVII.; Druck: O.G. III., S. 626ff.; UB Hannover, Nr. 2. Otto für Wilhelm, Druck: O.G. III., S. 853; Regest: Mecklenburgisches UB 1, Nr. 172B.

2013 Zum Gau Flutwidde v. Hodenberg, Flutwidde.

2014 Vgl. dazu Pischke, Landesteilungen, S. 19ff. mit der Karte hinter S. 34.

2015 Inkorrekt Hucker, Otto IV., S. 305.

Uetze bei König Otto IV. erstmals im Jahre 1206 zu belegen,[2016] und gehörte danach 1209 zu dem Gefolge Ottos IV. in Terni.[2017] In Italien kommt Herwig allerdings ohne Herkunftsnamen dann auch ein einziges Mal als Truchseß Kaiser Ottos IV. vor.[2018] Möglicherweise vertrat Herwig von Uetze dabei den nach Deutschland abgereisten Truchsessen Gunzelin von Wolfenbüttel.[2019] Bei dem während der Schlacht von Bouvines im Jahre 1214 gefangengenommen Truchsessen Kaiser Ottos IV. wird es sich mit großer Wahrscheinlichkeit um Herwig von Uetze gehandelt haben;[2020] auch weil damals noch ein weiterer Angehöriger der Familie von Uetze gefangengenommen wurde[2021] und der Truchseß Gunzelin von Wolfenbüttel offenbar kein Kämpfer der Schlacht war.[2022] Demgemäß dürfte in Herwig von Uetze ein Stellvertreter und Unterbeamter dieses Truchsessen zu sehen sein.

Herwig von Uetze ist dann noch zweimal gemeinsam mit Razo von Uetze in den Jahren 1216[2023] und 1218[2024] bei Kaiser Otto IV. nachzuweisen. Nach dem Tod des Kaisers ist Herwig schon im Jahre 1219 bei Pfalzgraf Heinrich, allerdings lediglich mit Taufnamen, belegt.[2025] Erstmals mit seinem früheren Amt des Kämmerers verbunden, kommt er wieder im Jahre 1220 vor.[2026] Danach testierte er in einer ganzen Anzahl von Urkunden Pfalzgraf Heinrichs oder mit Bezug auf ihn, wobei Herwig nur noch zweimal mit Amtsbezeichnung,[2027] viel öfter aber mit seinem Herkunftsnamen[2028] vorkommt. Gemeinsam mit Herkunftsnamen und Titel testierte er ein einziges Mal eine Urkunde Pfalzgraf Heinrichs.[2029] Nach dessen Tod bezeugte Herwig von Uetze eine Urkunde Agnes', der Witwe des Pfalzgrafen, für den Abt Gerhard von Werden und das Kloster St. Ludger in Helmstedt von 1230[2030] sowie die Gegenurkunde des Abtes vom selben Jahr[2031]. Weil Herwig von Uetze seitdem nicht mehr vorkommt, dürfte er danach verstorben sein.

2016 1206, Orig.: StA WF 7 Urk 7; Druck: Asseburger UB 1, Nr. 35.

2017 1209 Dezember 24, *Herewicus de Vitesen*, Druck: O.G. III., S. 790; Urk. Walkenried, 2, Nr. 70; Asseburger UB 1, Nr. 66. 1209 Dezember 24, *Herewicus de Witesen*, Druck: O.G. III., S. 793; Urk. Walkenried, 2, Nr. 71; Asseburger UB 1, Nr. 67. 1209 Dezember 27, *Herwicus de Uitesen*, Druck: O.G. III., S. 795; Asseburger UB 1, Nr. 68.

2018 1211 Dezember 22, Regest: Reg. imperii V, 1 Nr. 454.

2019 Hucker, Otto IV., S. 388.

2020 Hucker, Otto IV., S. 318.

2021 Hucker, Otto IV., S. 315. Es handelt sich um Wilhelm von Uetze. Der Taufname Wilhelm kommt später noch öfter in der Familie von Uetze vor. Vgl. dazu im Kap. II. 1.4.9.

2022 Hucker, Otto IV., S. 392.

2023 1216 Oktober 8, Druck: Leuckfeld, Antiq. Poelde, S. 145; Harenberg, S. 385.

2024 1218 Mai 1, Orig.: HStA Han Cal Or. 100 Osterode St. Jacob Nr. 1; Druck: O.G. III., S. 839f.; Asseburger UB 1, Nr. 93.

2025 1219, Druck: Hamburger UB 1, Nr. 433.

2026 1220 März 5, Orig.: Goslar verloren; Druck: v. Heinemann, Nr. 11; UB Goslar 1, Nr. 409.

2027 1225, Druck: Urk. Kl. Homburg, Nr. 29. Bischof Konrad von Hildesheim für St. Blasius, O. D. (1226/27), Orig.: StA WF 7 Urk 19; Regest: Reg. v. Campe 1, Nr. 206; UB Br. 2, S. 28; UB Hochstift Hildesheim 2, Nr. 207.

2028 1222 September 21, Orig.: HStA Han Hild. Or. 2 Heiningen Nr. 11; Druck: v. Heinemann, Nr. 14; UB Hochstift Hildesheim 2, Nr. 50. 1223 Juni 2, Druck: v. Heinemann, Nr. 15; UB Hochstift Hildesheim 2, Nr. 76. 1224 Juni 5 Orig. in zweifacher Ausfertigung, davon eines besiegelt: StA WF 23 Urk 25; Druck: O.G. III., S. 696; Cod. dipl. Quedlinburg., S. 142. 1225, Orig.: StA Stade Altkloster Nr. 3; Druck: UB Herzöge Br.-Lb. 1, Nr. 7. 1225, Druck: Pratje 6, S. 109; Hansisches UB 1, Nr. 183. 1225, Druck: UB Herzöge Br.-Lb. 1, Nr. 8.

2029 1225, Druck: Urk. Kl. Homburg, S. 29.

2030 1230 April 22, Orig.: StA WF 12 Urk 28; Druck: v. Heinemann, S. 29.

2031 1230, Regest: Reg. v. Campe 1, Nr. 210.

Die gleiche Zäsur im Lebenslauf wie bei Herwig von Uetze ist auch bei einem anderen Angehörigen der Ministerialen mit dem Herkunftsnamen von Uetze festzustellen. Es handelt sich um Razo von Uetze, der bis zur ersten welfischen Teilung 1202 in zwei Urkunden Pfalzgraf Heinrichs vorkommt.[2032] Danach ist Razo bei Pfalzgraf Heinrich erst wieder nach dem Tod Ottos IV. belegbar.[2033] Ungewöhnlich für diese Zeit ist, daß Razo zweimal in den Zeugenreihen mit dem Titel *miles* bezeichnet wurde. In der frühen Zeit besitzt diese Bezeichnung nämlich nicht jene Bedeutung, welche sie als Ritterprädikat in der zweiten Hälfte des 13. Jahrhunderts erlangte.[2034] Die einzige gemeinsame Nennung Herwigs und Razos von Uetze in der Zeugenreihe einer Urkunde Pfalzgraf Heinrichs von 1222 als sechster und siebenter von zehn Zeugen, *Herwicus de Utsen et Razo miles de Utsen*,[2035] läßt jedenfalls das Verwandtschaftsverhältnis zwischen Herwig und Razo von Uetze nicht aufklären. Hier besteht durchaus die seltene Möglichkeit, daß zwei verschiedene Familien den gleichen Herkunftsnamen führten. Für diese Vermutung spricht, daß sich die Taufnamen Herwig und Razo in den sich später herausbildenden beiden Zweigen der Familie von Uetze gegenseitig nicht nachweisen lassen und dieselben zudem verschiedene Siegelbilder führten.[2036]

1.4.4 Luder, Kämmerer Wilhelms von Lüneburg 1205-1209

Der Kämmerer Luder bezeugt erstmals im Jahre 1205 eine Urkunde Wilhelms von Lüneburg als vierter von zehn ministerialischen Zeugen und zwar hinter dem Truchsessen, Marschall und Schenken.[2037] Während in der Zeugenreihe dieser Urkunde Ulrich Vultur und Heidenreich Kind noch hinter dem Kämmerer Luder vorkommen, sind sie in einer weiteren Urkunde dieses Fürsten von 1208 vor Luder eingeordnet.[2038] Auch die Gründungsurkunde Wilhelms von Lüneburg für die Löwenstadt Bleckede im Jahre 1209 bezeugte der Kämmerer Luder als dritter von

---

2032 *Razo Dutteshem* 1199, Orig.: StA WF 24 Urk 21; Druck: O.G. III., S. 621. O. HN. 1202, Druck: Urk. Kl. Homburg, S. 27.

2033 O. HN. *miles*, 1219, Orig.: LHA Magdeburg Rep. U 8a Nr. 2; Druck: v. Heinemann, Nr. 9. 1220, Druck: Asseburger UB 1, Nr. 105. *miles*, 1222 September 21, Orig.: HStA Han Hild. Or. 2 Heiningen Nr. 11; Druck: v. Heinemann, Nr. 14; UB Hochstift Hildesheim 2, Nr. 50.

2034 Zum Beispiel, allerdings in einer Urkunde des Abtes Arnold von Riddagshausen O. J. (1214): *...layci vero Baldewinus advocatus de Dalem, Fridericus et Fridericus et Henricus de Esbeke, Johannes de Bornem, Conradus de Sclistede, Bruno et Fridericus milites de Dalem, Fridericus de Rothene et alii quam plures*, Orig.: StA WF 24 Urk 54; Regest: UB Br. 2, S. 26. Die als *milites* bezeichneten stehen hinter denjenigen, die zur ritterlichen Dienstmannschaft der von Dahlum gehörten. Sie waren daher keineswegs Angehörige der Familie von Dahlum-Wenden. Vgl. dazu: Lubenow, S. 190. Fenske, Geschlechter, S. 701. Hasse 1, S. 60. Zum Problem der Scheidung von Ministerialen und der nur zu Kriegsdiensten herangezogenen *milites* vgl.: Zallinger, S. 14 und passim. Otto, S. 224ff. Ernst, S. 35ff. v. Heinemann, S. 255 mit Anm. 5 ist demgemäß zu relativieren.

2035 1222 September 21, Orig.: HStA Han Hild. Or. 2 Heiningen Nr. 11; Druck: v. Heinemann, Nr. 14 (mit fehlerhafter Datierung); UB Hochstift Hildesheim 2, Nr. 50.

2036 Siehe dazu im Kap. II. 1.4.9.

2037 Orig.: KlA Lüne Nr. 4; Druck: O.G. III., S. 857.

2038 *Albertus dapifer, Ulricus Vultur, Heidenricus Puer, Luderus camerarius, ...*, Orig.: LHA Magdeburg Rep. U 12c Ilsenburg Nr. 10; Druck: UB Ilsenburg, 1, Nr. 51 (mit Lesefehler in der Zeugenreihe). Ebenso 1208 in der Urkunde des Klosters St. Michael in Lüneburg für das Kloster Ilsenburg, Orig.: LHA Magdeburg Rep. U 12c Ilsenburg Nr. 9; Druck: UB Ilsenburg 1, Nr. 50 (mit Lesefehler in der Zeugenreihe).

zwölf ministerialischen Zeugen hinter dem Truchsessen Anton und Heinrich Kind.[2039]

Welcher Familie der Kämmerer Luder zuzuordnen ist, kann nur unterstellt werden. Die seltene Form dieses wohl von dem Namen Lothar stammenden Taufnamen erscheint in herzoglichen Urkunden erst wieder 1235 in der Familie von Bortfeld[2040] und 1247 in der Familie von Berge oder de Monte[2041]. Über die Verbindung mit dem Auftreten des Kämmereramtes in der Familie von Berge, allerdings erst in der zweiten Hälfte des 14. Jahrhunderts,[2042] besteht die Möglichkeit, daß der Kämmerer Luder der Familie von Berge entstammte.

1.4.5 Gereko und Johannes, Kämmerer Pfalzgraf Heinrichs 1226

Neben Herwig von Uetze sind bei Pfalzgraf Heinrich einmalig noch zwei weitere Kämmerer überliefert, nämlich die in einer 1226 ausgestellten Urkunde dieses Fürsten an letzter und vorletzter Stelle von mindestens 15 ministerialischen Zeugen testierenden *Gereko et Johannes kamerarii*.[2043] Die Identifizierung der beiden Kämmerer als zwei angebliche Brüder Balduins von Volkmarode, des zweitgeborenen Sohns Marschall Friedrichs von Volkmarode und späteren Marschalls Herzog Ottos,[2044] ist auf einen Lesefehler zurückzuführen, der hinter den von der elften Stelle an bezeugenden *Baldewinus filius marscalci et fratres sui* kein Komma setzte.[2045] Welcher Familie die beiden Kämmerer zuzurechnen sind, kann leider nicht einmal vermutet werden, da die Taufnamen Gerhard und Johannes in der welfischen Ministerialität häufig anzutreffen sind. Festzuhalten bleibt, daß beide nicht wieder in Urkunden des Pfalzgrafen und seines Neffen auftauchen, an untergeordneter Position in besagter Zeugenreihe erscheinen und die Namensform "Gereko" für Gerhard ein jugendliches Alter des Testierenden vermuten läßt.[2046] Höchstwahrscheinlich sind in Gereko und Johannes Unterbeamte des Kämmerers Herwig von Uetze zu sehen, da dieser - wenn auch ohne Herkunftsnamen und nur mit seiner Amtsbezeichnung - noch zwischen dem 29. Dezember 1226 und dem 28. April 1227 nachzuweisen ist.[2047]

2039 1209 August 28, Orig.: HStA Han Celle Or. 9 Schr. IX Kaps. 44 Nr. 3; Druck: O.G. III., S. 858f.; UB Herzöge Br.-Lb.1, Nr. 5.

2040 1235 April 4, Druck: Cassel S. 522.

2041 1247 April 28, Druck: O.G. IV., S. 213; UB Stadt Lüneburg S. 36; Lüneburger UB 15, Nr. 58; Rethmeier, Br. Chron. III., S. 1832; Doebner, Nr. 10. 1247 April 28, Druck: UB Herzöge Br.-Lb. 1, Nr. 29; UB Stadt Lüneburg S. 20.

2042 Busch, S. 58 zu 1374.

2043 Orig.: StA WF 8 Urk 5; Druck: Rethmeier 1, Beilage S. 8; O.G. III., S. 710f.

2044 Busch, S. 58. Weinmann, S. 212, der irrtümlich Geseke (!) hat. v. Heinemann, S. 212 glaubt gar, in diesen "zwei Brüder des Marschalls Willekin" zu erkennen.

2045 Auch der Bearbeiter des Findbuches zum Bestand 8 Urk im StA WF, Ernst Pitz, hat die Zeugenreihe richtig aufgelöst: "... des Marschalls Sohn Balduin und dessen Brüder und die Kämmerer Gerich und Johann.".

2046 Daß eine solche Namensform aber auch ständig gebraucht werden konnte, beweist das Beispiel Heinrichs I. von Wenden, dessen Namensform "Heino" in den Urkunden weitgehend überwiegt. Die Nachweise dazu bei Hasse 1, S. 54 i. V. mit 2, S. 35-78.

2047 Bischof Konrad von Hildesheim für St. Blasius, O. D. (1226/27), Orig.: StA WF 7 Urk 19; Regest: Reg. v. Campe 1, Nr. 206; UB Br. 2, S. 28; UB Hochstift Hildesheim 2, Nr. 207.

1.4.6 Wizelin, angeblicher Kämmerer der Herzoginwitwe Agnes 1230, Kämmerer des Abtes Gerhard von Werden

Neuerdings wird ein Kämmerer mit Taufnamen Wizelin zu 1230 "am Hofe Agnes', der Witwe Heinrichs", aufgeführt,[2048] wobei zunächst grundsätzlich eine eigene Hofhaltung der Witwe Pfalzgraf Heinrichs in Celle zu bezweifeln wäre. In der jener Behauptung zugrundegelegten Urkunde befreite die Herzoginwitwe Agnes eine Mühle und einen Garten in Helmstedt von der Vogtei, die sie als Leibzucht vom Werdener Abt zu Lehen hatte.[2049] In der Gegenurkunde bestätigte Abt Gerhard von Werden und Helmstedt die Vogteistellung Agnes' in Helmstedt und die von ihr vorab vollzogene Vogteibefreiung.[2050] Auch dabei testierte *Veccelinus camerarius*, der wie in der von Agnes ausgestellten Urkunde aufgrund seiner Stellung in der Zeugenreihe nicht der Herzoginwitwe, sondern eindeutig dem Abt oder der Abtei Werden zuzurechnen ist. Letzte Sicherheit verschafft der Beleg, daß derselbe Wizelin das Abkommen zwischen Otto dem Kind und Abt Gerhard von Werden von 1232 bezeugt, wobei er als Kämmerer des Abtes bezeichnet wird.[2051] Abt Gerhard von Werden nennt ihn in seiner ebenfalls im Jahre 1232 ausgestellten Gegenurkunde *camerarius noster*.[2052] Der Kämmerer Wizelin ist demgemäß Kämmerer des Abtes Gerhard von Werden, nicht jedoch der Herzoginwitwe Agnes gewesen.

1.4.7 Ludolf von Hondelage, Kämmerer Herzog Ottos des Kindes 1236-1241

Ludolf von Hondelage entstammte einer wichtigen Familie innerhalb der welfischen Ministerialität[2053], die sich am Ende des 13. Jahrhunderts zu einem der angesehensten niederadligen Geschlechter des Herzogtums Braunschweig entwickeln sollte.[2054] Erstmals mit diesem Herkunftsnamen ist Wilhelm von Hondelage in einer undatierten Urkunde Wilhelms von Lüneburg belegt.[2055] Er testierte hier als letzter von sechs ministerialischen Zeugen. Ein Ludolf von Hondelage, sehr wahrscheinlich der Vater des Kämmerers Ludolf von Hondelage, bezeugte in den zwanziger Jahren des 13. Jahrhunderts drei Urkunden Pfalzgraf Heinrichs[2056] und bürgte noch im Jahre

---

2048 Weinmann, S. 212f.

2049 1230 April 22, *A. Dei gratia in Tsellis, relicta H. ducis de Bruneswich*, Orig.: StA WF 12 Urk 28; Druck: v. Heinemann, Nr. 29. Zu den Vogteiverhältnissen in Helmstedt und gegenüber der Abtei Werden Zillmann, S. 303ff.

2050 Regest: Reg. v. Campe 1, Nr. 210.

2051 1232 September 13, Druck: UB Niederrhein 2, S. 94, Nr. 184. Vgl. die gefälschte Urkunde deutscher Sprache und erweiterten Inhaltes aus einem Kopiar (XV.) des Klosters St. Ludger in Helmstedt, StA WF VII B Hs 69, Bl.17; Druck: Asseburger UB 1, Nr. 170.

2052 1232 September 13, Druck: O.G. IV., S. 128.

2053 Zu ihnen Lubenow, S. 381-383. Der Herkunftsname bezieht sich auf Hondelage, Stadt Braunschweig. Vgl. Kleinau, GOV, S. 304f.

2054 Angehörige der Familie von Hondelage sind in einer großen Zahl von Urkunden der welfischen Herzöge im 13. Jahrhundert zu belegen. Ein Bertold von Hondelage ist seit 1293 Januar 12, Regest: Reg. v. Campe 1, Nr. 500, als Kanoniker am Stift St. Blasius in Braunschweig nachweisbar und war seit 1293 Mai 1, Druck: UB Herzöge Br.-Lb. 1, S. 77, Notar Herzog Albrechts des Fetten. Zu ihm Weinmann, S. 103f. Bei Döll, S. 301ff. nicht berücksichtigt.

2055 Orig.: StA WF 23 Urk 15 laut Findbuch seit dem 23. März 1961 vermißt; Druck: Bode Heimburg S. 245, Nr. 2.

2056 1220 März 5, als letzter von zehn ministerialischen Zeugen, Orig.: StadtA Goslar verloren; Druck: v. Heinemann, Nr. 11; UB Goslar 1, Nr. 409. 1223 Juli, als achter von 18 Zeugen, Druck: O.G. IV., S. 98f.; UB Br. 2, S. 22f. 1224, als vierter von acht Zeugen, Orig.: StA WF 24 Urk 52; Druck: Asseburger UB 1, Nr. 134; Reg. v. Campe 1, Nr. 180.

1229 für Otto das Kind[2057].

Der Kämmerer Ludolf von Hondelage ist in Urkunden Herzog Ottos des Kindes sowie in Urkunden anderer Aussteller, die aber sämtlich in direkter Beziehung zu Otto dem Kind stehen, nur mit Herkunftsnamen[2058], nur mit Amtstitel[2059] und sowohl mit Herkunftsnamen als auch mit Amtstitel[2060] nachweisbar. Ein Vergleich mit den Nachweisen anderer Hofamtsträger dieser Zeit samt oder frei der Amtsbezeichnung zeigt, daß beim Kämmerer Ludolf von Hondelage das Verhältnis von Nennungen mit zu denjenigen ohne Amtsbezeichnung kein anderes ist.[2061] Nachdem Ludolf von Hondelage im Jahre 1241 auch als Lehnsmann der Halberstädter Kirche nachweisbar wird,[2062] verschwindet er danach aus den Quellen und wird verstorben sein. Bei dem seit 1252 wieder auftretenden Ludolf von Hondelage könnte es sich möglicherweise um den Sohn des Kämmerers handeln. Jener Ludolf von Hondelage ist schon bei den ersten Amtshandlungen Herzog Albrechts des Großen nachweisbar,[2063] und er wird ferner im Jahre 1257 als Lehnsnehmer von Gütern des Edelherrn Konrad von Dorstadt genannt, die dieser wiederum vom Herzog zu Lehen trug.[2064] Dieser Ludolf kommt jedoch niemals mehr mit der Amtsbezeichnung eines Kämmerers vor.

Für das späte 13. Jahrhundert lassen sich verwandtschaftliche Verbindungen der Familie von Hondelage zu anderen Familien der welfischen Ministerialität feststellen. In einer Verkaufsurkunde der Brüder Johannes, Ludolf und Bruno von

---

2057 Druck: UB Hochstift Halberstadt 1, Nr. 609.

2058 Graf Siegfried von Osterburg für Herzog Otto, 1236, Orig.: 1830 verbrannt (StA WF 36 Alt 385); Druck: O.G. IV., S. 145. 1237 September 21, Orig.: HStA Han Cal. Or. 100 Northeim St. Blasius Nr. 203; Druck: O.G. IV., S. 64 praef.; Asseburger UB 1, Nr. 195. Bischof Konrad von Hildesheim für das Maria Magdalena Kloster in Goslar unter Zeugenschaft Herzog Ottos, 1238 März, Orig.: HStA Han Hild. Or. 2 Lamspringe Nr. 20; Druck: Asseburger UB 1, Nr. 198; UB Goslar 1, Nr. 557. Das Stift St. Blasius in Braunschweig für das Kloster Wöltingerode auf Bitten Herzog Ottos, 1238, Orig.: HStA Han Hild. Or. 2 Wöltingerode Nr. 14; Druck: UB Hochstift Hildesheim 2, Nr. 521. 1239, Druck: O.G. IV., S. 180f; Max Grubenhagen 2, S. 5; UB Goslar 1, Nr. 570; Doebner, Nr. 5. 1241 Juni 26, zwei unterschiedliche Orig. mit unterschiedlichen Zeugenreihen: StadtA Han Urk I, OOO1 und OOO2; Druck: 0001. Rethmeier, Br. Chron. S. 1831; O.G. IV., S. 186; UB Hannover, S. 10ff.; 0002. O.G. IV., S. 184; UB Hannover, S. 13ff.

2059 1237 Mai, Orig.: StA WF 7 Urk 25. Regest: UB Br. 2, S. 541; Reg. v. Campe 1, Nr. 240. 1238 November 16, Orig.: StA WF 7 Urk 28; Druck: O.G. IV., S. 174f.; Asseburger UB 1, Nr. 199. 1239 Dezember, Druck: O.G. IV., S. 67f. praef. Die mögliche Erwähnung bei Weinmann, S. 213, Anm. 112 zu 1240 Mai 22, Druck: UB Hochstift Hildesheim 2, Nr. 564; Asseburger UB 1, Nr. 208, ist zu streichen, da es sich dabei um den stifthildesheimischen Kämmerer gleichen Taufnamens handelt.

2060 1236 Juli, Orig.: HStA Han Hild. Or. 2 Wöltigerode Nr. 10; Druck: Asseburger UB 1, Nr. 186; UB Hochstift Hildesheim 2, Nr. 460. Das Stift St. Blasius für das Kloster Wöltingerode in Anwesenheit Herzog Ottos, 1236 Juli, Orig.: HStA Han Hild. Or. 2 Wöltingerode Nr. 11; Druck: Asseburger UB 1, Nr. 184; UB Hochstift Hildesheim 2, Nr. 459. Das Kloster Wöltingerode für das Stift St. Blasius in Braunschweig in Anwesenheit Herzog Ottos, 1236 Juli, Orig.: StA WF 1 Urk 15; Druck: O.G. IV., S. 169ff. 1237 Februar 5, Orig.: HStA Han Hild. Or. 2 Wöltingerode Nr. 12; Druck: Asseburger UB 1, Nr. 191; UB Hochstift Hildesheim 2, Nr. 480. Die Grafen von Wohldenberg für das Stift St. Blasius in Braunschweig, 1237 Mai 5, Orig.: StA WF 7 Urk 24; Druck: Asseburger UB 1, Nr. 192. 1237 Mai, Druck: Asseburger UB 1, Nr. 193. 1239 Dezember, Orig.: StA WF 24 Urk 82; Druck: O.G. IV., S. 68 praef.

2061 Dagegen Weinmann, S. 213.

2062 *Ludolphus miles dictus de Honleghe*, Druck: UB Hochstift Halberstadt 2, Nr. 706.

2063 Erstmals 1252 September 25, Herzog Albrecht für das Kloster Mariental wegen der Güterübertragung Konrads von Dorstadt (Orig.: StA WF 22 Urk 88, ungedruckt), Zeugen: Die Herren und Brüder von Meinersen, der Herr Bernhard von Hagen, H. von Homburg, Her. von Eltze; Gerhard von Bortfeld, Anno unser Truchseß, Lu. von Hondelage, Jordan unser Notar, Orig.: StA WF 22 Urk 89; ungedruckt.

2064 StA WF 22 Urk 103, ungedruckt.

Brunsrode für das Kloster Mariental im Jahre 1280 bezeugen *Godfridus cognatus noster de Varesvelde, Johannes de Honlage socer noster, Johannes de Aderstede gener dom. Godefridi, Valcmarus filius dom. Godefridi.*[2065] Mittels dieser Urkunde wird also eine Verwandtschaft der Herren von Hondelage mit den Herren von Brunsrode, von Vorsfelde und von Aderstedt belegbar. Das Wappen der Familie von Hondelage zeigt zwei gekreuzte Lilienstäbe,[2066] womit sie das gleiche Wappenbild wie die welfischen Ministerialen von Bortfeld führten.[2067]

1.4.8 Herwig II. von Uetze, Kämmerer Herzog Ottos des Kindes 1247-1250, Kämmerer Herzog Albrechts des Großen 1265-1277

Nach dem Tod des Kämmerers Herwig I. von Uetze ist ein Angehöriger dieser Familie erst wieder in einer 1246 in Celle ausgestellten Urkunde Herzog Ottos des Kindes für das Kloster Isenhagen belegbar.[2068] Es handelte sich um den *dominus* Johannes von Uetze. Aus der Urkunde geht hervor, daß dieser über gemeinsamen Besitz mit Heinrich von Wrestedt verfügte.

Ein Jahr später kommt dann erstmals Herwig II. von Uetze in den Urkunden Herzog Ottos vor. Er testierte dabei stets mit dem Titel eines Kämmerers, wobei Testate nur mit Amtstitel[2069] und welche mit Herkunftsnamen und Amtstitel[2070] unterschieden werden können. Erst im Jahre 1265 kommt in der Zeugenreihe einer in Meine ausgestellten Urkunde Herzog Albrechts wieder Herwig von Uetze vor, der sogleich als *Herewicus camerarius de Nutzen* bezeichnet wird.[2071] Der Kämmerer Herwig II. von Uetze findet sich dann noch im Jahre 1265 in einer in Osterode für das Kloster Katlenburg ausgestellten Urkunde der Herzöge Albrecht und Johann.[2072] Ohne Herkunftsnamen bezeugte Herwig wieder als Kämmerer eine Urkunde Herzog Albrechts des Großen von 1272,[2073] und unter den ritterlichen Zeugen einer im Jahre 1277 in Braunschweig ausgestellten Urkunde des Marschalls Burchard von der Asseburg, in der der Aussteller Herzog Albrecht Güter zugunsten des Klosters Wienhausen resignierte, testierte Herwig als *Herewicus camerarius de Utessen.*[2074]

2065 Johannes, Ludolf und Bruno von Brunsrode verkaufen dem Kloster Mariental für acht Mark ihr Lehen in Emmerstedt, Orig.: StA WF 22 Urk 157; ungedruckt.

2066 Siegel des Ritters Bertold von Hondelage zu 1338 April 8, Orig.: StA WF 24 Urk 660. Zum Siegel- und Wappenbild der Herren von Hondelage siehe auch StA WF 5 Slg 8 Nr. 284-286 (mit dem ersten Siegel zu 1316).

2067 StA WF 5 Slg 7 Nr. 93-97. Siehe dazu in den Kapiteln II. 1.1.20 und 1.1.21.

2068 Druck: Lüneburger UB 5, Nr. 16.

2069 1247 April 28, Druck: O.G. IV., S. 213f.; UB Stadt Lüneburg S. 36; Lüneburger UB 15, Nr. 58; Rethmeier, Br. Hist. 3, S. 1832; Doebner, Nr. 10. Herzogin Mechtild für die Bürger der Stadt Lüneburg, 1247 April 28, Druck: UB Herzöge Br.-Lb. 1, Nr. 29; UB Stadt Lüneburg S. 20. 1250 März 14.; Orig.: StadtA Br. A III 10: 9; Druck: Br. Anzeigen 1747, S. 725; Asseburger UB 1, Nr. 259; UB Br. 2, S. 54f.

2070 1248, Orig.: KlA Wienhausen Nr. 31; Druck: O.G. IV., S. 722; Asseburger UB 1, Nr. 254; Reg. v. Campe 1, Nr. 313. 1248, Orig.: KlA Wienhausen Nr. 30; Druck: Pfeffinger Br. Hist. 1, S. 75; Asseburger UB 1, Nr. 255; Reg. v. Campe 1, Nr. 314. 1248, Orig.: HStA Han Cal. Or. 100 Marienrode Nr. 18; Druck: UB Herzöge Br.-Lb. 1, Nr. 30; Asseburger UB 1, Nr. 252. 1248, Orig.: HStA Han Cal. Or. 100 Marienrode Nr. 19; Druck: UB Herzöge Br.-Lb. 1, Nr. 31; Asseburger UB 1, Nr. 253.

2071 1265 April 10, Orig.: HStA Han. verloren; Regest: UB Hochstift Hildesheim 3, Nr. 87; Urk. v. Saldern 1, Nr. 88.

2072 1265 April 28, Orig.: StA Han Cal. Or. 100 Katlenburg Nr. 17; Regest: Urk. v. Saldern 1, Nr. 89.

2073 1272 Juni 12, *camerarius noster*, Druck: Reg. v. Campe 1, Nr. 415.

2074 1277 Dezember 9, Druck: Asseburger UB 2, Nr. 538.

Da in keiner einzigen welfischen Urkunde zwischen den Jahren 1250 und 1265 ein Angehöriger mit dem Herkunftsnamen von Uetze vorkommt, könnte möglicherweise zwischenzeitlich auch ein Generationswechsel stattgefunden haben.[2075] Offenbar erlosch zu dieser Zeit außerdem ein Zweig der Familie von Uetze.[2076]

1.4.9 Johannes von Uetze, Kämmerer der Herzöge Wilhelm 1291 und Albrecht des Fetten 1293-1301

Johannes von Uetze testierte als *camerarius ducis* in einer der wenigen von Herzog Wilhelm ausgestellten Urkunden von 1291.[2077] Der Kämmerer wurde hierbei nicht zu den *milites et consules ducis* gezählt und gehörte auch nicht zu den *castellani de Asseburg*, die nach ihm aufgeführt wurden. In den Jahren 1293 und 1294 kommt Johannes von Uetze als *camerarius noster* bei Herzog Albrecht dem Fetten[2078] und im Jahre 1293 als *camerarius* in einer gemeinsamen Urkunde der Herzöge Otto des Strengen und Albrecht des Fetten vor[2079]. Ohne Amtstitel ist der Kämmerer Johannes von Uetze noch in einer größeren Anzahl von Urkunden Herzog Albrechts des Fetten bis zum Ende des Untersuchungszeitraumes dieser Arbeit belegbar.[2080] Darüberhinaus ist Johannes von Uetze letztmalig im Jahre 1305 in einer Urkunde desselben Herzogs nachweisbar.[2081]

Möglicherweise besteht zwischen dem Kämmerer Johannes von Uetze und dem *Johannes dictus camerarius* in einer Urkunde der Edelherren und Brüder Luthard und Luthard von Meinersen aus dem Jahr 1265 ein Zusammenhang.[2082] Johannes testierte als letzter von sechs Zeugen unter anderem hinter den Brüdern Ludolf und Balduin von Wenden und dem Vogt Gerlagus von Gifhorn, die eindeutig den

---

2075 Bei Weinmann, S. 212 angedeutet.

2076 1255, der Graf Ludolf von Hallermund für das Kloster Riddagshausen betreffs Lehen des †Razo von Uetze, Orig.: StA WF 24 Urk 122, ungedruckt. 1255, die Edelherren und Brüder Wedekind, Ludeger und Heinrich von Gerstenbüttel für das Kloster Riddagshausen betreffs Lehen des †Razo von Uetze, Orig.: StA WF 24 Urk 123, Regest: Urk. v. Saldern 1, Nr. 82. 1255, der Edelherr Ludeger der Ältere von Gerstenbüttel für das Kloster Riddagshausen betreffs Lehen †Razo von Uetze, Orig.: StA WF 24 Urk 124, ungedruckt.

2077 1291 Juli 12, Druck: Br. Anzeigen 1750, S. 1797f.

2078 1293 Mai 1, Druck: UB Herzöge Br.-Lb. 1, S. 77. 1294 Oktober 27, Druck: Asseburger UB 1, Nr. 477.

2079 1293 August 8, Regest: Reg. v. Wallmoden, Nr. 83; Urk. v. Saldern 1, Nr. 166.

2080 1293 Juni 29, Orig.: StadtA Br A III 10 Nr. 46; Druck: Pistorius VIII., S. 2386; UB Br. 2, S. 188f. 1293 Juni 29, Orig.: StadtA Br A III 10 Nr. 47; Druck: Pistorius VIII., S. 2360; Asseburger UB 1, Nr. 471; UB Br. 2, S. 189. 1293 Juli 9, Orig.: StA WF 24 Urk 309; Druck: Asseburger UB 1, Nr. 472. 1293 Juli 9, Orig.: StA WF 24 Urk 308; Druck: Asseburger UB 1, Nr. 473. 1293, Regest: Reg. v. Campe 1, Nr. 511. 1294 März 21, Regest: Reg. v. Campe 1, Nr. 512. 1294 Juni 21, Druck: Vaterländisches Archiv 1843, S. 411; Urk. Walkenried, Nr. 554. 1294 November 20, Druck: Pistorius VIII S. 2358; UB Br. 2, S. 192. 1295 August 22, Druck: UB Herzöge Br.-Lb., S. 83. 1295 Oktober 26, Druck: UB Hochstift Hildesheim 3, S. 524; Asseburger UB 1, Nr. 482. 1296 April 19, StA WF 23 Urk 151 (mit Siegel), ungedruckt. 1296 Oktober 22, Druck: Pfeffinger Br. Hist. 1, S. 119. 1296 Oktober 22, Druck: Pfeffinger Br. Hist. 1, S. 592; UB Br. 1, S. 18; Asseburger UB 1, Nr. 489; Reg. v. Campe 1, Nr. 528. 1296 November 8, Druck: Asseburger UB 1, Nr. 491. 1299 März 4, Orig.: StA WF 23 Urk 173; Druck: Asseburger UB 1, Nr. 505. 1299 September 29, Druck: UB Br. 2, S. 217f. 1299 Oktober 4, Druck: Asseburger UB 1, Nr. 509. 1299 Oktober 29, Druck: UB Br. 2, S. 218. 1300 Februar 19, Druck: Rehtmeier, Kirchenhist. 5, Beilage S. 14; Asseburger UB 1, Nr. 511. 1300 März 16, Druck: UB Hochstift Hildesheim 3, Nr. 1256. 1300 Oktober 15, Regest: Urk. v. Saldern 1, Nr. 195. 1300, Druck: Asseburger UB 1, Nr. 549.

2081 1305 Februar 11, Druck: Asseburger UB 2, Nr. 597; UB Br. 2, S. 283f.

2082 Orig.: StA WF 24 Urk 167; Regest: UB Br. 4, S. 415.

welfischen Herzögen zugeordnet werden können.

Fehl geht die Behauptung, daß der Kämmerer Johannes von Uetze bis zum Jahr 1312 nachweisbar sei.[2083] Der Kämmerer Johannes von Uetze ist nämlich entweder 1306 oder 1307 verstorben, da in einer von seinem Bruder, dem Knappen Herwig von Uetze ausgestellten Urkunde von 1307 seine Ehefrau Lutgardis als Witwe erwähnt wird.[2084] Der Todestag des Kämmerers, der 25. Februar, ist im Necrologium des St. Philipp und St. Jacob-Altares der Stiftskirche St. Blasius in Braunschweig verzeichnet.[2085] Seine Gattin Lutgardis war eine Tochter des Ritters Heinrich von Wenden, was aus ihrer Urkunde für das Kreuzkloster von 1301 hervorgeht, die von Johannes besiegelt wurde.[2086] Lutgardis trat als Witwe des Johannes von Uetze dann noch zweimal in den Jahren 1307[2087] und 1312[2088] auf. Offenbar war der Sohn des Kämmerers mit Taufnamen Herwig[2089] damals noch unmündig, so daß sein Recht am Kämmereramt von seinem gleichnamigen Vetter beansprucht wurde.[2090] Herwig von Uetze wird später im Lehnbuch Herzog Ottos des Milden von 1318 geführt und erhielt dabei *officius suus*,[2091] trat als Kämmerer Herzog Heinrichs des Wunderlichen[2092] und Herzog Ottos des Milden[2093] im Jahre 1322 in Erscheinung, wurde von den Grafen von Wohldenberg 1334 mit dem halben Zehnten in Klein Lafferde belehnt[2094] und kommt als Kämmerer noch 1335 in einer Urkunde Herzog Ottos für das Kloster Riddagshausen[2095] sowie im Jahre 1340 als Kämmerer der Herzöge Otto, Magnus und Ernst von Braunschweig[2096] vor.

Das erste Siegel eines Angehörigen der welfischen Ministerialenfamilie von Uetze liegt mit demjenigen des Kämmerers und Ritters Johannes von Uetze aus dem Jahr 1301 vor.[2097] Die Umschrift lautet + S' IOHANNI DE VTTESSE, und es zeigt als Bild einen gelockten Menschenkopf, weswegen es möglicherweise als

---

2083 Weinmann, S. 212.

2084 1307 Oktober 9, Orig.: StA WF 24 Urk 435 (Siegel ab), ungedruckt.

2085 Memorien St. Blasius II., S. 84, S. 96, Anm. 37.

2086 Lutgardis, Tochter des †Ritters Heinrich von Wenden, Gattin des Ritters Johannes von Uetze, stimmt dem Verkauf ihrer Brüder Balduin, Ludolf und Georg von Wenden an das Kreuzkloster vor Braunschweig zu, Orig.: StA WF 26 Urk 55, ungedruckt.

2087 1307 Dezember 8, Druck: Pistorius VIII, S. 2379; UB Br. 2, S. 324f.

2088 1312 Juli 6, Druck: UB Br. 2, S. 395.

2089 Die Filiation ergibt sich aus einer Urkunde Herzog Ottos von 1333 Juni 23, Druck: Rethmeier, Kirchenhist.1, Beil. S. 59; UB Br. 3, S. 303f., in der Bezug auf einen Vorgang von 1312 Juli 6, Druck: UB Br. 2, S. 395, genommen wird.

2090 1316 November 4, Herzog Albrecht der Fette urkundet über die Erbfolge im Kämmereramt, Orig.: StA WF 9 Urk 80, ungedruckt. Siehe dazu unten mit einem ausführlichen Zitat des Urkundentextes im Kap. II. 4.3. Der Knappe Johannes von Uetze testierte 1344 Mai 17, Druck: UB Br. 4, S. 142f., mit dem Titel eines Kämmerers in einer Urkunde Herzog Ottos des Milden.

2091 Lehnregister Herzöge I 12 S. 29. Die Söhne des Kämmerers Herwig von Uetze, Johannes und Wilhelm von Uetze, "habent dat kamerammecht" (sic!) im Lehnregister der Herzöge Magnus und Ernst von 1344/65 (Lehnregister Herzöge, II 32, S. 56). Beides bei Weinmann nicht berücksichtigt.

2092 1322 Mai 7, Zeugen: *Jordanus de Nendorph pincerna, Herwicus de Utesse camerarius, officiati nostri; Bertoldus de Velthem, Ludolfus de Holeghe, milites, fidelis nostri*, Orig.: StA WF 7 Urk 126; Regest (ohne Zeugen): UB Br. 3, S. 44.

2093 1322 Mai 23, Orig.: StA WF 7 Urk 217; Erwähnung: UB Br. 3, S. 44, Anm.

2094 1334 November 7; Die Urkunden sind inseriert zu 1435 Januar 21 durch Arnold Cleyne, Officialen in Hildesheim, Orig.: StA WF 110 Urk 30; ungedruckt.

2095 1335 Juni 23, Orig.: StA WF 24 Urk 639, ungedruckt.

2096 1340 März 26, Druck: UB Herzöge Br.-Lb.1, Nr. 664; Reg. v. Campe 2, Nr. 656; Urk. v. Saldern 1, Nr. 405.

2097 Erhalten an Orig.: StA WF 26 Urk 55. Abb.: StA WF 5 Slg 10 Nr. 514.

Amtsträgersiegel anzusprechen ist.[2098] Der Menschenkopf läßt sich als familiäres Siegel- und Wappenbild sowie als Helmzier der Herren von Uetze auch in den folgenden Jahrhunderten nachweisen.[2099] Ein völlig anderes Bild weist dagegen das Siegel des Knappen Razo von Uetze auf, welches sich an einer seiner beiden 1297 in Peine für das Stift St. Cyriacus vor Braunschweig ausgestellten Urkunden[2100] erhalten hat: Es handelt sich um ein Schildsiegel, welches nebst der Umschrift + S' [R]ACE D[E] VTTSSEN als Bild drei senkrechte, doppeltgeschachte Balken zeigt. Razo von Uetze gehörte offenbar zu dem Zweig der Familie, der in der stifthildesheimischen Ministerialität verblieb, und deren Wappenbild im 14. Jahrhundert drei senkrechte Pfeile aufwies.[2101]

1.5 Die Küchenmeister

1.5.1 Heinrich von Dorstadt, Küchenmeister Pfalzgraf Heinrichs (1223)

In einer undatierten Urkunde des Pfalzgrafen für das Kloster Osterholz testierte Heinrich von Dorstadt als *cocorum magister*.[2102] Die Urkunde ist von dem Herausgeber des Osterholzer Urkundenbuches ohne weitere Begründung in das Jahr 1223 gesetzt worden. Mit Sicherheit ist sie aber nicht lange nach 1221 ausgestellt worden, da Graf Bernhard von Wölpe darin schon als verstorben bezeichnet wird.[2103] In das Jahr 1223 ist die Urkunde deswegen zu setzen, da im selben Jahr weitere Güterveräußerungen durch die Witwe Graf Bernhards bezeugt sind.[2104]

Heinrich von Dorstadt entstammte einer welfischen Ministerialenfamilie, die sich mit dem gleichen Herkunftsnamen wie die edelfreie Familie von Dorstadt benannte und deswegen keinesfalls mit dieser verwechselt werden darf.[2105] Dagegen könnte eingewendet werden, daß Heinrich von Dorstadt im Jahre 1224 die Reihe der Zeugen

---

2098 So führt der Reichskämmerer Kuno von Münzenberg im Jahre 1203 einen Königskopf in seinem Siegel, womit seine Verbindung an das Reich über das Hofamt symbolisch zum Ausdruck kommt. (Zeit der Staufer 1, S. 55)

2099 1382 September 8, Orig.: StA WF 24 Urk 736 (mit vier Siegeln derer von Uetze). Abbildungen von zwei der vier Siegel: StA WF 5 Slg 10, Nr. 516f. An den Urkunden des Ritters Herwig von Uetze von 1303 März 29, Orig.: StA WF 24 Urk 364, und des Knappen Herwig von Uetze von 1307 Oktober 9, Orig.: StA WF 24 Urk 435, beide für das Kloster Riddagshausen, fehlen die Siegel heute. Der Menschenkopf wird später unter anderem bei v. Meding, Nachrichten 1, S. 628, Nr. 898 als Mohrenhaupt fehlgedeutet.

2100 1297 März 3, Orig.: StA WF 8 Urk 29 (Siegel fehlt); Regest: UB Hochstift Hildesheim 3, Nr. 1134. 1297 März 3, Orig.: StA WF 8 Urk 30 (mit Siegel); Druck (fehlerhaft): Bilderbeck II, 3, S. 74.

2101 1343 Dezember 6, Druck: UB Hochstift Hildesheim 5, Nr. 261 mit Siegelbeschreibung.

2102 *Sifridus comes de Hosterborch, Johannes canonicus sancti Blasii in Brunswygk et notarius ducis, Jordanis dapifer et Willekinus marscalcus, Jusarius pincerna, Henricus de Dorstat cocorum magister, Johannes de Bornem, Conradus de Suthersem.* Druck: Hamburger UB 1, Nr. 474; UB Osterholz, Nr. 23 zu "ca. 1223".

2103 So auch schon Hamburger UB S. 413, Anm. 2. Zum Todesdatum Graf Bernhards siehe Zillmann, S. 250. Allgemein zu den Grafen von Wölpe mit der weiteren Literatur Zillmann, S. 247-256.

2104 Zillmann, S. 250.

2105 So auch schon: v. Mülverstedt, S. 440f. Moll, S. 228f. Anders: Lubenow, S. 319f. Hucker, Otto IV., S. 405f. Weinmann, S. 261f. (hier nicht als Hofamt geführt). Es gibt weitere Beispiele dafür, daß welfische Ministerialen den gleichen Herkunftsnamen wie ein edelfreies Geschlecht hatten, z.B. die von Blankenburg. Allgemein zur edelfreien Familie von Dorstadt: Dürre, Stammbaum v. Dorstadt. Dürre, Mitglieder v. Dorstadt. Moll, S. 228-238.

einer Urkunde Pfalzgraf Heinrichs anführt.[2106] Tatsächlich aber ist der Taufname desselben im Original nicht lesbar. Es wird sich dabei um den Edelherrn Bernhard von Dorstadt gehandelt haben. Die Stellung Heinrichs von Dorstadt innerhalb der welfischen Ministerialität und gegenüber den Edelherren von Dorstadt wird in mehreren Urkunden Pfalzgraf Heinrichs deutlich. So testierten in seiner Urkunde für das Stift St. Blasius von 1224 an erster Stelle *Bernerdus nobilis vir de Dorstat* und als letzter von zehn ministerialischen Zeugen *Henricus de Dorstat*.[2107] Und in einer Urkunde des gleichen Jahres für das Stift Marienberg kommt Pfalzgraf Heinrichs Lehnsmann, der Edelherr Bernhard von Dorstadt, als zweiter von zwei edelfreien Zeugen vor, während Heinrich von Dorstadt als siebenter von neun Ministerialen testierte.[2108] Gleiche Beobachtungen lassen sich in den Zeugenreihen weiterer Urkunden des Pfalzgrafen machen.[2109]

1.5.2 Hildebrand von Bokel, Küchenmeister der Herzöge Albrecht des Fetten und Heinrich des Wunderlichen vor 1291

Das Küchenmeisteramt ist unter Herzog Otto dem Kind, Herzog Albrecht I. und Herzog Johann weiter nicht mehr nachweisbar. Daß man von dem Küchenmeisteramt nach dem Jahr 1224 nichts mehr höre,[2110] stimmt allerdings nicht. Denn im Jahre 1291 wird in einer Verkaufsurkunde der Söhne Burchards von Wolfenbüttel, Burchard, Ekbert und Hermann, für das Kloster Riddagshausen ein Hildebrand, *quondam magister cocorum domini ducis de Brunswic*, genannt.[2111] Daß es sich bei diesem Hildebrand nur um Hildebrand von Bokel handeln kann, geht aus zwei weiteren Urkunden eindeutig hervor.[2112] Der Küchenmeister Hildebrand von Bokel, welcher einen Bruder namens Hanneke hatte,[2113] diente gemäß seiner Bezeichnung den Herzögen Albrecht dem Fetten und Heinrich dem Wunderlichen gemeinsam. Da er im Jahre 1291 als ehemaliger Küchenmeister bezeichnet wird, ist er damals entweder kurz zuvor verstorben, oder aber er hat in Folge der kurz zuvor stattgefundenen dritten welfischen Teilung[2114] sein Amt verloren.

Auch im Fürstentum Lüneburg dürfte es unter Herzog Otto dem Strengen noch im 13. Jahrhundert das Amt des Küchenmeisters gegeben haben, da im Jahre 1307 der Sohn des verstorbenen Amtsinhabers erwähnt wird.[2115] Im 14. Jahrhundert kommt

---

2106 Orig.: StA WF 24 Urk 52; Druck: Asseburger UB 1, Nr. 134 [fehlerhaft]; Reg. v. Campe 1, Nr. 180.

2107 Orig.: StA WF 7 Urk 17; Druck: O.G. III., S. 694; UB Br. 2, S. 24f.

2108 Orig.: StA WF 19 Urk 13; Druck: O.G. III., S. 695.

2109 1225, Orig.: HStA Han Celle Or. 13 Nr. 1195; Druck: O.G. III., S. 698; Hoyer UB 7, Nr. 10. 1227, Druck: UB Goslar 1, Nr. 491.

2110 Lubenow, S. 513.

2111 1291 August 1, Orig.: StA WF 24 Urk 293; Druck: Asseburger UB 1, Nr. 455. Einen Küchenmeister mit Taufnamen Hildebrand bei Pfalzgraf Heinrich, den Weinmann in seinem Register S. 315 aufführt, findet man sowohl vergebens bei dem genannten Fürsten, als auch auf der ihm zugeordneten S. 135. Dagegen kommt Hildebrand bei Weinmann, S. 262 ohne Bezug auf Pfalzgraf Heinrich vor.

2112 (1280) September 1, Orig.: StA WF 24 Urk 204; Druck: UB Isenhagen Nr. 40. O. J. (1290-1300?), Copiar StA WF VII B Hs 359b, Bl. 60v, Regest: v. Boetticher, Riddagshausen, S. 318. Der Herkunftsname bezieht sich entweder auf Neubokel, Stadt Gifhorn, Kreis Gifhorn, oder auf Bokel, Gemeinde Sprakensehl, Kreis Gifhorn.

2113 (1280) September 1, Orig.: StA WF 24 Urk 204; Druck: UB Isenhagen, Nr. 40.

2114 Siehe dazu Pischke, Landesteilungen, S. 47ff.

2115 1307 April 2, Herzog Otto der Strenge bestätigt den Verkauf von Gütern durch *Fredericus filius*

unter Herzog Magnus das Speisemeisteramt vor,[2116] welches allerdings mit dem Hofamt des Küchenmeisters nicht verwechselt werden darf.

2 Das Vorkommen und die Hierarchie der welfischen Hofämter unter den welfischen Fürsten der ersten Hälfte des 13. Jahrhunderts

2.1 Heinrich der Löwe

Neben der architektonischen und künstlerischen Ausgestaltung der Braunschweiger Burganlage richtete Heinrich der Löwe auch die zur höfischen Kultur erforderlichen Hofämter ein.[2117] Die Hofämter Heinrichs des Löwen wurden von Anfang an nicht mit Edelfreien, sondern mit Ministerialen besetzt, was aus der Stellung der Hofamtsträger in den Zeugenreihen der Urkunden Heinrichs des Löwen eindeutig hervorgeht. Allerdings ist schon bei König Lothar III. ein Hofamt nachweisbar, dessen Träger aus der Ministerialität Lothars stammte. Zum Jahre 1125 wird ein *cubicularius* Lothars III. und seiner Gattin Richenza vom Pöhlder Annalisten als Informant genannt.[2118] Es dürfte sich bei diesem daher eher um einen Kammerherrn, also einen persönlichen Bediensteten des Kaiserpaares, denn um einen kaiserlichen Kämmerer gehandelt haben.[2119] Im Jahre 1134 testierte ein *cubicularius* mit Taufnamen Anno ohne Herkunftsnamen bei Lothar III.,[2120] welcher der Kämmerer des Kaisers gewesen sein wird.

Dieser Kämmerer Lothars III. war sehr wahrscheinlich identisch mit dem bei Heinrich dem Löwen erstmals im Jahre 1144 mit dem Amtstitel eines *camerarius* nachweisbaren Anno.[2121] Heinrich der Löwe übernahm also den Kämmerer Anno aus den Diensten seines Großvaters. Das Marschallamt ist erstmals 1155 belegt,[2122] wobei allerdings fraglich ist, ob es nicht zum bayerischen Raum zu zählen ist.[2123] Eindeutig mit einem sächsischen Ministerialen Heinrichs des Löwen besetzt, erscheint es erst im Jahre 1169.[2124] Das Truchsessenamt kommt im Jahre 116(1)[2125], das Schenkenamt

---

domini Leonis milites quondam coquine nostre magistri an das Kloster St. Michael in Lüneburg, Orig.: HStA Han Celle Or. 100 Lüneburg St. Michael Nr. 91; Druck: Lüneburger UB 7, Nr. 187. Friedrich kommt danach 1309 August 9, Druck: Lüneburger UB 7, Nr. 209, als *Fredericus kokemeister* und 1311 Dezember 30, Druck: Lüneburger UB 7, Nr. 217, als *Frederico dicto Pusteken* vor.

2116 Der Speisemeister Otrave von Beienrode ist nachweisbar: 1348, Druck: UB Herzöge Br.-Lb. 2, S. 149. 1349 Februar 5, UB Herzöge Br.-Lb. 2, S. 164. Vgl. dazu auch: Lehnbücher Herzöge Braunschweig, S. 96. Weinmann, S. 261.

2117 Vgl. dazu Rösener, Hofämter, S. 525.

2118 Annales Palidenses, S. 78.

2119 Petke, Lothar III., S. 11. Zur Unterscheidung von Kammerherrn und Kämmerer im 12. Jahrhundert Jordan, Kurie, S. 142.

2120 MGH D Lothar III. Nr. 59.

2121 1144 Juli 23, Orig.: HStA Han Cal. Or. 100 Bursfelde Nr. 6; Druck: Urk. HdL Nr. 6. Zu dem Kämmerer Anno siehe das Kap. II. 1.4.1.

2122 1155 (Februar 1-23), Urk. HdL Nr. 31.

2123 Vgl. dazu im Kap. II. 1.2.1.

2124 1169 November 7, Urk. HdL Nr. 81. Siehe das Kap. II. 1.2.2.

2125 116(1) Oktober 18, Urk. HdL Nr. 48. In einer verunechteten Urkunde Heinrichs des Löwen, Urk. HdL Nr. 41 von [1158], wird schon vorher ein Truchseß erwähnt. Siehe dazu in den Kapiteln II. 1.1.2 und 1.1.3.

im Jahre 1167(?)[2126] zum ersten Mal in den Urkunden Heinrichs des Löwen vor. Somit ist festzuhalten, daß das Hofamt des Kämmerers das mit großem Abstand erste nachweisbare Amt am Hofe Heinrichs des Löwen gewesen ist und daß die weiteren Hofämter erst in den sechziger Jahren des 12. Jahrhunderts belegbar werden. Diese Tatsache in Verbindung mit dem Beleg, daß der Kämmerer Anno in einer Zeugenreihe vor dem Truchsessen Jordan und allen anderen Hofamtsträgern steht,[2127] relativiert wenigstens für die Zeit Heinrichs des Löwen die generelle Aussage, daß am welfischen Hof "das Amt des Truchseß ... das bedeutendste unter den Hofämtern" war[2128] und "daß das Kämmereramt keine allzu große Bedeutung am Braunschweiger Hof besaß"[2129].

Die erste Urkunde Heinrichs des Löwen, in der alle vier Hofämter gemeinsam vorkommen, stammt aus dem Jahr 1169.[2130] Nur in relativ wenigen Urkunden Heinrichs des Löwen treten gleichzeitig mehrere Hofamtsträger auf. So testierten lediglich zwei Hofamtsträger in einer Reihe von Urkunden, denen das Auftreten des Truchsessen Jordan I. von Blankenburg gemeinsam ist. Dabei kommt der Truchseß Jordan als erster der Hofamtsträger jeweils vor dem Schenken Heinrich,[2131] vor dem Marschall Wilhelm von Volkmarode[2132] und dem Truchsessen Heinrich von Schoderstedt[2133] vor. In den Urkunden, die von drei oder noch mehr Hofamtsträgern gleichzeitig bezeugt werden, lassen sich in den Zeugenreihen folgende Reihenfolgen belegen:

1.) 1169[2134]: (...) Truchseß Jordan (I. von Blankenburg), dessen Bruder Jusarius, Marschall Heinrich, Schenk Heinrich, Schenk Lupold, Truchseß Erchembert, Kämmerer Werner, (...).

2.) 1170(?)[2135]: (...) Truchseß Jordan (I. von Blankenburg), dessen Bruder Jusarius, Schenk Heinrich, Schenk Lupold, Kämmerer Werner, (...).

3.) 1170[2136]: (...) Kämmerer Anno, Truchseß Jordan (I. von Blankenburg), Schenk Heinrich, Marschall Heinrich, (fünf weitere Zeugen), Kämmerer Werner, (...).

4.) 1171[2137]: Truchseß Jordan (I. von Blankenburg), Schenk Heinrich, Kämmerer Werner.

Zunächst fällt auf, daß die Hofämter des Truchsessen, des Schenken und des Kämmerers jeweils doppelt besetzt waren.[2138] Es handelte sich dabei offensichtlich nicht um Angehörige derselben Familie. Dieser Befund ist unter den Nachfolgern Heinrichs des Löwen in solcher Deutlichkeit nicht belegbar. Die Stellung der jeweiligen Truchsessen innerhalb der Zeugenreihen erlaubt die Vermutung, den

---

2126 1167(?), Urk. HdL Nr. 75. Siehe das Kap. II. 1.3.1.
2127 1170 November 12, Urk. HdL Nr. 83.
2128 Busch, S. 57. Mertens, Diss., S. 78. Mertens, NdsJBLGesch, S. 124.
2129 Lubenow, S. 414. Weinmann, S. 212.
2130 1169 November 7, Urk. HdL Nr. 81.
2131 1167 (?), Urk HdL Nr. 75. [1171 Februar ?], Urk HdL Nr. 84.
2132 118[6] ? August 11, Urk HdL Nr. 118. 1188, Urk HdL Nr. 120.
2133 1190, Urk HdL Nr. 126. 1191 Juni 6, Orig.: StA WF 25 Urk 22; Druck: Urk HdL Nr. 128. 1194 April 2, Orig.: HStA Han Cal. Or. 33 Salem Nr. 1; Druck: Urk HdL Nr. 129.
2134 1169 November 7, Urk. HdL Nr. 81.
2135 1170 November 7, Orig.: LA Schleswig Urk.-Abt. 268 Nr. 7; Druck: Urk. HdL Nr. 82.
2136 1170 November 12, Urk. HdL Nr. 83.
2137 1171 August 8, Orig.: HStA Han Celle Or. 13 Nr. 795; Druck: Urk. HdL Nr. 88.
2138 Vgl. dazu auch: Haendle, S. 69. Lubenow, S. 514.

Truchsessen Jordan als bedeutender gegenüber den Truchsessen Erchembert (1.) und Heinrich von Schoderstedt[2139] anzusehen. Gleiches läßt sich hinsichtlich des Kämmerers Anno gegenüber dem Kämmerer Werner (3.) sowie hinsichtlich des Schenken Heinrich gegenüber dem Schenken Lupold (1., 2.) mutmaßen.

Die ältere Forschung hat in dieser zur vergleichbaren Zeit auch an anderen Höfen vorkommenden Tatsache einen Beleg für die vom Sachsenspiegel[2140] hergeleitete Theorie gesehen, daß Ministerialendienst urspünglich stets Hofdienst gewesen sei.[2141] Von diesem Ansatz her[2142] und familienbezogen[2143] läßt sich die zeitweilige Doppelbesetzung von Hofämtern unter Heinrich dem Löwen nicht eindeutig erklären. Neben der wahrscheinlichsten Annahme, in den jeweils nachgenannten Hofamtsträgern Unterbeamte zu sehen,[2144] bliebe noch die Möglichkeit zu prüfen, ob nicht schon unter Heinrich dem Löwen Braunschweig und Lüneburg gleichgewichtige Zentren der beginnenden Hofhaltung, freilich mit dem Schwerpunkt auf Braunschweig, gewesen sein könnten. Immmerhin wurden zumindest drei der vier oben angeführten Urkunden in relativer geographischer Nähe zu Lüneburg ausgestellt.[2145] Ferner ist Lüneburg schon für das Jahr 1178 als Austragungsort eines Turnieres nachweisbar.[2146]

Der Truchseß Jordan (I. von Blankenburg) tritt bis auf eine einzige Ausnahme (3.) als erster Hofamtsträger auf[2147] (1., 2., 4.), während der Truchseß Erchembert bei seinem gleichzeitigen Vorkommen mit dem Truchsessen Jordan hinter dem Marschall und den beiden Schenken erscheint (1.). Der Marschall steht stets hinter dem Truchsessen[2148] (1., 3.). Da er hierbei in der Reihenfolge entweder vor dem Schenken Heinrich (1.) oder hinter diesem (3.) steht, dürften beide etwa als vom Rang her gleichgewichtige Personen angesehen worden sein. Der Kämmerer Werner kommt stets als letzter der Hofamtsträger vor (1., 2., 3., 4.). Lediglich ein einziges Mal führt mit dem Kämmerer Anno ein Inhaber des Kämmereramtes die ministerialischen Zeugen an (3.). Diese Ausnahme dürfte sich durch das besondere Ansehen des in einem hohen (Dienst-) Alter stehenden Kämmerers Anno erklären lassen, der wohl schon Kaiser Lothar III. in dieser Würde gedient hat.[2149] Hier wird deutlich, daß nicht allein das Hofamt mit seiner Ausstattung, sondern auch die jeweilige Person des Hofamtsträgers ausschlaggebend für seine Stellung am

---

2139 1190, Urk HdL Nr. 126. 1191 Juni 6, Orig.: StA WF 25 Urk 22; Druck: Urk HdL Nr. 128. 1194 April 2, Orig.: HStA Han Cal. Or. 33 Salem Nr. 1; Druck: Urk HdL Nr. 129.

2140 "Na hoverechte scal aver iewelk denstman geboren druzte sin oder scenke oder marscalk oder kemerare." Sachsenspiegel Lehnrecht, 63, 1.

2141 Auf die in unzähligen Beiträgen geführte Diskussion soll hier nicht näher eingegangen werden. Zur ganzen Problematik Rösener, Hof mit der weiterführenden Literatur.

2142 Haendle, S. 70f. Lubenow, S. 515.

2143 Lubenow, passim und S. 515.

2144 Haendle, S. 69.

2145 Artlenburg: 1169 November 7, Urk. HdL Nr. 81. 1170 November 7, Orig.: LA Schleswig Urk.-Abt. 268 Nr. 7; Druck: Urk. HdL Nr. 82. Verden: 1171 August 8, Orig.: HStA Han Celle Or. 13 Nr. 795; Druck: Urk. HdL Nr. 88.

2146 Mecklenburgisches UB 1, S. 123, Nr. 126. Bei diesem Turnier fand der Slawenfürst Pribislav am 30. Dezember 1178 den Tod. Vgl. auch Wigger, S. 138. Allgemein zum Turnier: Das ritterliche Turnier. Paravicini, Rittertum.

2147 1167 (?), Urk HdL Nr. 75. [1171 Februar ?], Urk HdL Nr. 84. 118[6] ? August 11, Urk HdL Nr. 118. 1188, Urk HdL Nr. 120.

2148 118[6] ? August 11, Urk HdL Nr. 118. 1188, Urk HdL Nr. 120.

2149 Siehe dazu das Kap. II. 4.1.

welfischen Hof Heinrichs des Löwen gewesen sein dürfte.[2150] Unter Einschränkungen ist somit festzuhalten, daß sich für die Zeit Heinrichs des Löwen die Bedeutung der Hofämter von dem des Kämmerers über die ungefähr gleichbedeutenden Ämter des Schenken und des Marschalls zu dem Amt des Truchsessen als wichtigstes Hofamt steigerten.

Auffällig ist, daß die vier Hofämter unter Heinrich dem Löwen gleichzeitig nur im Zeitraum von 1169 bis 1171 erscheinen. Eine planmäßige Schaffung der Hofämter, wie sie beispielsweise unter dem Landgrafen Ludwig III. von Thüringen erfolgt ist,[2151] kommt aber für Heinrich den Löwen nicht in Betracht, da sämtliche Hofämter schon vorher nachweisbar sind. Gleichwohl wird das gehäufte Auftreten von Hofamtsträgern in einem direkten Zusammenhang mit der zu jener Zeit zu einem Höhepunkt gelangenden Macht Heinrichs des Löwen zu sehen sein. Die im Jahre 1168 erfolgte glanzvolle Hochzeit zwischen ihm und der Tochter des englischen Königs, Mathilde, leitete die bedeutendste Zeit des Herzogs ein.[2152] Ihren Höhepunkt bildete nach der Entscheidung der Kämpfe in Sachsen zu Heinrichs Gunsten[2153] ohne Frage dessen Pilgerfahrt in das Heilige Land, zu der Heinrich der Löwe Anfang 1172 aufbrach.[2154]

Nach seinem Sturz sind bei Heinrich dem Löwen Hofämter in der vom Schwabenspiegel geforderten Vierzahl nicht mehr zu belegen. Diese Entwicklung ist durch den Verlust der reichsfürstlichen Stellung Heinrichs zu erklären, wie sie ähnlich auch in der veränderten Titel[2155]- und Siegelführung[2156] und sogar in den Arengen der herzoglichen Urkunden[2157] zum Ausdruck kommt.

2.2 Pfalzgraf Heinrich

Allein aufgrund seiner reichsfürstlichen Stellung als Pfalzgraf bei Rhein war der älteste Sohn Heinrichs des Löwen, Heinrich, in der Lage zur eigenen Hofhaltung. Dementsprechend sind zu seiner Zeit in der Pfalz Hofämter nachweisbar.[2158] Im großen und ganzen wird hierbei davon auszugehen sein, daß Pfalzgraf Heinrich die Politik seines staufischen Schwiegervaters, des Pfalzgrafen Konrad, hinsichtlich des Adels und der Ministerialität fortgesetzt haben wird.[2159] Allerdings wird der Einblick in diese Thematik, die unbedingt eine eigene Forschungsarbeit verdient, durch die schlechte Überlieferungssituation der Pfalz erschwert.[2160]

2150 So auch Lubenow, S. 514.
2151 Siehe dazu: Patze, Landesherrschaft, S. 327. Rösener, Hofämter, S. 491f. Schwind, S. 202f.
2152 Helmold von Bosau, Kap. 106.
2153 Siehe dazu: Jordan, HdL, S. 121f. mit weiterer Literatur auf S. 279. Ehlers, HdL, S. 439.
2154 Arnold von Lübeck I., 1-12. Zur Pilgerfahrt Heinrichs und seiner Bedeutung vgl.: Jordan, HdL, S. 175-181 (mit weiterer Literatur auf S. 282). Mayer, Stiftung. Ganz, S. 32.
2155 Urk. HdL, S. LIV. Boshof, Entstehung, S. 252.
2156 Siehe dazu unten im Exkurs 1.
2157 Siehe dazu Ehlers, HdL, S. 457f.
2158 So kommt beispielsweise 1209 (Druck: UB Niederrhein Nr. 27) und zu 1211 (Druck: Gudenus Sylloge Nr. 33) der Truchseß Werner von Alzey vor, während die 1211 (Druck: Gudenus, Sylloge, Nr. 32 und 96; O.G. III. S. 662) bei Pfalzgraf Heinrich vorkommenden Truchsessen Marquard von Annweiler und Dietrich von Hausen als Reichstruchsessen zu identifizieren sind. Der Schenk Heinrich von Grombach erscheint erstmals 1208 Mai 30 (Urk. Schönau, S. 31f.). Zu den Hofämtern in der Pfalz mit der weiteren Literatur: Klafki. Rösener, Hofämter, S. 527ff.
2159 v. Heinemann, S. 279-282. Vgl. auch Schaab, Geschichte, S. 60-62.
2160 Beispielsweise ist das Kopialbuch des für die Pfalz wichtigen Klosters Schönau aus dem 13.

Den Anspruch Pfalzgraf Heinrichs auf das sächsische Herzogtum hätte auch die Fortführung der Hofämter und zwar möglichst in ihrer Vierzahl nach außen hin deutlich gemacht.[2161] Im welfischen Kernland sind Hofämter unter Pfalzgraf Heinrich schon in seinen ersten Urkunden dokumentiert. So bezeugten im Jahre 1196 eine Urkunde Pfalzgraf Heinrichs für das Stift St. Blasius in Braunschweig die Laien *Jordanis senior dapifer, Fridericus marscalcus, Jordanis junior dapifer, Jusarius pincerna, Balduinus frater marscalci, Anno frater dapiferi et Herewicus de Utersheim.*[2162] Der in dieser Urkunde an letzter Stelle noch ohne Amtstitel testierende Herwig von Uetze wird in einer Urkunde, deren Datierung nicht mehr lesbar und in das Jahr 1199 zu setzen ist, als Kämmerer genannt.[2163] Somit richtete Pfalzgraf Heinrich schon vor der Jahrhundertwende vom 12. in das 13. Jahrhundert die vom Schwabenspiegel für einen Reichsfürsten geforderte Vierzahl der Hofämter in Sachsen ein. Da in der letztgenannten Urkunde der Marschall Friedrich von Volkmarode als Verkäufer erwähnt wird, sind hier auch erstmals alle vier Hofamtsträger gleichzeitig bei Pfalzgraf Heinrich nachweisbar. Danach kommen die vier Hofamtsträger zusammen mit Titel erst wieder im Jahre 1220 in einer in Stade ausgestellten Urkunde Pfalzgraf Heinrichs für das Stift St. Peter bei Goslar vor;[2164] und zwar diesmal der Truchseß Jordan II. von Blankenburg, der Marschall Wilhelm von Volkmarode, der Mundschenk Jusarius II. von Blankenburg und der Kämmerer Herwig I. von Uetze.

Von wesentlicher Bedeutung ist die Frage, ob Pfalzgraf Heinrich bei der Besetzung der Hofämter am welfischen Hof auf die gleichen Personen oder die gleichen Familien zurückgegriffen hat, die schon unter seinem Vater Hofamtsträger waren oder stellten. Diese Frage wurde bislang - wenn auch mit gewissen Einschränkungen - positiv beantwortet.[2165] Ein Vergleich der Hofamtsträger Heinrichs des Löwen und Pfalzgraf Heinrichs zeigt jedoch sofort, daß diese Einschätzung korrigiert werden muß. Pfalzgraf Heinrich übernahm hinsichtlich der Personen lediglich den Truchsessen Heinrichs des Löwen, Jordan I. von Blankenburg, und beließ das Marschallamt in der Familie von Volkmarode.

Die Ämter des Schenken und des Kämmerers sind eindeutig neu vergeben worden.[2166] In den Urkunden Pfalzgraf Heinrichs, in denen drei oder vier Hofamtsträger gleichzeitig bezeugen, lassen sich folgende Reihenfolgen in den Zeugenreihen belegen:

1.) 1196[2167]: Truchseß Jordan senior (I. von Blankenburg), Marschall Friedrich (von

---

Jahrhundert, Generallandesarchiv Karlsruhe 67/1302, bislang nur ungenügend in zwei Drucken des 18. Jahrhunderts, Gudenus, Sylloge und Würdtwein, Chronicon, ediert.

2161 Zur Bedeutung der Einrichtung der vier Hofämter für eine den Reichsfürsten ebenbürtige Stellung Ficker 2, S. 252f. Vgl. auch Boshof, S. 256.

2162 Orig.: StA WF 7 Urk 2; Druck: v. Heinemann, Nr. 2.

2163 (1199) Januar 27, Orig.: LHA Magdeburg Rep U 7 Nr. 29; Druck: v. Heinemann, Nr. 4 (fehlerhaft; zur Datierung siehe dort S. 322, Anm. 1).

2164 1220 März 5, Orig.: StadtA Goslar untergegangen; Druck: v. Heinemann, Nr. 11; UB Goslar 1, Nr. 409.

2165 "... schon unter Heinrich dem Löwen eigentlich die gleichen Familien wie unter seinen Söhnen ..." Mertens, Diss., S. 77. Mertens, NdsJBLGesch, S. 123.

2166 Die Nachweise im Kap. II. 1.3. und 1.4.

2167 Orig.: StA WF 7 Urk 2; Druck: v. Heinemann, Nr. 2.

Volkmarode), Truchseß Jordan junior (II. von Blankenburg), Schenk Jusarius (I. von Blankenburg), (...).
2.) 1197[2168]: Truchseß Jordan (II. von Blankenburg), Schenk Jusarius (II. von Blankenburg), Anno von Blankenburg deren Bruder, Marschall Friedrich (von Volkmarode), (...).
3.) (1199)[2169]: Truchseß Jordan (II. von Blankenburg), Schenk Jusarius (II. von Blankenburg), Anno von Blankenburg, Herwig von Schauen, Vogt Balduin (von Dahlum), Gottfried von Sommerschenburg, Kämmerer Herwig von Uetze.
4.) 1216[2170]: Truchseß Jordan (II. von Blankenburg), Bertram von Veltheim, Marschall Wilhelm (von Volkmarode), Schenk Jusarius (II. von Blankenburg), (...).
5.) 1220[2171]: Truchseß Jordan (II. von Blankenburg), Marschall Wilhelm (von Volkmarode), Schenk Jusarius (II. von Blankenburg), Kämmerer Herwig (von Uetze), (...).
6.) 1220[2172]: Truchseß Jordan (II. von Blankenburg), Schenk Jusarius (II. von Blankenburg), Jordan iuvenis (III. von Blankenburg), Marschall Wilhelm (von Volkmarode), (...).
7.) 1221[2173]: Marschall Wilhelm (von Volkmarode), Truchseß Jordan (III. von Blankenburg), (...).
8.) 1222[2174]: Truchseß Jordan (III. von Blankenburg), Marschall Wilhelm (von Volkmarode), (...).
9.) 1223[2175]: Truchseß Jordan (III. von Blankenburg), Marschall Wilhelm (von Volkmarode), Schenk Jusarius (II. von Blankenburg), (...).
10.) (1223)[2176]: Truchseß Jordan (III. von Blankenburg), Marschall Wilhelm (von Volkmarode), Schenk Jusarius (II. von Blankenburg), Küchenmeister Heinrich von Dorstadt, (...).
11.) 1224[2177]: Schenk Jusarius (II. von Blankenburg), Truchseß Jordan (III. von Blankenburg), Vogt Balduin (von Dahlum), Bertram von Veltheim, Balduin Bruder des Truchsessen, Marschall Wilhelm (von Volkmarode), Vogt Gottfried (von Vorsfelde).
12.) 1225[2178]: Truchseß Jordan (III. von Blankenburg), Schenk Jusarius (II. von Blankenburg), Marschall Wilhelm (von Volkmarode), Kämmerer Herwig von Uetze, (...).

2168 Kop.: StA WF VII B Hs 154 S. 102f.; Druck: Dürre, Athelold, S. 15-18.
2169 (1199) Januar 30, Orig.: LHA Magdeburg Rep U7 Nr. 29; Druck: v. Heinemann, Nr. 4 (mit Lesefehler). Als Beteiligter in der Urkunde erscheint u.a. der Marschall Friedrich von Volkmarode.
2170 Kop.: HStA Han zerstört; Druck: Lüneburger UB 7, Nr. 34.
2171 1220 März 5, Orig.: StadtA Goslar untergegangen; Druck: v. Heinemann, Nr. 11; UB Goslar 1, Nr. 409.
2172 Orig.: StA WF 9 Urk 7; Druck: v. Heinemann, Nr. 12.
2173 Orig.: StA WF 31 Urk 2; Regest: Reg. v. Campe 1, Nr. 163; UB Br. 4, S. 393.
2174 1222 September 21, Orig.: HStA Han Hild. Or. 2 Heiningen Nr. 11; Druck: v. Heinemann, Nr. 14 (mit fehlerhafter Datierung); UB Hochstift Hildesheim 2, Nr. 50.
2175 1223 Juli, Orig. im Jahre 1830 verbrannt (StA WF 36 Urk 395); Druck: O.G. IV., S. 98f; UB Br. 2, S. 22f.
2176 Druck: Hamburger UB 1, Nr. 474; UB Osterholz, Nr. 23.
2177 Orig.: StA WF 32 Urk 1; Druck: v. Heinemann, Nr. 18; UB Br. 2, S. 24 [Orig. dort als verschollen bezeichnet].
2178 Druck: Urk. Kl. Homburg, S. 29.

13.) 1225[2179]: Truchseß Jordan (III. von Blankenburg), Schenk Jusarius (II. von Blankenburg), Marschall Wilhelm (von Volkmarode), (...).
14.) 1225[2180]: Schenk Jusarius (II. von Blankenburg), Truchseß Jordan (III. von Blankenburg), Marschall Wilhelm (von Volkmarode), Herwig von Uetze, (...).
15.) 1225[2181]: Truchseß Jordan (III. von Blankenburg), Marschall Wilhelm (von Volkmarode), (acht ministerialische Zeugen), Schenk Jusarius (III. von Blankenburg), (...).
16.) (1226/27)[2182]: Truchseß Jordan (III. von Blankenburg), Marschall Wilhelm (von Volkmarode), Schenk Jusarius (III. von Blankenburg), Kämmerer Herwig (von Uetze), Vogt Gottfried (von Vorsfelde), Vogt Balduin von Dahlum, (...).
Eine Analyse dieser Zeugenreihen ergibt zunächst folgende Rangfolge der vier Hofämter, wenn alle vier gemeinsam auftreten: Truchseß - Marschall - Schenk - Kämmerer (5., 16.); Truchseß - Schenk - Marschall - Kämmerer (12.).

Der Truchseß wird bis auf eine einzige Ausnahme (7.) stets vor dem Marschall genannt (1.-10., 12., 13., 15., 16.). Die Ausnahme erklärt sich daraus, daß der Truchseß Jordan III. von Blankenburg gerade erst das Amt übernommen hatte und deswegen gegenüber dem Marschall Wilhelm von Volkmarode kurzzeitig zurückgesetzt wurde. Truchseß und Marschall treten gemeinsam vor mindestens einem der anderen beiden Hofamtsträger auf (1., 4., 5., 9., 10., 15., 16.). Viermal erscheint der Schenk Jusarius vor dem Marschall, aber hinter dem Truchsessen (2., 6., 12., 13.). Dies bedeutet, daß die Ämter des Marschalls und des Schenken offenbar keinen sehr großen Bedeutungsunterschied gehabt haben. Zweimal ist der Schenk Jusarius vor dem Truchsessen und dem Marschall (11., 14.). Diese Ausnahmen erklären sich aus dem hohen Alter des Schenken Jusarius II. von Blankenburg gegenüber dem Truchsessen Jordan III. von Blankenburg. Der Kämmerer ist stets als letzter der Hofamtsträger aufgeführt (2., 5., 12., 16.). Somit ist festzuhalten, daß die rangmäßige Abfolge der Hofämter bei Pfalzgraf Heinrich von dem Kämmereramt über die etwa gleichgewichtigen Ämter des Schenken und des Marschalls bis zu dem Truchsessenamt als wichtigstes Hofamt ging. Die Einschätzung, daß "unter der Regierung des Pfalzgrafen Heinrich das Marschallsamt das bedeutendste unter den Hofämtern" gewesen sei,[2183] ist dementsprechend zu korrigieren.

Neben den vier traditionellen Hofämtern ist unter Pfalzgraf Heinrich nur ein einziges Mal im Jahre (1223) das Hofamt eines Küchenmeisters belegbar.[2184] Das Küchenmeisteramt wurde von Pfalzgraf Heinrich keineswegs "ad hoc" und "gleichsam als Kompensation für [eine] Zurücksetzung" speziell für Heinrich von Dorstadt eingerichtet.[2185] Auch dafür, daß Pfalzgraf Heinrich das Küchenmeisteramt von Kaiser Otto IV. übernommen habe und daß Heinrich von Dorstadt schon Küchenmeister unter Otto IV. gewesen sei,[2186] gibt es keinen Beleg. Ein Heinrich von

---

2179 Druck: Pratje 6, S. 109; Hansisches UB 1, Nr. 183.
2180 Orig.: StA Stade Zeven Or. Nr. 9; Druck: UB Herzöge Br.-Lb. 1, Nr. 8.
2181 Kop.: StA WF VII B 101 Bl. 53v; Druck: O.G. III., S. 699; Walkenrieder UB, Nr. 141.
2182 Bischof Konrad von Hildesheim für das Stift St. Blasius wegen Pfalzgraf Heinrich, Orig.: StA WF 7 Urk 19; Regest: Reg. v. Campe 1, Nr. 206; UB Br. 2, S. 28; UB Hochstift Hildesheim 2, Nr. 207.
2183 Busch, S. 57 mit Anm. 3 in fehlerhafter Interpretation v. Heinemann, S. 257.
2184 Zur Datierung und Einschätzung der Urkunde siehe oben im Kap. II. 1.5.1.
2185 So Lubenow, S. 320.
2186 Hucker, Otto IV., S. 405.

Dorstadt testierte ein einziges Mal im Jahre 1215 als letzter von sechs ministerialischen Zeugen in einer Urkunde Kaiser Ottos IV. für das Kloster Riddagshausen.[2187] Eindeutig Kaiser Otto IV. kann er dabei nicht zugeordnet werden, da Otto hier während der Abwesenheit Pfalzgraf Heinrichs[2188] als Herr der welfischen Ministerialität auftrat. Schon ein Jahr später testierte Heinrich von Dorstadt bei Pfalzgraf Heinrich.[2189] Heinrich von Dorstadt entstammte einer welfischen Ministerialenfamilie, die von der mit dem gleichen Herkunftsnamen auftretenden edelfreien Familie streng getrennt werden muß.[2190] Entgegen den erwähnten Erklärungen wird Pfalzgraf Heinrich bei der Einrichtung des Küchenmeisteramtes mit großer Wahrscheinlichkeit, wie andere Reichsfürsten auch,[2191] dem Beispiel des römisch-deutschen Königshofes gefolgt sein. Dort wurde die Vierzahl der Hofämter zu Beginn des 13. Jahrhunderts um das Hofamt des Reichsküchenmeisters ergänzt.[2192] So wird das Küchenmeisteramt erstmals im Jahre 1194 bei Kaiser Heinrich VI. erwähnt,[2193] und auch König Otto IV. richtete dieses Amt ein.[2194]

2.3 Kaiser Otto IV.

Die zu der staufertreuen Reichsministerialität zu zählenden Reichshofamtsträger dienten König Otto IV. erst nach dem Tod König Philipps und der allgemeinen Anerkennung Ottos IV. im Jahr 1209.[2195] Bis zu diesem Zeitpunkt bestellte Otto IV. Hofamtsträger aus der welfischen Ministerialität, nämlich die Truchsessen Ludolf von Esbeck[2196] und Gunzelin von Wolfenbüttel[2197], sowie den Marschall Wilhelm von Volkmarode[2198]. Später kommt dann noch Herwig von Uetze[2199] als Truchseß vor. Von diesen vier der welfischen Ministerialität entstammenden und weiterhin zur welfischen Ministerialität gehörenden Hofamtsträgern stieg allein der Truchseß Gunzelin von Wolfenbüttel zum Reichstruchsessen auf.[2200] Auf welche Weise Gunzelin von Wolfenbüttel in die Reichsministerialität Eintritt gefunden hat, ist bislang ungeklärt. Auch andere welfische Ministerialen dienten Otto IV. oder sind bei ihm in einem Hofamt nachweisbar, ohne daß sie später rechtlich aus der

---

2187 1215 August 3, Orig.: StA WF 24 Urk 37; Druck: O.G. III., S. 827; Asseburger UB 1, Nr. 82.

2188 Annales Stadenses, S. 356.

2189 Druck: Lüneburger UB 7, Nr. 34.

2190 Siehe dazu ausführlich ebenfalls im Kap. II. 1.5.1.

2191 So läßt sich das Küchenmeisteramt beispielsweise bei folgenden benachbarten geistlichen Reichsfürsten erstmals nachweisen: beim Bischof von Hildesheim im Jahre 1203, Druck: UB Hochstift Hildesheim 1, Nr. 580; beim Erzbischof von Magdeburg im Jahre 1220, Druck: Reg. Magdeburg 2, Nr. 602; beim Bischof von Halberstadt im Jahre 1224, Regest: UB Hochstift Halberstadt 1, Nr. 562; beim Bischof von Merseburg im Jahre 1230, Druck: Reg. Magdeburg. 3, Nachträge Nr. 439.

2192 Rösener, Hofämter, S. 508.

2193 Bosl, Reichsministerialität 2, S. 386f.

2194 Hucker, Otto IV., S. 406.

2195 Hucker, Otto IV., S. 389 für Heinrich von Waldburg (Nr. 17), S. 394f. für Heinrich von Kalden (Nr. 20), S. 398ff. für Konrad und Walter von Schüpf (Nr. 26 und 27), S. 401ff. für Kuno und Ulrich von Münzenberg (Nr. 31 und 32), S. 403 für Heinrich von Ravensburg (Nr. 33). Vgl. dazu oben im Kap. I. 1.3.

2196 Zu ihm siehe das Kap. II. 1.1.9.

2197 Zu ihm siehe das Kap. II. 1.1.10.

2198 Zu ihm siehe das Kap. II. 1.2.10.

2199 Zu ihm siehe die Kap. II. 1.1.13 und 1.4.3.

2200 Gunzelin von Wolfenbüttel ist erstmals 1209 August 19 als Hoftruchseß Ottos IV. belegt. Siehe dazu Hucker, Otto IV., S. 389f.

welfischen Ministerialität herausgenommen erscheinen. Ohne einen besonderen Rechtsakt kann aber Gunzelin nicht von der welfischen Ministerialität in die Reichsministerialität hinübergewechselt sein. Erleichtert worden ist der Übertritt Gunzelins vielleicht dadurch, daß die Familie von Wolfenbüttel Reichslehen schon vor dem Königtum Ottos IV. besessen haben könnte[2201] und daß der bisherige Reichstruchseß Heinrich von Waldburg ohne männliche Nachkommen im Jahr 1209 verstarb[2202].

Für das Verhältnis zwischen Otto IV. und der welfischen Ministerialität sind insbesondere diejenigen Urkunden Ottos IV. von Bedeutung, in denen welfische Ministerialen als Zeugen auftreten. Diese wurden dementsprechend meist in Sachsen ausgestellt und ergeben folgende Nennungen:

1.) 1198[2203]: Vogt Balduin (II. von Dahlum), Basil von Osterode, Anno von Blankenburg.

2.) 1199[2204]: Ludolf und Balduin von Esbeck, Friedrich von Volkmarode, Jordan von Blankenburg, Bertram und Ludolf von Veltheim.

3.) 1200[2205]: Truchseß Gunzelin (von Wolfenbüttel), Balduin von Dahlum, Bertram und Ludolf von Veltheim, Balduin und Ludolf von Esbeck, Vogt Ludolf.

4.) 1202[2206]: Truchseß Ludolf und Balduin von Esbeck, Ludolf von Bortfeld, Bertram von Veltheim, Eilhard von Oberg.

5.) 1202[2207]: Ludolf und Balduin von Esbeck, Basil von Osterode, Eilhard von Oberg, Ludolf von Bortfeld, Herwig von Uetze.

6.) 1203[2208]: Truchseß Ludolf und Balduin von Esbeck, Ludolf von Bortfeld, Eilhard von Oberg.

7.) 1204[2209]: Ludolf von Esbeck, Ekbert von Wolfenbüttel, (...).

8.) 1204[2210]: Ekbert von Wolfenbüttel und sein Bruder Truchseß Gunzelin, Balduin von Esbeck, Bertram und Ludolf von Veltheim, Ludolf von Bortfeld.

9.) 1206[2211]: Truchseß Gunzelin von Wolfenbüttel, Vogt Balduin (von Dahlum), Marschall Wilhelm (von Volkmarode), Herwig von Uetze, Herwig von Schauen,

---

2201 Chron. ducum Brunsvic., S. 577f. Haendle, S. 40f. nimmt die Richtigkeit dieser späten Quelle an, während Bosl, Reichsministerialität, S. 583 Bedenken anmeldet. Daß der Reichstruchseß Gunzelin von Wolfenbüttel über Reichslehen verfügt haben muß, beweist die Urkunde König Wilhelms (von Holland) von 1253 Dezember 16, Orig.: StA WF 1 Urk 18; Druck: O.G. IV., S. 240; Asseburger UB 1, Nr. 278. Zum Vorgang vgl. Zillmann, S. 34f.

2202 Hucker, Otto IV., S. 389.

2203 Druck: Meibom III., S. 158; O.G. III., S. 760; Harenberg, S. 1296.

2204 1199 Januar, zwei Orig.: StadtA Br. A I 1, Nr. 1 und 1a; Druck: O.G. III., S. 760; Harenberg, S. 1297; Leyser, S. 22; UB Br. 2, S. 12f.

2205 Druck: Asseburger UB 1, Nr. 29; Urk. Hamersleben, Nr. 32.

2206 Regest: Reg. EB Köln 3, Nr. 1609a; Reg. imperii V,4 Nr. 34.

2207 Urkunden zur ersten welfischen Teilung, 1202 Mai, Heinrich für Otto, Faksimile des verlorenen Originals O.G. III., Tab. XXVIII.; Druck: O.G. III., S. 627. Heinrich für Wilhelm, Druck: O.G. III., S. 852f.; Reg. v. Campe 1, Nr. 122. Otto für Heinrich, Faksimile des verlorenen Originals O.G. III., Tab. XXVII.; Druck: O.G. III., S. 626ff.; UB Hannover, Nr. 2. Otto für Wilhelm, Druck: O.G. III., S. 853. Die faksimilierten Originalurkunden sind im Jahre 1830 verbrannt (StA WF 36 Alt 385).

2208 Orig.: StA WF 24 Urk 25; Druck: O.G. III., S. 769.

2209 Orig.: StA WF 24 Urk 26; Druck: Meibom III., S. 159; O.G. III., S. 770; Asseburger UB 1, Nr. 32; Reg. imperii V, 1 Nr. 232.

2210 1204 Oktober 22, Orig.: StA WF 7 Urk 6; Druck: O.G. III., S. 773; Asseburger UB 1, Nr. 33; UB Br. 2, S. 14f.

2211 Orig.: StA WF 7 Urk 7; Druck: Asseburger UB 1, Nr. 35.

Bertram von Veltheim, Ludolf von Bortfeld, Eilhard von Oberg.
10.) 1207[2212]: Bertram von Veltheim, Ludolf von Bortfeld, Eilhard von Oberg, (...).
11.) 1207[2213]: Gunzelin von Wolfenbüttel, Bertram von Veltheim, Ludolf von Bortfeld, Eilhard von Oberg.
12.) 1209[2214]: Basil von Osterode, Truchseß Gunzelin, (...). 13.) 1213[2215]: Vogt Balduin (von Dahlum), Basil von Schiltberg, Herwig von Schauen.
14.) 1215[2216]: Truchseß Gunzelin, Vogt Balduin (von Dahlum), Burchard von Wolfenbüttel, Vogt Ulrich von Goslar, Johannes von Bornum, Heinrich von Dorstadt.
15.) 1215[2217]: Truchseß Gunzelin (von Wolfenbüttel), Marschall Wilhelm (von Volkmarode), Vogt Ulrich von Goslar, Burchard von Wolfenbüttel, Vogt Caesarius von Quedlinburg, Dietrich von Werben, Johannes von Bornum.
16.) 1216[2218]: Basil von Osterode, Razo von Uetze, Herwig von Uetze, (...).
17.) 1216[2219]: Truchseß Gunzelin (von Wolfenbüttel), Bertram von Veltheim, Herwig von Schauen, Dietrich und sein Sohn Rother von Werben.
18.) 1217[2220]: Truchseß Gunzelin, Bert. von Veltheim, Marschall Wilhelm (von Volkmarode), H. von Esbeck, J. von Bornum, Friedrich und B. von (Salz-) Dahlum.
19.) 1218[2221]: Truchseß Gunzelin, Konrad von Wijlre, Basil von Osterode, Otrave (von) Harlyburg, Herwig von Uetze, Herwig von Schauen.
20.) 1218[2222]: Truchseß Gunzelin, Vogt Ulrich (von Goslar), Marschall (des Stifts Hildesheim) Heinrich, Rother von Veltheim, Johannes von Bornum.
Die Analyse der obigen Auszüge der Zeugenreihen ergibt, daß im wesentlichen nur Persönlichkeiten aus elf bedeutenden Familien der welfischen Ministerialität in der Umgebung des Königs und Kaisers auftraten. Es waren dies die welfischen Ministerialen mit den Herkunftsnamen von Bortfeld, von Bornum, von Dahlum, von Esbeck, von Oberg, von Osterode, von Schauen, von Uetze, von Veltheim, von Volkmarode und von Wolfenbüttel. Sämtliche dieser Familien hatten ihre Herkunftsorte in dem Gebiet, das Otto IV. bei der ersten welfischen Teilung zugefallen war. Während die von Bornum, von Veltheim, von Volkmarode und von Wolfenbüttel dem Kerngebiet der welfischen Stammlande zuzurechnen sind, deckten die von Dahlum, von Esbeck und von Schauen das Gebiet welfischen Einflusses gegenüber den östlichen Nachbarn, insbesondere dem Stift Halberstadt, ab. Die von Bortfeld, von Oberg und von Uetze entstammten dem Raum, in dem der stifthildesheimische Einfluß vorherrschte, und die von Osterode leisteten Dienste im

---

2212 1207 vor Juli 12, Druck: Br. Anzeigen 1745 S. 1719; Lüntzel S. 390.
2213 1207 nach September 27, Druck: O.G. III., S. 779.
2214 1209 Mai 19, Druck: O.G. III., S. 639; Asseburger UB 1, Nr. 47.
2215 1213 Januar 27, Orig.: StA WF 7 Urk 9; Druck: O.G. III., S. 818; Asseburger UB 1, Nr. 80.
2216 1215 August 3, Orig.: StA WF 24 Urk 37; Druck: O.G. III., S. 827f.; Asseburger UB 1, Nr. 82.
2217 1215 März 9, Orig.: StA WF 24 Urk 35; Druck: O.G. III., S. 825; Asseburger UB 1, Nr. 83.
2218 1216 Oktober 8, Druck: Leuckfeld, Antiq. Poeld., S. 145; Harenberg, S. 385.
2219 1216 Dezember 14, Druck: Rethmeier, Kirchengesch. 1, S. 35; O.G. III., S. 833; Asseburger UB 1, Nr. 87.
2220 1217 Juni 21, Orig.: StA WF 1 Urk 9; Druck: O.G. III., S. 834f.; UB Hochstift Halberstadt 1, Nr. 499.
2221 1218 Mai 1, Orig.: HStA Han Cal. Or. 100 Osterode St. Jacob Nr. 1; Druck: O.G. III., S. 839f.; Asseburger UB 1, Nr. 93.
2222 1218 Mai 18, Orig.: StA WF 7 Urk 12; Druck: Mader, S. 249; Rethmeier, Kirchenhist. 1, S. 59; Asseburger UB 1, Nr. 94.

Harzgebiet. Einen Schwerpunkt der wichtigsten ministerialischen Familien unter Otto IV. bilden dabei diejenigen, die zur Zeit Ottos IV. Hofamts- und Vogtamtsträger gestellt haben. Es waren dies die Familien mit Herkunftsnamen von Wolfenbüttel[2223], von Esbeck[2224], von Volkmarode[2225], von Uetze[2226] und von Dahlum[2227].

Neuerdings wird behauptet, daß "[v]om Februar 1214 bis zum Frühjahr 1215 [...] Gunzelin mit anderen führenden Ministerialen (dem Braunschweiger Vogt Balduin von Dahlum, dem Quedlinburger Vogt Caesarius von Blankenburg, dem Truchseß Jordan und dem Marschall Friedrich von Volkmarode) die Statthalterschaft in den braunschweigischen Erblanden des Kaisers wahr[nahm]".[2228] Diese Annahme dürfte sich im wesentlichen auf einer gemeinsam durch den Reichstruchsessen Gunzelin von Wolfenbüttel, den Vogt Balduin II. von Dahlum, den Marschall Friedrich von Volkmarode und den Truchsessen Jordan II. von Blankenburg für das Kloster Riddagshausen ausgestellten Urkunde gründen.[2229] Die Urkundenaussteller legten den Streit zwischen dem Kloster Riddagshausen einerseits und den Brüdern Friedrich und Balduin von Esbeck sowie den Bauern des Dorfes Klein Schöppenstedt andererseits bei.[2230] Die Urkunde ist nicht datiert und von dem Herausgeber des Asseburger Urkundenbuches um das Jahr 1229 gesetzt worden.[2231] Schon der Herausgeber der von Blankenburg-Campeschen Regesten hat das Stück aufgrund der genannten Personen in die Zeit von 1212-1215 datiert.[2232] Allerdings kann die Urkunde mit großer Sicherheit in das Jahr 1214 eingeordnet werden, da eine der beiden weiteren Urkunden, die den gleichen Rechtsstreit betreffen, datiert ist.[2233] Es ist zunächst durchaus auffällig, wenn gleichzeitig der kaiserliche Hoftruchseß, der welfische Vogt von Braunschweig und zwei Hofamtsträger Pfalzgraf Heinrichs einen solchen Vergleich beurkunden. Von einer irgendwie gearteten Vertretungsvollmacht von Seiten Kaiser Ottos IV. oder Pfalzgraf Heinrichs, der zudem im selben Zeitraum in Celle eine Urkunde für das Kloster Obernkirchen ausstellte,[2234] ist jedoch im Urkundentext keine Rede. Die Schlichter werden vielmehr als Vermittler für die mit ihnen verwandten Ministerialen von Esbeck aufgetreten sein.[2235] Der Vogt Balduin II. von Dahlum bezeugt zudem als einziger der genannten Urkundenaussteller die

---

2223 (Reichs-) Truchseß Gunzelin von Wolfenbüttel, Kap. II. 1.1.10.
2224 Truchseß Ludolf von Esbeck, Kap. II. 1.1.9.
2225 Marschall Wilhelm von Volkmarode, Kap. II. 1.2.10.
2226 Truchseß Herwig von Uetze, Kap. II 1.1.13 i.V. mit Kap. II. 1.4.3.
2227 Vogt Balduin II. von Dahlum, Kap. I. 3.1.1.4.
2228 Hucker, Otto IV., S. 392 (ohne Quellen) mit der Ankündigung einer besonderen Studie in Anm. 98.
2229 Orig.: StA WF 24 Urk 32; Druck: Asseburger UB 1, Nr. 146; Reg. v. Campe 1, Nr. 139.
2230 Zum Vorgang und seiner Einordnung auch v. Boetticher, S. 84f.
2231 Asseburger UB 1, S. 103f.
2232 Reg. v. Campe 1, S. 87, Anm.
2233 1214 Juni 13, Orig.: StA WF 24 Urk 33, Erwähnung: Schneidmüller, Kollegiatstifte, S. 279, Anm. 114 (dort auch erstmals zur rechten Datierung des Rechtsstreites). O. J., Orig.: StA WF 24 Urk 54, Regest: UB Br. 2, S. 26 (Datierung dort: 1225). Auch diese Urkunde dürfte in das Jahr 1214 zu setzen sein. Vgl. dazu Schneidmüller, Kollegiatstifte, S. 279f., Anm. 114, Anm. 116 und Anm. 120.
2234 1214 März 9, Orig.: StA Bückeburg Schaumburg Or. Dep. 2 Nr. 33; Druck: O.G. III., S. 651.
2235 Vgl. dazu die Stammesverwandtschaft der Ministerialen von Esbeck mit den von Volkmarode (Kap. II. 1.2.5) und den zwischen den Ministerialen von Volkmarode und den genannten Familien bestehende Versippung (1215 März 9, Orig.: StA WF 24 Urk 35; Druck: O.G. III., S. 825; Asseburger UB 1, Nr. 83).

beiden anderen, den Rechtsstreit betreffenden Urkunden als erster Laienzeuge. Der Grund hierfür dürfte darin zu sehen sein, daß auch die Brüder von Rautheim in den Rechtsstreit involviert waren. Angehörige dieser Familie gehörten zur gleichen Zeit zur ritterlichen Dienstmannschaft Balduins.[2236]

In einen ganz ähnlichen Zusammenhang gehört ein weiterer Rechtsstreit zwischen dem Kloster Riddagshausen und Albert von Ahlum. Dieser Rechtstreit wurde vom Vogt Balduin II. von Dahlum, dem Reichstruchsessen Gunzelin von Wolfenbüttel und dessen Sohn Ekbert in zwei undatierten Urkunden geschlichtet.[2237] In einer weiteren undatierten Urkunde genehmigte Caesarius von Halberstadt diese Vereinbarung.[2238] Die Datierung des Rechtsstreites und der ihn betreffenden Urkunden ergibt sich aus einer Urkunde Bischof Friedrichs von Halberstadt aus dem Jahr 1219, durch die zugleich die Lehnsverhältnisse der strittigen Güter deutlich werden.[2239] Auch in diesem Fall bezeugte Balduin II. von Dahlum als einziger der drei Urkundenaussteller die Urkunde des Bischofs als erster der Laienzeugen, und auch in diesem Fall sind Angehörige der in den Rechtsstreit involvierten Familie von Ahlum in der ritterlichen Dienstmannschaft des Vogtes zu finden.[2240]

32 Jahre später entbrannte um dieselbe Sache ein erneuter Streit zwischen dem Kloster Riddagshausen und den Söhnen des inzwischen verstorbenen Albert von Ahlum, Arnold und Dietrich von Ohrum. Dabei wurden Heinrich I. von Wenden, der Schenk Jusarius IV. von Blankenburg, Burchard von Wolfenbüttel und Ethelerus von Haus als Schiedsleute bestellt.[2241] Die Teilnahme Heinrichs I. von Wenden als Neffe des Vogtes Balduin II. von Dahlum und Burchards von Wolfenbüttel als Sohn des Reichstruchsessen Gunzelin von Wolfenbüttel dürfte unter anderem ihren Grund in der Schiedsfunktion ihrer Vorfahren von 1219 in der gleichen Sache gehabt haben. Darüberhinaus lassen sich Streitschlichtungen zwischen dem Kloster Riddagshausen und Angehörigen verschiedener Familien durch den Vogt Balduin II. von Dahlum und Ekbert von Asseburg im Jahre 1239[2242] und durch Heinrich I. von Wenden im Jahre 1248[2243] belegen, wobei in der letztgenannten Urkunde der Schlichter als Lehnsherr erkennbar wird.[2244]

Alle diese Schlichtungen geschahen nicht in Vertretung für den abwesenden Fürsten. Aufgrund verwandtschaftlicher Beziehungen, früher ritterlicher Abhängigkeitsverhältnissen sowie Lehnsbeziehungen wurden aber ausschließlich Vertreter der wichtigsten welfischen Ministerialenfamilien als Schlichter und Schiedsrichter bestellt.

2236 Fenske, Geschlechter, S. 701.

2237 O. J., Orig.: StA WF 24 Urk 42; Druck: Asseburger UB 1, S. 71. O. J., Orig.: StA WF 24 Urk 43; Druck: Asseburger UB 1, S. 72.

2238 O. J., Orig.: StA WF 24 Urk 41; Druck: Asseburger UB 1, S. 73; UB Hochstift Halberstadt 1, Nr. 510.

2239 1219, Orig.: StA WF 24 Urk 44; Druck: O.G. III., S. 770; UB Hochstift Halberstadt 1, Nr. 508.

2240 Fenske, Geschlechter, S. 700f.

2241 1251, Orig.: StA WF 24 Urk 104; Druck: Asseburger UB 1, S. 183f.; Reg. v. Campe 1, Nr. 324.

2242 1239 August, Konrad von Bodenstein mit Gattin und Kindern, Orig.: StA WF 24 Urk 81; Druck: Asseburger UB 1, S. 146f.; UB Goslar 1, S. 568; UB Br. 2, S. 36.

2243 Brüder Ludolf, Johannes und Harneit von Bienrode, Orig.: StA WF 24 Urk 92; Erwähnung: Meibom Chron. S. 33. Auszug: Schneidmüller, Kollegiatstifte, S. 281, Anm. 120.

2244 ... *dominus Heinricus de Wenethen dominus noster qui huius facti extitit mediator* ..., Orig.: StA WF 24 Urk 92, ungedruckt.

2.4 Wilhelm von Lüneburg

Schon vor der ersten welfischen Teilung sind bei Wilhelm von Lüneburg im Jahre 1200 die Hofämter des Truchsessen und des Marschalls nachweisbar.[2245] Beide Hofämter kommen ebenfalls 1204 in einer Urkunde dieses Fürsten vor.[2246] Alle vier Hofämter gemeinsam in der Reihenfolge Truchseß, Marschall, Schenk und Kämmerer sind erstmals im Jahre 1205 in einer Urkunde Wilhelms von Lüneburg für das Kloster Lüne dokumentiert.[2247] Die Urkunden Wilhelms von Lüneburg, in denen drei oder mehr Hofamtsträger testieren, bieten folgende Abstufungen:

1.) 1205[2248]: Truchseß Otto, Marschall Werner, Schenk Segeband, Kämmerer Luder, (...).

2.) O.J. (1211)[2249]: Truchseß Werner, Marschall Werner, Schenk Segeband, (...).

Es ist somit festzuhalten, daß bei Wilhelm von Lüneburg die rangmäßige Folge der Hofämter von dem Kämmereramt über die Schenken- und Marschallsämter zum Truchsessenamt als wichtigstes Hofamt gewesen ist.

2.5 Otto das Kind

Nach seinem Regierungsantritt in Lüneburg ist unter Otto dem Kind das Truchsessenamt erstmals im Jahre 1211[2250] und das Marschallsamt erstmals 1215[2251] nachweisbar, deren Träger Otto von seinem Vater Wilhelm von Lüneburg übernommen hat.

Nach der Regierungsübernahme Ottos des Kindes in Braunschweig kommen in den Urkunden Ottos, in denen drei oder vier Amtsträger bezeugen, Hofamtsträger in folgenden Abstufungen vor:

1.) 1235[2252]: Truchseß Jordan (III. von Blankenburg), Marschall Wilhelm (von Volkmarode), Schenk Jusarius (III. von Blankenburg), (...).

2.) 1235[2253]: Truchseß Jordan (III. von Blankenburg), Marschall Wilhelm (von Volkmarode), Schenk Jusarius (III. von Blankenburg), Balduin von Volkmarode, (...).

3.) 1236[2254]: Truchseß Jordan (III. von Blankenburg), Marschall Wilhelm (von Volkmarode), Marschall Balduin (von Volkmarode), (...).

4.) 1236[2255]: Truchseß Jordan (III. von Blankenburg), Marschall Wilhelm (von Volkmarode), (sieben ministerialische Zeugen), Kämmerer Ludolf von Hondelage,

---

2245 1200 August, Orig.: KlA Lüne Nr. 2; Druck (beide fehlerhaft): O.G. III., S. 850f.; Lüneburger UB 7, Nr. 28.

2246 1204 November 26: *Otto dapifer, Wernerus marscalcus, Wernerus frater dapiferi*, Orig.: KlA Lüne Nr. 3; Druck: O.G. III. S. 855; Lüneburger UB 7, Nr. 29.

2247 *Otto dapifer, Wernerus marscalcus, Segebandus pincerna, Luderus camerarius,...*, Orig.: KlA Lüne Nr. 4; Druck: O.G. III., S. 857.

2248 Orig.: KlA Lüne Nr. 4; Druck: O.G. III., S. 857.

2249 Orig.: StA WF 19 Urk 4 (Siegel fehlt, auch im Marienberger Siegelbuch), ungedruckt.

2250 Siehe dazu das Kap. II. 1.1.14.

2251 Siehe dazu das Kap. II. 1.2.7.

2252 1235 April 11; Druck: Cassel, S. 522.

2253 1235 Mai 13, Orig.: StA WF 7 Urk 22; Druck: O.G. IV., S. 152f.; UB Br. 2, S. 34; Reg. v. Campe 1, Nr. 229.

2254 Bernhard von Dorstadt für das Bistum Hildesheim, 1236 Februar 21; Druck: UB Herzöge Br.-Lb. 1, Nr. 18; Reg. v. Campe 1, Nr. 231.

2255 1236 Juli, Orig.: HStA Han Hild. Or. 2 Wöltingerode Nr. 10; Druck: Asseburger UB 1, Nr. 186; UB Hochstift Hildesheim 2, Nr. 460.

(zwei ministerialische Zeugen), Anno Sohn des Truchsessen Jordan, Schenk Jusarius (IV. von Blankenburg), (...).
5.) 1237[2256]: Truchseß Jordan (III. von Blankenburg), Marschall Wilhelm (von Volkmarode), Kämmerer Ludolf von Hondelage, (...).
6.) 1237[2257]: Vogt Balduin von Dahlum, Balduin Bruder des Truchsessen Jordan, Friedrich von Esbeck, Ekbert von Wolfenbüttel, Marschall Wilhelm (von Volkmarode), Anno von Heimburg, Schenk Jusarius (IV. von Blankenburg), Kämmerer Ludolf von Hondelage.
7.) 1237[2258]: Vogt Balduin von Dahlum, Friedrich von Esbeck, Marschall Wilhelm (von Volkmarode), Anno von Heimburg, Schenk Jusarius (IV. von Blankenburg), Balduin von Celle, Kämmerer Ludolf (von Hondelage).
8.) 1237[2259]: Truchseß Gunzelin (von Wolfenbüttel), Truchseß Jordan (III. von Blankenburg), Schenk Jusarius (IV. von Blankenburg), Marschall Wilhelm (von Volkmarode), (...).
9.) 1239[2260]: Truchseß Jordan (III. von Blankenburg), Marschall Wilhelm (von Volkmarode), Schenk Jusarius (IV. von Blankenburg), (...).
10.) 1239[2261]: Vogt Balduin (von Dahlum), Truchseß Jordan (III. von Blankenburg), Brüder Friedrich und Ludolf von Esbeck, Marschall Wilhelm (von Volkmarode), Anno von Heimburg, Heino von Wenden, Schenk Jusarius (IV. von Blankenburg), Kämmerer Ludolf von Hondelage, (...).
11.) 1239[2262]: Truchseß Jordan (III. von Blankenburg), Marschall Wilhelm (von Volkmarode), Vogt Balduin (von Dahlum), Anno von Heimburg, Schenk Jusarius (IV. von Blankenburg), Heino von Wenden, Kämmerer Ludolf (von Hondelage).
12.) 1239[2263]: Truchseß Jordan (III. von Blankenburg), Marschall Wilhelm (von Volkmarode), Heino von Wenden, Eberhard von Odem, Schenk Jusarius (IV. von Blankenburg).
13.) 1240[2264]: Truchseß Jordan (III. von Blankenburg), Schenk Jusarius (IV. von Blankenburg), Marschall Wilhelm (von Volkmarode), (...).
14.) 1241[2265]: Truchseß Anno (von Blankenburg), ...(fünf Zeugen), Marschall Wilhelm (von Volkmarode).
15.) 1245[2266]: Ekbert von Wolfenbüttel, Anno von Heimburg, Marschall Heinrich Grubo, Truchseß Anno (von Blankenburg), (...).
16.) 1246[2267]: Schenk Jusarius (IV. von Blankenburg), Truchseß Anno (von Blankenburg), (...).

2256 1237 Februar 5, Druck: Asseburger UB 1, Nr. 191; UB Hochstift Hildesheim 2, Nr. 480.
2257 1237 Mai, Druck: Asseburger UB 1, Nr. 193.
2258 1237 Mai, Orig.: StA WF 7 Urk 25; Regest: UB Br. 2, S. 541; Reg. v. Campe 1, Nr. 240.
2259 1237 Juni 1, Orig.: StA WF 22 Urk 58; Druck: O.G. IV., S. 63 praef.; Asseburger UB 1, Nr. 194.
2260 1239 Juni 16, Druck: O.G. IV., S. 177ff.
2261 1239 Dezember, Orig.: StA WF 24 Urk 82; Druck: O.G. IV., S. 68 praef.
2262 1239 Dezember, Druck: O.G. IV., S. 67 praef.
2263 Druck: UB Langeln, S. 14.
2264 Orig.: StA WF 22 Urk 70; Druck: O.G. IV., S. 69 praef.
2265 Orig.: StA WF 31 Urk 4; Regest: Br. Anzeigen 1751, S. 1092; Reg. v. Campe 1, Nr. 280; UB Br. 4, S. 401.
2266 1245 November 13, Orig.: StadtA Br. A III 10, Nr. 4; Druck: Rethmeier, Kirchenhist. 1, Beilage S. 137; O.G. IV., S. 204; Pistorius VIII., S. 2330; UB Br. 2, S. 43f; Asseburger UB 1, Nr. 327.
2267 1246 Mai 6, Kopiar Wienhausen HStA Han untergegangen, Abschrift HStA Han Cop. IX 02 Nr. 36; Regest: Reg. v. Campe 1, Nr. 299.

17.) 1247[2268]: Ekbert von Asseburg, Anno von Heimburg, Balduin von Blankenburg, Schenk Jusarius (IV. von Blankenburg), Truchseß Anno (von Blankenburg), Marschall Heinrich Grubo, Kämmerer Herwig (von Uetze), (...).
18.) 1248[2269]: Ekbert von Asseburg, Balduin von Blankenburg, Schenk Jusarius (IV. von Blankenburg), Ludwig dessen Bruder, Marschall Heinrich Grubo, Truchseß Anno (von Blankenburg), Kämmerer Herwig von Uetze, (...).
Die Reihenfolgen der vier Hofamtsträger sind, wenn alle vier gemeinsam auftreten, folgende: Truchseß - Marschall - Kämmerer - Schenk (4.); Truchseß - Marschall - Schenk - Kämmerer (10., 11.); Schenk - Truchseß - Marschall - Kämmerer (17.); Schenk - Marschall - Truchseß - Kämmerer (18.).

Der Truchseß kommt bis auf zwei Ausnahmen (15., 18.) stets vor dem Marschall vor (1.-5., 8.-14., 17.). Die Ausnahmen beziehen sich auf den Truchsessen Anno von Blankenburg und den Marschall Heinrich Grubo, die beide offenbar in der Rangfolge als ebenbürtig angesehen wurden, da der Truchseß auch vor dem Marschall vorkommt (17.). Truchseß und Marschall treten immer vor den anderen Hofamtsträgern auf (1., 2., 4.-7., 9.-12.). Nur der Schenk Jusarius IV. von Blankenburg erscheint vor dem Marschall und nach dem Truchsessen (8., 13.), vor dem Truchsessen (16.) sowie vor dem Truchsessen und dem Marschall (17., 18.). Daß der Schenk Jusarius IV. von Blankenburg vor Truchseß und Marschall vorkommt, dürfte seinen Grund in dem höheren Dienstalter des Schenken gegenüber den erst kurz zuvor in die Ämter des Truchsessen und Marschalls Eingetretenen gehabt haben.[2270] Der Kämmerer ist bis auf eine Ausnahme (4.) stets nach dem Schenken eingeordnet (6., 7., 10., 11., 17., 18.). Die Abweichung erklärt sich durch die gerade erst stattgefundene Amtsübernahme des Schenken Jusarius IV. von Blankenburg.

Die erklärbaren Ausnahmefälle zeigen, daß neben der Bedeutung des Amtes an sich auch noch die Person des einzelnen Amtsträgers von Gewicht gewesen ist. Abgesehen davon ist grundsätzlich eine Hierarchie der Hofämter unter Herzog Otto dem Kind von dem Kämmereramt über das Schenken- und das Marschallsamt hin zu dem Amt des Truchsessen als das bedeutendste Hofamt festzustellen.[2271] Die Meinung, daß "Willekin von Volkmarode, der Träger des Marschallamtes, immer größere Macht [gewann], so daß er schließlich zum maßgebenden Beamten am Welfenhof aufstieg",[2272] ist dementsprechend zu korrigieren.

2.6 Zur Hierarchie der welfischen Hofämter

Vor der Erblichkeit der welfischen Hofämter spielte bei ihrer Besetzung durch Heinrich den Löwen und auch noch unter Pfalzgraf Heinrich und Wilhelm von Lüneburg die Persönlichkeit des Amtsträgers und sein Vertrauensverhältnis zum welfischen Fürsten eine herausragende Rolle. So konnte am Beispiel des

2268 1247 April 28, Druck: O.G. IV., S. 213f.; UB Stadt Lüneburg S. 36; Lüneburger UB 15, Nr. 58; Rethmeier, Br. Chron. III., S. 1832; Doebner, Nr. 10.
2269 Orig.: KlA Wienhausen Nr. 31; Druck: O.G. III., S. 722; Asseburger UB 1, Nr. 254; Reg. v. Campe 1, Nr. 313.
2270 Siehe dazu die den genannten Hofamtsträgern gewidmeten Abschnitte im Kap. II.
2271 Vgl. dazu auch Busch, S. 57.
2272 Rösener, Hofämter, S. 526 nach Lubenow, S. 514.

Kämmereramtes bewiesen werden, daß unter Heinrich dem Löwen nicht allein das Hofamt mit seiner Ausstattung, sondern auch die jeweilige Persönlichkeit des Hofamtsträgers ausschlaggebend für dessen Stellung war. Dennoch dürfte sich schon sehr früh eine gewisse Hierarchie der Hofämter bei den Welfen herausgebildet haben, da sowohl unter Heinrich dem Löwen als auch unter seinen Nachfolgern etwa die gleiche Abstufung der Ämter in den Zeugenreihen zu beobachten ist.

So war für Heinrich den Löwen unter Berücksichtigung der Doppelbesetzung der jeweiligen Hofämter das Amt des Truchsessen als bedeutender gegenüber denjenigen des Marschalls und des Schenken, die ungefähr gleichgedeutend gewesen waren, anzusehen, während das Kämmereramt mit der erwähnten Ausnahme stets als letztes vorkam. Für Pfalzgraf Heinrich konnte festgestellt werden, daß das Amt des Truchsessen das bedeutendste Hofamt gewesen ist, während die Ämter des Marschalls und des Schenken je nach Persönlichkeit ihrer Träger diesem nachstanden. Stets als letztes Hofamt wurde das des Kämmerers aufgeführt. Für Wilhelm von Lüneburg war eine Rangfolge der Hofämter von dem Kämmereramt über das Schenkenamt und das Marschallsamt bis zu dem Truchsessenamt als wichtigstes Hofamt festzustellen. Dieselbe Rangfolge von Truchseß, Marschall, Schenk und Kämmerer ließ sich grundsätzlich auch für (Herzog) Otto das Kind aufzeigen. Die dabei relativ häufig zu beobachtenden Ausnahmen beweisen, daß die Wechselwirkung zwischen der Persönlichkeit in einem Amt mit ihrem individuellen Einfluß am Hof und dem Amt an sich mit seinem funktionellen Einfluß immer noch von Wichtigkeit gewesen sein muß.

3 Die Funktion der welfischen Hofämter

3.1 Das Truchsessenamt

Unter Heinrich dem Löwen läßt sich für den Truchsessen Jordan I. von Blankenburg mittels chronikalischer Überlieferung zunächst eine militärische Funktion belegen.[2273] Allerdings kann dabei nicht eindeutig gesagt werden, ob dieser Dienst auf das Hofamt des Truchsessen, die persönlichen Fähigkeiten Jordans oder auf beides zurückzuführen war. Darüberhinaus kommt ein Aufgabenbereich des Truchsessen vielleicht dadurch zum Ausdruck, daß Heinrich der Löwe neben einem Grafen, einem Edelherrn und Ekbert von Wolfenbüttel auch den Truchsessen Jordan I. von Blankenburg als sein Vertreter zur Weihe der neuerbauten Stiftskirche in Stederburg am 25. Juli 1174 entsandte.[2274]

Rückschlüsse auf die Funktion des Truchsessenamtes erlaubt ferner die Urkunde Herzog Ottos des Kindes für das Stift St. Blasius in Braunschweig von 1235.[2275] Die Bedeutung der Urkunde ist schon an der Zeugenreihe erkennbar. Es testierten zwei

---

2273 *Post, advieniente Maio, ulcisci volens dux de adversariis suis, ordinavit acies in terram Holtsatie per manum Bernardi comitis de Racesburg, et per manum Helmoldi de Zverin et Jordanis dapiferi. Et exeuntes de civitate Lynbeka non longe, in fugam versi sunt, et captivatus est Helmoldus et Jordanis dapifer cum aliis multis.* Arnold von Lübeck, V, 2 zu 1190.

2274 Annales Stederburgenses, S. 211f. Zur ganzen Angelegenheit siehe Bunselmeyer, S. 67f.

2275 1235 Mai 13, Orig.: StA WF 7 Urk 22; Druck: O.G. IV., S. 152f.; UB Br. 2, S. 34; Reg. v. Campe 1, Nr. 229.

Grafen, ein Edelfreier, sieben Ministeriale, darunter drei Hofamtsträger, sowie drei Bürger, darunter zwei Bürgervögte. Inhaltlich gesehen knüpft die Urkunde an die kurz vorher stattgefundene Privilegierung der Altstadt und des Hagens in Braunschweig an, indem der Stadtherr dieses Mal die Bürger aus dinglichen Abhängigkeiten von dem Stift St. Blasius löst.[2276] Otto das Kind tauschte gegen insgesamt vier Hufen, ausdrücklich jedoch unter Vorbehalt der Vogtei, von dem Stift St. Blasius 30 Schillinge ein, *qui dicebantur denarii piscinales et solebant canonicis ejusdem ecclesie annuatim a burgensibus ministrari*. Besondere Beachtung verdient diese Urkunde dadurch, daß unter dem Siegel des herzoglichen Ausstellers das Siegel des Truchsessen Jordan III. von Blankenburg hängt.[2277] Truchseß Jordan III. bezeugt zwar als erster von acht ministerialischen Zeugen die herzogliche Urkunde, doch von seiner Mitbesiegelung ist in dem Urkundentext mit keinem Wort die Rede. In allen anderen herzoglichen Urkunden, an denen mehrere Siegel hängen, wird auf die Mehrfachbesiegelung in der Corroboratio hingewiesen.[2278] Grundlos dürfte die Mitbesiegelung durch den Truchsessen keinesfalls stattgefunden sein. Ebenfalls können persönliche Rechte desselben an den durch Otto vertauschten Gütern aufgrund des Urkundentextes ausgeschlossen werden. Insofern ist zu vermuten, daß die Mitbesiegelung des Truchsessen ihren Grund in dessen Funktion gehabt haben wird. Es dürfte sich darin die Aufgabe des Truchsessen hinsichtlich der Güter seines welfischen Herrn ausdrücken, da der Gütertausch Rechte desselben betraf.

Im Jahre 1243 bestätigte Herzog Otto dem Kloster St. Jacob in Osterode erworbene Güter.[2279] Unter den Zeugen befand sich auch *Wizelinus vorstmester, qui auctoritate Gunzelini dapiferi factum nostrum confirmavit iure civili*. Dem Truchsessen Gunzelin von Wolfenbüttel waren also tatsächlich Aufgaben über bestimmte Güter der Welfen, wohl die Harzforsten, übereignet worden. Höchstwahrscheinlich rührten seine Aufgaben von der Zeit Kaiser Ottos IV. her, dürften jedoch auch unter Pfalzgraf Heinrich und (Herzog) Otto dem Kind eine Fortsetzung gefunden haben, da die Urkunde Herzog Ottos des Kindes Rechtsvorgänge der Jahre 1233[2280] und 1234[2281] rezitiert. Die dabei entscheidende Urkunde der Brüder Basil von Windhausen und Gunzelin von Osterode aus dem Jahr 1234 bezeugte ebenfalls der Forstmeister Wizzelin. Die Tätigkeit des Truchsessen Gunzelin von Wolfenbüttel erklärt unter anderem, warum er in jener Zeit in einer großen Anzahl von herzoglichen Urkunden testierte.

Der Forstmeister Wizzelin nahm als Unterbeamter des Truchsessen Gunzelin auch rechtliche Aufgaben wahr. Sein Wirkungskreis ist in dem südlichen Harzrand zu

---

2276 Siehe zu der ganzen Entwicklung Schneidmüller, Kollegiatstifte, S. 293f.

2277 Es handelt sich um ein oben abgerundetes Schildsiegel mit der Umschrift + SIGI[LL]VM IORDANIS D[APIFE]RI DV[CIS SA]XONIE. Das Siegelbild zeigt einen Zickzackbalken mit vier ganzen und zwei halben Spitzen nach oben und drei ganzen und zwei halben nach unten. Abb. der beiden Siegel: O.G. IV., Tab. IV. nach S. 78. Reg. v. Campe 1, S. 142.

2278 Busch, S. 33.

2279 Orig.: HStA Han Osterode St. Jacob Nr. 12; Druck: O.G. IV., S. 196f.; Max, Grubenhagen 2, Nr. 13; Asseburger UB 1, Nr. 231.

2280 1233, Orig.: HStA Han Cal. Or. 100 Osterode St. Jacob Nr. 3; Regest: UB Hochstift Hildesheim 2, Nr. 359. 1233, Orig.: HStA Han Cal. Or. 100 Osterode St. Jacob Nr. 5a und 5b (beide mit Siegel); Druck: Max, Grubenhagen, Nr. 3. O. J. (1233), Orig.: HStA Han Cal. Or. 100 Osterode St. Jacob Nr. 6; Druck: Max, Grubenhagen, Nr. 4; UB Herzöge Br.-Lb. 1, Nr. 24.

2281 Orig.: HStA Han Hild. Or. 3 Frankenberg Nr. 7; Druck: UB Goslar 1, Nr. 540.

suchen,[2282] da es sich um Güter bei Osterode handelte und da die weiteren Zeugen der Urkunde anhand ihrer Herkunftsnamen von Windhausen, von Osterode, von Herzberg und von Pöhlde größtenteils diesem Raum zugeordnet werden können. Im Jahre 1287 bestätigte Lippold von Hetjershausen, Vogt in Seesen, eine Verpfändung von Gütern des Hugo von Dorrevelde *inter has duas aquas videlicet Oderam et Sevenam, ubi ego ex parte domini mei, H. ducis de Bruneswick iudex et vorstmester esse dictor* an das Kloster Walkenried und einen Bürger von Goslar.[2283] Das Fortbestehen eines auf den südlichen Harzrand, hier ausdrücklich auf das Gebiet zwischen den Flüssen Oder und Sieber bezogenen Forstmeisteramtes ist damit nachgewiesen.[2284] Zudem war wiederum das Amt des Forstmeisters mit einem Richteramt verbunden. Das Truchsessenamt wird allerdings jetzt nicht mehr erwähnt. Stattdessen wurden beide Aufgaben direkt von Herzog Heinrich dem Wunderlichen vergeben.

3.2 Das Marschallsamt

Für die Zeit Heinrichs des Löwen läßt sich durch chronikalische Überlieferung die militärische Funktion des Marschallamtes belegen. Der Marschall Heinrich[2285] ließ die ritterliche Streitmacht um das herzogliche Banner Aufstellung nehmen, als das Lager Heinrichs des Löwen während seiner Pilgerreise nach Jerusalem plötzlich von Feinden überfallen wurde.[2286]

Welche Aufgaben dem Hofamt des Marschalls noch oblagen, wird in einer vom Marschall Friedrich von Volkmarode im Jahre 1211 ausgestellten Urkunde erkennbar.[2287] Am Beginn der Dispositio dieser Urkunde stehen die Worte ... *eo tempore, quo velud advocatus presedi judicio, ...*[2288] Die Zeugenreihe der Urkunde besteht aus elf Ministerialen. Es testierten der Reihe nach der Truchseß Jordan II. von Blankenburg[2289], Herwig von Schauen[2290], die Brüder Anno und Heinrich von Heimburg[2291], Alvard von Rolstedt[2292], Theoderich von Schöningen[2293], Konemund und

---

2282 Anders Bode im UB Goslar 2, Register.

2283 1287 April 24, Orig.: HStA Han Celle Or. 9 Schr. X Caps. 15 Nr. 1; Druck: UB Herzöge Br.-Lb. 1, Nr. 105; UB Goslar 2, Nr. 352.

2284 Vgl. dazu Zillmann, S. 67ff.

2285 Zu ihm das Kap. II. 1.2.3.

2286 *Dux autem consurgens cum suis ad arma convolabat, et circuibat Heinricus marschalcus cogens milites omnes ad vexillum ducis convenire.* Arnold von Lübeck, I, 3 zu 1172. Vgl. Ganz, S. 31.

2287 Orig.: StA WF 19 Urk 10; Druck: v. Heinemann, Nr. 6; UB Hochstift Hildesheim 1, Nr. 651. Zu der Urkunde und den daran hängenden Siegeln siehe auch oben im Kap. II. 1.2.6.

2288 Diese Wendung wiederholt sich in einer Urkunde Herzog Ottos von 1239 November 2, Orig.: HStA Han Celle Or. 100 Lüneburg St. Michael Nr. 20; Druck: O.G. IV., S. 182; UB Nds 8, Nr. 62; Lüneburger UB 7, Nr. 51. Hierbei wird ein Rechtsspruch *iudicio presidente* des Vogtes Friedrich von Hoseringen gefällt. Siehe dazu auch Busch, S. 62.

2289 Zu ihm siehe im Kap. II. 1.1.7.

2290 Zu ihm siehe im Kap. II. 1.2.6. Er testierte in einer weiteren frühen Urkunde Friedrichs von Volkmarode von (1215), Orig.: StA WF 24 Urk 34, ungedruckt.

2291 Sie finden sich in den Jahren 1215 und 1225 in Urkunden Pfalzgraf Heinrichs und ab 1227 oft in den Urkunden Ottos des Kindes. Zu denen von Heimburg allgemein: Bode, Heimburg. Lubenow, S. 114-146.

2292 Erst wieder 1236 bezeugt ein Rudolf von Rolstedt bei Herzog Otto das Kind in direkter Beziehung zu den Brüdern Johannes und Lippold von Heimburg, Orig.: StA WF 24 Urk 77; Druck: O.G. IV., praef. S. 63. Zu †Rolstedt vgl. Kleinau, GOV, Nr. 1712, S. 488.

2293 Er findet sich in keiner welfischen Urkunde. Zu den späteren Herren von Schöningen Bau- und Kunstdenkmale Br. 1, S. 298.

Eberhard von Jerxheim[2294], Hermann von Niendorf[2295], Burchard von Dedeleben[2296] und Ludolf von Dobbeln[2297]. Während die ersten vier Urkundenzeugen zum höheren Kreis der welfischen Ministerialität gehörten und dementsprechend als Begleitung des Marschalls anzusehen wären, setzen sich die übrigen Zeugen dagegen durchweg aus ortsansässigen, kleineren Ministerialenfamilien zusammen, die hier sämtlich zum ersten Mal Erwähnung finden. Die beurkundete Güterübertragung fand *in villa Netdorp* statt, wobei nicht mit letzter Sicherheit gesagt werden kann, ob es sich dabei um den Ort †Netdorf bei Rohrsheim im Halberstädtischen[2298], oder um †Niendorf[2299] oder †Kraut Neindorf[2300] gehandelt hat. Festzustellen ist, daß jeder dieser möglichen Orte in geographischer Nähe zu dem Verkaufsobjekt der Urkunde, einer Hufe in Wackersleben, lag. Die Zeugenschaft der ortsansässigen Adelsgeschlechter ließe sich so erklären. Dennoch ist der Urkundentext, in dem der Richtervorsitz des Marschalls zu dieser Zeit ausdrücklich bemerkt wird, auffällig. Demgemäß könnte auch ein Gerichtstag des Marschalls am selben Ort, in dem welfische und stifthalberstädtische Interessen aneinandergrenzten, angenommen werden. Insofern könnten die ersten vier Urkundenzeugen als Begleitung oder vielleicht als Beisitzer des Gerichtsherrn und die übrigen sieben Urkundenzeugen als Besucher des Gerichtstages des Marschalls anzusehen sein.

Dagegen erhebt sich die Frage nach den rechtlichen Voraussetzungen der Güterübertragung der Hufe in Wackersleben. Auch wenn es sich dabei, wie nach dem Urkundentext zu schließen, um Eigengut des Marschalls handelte, wäre dabei mindestens die Zustimmung Pfalzgraf Heinrichs zu erwarten gewesen.[2301] Diese wird aber in der Urkunde mit keinem Wort erwähnt. So hat möglicherweise die Textstelle, die den Richtervorsitz des Marschalls zu dieser Zeit ausdrücklich bemerkt, diese Funktion erfüllt, und der Marschall Friedrich von Volkmarode könnte als Stellvertreter seines welfischen Herrn gehandelt haben.

In diesem Zusammenhang ist an jene Stilübung aus den Pertzschen Formelbuchfragmenten zu erinnern, nach der Pfalzgraf Heinrich schon im Jahre 1197 seinen Bruder W(ilhelm von Lüneburg) und seinen Marschall F(riedrich von Volkmarode) während seines Kreuzzuges zu Stellvertretern zum Schutz des Klosters St. Paul in Halberstadt bestellt habe.[2302] Wenn es sich auch um eine reine Stilübung handelt, so wird doch daraus deutlich, daß dem Marschall solche Aufgaben oblegen haben

---

2294 Erst wieder zu 1213 bezeugt ein Ritter Heinrich von Jerxheim bei Pfalzgraf Heinrich, Orig.: StA WF 22 Urk 30; Druck: v. Heinemann, Nr. 7 (mit fehlerhafter Auflösung der Zeugenreihe). Zu den späteren Herren von Jerxheim Bau- und Kunstdenkmale Br. 1, S. 351.

2295 Er findet sich in keiner welfischen Urkunde. Zu †Niendorf siehe Kleinau, GOV, Nr. 1492, S. 428. Zu †Kraut Neindorf Kleinau, GOV, Nr. 1224, S. 350.

2296 Er findet sich in keiner welfischen Urkunde. Vielleicht ist er zu dem stifthalberstädtischen Ministerialengeschlecht gleichen Herkunftsnamens zugehörig.

2297 Er findet sich in keiner welfischen Urkunde. Zu den späteren Herren von Dobbeln Kleinau, GOV, Nr. 478, S. 154f.

2298 So der Herausgeber des UB Hochstift Hildesheim 1, Nr. 651.

2299 Siehe dazu Kleinau, GOV, Nr. 1492, S. 428.

2300 Siehe dazu Kleinau, GOV, Nr. 1224, S. 350.

2301 Vgl. zu dem Problem des "Inwärtseigen" grundlegend Punschart, S. 79ff., sowie auch Bosl, ius ministerialium, S. 223.

2302 ... *nos protectionis nostrae vicem W. fratri nostro et F. marscalco districte commisimus.* Druck: O.G. III., S. 618; UB S. Paul Halberstadt, Nr. 11; Vienken, Nr. 18. Vgl. auch: v. Heinemann, S. 52. Vienken, S. 171. Hucker, Otto IV., S. 359.

könnten. Hinsichtlich einer möglichen Stellvertretung des Marschalls Friedrich von Volkmarode ist zu fragen, ob sich Pfalzgraf Heinrich zur Zeit der Ausstellung der oben genannten Urkunde im sächsischen Raum aufhielt. Datiert ist das Stück mit der Jahreszahl 1211 und der fehlerhaften Indiktionszahl 13.[2303] Ferner wird angegeben, daß die Rechtshandlung während der Amtszeiten von Papst Innocenz III., Kaiser Otto IV. und Bischof Hartbert von Hildesheim von Statten ging. Da deren Amtszeiten sämtlich in einen größeren Zeitraum fallen,[2304] ist hieraus eine feinere Datierung nicht möglich. Gerade aber für das Jahr 1211 sind im Itinerar Pfalzgraf Heinrichs ausschließlich Aufenthalte außerhalb der welfischen Kernlande entweder durch urkundliche[2305] oder durch chronikalische[2306] Überlieferung nachweisbar. Dieser Befund, verbunden mit der Mitbesiegelung der Urkunde durch Bischof Hartbert von Hildesheim, in dessen Diözese das Kloster Ringelheim lag, macht es zunächst wahrscheinlich, daß der Vorsitz des Marschalls Friedrich von Volkmarode eher auf seiner Stellvertreterfunktion während der Abwesenheit Pfalzgraf Heinrichs denn aufgrund weitergehender Aufgaben beruht haben könnte.

Andererseits ist die Authenzität eines Gerichtsamtes des Marschalls durchaus in Wechselwirkung auf das immer wieder diskutierte Ottonanium[2307] zu sehen. Hierin wurden im Paragraphen 17 die Schuldforderungen eines Bürgers gegenüber einem Ministerialen unter die richterliche Gewalt des Marschalls gestellt.[2308] Daß der Marschall dem Hofgericht vorstand, läßt sich im Jahre 1296 für die Braunschweiger Ministerialität im Bündnis Herzog Albrechts des Fetten mit der Stadt Braunschweig belegen.[2309] Für die Lüneburger Ministerialität wird die gleiche Aufgabe des Marschalls unter Herzog Otto dem Strengen im selben Jahr deutlich, als in einer herzoglichen Urkunde der Marschall Werner von Medingen unter den Ratgebern testiert, und die Datierung den Zusatz *Sub temporibus Werneri de Medinghe famuli per nos advocacie tunc temporis prestituti* enthält.[2310] Aus demselben Grund dürfte auch die Mitbesiegelung durch den herzoglichen Marschall bei einer im Jahre 1273 in Lüneburg ausgestellten Urkunde der Brüder Werner und Arnold von Thondorf erfolgt sein.[2311]

2303 Der Zeitraum dieser Indiktionszahl wäre 1209 September bis 1210 September. Zu 1211 gehört die Indiktionszahl 14.

2304 Innocenz III.: 1198 Januar 8 [Weihe Februar 22]-1216 Juli 16 (Grotefend, Zeitrechnung, S. 126). Kaiser Otto IV.: 1209 Oktober 4-1218 Mai 19 (Grotefend, Zeitrechnung, S. 113). Bischof Hartbert von Hildesheim: 1199 Frühjahr [Weihe August 1201]-1216 März 21 (Goetting, Hildesheim, S. 477-509).

2305 1211 August 22, (Burg Lindenfels), Pfalzgraf Heinrich für das Bistum Minden, Druck: Westfälisches UB 6, Nr. 44. 1211 vor September, (vielleicht Speyer), Druck: UB Bischöfe Speyer, S. 167. 1211, (vielleicht Schönau), Pfalzgraf Heinrich für das Kloster Schönau, die Vergabungen des Reichstruchsessen Dietrich von Annweiler bestätigend, Druck: Gudenus, Sylloge, S. 80f. 1211, (vielleicht Schönau), Pfalzgraf Heinrich Zeuge bei einer Güterübertragung an das Kloster Schönau durch seinen Lehnsmann Gerhard von Schauenburg, Druck: Gudenus, Sylloge, S. 82f.

2306 Feldzug im Mainzer Erzstift, Annales Col. max., S. 826.

2307 Siehe dazu mit der dazugehörigen Literatur im Kap. I. 3.1.2.

2308 "Swelich dhenistman enen borgere sculdich is, he sal ine verclagen to deme marscalke mit wetene. (...)." UB Br. 1, S. 3-7. Vgl. dazu Weinmann, S. 130ff.

2309 1296 Oktober 22, ... *statuendum duximus intra muros Bruneswich nostrum marscalcum, qui cuilibet petenti de nostris ministerialibus plenam justiciam ordinabit.* Druck: Rethmeier, Br. Chronik 1, S. 592f.; UB Br. 1, S. 18f.

2310 Druck: UB Herzöge Br.-Lb. 1, Nr. 142.

2311 1273 November 11, ... *confectam sigillo domini marscalci ducis* ..., Orig.: HStA Han Celle Or. 100

So sprechen alle Indizien dafür, daß der Marschall Friedrich von Volkmarode zu dieser Zeit sowohl in richterlicher Stellung als auch als Stellvertreter Pfalzgraf Heinrichs gehandelt hat.

Eine ungewöhnliche Ausnahme bei der Benennung des Marschalls Wilhelm II. von Volkmarode[2312] weist die Zeugenreihe einer nur kopial überlieferten Urkunde Pfalzgraf Heinrichs für das Kloster Homburg von 1226 auf, in der Wilhelm mit Amtstitel und dem Herkunftsnamen von Goslar testiert.[2313] Möglicherweise deutet dies darauf hin, daß Pfalzgraf Heinrich seinem Marschall Aufgaben zur Verwaltung des Bergwerkszehnten von Goslar[2314] übertragen hat.

In einer Urkunde des Marschalls Friedrichs von Volkmarode für das Kloster Riddagshausen von 1214/15 testierte an vierter Stelle ein *Conradus procurator meus*.[2315] Zwar ist es nicht eindeutig, ob diese Funktion auf die Güter oder auf das Amt des Marschalls zu beziehen ist, doch spricht die frühe Zeit eher dafür, daß der ohne Herkunftsnamen testierende Konrad ein Unterbeamter Friedrichs von Volkmarode gewesen ist. Als weitere Unterbeamte im Marschallamt sind sehr wahrscheinlich für Pfalzgraf Heinrich im Jahre 1201 Dietmar von Flögeln[2316], für Herzog Albrecht den Großen 1272 Kuno[2317], für Herzog Otto den Strengen 1284 Johannes von Rethen[2318] und für Herzog Heinrich den Wunderlichen im Jahre 1297 Gereko Rogelsac[2319] anzusehen. Die große Anzahl von Unterbeamten im Marschallsamt dürfte ihre Begründung in der im Laufe der Zeit immer stärker hervortretenden militärischen Funktion desselben haben.

3.3 Das Schenkenamt

Obwohl das Schenkenamt in den Zeugenreihen der welfischen Fürsten sehr häufig erwähnt wird, können für seine Funktion Nachweise anhand von chronikalischen und urkundlichen Quellen nicht direkt beigebracht werden. Zudem lassen sich Unterbeamte im Schenkenamt nicht nachweisen.

3.4 Das Kämmereramt

Auch wenn sich für das welfische Kämmereramt am welfischen Hof anhand der Quellen keine Aufgaben nachweisen lassen, muß ihm dennoch größere Bedeutung beigemessen werden, als es bisher getan wurde.[2320]

So war das Kämmereramt das erste nachweisbare Hofamt unter Heinrich dem Löwen,[2321] es läßt sich sowohl bei Pfalzgraf Heinrich als auch bei Herzog Otto dem Kind und seinen Söhnen nachweisen,[2322] und es ist schließlich dasjenige Hofamt, welches zuletzt bei den Braunschweiger Herzögen bis in das zweite Drittel des 14.

Lüneburg St. Michael Nr. 49 (das Siegel des Marschalls fehlt); Druck: Lüneburger UB 7, Nr. 102.
2312 Zu ihm das Kap. II. 2.1.10.
2313 1226, Druck: Urk. Kl. Homburg, S. 30.
2314 Vgl. dazu allgemein Hölscher, S. 141.
2315 Orig.: StA WF 24 Urk 34; ungedruckt. Siehe dazu im Kap. II. 1.2.6.
2316 Kap. II. 1.2.8.
2317 Kap. II. 1.2.18.
2318 Kap. II. 1.2.23.
2319 Kap. II. 1.2.26.
2320 Anders: Busch, S. 58 (äußerst fehlerhaft). Lubenow, S. 414. Weinmann, S. 212.
2321 Kap. II. 2.1.
2322 Kap. II. 1.4.3, 1.4.7.

Jahrhunderts nachweisbar wird.[2323]

Die Existenz einer fürstlichen *camera* läßt sich erstmals unter Herzog Otto dem Kind im Jahre 1242 aufzeigen.[2324] Herzog Otto das Kind nahm das Kloster Pöhlde in seinen Schutz und gestattet den Brüdern, einen seiner Ministerialen zu seinem Stellvertreter zu wählen.[2325] Bis die Grafen von Lutterberg und der mit ihnen verwandte Graf von Scharzfeld die von ihnen an das Kloster verpfändete Vogtei zurückerwerben, sollte das Kloster dafür jährlich ein Talent in seine Kasse zahlen.[2326] Allerdings findet das Hofamt des Kämmerers dabei keine Erwähnung, und auch in der Zeugenreihe der in Braunschweig ausgestellten Urkunde kommt der Kämmerer nicht vor.

In einer Urkunde Pfalzgraf Heinrichs von 1226 testierten an letzter Stelle *Gereko et Johannes kamerarii*,[2327] in denen sehr wahrscheinlich Unterbeamte des Kämmerers Herwig von Uetze zu sehen sind.[2328]

3.5 Die Bedeutung der welfischen Hofämter

Daß die welfischen Hofämter unter Heinrich dem Löwen, Pfalzgraf Heinrich, Wilhelm von Lüneburg und Otto dem Kind große Bedeutung besessen haben müssen, ergibt sich zunächst einmal aus deren hervorgehobener Position in den Zeugenreihen dieser welfischen Fürsten.[2329] Für die Zeit Heinrichs des Löwen gibt es nur sehr wenige Quellenbelege dafür, welche Aufgaben den jeweiligen Hofamtsträgern zugeordnet waren und wie diese umgesetzt worden sind. Daß die Hofämter damals nur Ehrenämter ohne Pflichten gewesen seien, wird für diese frühe Zeit einhellig verneint.[2330] Leider sind auch für die Regierungszeit der Nachfolger Heinrichs des Löwen dazugehörige Quellenbelege außerordentlich rar. Wenn jedoch um 1223 durch Pfalzgraf Heinrich das Amt des Küchenmeisters neu eingerichtet worden ist,[2331] so dürfte daraus zu folgern sein, daß die Hofämter durchaus auch zu dieser Zeit noch eine konkrete Funktion besaßen.

Pfalzgraf Heinrich sprach in einer Urkunde des Jahres 1227 davon, daß er die Entscheidung über einen Gütertausch mit dem Rat kundiger Männer getätigt habe.[2332] Die Zeugenreihe setzt sich neben Klerikern ausschließlich aus Ministerialen, darunter der Truchseß Jordan III. von Blankenburg und der Marschall Wilhelm von Volkmarode zusammen, so daß in diesem Personenkreis die Ratgebenden gesehen werden müssen.[2333] Damit sowie aus den für das Marschallsamt direkt und für das Truchsessenamt direkt und indirekt nachgewiesenen Funktionen kann zwar wahrscheinlich gemacht, jedoch nicht in ausreichendem Maße bewiesen werden, daß die

---

2323 Kap. II. 1.4.8, 1.4.9 sowie bei Weinmann, S. 212.
2324 Diese ist von dem viel später auftretenden Institut der herzoglichen Kammer streng zu trennen. Vgl. zur letzteren Willoweit, S. 112ff.
2325 Druck: O.G. IV., S. 194; Leuckfeld, Antiq. Poelde, S. 52; Rethmeier, Br. Chron. 1, S. 478.
2326 Eine Urkunde gleichen Inhalts stellte 1259 Dezember 27, Druck: Scheidt, Mantissa, S. 267f., Herzog Albrecht der Große für das Kloster Pöhlde aus.
2327 Orig.: StA WF 8 Urk 5; Druck: Rethmeier 1, Beilage S. 8; O.G. III., S. 710f.
2328 Siehe dazu im Kap. II. 1.4.5.
2329 Vgl. dazu u.a. im Kap. II. 2.
2330 Haendle, S. 70. Peters, S. 120. Ganz, S. 31.
2331 Siehe dazu oben im Kap. II. 2.2.
2332 ... *habito consilio prudentium virorum* ..., Orig.: StA WF 13 Urk 3; Druck: v. Heinemann, Nr. 25.
2333 Vgl. v. Heinemann, S. 257, Anm. 2.

Hofamtsträger "[f]ür Aufgaben der Landesverwaltung ..." besonders in Betracht gekommen seien.[2334]

4 Die Erblichkeit und die Vererbung der welfischen Hofämter

4.1 Die Erblichkeit der welfischen Hofämter

Zunächst besteht die Frage, in welchem Maße und in welchem Zeitraum sich innerhalb der Ministerialität ein dem Adel vergleichbares Bewußtsein verwandtschaftlicher Bindungen entwickelt hat.[2335] Aussagen über ein Bewußtsein von Verwandtschaft und Familie innerhalb der welfischen Ministerialität lassen sich zwar aufgrund der Quellenlage nur wenige treffen. Gleichwohl dürfte dies schon relativ früh erfolgt sein, da die verwandtschaftlichen Beziehungen der wichtigen welfischen Ministerialenfamilien in einer Urkunde Pfalzgraf Heinrichs für das Kloster Riddagshausen von 1224 außerordentlich vielseitig dokumentiert sind.[2336] Für die Zeit Heinrichs des Löwen wird außerdem die Zuordnung zu einer bestimmten Familie bei der Ministerialität im allgemeinen und den Hofamtsträgern im besonderen erschwert, da diese meist noch ohne Herkunftsnamen auftraten. Dennoch läßt sich aus der relativ großen Zahl von Hofamtsträgern mit unterschiedlichen Taufnamen zu einer Zeit, da Taufnamen gleichzeitig auch noch Leitnamen waren, vermuten, daß die Hofämter unter diesem Welfenfürsten noch nicht erblich waren und daß offenbar persönliche Befähigung zum Hofamtsträger qualifizierte. Die welfischen Hofämter dürften selbst noch im Jahre 1204 nicht erblich gewesen sein, da ansonsten Pfalzgraf Heinrich kaum den erstgeborenen Sohn seines Truchsessen Jordan II. von Blankenburg an Otto IV. übergeben hätte.[2337] Möglicherweise könnte es sich dabei aber auch um einen Ausnahmefall gehandelt haben, da ausdrücklich der Zustimmung des Truchsessen Jordan II. von Blankenburg gedacht wurde. Während der relativ kurzen Regierungszeit Wilhelms von Lüneburg von 1200 bis 1212 kamen mit Anton, Otto, Albert und Werner insgesamt vier verschiedene Truchsessen vor. Daraus muß gefolgert werden, daß die Hofämter unter Wilhelm von Lüneburg noch nicht erblich gewesen sind. Wenn zudem mindestens zwei der Truchsessen auch nach ihrer Amtszeit weiter genannt wurden, kann das Hofamt auch nicht auf Lebenszeit, sondern muß zeitlich befristet vergeben worden sein.

Ob und in welchem Maße die Welfen schon zu dieser Zeit bei der Vergabe der Hofämter Rücksicht auf gewohnheitliche Rechte hatten nehmen müssen, entzieht sich zwar der Prüfung, muß aber in ernsthafte Erwägung gezogen werden. So übernahm Pfalzgraf Heinrich bei der Bestellung seiner Hofamtsträger den Truchsessen Jordan I. von Blankenburg von seinem Vater und beließ das Marschallsamt in der Familie von Volkmarode, während er das Schenken- und das Kämmeramt offenbar neu besetzte. Auch die Berufung von Hofamtsträgern durch

---

2334 So Busch, S. 57. Die ebenda Anm. 2 zitierte Zeugenreihe ist anders zu lesen. Siehe dazu oben im Kap. II. 1.4.7.

2335 Vgl. dazu Schmid, S. 209.

2336 Orig.: StA WF 24 Urk 52; Druck: Asseburger UB 1, Nr. 134; Reg. v. Campe 1, Nr. 180.

2337 Orig. im Jahre 1830 verbrannt (StA WF 36 Alt 385); Druck: O.G. III., S. 630; Reg. v. Campe 1, Nr. 126.

König Otto IV. hat vielleicht Familien berücksichtigt, die schon unter Heinrich dem Löwen mit Hofamtsfunktionen betraut worden waren.[2338] Jedenfalls liegt der Zeitraum, in dem die welfischen Hofämter in den Familien erblich wurden, mit großer Sicherheit vor der Mitte des 13. Jahrhunderts.[2339] Otto das Kind übernahm nach seiner Regierungsübernahme die Hofamtsträger Pfalzgraf Heinrichs ohne Einschränkung,[2340] was schon als ein Zeichen für deren Erblichkeit zu werten ist.

Den rechtlichen Abschluß der Erblichkeit der welfischen Hofämter bildete die Gründungsurkunde des Herzogtums Braunschweig im Jahre 1235, in der die rechtliche Gleichstellung der welfischen Ministerialität mit der Reichsministerialität ausdrücklich betont wurde.[2341] Die Reichshofämter[2342] und die Hofämter der Bistümer sowie der Reichsstifte und -abteien waren zu dieser Zeit erblich. So erging durch Kaiser Friedrich II. für das Erzbistum Bremen im Jahre 1219 der Rechtsspruch, daß beim Tode des Bischofs alle Ämter vakant werden, *exceptis quatuor principalibus officiis, dapiferi videlicet et pincernae, mariscalci et camerarii.*[2343] Dasselbe wurde im Jahre 1223 durch König Heinrich (VII.) für die Reichsabtei Corvey[2344], im Jahre 1240 durch König Konrad IV. für die Reichsabtei Hersfeld[2345] und das Bistum Brixen[2346], im Jahre 1242 für das Bistum Minden[2347] sowie im Jahre 1250 durch König Wilhelm (von Holland) für das Bistum Passau[2348] festgestellt.

Setzte sich bei den Reichsfürsten spätestens seit der Mitte des 13. Jahrhunderts die Erblichkeit der Hofämter durch,[2349] so blieb dagegen für den darunterliegenden Heerschild das persönliche Verhältnis von Herrn und Hofamtsträger offenbar weiterhin von größerer Wichtigkeit. Die damit verbundene zeitliche Beschränkung im Amt ist beispielsweise in einer vom Grafen Burchard von Wölpe im Jahre 1262 für das Kloster Walsrode ausgestellten Urkunde nachweisbar.[2350]

4.2 Die Abfolge der Hofamtsträger im Amt[2351]

4.2.1 Die Abfolge im Amt des Truchsessen

Unter Herzog Heinrich dem Löwen lassen sich vier verschiedene Truchsessen nachweisen, die offenbar in keinem genealogischen Zusammenhang standen.[2352] Von

---

2338 Kap. II. 1.1.3 i. V. mit 1.1.9 sowie im Kap. II. 1.1.5 i. V. mit 1.1.10.
2339 Busch, S. 57. Mertens, Diss., S. 77.
2340 Siehe dazu im Kap. I. 1.5.2.
2341 Siehe dazu im Kap. I. 1.5.3.
2342 Vgl. dazu Rösener, S. 508.
2343 1219 September 25, MGH Constitutiones II., Nr. 68. Zum Ausdruck *principalia officia* siehe Rösener, Hofämter S. 547, Anm. 294.
2344 1223 Juni 26, MGH Constitutiones II., Nr. 282.
2345 1240 Januar 15, MGH Constitutiones II., Nr. 332.
2346 1240 Mai, MGH Constitutiones II., Nr. 333.
2347 1242 Juli 3, MGH Constitutiones II., Nr. 339.
2348 1250 Juli 1, MGH Constitutiones II., Nr. 358.
2349 Vgl. dazu auch Rösener, Hofämter, S. 547.
2350 1262 Mai 6, *Henricus de Waneberghe tunc temporis dapifer,* Druck: Lüneburger UB 15, Nr. 54.
2351 Berücksichtigt sind hier nur die Hofamtsträger im Braunschweiger Teil der welfischen Herrschaft, da sie sich vom Ende des 12. Jahrhunderts bis zur Jahrhundertwende vom 13. in das 14. Jahrhundert beinahe ohne größere Unterbrechung nachweisen lassen.
2352 Kap. II. 1.1.3, 1.1.4, 1.1.5, 1.1.6.

diesen übernahm Pfalzgraf Heinrich den Truchsessen Jordan I. von Blankenburg. Seitdem wurde das Truchsessenamt im Braunschweiger Teil der welfischen Herrschaft bis in das 14. Jahrhundert hinein von Angehörigen der Ministerialenfamilie von Blankenburg-Campen gestellt.[2353] Das Amt ging dabei nach dem Tode des jeweiligen Hofamtsträgers auf dessen erstgeborenen Sohn über. So sind nach dem Tod des Truchsessen Jordan I. von Blankenburg[2354] sein Sohn Jordan II. von Blankenburg[2355], nach dem Tod Jordans II. sein Sohn Jordan III. von Blankenburg[2356] und nach dem Tod Jordan III. sein Sohn Anno von Blankenburg-Campen[2357] im Amt des Truchsessen nachweisbar.

Diese Vater-Sohn Nachfolge im Amt des Truchsessen wurde dadurch gestört, daß der Truchseß Anno von Blankenburg-Campen kinderlos verstarb. Das Hofamt ging daraufhin an seinen Brudersohn, Jordan IV. von Campen[2358] über. Nach dessen Tod ist Jordan V. von Campen-Wettmarshagen[2359], der sehr wahrscheinlich der Sohn Jordans IV. war, im Amt des Truchsessen nachweisbar. Nach ihm wurden sein Sohn, Anno II. von Campen, sowie sein Schwiegersohn, Ludeger IV. von Gerstenbüttel, mit dem Truchsessenamt betraut.[2360] Nach dem Tod des Truchsessen Ludeger IV. von Gerstenbüttel kommt dessen erstgeborener Sohn Ludeger VI. als Truchseß vor.[2361]

4.2.2 Die Abfolge im Amt des Marschalls

Unter Herzog Heinrich dem Löwen ließen sich vier oder fünf verschiedene Marschälle nachweisen.[2362] Keiner von ihnen wurde persönlich von den Söhnen Heinrichs des Löwen übernommen. Dafür wurde das Amt des Marschalls in der Familie mit dem Herkunftsnamen von Volkmarode belassen.[2363] So sind Friedrich von Volkmarode[2364] als Marschall Pfalzgraf Heinrichs und Wilhelm II. von Volkmarode[2365] als Marschall König Ottos IV. nachweisbar, wobei der erste wahrscheinlich der Brudersohn, der zweite wohl der Sohn des Marschalls Wilhelm I. von Volkmarode gewesen sein dürfte.[2366] Nach dem Tode Marschall Friedrich von Volkmarode, der etwa zur gleichen Zeit wie Kaiser Otto IV. verstarb, ist der ehemalige Marschall Kaiser Ottos IV., Wilhelm II. von Volkmarode, als Marschall auch bei Pfalzgraf Heinrich nachweisbar, bevor Balduin, der Sohn des Marschalls Friedrichs von Volkmarode,[2367] kurzzeitig belegbar wird. Seit 1241, nach dem Tode des letzten Marschalls aus der Familie von Volkmarode, Wilhelm II. von Volkmarode, werden Angehörige dieser Familie nur noch ein einziges Mal mit

---

2353 Siehe dazu und dem Folgenden im Anhang die Tafel 1.
2354 Kap. II. 1.1.4.
2355 Kap. II. 1.1.7.
2356 Kap. II. 1.1.17.
2357 Kap. II. 1.1.19.
2358 Kap. II. 1.1.22.
2359 Kap. II. 1.1.23.
2360 Kap. II. 1.1.23.
2361 Kap. II. 1.1.23.
2362 Kap. II. 1.2.1, 1.2.2, 1.2.3, 1.2.4, 1.2.5.
2363 Siehe dazu und dem Folgenden im Anhang die Tafel 2.
2364 Kap. II. 1.2.6.
2365 Kap. II. 1.2.10.
2366 Kap. II. 1.2.5.
2367 Kap. II. 1.2.12.

seinen Brudersöhnen erwähnt,[2368] welche mit dem Marschallamt aber nicht betraut wurden. Entweder konnten sie ihren Anspruch auf das Erbe des Onkels nicht durchsetzen oder ein solcher existierte überhaupt nicht. Offenbar war das Marschallamt eher mit der Linie der verstorbenen Marschälle Friedrich und Balduin von Volkmarode verbunden, da der Schwestersohn des Marschalls Friedrich, Heinrich Grubo,[2369] wenig später mit dem Marschalltitel vorkommt.

Eine ganze Anzahl weiterer möglicher Erbberechtigten auf das Marschallamt der von Volkmarode lassen sich zu 1224 in einer Urkunde Pfalzgraf Heinrichs für das Kloster Riddagshausen erkennen.[2370] Hierin bürgten folgende Kognaten des Marschalls Wilhelm von Volkmarode für die Einhaltung eines Güterverkaufes: Balduin von Dahlum und Burchard von der Asseburg, Truchseß Jordan und dessen Bruder Balduin aus der Familie von Blankenburg-Campen, Friedrich von Esbeck und dessen Bruder Ludolf. Ein Vergleich dieses Befundes mit der Liste derjenigen Persönlichkeiten, die im Laufe des 13. Jahrhunderts mit dem Marschallsamt verbunden waren, nämlich Balduin der Lange von Dahlum[2371], Johannes I. und II. von Salder[2372], Johannes von Lutter[2373], Heinrich II. Grubo[2374], Burchard von Asseburg[2375] und Jordan von Campen[2376], läßt vermuten, daß zwischen ihrer Berufung und ihrer Verwandtschaft mit den Ministerialen von Volkmarode teilweise ein Zusammenhang bestanden haben wird.

Güter im Herkunftsort der Marschälle von Volkmarode, insbesondere die inzwischen verfallene Burgstelle[2377] sowie der Zehnt[2378], befanden sich im Jahre 1302 im gemeinsamen Lehnsbesitz der Herren von Blankenburg-Campen[2379] und der Herren von Bortfeld. Allerdings ist nicht nachzuvollziehen, ob die genannten Güter nach dem Aussterben der Marschälle von Volkmarode durch Vererbung, durch Wiederverlehnung oder schon zuvor anderweitig an diese gekommen waren. Demgegenüber dürfte die Amtsnachfolge des Marschalls Johannes I. von Salder auf den Marschall Burchard von Asseburg ebenfalls auf ihrer Verwandtschaft beruhen, denn Burchard von Asseburg war der Schwiegersohn des ohne männlichen Erben gebliebenen Marschalls Johannes I. von Salder.[2380]

2368 1249 Dezember 11, Orig.: StA WF 24 Urk 97; Druck: Asseburger UB 1, Nr. 256.
2369 Siehe im Kap. II. 1.2.13.
2370 Orig.: StA WF 24 Urk 52; Druck: Asseburger UB 1, Nr. 134; Reg. v. Campe 1, Nr. 180.
2371 Kap. II. 1.2.14.
2372 Kap. II. 1.2.16 und 1.2.17.
2373 Kap. II. 1.2.17.
2374 Kap. II. 1.2.19.
2375 Kap. II. 1.2.21.
2376 Kap. II. 1.2.22.
2377 1302 Februar 23, Orig.: StA WF 9 Urk 55; Druck: Reg. v. Campe 2, Nr. 549. 1302 Februar 25, Orig.: StA WF 9 Urk 56; Druck: Reg. v. Campe 2, Nr. 550. 1302 April 4, Orig.: StA WF 9 Urk 57; Regest: UB Br. 4, S. 452. 1302 April 4, Orig.: StA WF 9 Urk 62, ungedruckt. Vgl. dazu Kleinau, GOV, S. 658.
2378 1302 Mai 25, Orig.: StA WF 9 Urk 60; Druck: Reg. v. Campe 2, S. 11. 1302 Juni 5, Orig.: StA WF 9 Urk 61; Druck: Reg. v. Campe 2, S. 12.
2379 Keineswegs nur der Söhne des verstorbenen Marschalls Jordan von Blankenburg, wie Kleinau, GOV, S. 657f. meint.
2380 Kap. II. 1.2.21.

4.2.3 Die Abfolge im Amt des Schenken

Unter Heinrich dem Löwen sind zwei Schenken nachweisbar,[2381] die Pfalzgraf Heinrich nicht bei der Besetzung des Schenkenamtes berücksichtigte. Dagegen wurde Jusarius I. von Blankenburg[2382] mit dem Schenkenamt betraut.[2383] Der Schenk Jusarius verstarb kinderlos, so daß sein Brudersohn, Jusarius II. von Blankenburg,[2384] der zweitgeborene Sohn des Truchsessen Jordan I. von Blankenburg[2385], im Amt nachfolgte. Seit dieser Zeit wurde das Schenkenamt in direkter Vater-Sohn Nachfolge von dem Schenken Jusarius II. von Blankenburg auf Jusarius III. von Blankenburg[2386], von Jusarius III. auf Jusarius IV. von Blankenburg[2387], von Jusarius IV. auf Jordan von Blankenburg-Neindorf[2388] und von diesem auf Ludwig von Neindorf[2389] weitervererbt.

4.2.4 Die Abfolge im Amt des Kämmerers

Pfalzgraf Heinrich berief Herwig I. von Uetze zu seinem Kämmerer, der aber aufgrund der ersten welfischen Teilung zwischenzeitlich König Otto IV. diente.[2390] Herwig II. von Uetze[2391], möglicherweise ein Sohn Herwig I., kommt dann unter Herzog Otto dem Kind im Amt des Kämmerers vor. Zwischen diesen beiden ist jedoch der Kämmerer Ludolf von Hondelage[2392] nachweisbar, obgleich sowohl die Familie von Uetze - wenige Jahre später unter Herzog Otto dem Kind wieder im Kämmeramt nachweisbar - als auch die Familie von Hondelage nicht ausstarben. Eine verschiedene Rechtsqualität der Hofämter kann als Erklärung dafür kaum angenommen werden. Denn gerade hinsichtlich des Kämmeramtes der von Uetze ist das Recht der Vererbung des Hofamtes für das frühe 14. Jahrhundert in einer Urkunde Herzog Albrechts des Fetten von 1316 eindrucksvoll belegt.[2393]

Die Lösung dieses Problems läßt sich allerdings anhand der Quellenzeugnisse vermuten. Während der Amtszeit des Kämmerers Ludolf von Hondelage von 1235 bis 1241 sind Angehörige der Familie von Uetze in den Urkunden Herzog Ottos des Kindes nicht nachweisbar. Dafür finden sich aber im angegebenen Zeitraum Angehörige der Familie von Uetze in zwei Urkunden Bischof Konrads von Hildesheim,[2394] wobei sie die erstere unter den stifthildesheimischen Ministerialen bezeugten. Aufschlußreich ist ferner die undatierte Urkunde Herzog Ottos, in der er

---

2381 Kap. II. 1.3.1, 1.3.2.
2382 Kap. II. 1.3.3.
2383 Siehe dazu und dem Folgenden im Anhang die Tafel 1.
2384 Kap. II. 1.3.4.
2385 Kap. II. 1.1.4.
2386 Kap. II. 1.3.6.
2387 Kap. II. 1.3.7.
2388 Kap. II. 1.3.8.
2389 Kap. II. 1.3.9.
2390 Kap. II. 1.4.3. Siehe dazu und dem Folgenden im Anhang die Tafel 3.
2391 Kap. II. 1.4.7.
2392 Kap. II. 1.4.7.
2393 Siehe dazu unten im Kap. II. 3.4.
2394 *Herewicus et Razzo de Uttessem,... Daniel, Herewicus et Iohannes dicti de Uttessem,...* 1235 Mai 4 (*actum* 1234 Juli 11), Orig.: KlA Wienhausen Nr. 7.; Regest: UB Hochstift Hildesheim 2, Nr. 391; Urk. v. Saldern 1, Nr. 33. Herwig von Uetze mit Sohn, 1235 August 11, Orig.: KlA Wienhausen Nr. 11; Regest: UB Hochstift Hildesheim 2, Nr. 422.

Ministerialen mit Bischof Konrad von Hildesheim tauschte.[2395] Für Bodo, den Sohn Ulrichs von Salder, empfing er Razo von Uetze, Sohn des Razo. Die Urkunde gehört zu einer ganzen Anzahl von individuellen Tauschverträgen, welche die welfischen Herren mit benachbarten Fürsten abschlossen.[2396] Razo I. von Uetze war mit großer Wahrscheinlichkeit mit einer der stifthildesheimischen Ministerialität entstammenden Frau verheiratet gewesen, so daß sein gleichnamiger Sohn in die stifthildesheimische Ministerialität hineingeboren wurde. Unabhängig davon, daß sich die genauen genealogischen Verbindungen zwischen den Kämmerern Herwig I. und Herwig II. von Uetze mit letzter Sicherheit nicht werden klären lassen, muß doch angenommen werden, daß die im Kämmereramt erbberechtigten Mitglieder der Familie von Uetze aufgrund von Eheverbindungen in die Ministerialität der Bischöfe von Hildesheim gekommen sind. Für die Familie von Uetze trat damit aller Wahrscheinlichkeit nach ein größerer Verlust ein, denn das Kämmereramt am herzoglichen Hof für ihre Familie zu erhalten, wurde unmöglich, was sich nicht nur in einer Minderung des Ansehens sondern vor allem auch in Entzug der mit dem Amt verbundenen Dienstlehen geäußert haben wird. Die Einsetzung Ludolfs von Hondelage wiederum könnte auf Ansprüchen beruhen, die dieser möglicherweise über ein Konnubium beider Familien begründen konnte. Es ist anzunehmen, daß die von Uetze bemüht waren, zurück in die welfische Ministerialität zu gelangen, und die Tauschurkunde Herzog Ottos mit Bischof Konrad von Hildesheim zeigt, daß auch der Welfe daran interessiert war.

Einen Quellenbeleg darüber, ob Herzog Otto auch Herwig II. von Uetze vom Bischof von Hildesheim ertauscht hat oder ob Herwig anderweitig in die welfische Ministerialität zurückgekommen ist, liegt nicht vor. Jedenfalls ist es ihm in den vierziger Jahren des 13. Jahrhunderts gelungen. Denn im Jahre 1246 bestätigte Herzog Otto eine Güterübertragung Herwigs von Uetze und Heinrichs von Wrestedt an das Kloster Isenhagen,[2397] und im Jahre 1247 ist Herwig von Uetze wieder als Kämmerer des Herzogs nachweisbar.[2398] Seidem läßt sich das Kämmereramt in der Familie von Uetze kontinuierlich bis in das 14. Jahrhundert hinein nachweisen.[2399]

4.3 Die Vererbung der welfischen Hofämter

Sowohl im Falle einer Neuvergabe des Hofamtes unter Berücksichtigung von Verwandtschaft als auch im Falle der Erblichkeit der Hofämter war es notwendig, die jeweilige Erbfolge festzulegen. Die persönliche Bindung des Hofamtsträgers an seinen Herrn schloß, auch bei einer beginnenden Institutionalisierung des Amtes, zunächst von vornherein eine Zersplitterung durch eine Erbfolge aus. Nach der rechtlichen Fixierung der Erblichkeit der Hofämter in den Bistümern, Reichsabteien und -stiften durch königliche und kaiserliche Rechtssprüche führte die Frage, wie genau die Hofämter vererbt werden sollten, sehr bald zu Unstimmigkeiten. Aus diesem Grund wurde schon im Jahre 1223 in dem Rechtsspruch König Heinrichs

---

2395 Druck: UB Hochstift Hildesheim 2, Nr. 440; Urk. v. Saldern 1, Nr. 34.
2396 Siehe dazu ausführlich im Kap. I. 2.3.
2397 Druck: Lüneburger UB 15, Nr. 16.
2398 1247 April 28, Druck: O.G. IV., S. 213; UB Stadt Lüneburg S. 36; Lüneburger UB 15, Nr. 58; Rethmeier, Br. Chron. III., S. 1832; Doebner, Nr. 10. Siehe dazu im Kap. II. 1.4.8.
2399 Siehe in den Kapiteln II. 1.4.8, 1.4.9.

(VII.) für die Reichsabtei Corvey die direkte Vererbung von dem Hofamtsträger auf den erstgeborenen Sohn sowie den weiteren direkten Nachkommen als Regelfall vorgeschrieben.[2400] Die weibliche Erbfolge bei den Hofämtern und bei den übrigen Lehen wurde noch einmal ausdrücklich im Jahre 1230 durch einen Rechtsspruch desselben Königs für das Reichsstift Quedlinburg ausgeschlossen.[2401]

Auch bei den Hofämtern der Welfen war es der Regelfall, daß das Hofamt in direkter Nachfolge vom Vater auf den erstgeborenen Sohn überging. Diese Kontinuität in der Ämterführung wurde durch die Leitnamengebung der Familien, die mit einem Hofamt betraut worden waren, auch nominal deutlich gemacht. So lassen sich in der Familie von Blankenburg im Truchsessenamt der Taufname Jordan und im Schenkenamt der Taufname Jusarius sowie in der Familie von Uetze im Kämmeramt der Taufname Herwig über mehrere Generationen hinweg belegen, ähnlich wie es bei den Vögten von Braunschweig aus der Familie von Dahlum die Taufnamen Ludolf und Balduin wurden. Urkundlich läßt sich die Tatsache der Vererbung vom Vater auf den erstgeborenen Sohn oder den nächsten männlichen Erbberechtigten bei den welfischen Hofämtern im Jahre 1316 für das Kämmereramt beweisen.[2402]

Bei Kinderlosigkeit des Hofamtsträgers lassen sich für die welfischen Hofämter drei weitere Möglichkeiten zur Vererbung des Hofamtes nachweisen:

1.) die Erbfolge des Schwiegersohnes des in einem hohen Alter stehenden oder verstorbenen Hofamtsträgers. Diese läßt sich beim Übergang des Marschallsamtes von dem Marschall Johannes I. von Salder an den Marschall Burchard von Asseburg, sowie beim Übergang des Truchsessenamtes von dem Truchsessen Jordan V. von Campen-Wettmarshagen an den Truchsessen Ludeger IV. von Gerstenbüttel nachweisen.

2.) die Erbfolge des Brudersohnes des verstorbenen Hofamtsträgers. Sie läßt sich beim Übergang des Schenkenamtes von dem Schenken Jusarius I. von Blankenburg an den Schenken Jusarius II. von Blankenburg sowie beim Übergang des Truchsessenamtes von dem Truchsessen Anno von Blankenburg an den Truchsessen Jordan IV. von Blankenburg-Campen belegen.

3.) die Erbfolge des Schwestersohnes des verstorbenen Hofamtsträgers sozusagen in Kombination beider vorgenannten Erbfolgeregelungen. Diese läßt sich beim Übergang des Marschallsamtes von dem Marschall Friedrich von Volkmarode an

---

2400 1223 Juni 26, ... *quatuor officiis principalibus, quorum bona nullius iusticie vel astutie interventu ab ipsis officiis poterunt alienari, officiatorum quoque filii seniores et legitimi patrum succedent officiis plene iure*, Druck: MGH Constitutiones II., Nr. 282.

2401 1230 September 17, ..., *quod nulla virgo vel mulier in ullo quatuor officiatorum principalium, scilicet dapiferi, pinceme, camerarii et marschalci, ratione hereditatis succedere possit.*, Orig.: LHA Magdeburg Rep. U 9 A Ia Nr. 37; Druck: MGH Constitutiones II., Nr. 298. Unter den Zeugen der in Nürnberg ausgestellten Urkunde befinden sich auch der Schenk und der Kämmerer der Äbtissin von Quedlinburg.

2402 1316 November 4, *Dei gratia nos Alb. dux in Brunswic volumus esse notum, quod Herwico famulo de Utesse seniori vivente Herwico iuniori suo patruo nichil penitus iuris recognoscimus in officio scilicet nostre camerarie sed Herwicum iam dictum iuniorem de Utesse aut post mortem eius suum verum heredum nostrum camerarium ex hereditario iure solummodo reputamus.*, Orig.: StA WF 9 Urk 80 (ohne Zeugen; mit in dorso aufgedrücktem Siegel des Herzogs, größtenteils abgefallen); ungedruckt. Siehe Weinmann, S. 213 mit Anm. 114. Zu dem genealogischen Hintergrund siehe im Kap. II. 1.4.9. Unklar ist, warum die Urkunde im Urkundenbestand des Klosters St. Aegidien in Braunschweig überliefert wurde.

den Marschall Heinrich I. Grubo sowie beim Übergang von dem Marschall Jordan von Campen an den Marschall Hermann von Oldershausen nachweisen.

5 Der Bedeutungswandel der welfischen Hofämter in der zweiten Hälfte des 13. Jahrhunderts

5.1 Die Auswirkungen der Erblichkeit der Hofämter

Die Vererbung der Hofämter konnte sich zunächst einmal durchaus positiv auswirken, in dem der determinierte Nachfolger schon früh zu dem Amt und seinen Aufgaben erzogen wurde. Andererseits unterlag ein erbliches Hofamt ohne persönliche Befähigung der Gefahr, zu einem bloßen Ehrenamt zu werden, das seinen Träger vorerst noch aus den übrigen bedeutenden Ministerialen hervorhob, um im Laufe der Zeit den tatsächlich bedeutenden Persönlichkeiten hintenangestellt zu werden. Bisweilen verkümmerte das Hofamt am Schluß dieser Entwicklung zu einem Zunamen, wie es bei den welfischen Hofämtern für die Schenken von Blankenburg-Neindorf beobachtet werden kann.

In den Urkunden läßt sich der Beginn dieser Entwicklung einigermaßen anschaulich für die Zeit von 1240 bis 1260 unter Herzog Otto dem Kind und Herzog Albrecht dem Großen belegen. Die Hofamtsträger testierten in den meisten Urkunden der vierziger Jahre noch an den ersten Positionen,[2403] der Truchseß Jordan III. stets an erster Stelle. Nach seinem Tod läßt sich sein Sohn und Nachfolger, der Truchseß Anno, in den Zeugenreihen zunächst noch oft an erster oder zumindest hervorgehobener Position belegen,[2404] fiel dann aber immer öfter hinter andere bedeutende Vertreter der Ministerialität zurück.[2405] Völlig anders lesen sich dann die Zeugenreihen in den Urkunden Herzog Albrechts. Die Hofamtsträger sind immer seltener belegbar und testierten meist hinter anderen Ministerialen.[2406]

Im Jahre 1248 wurden die Hofämter in ihrer traditionellen Vierzahl wurden das letzte Mal aufgeführt.[2407] Seitdem kommen sie nie mehr gemeinsam in einer Urkunde der welfischen Fürsten vor.

Kontinuierlich vererbte Hofämter stärkten die betroffenen ministerialischen Familien durch die rechtliche Verläßlichkeit der Erbfolge. Mit der Erblichkeit des Hofamtes war eine mehr oder minder große Verselbständigung des Amtes verbunden, die letztlich auch negative Auswirkungen auf das persönliche Verhältnis

---

2403 Beispielsweise im Jahre 1240, ... *Jordanis dapifer, Jusarius pincerna, Willekinus marscalcus, Baldewinus de Blankenborch, Henricus de Wenethen, Fridericus de Esbeke, Bertrammus de Veltem* ..., Orig.: StA WF 22 Urk 70; Druck: O.G. IV., S. 69 praef.

2404 Beispielsweise 1241 April 21, *Anno dapifer, Heino advocatus de Wenden, Ludolfus et Gevehardus fratres de Bortvelde, Everhardus de Odem, Ludolfus advocatus in Bruneswic, Nyclaus Aries.*, Orig.: StA WF 19 Urk 22; Druck: O.G. IV., S. 192.

2405 Beispielsweise im Jahre 1252, *(...), Ekbertus de Asseborch, Boldewinus de Blankenborch, Bertrammus de Velthem, Gevehardus de Bortvelde, Anno dapifer noster, Heino de Wenethen.*, Orig.: StA WF 12 Urk 55; Druck: Asseburger UB 1, Nr. 269.

2406 Beispielsweise im Jahre 1253, *(...), Heyno de Wenethen, Gevehardus de Bortvelde, Anno dapifer, Winandus advocatus et Winandus filius suus, Godefridus de Vorsfelde.*, Orig.: StA WF 24 Urk 110, Druck: Urk. v. Saldern 1, Nr. 79.

2407 1. Orig.: KlA Wienhausen Nr. 31; Druck: O.G. III., S. 722; Asseburger UB 1, Nr. 254; Reg. v. Campe 1, Nr. 313. 2. Orig.: KlA Wienhausen Nr. 30; Druck: Pfeffinger Br. Historie; Asseburger UB 1, Nr. 255; Reg. v. Campe 1, Nr. 314.

von Fürst und Hofamtsträger haben konnte. Deutlich wird dies zum Beispiel beim Rechtsspruch Kaiser Friedrichs II. auf Anfrage Bischof Konrads von Hildesheim im Jahre 1223, daß kein Hofamtsträger ohne die Zustimmung seines Herrn einen Unterbeamten einsetzen dürfe.[2408] Der Anlaß hierzu lag in der Ablehnung der Wahl Bischof Konrads durch die stifthildesheimische Ministerialität, insbesondere durch die Hofamtsträger, und den daraus resultierenden Streitigkeiten.[2409] Offenbar ging die Entfremdung zwischen Bischof Konrad und seinem Truchsessen so weit, daß der Bischof das zu einem erblichen Lehen gewordene Truchsessenamt von diesem käuflich erwarb und den ungewöhnlichen Vorgang durch Kaiser Friedrich II. bestätigen ließ.[2410] Erneuten Streitigkeiten mit den anderen stifthildesheimischen Hofamtsträgern und Ministerialen im Falle eines Wechsels im Bischofsamt sollten durch kaiserliche Urkunden vorgebeugt werden.[2411] Auch im Bistum Münster ließ Bischof Ludolf durch eine Entscheidung der stiftmünsterischen Ministerialen im Jahre 1246 feststellen, daß die Hofamtsträger ihre Ämter nicht verkaufen oder weiterverlehnen dürften.[2412]

Daß die Erblichkeit von Hofämtern und ihr Einfluß auf die Herrschaft eines Fürsten keineswegs unproblematisch gewesen sind, wird sehr gut schon am Beispiel des französischen Königshofes in der ersten Hälfte des 12. Jahrhunderts deutlich. Hier konnten König Ludwig VI. und sein Sohn König Ludwig VII. den politischen Einfluß der "grans officiers" dadurch aushebeln, daß sie die Erblichkeit der Hofämter nicht mehr zuließen und diese allmählich ihrer Funktion entkleideten. So blieb letztlich bloß deren Ansehen und Würde übrig, und die Verwaltung des Landes wurde von dem politischen Einfluß der Hofämter klar getrennt.[2413]

5.2 Die welfischen Teilungen

Neben der Erblichkeit der Hofämter und der damit verbundenen eingeschränkten Verfügung von besonders fähigen Ministerialen in diesen Ämtern sind als wesentlicher Faktor für ihren Bedeutungsverlust in der zweiten Hälfte des 13. Jahrhunderts die Folgen der welfischen Teilungen auszumachen. In Auswirkung der ersten welfischen Teilung von 1202 wurden schon durch Wilhelm von Lüneburg eigenständige Hofämter eingerichtet.[2414] Diese wurden zunächst von seinem Sohn, Otto das Kind, übernommen. Nach dem Erbantritt Ottos des Kindes in Braunschweig und der Gründung des Herzogtums Braunschweig wurden die Lüneburger Hofämter mit Ausnahme des Marschallamtes[2415] nicht mehr erwähnt. Nach dem Tod Herzog Ottos des Kindes im Jahr 1252 übernahm zunächst Herzog Albrecht der Große die alleinige Regentschaft im Herzogtum Braunschweig.[2416] Erst in Folge der zweiten

---

2408 1223 Februar 5, MGH Constitutiones II., Nr. 95.
2409 Siehe dazu UB Hochstift Hildesheim 2, Nr. 2ff.
2410 1226 Mai 26, Druck: UB Hochstift Hildesheim 2, Nr. 160.
2411 1226 Juli, Druck: UB Hochstift Hildesheim 2, Nr. 182. 1226 Juli 6, Druck: UB Hochstift Hildesheim 2, Nr. 183. Vgl. dazu die Urkunde von Otto, Erwähltem von Hildesheim, von 1268 März 20, Druck: UB Hochstift Hildesheim 3, Nr. 195.
2412 1246 Dezember 18, Druck: Perger, Anlage 1, S. 343.
2413 Siehe dazu Ehlers, Geschichte, S. 90f. Schramm, S. 166ff.
2414 Siehe dazu das Kap. I. 1.4.
2415 Siehe dazu das Kap. II. 1.2.11.
2416 Siehe dazu im Kap. I. 1.5.1.

welfischen Teilung von 1269 wurden Herzog Albrecht Braunschweig und Herzog Johann Lüneburg zugeordnet.[2417]

Gemäß der vorvertraglichen Regelung zwischen Herzog Albrecht und Johann im Jahre 1267 sollte die Burg Braunschweig ungeteilt und beiden Brüdern als namensgebend erhalten bleiben.[2418] Dementsprechend könnte angenommen werden, daß auch die dazugehörenden Hofämter, entgegen den ansonst vereinbarten Teilungen innerhalb der welfischen Ministerialität, ungeteilt beiden Herzögen gleichzeitig verblieben. Dies war aber nicht der Fall, denn der Truchseß Anno I. von Blankenburg-Campen[2419], der Marschall Johannes I. von Salder[2420] und der Kämmerer Herwig II. von Uetze[2421] lassen sich seitdem ausschließlich bei Herzog Albrecht dem Großen belegen. Trotzdem hat Herzog Johann nach der zweiten welfischen Teilung und seinem Regierungsantritt in Lüneburg aber weder die von seinem Großvater mit Hofämtern betrauten Familien berücksichtigt, noch die Vierzahl von Hofämtern eingeführt. Lediglich kurzzeitig werden bei ihm Hofamtsträger im Marschallamt, nämlich die Marschälle Johannes II. von Salder[2422] und Werner von Medingen[2423], belegbar. Es ist somit festzuhalten, daß die bislang für den Hof des Herzogs von Braunschweig (-Lüneburg) eingerichteten Hofämter nach der zweiten welfischen Teilung nicht geteilt wurden, sondern insgesamt dem Anteil Herzog Albrechts des Großen zufielen. Seitdem kommen diese Hofämter lediglich im Braunschweiger Teil der welfischen Teilherzögtümer vor. Die bisherige Wertung der Ergebnisse der zweiten welfischen Teilung, nämlich daß Herzog Johann es verstanden habe, "bei diesem ... Teilungsverfahren ... seine Vorteile durchzusetzen",[2424] muß dementsprechend relativiert werden.

Nach dem Tode Herzog Albrechts des Großen[2425] regierten seine Söhne zunächst das Braunschweiger Fürstentum gemeinsam und teilten es dann nach 1291 unter sich auf.[2426] Ihr Anteil an der Burg Dankwarderode in Braunschweig und offensichtlich auch die Hofämter blieben jedoch ungeteilt. So lassen sich die Truchsessen Jordan IV. von Blankenburg-Campen[2427] und Jordan V. von Campen-Wettmarshagen[2428], der Schenk Ludwig von Neindorf[2429] sowie der Kämmerer Johannes von Uetze[2430] sowohl bei Herzog Heinrich dem Wunderlichen als auch bei Herzog Albrecht dem Fetten und auch - durch die nur kurze Regierungszeit eingeschränkt - bei Herzog Wilhelm nachweisen. Dafür, daß die Hofämter unter den Braunschweiger Fürsten nun ungeteilt blieben, sind mehrere Gründe zu nennen. Erstens werden die erblich

2417 Zur zweiten welfischen Teilung siehe ausführlich mit der weiteren Literatur Pischke, Landesteilungen, S. 35-44.
2418 ..., *urbem Brunswich tenebunt ambo et de ea debent principes nominari.*, Vorvertrag 1267 März 31, Druck: O.G. IV., S. 13ff. praef. UB Herzöge Br.-Lb. 1, Nr. 64.
2419 Die Nachweise im Kap. II. 1.1.19.
2420 Die Nachweise im Kap. II. 1.2.15.
2421 Die Nachweise im Kap. II. 1.4.8.
2422 Die Nachweise im Kap. II. 1.2.16.
2423 Die Nachweise im Kap. II. 1.2.20.
2424 Pischke, Landesteilungen, S. 43.
2425 Zum seinem Todesdatum mit Nachweisen siehe im Kap. I. 2.4.2.
2426 Zur dritten welfischen Teilung und deren Datierung Pischke, Landesteilungen, S. 45-57.
2427 Die Nachweise im Kap. II. 1.1.22.
2428 Die Nachweise im Kap. II. 1.1.23.
2429 Die Nachweise im Kap. II. 1.3.9.
2430 Die Nachweise im Kap. II. 1.4.9.

gewordenen Hofämter mit ihren Pertinenzien in einem direkten Zusammenhang mit dem Braunschweiger Anteil an der herzoglichen Burg gesehen worden sein. Zweitens konnten die Hofamtsträger mit ihren wahrscheinlich inzwischen von Dienst- in echte übergegangenen Lehen keinesfalls ohne weiteres unter den verschiedenen Herzögen und ihren Teilfürstentümern aufgeteilt werden. Im übrigen wäre damit die Einsetzung von neuen Hofamtsträgern und einer Vergabe von entsprechenden Dienstlehen in den einzelnen Teilherzogtümern erforderlich gewesen, die in letzter Konsequenz außerdem eine Machtverschiebung innerhalb der entstehenden Landesherrschaft hätte bedeuten können.

Zu erheblichen Schwierigkeiten für die gemeinsamen Hofamtsträger mußte es aber immer dann kommen, wenn sich Unstimmigkeiten oder gar Fehden unter ihren welfischen Herren entwickelten, wie es insbesondere während der Harlyburger Fehde im Jahre 1291[2431] sowie der Streitigkeiten infolge des frühen Todes Herzog Wilhelms[2432] nach dem Jahre 1292[2433] der Fall war. Jede politische Stellungnahme der Hofamtsträger in diesen Fällen mußte, mit Ausnahme der eher unrealistischen neutralen Position, zwangsläufig zu einem wie auch immer gearteten Vertrauens- und Bedeutungsverlust führen.[2434]

So bleibt abschließend festzuhalten, daß die welfischen Teilungen von vornherein den Einfluß der erblich gewordenen Hofämter auf die welfischen Höfe gemindert und ein Erstarken der Hofämter verhindert haben. In ihrer politischen Nachwirkung beeinträchtigte insbesondere die dritte welfische Teilung die Bedeutung der welfisch-braunschweigischen Hofämter so weit, daß diese für die beginnende Territorialisierung ohne Gewicht blieben.

5.3 Die Herzoglichen Ratgeber

Mit der beginnenden Erblichkeit der Hofämter ging die Entwicklung zu der Berücksichtigung eines größeren, möglicherweise schon ratgebenden Personenkreises um den Herzog einher, zu dem auch Vertreter bedeutender ministerialischer Familien gehörten.[2435] Ratgeber welfischer Fürsten, *domini ducis consiliarii*, wurden erstmals im Jahre 1254 in zwei nichtherzoglichen Urkunden, welche das neu gegründete Marienspital in Braunschweig betrafen, genannt.[2436] Diese

---

2431 Siehe dazu mit der weiteren Literatur oben im Kap. I. 2.4.2.

2432 Herzog Wilhelm starb schon am 30. September 1292 (Zimmermann, Stammtafel). Sein Bruder Herzog Albrecht der Fette stiftete für ihn 1292 November 12, Orig.: StA WF 7 Urk 106, eine Seelenmesse im Stift St. Blasius in Braunschweig.

2433 Zum Hintergrund und zum Verlauf dieser Fehde, die mit der sogenannten Schicht der Gildemeister in beträchtlichem Ausmaß auch auf die innerstädtische Struktur der Stadt Braunschweig ausstrahlte, mit der weiteren Literatur: Garzmann, S. 154ff. Puhle, S. 20. Weinmann, S. 149ff.

2434 Vgl. dazu die betreffenden Abschnitte im Kap. II. 1. Es fehlt eine eingehende Untersuchung zur Stellung des Adels und der Ministerialität innerhalb dieser Konflikte, nach der auch die Position der Hofamtsträger darin genauer zu erfassen wäre.

2435 Vgl. dazu Weinmann, S. 215ff. Die von Busch, S. 55ff. und S. 59ff. vorgenommene Identifizierung herzoglicher Räte und dessen Deutung von *fideles* geht fehl. Dementsprechend waren auch Jordan von Gersdorf und Anno von Wedersleben im Jahre (1251), Orig.: LHA Magdeburg Rep. U 7 Nr. 80, ungedruckt, nicht Räte des Herzogs, wie Busch, S. 84, Nr. 109, angibt. Sie werden ausdrücklich als *fideles* bezeichnet (Zum Inhalt vgl. Busch, S. 78). Die Datierung ergibt sich aus einer 1251 Dezember 4 ausgestellten Urkunde Herzog Ottos, Orig.: LHA Magdeburg Rep. U 7 Nr. 79, ungedruckt, auf die das Schreiben an die Genannten inhaltlich Bezug nimmt.

2436 1254, Druck: Pistorius VIII., S. 2335; UB Br. 2, S. 66ff.: Konrad von Dorstadt, die Brüder von Meinersen, Hermann von Warberg, Balduin von Herzberg, Schenk Jusarius, Heinrich von Wenden,

sind in einem direkten Zusammenhang mit den im gleichen Jahr von Herzog Albrecht dem Großen für das Marienspital ausgestellten Urkunden mit im wesentlichen gleichen Zeugen zu sehen.[2437] Es handelte sich daher tatsächlich um im Gefolge des Herzogs tätige Ratgeber,[2438] deren Position sich mit dem noch jugendlichen Alter Herzog Albrechts erklären dürfte.[2439] In diesem Zusammenhang werden wahrscheinlich auch die in einem Bündnisvertrag zwischen Herzog Albrecht dem Großen mit dem Rat und den Bürgern der Stadt Hildesheim im Jahre 1256 erwähnten herzoglichen Ratgeber zu sehen sein.[2440] Bei den Ratgebern, die bei Herzog Albrecht dem Großen noch einmal im Jahre 1267 erschienen,[2441] dürfte es sich hingegen um die in der vorvertraglichen Teilungsurkunde zur zweiten welfischen Teilung von 1267 auf Seiten Herzog Albrechts genannten[2442] gehandelt haben.[2443] Bei Herzog Heinrich dem Wunderlichen lassen sich *consiliarii* kurz nach seinem Regierungsantritt in den Jahren 1280[2444] und 1282[2445] nachweisen. Auch ihre Berufung wird sich aus dem noch jugendlichen Alter des Herzogs erklären lassen. Gleichfalls für Herzog Wilhelm sind kurz nach seiner noch jugendlicher Regierungsübernahme Ratgeber im Jahre 1282 belegt.[2446] Und im Jahr 1291, dem ersten und letzten Jahr seiner eigenständigen Herrschaft,[2447] werden sogar *consules ducis* nachweisbar.[2448]

Gerhard von Bortfeld, Ludolf von Hondelage. 1254, Orig.: StadtA Br. A III 10 Nr. 13; Druck: Pistorius VIII., S. 2336: Konrad von Dorstadt, die Brüder von Meinersen, Heino von Wenden, Vogt Winand, Johannes von Bortfeld, Notar Jordan.

2437 1254 April 7, Orig.: StadtA Br. A III 10 Nr. 14; Druck: Pistorius VIII., S. 2339; UB Br. 2, S. 69f. 1254 November 11, Orig.: StadtA Br. A III 10 Nr. 16; Druck: Pistorius VIII., S. 2337; Br. Anzeigen 1747, S. 725; UB Br. 2, S. 70f. 1254, Orig.: StadtA Br. A III 10 Nr. 12; Druck: Pistorius VIII., S. 2341; UB Br. 2, S. 63. 1254, Orig.: StadtA Br. A III 10 Nr. 15; Druck: Pistorius VIII., S. 2336; UB Br. 2, S. 63f.

2438 Diese Konstellation übersieht Weinmann, S. 224.

2439 Herzog Albrecht erhielt im selben Jahr die Schwertleite. Siehe dazu mit den Quellen und der weiteren Literatur Schneidmüller, Feiern, S. 178ff.

2440 1256 Januar 6, Orig.: StA WF 1 Urk 20; Druck: O.G. IV. S. 489; UB Hannover, S. 19; UB Br. 2, S. 72: Graf Heinrich von Wohldenberg, Hermann von Warberg, Luthard senior und iunior von Meinersen, Konrad von Dorstadt, Heinrich von Homburg.

2441 1267 August 11, Orig.: HStA Han zerstört; Druck: UB Eichsfeld 1, Nr. 477: Konrad von Dorstadt, Luthard von Meinersen, Hermann von Oldershausen, Edelherren; Ludolf von Wenden.

2442 1267 März 31, *...presentibus utriusque consiliariis ...*, Druck: O.G. IV. praef. S. 13ff.; UB Herzöge Br.-Lb. 1, Nr. 64. Vgl. zur zweiten welfischen Teilung Pischke, Landesteilungen, S. 35ff. Einen fehlerhaften Bezug gibt Weinmann, S. 225 mit Anm. 145.

2443 Bei Pischke, Landesteilungen, S. 39 nicht in Erwägung gezogen.

2444 1280 Februar 26, Orig.: StA WF 24 Urk 202; Druck: Asseburger UB 1, Nr. 395: Graf Heinrich von Blankenburg, Ekbert und sein Bruder Marschall Burchard von Asseburg, Ludolf von Wenden, Heino von Campen, Ludolf von Weferlingen, Bertram von Veltheim. 1280 März 17, Druck: Asseburger UB 1, Nr. 399: Graf Heinrich von Blankenburg, Marschall Burchard von Asseburg, Ludolf von Weferlingen, Heinrich von Campen, Bertram von Veltheim, Otto von Gerchheim. 1280 April 26, Orig.: StA WF 22 Urk 158; Druck: Scheidt, Cod. dipl., S. XXXV.; Asseburger UB 1, Nr. 400: Ekbert und sein Bruder Marschall Burchard von Asseburg, Heinrich von Campen, Bertram von Veltheim. Weinmann, S. 225 mit Anm. 148 hat diese Urkunden nicht korrekt interpretiert.

2445 1282; Orig.: StA WF 25 Urk 1039; Druck: UB Herzöge Br.-Lb. 1, Nr. 95: Bischof Konrad von Verden (Onkel des Herzogs), Propst Balduin von St. Blasius in Braunschweig, Vögte Wilhelm, Adrian und Dietrich von Espelingerode.

2446 1282 Februar 16, Kop.: StA WF VII B Hs 359 b Bl. 78b; Regest: Kleinau, v. Werle, S. 21; v. Boetticher, S. 339, Nr. 429: Burchard von Asseburg, Ludolf der Ältere von Weferlingen, Heinrich von Werle.

2447 Vgl. dazu Krusch, S. 165.

2448 1291 Juli 12, Druck: Br. Anzeigen 1750, S. 1797f.: Ludolf von Wenden, Ludolf von Weferlingen, Heinrich von Werle.

Dagegen lassen sich *consiliarii* bei Herzog Albrecht dem Fetten durchaus während seiner uneingeschränkten Regierungstätigkeit belegen, und zwar in den gemeinsam mit Herzog Otto dem Strengen und in dessen Anwesenheit ausgestellten Urkunden von 1292, zu denen unter anderem der Erbvertrag zwischen beiden Fürsten und die Erneuerung der Privilegien für die Stadt Göttingen gehörten.[2449] Berater saßen dem Herzog bei einem Schiedsspruch im Jahre 1295 bei[2450] und wurden durch ihn ein Jahr später in einem Vertrag mit der Stadt Braunschweig als Schlichter in Aussicht genommen.[2451] Ratgeber wurden durch Herzog Albrecht den Fetten also in besonders wichtigen und heiklen Fragen berufen.

Für das Lüneburger Fürstentum lassen sich *consiliarii* erstmals bei Herzog Otto dem Strengen im Jahre 1291 belegen[2452] und kommen später noch in einer Anzahl von Urkunden, die er gemeinsam oder im Beisein seines Vetters Herzog Albrecht des Fetten 1292 ausgestellt hat,[2453] sowie im Jahre 1296[2454] vor. Ein Vergleich der

---

2449 1292 Mai 13, Druck: O.G. IV., praef. S. 21: Der Edelherr Friedrich von Dorstadt, Hermann von Oldershausen, Johannes von Goltern, Dietrich und Eberhard Brüder von Alten, Dietrich und Heino von Berge, Otto Barvot, Jordan von Campen, Ludolf von Hondelage, Bertold von Rethen, Rotger von Gustedt. 1292 Mai 16, Druck: O.G. IV., praef. S. 20: Die Edelherren Gottschalk *senior* und *iunior* von Plesse, Friedrich von Dorstadt, Dietrich und Eberhard Brüder von Alten, Dietrich und Heino von Berge, Johannes von Goltern, der Propst Balduin mit seinem Bruder Jordan (von Campen), Ludolf von Hondelage, Bertold von Rethen, Rotger von Gustedt. 1292 Mai 17, Druck: UB Göttingen, Nr. 34: Der Edelherr Gottschalk *iunior* von Plesse, Friedrich von Dorstadt, Dietrich und Eberhard Brüder von Alten, Dietrich und Heino von Berge, Johannes von Goltern, der Propst Balduin mit seinem Bruder Jordan (von Campen), Ludolf von Hondelage, Bertold von Rethen, Rotger von Gustedt. 1292 Mai 17, Druck: O.G. IV. praef. S. 20; UB Göttingen, Nr. 36: Die Edelherren Gottschalk *senior* und *iunior* von Plesse, Friedrich von Dorstadt, Dietrich und Eberhard Brüder von Alten, Dietrich und Heino von Berge, Johannes von Goltern, der Propst Balduin mit seinem Bruder Jordan (von Campen), Ludolf von Hondelage, Bertold von Rethen, Rotger von Gustedt.

2450 1295 August 22, Kop.: HStA Han vernichtet; Druck: UB Herzöge Br.-Lb. 1, S. 83: *Assistentibus nobis in consiliis honorabilibus viris:* Propst Balduin von St. Blasius in Braunschweig, Kämmerer Balduin von St. Blasius, Kanoniker im Domstift Bremen Magister Heinrich Holtnicker, Ludolf von Weferlingen, Heinrich von Werle, Johannes von Uetze, (...).

2451 1296 Oktober 22, Druck: UB Br. 1, S. 18; Asseburger UB 1, Nr. 489; Reg. v. Campe 1, Nr. 528: Propst Balduin von St. Blasius in Braunschweig, Ekbert von Asseburg, Friedrich von Ampleben.

2452 1291 Februar 3.; Orig.: KlA Lüne Nr. 75 (mit den zwei Siegeln); Druck: Bilderbeck 1, S. 14; Mecklenburger UB 2, Nr. 2107: Heinrich von Wrestedt, Eckhard von Boitzenburg, Dietrich von Alten, Dietrich von Berge, Gerhard von Berge, Manegold Struve, Heinrich von Berge, Heinrich von Dannenberg, Aschwin von Salder.

2453 1292 Mai 13, Druck: O.G. IV., praef. S. 21: Der Edelherr Friedrich von Dorstadt, Hermann von Oldershausen, Johannes von Goltern, Dietrich und Eberhard Brüder von Alten, Dietrich und Heino von Berge, Otto Barvot, Jordan von Campen, Ludolf von Hondelage, Bertold von Rethen, Rotger von Gustedt. 1292 Mai 16, Druck: O.G. IV., praef. S. 20: Die Edelherren Gottschalk *senior* und *iunior* von Plesse, Friedrich von Dorstadt, Dietrich und Eberhard Brüder von Alten, Dietrich und Heino von Berge, Johannes von Goltern, der Propst Balduin mit seinem Bruder Jordan (von Campen), Ludolf von Hondelage, Bertold von Rethen, Rotger von Gustedt. 1292 Mai 17, Druck: UB Göttingen, Nr. 34: Der Edelherr Gottschalk *iunior* von Plesse, Friedrich von Dorstadt, Dietrich und Eberhard Brüder von Alten, Dietrich und Heino von Berge, Johannes von Goltern, der Propst Balduin mit seinem Bruder Jordan (von Campen), Ludolf von Hondelage, Bertold von Rethen, Rotger von Gustedt. 1292 Mai 17, Druck: O.G. IV. praef. S. 20; UB Göttingen, Nr. 36: Die Edelherren Gottschalk *senior* und *iunior* von Plesse, Friedrich von Dorstadt, Dietrich und Eberhard Brüder von Alten, Dietrich und Heino von Berge, Johannes von Goltern, der Propst Balduin mit seinem Bruder Jordan (von Campen), Ludolf von Hondelage, Bertold von Rethen, Rotger von Gustedt.

2454 Abschrift XIV. HStA Han Celle Or. 9 Schr. 9 Caps. 42 Nr. 1; Druck: UB Herzöge Br.-Lb. 1, Nr. 142: Adolf von Schaumburg (Onkel des Herzogs), ein Graf (!) von Meinersen, Propst Heinrich (Bruder des Herzogs), Konrad von Bollensen, Dietrich von Alten, Dietrich von Berge, Heinrich

Zeugenreihen ergibt, daß sich diese Gruppe herzoglicher Ratgeber durchweg aus unterschiedlichen Personen zusammensetzte. Lediglich Dietrich von Alten und Dietrich von Berge standen dem Herzog in allen Fällen beratend zur Seite.

Zusammenfassend ist zu sagen, daß als herzogliche Ratgeber sowohl Edelherren als auch Ministerialen und sogar Kleriker vorkommen. Ihre Funktion bei den Herzögen Albrecht dem Großen, Wilhelm und Heinrich dem Wunderlichen erklärt sich aus den noch jugendlichen Regierungsantritten dieser Fürsten. Bei Herzog Albrecht dem Fetten und Herzog Otto dem Strengen wurden Ratgeber zudem bei besonders wichtigen Entscheidungen herangezogen. Von einem "vielleicht noch locker gefügte[n] Ratskollegium in der Verwaltung des Herzogtums"[2455] kann dementsprechend keinesfalls die Rede sein. Zudem schwankt die Zusammensetzung der Ratgeber in den Zeugenreihen durchweg, und generell kann bei den Welfen für das 13. und 14. Jahrhundert die Existenz eines Rates als ein in der Entstehung befindliches Organ der Zentralverwaltung bislang nicht nachgewiesen werden.[2456]

Daß Ratgeber der welfischen Fürsten in der zweiten Hälfte des 13. Jahrhunderts erscheinen, entspricht zwar durchaus der auch in anderen Herrschaften zu beobachtenden Entwicklung,[2457] ist aber bislang nicht in einem Zusammenhang mit den Hofämtern gesehen worden. Sehr wahrscheinlich jedoch ist das Vorkommen herzoglicher Ratgeber in Kommutation mit der abnehmenden Präsenz der Hofamtsträger zu sehen. Die Erblichkeit der Hofämter mit den damit verbundenen Nachteilen sowie die Unmöglichkeit ihrer Aufteilung unter die einzelnen welfischen Fürsten hat an die Stelle der dafür noch in der ersten Hälfte des 13. Jahrhunderts prädestinierten Hofamtsträger Ratgeber unterschiedlicher Art treten lassen, die jeweils ganz auf die Persönlichkeit und den Erbteil des einzelnen welfischen Fürsten zugeschnitten waren.

5.4 Ausblick: Die welfischen Hofämter im 14. Jahrhundert

In den meisten beginnenden Territorien war trotz der Erblichkeit der Hofämter zumindest im ersten Drittel des 14. Jahrhunderts der persönliche Dienst am Hofe eines Herrn nicht unwichtig.[2458] Dagegen besaßen die Hofämter der welfischen Fürstentümer im beginnenden 14. Jahrhundert keine rechte Bedeutung mehr.[2459] Für den durch die dritte welfische Erbteilung weiter gespaltenen Braunschweiger Teil des welfischen Herzogtums gehörten jedoch die Hofämter, wie auch deren Anteil am Burg- und Stiftsbezirk in Braunschweig, weiterhin zu dem gemeinschaftlichen

---

von Schwerin, Schenk Gerhard, Marschall Werner von Medingen, Heinrich von Berge, Georg *longus*, Gerhard von Bortfeld, Notar Eckhard. Zur Echtheit dieser Urkunde vgl. oben im Kap. II. 2.4.2.

2455 Mertens, NdsJBLGesch, S. 120. Mertens, Diss., S. 74.

2456 Siehe dazu auch Weinmann, S. 224-228. Zu der Herausbildung von Ratskollegien in anderen Territorien schon im frühen 14. Jahrhundert vgl. Willoweit, S. 110f. mit weiterer Literatur.

2457 Willoweit, S. 109f.

2458 So lautet beispielsweise die Zeugenreihe einer Urkunde des Bischofs Gottfried von Minden für das Kloster Obernkirchen zu 1307, Druck: Scheidt, Vom Adel, S. 115: *dominus Otto comes de Welepa, Justacius de Slon, Reinhardus de Varnholte, milites, qui tunc temporis nobiscum in mensa fuerant, ...*.

2459 So auch Weinmann, S. 205f.

Besitz. So bezeugten die Urkunden der Herzöge Heinrichs des Wunderlichen und Ottos des Milden für das Stift St. Blasius in Braunschweig, den Umbau der Stiftskirche im Jahre 1322 betreffend, *Jordanus de Nendorph pincerna, Ludegerus de Garslebutle dapifer, Herwicus de Utesse camerarius, officiati nostri, Bertoldus de Velthem, Ludolfus de Holleghe, milites, fidelis nostri.*[2460] In der dieselbe Sache betreffenden Urkunde Herzog Ottos des Strengen von Lüneburg kommen dementsprechend ganz andere Zeugen vor.[2461] Dieses Vorkommen der Hofämter des Braunschweiger Teils der welfischen Fürstentümer steht allerdings singulär da. Die schwindende Bedeutung der Burg in Braunschweig als zentraler Ort der welfischen Hofhaltung sowie der Hofämter im Braunschweiger Teil der welfischen Herrschaft drückt sich zu dieser Zeit dadurch aus, daß der Truchsessenhof von der das Truchsessenamt besitzenden Familie von Campen[2462] sowie Teile des Küchenhofes von der das Kämmereramt besitzenden Familie von Uetze[2463] verkauft wurden.

Im Lüneburger Teil des Herzogtums taucht unter Herzog Otto dem Strengen in den achziger Jahren des 13. Jahrhunderts das Marschallsamt wieder auf,[2464] und in der ersten Hälfte des 14. Jahrhunderts kommen die Hofämter wieder in der traditionellen Vierzahl vor.[2465] Diese dürften, vielleicht unter Berücksichtigung der schon von Wilhelm von Lüneburg damit betrauten Familien, von Herzog Otto dem Strengen neu eingerichtet worden sein. Funktionelle Gründe werden hierbei allerdings keine Rolle mehr gespielt haben, sondern die Hofämter sollten zum einen der Ehre ihrer Träger, insbesondere jedoch dem Ansehen ihres fürstlichen Herren Bedeutung verschaffen.

Die Hofämter erlangten bei den welfischen Fürsten jedoch niemals mehr jene Bedeutung wieder, die sie unter diesen in der ersten Hälfte des 13. Jahrhunderts und bei anderen Fürsten immer noch besaßen. Dementsprechend wurde von den Welfen das Hofamt des Hofmeisters, dessen Schaffung bei einer ganzen Reihe von Fürsten seit der Mitte des 13. Jahrhunderts bis weit in das 14. Jahrhundert beobachtet werden kann,[2466] nicht eingerichtet.

2460 1322 Mai 7, Herzog Heinrich der Wunderliche, Orig.: StA WF 7 Urk 216 (mit Siegel); Regest (ohne Zeugenreihe): UB Br. 3, S. 44. 1322 Mai 12, Herzog Otto der Milde mit seinen Söhnen Magnus und Ernst, Orig.: StA WF 7 Urk 217 (mit drei Siegeln).

2461 1322 Mai 23, Herzog Otto der Strenge mit seinen Söhnen Otto und Wilhelm, Orig.: StA WF 7 Urk 218 (mit drei Siegeln); Zeugen: *Ghevehardus Slepegrelle, Borchardus de Cramme, Johannes de Saldere iunior, Wernerus de Boldense, Thidericus Parvenberch, milites fidelis nostri.*; Erwähnung: UB Br. 3, S. 44, Anm.

2462 1307 August 13, Druck: Reg. v. Campe 2, Nr. 566. Br. UB 2, S. 321f. Vgl. dazu Weinmann, S. 198.

2463 1312 Juli 6, Orig.: StA WF 29 Urk 1, Druck: UB Br. 2, S. 395 (mit fehlerhafter Einschätzung des Originalstandortes).

2464 Kap. II. 2.24.

2465 Vgl. dazu in den Kapiteln II. 1.1.11, 1.3.5, 1.4.4.

2466 Siehe dazu: Seeliger, S. 12ff. Kluckhohn, S. 224. Willoweit, S. 116ff. Vgl. zum Auftreten des Hofmeisteramtes in Bayern nach der Bayerischen Landesteilung Rösener, Hofämter, S. 531f.

III. DIE SIEGEL- UND WAPPENFÜHRUNG DER WELFISCHEN MINISTERIALITÄT IM 13. JAHRHUNDERT

1 Siegel

1.1 Forschungsstand und Quellenlage

Die zusammenhängende Betrachtung von Siegel- und Wappenführung beruht auf der Überlegung, "daß man wohl sagen kann, jedes adelige Geschlecht führt sein Wappen und sein Siegel, und kein Siegel ohne das Wappen."[2467] Siegel waren im Hochmittelalter sichtbare Zeichen für die Zugehörigkeit zum Adel. Das Siegel- beziehungsweise Wappenbild entwickelte sich zu einer Symbolfigur der jeweiligen adeligen Familie, verband sich untrennbar mit dem Familienbewußtsein und dem Sippenstolz eines adligen Geschlechts und durchdrang später in seiner vollen Gestalt als Heraldik die adelige Kultur in vielfältiger Art und Weise.[2468] Anhand von Siegelbildern läßt sich darüberhinaus die Entwicklung der militärischen Rüstung und der Kleidung nachweisen,[2469] und sie gehören, von der kunstgeschichtlichen Forschung bis dato fast unbeachtet, zu den Kleinkunstwerken des Mittelalters.[2470]

Wichtigste Quellengrundlage für die Erforschung der Siegel im allgemeinen und der Siegel der welfischen Ministerialität im besonderen sind selbstverständlich die Originalurkunden des 13. Jahrhunderts. Einerseits ist zwar die Originalüberlieferung für den hier behandelten Raum durchaus günstig,[2471] andererseits ist ein großer Teil der an den Originalurkunden befestigten Siegel häufig verloren, mehr oder weniger stark beschädigt oder unkenntlich geworden; vereinzelt kann auch unsachgemäße Restaurierung von Siegeln beobachtet werden.[2472]

Als zusätzliche Quellen sind die Siegel- und Siegelabgußsammlungen zu nennen.[2473] Ihr Wert liegt insbesondere darin, daß sie Siegel von Urkundenbeständen enthalten, die heute im Original nicht mehr vorliegen.[2474] Ihr Nachteil besteht darin, daß sie oft nur im beschränkten Rahmen einen direkten Bezug auf die Originalüberlieferung ermöglichen.

Um eine zweifellos bedeutende Quelle handelt es sich beim Siegelkabinett von Praun, einer umfangreichen Sammlung von Siegelabzeichnungen. Es stammt aus dem Jahr 1756 und bietet einen guten Zugang zu den Siegeln des niedersächsischen Raumes, indem es insgesamt 2013 Siegelabbildungen von hoher Qualität in zwölf Bänden enthält, wobei den Siegelabbildungen meist auch eine Abkürzung des Originalstandortes beigegeben ist.[2475] Die Sammlung entstand unter der Federführung

---

2467 Redlich, S. 113. Zur Vorgeschichte von Wappen und Siegel vgl. Fenske, Adel und Rittertum, S. 142f.
2468 Grundlegend hierzu Fenske, Adel und Rittertum.
2469 Fenske, Adel und Rittertum, S. 150ff. und passim.
2470 Vgl. dazu: Kahsnitz. Meier, Siegelkunde, S. 23.
2471 Siehe dazu oben in der Einleitung 2.
2472 So beispielsweise an StA WF 19 Urk 10 (siehe dazu im Kap. II. 1.2.6.) und an HStA Han Celle Or. 13 Nr. 596 (Hier ist ein Bruchstück des anhängenden Siegels des Grafen Heinrich von Oldenburg zu einem weiteren Siegel gemacht worden).
2473 StA WF 1 Slg, 1 A Slg, 3 Slg. HStA Han S 1, S 2, S 10, S 11.
2474 Dies gilt insb. für die Siegelsammlungen im HStA Han.
2475 StA WF 5 Slg 1-12. Der Inhalt der einzelnen Bände ist im Quellenverzeichnis der hier vorgelegten Untersuchung ausführlich angegeben.

des Geheimrates G. S. A. von Praun, der im 18. Jahrhundert das ehemalige fürstliche Archiv in Wolfenbüttel und seine Bestände neu geordnet und aufgebaut hatte,[2476] und bildete die Grundlage für von Prauns gedruckte Abhandlung über die herzoglichen Siegel[2477] sowie Artikeln in den Braunschweigischen Anzeigen[2478]. Aus von Prauns Feder stammen zudem zahlreiche, für die damalige Zeit erstaunlich gründliche Studien zur Geschichte und Genealogie der Braunschweig-Lüneburgischen Adelsfamilien[2479] sowie Einzelstudien über die Herren von Wolfenbüttel nebst verwandter Familien[2480], die Vögte von Osterode[2481] und die Vögte von Braunschweig[2482]. Aus der letztgenannten Studie sind anonym veröffentlichte Artikel zu den Herren von Dahlum-Wenden in den Braunschweigischen Anzeigen hervorgegangen.[2483] Daneben ist weiterhin das Marienberger Siegelbuch aufzuführen.[2484] Es wurde im Jahre 1725 von dem Kunstmaler M. W. Fröling angefertigt und enthält Abbildungen von Siegeln des Urkundenbestandes Stift Marienberg[2485] in durchweg hoher Qualität. Die eigentliche Bedeutung des Marienberger Siegelbuches erklärt sich daraus, daß es zum Teil Siegel zeigt, deren Originale heute an den betreffenden Urkunden nicht mehr erhalten sind.[2486]

Eine Anzahl von älteren Quellenpublikationen beschreibt die an den Urkunden befindlichen oder beiliegenden Siegel und gibt diese bisweilen sogar in Auswahl als Zeichnung oder Fotografie direkt mit den Urkunden oder in einem Tafelteil wieder.[2487] Ein Großteil neuerer Quellenpublikationen, in denen Siegel oft nur als erhalten oder nicht erhalten berücksichtigt werden, folgt leider nicht dieser sicherlich noch erweiterungsfähigen Vorgabe.[2488] Grundsätzlich ist jedoch für das Gebiet des späteren Herzogtums Braunschweig-Lüneburg und des angrenzenden Raumes das Fehlen eines Siegelkataloges zu konstatieren, der rasche Vergleichsstudien und eine gründliche sphragistische Untersuchung ermöglichte. Beispielhaft dafür wären die Siegelwerke zu nennen, wie sie für den Wettiner Raum[2489] oder die Rheinlande[2490] erstellt worden sind.

2476 Siehe dazu Kleinau, Geschichte StA WF, S. 55-75.
2477 v. Praun, Siegel.
2478 Aufgeführt bei Grote, S. 290.
2479 StA VII A Hs 8.
2480 StA WF VII A Hs 86. Vgl. dazu Hasse 1, S. 4.
2481 StA WF VII A Hs 128. Vgl. dazu Upmeyer, S. 125.
2482 StA WF VII A Hs 111. Vgl. dazu Hasse 1, S. 4.
2483 v. Praun, Br. Anzeigen.
2484 StA WF VII B Hs 288. Siehe dazu König, Siegelbuch. Ebenda S. 179f. eine Liste der geistlichen Einrichtungen, Städte und Familien, von denen Siegel im Siegelbuch vorkommen.
2485 StA WF 19 Urk.
2486 Vgl. König, S. 179. Ein Beispiel hierfür ist das Siegel Heinrichs I. von Wenden von 1260. Während es am Original, StA WF 19 Urk 50, heute fehlt, ist es im Marienberger Siegelbuch, StA WF VII B Hs 288, auf S. 219 abgezeichnet.
2487 Beispielsweise sind hier die in der Reihe der Geschichtsquellen der Provinz Sachsen erschienenen Editionen zu nennen.
2488 Gemeint sind hier die in der Reihe der Veröffentlichungen der Historischen Kommission für Niedersachsen und Bremen, Quellen und Untersuchungen zur Geschichte Niedersachsens im Mittelalter, erschienenen Editionen. Es ist verständlich, wenn aus Kostengründen auf einen Abbildungsteil verzichtet wird; unverständlich dagegen, wenn Siegelbeschreibungen generell unterbleiben. Eine löbliche Ausnahme bildet das in dieser Reihe zuletzt erschienene UB v. Boventen. Vgl. zu den obigen Ausführungen UB v. Boventen, S. 3.
2489 Posse, Siegel.
2490 Ewald, Rheinische Siegel.

1.2 Zur Siegelführung der welfischen Ministerialität und der welfischen Hofamtsträger

Für die Ministerialität gehörte das Führen eines eigenen Siegels, in einem gewissen zeitlichen Abstand zu der Entstehung von Herkunftsnamen, in erster Linie nicht allein zu einem nach außen hin wirksamen Zeichen der Nachahmung adligen Verhaltens und des Bestrebens der Ministerialität nach Emanzipation.[2491] Denn eine eigene Siegelführung impliziert stets eine wie auch immer beschaffene Rechtsfähigkeit, wie sie Angehörigen der welfischen Ministerialität im 12. Jahrhundert ohne weiteres noch nicht zugesprochen werden kann. Demgemäß handelte es sich auch bei den ersten Siegeln von Angehörigen der welfischen Ministerialität in der zweiten Dekade des 13. Jahrhunderts fast ausschließlich nur um Siegel derjenigen Ministerialen, die Hofamtsträger oder Vogtamtsträger waren. Bei anderen, ebenfalls zur höheren welfischen Ministerialität gehörenden Familien, beispielsweise der Herren von Heimburg, bestand hingegen noch bis zur Mitte des 13. Jahrhunderts Siegelvakanz.[2492] Sogenannte Amtsträgersiegel, also Siegel, in denen das Amt des Siegelführenden bildlich und/oder in der Siegelumschrift in Erscheinung tritt, sind unter den Trägern der welfischen Hofämter relativ häufig zu beobachten.[2493] Für den Untersuchungszeitraum dieser Arbeit sind Amtsträgersiegel nachweisbar für die Truchsessen Jordan II. von Blankenburg[2494], Gunzelin von Wolfenbüttel[2495], Jordan III. von Blankenburg[2496], Anno von Blankenburg[2497], Jordan IV. von Blankenburg-Campen[2498] und Jordan V. von Campen/Wettmershagen[2499], für die Märschälle Friedrich von Volkmarode[2500] und Werner von Medingen[2501] sowie für die Schenken Jusarius IV. von Blankenburg[2502] und Ludwig von Neindorf[2503].

Die Kosten für die Anfertigung eines Siegelstempels waren beträchtlich.[2504] Aus diesem Grund konnten sich nicht alle Angehörige einer ministerialischen Familie, selbst Träger des Rittertitels[2505] und auch nicht alle Angehörige edelfreier Familien[2506]

2491 Anders Fenske, Adel und Rittertum, S. 144. Zur Siegelführung ministerialischer Geschlechter ebenda, S. 109ff.

2492 O. J. (1223), Orig.: StA WF 25 Urk 76; Druck: Bode, Heimburg, S. 246f. O. J. (1230), Orig.: StA WF 24 Urk 55; Druck: Bode, Heimburg, S. 248f. Das erste nachweisbare Siegel der von Heimburg ist erst für 1252 belegbar: Orig.: StA WF 23 Urk 48; Druck: Bode, Heimburg, S. 249f.

2493 Die Nachweise, Beschreibungen und Besprechungen der Siegel der hier aufgeführten Hofamtsträger erfolgen in den sie besprechenden Kapiteln.

2494 Kap. II. 1.1.7.

2495 Kap. II. 1.1.10.

2496 Kap. II. 1.1.17.

2497 Kap. II. 1.1.19.

2498 Kap. II. 1.1.22.

2499 Kap. II. 1.1.23.

2500 Kap. II. 1.2.6.

2501 Kap. II. 1.2.24.

2502 Kap. II. 1.3.7.

2503 Kap. II. 1.3.9.

2504 Ewald, S. 143.

2505 So siegelte beispielsweise im Jahre 1241, Orig.: HStA Han Cal. Or. 100 Osterode St. Jacob Nr. 10; Druck: Scheidt, Vom Adel, S. 238; Max, Grubenhagen, Nr. 11, Basil von Windhausen für seinen Bruder, den Ritter (!) Winand von Osterode mit, weil dieser kein eigenes Siegel besaß. Siehe dazu auch Busch, S. 20f. 1302 Februar 25, Orig.: StA WF 9 Urk 56; Druck: Reg. v. Campe 2, S. 12, besaß Bertram von Campen kein eigenes Siegel, weswegen sein Verwandter, der Ritter Jordan von Blankenburg-Campen, für ihn siegelte.

2506 So besiegelte beispielsweise 1249, Orig.: StA WF 26 Urk 6; Druck: UB Br. 2, S. 50f., der Edelherr Bernhard von Hagen eine Urkunde seines Schwagers, des Edelherrn und Ritters Johannes von

ein eigenes Siegel leisten. Daneben wird zumindest im 13. Jahrhundert die Siegelgröße eine Rolle gespielt haben, da die Kosten für Siegelwachs ebenfalls nicht unerheblich gewesen sein dürften. Dementsprechend sind beispielsweise für die beiden Zweige der Familie von Dahlum-Wenden[2507] bei dem bedeutender werdenden Wenden-Zweig die Siegel relativ großzügig bemessen,[2508] während die Siegel bei dem am Ende des 13. Jahrhunderts bedeutungslos werdenden Dahlum-Zweig durchweg kleiner ausfallen.[2509]

Auch das Siegelwesen war im 13. Jahrhundert einem Entwicklungsprozeß unterlegen, bei dem sich insbesondere die Siegelform und das Siegelbild wandelten. Die Entwicklung der Siegelführung der welfischen Ministerialität soll vorwiegend am Beispiel eines der führenden welfischen Ministerialengeschlechter des 13. Jahrhunderts dargestellt werden. Es handelt sich um die Ministerialen und Herren von Dahlum-Wenden,[2510] die nicht nur aufgrund ihrer Bedeutung ausgewählt wurden, sondern auch deswegen, weil die Entwicklung ihrer Siegel aufgrund der günstigen Originalüberlieferung der mit ihnen sehr oft durch Rechtsgeschäfte verbundenen Stadt Braunschweig und des Klosters Riddagshausen besonders gut dokumentierbar ist.

Streng getrennt werden muß die Familie der Ministerialen von Dahlum-Wenden von der ehemals edelfreien Familie von (Königs-) Dahlum und der Familie mit Herkunftsnamen von (Salz-) Dahlum.[2511] Die Brüder Rudolf und Engelbert von Königsdahlum führten im Jahre 1259 ein gemeinsames Siegel,[2512] das ebenso wie dasjenige eines weiteren Engelbert von Königsdahlum von 1298[2513] einen quergeteilten Schild, im unteren Feld zwei gewölkte Pfähle, sogenannte Fehpfähle, zeigt. Die drei Siegel des Johannes von Königsdahlum und seiner Söhne Engelbert und Rudolf aus dem Jahr 1303 haben dagegen jeweils einen Greifenkopf[2514] als Bild. Hermann und Friedrich von Salzdahlum führten im Jahre 1305 ein gemeinsames Siegel, das drei hakenförmige Figuren, vielleicht Hahnenfüße, zeigt,[2515] und auch dasjenige Eilhards von Salzdahlum von 1317 weist drei hakenfömige Figuren auf.[2516] Das Siegel Alberts von Salzdahlum von 1315 zeigt ein Hirschgeweih.[2517] Ein zur Seite gelegtes Hirschgeweih hat auch Florin von Salzdahlum, von dem Ausprägungen der Jahre 1302[2518] und 1351[2519] nachweisbar sind. Dagegen kommt bei

---

Wahle, weil dieser kein eigenes Siegel besaß. Im Jahre 1264, Druck: Scheidt, Vom Adel, S. 215f.; Calenberger UB 3, Nr. 239, besaß der Edelherr Volrad von Depenau kein eigenes Siegel, weswegen der Graf H. von Wohldenberg und sein Oheim für ihn siegelten.

2507 Zu den beiden Zweigen der Familie und ihrer Entwicklung siehe im Kap. I. 2.4.1.

2508 Beispielhaft: Ludolf VI. von Wenden an 24 Urk 313 von 1294, Maße: 57 x 46 mm.

2509 Beispielhaft: Balduin VII. von Dahlum an StA WF 24 Urk 226 von 1287, Maße: 37 x 31 mm.

2510 Zu ihnen siehe in den Kapiteln I. 2.4.1., I. 3.1.1.1 bis 3.1.1.7, I. 3.1.1.11, I. 3.2. und II. 1.2.14. Die im Folgenden gemachten genealogischen Zuordnungen folgen denjenigen bei Hasse. Vgl. dazu die Tafel 4.

2511 Siehe dazu im Kap. I. 3.1.1.1.

2512 UB Hochstift Hildesheim 2, Nr. 1109. Bode, Uradel, S. 112.

2513 Orig.: StA WF 24 Urk 336. Abb.: StA WF 5 Slg 7 Nr. 144.

2514 UB Hochstift Hildesheim 3, Nr. 1419. Bode, Uradel, S. 118.

2515 Abb.: StA WF 5 Slg 7 Nr. 145.

2516 Abb.: StA WF 5 Slg 7 Nr. 146.

2517 Abb.: StA WF 5 Slg 7 Nr. 147.

2518 Orig.: StA WF 24 Urk 354 von 1302 Juli 24.

2519 Abb.: Harenberg, Tafel XXXI.

den Brüdern Robert und Konemann von Salzdahlum in ihrem gemeinsamen Siegel von 1317 als Siegelbild ein Steinbockskopf mit Hals vor.[2520]

Neben den Siegeln der Familie von Dahlum-Wenden werden die Siegel von anderen bedeutenden Familien der welfischen Ministerialität sowie Siegel von benachbarten edelfreien und gräflichen Familien zu einem Vergleich herangezogen. Generell ist zu berücksichtigen, daß die Führung eines bestimmten Siegels zu einer bestimmten Zeit nicht ohne weiteres Rückschlüsse auf die Genese der Siegelformen und -bilder ergeben muß, zumal die einmal geschnittenen Siegelstempel durchaus über einen größeren Zeitraum oder teilweise sogar noch in der nächsten Generation verwendet worden sein können. Tatsächlich lassen sich diese Fälle im sächsischen Raum allerdings außerordentlich selten beobachten. Oft sind dagegen bei ein und demselben Siegelführenden mehrere Typare nachweisbar,[2521] und die Angehörigen der nächsten Generation mit gleichem Taufnamen besaßen eigene Siegelstempel.[2522]

Sämtliche hier vorgestellte Siegel sind Hängesiegel,[2523] die mit Pergamentstreifen, einige auch in der Abart als anhängende Siegel, an der Urkunde befestigt sind. Seidene, leinene und hänferne Fäden zur Befestigung kommen - außer bei herzoglichen Siegeln[2524] - außerordentlich selten vor. Für die welfische Ministerialität hervorzuheben ist dabei die erhaben wirkende, gut erhaltene Ausprägung des zweiten Typars des Vogtes Balduin II. von Dahlum, die an einem Strang aus grünen, braunen, gelben und roten Seidenfäden hängt.[2525]

1.3 Siegelformen und Siegelbilder

1.3.1 Oben abgerundete Schildsiegel

Das erste Siegel eines Angehörigen der welfischen Ministerialität hängt auch an der ersten Urkunde, die von einem solchen ausgestellt wurde. Es handelt sich um die Ausprägung des ersten Typars des Marschalls Friedrich von Volkmarode aus dem Jahre 1211.[2526] Der Marschall Friedrich von Volkmarode führte wenige Jahre später ein zweites Siegel, das sich an einer undatierten, in das Jahr 1214/15 zu setzenden Urkunde erhalten hat.[2527] An einer undatierten Urkunde, die in das Jahr 1214 gehört,[2528] hängen neben dem Siegel des Reichstruchsessen Gunzelin von Wolfenbüttel die Siegel des Vogts Balduin II. von Dahlum, des Marschalls Friedrich

2520 Abb.: StA WF 5 Slg 7 Nr. 149.
2521 Siehe dazu beispielsweise für den Marschall Friedrich von Volkmarode im Kap. II. 1.2.6 und für den Vogt Balduin II. von Dahlum im Kap. III. 1.3.
2522 Siehe dazu die Siegel der Truchsessen Jordan II. und III. von Blankenburg in den Kapiteln II. 1.1.7 und 1.1.17, sowie am Beispiel der Schenken von Blankenburg mit dem Taufnamen Jusarius II.-IV. in den Kapiteln II. 1.3.4 bis 1.3.7. Eine Ausnahme bildet das Siegel des Vogtes Winand, das offenbar von seinem gleichnamigen Sohn weiterverwendet wurde. Siehe dazu im Kap. I. 3.1.1.13.
2523 Vgl. dazu Ewald, S. 169f.
2524 Siehe dazu auch Busch, S. 32f.
2525 Orig.: StA WF 19 Urk 18 zu 1234. Siehe dazu weiter unten.
2526 Orig.: StA WF 19 Urk 10; Druck: v. Heinemann, Nr. 6; UB Hochstift Hildesheim 1, Nr. 651. Siehe dazu im Kap. II. 1.2.6.
2527 Orig.: StA WF 24 Urk 34; ungedruckt. Die Siegel sind im Kap. II. 1.2.6 ausführlich beschrieben und erläutert.
2528 Zur Datierung siehe Reg. v. Campe, S. 87f. und Schneidmüller, Kollegiatstifte, S. 279 mit Anm. 114 und im Kap. II. 1.2.6.

von Volkmarode und des Truchsessen Jordan II. von Blankenburg.[2529] Das Siegel des für die welfische Ministerialität im südlichen Teil des Herzogtums wichtigen Heinrich Grubo ist erstmals an einer undatierten, in das Jahr 1215 zu setzenden Urkunde belegbar.[2530]

Bei allen diesen frühen Siegeln der welfischen Ministerialität handelt es sich um in der Art der Normannenschilder oben abgerundete Schildsiegel,[2531] die insbesondere in der ersten Hälfte des 13. Jahrhunderts vorkamen.[2532] Ein spätes Beispiel für die Verwendung dieser Siegelform ist das Siegel Bertrams von Veltheim von 1256.[2533] Dieselbe Siegelform läßt sich auch bei Edelfreien und Grafen nachweisen. So führten der Edelherr Bernhard von Hagen zu 1245[2534], der Graf Hoyer von Falkenstein zu 1250[2535] und der Edelherr Ludeger von Gerstenbüttel zu 1255[2536] oben abgerundete Schildsiegel.

Das erste nachweisbare Siegel der Ministerialen von Dahlum-Wenden ist für das Jahr 1214 überliefert. Es handelt sich um dasjenige des Vogtes Balduin II. von Dahlum,[2537] der in die vierte Generation der Familie von Dahlum-Wenden gehört. Dieser Siegelstempel war in den Jahren bis spätestens 1234 in dieser Form in Gebrauch und wurde dann von einem anderen abgelöst.[2538] Bei beiden Siegeln handelt es sich ebenfalls um in Normannenart oben abgerundete Schildsiegel. Sie zeigen als Bild zwei Sparren. Im Wappenbild wird das Amt des Vogtes nicht in irgendeiner Weise symbolhaft dargestellt, wie es am Beispiel der Ministerialen von

---

2529 Orig.: StA WF 24 Urk 32; Druck: Asseburger UB 1, Nr. 146; Reg. v. Campe 1, Nr. 139. Siehe dazu auch im Kap. II. 1.2.1.3 und 2.3.

2530 Orig.: StA WF 24 Urk 36; Druck: Asseburger UB 1, Nr. 85.

2531 Zum Vergleich dieser Siegelform mit einem Normannenschild siehe Kittel, S. 285. Die Beschreibung "Herzsiegel", welche u.a. der Herausgeber des UB Br. dafür gebraucht, führt leicht zu Irrtümern. Die richtige Terminologie der Siegelformen bei: Posse, Privaturkunden, S. 141. Ewald, S. 180f.

2532 Vgl. Ewald, S. 206.

2533 Orig.: StA WF 26 Urk 12, Druck: UB Br. 2, S. 71; Umschrift + BERTERAM[MI DE V]ELTHEM, Bild: ein Baum mit zwei geneigten Ästen in jeweils ein herzförmiges Blatt auslaufend. Abb.: StA WF 5 Slg 10 Nr. 519. Dieses Wappenbild, das im 14. Jahrhundert auch in den Familien von Sambleben (StA WF 5 Slg 10 Nr. 440-442) und von Werle (Kleinau v. Werle; StA WF 5 Slg 10 Nr. 558-560) vorkommt, wird dann im 14. Jahrhundert von drei Querbalken abgelöst (vgl. StA WF 5 Slg 10 Nr. 520-531).

2534 Orig.: StA WF 26 Urk 5; Umschrift: + SIGILVM BE[RNHARDI] DE INDAGINE, Bild: Schach.

2535 Orig.: StA WF 23 Urk 46 von 1250 Januar 6; Druck: Cod. dipl. Quedlinburg. Nr. 107. Umschrift: + [S]IGI[L] COMITIS HOGERI [DE V]ALKENSTEN, Bild: drei nach links geneigte Falken 2 : 1.

2536 Orig.: StA WF 24 Urk 124, ungedruckt. Umschrift: [SIG' L]VDIG[ER] DE GERS[NEBVTLE], Bild: Adler.

2537 Es haben sich folgende Ausprägungen mit jeweils verschiedenen Erhaltungszuständen der Umschrift SIGILLVM BALDVINI ADVOCATI sowie des Bildes, zwei (flach ausgeprägte) Sparren, erhalten: Orig.: StA WF 24 Urk 32 von O. J. (1214); Druck: Asseburger UB 1, S. 103; Reg. v. Campe 1, Nr. 139 (zur Datierung siehe Reg. v. Campe, S. 87f. und Schneidmüller, Kollegiatstifte, S. 279 mit Anm. 114). Orig.: StA WF 24 Urk 54 zu O. J. (1214); Regest: UB Br. 2, S. 26 (zur Datierung siehe Schneidmüller, Kollegiatstifte, S. 279f., Anm. 114, 116 und 120). Orig.: StA WF 24 Urk 42 zu O. J. (um 1219?); Druck: Asseburger UB 1, S. 71. Orig.: StA WF 24 Urk 48 zu O. J. (1221-1234); Regest: UB Br. 2, S. 21; Fotografie: Schneidmüller, Kollegiatstifte, S. 282, Abb. 2. Zeichnung: Hasse 2, Siegeltafel I. a. Orig.: StA WF 8 Urk 3 zu O. J. (1225-1226); Regest: UB Br. 2, S. 26. Zeichnung: StA WF 5 Slg. 7, Nr. 130.

2538 Orig.: StA WF 19 Urk 18 von 1234; Regest: UB Br. 4, S. 398. Umschrift + SIGILL' BALDEVINI ADVOCATI, Bild: zwei (erhaben ausgeprägte) Sparren. Abguß: StA WF 1 Slg F, Nr. 130. Fotografie: Hasse 2, Siegeltafel I.b. Zeichnung: StA WF VII B Hs 288, S. 217. Siehe auch Fenske, Geschlechter, S. 700, Anm. 30.

Volkmarode gezeigt werden konnte;[2539] dafür erscheint die Amtsbezeichnung in der Siegelumschrift.[2540] Auch Heinrich I. von Wenden, ein Neffe Balduins II. von Dahlum, führte entsprechend der frühen Zeit oben abgerundete Schildsiegel. Sein erstes, seit dem Jahre 1248 nachweisliches Siegel zeigt die beiden Sparren ohne jegliche weitere Zusätze.[2541] Auch sein zweites Siegel von 1260, von dem heute nur noch eine Abzeichnung vorhanden ist, zeigte zwei Sparren, allerdings in breiterer Form.[2542] Die beiden Sparren im Siegel Balduins II. von Dahlum und Heinrichs I. von Wenden behaupteten seitdem ihren Platz in allen Siegeln derer von Dahlum-Wenden gleichsam als familienbezogenes Symbol und entwickelten sich zum Wappenbild fort.[2543]

1.3.2 Eckige Schildsiegel

Die beiden Söhne Balduins II. von Dahlum, Balduin III. und Balduin IV., führten als Bild ebenfalls die zwei Sparren ohne weitere Zusätze in ihrem gemeinsamen Siegel von 1253.[2544] Auch die mindestens zwei verschiedenen Siegel Balduins III. von Dahlum weisen zwei verzierte Sparren in unterschiedlicher Variation auf.[2545] Sämtliche Siegel dieser Generation waren jetzt, der späteren Zeit entsprechend,[2546] eckige Schildsiegel. Diese Siegelform entwickelte sich in der zweiten Hälfte des 13. Jahrhunderts und bis weit in das 14. Jahrhundert hinein zu einer Standardform des adeligen Siegels. So lassen sich eckige Schildsiegel in der Zeit ebenso auch bei Edelherren und Grafen nachweisen. Beispielsweise führten der Graf Burchard von Scharzfeld zu 1260[2547], der Edelherr Johannes von Hessen zu 1271[2548], der Graf

---

2539 Siehe dazu im Kap. II. 1.2.6.

2540 Die jeweiligen Amtsbezeichnungen finden sich in ebenfalls in den Umschriften der Siegel des Reichstruchsessen Gunzelin von Wolfenbüttel und des herzoglichen Truchsessen Jordan von Blankenburg an StA WF 24 Urk 32 zu O. J. (1214); Druck: Asseburger UB 1, S. 103; Reg. v. Campe 1, Nr. 139.

2541 Orig.: StA WF 24 Urk 92 von 1248; Erwähnung: Meibom Chron. S. 33; Schneidmüller, Kollegiatstifte, S. 281, Anm. 120. Umschrift + S[I]GILL' HEIN[R]ICI DE WENEDE, Bild: zwei Sparren. Fotografie: Schneidmüller, Kollegiatstifte, S. 283, Abb. 4. Zeichnung: Hasse 2, Siegeltafel II.a../ Orig.: StA WF 24 Urk 104 von 1251; Druck: Asseburger UB 1, S. 183f.; Reg. v. Campe 1, Nr. 324. Umschrift nicht lesbar, Bild: zwei Sparren. Sein ursprünglich an StA WF 8 Urk 6 zu O. J. (1225-1226), ungedruckt, hängendes Siegel fehlt heute.

2542 Das Siegel hing ursprünglich an StA WF 19 Urk 50 von 1260, ungedruckt, und fehlt heute. Abb.: StA WF VII B Hs 288, S. 219. Umschrift + SIGILLVM HENONIS DE WENDEN, Bild: zwei breite Sparren.

2543 Siehe dazu Fenske, Adel und Rittertum, S. 111.

2544 Orig.: StA WF 24 Urk 113 von 1253; Druck: Asseburger UB 1, S. 192; UB Br. 2, S. 61f. Umschrift nicht lesbar, Bild: zwei Sparren. Ihr ursprünglich an StA WF 24 Urk 127 von 1256, Regest: UB Br. 4, S. 406, hängende Siegel fehlt heute.

2545 (1) Umschrift + SIGILLVM BOLD[E]WINI DE DALEM, Bild: zwei mit doppelten Ringen belegte Sparren, der Schildrand gekerbt: Orig.: StadtA Br. A III 10, Nr. 18 von 1257; Druck: Pistorius VIII, S. 2345; UB Br. 2, S. 76f.; Fotografie: Hasse 2, Siegeltafel II.b. Orig.: StA WF 7 Urk 48 von 1259; Regest: Bege, Burgen, S. 114; UB Br. 2, S. 83. (2) Umschrift + SIGILLVM BOLDEWINI DE DALEM, Bild: zwei mit Ringen belegte Sparren, deren Rand mit kleinen Ringen belegt ist; urspünglich an StA WF 19 Urk 50 von 1260, fehlt heute; Abb.: StA WF VII B Hs 288, S. 219.

2546 Ewald S. 206.

2547 1260, Orig.: StA Han Cal. Or. 100 Osterode St. Jacob Nr. 34. 1260 Juni 17, Orig.: HStA Han Cal. Or. 100 Osterode St. Jacob Nr. 32. Bild: quergeteilt, oben schreitender Löwe, unten fünf Querbalken. Umschrift: [...] BVRCHADI DE SCARTVEL'.

2548 Orig.: StA WF 19 Urk 74. Abb.: StA WF VII B Hs 288 S. 173. Bild: zwei schraffierte Querbalken.

Heidenreich von Lutterberg zu 1276[2549] und der Edelherr Luthard von Meinersen zu 1277[2550] eckige Schildsiegel. Ein eckiges Schildsiegel hat sogar Herzog Albrecht der Große im Jahre 1251, also noch vor seiner Regierungsübernahme, geführt.[2551] Es ist in seiner Größe zu denen der ritteradligen Familien nicht verschieden, hat als Bild zwei nach rechts schreitende, hersehende Löwen, im heraldischen Sinne also zwei Leoparden, und die Umschrift + ALBERTVS DEI GRACIA IVVENIS DVX DE BRVNESWIC.

Das eckige Schildsiegel kommt bisweilen in einer fast dreieckigen Form vor. So sind beide Siegel Balduins VII. von Dahlum, des Sohnes von Balduin IV., fast dreieckig. Die Auspägungen seines ersten Typars zeigen zwei Sparren, die gegittert sind.[2552] Eine Andeutung von Farben kann man darin gewiß noch nicht sehen, die Schraffur sollte wohl die Erscheinung besser hervortreten lassen.[2553] Im zweiten Siegel Balduins VII. von Dahlum gesellen sich dann zu den zwei Sparren zehn ins Feld gestreute Herzen.[2554] Worauf dieser auch späterhin auftauchende Zusatz beruhte, müßte noch geklärt werden. Größtenteils werden Eheverbindungen der Grund für solche Wappenzusätze gewesen sein.[2555] Da jedoch etwa zeitgleich auch im Sparrenwappen des Wenden-Zweiges Herzen auftauchen,[2556] wird bei den Herren von Dahlum-Wenden keinesfalls eine Eheverbindung die Veranlassung dazu gewesen sein. Auch die Siegel der Söhne Balduins VII. von Dahlum weisen, freilich mit einiger Variation, das gleiche Bild auf. Es handelt sich um die Siegel Ludolfs von Dahlum[2557] und dessen älteren Bruders Gerhard[2558]. Daß Gerhard zunächst kein Siegel führte, steht wahrscheinlich mit einer Tendenz zur Verarmung des Dahlum-Zweiges gegen Ende des 13. Jahrhunderts in Zusammenhang.

2549 Orig.: StadtA Br. A III 10 Nr. 34; Druck: Pistorius VIII, S. 2359; Asseburger UB 1, Nr. 384; UB Br. 2, S. 124f. Abb.: StA WF 5 Slg 5 Nr. 88. Umschrift: S HEIDHENRICI COMITES DE LVTTBERC, Bild: quergeteilt, oben schreitender Löwe, unten sechsfach quergeteilt.

2550 Orig.: LHA Magdeburg Rep. U 9 A IX Nr. 62; Druck: Erath Cod. dipl. Quedlinburg Nr. 274. Umschrift: + SIGILLVM LUTHARDI DE M[EINERSHE]M, Bild: Schach.

2551 Orig.: StA WF 25 Urk 1037; Druck: O.G. III., S. 704; UB Herzöge Br.-Lb. 1, Nr. 35. Abb.: StA WF 5 Slg 3 Nr. 26. Schnath Sachsenroß Tafel 5, Abb.10. Vgl. Schmidt-Phiseldeck, Siegel, S. 5, Nr. 29. Siehe dazu auch im Kap. III. 2.1.

2552 Erhalten mit der Umschrift + S BALDEWNI D' DALEM und dem Bild zwei gegitterte Sparren: Orig.: StA WF 24 Urk 197 von 1278 März 16; Regest. Reg. v. Campe 1, Nr. 439; Fotografie: Hasse 2, Siegeltafel IV.a. Orig.: StA WF 24 Urk 225 von 1284; ungedruckt.

2553 Ewald, S. 208.

2554 Es haben sich folgende Ausprägungen mit jeweils verschiedenen Erhaltungszuständen der Umschrift + S' BALVVINI DE DALEM sowie des Bildes, zwei gegitterte Sparren in dreieckigem Schild, das Feld mit 6 : 3 : 1 Herzen belegt, erhalten: Orig.: StA WF 24 Urk 226 von 1287; ungedruckt. Orig.: StA WF 24 Urk 227 zu (1287 vor April 11); Regest: Reg. Magdeburg. 3, S. 205; UB Br. 4, S. 432 [zur Datierung siehe dort]; Fotografie: Hasse 2, Siegeltafel IV.b. Orig.: StA WF 22 Urk 216 von 1292; Zeichnung: StA WF 5 Slg 7, Nr. 132 u. Nr. 133. Orig.: StA WF 24 Urk 328 von 1297; ungedruckt.

2555 Zur Wappenänderung bei Verehelichung und im allgemeinen Fenske, Adel und Rittertum, S. 113f.

2556 Siehe dazu weiter unten.

2557 Orig.: StadtA Br. A III 10, Nr. 63 von 1299; Druck: UB Br. 2, S. 215. Umschrift + S' LVDOLPI DE DALEM, Bild: zwei aus drei Streifen bestehende Sparren, von denen der mittlere Streifen gekerbt ist; der Grund des Schildes mit 6 : 3 : 1 Herzen belegt. Fotografie: Schneidmüller, Kollegiatstifte, S. 283, Abb.5. Zeichnung: Hasse 2, Siegeltafel VI.a.. In der Siegelankündigung wird das Mitsiegeln Ludolfs für seinen älteren Bruder erklärt: *In huius rei signum unico sigillo, quia plura non habemus, presentem litteram duximus muniendam.*

2558 Orig.: StA WF 24 Urk 482 von 1312 Februar 10. Umschrift + S' GHERHARDI DE DALEM, Bild: zwei gegitterte Sparren, das Feld mit 2 : 3 : 1 Herzen belegt.

1.3.3 Helmsiegel

In der Mitte des 13. Jahrhunderts war die Helmzier im Begriff, zum heraldischen Symbol zu werden und wurde schnell zum festen Bestandteil des Wappenbildes.[2559] Die sogenannten Helmsiegel[2560] zeigen als Bild den Helm mit seiner Zier und haben sich "vor allem als Jungherrensiegel (...) großer Beliebtheit erfreut"[2561]. Zu der Zeit, in der Helmsiegel erstmals vorkommen, führte Balduin IV. von Dahlum zu 1257/59 einen Topfhelm mit sieben Fahnen oder Federn als Helmzier in seinem Siegel.[2562] Diese Helmzier kehrt in späteren Siegelprägungen derer von Dahlum-Wenden wieder.[2563] Dagegen zeigten die zwei verschiedenen Siegel des Neffen Balduins IV., Johannes II. von Dahlum/Schöppenstedt, die zwei Sparren ohne Zusatz, allerdings leicht verziert.[2564]

Das Helmsiegel kommt darüberhinaus bis weit in das 14. Jahrhundert als eine weitere Standardform des adeligen Siegels vor, wobei offenbar nur den Trägern des Rittertitels vorbehalten blieb, den Helm im Schild zu führen. So besitzen beispielsweise die Ritter Johannes von Bienrode[2565] und Harneid von Mahrenholz[2566] im Jahre 1307 schildförmige Helmsiegel, und bei den ritterlichen Vertretern der Herren von Mahrenholz sind bis in die zweite Hälfte des 14. Jahrhunderts ausschließlich Helmsiegel im Gebrauch gewesen.[2567]

2559 Grundlegend Fenske, Adel und Rittertum, S. 150ff. und (am Beispiel derer von Esbeck) S. 112.

2560 Vgl. zu ihrem Auftreten Ewald, S. 206f.

2561 Fenske, Adel und Rittertum, S. 152.

2562 Orig.: StA WF 7 Urk 49 von 1259; Erwähnung: UB Br. 2, S. 83, Anm. Umschrift: [+ S' BOLDE]WINI [IVN]ORIS DE [DALEM], Bild: Topfhelm nach rechts mit sieben Fahnen. Seine ursprünglich an StadtA Br. A III 10, Nr. 18 von 1257, Druck: UB Br. 2, S. 76f., StA WF 24 Urk 138 von 1259, ungedruckt, und StA WF 19 Urk 50 von 1260, ungedruckt, hängenden Siegel fehlen heute. Das Letztgenannte ist abgezeichnet im Marienberger Siegelbuch, StA WF VII B HS 288 S. 219. Umschrift: + S' BOLDEWINI IVNIORIS DE DALEM, Bild: Helm nach rechts mit acht Federn.

2563 Allerdings variiert die Anzahl der Fahnen/Federbüsche. So zeigt beispielsweise das neuzeitliche Wappen fünf, Abb. bei Siebmacher, Wappenbuch Nr. 1, Tafel 181, oder sieben, Meibom, Chron. auf dem Frontispiz, Federbüsche.

2564 (1) Umschrift + SIGILLVM IOHANNIS DE DALEM, Bild: zwei Sparren mit gekerbten Rändern, Schild ebenfalls gekerbt: Orig.: StadtA Br. A III 10, Nr. 18 von 1257; Druck: UB Br. 2, S. 76f. Orig.: StA WF 22 Urk 216 von 1292; Druck: Scheidt, Mantissa S. 385; Zeichnung: StA WF 5 Slg 7, Nr. 132 u. 133. (2) Umschrift + SIGILLVM IOHANNIS DE DALEM, Bild: zwei mit Ringen belegte Sparren, deren Rand mit kleinen Ringen belegt: Orig.: StA WF 19 Urk 50 von 1260; ungedruckt; Zeichnung: StA WF VII B Hs 288, S. 219. Orig.: StA WF 24 Urk 255 von 1287; Regest: Reg. Magdeburg. 3, S. 205; Fotografie: Hasse 2, Siegeltafel III.b. Orig.: StA WF 24 Urk 311 von 1294; Druck: UB Br. 4, S. 438f. Seine ursprünglich an StA WF 19 Urk 51 zu O. J. (1260) (Regest: UB Br. 4, S. 411), StA WF 24 Urk 254 zu 1287 (Druck: Asseburger UB 1, S. 286), und StA WF 24 Urk 276 von 1290 (ungedruckt) hängenden Siegel fehlen heute. Das erstere ist aber im Marienberger Siegelbuch, StA WF VII B Hs 288, S. 221, abgezeichnet: Umschrift + SIGILLVM IOHANNIS DE DALEM, Bild: zwei mit Ringen belegte Sparren, deren Rand mit kleinen Ringen belegt.

2565 1307 Dezember 21, Orig.: StA WF 24 Urk 441, ungedruckt. Umschrift: + S [IOHANNI]S MILI[TES] DE BIENRODE, Bild: Helm mit wulstartiger Zier, dreifach quergeteilt mit Zickzackschnitten.

2566 1307 September 22, Orig.: StA WF 24 Urk 433 (an sechster Stelle), Erwähnung: UB Br. 4, S. 460. Bild: Topfhelm mit sieben Federn.

2567 Beispielsweise führen 1347 Mai 25 Konrad, Otto und Henning von Mahrenholz Helmsiegel, Orig.: StA WF 24 Urk 682, ungedruckt. Siehe dazu auch Mahrenholtz, Helm S. 84f. mit Abbildungen.

1.3.4 Siegel mit Helm und Wappen

Eine seltene Zwischenstufe auf dem Weg zum Vollwappen ist in solchen Siegeln zu sehen, deren Schild quergeteilt ist, wobei oben der Helm mit Helmzier von vorn und unten das Familienwappen erscheint. Ein Beispiel dafür ist das Siegel des älteren Bruders Johannes' II. von Dahlum-Schöppenstedt, Balduin VI. von Dahlum-Schöppenstedt, aus den fünfziger Jahren des 13. Jahrhunderts. Der Schild ist quergeteilt, oben befindet sich ein Topfhelm mit sieben Federbüschen als Helmzier und unten die zwei Sparren des Familienwappens.[2568]

1.3.5 Siegel mit Vollwappen

Der Helm mit seiner Zier entwickelte sich immer mehr zu einem wesensmäßigen Bestandteil des Wappens.[2569] In den Siegeln fügen sich Helm mit Helmzier über dem meist nach rechts geneigten Schild zu dem sogenannten Vollwappen zusammen.[2570] So zeigt das im Jahr 1268 ausgeprägte Siegel des Grafen Burchard von Wölpe einen mit Büffelhörnern als Zier versehenen Topfhelm von vorn über dem Schildwappen mit zwei Büffelhörnern, wobei in das Schild von unten links ein unkenntlicher Gegenstand, vielleicht ein Arm, hineinragt.[2571] Das früheste Beispiel eines Siegels mit Vollwappen innerhalb der welfischen Ministerialität ist das gemeinsame Siegel der Brüder Balduin und Heinrich von Campen aus dem Jahr 1268.[2572]

In der Familie von Wenden führte erstmals der älteste Sohn Heinrichs I. von Wenden, Ludolf VI., ein Siegel mit Vollwappen. Der Helm mit sechs Fahnen als Helmzier befindet sich über dem nach rechts geneigten Wappenschild, das zwei Sparren zeigt.[2573] Ludolfs VI. von Wenden zweitgeborener Sohn, Balduin, führte wie sein Vater ein Vollwappen.[2574] Bei den meisten dieser Wappen ist nicht mit letzter Gewißheit zu erkennen, ob auf dem Grund des Wappenschildes nicht auch mit kleinen Kreisen die Herzen angedeutet waren. Ludolfs VI. von Wenden dritter Sohn, Heinrich, führte wieder ein Schildsiegel mit Sparrenwappen, wobei das Feld oben mit je einem achteckigen Stern und unten mit einem unkenntlichen Gegenstand

---

2568 Umschrift + SIGILLVM BOLDEWINI DE DA[H]LEM, Bild: das Schild, dessen Rand gekerbt ist, quer geteilt, oben ein Topfhelm von vorn mit sieben Federbüschen, unten zwei mit Ringen belegte Sparren. Orig.: StadtA Br. A III 10, Nr. 3 zu O. J. (um 1250); Druck: UB Br. 2, S. 43; Fotografie: Schneidmüller, Kollegiatstifte, S. 232, Abb.3. Zeichnungen: Br. Anzeigen 1747, S. 721; StA WF 5 Slg Bd. 7, Nr. 131; Hasse 2, Siegeltafel III.a. Orig.: StadtA Br. A III 10, Nr. 18 von 1257; Druck: UB Br. 2, S. 76f.

2569 Dazu: Fenske, Adel und Rittertum, S. 152.

2570 Zum Vollwappen am Beispiel des Grafen Heinrich von Blankenburg Fenske, Adel und Rittertum, S. 160.

2571 1268 Oktober 9, Orig.: StA WF 26 Urk 18; Umschrift + S' BVRCHARDI C[OMIT]IS DE WELEPA. Fehlerhafte Abb.: StA WF 5 Slg 5 Nr. 114. Eine weitere Ausprägung erhalten zu 1269 Juli 21, Druck: Calenberger UB 6, Nr. 47; Siegelbeschreibung (mit fehlerhafter Bewertung des Auftretens dieser Form von Siegelbildern): Calenberger UB 5, Nr. 12 .

2572 Orig.: StA WF 22 Urk 114; Druck mit Abb.: Reg. v. Campe 1, Nr. 391. Abb.: StA WF 5 Slg 7 Nr. 116.

2573 Orig.: StA WF 24 Urk 313 von 1294 Mai 10; ungedruckt. Umschrift S [L]VD[O]LFI DE WEN[DE]N, Bild: Vollwappen, rechtsgeneigtes Schild mit zwei Sparren als Wappen, darüber auf dem nach rechts geneigtem Helm sechs Fahnen als Helmzier. Seine ursprünglich an StadtA Br. A III 10, Nr. 48 von 1293 Oktober 1 (Druck: UB Br. 2, S. 190) und StadtA Br. A III 10, Nr. 62 von 1299 (Druck: UB Br. 2, S. 216) hängenden Siegel fehlen heute.

2574 Orig.: HStAHan Celle Or. Des. 9 Schr.X. Caps. 4 Nr. 1 von 1330. Dasselbe Siegel ist abgebildet im UB Stötterlingenburg Tafel VII. zu 1300 und danach bei Hasse 2, Siegeltafel VI.b.. Umschrift + S [BAL]DUINI [D]E WENE[.]DEN.

belegt ist.[2575] Der mittlere der Söhne Heinrichs I. von Wenden, Balduin IX., führte in seinem ersten Siegel noch ein Helmsiegel, wobei der nach rechts stehende Helm sieben Fahnen als Helmzier aufweist.[2576] Sein zweites, moderneres Siegel zeigt dann aber auch das Vollwappen.[2577] Es ähnelt dem des ältesten Bruders so sehr, daß der Siegelstempel entweder gleichzeitig mit jenem gearbeitet oder aber jenem nachgearbeitet wurde. Lediglich die Anzahl der Fahnen als Helmzier ist wieder sieben. Das Schildsiegel des jüngsten Sohnes Heinrichs I. von Wenden, Heinrich II., zeigt nur die zwei Sparren. Das Feld ist dabei mit sechs Herzen bestreut.[2578]

1.3.6 Spitzovale Siegel

Das spitzovale Siegel war im 13. Jahrhundert zunächst die typische Siegelform Geistlicher.[2579] Vereinzelt wurde diese Siegelform in den letzten Jahrzehnten des 13. Jahrhunderts aber auch von weltlichen Herren gebraucht. So führte der Ritter Johannes von Gerstenbüttel, der mit einer Tochter des Reichstruchsessen Gunzelin von Wolfenbüttel verheiratet war, zu etwa 1283 ein spitzovales Siegel.[2580]

Während in den meisten Klerikersiegeln zunächst kein Bezug auf die Familienzugehörigkeit vorkommt, tritt im sächsischen Raum etwa seit der Mitte des 13. Jahrhunderts zunächst insbesondere bei Dom- und Stiftsherren edelfreier und gräflicher Abkunft das Familienwappen im Siegel auf. In dieser Zeit wurden von denselben sogar Siegel geführt, die auf den ersten Blick nicht als Klerikersiegel zu erkennen sind, da sie in Form und Art an die Siegel ihrer weltlichen Verwandten anknüpften.[2581] Im Laufe der zweiten Hälfte des 13. Jahrhunderts setzte sich aber die Kombination von geistlichem Siegelbild und Familienwappen durch. Dabei wurde in das runde oder spitzovale Klerikersiegel üblicherweise im unteren Teil das Familienwappen eingehängt. Ein frühes Beispiel dafür von einem der welfischen Ministerialität entstammenden Kleriker ist das zu 1289 belegte runde Siegel Eckehards von Estorf, der Domherr in Hamburg und Pfarrer in Modersdorf war.[2582] Es zeigte einen vor dem heiligen Johannes knieend betenden Geistlichen, wobei das

---

2575 Orig.: StadtA Br. A III 10, Nr. 48 von 1293; Druck: UB Br. 2, S. 190. Umschrift [...]E WE[...], Bild: zwei Sparren, auf dem Grund oben je ein achteckiger Stern, unten ein nicht identifizierbarer Gegenstand, vielleicht eine Lilie. Eine weitere Auspägung hat sich zu 1300 erhalten, Orig.: HStA Han. Celle Or. 9 Schr. X. Caps. 4 Nr. 1.

2576 Umschrift [+ S'] BOLDVINI [D]E WEND[HEN], Bild: nach rechts geneigter Helm mit sieben Fahnen als Helmzier. Orig.: StA WF 24 Urk 201 von 1280 Januar 27; ungedruckt; Fotografie: Hasse 2, Siegeltafel V.a. Orig.: StA WF 24 Urk 214 von 1282; ungedruckt. Sein ursprünglich an StadtA Br. A III 10, Nr. 48 von 1293 Oktober 1, Druck: UB Br. 2, S. 190, hängendes Siegel fehlt heute.

2577 Orig.: StadtA Br. A III 10, Nr. 62 von 1299 April 11; Druck: UB Br. 2, S. 216. Umschrift + [BO]LDVINI DE WENDHEN, Bild: Vollwappen, nach rechts geneigter Topfhelm mit sieben Fahnen als Helmzier über rechtsgeneigtem Schild mit zwei Sparren als Wappen.

2578 Umschrift + SIGILLVM HEINRICI DE WENEDEN, Bild: zwei Sparren auf 2 : 3 : 1 Herzen belegtem Grund. Orig.: StA WF 24 Urk 253 von 1287 Februar 1; ungedruckt; Fotografie: Hasse 2, Siegeltafel V.b. Orig.: StA WF 24 Urk 256 von 1287 Juli 31, ungedruckt. Seine ursprünglich an StA WF 8 Urk 18 von 1281 Mai 5 (Druck: Asseburger UB 1, S. 268f.) und StA WF 24 Urk 257 von 1287 August 31 (ungedruckt) hängenden Siegel fehlen heute.

2579 Vgl. dazu Naß, Äbtesiegel, S. 13f.

2580 O. J. (um 1283), Orig.: StA WF 31 Urk 35; Druck: Asseburger UB 1, Nr. 427 (hierin auch der Nachweis des Konnubiums). Umschrift: SIGIL' IOHANNIS DE GERSNEBVTL; Bild: Adler unter einer kleinen Rose. Abb.: StA WF 5 Slg 8 Nr. 193.

2581 Siehe dazu beispielhaft die Siegel im UB Hochstift Halberstadt 2, Tafel X., Nr. 70-76.

2582 1289 Januar 21, Druck und Siegelbeschreibung: Lüneburger UB 5, Nr. 45.

Familienwappen der von Estorf, eine liegende Lilie, unten eingehängt war.[2583]

Ein weiteres frühes Beispiel bietet das Siegel des nach seinem Vater benannten ältesten Sohnes Ludolfs VI. von Wenden. Ludolf war Kanoniker des Stifts St. Blasius in Braunschweig, Propst des Stifts St. Cyriacus vor Braunschweig und Domherr zu Hildesheim.[2584] Eine Ausprägung seines Siegels hatte sich zum Jahre 1309 erhalten, wobei im unteren Teil des spitzovalen Siegels das Familienwappen der Herren von Wenden eingehängt war.[2585] Dieses ist nicht ganz klar zu erkennen, dürfte aber verschnitten gewesen sein und zeigte zwei ganze und einen halben, keinesfalls aber drei[2586] Sparren als Bild.

1.3.7 Rundsiegel mit Schild

Diese Siegelform darf nicht mit den reichsfürstlichen und gräflichen Siegeln, die in der Form von Reitersiegeln vorkommen, sowie auch nicht mit denjenigen Siegeln, bei denen die Bildsymbole "frei in einem runden Siegelfeld Gestalt annehmen",[2587] verwechselt werden. Rundsiegel in der hier vorgenommen Klassifizierung enthalten stets den Wappenschild oder das Vollwappen als Bild und kommen im sächsischen Raum im 13. Jahrhundert fast ausschließlich nur bei gräflichen Familien vor. Beispiele hierfür sind die Siegel des Grafen Siegfried von Blankenburg von 1266[2588] und des Grafen Moritz von Spiegelberg von 1276[2589]. Im 14. Jahrhundert verdrängte dann das Rundsiegel nach und nach das schildförmige Siegel[2590] und wurde spätestens seit dem 15. Jahrhundert zu der gebräuchlichsten Form des adeligen Siegels.

Ein frühes Beispiel für diesen Vorgang bei einem niederadligen Geschlecht sind die Siegel an einer Urkunde der Söhne Heinrichs II. von Wenden, des Ritters Balduin und der Knappen Ludolf und Georg von Wenden, für das Kreuzkloster vor Braunschweig von 1301.[2591] Während der erstgeborene Balduin von Wenden noch sein Schildsiegel gebrauchte,[2592] führten Ludolf[2593] und Georg[2594] von Wenden schon runde Siegel.

2583 Zum Siegel- und Wappenbild der Familie von Estorf, allerdings ohne Berücksichtigung der Klerikersiegel: Ledebur, v. Estorff.

2584 Hasse 1, S. 70f. Meier, Pröpste, S. 24. Memorien St. Blasius 2, S. 92 mit S. 112, Anm. 150.

2585 Fotografie: UB Hochstift Hildesheim 3, Taf.IV. Nr. 28. Zeichnung: Hasse 2, Siegeltafel VII.

2586 So Schwineköper, Heraldische Quelle, S. 1006.

2587 Fenske, Adel und Rittertum, S. 101. Ein Beispiel dafür bietet das Siegel des Edelherrn Werner von Ampfurth zu (1215), Orig.: StA WF 22 Urk 34. Fotografie: Fenske, Adel und Rittertum, Abb.5. Abb.: StA WF 5 Slg 6 Nr. 177. Siehe dazu ausführlich Fenske, Adel und Rittertum, S. 106.

2588 Abb.: StA WF 5 Slg 5 Nr. 3. Bild: eine nach links gelegte Hirschgeweihstange.

2589 Orig.: StadtA Br. A III 10 Nr. 34; Druck: Pistorius VIII, S. 2359; Asseburger UB 1, Nr. 384; UB Br. 2, S. 124f. Umschrift: + SI COMITIS MAVRICII DE SPEIGELBERG, Bild: ein mit drei Rosen belegter Querbalken auf schraffiertem Feld. Abb.: StA WF 5 Slg 5 Nr. 100.

2590 Kittel, S. 285.

2591 Orig.: StA WF 26 Urk 51 von 1301 April 11; Regest: UB Br. 2, S. 244f.

2592 Umschrift + SIGILLVM BOLDVWINI DE WENDHEN, Bild: zwei Sparren, der Grund oben mit einer nicht genau zählbaren Menge von Herzen belegt, der mittlere Grund mit zehn Herzen und der untere mit einer Rose belegt. Zur Rose als Symbol des Minnedienstes in Siegeln sowie den sogenannten Rosensiegeln Ewald, S. 207.

2593 Umschrift + S' LVDOLFI DE WENDEN; Bild: im gegitterten Rund ein Schild mit zwei Sparren, das Feld mit 2 : 3 : 1 Herzen belegt.

2594 Umschrift + S GEORGII DE WENDEN, Bild: im Rund ein Schild mit zwei Sparren, das Feld mit 2 : 3 : 1 Herzen belegt.

2 Wappentingierung

2.1 Der Quedlinburger Wappenkasten

Die frühesten Nachweise für die Tingierung der Wappen welfischer Ministerialen lassen sich an dem sogenannten Quedlinburger Wappen- oder Minnekasten, der sich heute im Quedlinburger Schatz befindet,[2595] nachweisen. Ohne Frage handelt sich dabei um "eines der frühesten Denkmäler der Heraldik",[2596] welches aufgrund umfangreicher Einzelstudien in das Jahr 1209 datiert und mutmaßlich als eine Brautlade Kaiser Ottos IV. und seiner Anhänger für Beatrix von Staufen identifiziert wurde.[2597] Möglicherweise könnte sich der Kasten aber auch auf eine ritterliche Vereinigung unter Kaiser Otto IV. beziehen.[2598] Grundlegend für die Datierung des Wappenkastens in die Zeit Ottos IV. ist die Beobachtung, daß an hervorgehobener Stellung auf dem Kästchen das Wappen Kaiser Ottos IV. abgebildet ist.[2599] Eher auszuschließen ist, daß der Kasten als Ersatz angefertigt sein könnte.[2600] Problematisch erscheint, daß es sich bei ihm "um einen wesentlich älteren, verehrten Gegenstand"[2601] fatimidischen Ursprungs gehandelt haben soll, da kein Beispiel für ein solches Korbgeflecht nachgewiesen werden kann und da ansonsten ein kostbares Importgut durch den Kreideüberzug in seinem Wert erheblich gemindert worden wäre. Auf dem Kasten befinden sich insgesamt 33 Wappen, deren Konstellation, Tingierung und Zuordnungen ebenfalls einer erneuten Prüfung unterzogen werden müßten.[2602] Beispielsweise können folgende Wappen genausogut auch anderen Familien zugeordnet werden: Das den Grafen von Rhoden zugewiesene Wappen[2603] könnte auch den Edelherren von Horstmar angehören.[2604] Das den Grafen von Brehna zugeordnete Wappen[2605] könnte auch die Grafen von Tecklenburg vertreten,[2606] obschon für den Grafen Otto I. von Tecklenburg zu (1225) ein anderes Siegelbild überliefert ist.[2607] Desgleichen spricht vieles dafür, daß das den Grafen von Kirchberg beigeordnete Wappen[2608] eher mit den Edelherren von Lippe in Zusammenhang gebracht werden muß.[2609]

2595 Siehe dazu Quedlinburger Schatz.
2596 Appuhn, Brautlade, S. 386.
2597 Schwineköper, Heraldische Quelle. Vgl. Himmelheber, S. 81-84.
2598 Hucker, Otto IV., S. 514f.
2599 Schwineköper, Heraldische Quelle, S. 970, Wappen Nr. 1. Zum Wappen Ottos IV. siehe mit der weiteren Literatur Hucker, Otto IV., S. 578-588.
2600 Himmelheber, S. 83f. Dagegen Hucker, Otto IV., S. 514.
2601 Himmelheber, S. 84.
2602 Die von Fenske, Adel und Rittertum, S. 123f., Anm. 212 getroffenen Feststellungen hinsichtlich der mangelhaften bildlichen und fotografischen Darstellung des Kästchens gelten fort, da auch die Farbfotografien sowie die Wappen- und Farbbeschreibungen bei Himmelheber noch nicht ausreichend sind.
2603 Schwineköper, Heraldische Quelle, S. 1008f. mit Tafel 13, Nr. 33.
2604 Hucker, Otto IV., S. 498, Anm. 258.
2605 Schwineköper, Heraldische Quelle, S. 1007 mit Tafel 13, Nr. 32. Eine Abb. des schönen Reitersiegels des Grafen Dietrich von Brehna von 1260 bei Scheidt, Mantissa, zwischen S. 420 und S. 421. Druck der dazugehörigen Urkunde: Scheidt, Mantissa, S. 419f.
2606 Hucker, Otto IV., S. 505, Anm. 266.
2607 Das ursprünglich am Orig.: HStA Han Cal. Or. 100 Mariensee Nr. 13 hängende Siegel fehlt heute, zeigte als Bild aber eine Burg. Beschreibung des Siegels und Druck der Urkunde: Calenberger UB 5, Nr. 13.
2608 Schwineköper, Heraldische Quelle, S. 984ff. mit Tafel 12, Nr. 10.
2609 Hucker, Otto IV., S. 499, Anm. 259.

Das der Ministerialenfamilie von Slon zugeordnete Wappen[2610] könnte genausogut auch der Ministerialenfamilie von Varenholz zuzuordnen sein, die dasselbe, im sächsischen Raum seltene Wappenbild haben.[2611] Keinesfalls sind aber Justaz von Slon und Justaz von Varenholz identisch,[2612] da beide gleichzeitig in einer Urkunde Pfalzgraf Heinrichs im Jahre 1212 genannt werden.[2613] Bei den Ministerialen und Herren von Varenholz bestand allerdings um 1240[2614] und sogar noch am Ende des 13. Jahrhunderts[2615] Siegelvakanz, so daß deren Wappenbild erst viel später nachweisbar wird.

Das dem Schenken Jusarius II. von Blankenburg zugeordnete Wappen[2616] könnte genausogut dem Truchsessen Jordan II. von Blankenburg zugeordnet werden,[2617] gehört jedoch keinesfalls zu Caesarius von Halberstadt.[2618] Ein bisher keiner Familie sicher zugeordnetes Wappen[2619] ist jetzt nicht als geteilter Schild mit einem halben Adler sondern als steigender Löwe erkannt worden und dürfte die Edelherren von Bollensen meinen.[2620] Darüberhinaus müßte noch einmal geprüft werden, ob nicht eines der Wappen mit steigendem Löwen möglicherweise Graf Volrad von Dannenberg[2621], Graf Adolf IV. von Holstein-Schaumburg[2622] oder gar Wilhelm von Lüneburg[2623] zugeordnet werden könnte.

Auf dem Quedlinburger Wappenkasten wäre auch die Tingierung des Wappens der Ministerialen von Dahlum-Wenden für die früheste Zeit überliefert, da sich darauf das Wappen des Vogtes Balduin II. von Dahlum nach der bisherigen Interpretation

---

2610 Schwineköper, Heraldische Quelle, S. 993 mit Tafel 13, Nr. 16.

2611 Abbildungen: Reinhard von Varenholz zu 1300, StA WF 5 Slg 10 Nr. 537. Detthard von Slon zu 1315, StA WF 5 Slg 10 Nr. 469. Möglicherweise besteht zwischen beiden Familien eine Stammesverwandtschaft. Vgl. zu der Familie von Varenholz auch Lüneburger UB 15, S. 25, Anm. 2.

2612 Unrichtig bei Himmelheber, S. 83.

2613 1212 November 29, Druck: Calenberger UB 2, Nr. 36; Regest: Reg. v. Campe 1, Nr. 135; Westfälisches UB 6, Nr. 48.

2614 Für den Ritter (!) A(rnold) von Varenholz siegelte der Abt des Klosters Wennigsen zu (1240), Orig.: HStA Han Cal. Or. 100 Wennigsen Nr. 14a.

2615 Für die Brüder Arnold, Balduin, Justaz und Heinrich von Varenholz siegelten 1283 Oktober 29, Orig.: HStA Han Cal. Or. 100 Marienrode Nr. 52; Druck: Marienroder UB Nr. 66, ihre Verwandte von Broke und von Rottorf.

2616 Schwineköper, Heraldische Quelle, S. 987f. mit Tafel 12, Nr. 12.

2617 Zur Siegelführung der beiden siehe im Kap. II. 1.1.7 und 1.3.4.

2618 Zwischen diesem und der Familie von Blankenburg besteht keine Stammesverwandtschaft. Vgl. dazu auch Fenske/Schwarz, S. 379f. Demgemäß ist Himmelheber, S. 83 zu korrigieren.

2619 Schwineköper, Heraldische Quelle, S. 996f. mit Tafel 13, Nr. 19.

2620 Freundliche Mitteilung von Lutz Fenske, Göttingen. Vgl. Himmelheber, S. 83.

2621 Sein Siegelbild zeigt einen steigenden, ungekrönten Löwen. Beschädigt erhalten zu 1214 Dezember 27, Orig.: HStA Han Cal. Or. 100 Mariensee Nr. 7; Druck: Calenberger UB 5, Nr. 7.

2622 Im dem Reitersiegel dieses Grafen, erhalten zu 1224, Orig.: HStA Han Cal. Or. 100 Wennigsen Nr. 1; Druck und Siegelbeschreibung: Calenberger UB 7, Nr. 1, trägt der Ritter Schwert und Schild, wobei das Wappen auf dem Schild einen steigenden Löwen zeigt. Dieses ursprüngliche Wappenbild der Grafen von Schaumburg verschwindet zunächst und wird nicht ersetzt. So im Reitersiegel des Grafen Johannes von Holstein-Schaumburg ohne Schild und ohne Helmzier von 1254 Mai 24, Orig.: HStA Han Cal. Or. 100 Barsinghausen Nr. 31; Druck: Calenberger UB 1, Nr. 27. Erst in dem Reitersiegel des Grafen Gerhard von Holstein-Schaumburg, von dem zu 1257 November 4 am Orig.: HStA Han Cal.Or. 100 Wennigsen Nr. 37 heute nur ein Bruchstück hängt, kommt das bekannte Nesselblatt als Wappenbild im Schild vor (Siegelbeschreibung und Druck der Urkunde: Calenberger UB 7, Nr. 37).

2623 Das Wappen des späteren Fürstentums Lüneburg zeigt einen steigenden Löwen. Siehe dazu im Exkurs 4.

neben den Wappen von sieben weiteren Ministerialenfamilien (von Wolfenbüttel, von Burgdorf, von Salza, von Blankenburg, von Alsleben-Zerbst, von Ileburg und von Slon) befinden soll.[2624] Es zeigt drei goldene Sparren in Rot. Grundlage der Zuordnung war die Fotografie des Siegels des ältesten Sohnes Ludolfs VI. von Wenden, Ludolf von Wenden, Domherrn in Hildesheim, zu 1309.[2625] Wie oben beschrieben zeigte jedoch das im unteren Teil des Klerikersiegels eingehängte Familienwappen keinesfalls drei[2626], sondern zwei ganze und einen halben Sparren und dürfte verschnitten gewesen sein. Keinesfalls darf aus diesem Bestandteil eines Klerikersiegels, das zudem erst in deutlicher zeitlicher Distanz - beim Festhalten an der Datierung des Wappenkastens volle 100 Jahre später - belegbar ist, das Siegel- beziehungsweise Wappenbild der Ministerialen von Dahlum-Wenden herausgesehen werden. Auch die spätere Tingierung des Wappens der Herren von Dahlum-Wenden ist zu der des Wappens auf dem Kasten verschieden.[2627] Möglicherweise kamen zu dieser frühen Zeit Farbänderungen häufig vor und die uns bekannten Farben wären nicht die ursprünglichen.[2628] Hier stellt sich die Frage, ob sich bei der mehr als dürftig zu nennenden Quellenlage für diese frühe Zeit eine solche Behauptung überhaupt aufstellen läßt. Ausschlaggebend für die Prüfung der Zuordnung dieses Wappens aber ist, daß sowohl Vogt Balduin II. von Dahlum als auch alle anderen Angehörigen der Familie von Dahlum-Wenden niemals drei Sparren als Siegelbild führten, sondern stets nur zwei. Das dem Vogt Balduin II. von Dahlum und seiner Familie zugeordnete Wappen auf dem Quedlinburger Kasten meint daher keinesfalls diesen oder einen anderen Angehörigen der Familie von Dahlum-Wenden,[2629] sondern dürfte den Grafen von Ravensberg zuzuordnen sein.[2630]

Gegen die frühe Datierung des Quedlinburger Wappenkastens wurden vor allem aufgrund der heraldischen Formen Einwände erhoben.[2631] Neben der Beobachtung, daß die waffentechnische Entwicklung der dargestellten Helmform eher in die dreißiger Jahre des 13. Jahrhunderts gehören dürfte,[2632] erscheint es fraglich, ob schon zu dieser Zeit die Wappen von König, Reichsfürsten, Grafen, Edelfreien und Ministerialen ohne weiteres gleichberechtigt nebeneinander abgebildet worden sein können,[2633] und "ob daß Wappenwesen im ersten Jahrzehnt des 13. Jahrhunderts auf ostsächsischem Boden bereits (...) einen so vielgestaltigen Formenschatz entwickelt" haben kann.[2634]

Überprüft man die Siegelüberlieferung dieser Jahre, so läßt sich allerdings

---

2624 Schwineköper, Heraldische Quelle, S. 1006, Fotografie (das Wappen schlecht sichtbar): Tafel 10, farbige Zeichnung: Tafel 13, Nr. 31.
2625 Siehe dazu oben im Kap. III. 1.3.6.
2626 So Schwineköper, Heraldische Quelle, S. 1006.
2627 Siehe dazu unten im Kap. III. 2.2.
2628 Schwineköper, Heraldische Quelle, S. 961.
2629 Derselbe Einwand von Fenske erwähnt bei Himmelheber, S. 83.
2630 Das Wappenbild dieser Familie, drei Sparren, wird spätestens in den Siegeln der Gräfin Adelheid von Ravensberg und des Grafen Otto von Ravensberg von 1258 September 20, Orig.: HStA Han Cal. Or. 100 Mariensee Nr. 66; Druck: Calenberger UB 5, Nr. 67, deutlich. Vgl. dagegen Schwineköper, Heraldische Quelle, S. 1006.
2631 Fenske, Adel und Rittertum, S. 122f.
2632 Vgl. dazu beispielsweise die Helmform in den Reitersiegeln Pfalzgraf Heinrichs. Abbildungen: Schneidmüller, Siegel. Fenske, Adel und Rittertum, S. 156ff.
2633 Vgl. dazu die Ausführungen im Kap. I. 2.
2634 Fenske, Adel und Rittertum, S. 123.

feststellen, daß eine relativ große Anzahl der auf dem Quedlinburger Kasten dargestellten Wappen durchaus schon in den ersten zwei Jahrzehnten des 13. Jahrhunderts auf Siegeln vorkommen. So lassen sich die Wappenbilder in den Siegeln des Pfalzgrafen Heinrich schon zu Beginn des 13. Jahrhunderts[2635], der Grafen Konrad I. und Hildebold I. von Rhoden-Lauenrode-Limmer zu 1208[2636], des Landgrafen Hermann I. von Thüringen zu 1209[2637], des Grafen Siegfried I. von Blankenburg zu 1212[2638], des Truchsessen Jordan II. von Blankenburg zu (1214)[2639], des Reichstruchsessen Gunzelin von Wolfenbüttel zu (1214)[2640], des Grafen Adolf von Dassel zu 1214[2641], des Sohnes des Grafen Siegfried II. von Osterburg, Graf Siegfried III., zu 1214[2642] und des Grafen Bernhard II. von Wölpe zu 1215[2643] nachweisen. Andere Wappen sind anhand der Siegelüberlieferung immerhin noch in der ersten Hälfte des 13. Jahrhunderts zu belegen, so beispielsweise diejenigen der Edelherren von Plesse zu 1221[2644], des Grafen Heinrich I. von Regenstein (nach 1227)[2645], des Grafen Ludolf II. von Hallermund zu (1235)[2646] und des Grafen Heinrich II. von Schladen zu 1241[2647]. Dagegen führten die Grafen Hermann I. und Heinrich I. von Wohldenberg-Harzburg[2648] und auch Angehörige der weiteren Generation[2649] eben nicht das auf dem Kasten abgebildete Wappen, sondern ihr Siegelbild weist drei von zwei damaszierten Balken überzogene Pfähle auf. Erst zu 1250 ist für den Grafen Hermann III. von Wohldenberg das auf dem Quedlinburger Kasten abgebildete Wappenbild mit einem linksschrägen Turnierkragen nachweisbar.[2650]

2635 Wappen Nr. 2. Siehe dazu ausführlich mit der dazugehörigen Literatur im Exkurs 2.

2636 Wappen Nr. 33. Gut erhaltene Ausprägungen der Siegel Graf Konrads I. und dessen Bruder Hildebold I. von Rhoden-Lauenrode-Limber: StA WF 22 Urk 24 zu (1208), StA WF 22 Urk 23 zu 1208 August 4. Das Siegel fehlt an Orig. HStA Han Cal. Or. 100 Barsinghausen Nr. 6a. Dasselbe Wappenbild auch bei Graf Konrad II. von Wunstorf-Rhoden von 1240, Orig.: HStA Han Cal. Or. 100 Wennigsen Nr. 14 mit stark beschädigtem Siegel; Druck: Calenberger UB 7, Nr. 14.

2637 Wappen Nr. 3. HStA Han Cal. Or. 100 Hilwartshausen Nr. 22. Druck der Urkunde: UB Eichsfeld 1, Nr. 191. Das gleiche Siegel von 1216 Juni 29, StA WF 25 Urk 58, Druck: Urk. Walkenried, Nr. 97; beschrieben und abgebildet in Zeit der Staufer 1, Nr. 71 i.V. mit 2, Abb.19.

2638 Wappen Nr. 7. Orig.: StA WF 22 Urk 28. Fotografie: Fenske/Schwarz, Abb.2.

2639 Wappen Nr. 12. Zu seinen Siegeln siehe oben im Kap. II. 1.7.

2640 Wappen Nr. 27. Zu seinen Siegeln siehe oben im Kap. II. 1.10.

2641 Wappen Nr. 13. 1214 Januar 23, Orig.: HStA Han Cal. Or. 100 Mariensee Nr. 4. Druck mit Siegelbeschreibung: Calenberger UB 5, Nr. 4.

2642 Wappen Nr. 8. 1214 Dezember 27, Orig.: HStA Han Cal. Or. 100 Mariensee Nr. 7; Druck mit Beschreibung des ungewöhnlichen Siegelbildes: Calenberger UB 5, Nr. 7.

2643 Wappen Nr. 24. 1215 September 19, zwei Orig.: HStA Han Cal. 100 Mariensee Nr. 6a und 6b; Druck mit Siegelbeschreibung: Calenberger UB 5, Nr. 6. Zu diesem außerordentlich ungewöhnlichem Siegel siehe auch Hucker, Otto IV., S. 515f. Das nächste erhaltene Siegel mit dem Wappenbild dieser Familie hat sich mit dem Siegel des Grafen Konrad von Wölpe von 1221, Orig.: HStA Han Cal. Or. 100 Mariensee Nr. 11; Druck: Calenberger UB 5, Nr. 11, erhalten.

2644 Wappen Nr. 29. Orig.: StA WF 24 Urk 49 mit drei beschädigten Siegeln des Ludolf, Gottschalk und Bernhard von Plesse, ungedruckt, sowie wenig später (O. D. 1224 Ende Sept.-1225 vor November 7) mit dem Sekretsiegel Gottschalks von Plesse und dem Siegel Ludolfs von Plesse, Orig.: StA WF 25 Urk 1035, Druck: Asseburger UB 1, Nr. 135.

2645 Wappen Nr. 7. Orig.: StA WF 25 Urk 112. Druck: Reg. Thuringiae 2, Nr. 1453. Zur Datierung siehe Fenske/Schwarz, S. 136, Anm. 303. Fotografie: Ebenda Nr. 1.

2646 Wappen Nr. 6. Orig.: HStA Han Cal. Or. 100 Wennigsen Nr. 8, Druck: Calenberger UB 7, Nr. 8.

2647 Abb.: UB Goslar 1, Tafel IV., Nr. 12. Druck der Urkunde: UB Goslar 1, Nr. 585.

2648 Wappen Nr. 14 (Turnierreiter) und Nr. 30. Petke, Wöltingerode, S. 79ff. und S. 104f.

2649 Petke, Wöltingerode, S. 104f. und S. 115ff.

2650 Petke, Wöltingerode, S. 127f.

Überraschenderweise bereitet es ebenfalls Schwierigkeiten, das Wappen König Ottos IV., das sich an "zentraler Stelle"[2651] auf dem Kasten befindet, zu dieser frühen Zeit nachzuweisen.[2652] In diesem Zusammenhang stellt sich die Frage, ob nicht das Wappen Ottos IV. "in seiner zeitlichen Fixierung auf die Lebensdaten des 1218 gestorbenen Kaisers (...) den Blick für andere Lösungsmöglichkeiten verstellen könnte".[2653] Denkbar wäre, daß das Wappen Ottos IV. neben der Kaiserinwitwe Maria[2654] auch von dessen Neffen Otto dem Kind weiter verwendet wurde.[2655] Die Verbindung von welfischem Leopardenwappen und dem Adlerwappen des Reiches könnte für Herzog Otto das Kind entweder bei seinem Anspruch auf eine reichsfürstliche Stellung oder seit seiner Einsetzung als erster Herzog von Braunschweig-Lüneburg durch den mit ihm verwandten Kaiser Friedrich II. im Jahre 1235 eine erneute Bedeutung gefunden haben. So wurden bisher die Wappen und die Helmzier, die sich in Form von Glasmalereien im mittleren Chorfenster der Kirche des Franziskanerklosters in Braunschweig - an hervorgehobener Position also - befanden,[2656] als Wappen und Helmzier Kaiser Ottos IV. identifiziert.[2657] Die Zusammenhänge zwischen Otto IV. und den Franziskanern,[2658] insbesondere die in diese frühe Zeit gesetzten Gründungen von Franziskanerniederlassungen in Braunschweig[2659], Goslar[2660] und Köln[2661], bedürfen noch einer eingehenderen Überprüfung. Für Braunschweig jedenfalls lassen sich Franziskaner urkundlich erst während der Regierungszeit Herzog Ottos des Kindes belegen,[2662] und die Malereien im Franziskanerkloster könnten demgemäß durchaus auch das Wappen und die Helmzier dieses Fürsten darstellen. Jedenfalls ist die Helmzier, zwei mit Pfauenfedern verzierte Büffelhörner, schon diejenige Herzog Ottos des Kindes gewesen, was sich über das Siegel seiner Tochter Agnes von 1297 erschließen läßt.[2663] Die Hörner sollen angeblich durch Ottos Mutter, Helene von Dänemark, in das welfische Wappenbild gelangt sein.[2664]

Der gewichtigste Einwand gegen die mögliche Identifizierung des Otto IV. zugeschriebenen Wappens auf dem Quedlinburger Wappenkasten als das von Herzog Otto dem Kind war, daß sich auf dem Kasten zugleich auch das welfische Wappen mit zwei Leoparden befindet und daß diese Konstellation von zwei welfischen Wappen nur auf Otto IV. und seinen Bruder Pfalzgraf Heinrich zutreffen

2651 Himmelheber, S. 81.
2652 Siehe dazu unten im Exkurs 2. und 3.
2653 Fenske, Adel und Rittertum, S. 123. Vgl. Schwineköper, Heraldische Quelle, S. 972f.
2654 Siehe dazu Hucker, Otto IV., S. 354 und S. 579 mit Abb. 14 e.
2655 Vgl. dazu Hucker, Otto IV., S. 511.
2656 Spies, Nr. 76, S. 120.
2657 Spies, S. 120. Hucker, Otto IV., S. 269 und einschränkend S. 581f.
2658 Hucker, Otto IV., S. 265-276.
2659 Hucker, Otto IV., S. 268-271.
2660 Hucker, Otto IV., S. 271-273.
2661 Hucker, Otto IV., S. 273-276.
2662 Erste Erwähnung zu (1231 vor Dezember 31): UB Br. 2, S. 32, i. V. mit UB Br. 4, S. 396 (zur Datierung s. d.). Am 25. April 1249 appelliert Herzog Otto in Anwesenheit der Minderbrüder an den Papst; Druck: O.G. IV., S. 210; UB Hochstift Hildesheim 2, S. 412.
2663 Schmidt-Phiseldeck, Siegel, S. 7, Nr. 40.
2664 Grote, S. 332, der auf S. 318 aber noch feststellt, daß diese Helmzier erst seit 1287 im dänischen Königswappen nachweisbar wird. Schnath, S. 21. Röhrbein, S. 72. Hucker, S. 582.

könne.[2665] Aber auch diese Einschätzung muß korrigiert werden, da noch zu Lebzeiten Herzog Ottos des Kindes, nämlich im Jahre 1251, die zwei Leoparden als Wappenbild im Jungherrensiegel dessen ältesten Sohnes, des späteren Herzog Albrechts des Großen, nachweisbar sind.[2666] Demgemäß könnte der Wappenkasten durchaus auch in die Zeit Herzog Ottos des Kindes gehören und vielleicht anläßlich der Feierlichkeiten und Turnierkämpfe in Braunschweig bei der Hochzeit der Tochter Herzog Ottos des Kindes mit König Wilhelm (von Holland) im Jahre 1252[2667] angefertigt worden sein.

Abgesehen von den angesprochenen Problemen, die noch einer abschließenden Forschungsdiskussion harren, ist wohl eine Revision der bisherigen Einordnung des Kastens hinsichtlich der beiden darauf abgebildeten Turnierkämpfer, ihren Wappen zufolge Angehörige der Grafen von Dassel und von Wohldenberg, nötig. Diese und nicht Kaiser Otto IV. dürften nämlich als wichtigste Personen anzusehen sein.[2668] So befinden sich die beiden Turnierreiter nicht auf dem Deckel des Kastens, sondern auf der Vorderseite, und reiten nicht gegeneinander, sondern gegen das Schloß des Kastens an. Möglicherweise ist also in dieser Malerei in wahrsten Sinne des Wortes eine Schlüsselszene zu sehen. In diesem Zusammenhang müßte noch einmal die genaue Überlieferungsgeschichte des Stücks untersucht werden, insbesondere, ob der in den fünfziger Jahren dieses Jahrhunderts im Quedlinburger Rathaus wiederentdeckte Kasten überhaupt aus dem Quedlinburger Schatz herrührt, und wenn ja, ob er nicht durch einen weiblichen Angehörigen der letztgenannten Familien dahin gekommen sein könnte.[2669]

2.2 Ausblick: Die Überlieferung der Wappentingierung seit dem 14. Jahrhundert

Nach dem Quedlinburger Wappenkasten sind Tingierungen der Wappen von welfischen Ministerialenfamilien erst wieder im 14. Jahrhundert durch bildliche Darstellungen in Form von Stickereien überliefert.[2670] Zu berücksichtigen ist hier jedoch stets, daß Veränderungen der Farben durch Lichteinwirkung oder materialbedingt vorkommen können.

So findet sich zum Beispiel das Wappen der Herren von Wenden, "in Weiß zwei Sparren unbekannter Farbe", auf einem Behang (um 1300), der vermutlich aus dem nordöstlichen Niedersachsen stammt.[2671] Ferner lassen sich farbige Darstellungen von Wappen ministerialischer Familien für das zweite Drittel des 14. Jahrhunderts auf Falttischen nachweisen.[2672]

2665 Hucker, Otto IV., S. 511f.

2666 Orig.: StA WF 25 Urk 1037; Druck: O.G. III., S. 704; UB Herzöge Br.-Lb. 1, Nr. 35. Abb.: StA WF 5 Slg 3 Nr. 26. Schnath, Sachsenroß, Tafel 5, Abb.10. Vgl. Schmidt-Phiseldeck, Siegel, S. 5, Nr. 29. Vgl. auch im Kap. III. 1.3.2.

2667 1252 Januar 25, Reg. imperii V.1, Nr. 5057a. Zur Hochzeit und der bald darauf stattgefundenen Nachwahl Wilhelms in Braunschweig: Weinmann, S. 79f. Schneidmüller, Feiern, S. 174ff. mit den Quellen und der Literatur.

2668 So auch schon: Appuhn, Brautlade, S. 386. Fenske, Adel und Rittertum, S. 123.

2669 Vgl. dazu nur die noch erweiterungsfähige Liste der Äbtissinnen und Kanonissinnen des Stifts Quedlinburg bei Schulte, Exkurs XVI., S. 401-404.

2670 Grundlegend erschlossen durch Kroos.

2671 Kroos, S. 55, 127 sowie Abb. 132.

2672 Kohlhausen. H. Reinecke. Neubecker.

Für die neuzeitlichen Tingierungen der Wappen ursprünglich ministerialischer Familien ist zuallererst das Braunschweiger Schichtbuch Hermen Botes aus den Jahren 1510-1514 heranzuziehen,[2673] das "ein umfangreiches, ... illustriertes Verzeichnis der Wappen des Reichs, der Hansekontore, Kurfürsten, Bischöfe, Hansestädte, sonstigen Staaten, des Adels sowie des Braunschweiger Bürgertums"[2674] enthält. Es zeigt auch das Wappen der Herren von Wenden: Zwei blaue Sparren auf goldenem Grund mit grünen Herzen 6 : 5 : 3 belegt.[2675] Danach ist für die Wappentingierung der niederadligen Geschlechter zunächst die erste Ausgabe von Siebmachers Wappenbuch aus dem Jahr 1605 einschlägig, das Abbildungen in schwarz/weiß mit ausführlichen Farbbeschreibungen enthält.[2676] So wird darin beispielsweise das Wappen der schon Jahre vor der Drucklegung ausgestorbenen Familie der Herren von Wenden folgendermaßen beschrieben: "Ein gelber schild / die sparrn darinn schwartz / die bletlein grün / Auff dem Helm die federn alle schwartz / d' bausch unnd die helmdeck schwartz und gelb." (sic!).[2677] Neben den vielfältigen anderen genealogischen und heraldischen Veröffentlichungen ist danach insbesondere immer noch das umfangreiche dreibändige Werk von Medings aus dem 18. Jahrhundert wichtig,[2678] obschon es eine ganze Menge von Fehlinterpretationen aufweist.[2679]

Exkurs: Zum Siegel- und Wappenbild der Welfen

1 Heinrich der Löwe

Die Beziehung Heinrichs des Löwen zum Löwen als persönliches und familiäres Wappentier ist bekannt.[2680] In seinem ersten[2681] und zweiten[2682] Reitersiegel kommt im Schild ein steigender Löwe als Bild vor, während in weiteren Reitersiegeln der Löwe zugunsten eines Strahlenkranzes aufgegeben wird.[2683] Der Löwe darf nicht allein als ein persönliches Symbol gesehen, sondern muß der Familie der Welfen allgemein zugeordnet werden,[2684] da auch Welf VI. etwa zeitgleich mit Heinrich dem Löwen einen steigenden Löwen im Wappen führte.[2685] Nach dem Verlust seiner reichsfürst-

---

2673 Herzog-August-Bibliothek Wolfenbüttel, Cod. Guelf. 120 Extrav. Kopie desselben aus dem Jahr 1648: StadtA Br. H III 2, Nr. 19. Druck des Schichtbuches (ohne Abbildungen, aber mit Nennung der Wappen): Chroniken Stadt Braunschweig 16, S. 269-539. Zu Hermen Bote, seinem Umkreis und seiner Wirkung Schneidmüller, Landesherrschaft S. 95ff. mit der weiteren Literatur.

2674 Stadt im Wandel 1, S. 566.

2675 StadtA Br. H III 2, Nr. 19; S. 155, Nr. 59.

2676 Siebmacher, New Wapenbuch.

2677 Siebmacher, New Wapenbuch, Tafel 181.

2678 v. Meding.

2679 Vgl. dazu im Kap. II. 1.4.9.

2680 Siehe dazu u.a.: Schnath, Sachsenroß, S. 17f. Matthes. Hütt, S. 60ff. Althoff, Löwen.

2681 Im Gegensatz zu der Meinung Jordans in Urk. HdL, S. XLVI ist auf der einzigen erhaltenen Ausprägung dieses Stempels am Orig. HStA Han Cal. Or. 100 Bursfelde Nr. 6 (Urk. HdL Nr. 6) eindeutig ein steigender Löwe erkennbar. Abb.: Hasenritter, Siegeltafel, Nr. 1.

2682 Urk HdL, S. XLVI. Abb.: Hasenritter, Siegeltafel, Nr. 2. Meier, Siegelkunde, S. 22ff.

2683 Vgl. dazu Fenske, Adel und Rittertum, S. 96, S. 99f.

2684 Möglicherweise dürfte der Löwe hier als redendes Wappenbild verwendet worden sein. Schnath, Sachsenroß, S. 17. Anders neuerdings Seiler, der eine welfisch-sächsische Tradition des Löwen, zurückzuführen auf Kaiser Lothar III. und Herzog Heinrich den Stolzen, vermutet.

2685 Abb.: Hupp, S. 69. Meyer, Bürgerfreiheit, S. 278. Schüßler, S. 47, Abb. 12. Dazu und zur

lichen Stellung benutzte Heinrich der Löwe das sogenannte "Löwensiegel"[2686], wobei das Wappentier frei in einem runden Siegelfeld Gestalt annimmt.[2687] Da es einen nach rechts schreitenden, hersehenden Löwen zeigt, wäre aber im heraldischen Sinne eher die Bezeichnung "Leopardensiegel" dafür angebracht.[2688] Es ist somit festzuhalten, daß der Löwe in der Leopard-Variation als welfisches Wappentier schon von Heinrich dem Löwen geführt wurde.

2 Pfalzgraf Heinrich

Die ersten belegbaren Wappenbilder der Söhne Heinrichs des Löwen sind in den Siegeln Pfalzgraf Heinrichs zu erkennen.[2689] In dessem ersten Reitersiegel, das dieser allein als Pfalzgraf bei Rhein von (1195)/1196 bis 1197/(1198) benutzte,[2690] zeigt der Wappenschild als Bild einen Adler. Dieser darf keinesfalls als "staufischer" Adler gedeutet werden.[2691] Er sollte vielmehr sehr wahrscheinlich die reichsfürstliche Stellung des Siegelführenden ausdrücken, wie es zu der Zeit auch in den Siegeln weiterer Reichsfürsten zum Ausdruck kam.[2692] In Pfalzgraf Heinrichs zweitem Siegel von (1198)/1199 bis 1209 und drittem Siegel von (1209)/1212 bis 1227 kommen dann zwei Leoparden im Schild vor.[2693] Der Grund für diesen Wappenwechsel wird in erster Linie kaum als Ausdruck der politischen Anlehnung an Otto IV. zu deuten sein.[2694] Grundsätzlich sollte man vorsichtig sein, Typarwechsel in einen Kausalzusammenhang mit politischen Ereignissen zu bringen. Es ist jedenfalls nicht korrekt zu behaupten, der Pfalzgraf habe die Leoparden entweder dem Wappen des mit ihm verwandten englischen Königshauses entlehnt[2695] oder er habe die Leoparden gemindert aus dem Wappenbild seines königlichen Bruders übernommen[2696]. Zunächst einmal wäre schon die Bevorzugung des Wappenbildes mütterlicherseits, das hieße des Wappens des englischen Königs Heinrich II., gegenüber dem Wappenbild der väterlichen Familie und des Vaters ungewöhnlich. Beispiellos wäre jedoch die Übernahme des Wappenbildes von einem, wenn auch königlichen, Vetter.

---

welfischen Löwensymbolik im süddeutschen Raum siehe Fenske, Adel und Rittertum, S. 96. Vgl. auch Röhrbein, S. 88 Anm. 15. Schnath, Sachsenroß, S. 92, Anm. 14.

2686 Ausprägungen haben sich erhalten an: O. J. (um 1190), Orig.: HStA Han Cal. Or. 100 Wunstorf Nr. 1; Druck: Urk HdL Nr. 127. 1191 Juni 6, Orig.: StA WF 25 Urk 22; Druck: Urk HdL Nr. 128. 1194 April 2, Orig.: HStA Han Cal. Or. 33 Salem Nr. 1; Druck: Urk HdL Nr. 129. Zum Löwensiegel Schnath, Sachsenroß, S. 18 mit Abb. 4; und ausführlich mit Abbildungen Matthes. Bei dem von Matthes, S. 368f. vorgenommenen und von Hucker, Otto IV., S. 586 übernommenen und erweiterten Vergleich des schreitenden Löwen im Siegel Heinrichs des Löwen mit dem Löwen als Präfiguration Christi dürfte es sich allerdings um eine Überinterpretation handeln.

2687 Vgl. zu diesem Siegeltyp Fenske, Adel und Rittertum, S. 101f.

2688 Vgl. Schmidt-Phiseldeck, Siegel, S. XII. Matthes, S. 364 beschreibt nur die Haltung des Löwen.

2689 Zur Siegelführung Pfalzgraf Heinrichs mit Abbildungen der drei verschiedenen Ausprägungen Schneidmüller, Siegel.

2690 Schneidmüller, Siegel, S. 204.

2691 Anders: Schneidmüller, Siegel, S. 260. Hucker, Otto IV., S. 42.

2692 Fenske, Adel und Rittertum, S. 94 mit weiterer Literatur in Anm. 85. Aus einem ähnlichen Grund kommt der Adler dann noch einmal über 100 Jahre später in einem Rücksiegel Herzog Heinrichs des Wunderlichen als Pfalzgraf von Sachsen von 1320 (Schmidt-Phiseldeck, Siegel, S. 11, Nr. 65) vor. Siehe dazu Patze, Welfische Territorien, S. 25f.

2693 Schneidmüller, Siegel, S. 264.

2694 Dagegen: Fenske, Adel und Rittertum, S. 157. Hucker, Otto IV., S. 584.

2695 v. Praun, Siegel, S. 14f. Röhrbein, S. 70. Schnath, S. 20. Schwineköper, Heraldische Quelle, S. 52. Fenske, Adel und Rittertum, S. 157. Hucker, Otto IV., S. 43.

2696 Dagegen: Fenske, Adel und Rittertum, S. 157. Hucker, Otto IV., S. 584.

Entscheidend ist die Beobachtung, daß zu dieser Zeit ein typisches Wappen des englischen Königshauses noch nicht bestand oder aber gerade erst in Entstehung war.[2697] Die zwei Leoparden dürfte Pfalzgraf Heinrich mit großer Sicherheit auch nicht aus dem Wappen König Ottos IV. entnommen haben, zumal das Wappen Ottos IV. frühestens erst zehn Jahre später belegbar wird.[2698]

Der Hauptgrund für den Wappenwechsel in den Siegeln Pfalzgraf Heinrichs muß in der auch bei anderen Reichsfürsten zu beobachtenden Aufgabe des Adlers zugunsten von eher territorial und familiär geprägten Wappensymbolen gesehen werden.[2699] Pfalzgraf Heinrich fügte dabei nicht "angevinische"[2700] Leoparden in sein Siegel ein, sondern welfische, die erstmals in singulärer Form bei Heinrich dem Löwen nachweisbar sind. Daneben ist nicht eindeutig geklärt, ob nicht auch das Wappen des staufischen Pfalzgrafen einen Löwen enthalten haben könnte.[2701] Der Löwe als Wappentier bei den Staufern ist jedenfalls eindeutig belegt,[2702] und König Heinrich (VII.) führte als Herzog von Schwaben sogar drei Leoparden im Schild.[2703] Der Wappenwechsel Pfalzgraf Heinrichs geht außerdem mit der Veränderung der rechtlichen Bedeutung des Siegels einher, das Heinrich zugleich als Pfalzgraf bei Rhein und Herzog von Sachsen geführt hat. Entweder vermehrte Pfalzgraf Heinrich anläßlich der Vereinigung beider Titel in seiner Person den väterlichen Löwen/Leoparden, oder aber er kombinierte möglicherweise den welfischen mit dem pfalzgräflichen Löwen zu zwei übereinander schreitenden Leoparden.

Der Wechsel von Typar II zu Typar III war nicht mit einer Veränderung der Titelführung des Pfalzgrafen verbunden, weswegen dieser nicht überinterpretiert werden sollte.[2704] Ein Zusammenhang zwischen dem Typarwechsel nebst Ablösung der Lehnsfahne mit dem steigenden Löwen darin durch das Schwert und der Übertragung des Reichsverweseramtes an Pfalzgraf Heinrich durch Otto IV. im Jahre 1209 besteht aufgrund der zeitlichen Beschränkung des Amtes mit großer Wahrscheinlichkeit nicht.[2705] Zudem ist es keineswegs eindeutig, daß und ob der Wechsel der Siegeltypare tatsächlich im Jahre 1209 erfolgt war.[2706] Lange nach dem Tod Pfalzgraf Heinrichs kommt das Wappenbild dieses Fürsten noch einmal in dem ersten Siegel seiner Witwe, der Herzogin Agnes vor,[2707] und sollte sich zu dem traditionellen Wappenbild des sogenannten 'Alten Hauses Braunschweig' fortentwickeln.

2697 Fenske, Adel und Rittertum, S. 91ff. Hucker, Otto IV., S. 582ff.

2698 Hucker, Otto IV., S. 584. Diese Aussage bezieht sich auf die noch unsichere Datierung des Quedlinburger Wappenkastens in das Jahr 1209. Die Ausführungen bei Fenske, Adel und Rittertum, S. 157, der die Wappen Ottos IV. und Pfalzgraf Heinrichs in einen Kausalzusammenhang bringt, sind demgemäß zu korrigieren.

2699 Fenske, Adel und Rittertum, S. 94ff.

2700 So Hucker, Otto IV., S. 43.

2701 Vgl. dazu: Grote, S. 307f. Zeit der Staufer 1, S. 51.

2702 Gönner, S. 20.

2703 So in seinem Siegel zu (1216-1220): Zeit der Staufer 1, Abb. 21; 2, S. 48f.

2704 Schneidmüller, Siegel, S. 263. Dagegen: Hucker, Otto IV., S. 42f.

2705 Dagegen Hucker, Otto IV., S. 42f.

2706 Schneidmüller, Siegel, S. 263f.

2707 Erhalten an KlA Wienhausen Nr. 16 zu ca. 1241; fehlerhafter Auszug (nach HStA Han Cop. IX 02, Nr. 21): Pröve S. 37, Anm. 3. Das ursprünglich am Orig. KlA Wienhausen Nr. 1 zu 1233 April 24, Druck: O.G. III., S. 715 hängende Siegel fehlt heute. Schmidt-Phiseldeck, Siegel, Nr. 11, S. 2 zu ca. 1240. Abguß: StA WF 3 Slg 11. Fotografie des Abgusses: Zillmann, Abb. 5.

3 Kaiser Otto IV.

Kaiser Otto IV. führte ein Wappen, das in einem längsgespaltenen Schild rechts einen halben Adler und links drei übereinanderstehende Leoparden zeigte.[2708] Für die These von der Übernahme der drei Leoparden aus dem englischen Königswappen gilt das gleiche, was oben für das Wappenbild Pfalzgraf Heinrichs erörtert worden ist. Darüberhinaus ist die Annahme, daß Otto IV. mit der Führung von drei Leoparden im Wappen einen Anspruch auf den englischen Königsthron dokumentiert haben sollte,[2709] im Hinblick auf die tatsächlichen Verhältnisse innerhalb der englischen Königsfamilie vor dem Tod Richard I. Löwenherz und Johann I. Ohneland abzulehnen. Vor Otto IV. wäre zudem sein älterer Bruder Pfalzgraf Heinrich erbberechtigt gewesen.[2710] Wenn überhaupt, so dürfte Otto IV. englische Leoparden eigentlich nur als Graf von Poitou und Lehnsmann des englischen Königreiches[2711] geführt haben. Leider ist in dem Reitersiegel, das Otto zu dieser Zeit geführt hat,[2712] der Reiter so abgebildet, daß dessen Schild nach innen zeigt und somit kein Wappen sichtbar werden kann.[2713]

Die jüngst aufgefundene Abschrift einer Wappenrolle mit den Wappen der Teilnehmer an der Aachener Krönung Ottos IV. zeigt dagegen ein ganz anderes Wappen Ottos IV.[2714] Gegen die Authenzität dieser Wappenrolle ist allerdings zunächst einiges einzuwenden:

1.) Das Wappen Ottos IV. zeigt darin einen Adler, dem ein Mittel- oder Herzschild aufgelegt ist. Bei dem letzteren handelt es sich um eine späte heraldische Kunstform, die frühestens in der zweiten Hälfte des 13. Jahrhunderts nachgewiesen werden kann, eher jedoch im 14. Jahrhundert in allgemeinen Gebrauch kam. Die Kombination der Wappenbilder im Herzschild - längsgeteilt mit aufgerichtetem Löwen und zwei schreitenden Leoparden - entspricht dagegen jenem Wappenbild der Welfen, wie es in Variationen seit dem Aussterben des 'Alten Hauses Lüneburg' im 14. Jahrhundert und genau so seit dem 17. Jahrhundert verwendet wurde.[2715]

2.) Das Wappen der Frau Ottos IV., Maria von Brabant, wird wiedergegeben. Damensiegel kommen zwar schon im 12. Jahrhundert vor - man denke an Eleonore von Aquitanien[2716] - doch handelte es sich dabei bis weit in das 13. Jahrhundert hinein entweder um Portraitsiegel, wobei die Siegelführende meist als stehende Person oder im Falkenjagdmotiv dargestellt wird, oder aber es wird das Wappen des Gatten, bisweilen auch dasjenige der eigenen Familie, beigefügt. Dementsprechend führte auch Maria als Herzogin ein ganz anderes Wappen.[2717]

3.) Die Wappen und die Titel der Brüder Ottos IV., Pfalzgraf Heinrich und Wilhelm

---

2708 Zum Wappen Ottos IV. und der anderen Version des Wappens mit halbierten Leoparden sowie der weiteren Literatur: Hucker, Otto IV., S. 578-588. Schwineköper, Heraldische Quelle, S. 970ff.

2709 Dagegen Hucker, Otto IV., S. 583f.

2710 Bei Hucker, Otto IV., S. 16ff. nicht berücksichtigt.

2711 Vgl. zur dieser Stellung Ottos IV. Hucker, Otto IV., S. 13ff.

2712 1197 August 1 (die Siegelumschrift nicht mehr lesbar): Eygun, S. 160f., Nr. 7 mit Abb. Pl. LIII. Nr. 7.

2713 Siehe zu der Genese der Reitersiegel Fenske, Adel und Rittertum, S. 85ff.

2714 Paravicini.

2715 Vgl. dazu v. Schmidt-Phiseldeck, Siegel, S. XV.

2716 Eygun, S. 159f., Nr. 3 [zu 1152] mit Abb. Pl. LIII. Nr. 3, Nr. 4 [zu 1199] mit Abb. Pl. I Nr. 4, Nr. 5 [zu 1152] mit Pl. LIII. Nr. 5.

2717 Paravicini, S. 119.

von Lüneburg, lassen sich in dieser Form nicht nachweisen.[2718]
4.) Es kommen Wappen geistlicher Reichsfürsten vor. Für diese läßt sich das Führen eigener Wappen aber erst seit der zweiten Hälfte des 13. Jahrhunderts belegen und kann in dieser frühen Zeit nahezu ausgeschlossen werden. So sind denn auch die Wappen der geistlichen Fürsten in der Handschrift ausnahmslos nicht durch Zeichnungen wiedergegeben und auch nicht beschrieben.
Allein aufgrund dieser Beobachtungen müßte die Authenzität der Wappenrolle erneut überprüft werden. Möglicherweise lag nämlich dem Autor eher die Abschrift einer Namensliste der bei der Krönung Ottos IV. zugegenen Persönlichkeiten, nicht jedoch die einer Wappenrolle vor. Der Autor könnte dann - ganz im Sinne eines Gelehrten des 17. Jahrhunderts - versucht haben, den Personen individuelle Wappen zuzuordnen, was ihm aus vielerlei Gründen nur in begrenztem Rahmen möglich gewesen ist.[2719]

Wenn Matthew Paris in den drei Leoparden im Wappen Ottos IV. dasselbe Wappenbild wie bei den englischen Königen erblickt und davon herleitet,[2720] dann dürfte dies auf einer zufälligen Wappengleichheit und auf Courtoisie gegenüber dem heimischen Königshaus beruhen. Auch alle anderen späteren Legenden von einer Wappenannahme Heinrichs des Löwen aus dem des englischen Königs dürften hierin ihren Ursprung haben.[2721] Außerdem kommen zu dieser Zeit Löwen- oder/und Leopardenwappen in königlichen und fürstlichen Familien Europas außerordentlich häufig vor.[2722] In den Leoparden im Wappen Ottos IV. sind also ebenso wie in denjenigen Pfalzgraf Heinrichs in erster Linie welfische Leoparden zu sehen.[2723] Otto IV. führte davon drei in seinem Wappen - eine Menge, die möglicherweise dessen gehobene Stellung gegenüber seinen welfischen Brüdern dokumentieren sollte. So gesehen könnte in der Anzahl der Wappentiere, von einem Löwen bei Wilhelm von Lüneburg über zwei Leoparden bei Pfalzgraf Heinrich zu drei Leoparden bei Otto IV., eine nach außen hin sichtbare Art von Rangordnung gesehen werden.

4 Wilhelm von Lüneburg

Zum Wappenbild des jüngsten Sohnes Heinrichs des Löwen, Wilhelm von Lüneburg, lassen sich Aussagen zunächst nur anhand seiner drei verschiedenen Siegel treffen.[2724] Wilhelms Siegel entstanden offensichtlich in Anlehnung an das

2718 Siehe dazu oben in den Kapiteln 1.2 und 1.4. Vgl. Paravicini, S. 119f.
2719 Diese Einschätzung mindert den Quellenwert des Fundes hinsichtlich der personellen Zusammensetzung bei den Krönungsfeierlichkeiten Ottos IV. selbstverständlich nicht.
2720 Nach Hucker, Otto IV., S. 580f.
2721 Vgl. dazu Hucker, Otto IV., S. 583 mit Anm. 87.
2722 Vgl. dazu: v. Stumm. Hütt, S. 60.
2723 Dagegen Hucker, Otto IV., S. 587 und passim.
2724 1. Typar: Es haben sich keine Ausprägungen erhalten. Das Siegel hing an den den Urkunden zur ersten welfischen Teilung 1202 und ist durch die Faksimilen zweier Teilungsurkunden in den O.G. III., Tab. XXVII. und XXVIII als Abzeichnung erhalten. Weitere Abbildungen: O.G. III., Tab. XXV. (1) zu 1203; (nach O.G.:) StA WF 5 Slg Bd. 3, Nr. 15. 2. Typar: Erhalten zu 1204 November 26, Orig.: KlA Lüne Nr. 3; Druck: O.G. III., S. 855; Lüneburger UB 7, Nr. 29, und zu 1205, Orig.: KlA Lüne Nr. 4; Druck: O.G. III., S. 857. Siehe Schmidt-Phiseldeck Siegel Nr. 19, S. 3 zu 1205. Abbildungen: O.G. III., Tab. XXV. (2) zu 1204 u. 1205; (nach O.G.:) StA WF 5 Slg Bd.3, Nr. 16; Abguß: StA WF 3 Slg 19; Fotografie: Zillmann, Abb. 8. 3. Typar: Erhalten zu 1200, Orig.: KlA Lüne Nr. 2; Druck: O.G. III., S. 850; Lüneburger UB 7, Nr. 28; sowie zu 1209 August 28, Orig.: HStA Han Celle Or. 9 Schr. IX Caps. 44 Nr. 3; Druck: O.G. III., S. 858f.; UB Herzöge Br.-Lb. 1,

Leopardensiegel seines Vaters, zeigen aber keinen Leoparden, sondern einen schreitenden Löwen, wobei der Löwe als Siegelbild frei in einem runden Siegelfeld Gestalt annimmt. An dieser Siegelform und diesem Siegelbild orientierten sich alle Siegel der Herzöge von Braunschweig-Lüneburg im 13. Jahrhundert,[2725] ohne daß offenbar der schreitende Löwe Eintritt in die Wappen der späteren Lüneburger oder Braunschweiger Fürstentümer gefunden hätte.

5 Die Herzöge von Braunschweig-Lüneburg

In dem schreitenden Löwen ist das von Otto dem Kind bis weit in das 14. Jahrhundert gemeinsame Siegelbild aller welfischen Herzöge zu sehen.[2726] Daneben dürften sich im Laufe der Zeit für die Fürstentümer Lüneburg und Braunschweig unterschiedliche Wappentraditionen ausgeprägt haben. Dennoch wird das bisher ausschließlich dem sogenannten 'Alten Haus Braunschweig' zugeordnete Wappenbild mit zwei Leoparden auch im Lüneburger Fürstentum die Bedeutung eines Wappenbildes besessen haben, da die zwei Leoparden im Siegel der Gattin Herzog Johanns von Lüneburg vorkommen.[2727] Umgekehrt kommt der aufgerichtete Löwe des sogenannten 'Alten Hauses Lüneburg' durchaus auch in Siegeln der Braunschweiger Linie vor.[2728]

Weite Verbreitung hat die Meinung gefunden, daß die auf das Löwenwappen der Lüneburger Linie der Welfen gestreuten Herzen von der Tochter des dänischen Königs und Gattin Wilhelms von Lüneburg, Helena, herrührten[2729] und/oder daß dieses Wappenbild überhaupt gemindert aus dem dänischen Königswappen entlehnt worden sei[2730]. Dagegen spricht, daß die Herzen erstmals unter Herzog Otto dem Strengen, also zwei Generationen später, belegbar werden[2731] und daß bei einer Wappenminderung von den drei schreitenden Löwen des dänischen Königshauses schwerlich ein aufgerichteter Löwe entstanden sein kann.[2732] Einer weiteren Überprüfung bedarf allerdings die Tingierung der welfischen Wappen, welche aber erst viel später überliefert und dabei oft mit den Farben der genannten europäischen

---

Nr. 5. Siehe Schmidt-Phiseldeck Siegel Nr. 18, S. 3 zu 1200. Abb.: O.G. III., Tab. XXV. (5). Vgl. dazu Busch, S. 33 sowie im Kap. I. 1.4.1.

2725 Schmidt-Phiseldeck, Siegel, S. XII..

2726 Vgl. dazu auch Schnath, Sachsenroß, S. 19.

2727 Schmidt-Phiseldeck, Siegel, S. 6, Nr. 34.

2728 So im Siegel der Tochter Herzog Heinrichs des Wunderlichen, Mathilde, zu 1332: Schmidt-Phiseldeck, Siegel, S. 13, Nr. 82.

2729 Schnath, S. 20f. Vorsichtig Schmidt-Phiseldeck, Siegel, S. XIII.

2730 Grote, S. 333f., der auf S. 316f. noch gemeint hatte, daß es sich dabei um "eine Erdichtung" des 15. Jahrhunderts handele. Schnath, Sachsenroß, S. 20. Röhrbein, S. 72. Rabbow, Wappenbuch, S. 32. Rabbow, Symbole, S. 46. Das Wappen des Königs Waldemar II. von Dänemark, drei Löwen nach rechts auf mit Herzen bestreutem Grund, ist auf seinem Rücksiegel, Orig.: Stadtarchiv Lübeck Danica 4 von 1216 Mai 1, Druck: UB St. Lübeck 1, Nr. 15, gut erkennbar. Die Vorderseite zeigt Waldemars Thronsiegel.

2731 Vgl. Schmidt-Phiseldeck, Siegel, S. XIII. Ausschlaggebend ist das Sekretsiegel Herzog Ottos des Strengen von 1328, Schmidt-Phiseldeck, Siegel, S. 7, Nr. 43.

2732 Geht man von den politischen Ambitionen der welfischen Herzöge in der zweiten Hälfte des 13. Jahrhunderts und im beginnenden 14. Jahrhundert aus, dann wäre eine Wappenänderung bzw. -mehrung hinsichtlich der Verwandtschaft mit dem dänischen Königshaus eigentlich doch nur von Herzog Albrecht dem Großen zu erwarten gewesen. Und eine solche findet hier eben nicht statt. Vgl. zu dessen Statthalterschaft in Dänemark Bähr, S. 28ff. Albrechts Heiratsverträge mit König Erich V. von Dänemark haben sich erhalten: 1278 März 15, Orig.: StA WF 1 Urk 24; Druck: O.G. III., praef. S. 89. 1278 März 15, Orig.: StA WF 1 Urk 25; Druck: O.G. III., praef. S. 90.

Königshäuser identisch ist.[2733]

Pointiert abzulehnen ist sicherlich die Auffassung, daß die Wappen der Welfen und die daraus entstandenen Wappen der Herzogtümer Braunschweig und Lüneburg "in keinem [ihrer] Theile ... als solche(.) ursprünglich gewählte(.), sondern durchweg aus fremden Wappen abgeleitet"[2734] seien.

2733 Abzulehnen sind beispielsweise die Versuche einer Tingierung des steigenden Löwen im Siegel Heinrichs des Löwen bei Grote, S. 305f. und der zwei Leoparden im Jungherrensiegel Albrechts des Großen bei Röhrbein, S. 70 mit S. 88 Anm. 19. Dazu, daß die Tingierung des Rheinpfälzischen Wappens die gleiche wie die des Alten Hauses Braunschweig gewesen sei, Grote, S. 308.

2734 Grote, S. 334.

ZUSAMMENFASSUNG

Grundlegend für die Stellung der welfischen Ministerialität an der Wende vom 12. zum 13. Jahrhundert war die Zeit Heinrichs des Löwen, der die Politik seines Großvaters Kaiser Lothar III. fortsetzte, dabei in immer stärkerem Maße auch die Ministerialität für militärische Unternehmungen und für Aufgaben der Verwaltung heranzog und unter dem eine Gruppe ministerialischer Familien im engeren Dienst gesellschaftlich aufsteigen konnte. Hierfür stehen die durch welfische Ministerialen erfolgten Klostergründungen, ihre militärischen und verwaltungstechnischen Aufgaben unter Heinrich dem Löwen und ihre Machtstellung beim Sturz des Herzogs. Heinrich der Löwe hinterließ seinen Söhnen, Pfalzgraf Heinrich, Kaiser Otto IV. und Wilhelm von Lüneburg, kein Testament. Zeitverzögert traten diese nach seinem Tod im Jahre 1195 als Erben auf, wobei die Rolle des erstgeborenen Pfalzgraf Heinrich vorzuheben ist, durch den auch ein Ausgleich mit den staufischen Königen möglich gewesen wäre.

Das Königtum Ottos IV. erneuerte den Konflikt zwischen Staufern und Welfen und zwang die Welfen im Jahre 1202 zu einer Erbteilung ihrer Lande, die der Bedeutung Pfalzgraf Heinrichs nicht gerecht wurde. Auch verhinderte die Politik Kaiser Ottos IV. eine Wiederherstellung des welfischen Herzogtums. Hierin und in der Unzufriedenheit über die erste welfische Teilung lagen die Hauptmotive für den im Jahr 1204 erfolgten Abfall Pfalzgraf Heinrichs von seinem königlichen Bruder. Nach der allgemeinen Anerkennung König Ottos IV. und seiner Kaiserkrönung wurde die Teilung zwischen ihm und Pfalzgraf Heinrich faktisch aufgehoben. Dennoch fand auch jetzt eine Erneuerung des welfischen Herzogtums Sachsen oder eine Herzogserhebung Wilhelms von Lüneburg nicht statt und wurde durch Otto IV. auch nicht in Aussicht genommen.

Nach dem Tod Kaiser Ottos IV. im Jahr 1218 trat Pfalzgraf Heinrich gegenüber den Staufern und den benachbarten Reichsfürsten gemäßigt auf und bemühte sich um eine Neuordnung des welfischen Erbes. Neben der ungeklärten reichsfürstlichen Position war seit dem Tode seines Sohnes auch die Erbfolge der Welfen unsicher geworden. Pfalzgraf Heinrich setzte schließlich seinen Neffen Otto das Kind, den Sohn und Nachfolger Wilhelms von Lüneburg, zu seinem Erben im Braunschweiger Teil des welfischen Herrschaftsgebietes ein. Die Erbfolge Ottos des Kindes in Braunschweig versuchten im Jahr 1227 König Heinrich (VII.) und die benachbarten Bischöfe zu verhindern, wobei sie in Teilen der welfischen Ministerialität, insbesondere bei den Braunschweiger Hofamtsträgern und den Vögten von Braunschweig, Rückhalt fanden.

Der Zeitraum seit dem Sturz Heinrichs des Löwen bis zur Bildung des welfischen Herzogtums Braunschweig war durch mannigfaltige politische und familiäre Umbrüche in der Herrschaft der welfischen Fürsten geprägt. Der Verlust der reichsfürstlichen Stellung der Welfen beinhaltete auch für die welfische Ministerialität eine Bedeutungsminderung, die durch die Stellung Pfalzgraf Heinrichs als Reichsfürst zunächst zeitlich überbrückt werden konnte. Dagegen brachte das Kaisertum Otto IV. für den Teil der welfischen Ministerialität, der nach der ersten welfischen Teilung Otto zugefallen war, einen erheblichen Prestigegewinn mit sich. Erst der im Jahr 1235 zwischen Kaiser Friedrich II. und Herzog Otto dem Kind gewonnene Kompromiß, der die reichsfürstliche Stellung der Welfen mit der Schaffung eines Herzogtums neuen Typus wiederherstellte und der gleichzeitig

Herzog Otto das Kind als alleinigen welfischen Erben bestätigte, schuf für die welfische Ministerialität die Basis, auf der sie sich - von äußerlichen Einwirkungen nunmehr unbehelligt - als wichtigste Stütze der beginnenden Landesherrschaft in den werdenden niederen Adel entwickeln konnte.

Der Beginn eines sozialen Wandels läßt sich für die welfische Ministerialität schon unter Heinrich dem Löwen und verstärkt unter Pfalzgraf Heinrich und Kaiser Otto IV. feststellen. Die welfische Ministerialität konnte sich im ersten Drittel des 13. Jahrhunderts weiter emanzipieren, indem sie Lehen anderer Herren annahm und das Recht zur Vergabe eigener Lehen besaß. Diese Entwicklung kumulierte in der Führung des Rittertitels auch durch Ministerialen in der zweiten Hälfte des 13. Jahrhunderts. Dennoch läßt sich eine gesellschaftliche Verschmelzung der beiden ritterlichen Stände in den niederen Adel für das sächsische Gebiet im 13. Jahrhundert nicht feststellen. Die Standesgrenzen zwischen Familien edelfreier und ministerialischer Herkunft blieben bestehen, was sich unter anderem in der Zusammensetzung der Stiftskapitel sowie anhand der Urkunden und ihrer Zeugenreihen ausdrückte. Der soziale Wandel der welfischen Ministerialität ist in enger Anlehnung an die entstehende Landesherrschaft zu sehen. Der Dienst für den welfischen Fürsten und in der Nähe seines Hofes sicherte den Aufstieg ministerialischer Familien, während eine Entfernung vom welfischen Herrn die Gefahr des sozialen Abstiegs mit sich brachte. Bedeutende edelfreie Familien versuchten dagegen zunächst, sich auf der Grundlage kleinerer Herrschaftskomplexe einer Einvernahme durch die werdenden Landesherrschaften zu entziehen. Kleinen edelfreien Familien war diese Haltung nicht möglich, weswegen für diese um die Jahrhundertwende eine soziale Angleichung in den werdenden niederen Adel zu beobachten ist.

Innerhalb der Gesamtheit der welfischen Ministerialität ist eine Gruppe führender Familien auszumachen, die im engeren Hofdienst aufsteigen konnte. Deren Gros stellten insbesondere die Träger der Hofämter sowie in eingeschränktem Rahmen die Vögte von Braunschweig. Der Besitz von Vogteien bildete einen Hauptbestandteil der welfischen Herrschaft, wobei die Vogteirechte in der Regel durch welfische Ministerialen wahrgenommen wurden. So wurden die Braunschweiger Vögte seit der Zeit Lothars III. von Angehörigen einer welfischen Ministerialenfamilie gestellt. Deren Einfluß verging im Wandel der Braunschweiger Vogtei mit der Zersplitterung einer ursprünglich einheitlichen und umfassenden Gerichtsgewalt, der beginnenden städtischen Selbstverwaltung und der zeitlich befristeten Vergabe des herrschaftlichen Vogtamtes. Anhand von personengeschichtlichen Studien lassen sich von 1143 bis 1276 15 mit Braunschweig verbundene herrschaftliche Vögte mit ihren jeweiligen Amtszeiten, ihrer unterschiedlichen Titelführung und ihrer familiären Zugehörigkeit nachweisen. Die in der zweiten Hälfte des 13. Jahrhunderts häufiger auftretenden welfischen Vögte in den anderen Teilen des Herzogtums Braunschweig müssen in einem Zusammenhang mit der frühesten Entwicklung hin zu einer Amtsverfassung im beginnenden Teritorium bewertet werden. Das Vogtamt wurde dabei durch eine zeitlich befristete Vergabe vor der Gefahr bewahrt, zu einem Institut zu werden.

Die Errichtung der Hofämter unter Heinrich dem Löwen sowie deren lückenlose Fortführung unter den nachfolgenden welfischen Fürsten verdeutlichte nach außen hin die tatsächliche reichsfürstliche Stellung der Welfen oder ihren rechtlichen Anspruch darauf. Für die welfischen Fürsten läßt sich eine große Anzahl von

Hofamtsträgern nachweisen, deren hervorragende Stellung innerhalb des fürstlichen Gefolges durch ihre Stellung in den Zeugenreihen der Urkunden erkennbar ist.

Das von der Historia Welforum über die Einrichtung der Hofämter am welfischen Hof entworfene Bild stimmt mit der Wirklichkeit am Hof Heinrichs des Löwen und seiner Nachfolger nicht lückenlos überein. Statt der von dieser bedeutenden zeitgenössischen Quelle genannten Grafen kommen ausschließlich Ministerialen als Hofamtsträger in Sachsen vor, und das in der Historia Welforum erwähnte Hofamt des Bannerträgers läßt sich bei den Welfen zu keiner Zeit nachweisen. Dieser Widerspruch zwischen Faktizität und Historiographie dürfte sich daraus erklären lassen, daß letzteres lediglich ein Idealbild der Errichtung von Hofämtern entworfen haben wird.

Für die welfischen Fürsten können im 12. und 13. Jahrhundert 21 Truchsessen, 25 Marschälle, neun Schenken und acht Kämmerer nachgewiesen werden. Umfangreiche personengeschichtliche Studien ermöglichen es, ihre individuelle Position zum jeweiligen welfischen Herrn, ihre Titel- und Siegelführung sowie ihre familiäre Zugehörigkeit relativ genau zu erfassen. Die Hofämter waren unter den Welfen hierarchisch geordnet, wobei das Truchsessenamt durchweg als bedeutendstes Hofamt anzusehen ist. Danach standen die Hofämter des Marschalls und des Schenken, deren hierarchischer Unterschied nicht groß war. An letzter Stelle stand stets das Kämmereramt.

Konkrete Funktionen der welfischen Hofämter lassen sich nur bis zur Mitte des 13. Jahrhunderts für die Ämter des Truchsessen und des Marschalls mit Aufgaben in der Kriegsführung, der Verwaltung und im Richteramt nachweisen. Die Hofämter waren unter Heinrich dem Löwen, Wilhelm von Lüneburg und anfangs auch noch unter Pfalzgraf Heinrich nicht erblich. Entscheidend war zu dieser Zeit weiterhin die persönliche Bindung des Hofamtsträger an seinen Herrn. Seit Beginn des 13. Jahrhunderts läßt sich bei den Hofämtern im Braunschweiger Teil der welfischen Herrschaft eine familiengebundene Kontinuität in der Abfolge feststellen. Erblich wurden die welfischen Hofämter im ersten Drittel des 13. Jahrhunderts, wobei im Regelfall deren Vererbung vom Vater auf den erstgeborenen Sohn erfolgte.

In der zweiten Hälfte des 13. Jahrhunderts schwand die Bedeutung der Hofämter unter den welfischen Fürsten. Die Ursachen hierfür lagen erstens in der negativen Auswirkung der Erblichkeit der Hofämter, die das Heranziehen anderer fähiger Persönlichkeiten zu Ratgeberdiensten bewirkte, sowie zweitens in den Ergebnissen der zweiten und dritten welfischen Teilung. So wurden in Folge der zweiten Teilung im Jahr 1269 die Hofämter dem Braunschweiger Teil des welfischen Herzogtums zugeschlagen. Nach der in diesem Teil 1291 durchgeführten dritten Teilung verblieben die Hofämter den welfischen Fürsten ungeteilt. Die welfischen Hofämter verloren damit ihren Bezug auf den einzelnen welfischen Fürsten und dessen Hof und wurden in der ersten Hälfte des 14. Jahrhunderts bedeutungslos.

Die gestiegene soziale Stellung der welfischen Ministerialität findet im 13. Jahrhundert auch in der Siegel- und Wappenführung ihren Ausdruck. Die Siegelführung der welfischen Ministerialität stand seit dem Vorkommen des ersten ministerialischen Siegels im Jahre 1211 in keiner Weise derjenigen der gräflichen und edelfreien Geschlechter des gleichen geographischen Raumes nach. Die Genese der Siegelformen und Siegelbilder im 13. Jahrhundert läßt sich dabei lückenlos anhand der Siegelführung bedeutender ministerialischer Familien darstellen. Das Wappenwesen wurde im 13. Jahrhundert zu einem Merkmal der höfischen und ritterlichen Kultur. Sein hoher Standard im sächsischen Gebiet zeigt sich am Quedlinburger Wappenkasten, der in der ersten Hälfte des 13. Jahrhunderts im Umkreis der welfischen Fürsten entstand.

Das 13. Jahrhundert ist auch für die welfische Ministerialität in mehrfacher Hinsicht als eine entscheidende Epoche anzusehen, in der sie sich, auf den schon im 12. Jahrhundert geschaffenen Grundlagen aufbauend, von einem Stand ursprünglich unfreier Krieger zu einem ritterlichen Stand emanzipierte. Damit war die Herausbildung des niederen Adels möglich geworden, eines Standes, der für die Gesellschaft des späten Mittelalters bestimmend wurde und dessen Wirkung bis in die Neuzeit erhalten blieb.

QUELLEN- UND LITERATURVERZEICHNIS

1 Ungedruckte Quellen

Niedersächsisches Staatsarchiv Wolfenbüttel (StA WF)

Urkunden:

1 Urk	Gesamtarchiv des Fürstlichen Hauses Braunschweig-Lüneburg
2 Urk	Erbverträge in und zwischen den einzelnen Linien des Hauses Braunschweig-Lüneburg, Ahnenproben, Testamente
6 Urk	Reichsstift Gandersheim
7 Urk	Stift St. Blasius in Braunschweig
8 Urk	Stift St. Cyriacus vor Braunschweig
9 Urk	Kloster St. Aegidien in Braunschweig
12 Urk	Benediktinerkloster St. Ludger in Helmstedt
13 Urk	Benediktinerkloster Königslutter
14 Urk	Benediktinerinnenkloster St. Marien zu Gandersheim
17 Urk	Augustinerchorherrenstift St. Laurentius vor Schöningen
18 Urk	Augustinerchorfrauenstift Stederburg
19 Urk	Augustinerchorfrauenstift Marienberg vor Helmstedt
21 Urk	Zisterzienserkloster Amelungsborn
22 Urk	Zisterzienserkloster Mariental
23 Urk	Zisterzienserkloster Michaelstein
24 Urk	Zisterzienserkloster Riddagshausen
25 Urk	Zisterzienserkloster Walkenried
26 Urk	Zisterzienserinnenkloster St. Crucis vor Braunschweig
29 Urk	St. Annen-Konvent in der Burg Braunschweig
31 Urk	Deutschordenskommende Lucklum
32 Urk	Johanniterorden
63 Urk	Edelherren von Warberg
80 Urk	Herren von Marenholz
110 Urk	Braunschweigischer Adel
139 Urk	Varia Brunsvicensia

Handschriften:

VII A Hs 8	G. S. A. von Praun: Excerpta diplomatica ad genealogias illustrium familiarum in terris Brunsvico-Luneburgensibus et adjacentibus. Tomus 1: A-K; tomus 2: L-Z
VII A Hs 26 b	Urkundenregesten das Marschallsamt betreffend. Von G. Bode
VII A Hs 59	G. Bodes Zusammenstellungen zur Geschichte der Edlen von Meinersen 1143-1406 (I. Stammtafeln, Nachweise etc.; II. Regesten 1143-1393)
VII A Hs 64	Bruchstücke eines Lehnbuches der Edlen von Warberg aus dem Ende des 13. Jahrhunderts
VII A Hs 65	Von Borchard von Warberg im Jahre 1491 verfertigtes Kopialbuch nebst Inhaltsangabe aller Urkunden 1263-1491
VII A Hs 66	Kopial- und Lehenbuch der Edlen von Warburg/Sommerschenburger Linie 1373-1474
VII A Hs 67	Verzeichnis der Passiv- und Aktivlehen der Edlen von Warberg aus dem Anfang des 15. Jahrhunderts
VII A Hs 86	G. S. A. von Praun: Historisch-genealogische Nachricht von den ehemaligen Herren von Wolfenbüttel, den Grafen von Peine und Vögten zu Braunschweig, so sich von Dahlum und Wenden geschrieben, wie auch den Herren von der Asseburg und von Bartensleben 1749
VII A Hs 128	G. S. A. von Praun: Kurze historische Nachrichten von den Vögten zu Osterode
VII A Hs 111	G. S. A. von Praun: Abhandlungen von den ehemaligen Vögten zu Braunschweig und zu Lüneburg nebst diplomatischen Zusammenstellungen über die Familie von Dahlum und von Wenden
VII B Hs 101	Kopialbuch des Klosters Walkenried (Mitte XIII.)
VII B Hs 128	Kopialbuch des Stifts St. Blasius in Braunschweig (XVIII.)
VII B Hs 129	Kopialbuch des Stifts St. Blasius in Braunschweig (XIV.)
VII B Hs 288	Marienberger Siegelbuch aus dem Jahre 1725
VII B Hs 340	Kopialbuch des Klosters Mariental (XIII.)
VII B Hs 341	Kopialbuch des Klosters Mariental (XV.)
VII B Hs 342	Kopialbuch des Klosters Mariental (XVI.)
VII B Hs 359b	Fotokopie des Kopialbuches des Klosters Riddagshausen aus dem Landeshauptarchiv Magdeburg (XIV.)

VII C Hs 42	Abschriften von Original-Urkunden der Hannoverschen Klöster Lüne, Medingen und Wienhausen 1214-1436 von Archivsekretär W. Ehlers 1882
VII C Hs 92a	Rechnung der Dompropstei zu Naumburg, aller Einnahmen und Ausgaben. Von dem Verweser Hillebrand von Gerstenbüttel 1543-1544

Sammlungen:

1 Slg	Sammlung von Siegelabgüssen, angelegt von P. Zimmermann (†1923)
1A Slg	(Original-) Siegel und Lacksiegel
3 Slg	Abgüsse von Siegeln des herzoglichen Hauses Braunschweig und Lüneburg
5 Slg	G. S. A. v. Praun'sches Siegelkabinett. Bd. 1: Römische Könige und Kaiser (163 Stück). Bd. 2: Geistliche Personen, Stifte und Klöster (293 Stück). Bd. 3: Herzöge von Braunschweig-Lüneburg (255 Stück). Bd. 4: Kur- und altfürstliche Häuser (151 Stück). Bd. 5 und 6: Grafen und Herren (nicht nach dem Alphabet sortiert, 441 Stück). Bd. 7 (Buchstaben A-D), Bd. 8 (Buchstaben E-K), Bd. 9 (Buchstaben L-R), Bd. 10 (Buchstaben S-Z): Adel in Braunschweig-Lüneburg (736 Stück). Bd. 11: Stifte und Klöster in Braunschweig-Lüneburg (136 Stück). Bd. 12: Städte in Braunschweig-Lüneburg und benachbart (138 Stück)
32 Slg	Regestensammlung des Gymnasialdirektors H. Dürre in Wolfenbüttel (1819-1893)

Akten:

36 Alt 385	Verzeichnis der Urkunden im Fürstlichen Gesammt-Archive (sic!). Erstellt von Pertz und Hettling im Jahre 1826. [Darin mit roter Tinte Hinweise auf die nach dem Schloßbrand von 1830 erhaltenen Originale und deren Zustand]
264 N	von Marenholz auf Warxbüttel, Familien- und Gutsarchiv 1291-1965

Niedersächsisches Hauptstaatsarchiv Hannover (HStA Han)

Altes Archiv, Urkunden, Calenberger Originalarchiv:

Cal. Or. 33 Salem	Urkunden des Klosters Salem
Cal. Or. 100 Barsinghausen	Urkunden des Klosters Barsinghausen
Cal. Or. 100 Bursfelde	Urkunden des Klosters Bursfelde
Cal. Or. 100 Einbeck St. Marien	Urkunden des Stifts St. Marien in Einbeck
Cal. Or. 100 Fredelsloh	Urkunden des Klosters Fredelsloh
Cal. Or. 100 Hameln St. Bonifatius	Urkunden des Stifts St. Bonifatius in Hameln
Cal. Or. 100 Hilwartshausen	Urkunden des Klosters Hilwartshausen
Cal. Or. 100 Katlenburg	Urkunden des Klosters Katlenburg
Cal. Or. 100 Mariengarten	Urkunden des Klosters Mariengarten
Cal. Or. 100 Marienrode	Urkunden des Klosters Marienrode
Cal. Or. 100 Mariensee	Urkunden des Klosters Mariensee
Cal. Or. 100 Marienwerder	Urkunden des Klosters Marienwerder
Cal. Or. 100 Northeim St. Blasius	Urkunden des Stifts St. Blasius in Northeim
Cal. Or. 100 Osterode St. Jacob	Urkunden des Klosters St. Jacob in Osterode
Cal. Or. 100 Reinhausen	Urkunden des Klosters Reinhausen
Cal. Or. 100 Wennigsen	Urkunden des Klosters Wennigsen
Cal. Or. 100 Wunstorf	Urkunden des Stifts Wunstorf

Altes Archiv, Urkunden, Celler Originalarchiv:

Celle Or. 3 b	Urkunden des Klosters Michaelstein
Celle Or. 9	Einheimische Sachen (Urkunden)
Celle Or. 13	Urkunden der Grafschaft Hoya
Celle Or. 100 Bardowick	Urkunden des Stifts Bardowick
Celle Or. 100 Isenhagen	Urkunden des Klosters Isenhagen
Celle Or. 100 Lüneburg St. Michael	Urkunden des Klosters St. Michael in Lüneburg
Celle Or. 100 Lüneburg Stadt	Urkunden der Stadt Lüneburg
Celle Or. 100 Nenndorf	Urkunden des Klosters Nenndorf
Celle Or. 100 Oldenstadt	Urkunden des Klosters Oldenstadt
Celle Or. 100 Scharnebeck	Urkunden des Klosters Scharnebeck
Celle Or. 100 Wienhausen	Urkunden des Klosters Wienhausen
Celle Or. 101 Familie von Bülow	Urkunden der Familie von Bülow auf Essenrode [darin auch von Gerstenbüttel auf Essenrode]

Altes Archiv, Urkunden, Hildesheimer Originalarchiv:

Hild. Or. 2 Lamspringe	Urkunden des Klosters Lamspringe
Hild. Or. 2 Wöltingerode	Urkunden des Klosters Wöltingerode
Hild. Or. 2 Heiningen	Urkunden des Klosters Heiningen

Hild. Or. 3 Riechenberg	Urkunden des Klosters Riechenberg vor Goslar
Hild. Or. 3 Frankenberg	Urkunden des Klosters Frankenberg vor Goslar

Nichtstaatliches Schriftgut:

Kopiare	
Cop IX 02	Abschriften der Urkunden des Klosters Wienhausen
Siegel- und Siegelabgußsammlungen	
S 1	Siegelsammlung A
S 2	Siegelsammlung B
S 10	Siegelabgußsammlung A
S 11	Siegelabgußsammlung B

Landeshauptarchiv Sachsen-Anhalt, Magdeburg (LHA Magdeburg)

Urkunden:

Rep. U 1/2	Erzstift Magdeburg
Rep. U 5	Bistum Halberstadt bis 1648
Rep. U 7	Stift Unser Lieben Frauen in Halberstadt
Rep. U 8 a	Die im Stift Halberstadt gelegenen Stifter und Klöster, Städte, Dörfer und Rittergüter
Rep. U 9	Weltliches Stift Quedlinburg
Rep. U 12 c	Grafschaften Stolberg und Wernigerode [darin d = Kloster Ilsenburg]
Rep. U 21 a	Kloster Diesdorf (Altmark)

Staatsarchiv Stade (StA Stade)

Or. Altkloster	Urkunden des Klosters Buxtehude-Altkloster
Or. Zeven	Urkunden des Klosters Zeven
Dep. 8 Urk	Urkunden der Stadt Stade

Landesarchiv Schleswig-Holstein, Schleswig (LA Schleswig)

Urk.-Abt. 268	Urkunden des Domstifts Lübeck

Staatsarchiv Bückeburg (StA Bückeburg)

Schaumburg Orig. Dep. 2	Urkunden des Klosters Obernkirchen

Staatsarchiv Oldenburg (StA Oldenburg)

Best. 109 Ab. Nr.31	Kopialbuch des Klosters Wildeshausen

Staatsarchiv Bremen (StA Bremen)

Urkunden

Staatsarchiv Dresden (StA Dresden)

Urkunden

Staatsarchiv Münster (StA Münster)

Urkunden des Klosters Marienfeld	
Msc. VII. 1326	Kopialbuch des Klosters Marienfeld (XIII.)

Stadtarchiv Braunschweig (StadtA Br)

Urkunden:	
A I 1	Urkunden Rat der Stadt
A III 1	Urkunden der Martinikirche
A III 10	Urkunden des Spitals B. M. V.
A IV 10 : VI	Urkundenarchiv von Strombeck
Handschriften:	
H III 2 Nr.19	Kopie des Schichtbuches von Hermen Bote aus dem Jahr 1648

Stadtarchiv Hannover (StadtA Hannover)

Urkunden

Stadtarchiv Lübeck (StadtA Lübeck)

Urkunden

Universität Göttingen, Diplomatischer Apparat (Dipl. App. Göttingen)

Urkunden

Klosterarchiv Lüne (KlA Lüne)

Urkunden

Klosterarchiv Wienhausen (KlA Wienhausen)

Urkunden

Kloster- und Rittergutarchiv Dorstadt (KlA Dorstadt)

Urkunden

Herzog-August-Bibliothek, Wolfenbüttel

Cod. Guelf. 120 Extr.	Schichtbuch Hermen Botes aus dem Jahr 1514

2 Gedruckte Quellen

Annales S. Blasii Brunsvicenses. Ed. G. Waitz, in: MGH Scriptores 24, 1874, S. 824-827. (Annales S.Blasii)

Annales Colonienses maximi. Ed. G. H. Pertz, in: MGH Scriptores 17, 1861. S. 723-847. (Annales Colonienses maximi)

Annales Palidenses auctore Theodoro monacho. Ed. G. H. Pertz, in: MGH Scriptores 16, 1859. S. 48-98. (Annales Palidenses)

Annales Patherbrunnenses. Eine verlorene Quellenschrift des 12. Jahrhunderts aus Bruchstücken wiederhergestellt von P. Scheffer-Boichorst. Innsbruck 1870. (Annales Patherbrunnenses)

Annales Pegavienses et Bosovienses. Ed. G. H. Pertz, in: MGH Scriptores 16, 1859. S. 232-257. (Annales Pegavienses)

Annales Stadenses auctore Alberto. Ed. J. M. Lappenberg, in: MGH Scriptores 16, 1859. S. 271-379. (Annales Stadenses)

Annales Stederburgenses (Gerhard von Steterburg). Ed. G. H. Pertz, in: MGH Scriptores 16, 1859, S. 197-231. (Annales Stederburgenses)

Annales Weingartenses Welfici. Ed. G. H. Pertz, in: MGH Scriptores 17, 1861, S. 308-310. (Annales Weingartenses)
Archiv Bremen und Verden siehe unter Literatur.
Arnoldi Chronica Slavorum I.II. Hrsg. von G. H. Pertz (ex recensione J. M. Lappenbergii MGH Scriptores 21, 1868, S. 101-250). MGH Scrip. rer. Germ. 14, 1868. (Arnold von Lübeck)
Bege Burgen siehe unter Literatur.
v. Bilderbeck, C. L.: Sammlung ungedruckter Urkunden und anderer die Geschichte von Niedersachsen und sonderlich die Braunschweig-Lüneburgischen Lande erläuternden Nachrichten. I.-II. Göttingen und Hannover 1749-56. (Bilderbeck)
Burchardi praepositi Urspergensis chronicon. Ed. O. Holder-Egger et B. v. Simson. MGH Scrip. rer. Germ. 16, Hannover und Leipzig 1916. (Burchard von Ursberg)
Cassel, Joh. Phil.: Bremische historische Nachrichten und Urkunden. Bremen 1766. (Cassel)
Chronica ducum de Brunswick. Hrsg. von L. Weiland, in: MGH Deutsche Chroniken und andere Geschichtsbücher des Mittelalters II, 1877, S. 574-586. (Chronica ducum de Brunswick)
Chronica S. Petri Erfordensis moderna. Ed. O. Holder-Egger, in: Monumenta Erphesfurtensia. MGH Scrip. rer. Germ. 42, 1899, S. 117-442. (Chronica S. Petri Erfordensis moderna)
Chronica principum Saxoniae. Ed. O. Holder-Egger, in: MGH Scriptores 30, 1; 1896, S. 27-34. (Chronica princ. Saxoniae)
Braunschweigische Reimchronik. Hrsg. von L. Weiland, in: MGH Deutsche Chroniken und andere Geschichtsbücher des Mittelalters II, 1877, S. 430-573. (Br. Reimchronik)
Die Chroniken der niedersächsischen Städte. Braunschweig. (Bearb. von L. Hänselmann; 3: Hrsg. von J. Hansen.) Bd. 1-3. Leipzig 1868-1928. Die Chroniken der deutschen Städte vom 14. bis ins 16. Jahrhundert. Bd 6, 16, 35. (Chroniken Stadt Braunschweig 6, 16, 35)
Chronica regia Coloniensis (Annales maximi Colonienses). Ed. G. Waitz. MGH Scrip. rer. Germ. 27. Hannover 1880. (Chronica regia Coloniensis)
Chronicon S. Michaelis Luneburgensis. Ed. L. Weiland, in: MGH Scriptores 23, 1874, S. 394-399. (Chonicon S. Michaelis)
Chronicon Montis Sereni. Ed. E. Ehrenfeuchter, in: MGH Scriptores 23, 1874, S. 130-226. (Chronicon Montis Sereni)
Chronik und Totenbuch des Klosters Wienhausen. Eingeleitet und erläutert von H. Appuhn. Wienhausen 1986[3]. (Chronik Wienhausen)
Caesarius von Heisterbach: Dialogus miraculorum. Hrsg. von J. Strange. Bd. 1-2. Köln 1851. (Caesarius von Heisterbach)
Codex diplomaticus Alvenslebianus. Urkundensammlung zur Geschichte des Geschlechts von Alvensleben. Hrsg. von G. A. v. Mülverstedt. Bd.1-4. Magdeburg 1879-88. (Cod. dipl. Alvensleben.)
Codex diplomaticus Anhaltinus. Hrsg. von O. v. Heinemann. T. 1-6. Dessau 1867-83. (Cod. dipl. Anhalt.)
Codex diplomaticus Brandenburgensis siehe unter Riedel.
Codex diplomaticus Quedlinburgensis. Hrsg. von A. U. v. Erath. Frankfurt am Main 1764. (Cod. dipl. Quedlinburg.)
Diplomatarium monasterii Sancti Liudgeri prope Helmstede. Mitgeteilt von P. W. Behrends, in: Neue Mittheilungen aus dem Gebiet historisch-antiquarischer Forschungen Bd. 2, H. 3/4, 1836, S. 450-503; Bd. 3, H. 1, 1836, S. 88-102; H. 3, 1837, S. 73-90; Bd. 4, H. 2, 1839, S. 65-92. (Diplomatarium S. Ludgeri)
v. Ditfurth, Th.: Geschichte des Geschlechts von Ditfurth. T. 1: Regesten und Urkunden. Quedlinburg 1889. (v. Ditfurth)
Dobenecker, O.: Regesta diplomatica necnon epistolaria historiae Thuringiae. Bd. 1-4. 1896-1939. (Dobenecker)
Erath siehe unter Codex diplomaticus Quedlinburgensis.
Falke, J. F.: Codex traditionum Corbeiensium. Leipzig und Wolfenbüttel 1752. (Falke Trad. Corb.)
Fiedeler siehe unter Literatur.
Fragmentum poematis in laudem Henrici comitis Palatini ad Rhenum anno MCCIX. decantati ab anonymo Lotharingo, in: Joh. Georg Eccard [= Eckhart], Veterum monumentorum quaternio. Leipzig 1720, S. 49f. (Fragmentum poematis)
Gesta Treviorum continuata. Ed. G. Waitz, in: MGH Scriptores 24, 1879, S. 368-404. (Gesta Treviorum)
v. Gudenus, Frhr. Val. Ferd.: Sylloge I. variorum diplomatariorum monumentorumque veterum ... res Germanicas in primis vero Moguntinas illustrantium. Frankfurt am Main 1728. (Gudenus Sylloge)
Güter-Verzeichniß des ehemaligen Collegiatstiftes zu Walbeck aus dem 13. Jahrhundert, nebst einigen Urkunden. Mitgeteilt von P. W. Behrends, in: Neue Mittheilungen aus dem Gebiet historisch-antiquarischer Forschungen Bd. 2, H. 1, 1835, S. 38-61, S. 152. (Güter-Verzeichnis Walbeck)
Das Güterverzeichniß und das Lehnregister des Grafen Sigfid II. von Blankenburg aus den Jahren 1209-1227. Mitgeth. von G. Bode und G. A. Leibrock, in: Zeitschrift des Harz-Vereins für Geschichte und Alterthumskunde 2, H.3, 1869, S. 71-94. (Güterverzeichnis Blankenburg)
Harenberg, J. Ch.: Historia ecclesiae Gandershemensis cathedralis ac collegiatae diplomatica. Hannover 1734. (Harenberg)
Helmoldi presbyteri Bozoviensis cronica Slavorum. Ed. B. Schmeidler. MGH SS rer. Germ. 32, 1937. (Helmold von Bosau)

Helmoldi presbyteri Bozoviensis chronica Slavorum. Ed. ... B. Schmeidler ... curavit H. Stoob.-Helmold von Bosau: Slawenchronik. Neu übertragen und erläutert von H. Stoob. (Ausgewählte Quellen zur deutschen Geschichte des Mittelalters. Freiherr vom Stein-Gedächtnisausgabe 19) Darmstadt 1983. (Helmold von Bosau/Stoob)
Henrici Roslae, Nienborgensis Saxonis, Herlingsberga, in: Rerum Germanicarum tomi III. ed. H. Meibom iunior. Bd. 1, S. 755-783. (Heinrich Rosla)
v. Heinemann siehe unter Literatur.
Historia Welforum. Hrsg. von E. König, 1938 (Schwäbische Chroniken der Stauferzeit 1). (Historia Welforum)
Hugonis et Honorii chronicorum continuationes Weingartensis. Ed. L. Weiland, in: MGH Scriptores 21, 1868, S. 478-480. (Hugonis et Honorii cont. Weingarten.)
Inventar des Archivs des Bischöflichen Generalvikariats zu Paderborn. Hrsg. von J. Linneborn. (Veröffentlichungen der Historischen Kommission der Provinz Westfalen Beiband 2, 1.) Münster 1920. (Inventar Paderborn)
Die Lehnbücher der Herzöge von Braunschweig von 1318 und 1344/65. Hrsg. von B. Flentje und F. Henrichvark (Studien und Vorarbeiten zum Historischen Atlas Niedersachsens 27). Hildesheim 1982. (Lehnbücher Herzöge Braunschweig)
Leuckfeld, J. G.: Antiquitates Katlenburgenses. Leipzig-Wolfenbüttel 1713. (Leuckfeld Antiq. Katlenburg)
Leuckfeld, J. G.: Antiquitates Michaelsteinenses et Amelunxbornenses. Wolfenbüttel 1710. (Leuckfeld Antiq. Michaelstein)
Leuckfeld, J. G.: Antiquitates Poeldenses oder historische Beschreibung des vormahligen Stiffts Poelde Praemonstratenser Ordens. Wolfenbüttel 1707. (Leuckfeld Antiq. Poelde)
Lüneburger Lehnregister der Herzöge Otto und Wilhelm und der Herzöge Bernhard und Wilhelm Seculi XIV und XV, nebst einem Homburger, einem Hallermunder und einem Wölper Lehnregister. Mitgeth. von W. v. Hodenberg, in: Archiv für Geschichte und Verfassung des Fürstenthums Lüneburg 9, 1862, S. 1-102. (Lüneburger Lehnregister)
Leyser, P.: Historia comitum Wunstorpiensium ex diplomatibus aliisque Monumentis fide dignis. Ed. II. Helmstedt 1726. (Leyser)
Mader, J. J.: Antiquitates Brunsvicenses. Helmstedt 1678². (Mader Antiq. Brunsvic.)
Max Grubenhagen siehe unter Literatur.
Michels siehe unter Literatur.
Monumenta Boica XXIX. Ed. Academia scientiarum Boica. 1831. (Monumenta Boica 29)
Monumenta Germaniae Historica. Diplomatum regum et imperatorum Germaniae tomus VIII. Die Urkunden Lothars III. und der Kaiserin Richenza. Hrsg. von E. v. Ottenthal und H. Hirsch. Berlin 1957². (MGH D. Lothar III.)
Monumenta Germaniae Historica. Diplomatum regum et imperatorum Germaniae tomus X. Die Urkunden Friedrichs I. 1. (1152-1158) Bearb. von H. Appelt. 1975; 2. (1158-1167) Bearb. von H. Appelt. 1979; 3. (1168-1180) Bearb. von H. Appelt. 1985; 4. (1181-1190) Bearb. von H. Appelt. 1990; 5. Einleitung, Verzeichnisse. Bearb. von H. Appelt. 1990. (MGH D. Friedrich I.)
Monumenta Germaniae Historica. Legum Sectio IV. Constitutiones et acta publica imperatorum et regum tomus II. ed. L. Weiland. Hannover 1896. V. ed. J. Schwalm. Hannover 1909-13. (MGH Constitutiones II. V.)
Monumenta inedita rerum Germanicarum praecipue Bremensium. Ungedruckte zur Historie des Landes und der Stadt Bremen, auch angränzender Oerter, gehörige Nachrichten, Documente und Urkunden. Band 1. Hrsg. von Johann Vogt. Bremen 1749. (Monumenta inedita)
Meibom (d. Ä.), H.: Chronicon Riddagshusense. [1145-1620] Helmstedt 1620². (Meibom Chron.)
Meibom (d. Ä.), H.: Chronicon Riddagshusense. Übersetzt von G. Zimmermann. (Braunschweiger Werkstücke 61) Braunschweig 1983 (Meibom-Zimmermann Chron.)
Die drei Memorienbücher des Blasiusstifts in Braunschweig. Hrsg. von H. Dürre. Separatdruck aus der Zeitschrift des historischen Vereins für Niedersachsen 1884, S. 67-117 [Die beiden ältesten Memorienbücher des Blasiusstiftes in Braunschweig aus dem 12.-14. Jahrhundert], und 1886, S. 1-104 [Das Register der Memorien und Feste des Blasiusstiftes in Braunschweig]. Braunschweig 1886. (Memorienbücher St. Blasius)
Mencken, J. B. : Scriptores rerum Germanicarum praecipue Saxonicarum. Leipzig 1728-30. (Mencken Scrip. rer. Germ.)
Das Nekrologium des vormaligen hildesheimischen Klosters Dorstadt. Von E. F. Mooyer, in: Zeitschrift des Historischen Vereins für Niedersachsen 1849, S. 395-405. (Nekrologium Dorstadt)
Das Necrologium von S. Bonifacii in Halberstadt. Hrsg. von G. Schmidt, in: Zeitschrift des Harz-Vereins für Geschichte und Alterthumskunde 6, 1873, S. 392ff. (Nekrologium Halberstadt)
Das Nekrologium des Nonnenklosters Wöltingerode. Von E. F. Mooyer, in: Zeitschrift des Historischen Vereins für Niedersachsen 1851, S. 48-68. (Nekrologium Wöltingerode)
Pfeffinger Br. Hist. siehe unter Literatur.
v. Pistorius, F. W.: Amoenitates historico-iuridicae. Teil 7/8. Frankfurt und Leipzig 1737. (Pistorius)
Pratje siehe unter Literatur.
Prutz siehe unter Literatur.

Origines Guelficae. Tom. I. G. W. Leibniz, J. G. Eccard, J. D. Gruber consign. In lucem emiss. Ch. L. Scheidt. Hannover 1750; II. Ex manuscriptis G. W. Leibniz, J. G. Eccard, J. D. Gruber. Ed. Ch. L. Scheidt. Hannover 1751; III. Ex manuscriptis G. W. Leibniz, J. G. Eccard, J. D. Gruber. Ed. Ch. L. Scheidt. Hannover 1752; IV. Ed. Ch. L. Scheidt. Hannover 1753; V. Curante J. H. Jung. Hannover 1780. (O. G.)

Die Regesten der Erzbischöfe von Köln im Mittelalter. (Publikationen der Gesellschaft für Rheinische Geschichtskunde 21). Bd. 2 (1100-1205). Bearb. von R. Knipping. Bonn 1901. Bd. 3 (1205-1304). Bearb. von R. Knipping. Bonn 1909. (Reg. EB Köln 2. 3.)

Regesten zur Geschichte des Gräflich und Freiherrlich Grote'schen Geschlechts. Bearb. von W. Grotefend. Kassel 1899. (Reg. Grote)

Die Regesten der Edelherren von Homburg. Von H. Dürre, in: Zeitschrift des Historischen Vereins für Niedersachsen 1880, S. 1-168; 1881, S. 1-21. (Reg. v. Homburg)

Regesta imperii IV. Die Regesten des Kaiserreichs unter Lothar III. und Konrad III. 1. Abt. Lothar III. 1125 (1075)-1137. Neubearbeitet von W Petke. 1994. (Reg. imperii IV, 1)

Regesta imperii V. Die Regesten des Kaiserreichs unter Philipp, Otto IV., Friedrich II., Heinrich (VII.), Conrad IV., Heinrich Raspe, Wilhelm und Richard. Nach der Neubearbeitung und dem Nachlasse J. F. Böhmers neu hrsg. und erg. v. J. Ficker. 1. Könige und Kaiser. 1881-1882. 3. Einleitung und Register. Bearb. von F. Wilhelm. 1901. 4. Nachträge und Ergänzungen. Bearb. von P. Zinsmaier. 1983. (Reg. imperii V, 1; V, 3; V, 4)

Regesta archiepiscopatus Magdeburgensis. Sammlung von Auszügen aus Urkunden und Annalisten zur Geschichte des Erzstiftes und Herzogtums Magdeburg. Hrsg. von G. A. v. Mülverstedt. T. 1-3 [nebst] Register. Magdeburg 1876-99. (Reg. Magdeburg.)

Regesten der Pfalzgrafen bei Rhein. Bd. 1 von A. Koch und J. Wille. Innsbruck 1894. Bd. 2 von Graf L. v. Oberndorff. Innsbruck 1917. Nachträge. Ergänzungen und Berichtigungen von M. Krebs. Innsbruck 1939. (Reg. Pfalzgrafen bei Rhein)

Regesta Schaumburgensia. Die gedruckten Urkunden der Grafschaft Schaumburg in wörtlichen Auszügen zusammengestellt von C. W. Wippermann. (Zeitschrift des Vereins für Hessische Geschichte und Landeskunde 5. Suppl.). Kassel 1853. (Reg. Schaumburg.)

Regesten der Grafen von Schladen. Von H. Dürre, in: Zeitschrift des Harz-Vereins für Geschichte und Alterthumskunde 23, 1890, S. 235-291. (Reg. v. Schladen)

Schleswig-Holstein-Lauenburgische Regesten und Urkunden. Bearbeitet und herausgegeben von P. Hasse. Bd. 1-2. Hamburg-Leipzig 1885, 1886. (Reg. Schleswig-Holstein)

Regesta Thuringiae siehe unter Dobenecker

Die Regesten des Geschlechts von Wallmoden. Bearb. von H. Dürre. Wolfenbüttel 1892. (Reg. v. Wallmoden)

Regesten und Urkunden des Geschlechtes von Blankenburg-Campe. Hrsg. von A. H. A. Frh. v. Campe. Bd. 1-2. Berlin 1892-93. (Reg-Urk. v. Campe)

Regesten und Urkunden zur Geschichte des Klosters St. Georg in Stade. (Bremer Urkundenbuch 9. Veröffentlichungen der Historischen Kommission für Niedersachsen und Bremen 37. Quellen und Untersuchungen zur Geschichte Niedersachsens im Mittelalter 3). Bearb. von J. Bohmbach. Hildesheim 1982. (Reg.-Urk. S. Georg)

Rehtmeyer, Phil. J.: Antiquitates ecclesiasticae inclytae Urbis Brunsvigae ... oder der berühmten Stadt Braunschweig Kirchen-Historie. Bd. 1-4. Braunschweig 1707-1720. (Rehtmeyer Kirchen-Hist.)

Rehtmeyer Br. Hist. siehe unter Literatur.

Rerum Germanicarum tomi III. ed. H. Meibom iunior. Bd. 1-3. Helmstedt 1688. (Rer.Germ.)

Riedel, A. F. (Hrsg.): Codex diplomaticus Brandenburgensis. Sammlung der Urkunden, Chroniken und sonstigen Geschichtsquellen für die Geschichte der Mark Brandenburg und ihrer Regenten. Hauptteil A-D [nebst] Supplementband und Register [Bd. 1-41] Berlin 1838-69. (Riedel)

Sachsenspiegel Landrecht. Hrsg. von K. A Eckhardt. MGH Fontes iuris Germanici antiqui, N. S. 1, 1. 1973. (Sachsenspiegel Landrecht)

Sachsenspiegel Lehnrecht. Hrsg. von K. A Eckhardt. MGH Fontes iuris Germanici antiqui, N. S. 1, 2. 1973. (Sachsenspiegel Lehnrecht)

Sächsische Weltchronik. Hrsg. von L. Weiland, in: MGH Deutsche Chroniken II., 1877, S. 1-279. (Sächs. Weltchronik)

Scheidt, Ch. L.: Historische und diplomatische Nachrichten von dem hohen und niedern Adel in Teutschland. Hannover 1754. (Scheidt Vom Adel)

Scheidt, Ch. L.: Mantissa documentorum wodurch die Historischen und Diplomatischen Nachrichten von dem hohen und niedern Adel in Teutschland mit einigen 100 ungedruckten Urkunden von neuem bestärkt und erwiesen werden. Hannover 1755. (Scheidt Mantissa)

Scheidt, Ch. L.: Codex diplomaticus worinnen die Anmerkungen und Zusätze zu des Geheimen Raths von Moser Einleitung in das Braunschweig-Lüneburgische Staats-Recht durch viele größten Theils ungedruckte Urkunden ihren weiteren Beweis und Erläuterung erhalten. Göttingen 1757. (Scheidt Cod. dipl.)

Schwabenspiegel Kurzform I. Hrsg. von K. A. Eckhardt. MGH Fontes iuris Germanici antiqui, N. S. 4, 1. 1960. (Schwabenspiegel)

Scriptores rerum Brunsvicensium. Hrsg. von G. W. Leibniz. Bd. 1-3. Hannover 1707, 1710-11. (Scrip. rer. Brunsvic.)
Schmidt Martinskirche siehe unter Literatur.
Stumpf-Brentano, K. F.: Die Reichskanzler. Band 2: Die Kaiserurkunden des 10., 11. und 12. Jahrhunderts. Band 3: Acta imperii inedita. Innsbruck 1865-1883, ND Aalen 1964. (Stumpf-Brentano 1. 2.)
Sudendorf Wildeshausen siehe unter Literatur.
Sudendorf, H.: Registrum oder merkwürdige Urkunden für die Deutsche Geschichte. Bd. 1 -3. 1849-1854. (Sudendorf Registrum).
Das Totenbuch des Klosters. (Nach einer der Abschriften Strackes), in: Zum Jubiläum des Klosters Loccum 1163 bis 1913. Geschichte des Klosters. Von Lic. Fr. Schultzen. Hannover 1913. S. 240-247. (Totenbuch Loccum)
Trad. Corb. siehe Falke.
Auszüge ungedruckter Urkunden des Klosters Bronnbach von 1157 bis 1230, in: Zeitschrift für die Geschichte des Oberrheins 2, 1851, S. 291-309. (Urk. Bronnbach)
Urkunden nebst historischen Nachrichten, betreffend die Kirchen und Pfarren einiger Orte des Königlich Hannoverschen Amtes Fallersleben und des anliegenden Herzoglich Braunschweigischen Landes. Von P. W. Behrends, in: Archiv des Historischen Vereins für Niedersachsen 1849, S. 21-67. (Urk. Fallersleben)
Die Urkunden und urbariellen Aufzeichnungen des Augustiner-Chorherren-Stifts Hamersleben (1108-1462). Bearb. von W. Zöllner. (Studien zur katholischen Bistums- und Klostergeschichte 17) Leipzig 1979. (Urk. Hamersleben)
Die Urkunden Heinrichs des Löwen, Herzogs von Sachsen und Bayern. Bearb. von K. Jordan. (Monumenta Germaniae Historica. Die deutschen Geschichtsquellen des Mittelalters 500-1500. Laienfürsten- und Dynastenurkunden 1) Weimar 1949. (Urk. HdL)
Die Urkunden des Benedictinerklosters Homburg bei Langensalza aus den Jahren 1136-1226. Mitgeteilt von E. G. Förstemann, in: Neue Mittheilungen aus dem Gebiet historisch-antiquarischer Forschungen Bd. VII, Heft 4. Halle 1846. (Urk. Kl. Homburg)
Urkunden der Familie von Saldern. Bearb. von O. Grotefend. Bd. 1-2. (Veröffentlichungen der Historischen Kommission für Hannover, Schaumburg-Lippe und Bremen 13). Hildesheim-Leipzig 1832-38. (Urk. v. Saldern)
Urkunden zur Geschichte des Klosters Schönau bei Heidelberg (von 1200 bis 1392). Von F. J. Mone, in: Zeitschrift für die Geschichte des Oberrheins 7, 1856. (Urk. Schönau)
Die Kaiserurkunden des X., XI. und XII. Jahrhunderts chronologisch verzeichnet als Beitrag zu den Regesten und zur Kritik derselben. Hrsg. von K. F. Stumpf, in: Die Reichskanzler vornehmlich des X., XI. und XII. Jahrhunderts. II. Innsbruck 1865. (Stumpf Kaiserurkunden)
Die Urkunden des Klosters Stötterlingenburg. Bearb. von C. v. Schmidt-Phiseldeck (Geschichtsquellen der Provinz Sachsen und angrenzender Gebiete 4). Halle 1874. (Urk. Stötterlingenburg)
Urkundenauszüge zur Geschichte der Stadt Einbeck bis zum Jahre 1500. Hrsg. von W. Feise. Einbeck 1959. Orts- und Personenregister von E. Plümer, 1961. (Urk. Einbeck)
Die Urkunden des Stifts Walkenried. Bd. 1-2. Bearb. von A. Hettling, W. Ehlers und C. L. Grotefend. (Urkundenbuch des Historischen Vereins für Niedersachsen 2. 3.). Hannover 1852-1855. (Urk. Walkenried)
Asseburger Urkundenbuch. Urkunden und Regesten zur Geschichte des Geschlechtes Wolfenbüttel-Asseburg und seiner Besitzungen. Hrsg. von J. Graf v. Bocholtz-Asseburg. T. 1-3. Hannover 1876-1905. (Asseburger UB)
Urkundenbuch des Klosters Berge bei Magdeburg. Bearb. von H. Holstein (Geschichtsquellen der Provinz Sachsen und angrenzender Gebiete 9). Halle 1879. (UB Kl Berge)
Urkundenbuch der Collegiat-Stifte S. Bonifacii und S. Pauli in Halberstadt. Hrsg. von G. Schmidt (Geschichtsquellen der Provinz Sachsen 13). Halle 1881. (UB S. Bonifacii u. S. Pauli)
Urkundenbuch zur Geschichte der Herren von Boventen. Bearbeitet von J. Dolle (Veröffentlichungen der Historischen Kommission für Niedersachsen und Bremen 37, Quellen und Untersuchungen zur Geschichte Niedersachsens im Mittelalter 16). Hannover 1992. (UB v. Boventen)
Urkundenbuch der Stadt Braunschweig. Bd. 1 und 2 hrsg. von L. Hänselmann. Bd. 3 hrsg. von L. Hänselmann und H. Mack. Bd. 4 hrsg. von H. Mack. Braunschweig 1873-1912. Bd. 5 hrsg. von M. R. W. Garzmann, bearb. von J. Dolle (Veröffentlichungen der Historischen Kommission für Niedersachsen und Bremen 36. Quellen und Darstellungen zur Geschichte Niedersachsens im Mittelalter 17. Braunschweiger Werkstücke 88). Hannover 1994. (UB Br.)
Calenberger Urkundenbuch. Hrsg. von W. v. Hodenberg. Abt. 1. Archiv des Klosters Barsinghausen. [Abt. 2 fehlt]. Abt. 3 Archiv des Stifts Loccum. Abt. 4 Archiv des Klosters Marienrode (Urkundenbuch des Historischen Vereins für Niedersachsen 4). Abt. 5 Archiv des Klosters Mariensee. Abt. 6 Archiv des Klosters Marienwerder. Abt. 7 Archiv des Klosters Wennigsen. Abt. 8 Archiv des Klosters Wülfinghausen. Abt. 9 Archiv des Stifts Wunstorf. Hannover 1855-59. (Calenberger UB 1. 3-9)
Urkundenbuch des in der Grafschaft Wernigerode belegenen Klosters Drübeck. Bearb. von E. Jacobs (Geschichtsquellen der Provinz Sachsen 5). Halle 1874. (UB Kl. Drübeck)

Urkundenbuch des Klosters Ebstorf. Bearb. von K. Jaitner (Lüneburger Urkundenbuch 3. Veröffentlichungen der Historischen Kommission für Niedersachsen und Bremen 37. Quellen und Forschungen zur Geschichte Niedersachsens im Mittelalter 7). Hildesheim 1985. (UB Ebstorf)

Urkundenbuch des Eichsfeldes. Teil 1. Bearb. von A. Schmidt (Geschichtsquellen der Provinz Sachsen und des Freistaates Anhalt N.R. 13). Magdeburg 1933. (UB Eichsfeld)

Urkundenbuch des Stifts Fredelsloh. Bearb. von M. Hamann (Veröffentlichungen der Historischen Kommission für Niedersachsen und Bremen 37. Quellen und Untersuchungen zur Geschichte Niedersachsens im Mittelalter 6). Hildesheim 1983. (UB Fredelsloh)

Urkundenbuch der Stadt Goslar und der in und bei Goslar belegenen geistlichen Stiftungen. T. 1-5. Bearb. von G. Bode u. U. Hölscher (Geschichtsquellen der Provinz Sachsen und angrenzender Gebiete 29-32; 45). Halle-Berlin 1893-1922. (UB Goslar)

Urkundenbuch der Stadt Göttingen bis zum Jahre 1400. Bd. 1. Hrsg. von G. Schmidt (Urkundenbuch des Historischen Vereins für Niedersachsen 5). Hannover 1863. (UB Göttingen)

Urkundenbuch des Hochstifts Halberstadt und seiner Bischöfe. Bd. 1-4. Hrsg. von G. Schmidt (Publicationen aus den Königlich Preußischen Staatsarchiven 17. 21. 27. 40). Leipzig 1883-89. (UB Hochstift Halberstadt)

Urkundenbuch der Stadt Halberstadt. Hrsg. von G. Schmidt. (Geschichtsquellen der Provinz Sachsen 7) Halle 1878-1879. (UB Stadt Halberstadt)

Hamburgisches Urkundenbuch. Bd. 1. Hrsg. von J. M. Lappenberg. Hamburg 1907. (Hamburger UB)

Urkundenbuch des Stiftes und der Stadt Hameln. Bd. 1-2. Hrsg. von O. Meinardus und E. Fink. Hannover-Leipzig 1887, 1903. (UB Hameln)

Urkundenbuch der Stadt Hannover. Teil 1. Hrsg. von C. L. Grotefend und G. F. Fiedeler (Urkundenbuch des Historischen Vereins für Niedersachsen 5). Hannover 1860. (UB Hannover)

Hansisches Urkundenbuch. Bd.1. Bearb. von K. Höhlbaum. Halle 1876. (Hansisches UB)

Urkundenbuch zur Geschichte der Herzöge von Braunschweig und Lüneburg und ihrer Lande. Gesammelt und hrsg. von H. Sudendorf. Bd. 1-10. Bd. 11 Register von C. Sattler. Hannover und Göttingen 1859-1883. (UB Herzöge Br.-Lb.)

Urkundenbuch des Hochstifts Hildesheim und seiner Bischöfe. Hrsg. von K. Janicke u. H. Hoogeweg. T. 1-6 (1 = Publicationen aus den Königlich Preußischen Staatsarchiven 65. 2-6 = Quellen und Darstellungen zur Geschichte Niedersachsens 6. 11. 22. 24. 28). Hannover und Leipzig 1896-1911. (UB Hochstift Hildesheim)

Urkundenbuch der Stadt Hildesheim. Bd. 1-8. Hrsg. von R. Doebner. Glossar zu T. 1-4 von H. Brandes. Hildesheim 1881-1901. (UB Stadt Hildesheim)

Hodenberger Urkundenbuch. Hrsg. von W. v. Hodenberg. Hannover 1858. (Hodenberger UB)

Hoyer Urkundenbuch. Hrsg. von W. v. Hodenberg. Abt. 1-8. 1848-1855. (Hoyer UB)

Urkundenbuch des in der Grafschaft Wernigerode belegenen Klosters Ilsenburg. Bearb. von E. Jacobs. Hälfte 1. 2. (Geschichtsquellen der Provinz Sachsen und angrenzender Gebiete 6). Halle 1875-77. (UB Ilsenburg)

Urkundenbuch der Deutschordens-Commende Langeln und der Klöster Himmelpforten und Waterler in der Grafschaft Wernigerode. Bearb. von E. Jacobs (Geschichtsquellen der Provinz Sachsen und angrenzender Gebiete 15). Halle 1882. (UB Langeln)

Urkundenbuch des Bisthums Lübeck, T. 1 [bis 1341]. Codex Diplomaticus Lubecensis, 2. Abt. Hrsg. von Wilhelm Leverkus. Oldenburg 1856. (UB Bm. Lübeck)

Urkundenbuch der Stadt Lübeck. Codex diplomaticus Lubecensis. Hrsg. von dem Verein für Lübeckische Geschichte. Bände 1-4. Bearb. von F. Aschenfeldt und F. Grauthoff. Lübeck 1843 ff. (UB St. Lübeck)

Lüneburger Urkundenbuch. Bearb. von W. v. Hodenberg u. a. Bd. 5: Archiv des Klosters der Mutter Maria zu Isenhagen. Bd. 7: Archiv des Klosters S. Michaelis zu Lüneburg. Bd. 15: Archiv des Klosters S. Johannis zu Walsrode. Hannover-Celle 1859-70. (Lüneburger UB 5. 7. 15)

Urkundenbuch der Stadt Lüneburg bis zum Jahre 1369. Hrsg. von W. F. Volger. Band 1-2. (Urkundenbuch des Historischen Vereins für Niedersachsen 8. 9.) Hannover 1872 ff. (UB Stadt Lüneburg)

Urkundenbuch des Erzstifts Magdeburg. Bearb. von F. Israel unter Mitw. von W. Möllenberg. T. 1 (Geschichtsquellen der Provinz Sachsen und des Freistaates Anhalt N. R. 18). Magdeburg 1937. (UB Erzst. Magdebg.)

Marienroder Urkundenbuch siehe Calenberger UB 4.

Me(c)klenburgisches Urkundenbuch. Hrsg. von dem Verein für Meklenburgische Geschichte und Altertumskunde. Bd. 1-25. Schwerin 1863-1936. (Mecklenburgisches UB)

Urkundenbuch des Hochstifts Merseburg. Bearb. von P. Kehr. T. 1 (Geschichtsquellen der Provinz Sachsen und angrenzender Gebiete 36). Halle 1899. (UB Merseburg)

Urkundenbuch zur Geschichte der mittelrheinischen Territorien. Bd. 2. Bearb. von H. Beyer, L. Eltester, A. Goerz. Koblenz 1865. (UB Mittelrhein)

Urkundenbuch für die Geschichte des Niederrheins. Bd. 1-2. Hrsg. von Th. J. Lacomblet. Düsseldorf 1840 und 1846 (UB Niederrhein)

Urkundenbuch des Stifts Obernkirchen. Hrsg. von C. W. Wippermann. Rinteln 1855. (UB Obernkirchen)

Urkundenbuch des Klosters Osterholz. Bearb. von H.-H. Jarck (Veröffentlichungen der Historischen Kommission für Niedersachsen und Bremen 37. Quellen und Untersuchungen zur Geschichte Niedersachsens im Mittelalter 5). Hildesheim 1982. (UB Osterholz)
Urkundenbuch zur Geschichte der Bischöfe zu Speyer. Bd. 1-2. Von F. X. Remling. Mainz 1852-1853, ND Aalen 1970. (UB Bm. Speyer).
Urkundenbuch der Stadt Stade. Bearb. von J. Bohmbach (Veröffentlichungen der Historischen Kommission für Niedersachsen und Bremen 37. Quellen und Untersuchungen zur Geschichte Niedersachsens im Mittelalter 4). Hildesheim und Stade 1981. (UB Stade)
Urkundenbuch des Klosters Unser Lieben Frauen zu Magdeburg. Bearb. von G. Hertel (Geschichtsquellen der Provinz Sachsen 10). Halle 1878. (UB Unser Lieben Frauen)
Urkundenbuch der Stadt Wernigerode bis zum Jahre 1460. Hrsg. von E. Jacobs (Geschichtsquellen der Provinz Sachsen und angrenzender Gebiete 25) Halle 1891. (UB Wernigerode)
Westfälisches Urkundenbuch. Bd. 3 Die Urkunden des Bistums Paderborn vom Jahr 1201-1300. Hrsg. von R. Wilmans, H. Finke, H. Hoogeweg. 1874-1894. (UB Westfalen 3)
Würtembergisches Urkundenbuch. Hrsg. vom Königlichen Staatsarchiv in Stuttgart. Bd. 2 (1138-1212) Stuttgart 1858. ND Aalen 1972. Bd. 3 (1213-1240) Stuttgart 1871. ND Aalen 1974. Bd. 4 (1241-1252) Stuttgart 1883. ND Aalen 1974. (UB Würtemberg 2. 3. 4.)
Die Vizedominatsrechnungen des Domstifts S. Blasii zu Braunschweig 1299-1450. Hrsg. von H. Goetting und H. Kleinau. Göttingen 1958. (Vizedominatsrechnungen S. Blasii)
Vogell, F.: Versuch einer Geschlechts-Geschichte des Reichsgräflichen Hauses von Schwicheldt. [Nebst] Urkunden. Celle 1823. (Vogell v. Schwicheldt)
Wedekind, A. Chr.: Noten zu einigen Geschichtsschreibern des Deutschen Mittelalters. Bd. 1-3, Hamburg 1823-1836. (Wedekind)
Wolter, Heinrich: Chronica Bremensis, in: Rer. Germ. III., Bd. 2, S. 19-82. (Wolter)
Würdtwein, S. A.: Chronicon diplomaticum monasterii Schoenau in sylva Odoniana ord. Cisterciensis. Mannheim 1793. (Würdtwein Chronicon)

3 Literatur

Ahlhaus, J.: Geistliches Patronat und Inkorporation in der Diözese Hildesheim im Mittelalter. Freiburg i. Br. 1928. (Ahlhaus)
Ahrens, J.: Die Ministerialität in Köln und am Niederrhein. Diss. Leipzig 1908. (Ahrens)
Althoff, G.: Löwen als Begleitung und Bezeichnung des Herrschers im Mittelalter, in: Die Romane von dem Ritter mit dem Löwen. Hrsg. von X. von Ertzdorff unter ... Mitarbeit von R. Schulz (Chloe. Beihefte zum Daphins 20), Amsterdam-Atlanta 1994, S. 119-134. (Althoff, Löwen)
Andermann, K.: Die Hofämter der Bischöfe von Speyer, in: Zeitschrift für die Geschichte des Oberrheins 140, 1992, S. 127-187. (Andermann)
Appuhn, H.: Brautlade mit den Wappen Kaiser Ottos IV. und seiner Anhänger, in: Zeit der Staufer. Geschichte-Kunst-Kultur. Katalog der Ausstellung. Hrsg. von R. Haussherr. Bd. 1. Stuttgart 1977, S. 386. (Appuhn, Brautlade)
Archiv des Historischen Vereins für Niedersachsen (AHVNds.) siehe Zeitschrift des Historischen Vereins für Niedersachsen.
Archiv des Vereins für Geschichte und Alterthümer der Herzogthümer Bremen und Verden und des Landes Hadeln zu Stade 3, 1869. (Archiv Bremen und Verden)
Aubin, H.: Die Verwaltungsorganisation des Fürstbistums Paderborn im Mittelalter. Berlin 1911. (Aubin)
Bähr, A.: Albrecht I., Herzog zu Braunschweig und Lüneburg (1252-1279), in: Jahrbuch des Geschichtsvereins für das Herzogtum Braunschweig 13, 1914, S. 1-62. (Bähr)
Bär, M.: Übersicht über die Bestände des Staatsarchivs zu Hannover. (Mitteilungen der Preußischen Archivverwaltung 3) Leipzig 1900. (Bär)
Bärmann, J.: Die Städtegründungen Heinrichs des Löwen und die Stadtverfassung des 12. Jahrhunderts. Rechtsgeschichtliche Untersuchung (Forschungen zur deutschen Rechtsgeschichte 1). Köln-Graz 1961. (Bärmann)
Bartels, R. : Die Herren von Gerstenbüttel, Lehnsherren der Dedenhäuser Sachsenburg, in: Der Heimatspiegel, Beilage der Peiner Allgemeinen Zeitung vom Januar 1964. (Bartels)
Barth, A.: Das bischöfliche Beamtentum im Mittelalter. Wernigerode 1900. (Barth)
Bast, J.: Die Ministerialität des Erzstifts Trier. Diss. Bonn 1918. (Bast)
Die Bau- und Kunstdenkmäler des Herzogthums Braunschweig. Bearb. von P. J. Meier u. K. Steinacker. Bd. 1-6. Wolfenbüttel 1896-1922. (Bau- und Kunstdenkmale Br.)
Bege, K.: Geschichten einiger der berühmtesten Burgen und Familien des Herzogthums Braunschweig. Wolfenbüttel 1844. (Bege)
Berg, S. B.: Heldenbilder und Gegensätze. Friedrich Barbarossa und Heinrich der Löwe im Urteil des 19. und 20. Jahrhunderts. Münster-Hamburg 1994. (Berg)
Bernhardi, W.: Lothar von Süpplinburg (Jahrbücher der Deutschen Geschichte 14) Leipzig 1879, ND Berlin 1975. (Bernhardi, Lothar III.)

Bernhardi, W.: Konrad III. (Jahrbücher der Deutschen Geschichte 15) Leipzig 1883, ND Berlin 1975. (Bernhardi, Konrad III.)
Beumann, H.: Die Urkunde für die Kirche S. Magni in Braunschweig von 1031, in: Festschrift für B. Schwineköper. Hrsg. v. H. Maurer und H. Patze. Sigmaringen 1982, S. 187-209. (Beumann)
Beyer, W. G.: Über das Wappen und die Siegel der alten Grafen von Schwerin, in: Jahrbücher des Vereins für mecklenburgische Geschichte und Altertumskunde 34, 1869, S. 141-146. (Beyer)
Bode, G.: Die Heimburg am Harz und ihr erstes Herrengeschlecht, die Herren von Heimburg (Forschungen zur Geschichte des Harzgebietes 1). Quedlinburg 1909. (Bode, Heimburg)
Bode, G.: Der Uradel in Ostfalen (Forschungen zur Geschichte Niedersachsens 3, H. 2/3). Hannover 1911. (Bode, Uradel)
Bode, G.: Herkunft und Heimat Gunzelins von Hagen, des ersten Grafen von Schwerin, in: Quellen und Forschungen zur Braunschweigischen Geschichte Band 2, Wolfenbüttel 1911, S. 1-76. (Bode, Gunzelin)
Bode, G.: Der Forst von Hasselfelde, ein Welfisches Allod, in: Quellen und Forschungen zur Braunschweigischen Geschichte 2, Wolfenbüttel 1911, S. 79-150. (Bode, Hasselfelde)
Böttger, H.: Die Brunonen. Vorfahren und Nachkommen des Herzogs Ludolf in Sachsen von 775 bis 9. Dezember 1117. Hannover 1865. (Böttger)
v. Boetticher, A.: Gütererwerb und Wirtschaftsführung des Zisterzienserklosters Riddagshausen bei Braunschweig im Mittelalter (Beihefte zum Braunschweigischen Jahrbuch 6), 1990. (v. Boetticher)
Bogumil, K.: Das Bistum Halberstadt im 12. Jahrhundert. Studien zur Reichs- und Reformpolitik des Bischofs Reinhard und zum Wirken der Augustiner-Chorherren (Mitteldeutsche Forschungen 69). 1972. (Bogumil)
Boshof, E.: Erstkurrecht und Erzämtertheorie im Sachsenspiegel, in: Beiträge zur Geschichte des mittelalterlichen deutschen Königtums. Hrsg. von Th. Schieder (Historische Zeitschrift Beiheft 2). 1973. (Boshof, Erstkurrecht)
Boshof, E.: Die Entstehung des Herzogtums Braunschweig-Lüneburg, in: Heinrich der Löwe. Hrsg. von W.-D. Mohrmann (Veröffentlichungen der Niedersächsischen Archivverwaltung 39), Göttingen 1980, S. 249-274. (Boshof, Entstehung)
Bosl, K.: Die Reichsministerialität der Salier und Staufer. Ein Beitrag zur Geschichte des Hochmittelalterlichen deutschen Volkes, Staates und Reiches. Bd. 1-2 (Schriften der MGH 10). Stuttgart 1950/51. (Bosl, Reichsministerialität)
Bosl, K.: Das "ius ministerialium". Dienstrecht und Lehenrecht im deutschen Mittelalter, in: Bosl, K.: Frühformen der Gesellschaft im mittelalterlichen Europa. München 1964, S. 277-326. (Bosl, ius ministeralium)
Bradler, G.: Studien zur Geschichte der Ministerialität im Allgäu und in Oberschwaben. 1973. (Bradler)
Brandt, C.: Schwülper. Ein Stück niedersächsischer Heimatgeschichte. Hildesheim 1912. (Brandt)
Brandi, K.: Die Urkunde Friedrichs II. vom August 1235 für Otto von Lüneburg, in: Festschrift für Paul Zimmermann (Quellen und Forschungen zur Braunschweigischen Geschichte 6). Wolfenbüttel 1914, S. 33-46. (Brandi)
Braunschweigische Anzeigen. Jg. 1-189. Braunschweig 1745-1933. (Br. Anzeigen)
Der Braunschweiger Burglöwe. Bericht über ein wissenschaftliches Symposion in Braunschweig vom 12.10. bis 15.10.1983 (Schriftenreihe der Kommission für Niedersächsische Bau- und Kunstgeschichte bei der Braunschweigischen Wissenschaftlichen Gesellschaft 2). Göttingen 1985. (Br. Burglöwe)
Der Braunschweiger Löwe. Hrsg. von G. Spies (Braunschweiger Werkstücke 62). Braunschweig 1985. (Br. Löwe)
Brenske, S.: Der Hl. Kreuz-Zyklus in der ehemaligen Braunschweiger Stiftskirche St. Blasius (Dom). Studien zu den historischen Bezügen und ideologisch-politischen Zielsetzungen der mittelalterlichen Wandmalereien (Braunschweiger Werkstücke Reihe A 25). 1988. (Brenske)
Brinken, B.: Die Politik Konrads von Staufen in der Tradition der Rheinischen Pfalzgrafschaft. Bonn 1974. (Brinken)
Brunner, O.: Land und Herrschaft. Grundfragen der territorialen Verfassungsgeschichte Österreichs im Mittelalter. Wien 1965[5]. (Brunner)
Buchner, M.: Die Entstehung der Erzämter und ihre Beziehung zum Werden des Kurkollegs. 1911. (Buchner)
Bumke, J.: Mäzene im Mittelalter. Die Gönner und Auftraggeber der höfischen Literatur in Deutschland 1150-1300. München 1979. (Bumke)
Bunselmeyer, S.: Das Stift Steterburg im Mittelalter (Beihefte zum Braunschweigischen Jahrbuch 2). Braunschweig 1983. (Bunselmeyer)
Busch, F.: Beiträge zum Urkunden- und Kanzleiwesen der Herzöge zu Braunschweig-Lüneburg im 13. Jahrhundert, 1.Teil: Bis zum Tode Ottos des Kindes (1200-1252) (Veröffentlichungen der Historischen Kommission für Hannover, Oldenburg, Schaumburg-Lippe und Bremen) Wolfenbüttel 1921. (Busch)
Deich, W.: Das Goslarer Reichsvogteigeld. Staufische Burgenpolitik in Niedersachsen und auf dem Eichsfeld (Historische Studien 425). Lübeck 1974. (Deich)
Diestelkamp, B.: Die Städteprivilegien Herzog Ottos des Kindes, ersten Herzogs von Braunschweig-Lüneburg (1204-1252) (Quellen und Darstellungen zur Geschichte Niedersachsens 59). Hildesheim 1961. (Diestelkamp, Städteprivilegien)

Diestelkamp, B.: Welfische Stadtgründungen und Stadtrechte des 12. Jahrhunderts (Zeitschrift der Savigny-Stiftung für Rechtsgeschichte, Germ. Abt. 81). 1964. (Diestelkamp, Stadtgründungen)

Dobbertin, H.: Der Lehns- und Eigenbesitz des Heinrich Hisse (um 1225) und die Erbauung der Burg Reden bei Pattensen (um 1230), in: Niedersächsisches Jahrbuch für Landesgeschichte 41, 1969-70, S. 169-191. (Dobbertin)

Doebner, R.: Die Städteprivilegien Herzog Otto des Kindes und die ältesten Statuten der Stadt Hannover. Hannover 1882. (Doebner)

Döll, E.: Die Kollegiatstifte St. Blasius und St. Cyriacus zu Braunschweig (Braunschweiger Werkstücke 36), 1976. (Döll)

Dolle, J.: Studien zur Geschichte der Herren von Boventen (Plesse Archiv 29), 1993. (Dolle)

Dopsch, H.: Ministerialität und Herrenstand in der Steiermark und in Salzburg (Zeitschrift des Historischen Vereins für Steiermark 62), 1971. (Dopsch)

Dürre, H.: Athelold, Probst des Blasiusstiftes zu Dankwarderode, in: Zeitschrift des historischen Vereins für Niedersachsen 1868, S. 1-18. (Dürre, Athelold)

Dürre, H.: Die älteren Mitglieder der Familie der Edelherren von Dorstadt, in: Zeitschrift des Harz-Vereins für Geschichte und Alterthumskunde 2, Heft 3, 1869, S. 138-143. (Dürre, Familie von Dorstadt)

Dürre, H.: Der Stammbaum der Edelherren von Dorstadt, in: Zeitschrift des Historischen Vereins für Niedersachsen 1888, S. 43-68. (Dürre, Stammbaum von Dorstadt)

Dürre, H.: Geschichte der Stadt Braunschweig im Mittelalter. Braunschweig 1861. (Dürre, Geschichte)

v. Dungern, O.: Der Herrenstand im Mittelalter. Papiermühle 1908. (v. Dungern)

Eckhardt, W. A.: Die hessischen Erbhofämter, in: Hessisches Jahrbuch für Landesgeschichte 41, 1991, S. 85-104. (Eckhardt)

v. Eckhart, Joh. Georg: Erklärung eines alten Kleinodien-Kästleins ... worauf die Verlöbnis Heinrichs Hertzogen v. Sachsen und Pfaltzgrafen bey Rhein mit Agnesen Pfaltzis. Erb-Princessin vorgestellet .... Nürnberg 1725. (v. Eckhart)

Ehlers, J.: Heinrich der Löwe und der sächsische Episkopat, in: Friedrich Barbarossa. Handlungsspielräume und Wirkungsweisen des staufischen Kaisers. Hrsg. von A. Haverkamp (Vorträge und Forschungen 40). Sigmaringen 1992, S. 435-466. (Ehlers, HdL)

Ehlers, J.: Geschichte Frankreichs im Mittelalter. Stuttgart-Berlin-Köln-Mainz 1987. (Ehlers, Geschichte)

Ehlers, J.: Die Anfänge des Klosters Riddagshausen und der Zisterzienserorden, in: Braunschweigisches Jahrbuch 67, 1986, S. 59-85. (Ehlers, Riddagshausen)

Ehlers, J.: 850 Jahre Mariental. Zisterziensisches Ordensleben und Landesherrschaft im 12. Jahrhundert. Braunschweig 1988. (Ehlers, Mariental)

Elerd, U.: Die Bernhard-Linie der Edelherren von Plesse, in: Plesse-Archiv 17, 1981, S. 23-34. (Elerd)

Engelke, B.: Die Grafschaft Peine, in: Hannoversche Geschichtsblätter 22, 1924, S. 1-21. (Engelke)

Engels, O.: Zur Entmachtung Heinrichs des Löwen, in: Engels, O.: Stauferstudien. Beiträge zur Geschichte der Staufer im 12. Jahrhundert. Sigmaringen 1988, S. 116-130. (Engels)

Engels, O.: Art. Heinrich der Löwe, in: Lexikon des Mittelalters 4, Sp. 2076 ff. (Engels, HdL)

Engels, O.: Art. Heinrich (V.) der Ältere von Braunschweig, in: Lexikon des Mittelalters 4, Sp. 2076. (Engels, HdÄ)

Erbe, M.: Studien zur Entwicklung des Niederkirchenwesens in Ostsachsen vom 8. bis zum 12. Jahrhundert (Studien zur Germania Sacra 9. Veröffentlichungen des Max-Planck-Instituts für Geschichte 26) Göttingen 1969. (Erbe)

Ernst, V.: Die Entstehung des niederen Adels. Berlin-Stuttgart-Leipzig 1916. (Ernst)

Estor, J. G.: Abhandlung von Erb-Schencken in Hessen, Schencken zu Schweinsberg, in: Estor, J. G.: Kleine Schriften. Bd. 1, Gießen 1734. (Estor)

Ewald, W.: Siegelkunde. München und Berlin 1914, ND München und Wien 1972. (Ewald)

Eygun, F.: Sigillographie du Poitou jusqu'en 1515. Étude d'histoire provinciale sur les institutions, les arts et la civilisation d'après les sceaux. Poitiers 1938. (Eygun)

Falck, L.: Mainzer Ministerialität, in: F. L. Wagner: Ministerialität im Pfälzer Raum, 1975, S. 44-59. (Falck)

Feldbauer, P.: Herren und Ritter (Herrschaftsstruktur und Ständebildung 1). 1973. (Feldbauer)

Fenske, L.: Adel und Rittertum im Spiegel früher heraldischer Formen und deren Entwicklung, in: Das ritterliche Turnier im Mittelalter. Beiträge zu einer vergleichenden Formen- und Verhaltensgeschichte des Rittertums. Hrsg. von J. Fleckenstein (Veröffentlichungen des Max-Planck-Instituts für Geschichte 80) Göttingen 1985, S. 75-160. (Fenske, Adel u. Rittertum)

Fenske, L.: Soziale Genese und Aufstiegsformen kleiner niederadliger Geschlechter im südöstlichen Niedersachsen, in: Institutionen, Kultur und Gesellschaft. Festschrift für J. Fleckenstein. Sigmaringen 1984, S. 693-726. (Fenske, Geschlechter Nds.)

Fenske, L.: Der Knappe: Erziehung und Funktion, in: Curialitas. Studien zu Grundfragen der höfisch-ritterlichen Kultur. Hrsg. v. J. Fleckenstein (Veröffentlichungen des Max-Planck-Instituts für Geschichte 100). Göttingen 1990, S. 55-127. (Fenske, Knappe)

Fenske, L.: Ministerialität und Adel im Herrschaftsbereich der Bischöfe von Halberstadt, in: Herrschaft und Stand. Hrsg. von J. Fleckenstein (Veröffentlichungen des Max-Planck-Instituts für Geschichte 51). Göttingen 1977, S. 157-206. (Fenske, Ministerialität)

Fenske, L. und Schwarz, U.: Das Lehnverzeichnis des Grafen Heinrich I. von Regenstein 1212-1227. Gräfliche Herrschaft, Lehen und niederer Adel am Nordostharz (Veröffentlichungen des Max-Planck-Instituts für Geschichte 94). Göttingen 1990. (Fenske/Schwarz)
Ficker, J.: Die Reichshofbeamten der staufischen Periode, in: Sammelband der kaiserlichen Akademie der Wissenschaften, Phil.-Hist. Klasse 40, Wien 1862, S. 447-549. (Ficker, Reichshofbeamte)
Ficker, J.: Vom Reichsfürstenstande. Bd. 1 und 2. (ab Bd. 2, Teil 1 hrsg. und bearb. von P. Puntschart). Innsbruck und Graz 1861-1923. (Ficker, Reichsfürstenstand)
Fiedeler, G. F.: Die Kirche zu Meinersen, in: Zeitschrift des Historischen Vereins für Niedersachsen 1864, S. 63-116. (Fiedeler)
Fleckenstein, J.: Ministerialität und Stadtherrschaft. Ein Beitrag zu ihrem Verhältnis am Beispiel von Hildesheim und Braunschweig, in: Festschrift für Helmut Beumann. Sigmaringen 1977, S. 349 ff. (Fleckenstein, Ministerialität und Stadtherrschaft)
Fleckenstein, J.: Die Entstehung des niederen Adels und das Rittertum, in: Herrschaft und Stand. Untersuchungen zur Sozialgeschichte im 13. Jahrhundert. Hrsg. von J. Fleckenstein (Veröffentlichungen des Max-Planck-Instituts für Geschichte 51). Göttingen 1977, S. 17-39. (Fleckenstein, Niederer Adel)
Flohrschütz, G.: Die Freisinger Dienstmannen im 12. Jahrhundert (Oberbayerisches Archiv 97). 1973. (Flohrschütz)
Förste, A. C.: Die Ministerialen der Grafschaft Stade im Jahre 1219 und ihre Familien (Einzelschriften des Stader Geschichts- und Heimatvereins 26). Stade 1975. (Förste)
Frensdorff, F.: Das Recht der Dienstmannen des Erzbischofs von Köln (Mitteilungen aus dem Stadtarchiv Köln 1, H. 2). 1883. (Frensdorff, Dienstmannen)
Frensdorff, F.: Das Braunschweigische Stadtrecht bis zur Rezeption, in: Zeitschrift der Savigny-Stiftung für Rechtsgeschichte, Germ. Abt. 26, Weimar 1905, S. 195-257. (Frensdorff, Stadtrecht)
Fried, J.: Königsgedanken Heinrichs des Löwen, in: Archiv für Kulturgeschichte 55, 1973, S. 312-351. (Fried)
Gamber, O.: Die Bewaffnung der Stauferzeit, in: Zeit der Staufer. Geschichte-Kunst-Kultur. Katalog der Ausstellung. Hrsg. von R. Haussherr. Bd. 3. Stuttgart 1977, S. 113-118. (Gamber)
Ganz, P.: Heinrich der Löwe und sein Hof in Braunschweig, in: Das Evangeliar Heinrichs des Löwen. Kommentar zum Faksimile. Herausgegeben von D. Kötzsche. Frankfurt am Main 1989, S. 28-41. (Ganz)
Garzmann, M. R. W.: Stadtherr und Gemeinde in Braunschweig im 13. und 14. Jahrhundert (Braunschweiger Werkstücke 13). Braunschweig 1976. (Garzmann)
Garzmann, M. R. W.: Das Ottonanium und die Jura Indagines, in: Braunschweigisches Jahrbuch 59. Braunschweig 1958, S. 9-23. (Garzmann, Ottonanium)
Germania Benedectina. Hrsg. von der Bayerischen Benediktinerakademie München. VI. Norddeutschland. Die Benediktinerklöster in Niedersachsen, Schleswig-Holstein und Bremen. Bearb. v. U. Faust. St. Ottilien 1979. XI. Norddeutschland. Die Frauenklöster in Niedersachsen, Schleswig-Holstein und Bremen. bearb. von U. Faust. St. Ottilien 1984. (Germania Benedictina VI. XI.)
Germer, H.: Die Landgebietspolitik der Stadt Braunschweig bis zum Ausgang des 15. Jahrhunderts (Studien und Vorarbeiten zum Historischen Atlas Niedersachsens 16). Göttingen 1937. (Germer)
Gesamtübersicht über die Bestände des Landeshauptarchivs Magdeburg. Bd. 1 von B. Schwineköper (Quellen zur Geschichte Sachsen-Anhalts 1) 1954. Bd. 2 von B. Schwineköper (Quellen zur Geschichte Sachsen-Anhalts 3) 1955. Bd. 3, 1. von H. Gringmuth-Dallmer (Quellen zur Geschichte Sachsen-Anhalts 6) 1961. Bd. 4 von H. Gringmuth-Dallmer, B. Schwineköper, M. Kobuch (Quellen zur Geschichte Sachsen-Anhalts 8) 1960. (Gesamtübersicht LHA Magdeburg)
Geschichte des Gräflich und Freiherrlich Grote'schen Geschlechts. Hrsg. im Auftrag der Gesamtfamilie [von E. Frh. Grote und W. Grotefend]. Hannover 1891. (Geschichte Grote)
Der Landkreis Gifhorn. (Die Deutschen Landkreise, Reihe Niedersachsen 26) Bände 1; 2, 1.; 2, 2. Bremen-Horn 1975. (Landkreis Gifhorn)
v. Gladiß, D.: Beiträge zur Geschichte der staufischen Reichsministerialität (Historische Studien 249). Berlin 1934. (v. Gladiß)
Glaeske, G.: Die Erzbischöfe von Hamburg-Bremen als Reichsfürsten (Quellen und Darstellungen zur Geschichte Niedersachsens 60). 1962. (Glaeske)
Gleichmann, J. Z.: Historisch- und politische Remarquen von denen thüringischen Erb-Hof-Ämtern. Jena 1742. (Gleichmann)
Gönner, E.: Das Wappen des Herzogtums Schwaben und des Schwäbischen Kreises, in: Zeitschrift für württembergische Landesgeschichte 26, 1967, S. 18-32. (Gönner)
Goetting, H.: Das Reichsunmittelbare Kanonissenstift Gandersheim (Germania sacra N. F. 7. Die Bistümer der Kirchenprovinz Mainz. Das Bistum Hildesheim 1). Berlin-New York 1973. (Goetting, Gandersheim)
Goetting, H.: Die Hildesheimer Bischöfe von 815 bis 1221 (1227) (Germania sacra N. F. 20. Die Bistümer der Kirchenprovinz Mainz. Das Bistum Hildesheim 3). Hildesheim-New York 1984. (Goetting, Hildesheim)

Goetze, W.: Aus der Frühzeit der methodischen Erforschung deutscher Geschichtsquellen. Johann Friedrich Schannat und seine Vindemiae litterariae (Berliner Studien zur neueren Geschichte 7). Berlin 1939. (Goetze)
Goez, W.: Der Leihezwang. Eine Untersuchung zur Geschichte des deutschen Lehnrechts. 1962. (Goez)
Gosebruch, M.: Der Braunschweiger Dom und seine Bildwerke. 1980. (Gosebruch, Dom)
Grote, H.: Das Stammwappen der Welfen, in: Münzstudien 3, 1863, S. 287-410. (Grote)
Grotefend, C. L.: Die Vögte von Hannover im 13. Jahrhundert, in: Archiv des Historischen Vereins für Niedersachsen 1849, S. 405-407. (Grotefend)
Grotefend, H.: Taschenbuch der Zeitrechnung des deutschen Mittelalters und der Neuzeit. Hannover 1982[12], durchgesehen von J. Asch. (Grotefend Zeitrechnung)
Günther, F.: Der Ambergau. 1887. (Günther)
Gundlach, O.: Bibliotheca familiarum nobilium Bd. 1. (Gundlach)
Habel, E./Gröbel, F.: Mittellateinisches Glossar. Paderborn O. J.[2] (Habel)
Haendle, O.: Die Dienstmannen Heinrichs des Löwen. Ein Beitrag zur Frage der Ministerialität (Arbeiten zur deutschen Rechts- und Verfassungsgeschichte 8). Stuttgart 1930. (Haendle)
Haller, J.: Der Sturz Heinrichs des Löwen, in: Archiv für Urkundenforschung 3, 1911, S. 295-450. (Haller)
Hamann, M.: Übersicht über die wichtigsten Veröffentlichungen mittelalterlicher Urkunden zur niedersächsischen Geschichte, in: Niedersächsisches Jahrbuch für Landesgeschichte 39, 1967, S. 45-85. (Hamann)
v. Hammerstein-Loxten, W. C. C.: Der Bardengau. Eine historische Untersuchung über dessen Verhältnisse und über den Güterbesitz der Billunger. 1869. (v. Hammerstein-Loxten)
Handbuch der Historischen Stätten Deutschlands Band 2, Niedersachsen und Bremen. Hrsg. v. K. Brünnig u. H. Schmidt. 1986[5]. (Handbuch Hist. Stätten)
Handbuch der niedersächsischen Stadtarchive. Hrsg. von W. Hillebrand (Veröffentlichungen der niedersächsischen Archivverwaltung 40) Göttingen 1981. (Handbuch StadtA Nds.)
v. Hartmann, G.: Die Braunschweigischen Stiftungen des Öffentlichen Rechts (Braunschweiger Werkstücke 11). Braunschweig 1973. (v. Hartmann)
Hasenritter, F.: Beiträge zum Urkunden- und Kanzleiwesen Heinrichs des Löwen (Greifswalder Abhandlungen zur Geschichte des Mittelalters 6). 1936. (Hasenritter)
Hasse, C.-P.: Die Ministerialen und Herren von Dahlum-Wenden von den Ursprüngen bis zur Mitte des 13. Jahrhunderts. 2 Bände. Magisterarbeit masch. schrift. TU Braunschweig 1989. (Hasse)
Havemann, W.: Geschichte der Lande Braunschweig und Lüneburg. Bd. 1-2. Lüneburg 1837-1838. Bd. 3. Göttingen 1853. (W. Havemann)
v. Heinemann, L.: Heinrich von Braunschweig, Pfalzgraf bei Rhein. Ein Beitrag zur Geschichte des staufischen Zeitalters. Gotha 1882. (v. Heinemann)
v. Heinemann, L.: Die welfischen Territorien seit dem Sturze Heinrichs des Löwen bis zur Gründung des Herzogtums Braunschweig-Lüneburg. Diss. Leipzig. Druck: Gotha 1882. (v. Heinemann, Territorien)
v. Heinemann, O.: Geschichte von Braunschweig und Hannover Bd. 1-3, Gotha 1884-1892. (O. v. Heinemann)
Heinemann, W.: Das Bistum Hildesheim im Kräftespiel der Reichs- und Territorialpolitik vornehmlich des 12. Jahrhunderts (Quellen und Darstellungen zur Geschichte Niedersachsens 72). 1968. (W. Heinemann)
Heinemeyer, K.: Der Prozeß Heinrichs des Löwen, in: Blätter für Deutsche Landesgeschichte 117, 1981, S. 1-60. (Heinemeyer)
Heinrich der Löwe. Hrsg. von W.-D. Mohrmann. (Veröffentlichungen der Niedersächsischen Archivverwaltung 39). Göttingen 1980. (Heinrich der Löwe)
Helbig, H.: Der wettinische Ständestaat (Mitteldeutsche Forschungen 4). 1955. (Helbig)
Hellfaier, D.: Studien zur Geschichte der Herren von Oberg bis zum Jahre 1400 (Veröffentlichungen des Instituts für Historische Landesforschung der Universität Göttingen 13). Hildesheim 1979. (Hellfaier)
Herden, G.: Die Entwickelung der Landstände im Herzogtum Braunschweig-Lüneburg vom 13. bis zum Ausgang des 14. Jahrhunderts. Diss. Jena. Druck: Jena 1888. (Herden)
Herderhorst, W.: Die Braunschweiger Reimchronik als ritterlich-höfische Geschichtsdichtung, in: Niedersächsisches Jahrbuch für Landesgeschichte 37, 1965, S. 1-34. (Herderhorst)
Hergemöller, B.: Verfassungsrechtliche Beziehungen zwischen Klerus und Stadt im spätmittelalterlichen Braunschweig, in: Rat und Verfassung im mittelalterlichen Braunschweig (Festschrift zum 600jährigen Bestehen der Ratsverfassung. Braunschweiger Werkstücke 21). 1986, S. 135-186. (Hergemöller)
Herkert, O.: Das landesherrliche Beamtentum der Markgrafschaft Baden im Mittelalter. Diss. Freiburg im Breisgau 1910. (Herkert)
Hildebrand, R.: Der sächsische "Staat" Heinrichs des Löwen (Historische Studien 302). Berlin 1937. (Hildebrand)
Hillebrand, W.: Besitz- und Standesverhältnisse des Osnabrücker Adels (800-1300) (Studien und Vorarbeiten zum Historischen Atlas Niedersachsens 23). Göttingen 1962. (Hillebrand)
Hilling, N.: Beiträge zur Geschichte der Verfassung und Verwaltung des Bistums Halberstadt im Mittelalter. Lingen a. d. E. 1902. (Hilling)

Himmelheber, G.: Wappenkasten, in: Der Quedlinburger Schatz-Wieder vereint. Hrsg. von D. Kötzsche, Berlin 1992, S. 81-84. (Himmelheber)
Historisch-Landeskundliche Exkursionskarte von Niedersachsen. Blatt Göttingen. Hrsg. von E. Kühlhorn (Veröffentlichungen des Instituts für Historische Landesforschung der Universität Göttingen 2, T. 3), Hildesheim 1972. (Exkursionskarte Göttingen)
Historisch-Landeskundliche Exkursionskarte von Niedersachsen. Blatt Moringen. Hrsg. von E. Kühlhorn (Veröffentlichungen des Instituts für Historische Landesforschung der Universität Göttingen 2, T. 4), Hildesheim 1976. (Exkursionskarte Moringen)
v. Hodenberg, W.: Pagus Flutwidde, in: Archiv für Geschichte und Verfassung des Fürstentums Lüneburg 6, Celle 1858, S. 375-382. (v. Hodenberg, Flutwidde)
Hölscher, U.: Der Pfalzgraf Heinrich in der Vogtei Goslar, in: Festschrift für Paul Zimmermann (Quellen und Forschungen zur Braunschweigischen Geschichte 6). Wolfenbüttel 1914, S. 136-141. (Hölscher)
Holthusen, H.: Die Vererbung eines seltenen Vornamens (Otrave) in sechs Jahrhunderten, in: Familie und Volk 3, 1954, S. 8-79. (Holthusen)
Hombergk, J. J..: Zuverlässige Abhandlung von den hessischen Erb-Ämtern, wie solche dem Erb-Marschalck, Erb-Schenck, Erb-Cämmerer und Erb-Küchenmeister lehensweiße gereichet werden. Frankfurt a. M. 1743. (Hombergk)
Homeyer, J.: Kloster Medingen. Die Gründungslegende und ihre historischen Elemente, in: Jahrbuch der Gesellschaft für Niedersächsische Kirchengeschichte 79, 1981, S. 9-60. (Homeyer)
Hoogeweg, H.: Verzeichnis der Stifter und Klöster Niedersachsens vor der Reformation. Hannover und Leipzig 1908. (Hoogeweg)
Hucker, B. U.: Die Anfänge des Klosters Ebstorf und die politische Stellung der Grafen von Schwerin im 12. und 13. Jahrhundert, in: Jahrbuch für Geschichte Mittel- und Ostdeutschlands 41, 1993, S. 137-180. (Hucker, Ebstorf)
Hucker, B. U.: Zur Datierung der Ebstorfer Weltkarte, in: Deutsches Archiv für Erforschung des Mittelalters 44, 1988, S. 510-538. (Hucker, Datierung)
Hucker, B. U.: Die Chronik Arnolds von Lübeck als "Historia regum", in: Deutsches Archiv für Erforschung des Mittelalters 44, 1988, S. 98-119. (Hucker, Historia regum)
Hucker, B. U.: Die Ministerialen von Flögeln, in: Männer vom Morgenstern Jahrbuch 51, 1970, S. 81-123. (Hucker, v. Flögeln)
Hucker, B. U.: Kaiser Otto IV. (MGH Schriften 34) Hannover 1990. (Hucker, Otto IV.)
Hucker, B. U.: Das Testament Heinrichs des Löwen, in: Niedersächsisches Jahrbuch für Landesgeschichte 56, 1984, S. 193-201. (Hucker, Testament)
Hütt, M.: "Quem lavat unda foris ..." Aquamanilien. Gebrauch und Form. Mainz 1993. (Hütt)
Hüttebräuker, L.: Das Erbe Heinrichs des Löwen. Die territorialen Grundlagen des Herzogtums Braunschweig von 1235 (Studien und Vorarbeiten zum Historischen Atlas von Niedersachsen 9). Göttingen 1927. (Hüttebräuker)
Huffschmid, M.: Beiträge zur Geschichte der Cisterzienserabtei Schönau bei Heidelberg, in: Zeitschrift für die Geschichte des Oberrheins N. F. 6, 1891, S. 415-449, N. F. 7, 1892, S. 69-103. (Huffschmid, Geschichte)
Huffschmid, M.: Das Grabmal Heinrichs des Jüngeren, Pfalzgrafen bei Rhein, in dem Cisterzienserkloster Schönau bei Heidelberg. in: Braunschweigisches Magazin 6, 1900, S. 198-199. (Huffschmid, Grabmal)
Hupp, O.: Beiträge zur Entstehungs- und Entwicklungsgeschichte der Wappen (Wider die Schwarmgeister T. 2), München 1918. (Hupp)
Imhof, O.: Die Ministerialität in den Stiften Straßburg, Speier und Worms. Diss. Freiburg 1912. (Imhof)
Die Inschriften der Stadt und des Landkreises Heidelberg. Bearb. von R. Neumüllers-Klauser (Die Deutschen Inschriften 12). Stuttgart 1970. (Inschriften Heidelberg)
Die Inschriften des Lüneburger St. Michaelisklosters und des Klosters Lüne. Bearb. von E. Michael (Die Deutschen Inschriften 24). Wiesbaden 1984. (Inschriften Lüneburg)
Joetze, F.: Die Ministerialität im Hochstifte Bamberg, in: Historisches Jahrbuch der Görresgesellschaft 36, 1915, S. 516-597 und 748-798. (Joetze)
Johanek, P.: Eike von Repgow, Hoyer von Falkenstein und die Entstehung des Sachsenspiegels, in: Civitatum communitas. Festschrift für Heinz Stoob. Hrsg. von H. Jäger. Teil 2 (Städteforschung A 21, 2), 1984, S. 716-755. (Johanek)
Jordan, K.: Die Bistumsgründungen Heinrichs des Löwen (Schriften des Reichsinstitutes für ältere deutsche Geschichtskunde [Monumenta Germaniae historica] 3). 1939. (Jordan, Bistumsgründungen)
Jordan, K.: Heinrich der Löwe und seine Familie, in: Archiv für Diplomatik 27, 1981, S. 111-140. (Jordan, Familie)
Jordan, K.: Goslar und das Reich im 12. Jahrhundert, in: Niedersächsisches Jahrbuch für Landesgeschichte 35, 1963, S. 49-77. (Jordan, Goslar)
Jordan, K.: Der Harzraum in der Geschichte der deutschen Kaiserzeit. Eine Forschungsbilanz, in: Festschrift für Helmut Beumann 1977, S. 163-181. (Jordan, Harzraum)
Jordan, K.: Heinrich der Löwe. Eine Biographie. München 1979. (Jordan, HdL.)
Jordan, K.: Das Eindringen des Lehnswesens in das Rechtsleben der römischen Kurie, in: Archiv für Urkundenforschung 12, 1931, S. 13-110. (Jordan, Kurie)

Jordan, K.: Nordelbingen und Lübeck in der Politik Heinrichs des Löwen, in: Zeitschrift des Vereins für lübeckische Geschichte und Altertumskunde 39, 1959, S. 29 ff. (Jordan, Nordelbingen)
Jordan, K.: Das "Testament" Heinrichs des Löwen und andere Dictamina auf seinen Namen, in: Corona quernea (Schriften des Reichsinstituts für ältere deutsche Geschichtskunde Nr. 6), Stuttgart 1941, S. 367-376. (Jordan, Testament)
Jordan, K. und Gosebruch, M.: 800 Jahre Braunschweiger Burglöwe 1166-1966 (Braunschweiger Werkstücke 38). Braunschweig 1967. (Jordan/Gosebruch)
Kahsnitz, R.: Siegel und Goldbullen, in: Zeit der Staufer. Geschichte-Kunst-Kultur. Katalog der Ausstellung. Hrsg. von R. Haussherr. Bd. 1. Stuttgart 1977, S. 17-19. (Kahsnitz)
Die mittelalterlichen Kirchen- und Altarpatrozinien Niedersachsens. Begonnen von E. Hennecke, in Gemeinschaft mit ... hrsg. von H.-W. Krumwiede. Göttingen 1960. (Kirchenpatrozinien)
Kirchner, G.: Staatsplanung und Reichsministerialität, in: Deutsches Archiv für Erforschung des Mittelalters 10, 1953/54, S. 460 ff. (Kirchner)
Kittel, E.: Siegel. Braunschweig 1970. (Kittel)
Klafki, E.: Die kurpfälzischen Erbhofämter. Mit einem Überblick über die bayrischen Erbhofämter unter den wittelsbachischen Herzögen bis zur Trennung der Pfalz von Bayern 1329 (Veröffentlichungen der Kommission für geschichtliche Landeskunde in Baden-Württemberg Reihe B 35). Stuttgart 1966. (Klafki)
Kleinau, H.: Geschichte des Niedersächsischen Staatsarchivs Wolfenbüttel (Veröffentlichungen der Niedersächsischen Archivverwaltung 1). 1959. (Kleinau, Geschichte StA WF)
Kleinau, H.: Geschichtliches Ortsverzeichnis des Landes Braunschweig. T. 1.: A-K. T. 2.: L-Z. T. 3.: Namens- und Sachverzeichnis. Hildesheim 1967-68. (Kleinau, GOV)
Kleinau, H.: Überblick über die Gebietsentwicklung des Landes Braunschweig, in: Braunschweigisches Jahrbuch 53, 1972, S. 9-48. (Kleinau, Gebietsentwicklung)
Kleinau, H.: Zur Geschichte des Siedlungsbildes der Stadt Seesen, in: Braunschweigisches Jahrbuch 41, 1960, S. 21-46. (Kleinau, Seesen)
Kleinau, H.: Übersicht über die Bestände des Niedersächsischen Staatsarchivs in Wolfenbüttel T. 1 (Veröffentlichungen der Niedersächsischen Archivverwaltung 17). Göttingen 1963. (Kleinau, Übersicht StAWF)
Kleinau, H.: Die von Werle im Raum Braunschweig-Nordharz-Halberstadt. Ein Beitrag zur Geschichte der welfischen Dienstmannschaft und zur Pfalzenforschung (Quellen und Forschungen zur Braunschweigischen Geschichte 19). Braunschweig 1971. (Kleinau, v. Werle)
Klewitz, W.: Namengebung und Sippenbewußtsein in den deutschen Königsfamilien des 10.-12. Jahrhunderts, in: Archiv für Urkundenforschung 18, 1944, S. 23 ff. (Klewitz, Namengebung)
Klewitz, H. W.: Geschichte der Ministerialität im Elsaß bis zum Ende des Interregnums. 1929. (Klewitz, Ministerialität)
Klewitz, H. W.: Studien zur territorialen Entwicklung des Bistums Hildesheim. Ein Beitrag zur historischen Geographie Niedersachsens (Studien und Vorarbeiten zum Historischen Atlas Niedersachsens 13). Göttingen 1932. (Klewitz, Studien)
Klingelhöfer, E.: Die Reichsgesetze von 1220, 1231-32 und 1235. Ihr Werden und ihre Wirkung im deutschen Staat Friedrichs II. (Quellen und Studien zur Verfassungsgeschichte des deutschen Reichs in Mittelalter und Neuzeit Band 8, Heft 2). 1955. (Klingelhöfer)
v. Klocke, F.: Die Filiation, ihre Konjektur und Injektur, in: Familie und Volk 4, 1955, S. 130 ff., 168 ff., 200 ff. (v. Klocke)
Kluckhohn, P.: Die Ministerialität in Südostdeutschland vom zehnten bis zum Ende des dreizehnten Jahrhunderts. 1910, ND 1970. (Kluckhohn)
Knod, G.: Deutsche Studenten in Bologna (1289-1562). Biographischer Index zu den Acta nationis Germanicae universitatis Bononiensis. Berlin 1899. ND Aalen 1970. (Knod)
Köhler, J. D. : Historische Nachricht von den Erb-Land-Hof-Aemtern des Herzogthums Braunschweig und Lüneburg, und dazu gehöriger Lande, ... größten Theils aus archivischen Urkunden. Göttingen 1746. (Köhler)
König, J.: Kurzübersicht über die Bestände des Niedersächsischen Staatsarchivs in Wolfenbüttel (Veröffentlichungen der Niedersächsischen Archivverwaltung, Kurzübersichten 1). Göttingen 1977. (König, Kurzübersicht StAWF)
König, J.: Das Siegelbuch des Stifts Marienberg vor Helmstedt im Staatsarchiv Wolfenbüttel, in: Braunschweigisches Jahrbuch 46, 1965, S. 174-180. (König, Siegelbuch)
Körner, G.: Museumsverein für das Fürstentum Lüneburg. Leitfaden durch das Museum. Lüneburg 19722. (Körner)
Kohlhausen, H.: Bildertische, in: Anzeiger des Germanischen Nationalmuseums 1936/37, S. 12 ff. (Kohlhausen)
Koller, H.: Die Residenz im Mittelalter, in: Jahrbuch zur Geschichte der oberdeutschen Reichsstädte 12/13, 1966/67, S. 9-39. (Koller, Residenz)
Kraus, A.: Heinrich der Löwe und Bayern, in: Heinrich der Löwe. Hrsg. von W.-D. Mohrmann (Veröffentlichungen der Niedersächsischen Archivverwaltung 39), Göttingen 1980, S. 151-214. (Kraus)
Kreiker, S.: Art. Marschall, in: Lexikon des Mittelalters 6, Sp. 324 f. (Kreiker, Marschall)
Kreiker, S.: Art. Mundschenk, in: Lexikon des Mittelalters 6, Sp. 908. (Kreiker, Mundschenk)

Krieg, M.: Die Entstehung und Entwicklung der Amtsbezirke im ehemaligen Fürstentum Lüneburg (Studien und Vorarbeiten zum Historischen Atlas Niedersachsens 6). Göttingen 1922. (Krieg)

v. Krones, F.: Verfassung und Verwaltung der Mark und des Herzogtums Steier von ihren Anfängen bis zur Herrschaft der Habsburger (1282). Graz 1897. (Krones).

Kroos, R. : Niedersächsische Bildstickereien des Mittelalters. Berlin 1970. (Kroos)

Krüger, E. C. H.: Vom Ursprung des Geschlechts "von dem Knesebeck", in: Kreiskalender Gifhorn-Isenhagen 1955, S. 75-76 mit S. 102. (Krüger)

Krusch, B.: Rezension zu P. Zimmermann, Das Haus Braunschweig-Grubenhagen, ein genealogisch-biographischer Versuch. Wolfenbüttel 1911, in: Zeitschrift des Historischen Vereins für Niedersachsen 79, 1914, S. 162 ff. (Krusch)

Die geistige Kultur am Hofe Ottos IV. 3. Kolloquium des Klosters Ebstorf, Pfingsten 1992. Hrsg. von B. U. Hucker. 1995 [im Druck]. (Kultur Otto IV.)

Die Kunstdenkmäler der Provinz Hannover. III. 4. Kreis Gifhorn. Bearb. v. O. Kiecker und H. Lütgens. Hannover 1931. (Kunstdenkmale Gifhorn)

Kuchenbecker, J. Ph.: Gegründete Abhandlung von denen Erb-Hof-Aemtern der Landgrafschaft Hessen. Marburg 1744. (Kuchenbecker)

Kupsch, W. D.: Das Gericht auf dem Leineberg vor Göttingen (Studien zur Geschichte der Stadt Göttingen 9). Göttingen 1972. (Kupsch)

Langerfeld, G.: Kaiser Otto IV., der Welfe. Hannover 1872. (G. Langerfeld)

Langerfeld, H.: Die Erwerbungen des Klosters Riddagshausen. Braunschweig 1887. (Langerfeld, Erwerbungen Riddagshausen)

Langerfeld, H.: Die Grabstätten und Gedenktafeln in der Klosterkirche zu Riddagshausen. Braunschweig 1887. (Langerfeld, Grabstätten Riddagshausen)

Last, M.: Die Burg Plesse, in: Plesse Archiv 10, 1975, S. 9-249. (Last, Plesse)

Last, M.: Das grundherrliche Gefüge im Bereich der Stadt Göttingen und seine Bedeutung für die Gliederung und Entwicklung der Stadt, in: Göttingen, Geschichte einer Universitätsstadt Bd. 1. Hrsg. von D. Denecke und H.-M. Kühn, Göttingen 1987, S. 51-66. (Last, Göttingen)

Latzke, I.: Hofamt, Erzamt und Erbamt im mittelalterlichen deutschen Reich. Diss. Frankfurt a. M. 1970. (Latzke)

Lau, F.: Die erzbischöflichen Beamten in der Stadt Köln während des 12. Jahrhunderts. Diss. Bonn 1892. (Lau)

Lauenstein, J. B.: Hildesheimische Kirchen- und Reformationshistorie. 12 Teile, Hildesheim 1735-1736. (Lauenstein)

v. Ledebur, H. Frhr.: Über das Wappen der von Estorf, in: Der deutsche Herold 1902, Nr.5, S. 74-80. (v. Ledebur, v. Estorff)

v. Lenthe, G.: Niedersächsischer Adel zwischen Spätmittelalter und Neuzeit, in: Deutscher Adel 1430-1555 (Schriften zur Problematik der deutschen Führungsschichten in der Neuzeit I. Büdinger Vorträge 1963), S. 177-202. (v. Lenthe)

Lewald, U.: Burg, Kloster, Stift, in: Die Burgen im deutschen Sprachraum. Hrsg. von H. Patze (Vorträge und Forschungen 19, I.). Sigmaringen 1976, S. 155-180. (Lewald)

Lintzel, M.: Die Entstehung des Kurfürstenkollegs, in: Lintzel, M.: Ausgewählte Schriften Bd. 2. Zur Karolinger- und Ottonenzeit, zum hohen und späten Mittelalter, zur Literaturgeschichte. Berlin 1961, S. 431-463. (Lintzel)

Lisch, G. C. F.: Über das Wappen und die Siegel der alten Grafen von Schwerin, in: Jahrbücher des Vereins für mecklenburgische Geschichte und Altertumskunde 34, 1869, S. 147-152; 35, 1870, S. 93-94. (Lisch)

Lövinson, H.: Beiträge zur Verfassungsgeschichte der Westfälischen Reichsstiftstädte. Paderborn 1889. (Lövinson)

Lubenow, H.: Die welfischen Ministerialien in Sachsen. Ein Beitrag zur Standesgeschichte der Stauferzeit. Diss. masch. schrift. Kiel 1964. (Lubenow)

Lubenow, H.: Heinrich der Löwe und die Reichsvogtei Goslar, in: Niedersächsisches Jahrbuch für Landesgeschichte 45, 1973, S. 337-350. (Lubenow, HdL)

Lübben, A., nach dem Tode des Verfassers vollendet durch Ch. Walther: Mittelniederdeutsches Handwörterbuch. Norden-Leipzig 1888. ND Darmstadt 1980. (Lübben)

Lübeck, K.: Die Hofämter der Fuldaer Äbte im frühen Mittelalter, in: Zeitschrift für Rechtsgeschichte Germ. Abt. 65, 1947, S. 177-207. (Lübeck)

Lüders, W.: Der Harlingeberg bei Vienenburg. Eine welfische Burg des 13. Jahrhunderts. Teil 1, in: Zeitschrift des Harz-Vereins für Geschichte und Alterthumskunde 60, 1927, S. 5-38. (Lüders)

Lüntzel, H. A.: Die ältere Diöcese Hildesheim. Hildesheim 1837. (Lüntzel, Diöcese Hildesh.)

Lüntzel, H. A.: Geschichte der Diöcese und Stadt Hildesheim. Hildesheim T. 1. 2. Hildesheim 1858. (Lüntzel, Gesch. Hildesh. I. II.)

Lyßmann, J. L.: Historische Nachricht von dem Ursprunge, Anwachs und Schicksalen des im Lüneburgischen Herzogthum belegenen Closters Meding, dessen Pröbsten, Priorinnen und Abbatißinen, auch fürnehmsten Gebräuchen und Luherischen Predigern etc. nebst darzu gehörigen Urkunden und Anmerkungen, bis auf das Jahr 1769 fortgesetzt. Halle 1772. (Lyßmann)

Mahrenholtz, H.: Der Helm im Schild, in: Jahrbuch des Heraldischen Vereins "Zum Kleeblatt" Bd. 4/5, 1966/67, S. 83-85. (Mahrenholtz, Helm)
Mahrenholtz, H., unter Mithilfe von G. v. Lenthe und A. Berg: Der Herrenstand. Dynastenkatalog. Eine Zusammenstellung der Edelherrengeschlechter im Bereich des heutigen Niedersachsen und der angrenzenden Gebiete. Masch. Schrift. Hannover 1958². (Mahrenholtz, Dynastenkatalog)
Mahrenholtz, H.: Nachweise über Lehnbücher und Lehnregister (liber feudorum, liber feodalis) soweit diese für die Ständegeschichtlichen Untersuchungen des Adels in Niedersachsen in Frage kommen könnten. Masch. Schrift. Hannover 1971. (Mahrenholtz, Lehnbücher)
Mahrenholtz, H.: Die Vererbung von Vornamen (Taufnamen) in der Zeit von 1150 bis 1650, in: Familie und Volk (Zeitschrift für Genealogie und Bevölkerungskunde) 3, 1954, S. 1-7. (Mahrenholtz, Vererbung von Vornamen)
v. Malortie, C. E.: Erb-Hof-Ämter in den Hannoverschen und Braunschweigschen Ländern, in: v. Malortie, C. E.: Beiträge zur Geschichte des Braunschweig-Lüneburgischen Hauses und Hofes Heft 5, Hannover 1866, S. 39-74. (v. Malortie, Erb-Hof-Ämter)
v. Malortie, C. E.: Die Grab- und Ruhestätten der Welfen, soweit solche zu ermitteln waren, in: v. Malortie, C. E.: Beiträge zur Geschichte des Braunschweig-Lüneburgischen Hauses und Hofes Heft 6, Hannover 1872, S. 133-158. (v. Malortie, Grabstätten)
Das Zisterzienserkloster Mariental bei Helmstedt 1138-1188. Hrsg. v. Braunschweigischen Vereinigten Kloster- und Studienfonds. Braunschweig 1988. (Kloster Mariental 1138-1188)
Matthes, D.: Bemerkungen zum Löwensiegel Herzog Heinrichs, in: Heinrich der Löwe. Hrsg. von W.-D. Mohrmann (Veröffentlichungen der Niedersächsischen Archivverwaltung 39), Göttingen 1980, S. 354-373. (Matthes)
Max, G.: Geschichte des Fürstenthums Grubenhagen. Band 1. 2. Hannover 1862 und 1863. [in 2: Urkundenbuch zur Geschichte des Fürstentums Grubenhagen]. (Max, Grubenhagen)
Mayer, H. E.: Die Stiftung Herzog Heinrichs des Löwen für das Hl. Grab, in: Heinrich der Löwe. Hrsg. von W.-D. Mohrmann (Veröffentlichungen der Niedersächsischen Archivverwaltung 39), Göttingen 1980, S. 307-330. (Mayer, Stiftung)
v. Meding, Chr. Fr. A. : Nachrichten von adelichen Wapen. Bd. 1 Hamburg 1786; Bd. 2 und 3 Weißenfels und Leipzig 1788. (v. Meding)
Meese, Canzleirath: Die Erbämter im vormaligen Hochstift Hildesheim, in: Zeitschrift des Historischen Vereins für Niedersachsen 1873, S. 99-124. (Meese)
Meier, O.: Allgemeine Betrachtungen über das Wesen der Siegelkunde, in: Niedersachsen 36, 1931, S. 22-26. (Meier, Siegelkunde)
Meier, P. J.: Ein Epitaph in der Dorfkirche zu Essenrode, in: Hannoversche Geschichtsblätter 1898, S. 14 f. (Meier, Epitaph)
Meier, R.: Die Domkapitel zu Goslar und Halberstadt in ihrer persönlichen Zusammensetzung im Mittelalter. Mit Beiträgen über die Standesverhältnisse der bis zum Jahre 1200 nachweisbaren Hildesheimer Domherren (Veröffentlichungen des Max-Planck-Instituts für Geschichte 5. Studien zur Germania sacra 1). Göttingen 1967. (Meier, Domkapitel)
Meier, R.: Die Pröpste der Braunschweiger Kollegiatstifte St. Blasius und St. Cyriacus im Mittelalter, in: Braunschweigisches Jahrbuch 52, 1971, S. 19-61. (Meier, Pröpste)
Merkel, J.: Balduin von Wenden († 1441), in: Zeitschrift des Historischen Vereins für Niedersachsen 1908, S. 323-361. (Merkel)
Merker, O.: Die Ritterschaft des Erzstifts Bremen im Spätmittelalter. 1962. (Merker)
Mertens, E.: Das Urkunden- und Kanzleiwesen der Herzöge Albrecht und Johann von Braunschweig-Lüneburg 1252-1279. Diss.phil. Göttingen 1960. (Mertens, Diss.)
Mertens, E.: Das Urkunden- und Kanzleiwesen der Herzöge Albrecht und Johann von Braunschweig-Lüneburg 1252-1279 [Auzzug aus der gleichnamigen Dissertation], in: Niedersächsisches Jahrbuch für Landesgeschichte 33, 1961, S. 108-142. (Mertens, NdsJBLGesch.)
Mertens, V.: Eilhart, der Herzog und der Truchseß: der Tristrant am Welfenhof, in: Tristan et Iseut, mythe europeen et mondial. Hrsg. von D. Buschinger (Göppinger Arbeiten zu Germanistik 474), Göppingen 1987, S. 262-281. (Mertens, Eilhart)
Mertens, V.: Art. Bligger von Steinach, in: Lexikon des Mittelalters 2, Sp. 278 f. (Mertens, LexMA)
Meyer, J.: Genealogie des Geschlechts v. Salder im Mittelalter (1161-1500). Göttingen O. J. (Meyer, v. Salder)
Meyer, H.: Bürgerfreiheit und Herrschergewalt unter Heinrich dem Löwen,in: Historische Zeitschrift 147, 1933, S. 277-319. (Meyer, Herrschergewalt)
Michels, A.: Leben Otto des Kindes, ersten Herzogs von Braunschweig und Lüneburg. Mit Urkundenregesten. Diss. Göttingen 1890. Druck: Einbeck 1891. (Michels)
Mitteis, H.: Die deutsche Königswahl. ND 1968. (Mitteis)
Ministerialität im Pfälzer Raum. Referate und Aussprachen der Arbeitstagung vom 12. bis 14. Oktober 1972 in Kaiserslautern. Hrsg. von F. L. Wagner (Veröffentlichungen der Pfälzischen Gesellschaft zur Förderung der Wissenschaften in Speyer 64). 1975. (Ministerialität Pfälzer Raum)
Mohnhaupt, H.: Stadtverfassung und Verfassungsentwicklung, in: Göttingen, Geschichte einer Universitätsstadt Bd. 1. Hrsg. von D. Denecke und H.-M. Kühn, Göttingen 1987, S. 228-258. (Mohnhaupt)

Moll, M.: Die Ritterbürtigen im Braunschweiger Land. Ein Beitrag zur Standesgeschichte des späteren Mittelalters, in: Zeitschrift des Historischen Vereins für Niedersachsen 1915, S. 207-315. (Moll)
Mooyer, E. F.: Die Vögte von Hannover im dreizehnten Jahrhundert, in: Zeitschrift des Historischen Vereins für Niedersachsen 1850, S. 318-325. (Mooyer)
Moraw, P.: Die Verwaltung des Königtums und des Reiches und ihre Bedingungen. Die königliche Verwaltung im einzelnen, in: Deutsche Verwaltungsgeschichte. Hrsg. von K. G. A. Jeserich, H. Pohl und G.-Ch. v. Unruh. Band 1 Vom Spätmittelalter bis zum Ende des Reiches, 1983, S. 21-53. (Moraw, Verwaltung)
Müller, E.: Die Ministerialität im Stift S. Gallen und in Landschaft und Stadt Zürich. Diss. Freiberg 1911. (E. Müller)
Müller, G. H. : Das Lehns- und Landesaufgebot unter Heinrich Julius von Braunschweig-Wolfenbüttel (Quellen und Darstellungen zur Geschichte Niedersachsen 23). Hannover-Leipzig 1905. (G. H. Müller)
v. Mülverstedt, G. A.: Die zwischen den Jahren 1500 und 1800 erloschenen Adelsgeschlechter des Stifts und Fürstenthums Halberstadt, in: Zeitschrift des Harz-Vereins für Geschichte und Alterthumskunde 3, 1870, H. 2, S. 425-453; H. 3, S. 624-649. (v. Mülverstedt)
Naß, K.: Der Reliquienfund aus St. Aegidien und die Braunschweiger Äbtesiegel, in: Braunschweigisches Jahrbuch 70, 1989, S. 7-38. (Naß, Äbtesiegel)
Naß, K.: Die älteren Urkunden des Klosters Königslutter, in: Archiv für Diplomatik 36, 1990, S. 125-168. (Naß, Königslutter)
Naß, K.: Zur Cronica Saxonum und verwandten Braunschweiger Werken, in: Deutsches Archiv für Erforschung des Mittelalters 49, 1993, S. 557-582. (Naß, Cronica Saxonum)
Naumann, C.: Der Kreuzzug Kaiser Heinrichs VI. Frankfurt am Main 1994. (Naumann)
Netz, H.: Osnabrücker Gerichte bis zum Beginn des 14. Jahrhunderts. Diss. Münster 1935. (Netz, Osnabrücker Gerichte)
Neue Mittheilungen aus dem Gebiet historisch-antiquarischer Forschungen. Hrsg. von K. E. Förstemann. Bd. 1-7. Halle 1834-43/46. (Neue Mittheilungen)
Neubecker, O.: Die Wappen auf dem Falttisch im Fürstensaal des Rathauses zu Lüneburg, in: Lüneburger Blätter 2, 1951, S. 65-86. (Neubecker)
Niedersächsisches Jahrbuch (seit Bd. 7 für Landesgeschichte). Bd. 1 ff. Hildesheim 1924 ff. (NdsJBLandesgesch.)
Niehr, K.: Die mitteldeutsche Skulptur der ersten Hälfte des 13. Jahrhunderts. Weinheim 1992. (Niehr)
Nitzsch, K.: Die Ravensbergische Territorialverfassung im Mittelalter (bis 1535). Diss. Halle 1902. (Nitzsch)
Oberbeck, G.: Die mittelalterliche Kulturlandschaft des Gebietes um Gifhorn (Schriften der Wirtschaftswissenschaftlichen Gesellschaft zum Studium Niedersachsens N. F. 66. Veröffentlichungen des Niedersächsischen Amtes für Landesplanung und Statistik Reihe A I. 66). Bremen-Horn 1957. (Oberbeck)
Oberbeck-Jacobs, U.: Die Entwicklung der Kulturlandschaft nördlich und südlich der Lößgrenze im Raum um Braunschweig, in: Jahrbuch der Geographischen Gesellschaft zu Hannover für die Jahre 1956 und 1957, Hannover 1957, S. 25-138. (Oberbeck-Jacobs)
Oesterley, G. H.: Geschichte des Herzogs Otto I. mit dem Beinamen das Kind von Braunschweig. Göttingen 1786. (Oesterley)
Oexle, O. G.: Das Evangeliar Heinrichs des Löwen als geschichtliches Denkmal, in: Das Evangeliar Heinrichs des Löwen. Kommentar zum Faksimile. Herausgegeben von D. Kötzsche. Frankfurt am Main 1989. S. 9-27. (Oexle, Evangeliar)
Oexle, O. G.: Adliges Selbstverständnis und seine Verknüpfung mit dem liturgischen Gedanken-das Beispiel der Welfen, in: Zeitschrift für die Geschichte des Oberrheins 134, 1986, S. 47-75. (Oexle, Selbstverständnis)
Oexle, O. G.: Die "sächsische" Welfenquelle als Zeugnis der welfischen Hausüberlieferung, in: Deutsches Archiv für Erforschung des Mittelalters 24, 1968, S. 435-497. (Oexle, Welfenquelle)
Oexle, O. G.: Die Memoria Heinrichs des Löwen, in: Memoria in der Gesellschaft des Mittelalters, hrsg. von D. Geuenich und O. G. Oexle (Veröffentlichungen des Max-Planck-Instituts für Geschichte 111), Göttingen 1994, S. 128-177. (Oexle, Memoria)
v. Oeynhausen, Graf J.: Nobiles, Liberi, Vasalli, Ministeriales, in: Der Deutsche Herold 1873, S. 69-71, S. 94, S. 104-105, S. 121-122, S. 131-132, S. 145-146. (v. Oeynhausen, Nobiles)
v. Oeynhausen, Graf J.: Die von Gerstenbüttel, in: Der deutsche Herold, Berlin 1875, S. 77-79. (v. Oeynhausen, Gerstenbüttel)
v. Orgies-Rutenberg, Frhr. E. : Geschichte der von Rutenberg und Orgies genannt Rutenberg. Doblen 1899. (v. Orgies-Rutenberg)
Otto, E. F.: Adel und Freiheit im deutschen Staat des frühen Mittelalters. Studien über nobiles und Ministerialen (Neue deutsche Forschungen. Abt. mittelalterliche Geschichte 2). Berlin 1937. (Otto)
Paravicini, W.: Die älteste Wappenrolle Europas: Ottos IV. Aachener Krönung von 1198, in: Schweizer Archiv für Heraldik-Archivum Heraldicum, Heft II, 1993, S. 99-146. (Paravicini)

Paravicini, W.: Rittertum im Norden des Reichs, in: Nord und Süd in der deutschen Geschichte des Mittelalters. Akten des Kolloquiums veranstaltet zu Ehren von Karl Jordan, 1917-1984, Kiel, 15.-16. Mai 1987. Hrsg. von W. Paravicini (Kieler Historische Studien 34), Sigmaringen 1990. (Paravicini, Rittertum)

Patze, H.: Die Bildung der landesherrlichen Residenzen im Reich während des 14. Jahrhunderts, in: Stadt und Stadtherr im 14. Jahrhundert, hrsg. von W. Rausch. Linz 1972, S. 1-54. (Patze, Residenzen)

Patze, H.: Rechts- und verfassungsgeschichtliche Bedeutung der Burgen in Niedersachsen, in: Die Burgen im deutschen Sprachraum 1 (Vorträge und Forschungen 19), 1976, S. 515-564. (Patze, Burgen)

Patze, H.: Adel und Stifterchronik. Frühformen territorialer Geschichtsschreibung im hochmittelalterlichen Reich, in: Blätter für deutsche Landesgeschichte 100, 1964, S. 8-81; 101, 1965, S. 67-128. (Patze, Adel und Stifterchronik)

Patze, H.: Die Entstehung der Landesherrschaft in Thüringen 1 (Mitteldeutsche Forschungen 22). 1962. (Patze, Landesherrschaft)

Patze, H.: Hohes und spätes Mittelalter, in: Geschichte Thüringens. Hrsg. von H. Patze und W. Schlesinger. Bd. 2, I. Köln/Wien 1974, S. 274 ff. (Patze, Mittelalter)

Patze, H.: Die welfischen Territorien im 14. Jahrhundert, in: Der deutsche Territorialstaat im 14. Jahrhundert, Bd. 2 (Vorträge und Forschungen 14, 2), 1971, S. 7-99. (Patze, Welfische Territorien)

Patze, H.: Die Herrschaftspraxis der deutschen Landesherren während des späten Mittelalters, in: Histoire Comparée de l' Administration (IVe-XVIIIe siècle) (Beihefte der Francia 9). Zürich und München 1980, S. 363 ff. (Patze, Herrschaftspraxis)

Patze, H. und Ahrens, K.-H.: Die Begründung des Herzogtums Braunschweig im Jahre 1235 und die "Braunschweigische Reimchronik", in: Blätter für deutsche Landesgeschichte 122, 1986, S. 67-89. (Patze/Ahrens)

Perger, L.: Über die Münsterischen Erbämter, in: Zeitschrift für vaterländische Geschichte und Alterthumskunde. Hrsg. von dem Verein für Geschichte und Alterthumskunde Westfalens, N. F. 9, 1858, S. 299-354. (Perger)

Peters, I.-M.: Heinrich der Löwe als Landesherr, in: Heinrich der Löwe. Hrsg. von W.-D. Mohrmann (Veröffentlichungen der Niedersächsischen Archivverwaltung 39), Göttingen 1980, S. 85-126. (Peters)

Petke, W.: Die Grafen von Wöltingerode-Wohldenberg. Adelsherrschaft, Königtum und Landesherrschaft am Nordwestharz im 12. und 13. Jahrhundert (Veröffentlichungen des Instituts für Historische Landesforschung der Universität Göttingen 4). Hildesheim 1971. (Petke, Wöltingerode)

Petke, W.: Pfalzstadt und Reichsministerialität. Über einen neuen Beitrag zur Reichsgut- und Pfalzenforschung, in: Blätter für Deutsche Landesgeschichte 109, 1973, S. 270-304. (Petke, Pfalzstadt)

Petke, W. : Kanzlei, Kapelle und königliche Kurie unter Lothar III. (Forschungen zur Papstgeschichte des Mittelalters, Beihefte zu J. F. Böhmer, Regesta Imperii 5). Köln-Wien 1985. (Petke, Kanzlei Lothar III.)

Peyer, H. C.: Das Reisekönigtum des Mittelalters, in: Vierteljahrschrift für Sozial- und Wirtschaftsgeschichte 51, 1964, S. 1-21. (Peyer, Reisekönigtum)

Pfeffinger, J. F.: Historie des Braunschweigisch-Lüneburgischen Hauses und selbiger Landen. Bd. 1 -2. Hamburg 1732. (Peffinger)

Pischke, G.: Das Ministerialen- und Rittergeschlecht der Grubo von Grubenhagen, in: Einbecker Jahrbuch 39, 1988, S. 94-110. (Pischke, Grubo)

Pischke, G.: Der Herrschaftsbereich Heinrichs des Löwen. Quellenverzeichnis (Studien und Vorarbeiten zum Historischen Atlas Niedersachsen 32). Hildesheim 1987. (Pischke, Herrschaftsbereich)

Pischke, G.: Die Landesteilungen der Welfen im Mittelalter (Veröffentlichungen des Instituts für Historische Landesforschung der Universität Göttingen 24). Hildesheim 1987. (Pischke, Landesteilungen)

Pitz, E.: Über die Aufgaben der geschichtlichen Landesforschung in Südost-Niedersachsen, in: Braunschweigisches Jahrbuch 41, 1960, S. 5-20. (Pitz)

Plath, H.: Die Urkunde Herzogs Otto des Kindes für die Stadt Hannover vom 26. Juni 1241, in: Hannoversche Geschichtsblätter N. F. 42, 1988, S. 1-33. (Plath)

Posse, O.: Die Lehre von den Privaturkunden. Leipzig 1887. (Posse, Privaturkunden)

Posse, O.: Die Siegel des Adels der Wettiner Lande bis zum Jahre 1500. Bd. 1-5, Dresden 1903-1917. (Posse, Siegel)

Pötter, W.: Die Ministerialität der Erzbischöfe von Köln vom Ende des 11. bis zum Ausgang des 13. Jahrhunderts (Studien zur Kölner Kirchengeschichte 9). 1967. (Pötter)

Pratje, Joh. Hinr.: Die Herzogthümer Bremen und Verden oder vermischte Abhandlungen zur Erläuterung der politischen, Kirchen-, Gelehrten- und Naturgeschichte, wie auch Geographie dieser beiden Herzogthümer. Bd. 1-6. Bremen 1757-1762. (Pratje)

(v. Praun, G. S. A.:) [Beiträge zu den von Dahlum-Wenden, Königsdahlum und Salzdahlum], in: Braunschweigische Anzeigen 1747, S. 721 f.; 1750, S. 1545 f., S. 1585 f. und S. 1753 f.; 1759, S. 823 f. (v. Praun, Br.Anzeigen)

v. Praun, G. S. A.: Vollständiges Braunschweigisches-Lüneburgisches Siegel-Cabinett. 1779. (v. Praun, Siegel)

Pröve, H.: Dorf und Gut im alten Herzogtum Lüneburg (Studien und Vorarbeiten zum Historischen Atlas Niedersachsens 11). Göttingen 1929. (Pröve)

Prutz, H.: Heinrich der Löwe, Herzog von Bayern und Sachsen. Ein Beitrag zur Geschichte des Zeitalters der Hohenstaufen. Leipzig 1865. (Prutz)
Puhle, M.: Die Politik der Stadt Braunschweig innerhalb des sächsischen Städtebundes und der Hanse im späten Mittelalter (Braunschweiger Werkstücke Reihe A 20). Braunschweig 1985. (Puhle)
Punschart, P.: Das "Inwärts-Eigen" im österreichischen Dienstrecht des Mittelalters. Ein Beitrag zur Eigentums-Theorie, in: Zeitschrift für Rechtsgeschichte Germ. Abt. 43, 1922, S. 66 ff. (Punschart)
Der Quedlinburger Schatz-Wieder vereint. Hrsg. von D. Kötzsche, Berlin 1992. (Quedlinburger Schatz)
Rabbow, A.: Symbole der Bundesrepublik Deutschland und des Landes Niedersachsen. 1980. (Rabbow, Symbole)
Rabbow, A.: Braunschweigisches Wappenbuch. 1977. (Rabbow, Wappenbuch)
Radloff, W.: Das landesfürstliche Beamtentum Mecklenburgs im Mittelalter. Diss. Kiel 1910. (Radloff)
Rathlef, E. L. M.: Von den ältesten Hofämtern des Durchtlauchtigen Hauses Braunschweig-Lüneburg. Eine akademische Schrift. Göttingen 1764. (Rathlef)
Rauls, W.: Geschichte der Familie von Elze-von Campe. Holzminden 1972. (Rauls)
Redlich, O.: Die Privaturkunden des Mittelalters. München-Berlin 1911, ND Darmstadt 1969. (Redlich)
Reimann, J.: Die Ministerialen des Hochstifts Würzburg in sozial-, rechts- und verfassungsgeschichtlicher Sicht, in: Mainfränkisches Jahrbuch 16, 1964, S. 1-266. (Reimann)
Reinecke, H.: Zwei bemalte Falttische der Gotik, in: Lüneburger Blätter 1, 1950, S. 7-14. (H. Reinecke)
Reinecke, W.: Geschichte der Stadt Lüneburg. Bd. 1, Lüneburg 1933. (W. Reinecke)
Rehtmeier, Ph.: Braunschweigisch-Lüneburgische Chronica oder historische Beschreibung der Durchlauchtigsten Herzogen zu Braunschweig und Lüneburg ... T. 1-3. Braunschweig 1722. (Rehtmeier, Br. Hist.)
Vorträge und Forschungen zur Residenzenfrage, hrsg. von P. Johanek, Sigmaringen 1990. (Residenzenfrage)
Reuter, H.: Balduin von Wenden und Dahlum, Abt zu S. Michaelis in Lüneburg und Erzbischof von Bremen, †1441, in: Zeitschrift der Gesellschaft für Niedersächsische Kirchengeschichte 1909, S. 1-106. (Reuter)
Rödel, V.: Reichslehenswesen, Ministerialität, Burgmannschaft und Niederadel. Studien zur Rechts- und Sozialgeschichte des Adels in den Mittel- und Oberheinlanden während des 13. und 14. Jahrhunderts (Quellen und Forschungen zur Hessischen Geschichte 38). 1979. (Rödel)
Rödel, V.: Vom unfreien Krieger zum freien Herrn. Zur Sozialgeschichte des niederen Adels an Main und Tauber, in: Wertheimer Jahrbuch 1988/89, S. 51-69. (Rödel, Krieger)
Röhr, H.: Geschichte der Stadt Königslutter. Königslutter 1956. (Röhr)
Röhrbein, W. R.: Das Wappen des Hauses Braunschweig-Lüneburg. Seine Entwicklung und seine Form, in: Hannoversche Geschichtsblätter N. F. 21, 1967, S. 68-92. (Röhrbein)
Röhricht, R.: Die Deutschen im Heiligen Lande. Chronologisches Verzeichniss derjenigen Deutschen, welche als Jerusalempilger und Kreuzfahrer sicher nachzuweisen oder wahrscheinlich anzusehen sind (c. 650-1291). Innsbruck 1894. (Röhricht)
Rösener, W.: Hofämter an mittelalterlichen Fürstenhöfen, in: Deutsches Archiv für Erforschung des Mittelalters 45, 1989, S. 485-550. (Rösener, Hofämter)
Rösener, W.: Zur Problematik des spätmittelalterlichen Raubrittertums, in: Festschrift für Berent Schwineköper. Hrsg. von H. Maurer und H. Patze. Sigmaringen 1982, S. 469-488. (Rösener, Problematik)
Rübsamen, D.: Kleine Herrschaftsträger im Pleißenland. Studien zur Geschichte des mitteldeutschen Adels im 13. Jahrhundert (Mitteldeutsche Forschungen 95). Köln, Wien 1987. (Rübsamen)
Rüdebusch, D.: Der Anteil Niedersachsens an den Kreuzzügen und Heidenfahrten (Quellen und Darstellungen zur Geschichte Niedersachsens 80). Hildesheim 1972. (Rüdebusch)
Sablonier, R.: Adel im Wandel (Veröffentlichungen des Max-Planck-Instituts für Geschichte 66). Göttingen 1979. (Sablonier)
Schaab, M.: Die Zisterzienserabtei Schönau im Odenwald (Heidelberger Veröffentlichungen zur Landesgeschichte und Landeskunde 8). Heidelberg 1963. (Schaab, Schönau)
Schaab, M.: Die Ministerialität der Kirchen, des Pfalzgrafen, des Reichs und des Adels am unteren Neckar und im Kraichgau, in: Ministerialität im Pfälzer Raum. Hrsg. von F. L. Wagner (Veröffentlichungen der Pfälzischen Gesellschaft zur Förderung der Wissenschaften in Speyer 64), 1975, S. 99-121. (Schaab, Ministerialität)
Schaab, M.: Geschichte der Kurpfalz Bd. 1 (Mittelalter). Stuttgart-Berlin-Köln-Mainz 1988. (Schaab, Geschichte)
Schieckel, H.: Herrschaftsbereich und Ministerialität der Markgrafen von Meißen im 12. und 13. Jahrhundert. Untersuchungen über den Stand und Standort der Zeugen markgräflicher Urkunden (Mitteldeutsche Forschungen 7). 1955. (Schieckel)
Schlesinger, W.: Die Entstehung der Landesherrschaft. Dresden 1941. (Schlesinger, Landesherrschaft)
Schmid, K.: Zur Problematik von Familie, Sippe und Geschlecht, Haus und Dynastie beim mittelalterlichen Adel, in: Zeitschrift für die Geschichte des Oberrheins 105, 1957, S. 1-62. (Schmid)
Schmidt, G.: Zur Genealogie der Grafen von Regenstein und Blankenburg bis zum Ausgang des 14. Jahrhunderts. Mit einem Stammbaum, in: Zeitschrift des Harz-Vereins für Geschichte und Alterthumskunde 1889, S. 1-48. (Schmidt, v. Regenstein)

Schmidt, G.: Das Geschlecht von Veltheim. 1912. (Schmidt, v. Veltheim)
Schmidt, J. A. H. : Die Martinskirche in Braunschweig, ein Beitrag zu ihrer Geschichte und Beschreibung, wie auch zu der Braunschweigischen Geschlechtshistorie. Braunschweig 1846 (Schmidt, Martinskirche)
v. Schmidt-Phiseldeck, C.: Geschichte der Edlen von Biewende und ihrer Herrschaft im dreizehnten Jahrhundert, in: Zeitschrift des Harz-Vereins für Geschichte und Alterthumskunde 1875, S. 1-79. (v. Schmidt-Phiseldeck, v. Biewende)
v. Schmidt-Phiseldeck, C.: Gunzelin von Wolfenbüttel, ein Lebensbild aus Wolfenbüttels ältester Zeit, in: Zeitschrift des Historischen Vereins für Niedersachsen 16, 1884, S. 209-230. (v. Schmidt-Phiseldeck, Gunzelin)
v. Schmidt-Phiseldeck, C.: Die Siegel des herzoglichen Hauses Braunschweig und Lüneburg. Verzeichnis der dem herzoglichen Landeshauptarchive zu Wolfenbüttel gehörigen Sammlung von Gipsabgüssen, mit erläuternder Einleitung. Wolfenbüttel 1882. (v. Schmidt-Phiseldeck, Siegel)
Schnath, G.: Die Gebietsentwicklung Niedersachsens (Veröffentlichungen der Wirtschaftswissenschaftlichen Gesellschaft zum Studium Niedersachsens Reihe A Heft 8). Hannover 1929. (Schnath, Niedersachsen)
Schnath, G.: Rezension zu H. Lubenow, Die welfischen Ministerialien in Sachsen. Ein Beitrag zur Standesgeschichte der Stauferzeit. Diss. masch. schrift. Kiel 1964, in: Niedersächsisches Jahrbuch für Landesgeschichte 41/42, 1969/70, S. 308-310. (Schnath, NdsJBLandesgesch.)
Schnath, G.: Die Herrschaften Everstein, Homburg und Spiegelberg. Grundlegung zur historischen Geographie der Kreise Hameln und Holzminden (Studien und Vorarbeiten zum Historischen Atlas von Niedersachsen 7). Göttingen 1922. (Schnath, Herrschaften)
Schnath, G.: Das Sachsenroß. Entstehung und Bedeutung des Niedersächsischen Landeswappens (Schriftenreihe der Landeszentrale für politische Bildung in Niedersachsen Reihe B Heft 6). Hannover 1961^2. (Schnath, Sachsenroß)
Schneidmüller, B.: Beiträge zur Gründungs- und frühen Besitzgeschichte des Braunschweiger Benediktinerklosters St. Marien-St. Aegidien, in: Braunschweigisches Jahrbuch 67, 1986, S. 41-58. (Schneidmüller, St. Aegidien)
Schneidmüller, B.: Billunger-Welfen-Askanier. Eine genealogische Bildtafel aus dem Braunschweiger Blasius-Stift und das hochadlige Familienbewußtsein in Sachsen um 1300, in: Archiv für Kulturgeschichte 69, 1987, S. 30-61. (Schneidmüller, Billunger)
Schneidmüller, B.: Reichsfürstliches Feiern. Die Welfen und ihre Feste im 13. Jahrhundert, in: Feste und Feiern im Mittelalter. Hrsg. von D. Altenburg, J. Jarnut, H.-H. Steinhoff. Sigmaringen 1991, S. 165-180. (Schneidmüller, Feiern)
Schneidmüller, B.: Welfische Kollegiatstifte und Stadtentstehung im hochmittelalterlichen Braunschweig, in: Rat und Verfassung im mittelalterlichen Braunschweig, Festschrift zum 600jährigen Bestehen der Ratsverfassung 1386-1986 (Braunschweiger Werkstücke 21), Braunschweig 1986, S. 253-315. (Schneidmüller, Kollegiatstifte)
Schneidmüller, B.: Landesherrschaft, welfische Identität und sächsische Geschichte, in: Regionale Identität und soziale Gruppen im deutschen Mittelalter. Hrsg. von P. Moraw (Zeitschrift für Historische Forschung Beiheft 14), Berlin 1992, S. 65-101. (Schneidmüller, Landesherrschaft)
Schneidmüller, B.: Rezension zu B. U. Hucker, Kaiser Otto IV.. 1990, in: Niedersächsisches Jahrbuch für Landesgeschichte 1991, S. 366-368. (Schneidmüller, NdsJBLGesch.)
Schneidmüller, B.: Die Siegel des Pfalzgrafen Heinrich bei Rhein, Herzogs von Sachsen, in: Niedersächsisches Jahrbuch für Landesgeschichte 57, 1985, S. 257-266. (Schneidmüller, Siegel)
Schölkopf, R.: Die Sächsischen Grafen (919-1024) (Studien und Vorarbeiten zum Historischen Atlas Niedersachsens 22). Göttingen 1957. (Schölkopf)
Schüßler, G.: Der "Leo Rugiens" von Braunschweig, in: Münchener Jahrbuch der Bildenden Kunst, Dritte Folge Bd. XLII, München 1991, S. 39-68. (Schüßler)
Schramm, P. E.: Der König von Frankreich. Das Wesen der Monarchie vom 9. bis zum 16. Jahrhundert. Bd. 1-2. Darmstadt 1960. (Schramm)
Schrecker, U.: Das landesfürstliche Beamtentum in Anhalt (1200-1574). Breslau 1906. (Schrecker)
Schubert, P.: Die Reichshofämter und ihre Inhaber bis um die Wende des 12. Jahrhunderts, in: Mitteilungen des Instituts für Österreichische Geschichtsforschung 34, 1913, S. 427-501. (Schubert)
Schubert, E.: Art. Kammer, Kämmerer, in: Lexikon des Mittelalters 5, Sp. 885. (Schubert, Kammer)
v. d. Schulenburg, Graf: Nordsteimke und die von Steimker. Ein Beitrag zur Braunschweigischen Orts- und Familiengeschichte. München 1899. (v. d. Schulenburg)
Schulte, A.: Der Adel und die deutsche Kirche im Mittelalter. Studien zur Sozial- Rechts- und Kirchengeschichte. Darmstadt 1958^3. (Schulte)
Schulz, K.: Die Ministerialität als Problem der Stadtgeschichte, in: Rheinische Vierteljahrsblätter 32, 1968, S. 184-219. (Schulz Ministerialität Stadtgesch.)
Schulz, K.: Ministerialität und Bürgertum in Trier (Rheinisches Archiv 66). 1968. (Schulz, Ministerialität u. Bürgertum)
Schulze, K.: Adelsherrschaft und Landesherrschaft. Studien zur Verfassungs- und Besitzgeschichte der Altmark, des ostsächsischen Raumes und des hannoverschen Wendlandes im hohen Mittelalter (Mitteldeutsche Forschungen 29). Köln 1963. (Schulze)

Schwarzmaier, H.: Staufer, Welfen und Zähringer im Lichte neuzeitlicher Geschichtsschreibung, in: Zeitschrift für die Geschichte des Oberrheins 134, 1986, S. 76-87. (Schwarzmaier)
Schwind, F.: Thüringen und Hessen um 1200, in: Der Landgrafenpsalter. Vollständige Faksimile-Ausgabe im Originalformat der Handschrift H B II 24 der Würtembergischen Landesbibliothek Stuttgart. Kommentarband. Hrsg. von F. Heinzer, Bielefeld 1992, S. 185-215. (Schwind)
Schwineköper, B.: Heinrich der Löwe und das östliche Herzogtum Sachsen, in: Heinrich der Löwe. Hrsg. von W.-D. Mohrmann (Veröffentlichungen der Niedersächsischen Archivverwaltung 39). Göttingen 1980, S. 127-150. (Schwineköper, Östliches Herzogtum Sachsen)
Schwineköper, B.: Eine unbekannte heraldische Quelle zur Geschichte Kaiser Ottos IV. und seiner Anhänger, in: Festschrift für H. Heimpel Band 2 (Veröffentlichungen des Max-Planck-Instituts für Geschichte 36), Göttingen 1971, S. 959-1022. (Schwineköper, Heraldische Quelle)
Der sassen speyghel: Sachsenspiegel-Recht-Alltag (Veröffentlichungen des Stadtmuseums Oldenburg 21; Schriften der Landesbibliothek Oldenburg 29). Hrsg. von E. Koolman, E. Gäßler, F. Scheele. Bd. 1-2, Oldenburg 1995. (Der sassen speyghel)
Seeliger, G.: Das deutsche Hofmeisteramt im späteren Mittelalter. Diss. Berlin 1884. Druck Innsbruck 1884. (Seeliger)
Seiler, P.: Welfischer oder königlicher Furor? Zur Interpretation des Braunschweiger Burglöwen, in: Die Romane von dem Ritter mit dem Löwen. Hrsg. von X. von Ertzdorff unter ... Mitarbeit von R. Schulz (Chloe. Beihefte zum Daphins 20), Amsterdam-Atlanta 1994, S. 135-183. (Seiler)
Siebmacher, J.: New Wapenbuch. Nürnberg 1605. (Siebmacher Wappenbuch No.1)
Spangenberg, H.: Die Hof- und Zentralverwaltung der Mark Brandenburg im Mittelalter. Leipzig 1908. (Spangenberg)
Spies, G.: Braunschweig. Das Bild einer Stadt im 18. Jahrhundert. Arbeiten der Braunschweiger Kupferstecherfamilie Beck. Braunschweig 1976. (Spies)
Spieß, K.-H.: Ständische Abgrenzung und soziale Differenzierung zwischen Hochadel und Ritteradel im Spätmittelalter, in: Rheinische Vierteljahrsblätter 56, 1992, S. 181-205. (Spieß, Abgrenzung)
Spieß, W.: Das Stadtarchiv Braunschweig. Seine Geschichte und seine Bestände (Braunschweiger Werkstücke 14). Braunschweig 1951. (Spieß, Stadtarchiv)
Stadt im Wandel. Kunst und Kultur des Bürgertums in Norddeutschland 1150-1650. Hrsg. v. C. Meckseper. Katalog der Landesausstellung Niedersachsen 1985. Bd. 1-4. Braunschweig 1985. (Stadt im Wandel)
Steinmann, C.: Die Grabstätten der Fürsten des Welfenhauses von Gertrudis der Mutter Heinrichs des Löwen bis auf Herzog Wilhelm von Braunschweig-Lüneburg. Braunschweig 1885. (Steinmann)
Strauß, U.: Das ehemalige Augustinerchorfrauenstift Marienberg bei Helmstedt. Beiträge zu seiner Geschichte bis zur Reformation (Beihefte zum Braunschweigischen Jahrbuch 1). Braunschweig 1983. (Strauß)
Streich, G.: Burg und Kirche während des deutschen Mittelalters. Untersuchungen zur Sakraltopographie von Pfalzen, Burgen und Herrensitzen (Vorträge und Forschungen Sonderband 29, 1. 2.). Sigmaringen 1984. (Streich, Burg und Kirche)
Streich, G.: Klöster, Stifte und Kommenden in Niedersachsen vor der Reformation (Studien und Vorarbeiten zum Historischen Atlas Niedersachsens 30). Hildesheim 1986. (Streich, Klöster Nds.)
v. Strombeck, H.: Die wüsten Dörfer im Herzoglich Braunschweigischen Amtsgericht Vorsfelde und in den dasselbe einwinkelnden beiden kleinen preußischen Enclaven Wolfsburg und Hehlingen, in: Zeitschrift des Historischen Vereins für Niedersachsen 1864, S. 1-33. (v. Strombeck)
v. Stumm, G. Braun: Geschichte der Löwenwappen in Deutschland (Berichte des Staatlichen Konservatorenamtes Saarbrücken 6). 1953. (v. Stumm)
Sudendorf, H.: Beiträge zur Geschichte des Stiftes Wildeshausen, in: Westfälische Zeitschrift, Zeitschrift für vaterländische Geschichte und Alterthumskunde 6, 1843. (Sudendorf, Wildeshausen)
Der deutsche Territorialstaat im 14. Jahrhundert. Bd. 1-2. Hrsg. von H. Patze (Vorträge und Forschungen 13. 14.), Sigmaringen 1970-71. (Territorialstaat)
Teske, C.: Das Wappen des Großherzoglichen Hauses Mecklenburg in geschichtlicher Entwickelung. Güstrow 1893. (Teske)
Teute, O.: Das alte Ostfalenland. Eine agrarhistorisch-statistische Studie. Diss. Erlangen 1910. Druck Leipzig 1910. (Teute)
Theuerkauf, G.: Der Prozeß gegen Heinrich den Löwen. Über Landrecht und Lehnrecht im hohen Mittelalter, in: Heinrich der Löwe. Hrsg. von W.-D. Mohrmann (Veröffentlichungen der Niedersächsischen Archivverwaltung 39). Göttingen 1980, S. 217-248. (Theuerkauf)
Thurich, E.: Die Geschichte des Lüneburger Stadtrechts im Mittelalter. Lüneburg 1960. (Thurich)
Toeche, Th.: Heinrich VI. (Jahrbücher der Deutschen Geschichte 18) Leipzig 1867, ND Darmstadt 1965. (Toeche)
Toepfer, M.: Die Konversen der Zisterzienser (Berliner Historische Studien 10). Berlin 1983. (Toepfer)
Trippenbach, M.: Asseburger Familiengeschichte. Nachrichten über das Geschlecht Wolfenbüttel-Asseburg. Hannover 1915. (Trippenbach)
Das ritterliche Turnier im Mittelalter. Beiträge zu einer vergleichenden Formen- und Verhaltensgeschichte des Rittertums. Hrsg. von J. Fleckenstein (Veröffentlichungen des Max-Planck-Instituts für Geschichte 80). Göttingen 1985. (Das ritterliche Turnier)

Übersicht über die Bestände des Niedersächsischen Staatsarchivs (seit 3: Hauptstaatsarchivs) in Hannover. Bd. 1 von C. Haase und W. Deeters (Veröffentlichungen der niedersächsischen Archivverwaltung 19), 1965. Bd. 2 von E. Pitz (Veröffentlichungen der niedersächsischen Archivverwaltung 25), 1968. Bd. 3, 1. 2. von M. Hamann unter Mitwirkung von J. Walter und P. Bardehle (Veröffentlichungen der niedersächsischen Archivverwaltung 42/1.2), 1983. Bd. 4 von M. Hamann, Chr. v. d. Heuvel und P. Bardehle (Veröffentlichungen der niedersächsischen Archivverwaltung 47), 1992. (Übersicht HStA Han. 1. 2. 3. 4.)

Uhde, H.: Die Gutswirtschaft Immedeshausen (1225-1445) und der Besitz des Klosters Walkenried am Westharz (Beiträge und Quellen zur Geschichte des Westharzes. Westharzer Beiträge 3). 1966². (Uhde)

Upmeyer, D.: Die Herren von Oldershausen und die Herausbildung des Gerichts Westerhof (Veröffentlichungen des Instituts für Historische Landesforschung der Universität Göttingen 10). Hildesheim 1977. (Upmeyer)

Vaterländisches Archiv siehe Zeitschrift des Historischen Vereins für Niedersachsen.

Vienken, Th.: Die Pertzschen Formelbuchfragmente, in: Archiv für Urkundenforschung 18, 1944, S. 164-195. (Vienken)

Vogt, H. W.: Das Herzogtum Lothars von Süpplingenburg 1106-1125 (Quellen und Darstellungen zur Geschichte Niedersachsens 57). Hildesheim 1959. (Vogt)

Vogtherr, T.: Wirtschaftlicher und sozialer Wandel im Lüneburger Landadel während des späten Mittelalters (Veröffentlichungen der Historischen Kommission für Niedersachsen und Bremen 23). Hildesheim 1983. (Vogtherr)

Wadle, E.: Reichsgut und Königsherrschaft unter Lothar III. (1125-1137). Ein Beitrag zur Verfassungsgeschichte des 12. Jahrhunderts (Schriften zur Verfassungsgeschichte 12). Berlin 1969. (Wadle)

Wagner, F.: Göttingen im 13. Jahrhundert. Sonderdruck aus: Neues Göttinger Jahrbuch 3. Göttingen 1933. (Wagner)

Wattenbach, W. und Schmale, F. J.: Deutschlands Geschichtsquellen im Mittelalter (Vom Tode Heinrichs V. bis zum Ende des Interregnum), Bd. 1. Darmstadt 1976. (Wattenbach/Schmale 1)

Weinfurter, S. : Landrecht und Lehnrecht im Prozeß gegen Heinrich den Löwen, in: Johannes Gutenberg Universität Mainz Antrittsvorlesungen 4, 1987/88, S. 1-35. (Weinfurter)

Weinmann, A.: Braunschweig als landesherrliche Residenz im Mittelalter (Beihefte zum Braunschweigischen Jahrbuch 7). Braunschweig 1991. (Weinmann)

Ein Weltbild vor Columbus. Die Ebstorfer Weltkarte. Interdisziplinäres Colloqium 1988. Hrsg. von H. Kugler in Zusammenarbeit mit E. Michael. Weinheim 1991. (Weltbild vor Columbus)

Wenskus: Sächsischer Stammesadel und fränkischer Reichsadel. Göttingen 1976. (Wenskus)

Werle, H.: Titularherzogtum und Herzogsherrschaft, in: Zeitschrift für Rechtsgeschichte Germ. Abt. 73, 1956, S. 225-299. (Werle)

v. Weyhe-Eimke, A.: Die Äbte des Klosters S. Michaelis in Lüneburg. Celle 1862. (v. Weyhe-Eimke)

Wigger, F.: Stammtafeln des Großherzoglichen Hauses von Meklenburg, in: Jahrbücher des Vereins für meklenburgische Geschichte und Alterthumskunde 50, Schwerin 1885, S. 111-326. (Wigger)

Wilke, S.: Das Goslarer Reichsgebiet und seine Beziehungen zu den territorialen Nachbargewalten. Politische, verfassungs- und familiengeschichtliche Untersuchungen zum Verhältnis von Königtum und Landesherrschaft am Nordharz im Mittelalter (Veröffentlichungen des Max-Planck-Instituts für Geschichte 32). Göttingen 1970. (Wilke, Reichsgebiet)

Wilke, S.: Ministerialität und Stadt. Vergleichende Untersuchungen am Beispiel von Halberstadt (Jahrbuch für die Geschichte Mittel- und Ostdeutschlands 25). 1976, S. 1 ff. (Wilke)

Willoweit, D.: Die Entwicklung und Verwaltung der spätmittelalterlichen Landesherrschaft, in: Deutsche Verwaltungsgeschichte. Hrsg. von K. G. A. Jeserich, H. Pohl und G.-Ch. v. Unruh. Band 1 Vom Spätmittelalter bis zum Ende des Reiches, 1983, S. 66-142. (Willoweit)

Winkelmann, E.: Philipp von Schwaben und Otto IV. von Braunschweig. Bd. 1-2 (Jahrbücher der deutschen Geschichte 19). Leipzig 1873/1878. ND Darmstadt 1968. (Winkelmann)

Winkelmann, E.: Kaiser Friedrich II.. Bd. 1-2. (Jahrbücher der deutschen Geschichte 20). Leipzig 1889/1897. (Winkelmann, Friedrich II.)

Winter, G.: Die Ministerialität in Brandenburg. Untersuchungen zur Geschichte der Ministerialität und zum Sachsenspiegel (Veröffentlichungen des Vereins für Geschichte der Mark Brandenburg 21). München und Berlin 1922. (Winter)

Winzer, H.-J.: Die Grafen von Katlenburg (999-1106). Diss. masch. schrift. Göttingen 1974. (Winzer)

Wiswe, H.: Grangien niedersächsischer Zisterzienserklöster. Entstehung und Bewirtschaftung spätmittelalterlich-frühneuzeitlicher landwirtschaftlicher Großbetriebe, in: Braunschweigisches Jahrbuch 34, 1953, S. 5-134. (Wiswe)

Wittich, W.: Altfreiheit und Dienstbarkeit des Uradels in Niedersachsen. Berlin-Stuttgart-Leipzig 1906. (Wittich)

Wolf, A.: Neues zur Ebstorfer Weltkarte Entstehungszeit-Ursprungsort-Autorschaft, in: Das Benediktinerinnenkloster Ebstorf im Mittelalter. Hrsg. von K. Jaitner und I. Schwab. 1988, S. 75-109. (Wolf)

Wolf, A.: Art. Ebstorfer Weltkarte, in: Lexikon des Mittelalters 3, Sp. 1534 f. (Wolf, LexMA)

Wolf, J.: Das Geschlecht der edlen Herren von Rosdorf, durch Urkunden erläutert. Göttingen 1812. (Wolf, v. Rosdorf)
Wohlbrück, S. W. und v. Ledebur, L. (Hrsg.): Über die Ministerialen, in: Märkische Forschungen 3, 1847, S. 1-95. (Wohlbrück/v. Ledebur)
Wolters, G.: Das Amt Friedland und das Gericht Leineberg (Studien und Vorarbeiten zum Historischen Atlas Niedersachsen 10). Göttingen 1927. (Wolters)
v. Wurmbrand, J. W. Graf: Collectanea genealogico-historica ex archivo incytorum Austriae inferioris statum ... accessit de haereditatiis provinciarum Austriacarum officialibus commentatio. Wien 1705. (v. Wurmbrand)
Wurst, O.: Bischof Hermann von Verden 1148-1167. Eine Persönlichkeit aus dem Kreise um Kaiser Friedrich I. Barbarossa (Quellen und Darstellungen zur Geschichte Niedersachsens 79). Hildesheim 1972. (Wurst)
v. Zallinger, O.: Die Schöffenbarfreien des Sachsenspiegels. Untersuchungen der Standesverhältnisse in Deutschland. Innsbruck 1887. (Zallinger)
Die Zeit der Staufer. Geschichte-Kunst-Kultur. Katalog der Ausstellung. Hrsg. von R. Haussherr. Bd. 1-5. Stuttgart 1977. (Zeit der Staufer)
Zeitschrift des Harz-Vereins für Geschichte und Alterthumskunde. Jg. 1-74/75. Wernigerode 1868-1942. (ZsHarzV)
Zeitschrift des Historischen Vereins für Niedersachsen. Jg. 1850-1923. Zuvor: Vaterländisches Archiv Jg. 1840-1844 (Vaterländisches Archiv); Archiv des Historischen Vereins für Niedersachsen (AHVNds.) Jg. 1845-1849. Hannover 1840-1923. (ZsHVNds)
Zillmann, S. : Die welfische Territorialpolitik im 13. Jahrhundert (1218-1267) (Braunschweiger Werkstücke 52). Braunschweig 1975. (Zillmann)
Zilken, M.: Geschichte der Mainzer Ministerialität im 12. Jahrhundert. Diss. masch. Mainz 1951. (Zilken)
Zimmermann, P.: Grabstätten der Welfen, in: Braunschweigisches Magazin 5, 1899; 6, 1900; 7, 1901. (Zimmermann, Grabstätten)
Zimmermann, P.: Das Haus Braunschweig-Grubenhagen, ein genealogisch-biographischer Versuch. Wolfenbüttel 1911. (Zimmermann, Grubenhagen)
Zimmermann, P.: Stammtafel des Hauses Braunschweig mit einigen kognatischen Beziehungen. Braunschweig O. J. (Zimmermann, Stammtafel)

REGISTER

Aufgenommen sind sämtliche Herkunfts-, Tauf- und Ortsnamen. Um die prosopographischen Ergebnisse der vorliegenden Arbeit nicht zu entwerten, sind die Personen - so weit möglich - unter ihren Herkunfts- und Familiennamen aufgeführt. Querverweise bei Tauf- und Ortsnamen sowie Institutionen erleichtern deren schnelle Zuordnung. Sehr häufig vorkommende Namen werden nur mit wichtigen Seitenbelegen berücksichtigt. Widmen sich ganze Kapitel einer Person oder Ortschaft, so sind die betreffenden Seiten fett gedruckt.

ANHANG

1 **Übersichtstafel zu den Truchsessen von Blankenburg-Campen und den Schenken von Blankenburg-Neindorf**

2 **Übersichtstafel zu den Marschällen von Volkmarode**

3 **Übersichtstafel zu den Kämmerern von Uetze**

4 **Übersichtstafel zu den Vögten von Dahlum-Wenden**

1 Übersichtstafel zu den Truchsessen von Blankenburg-Campen und den Schenken von Blankenburg-Neindorf

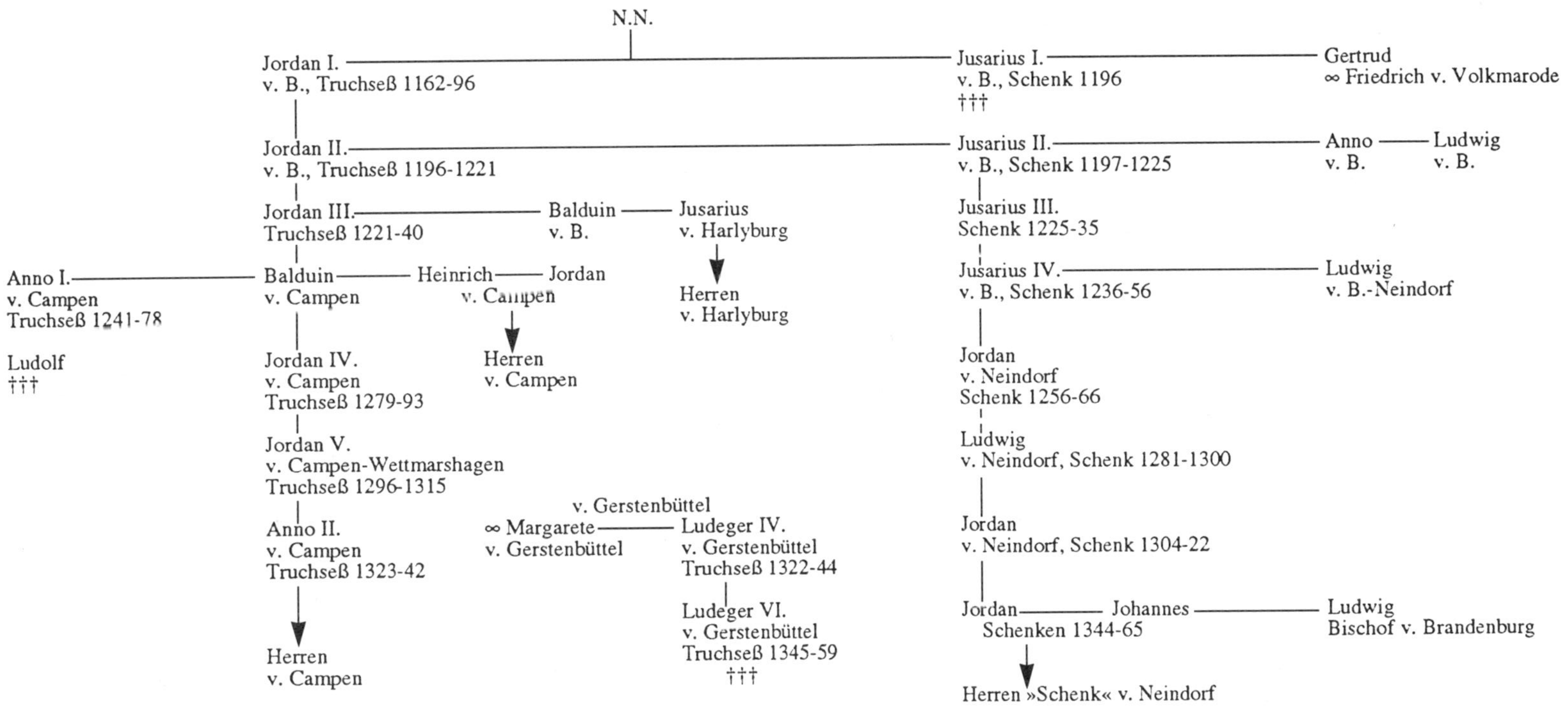

2 Übersichtstafel zu den Marschällen von Volkmarode

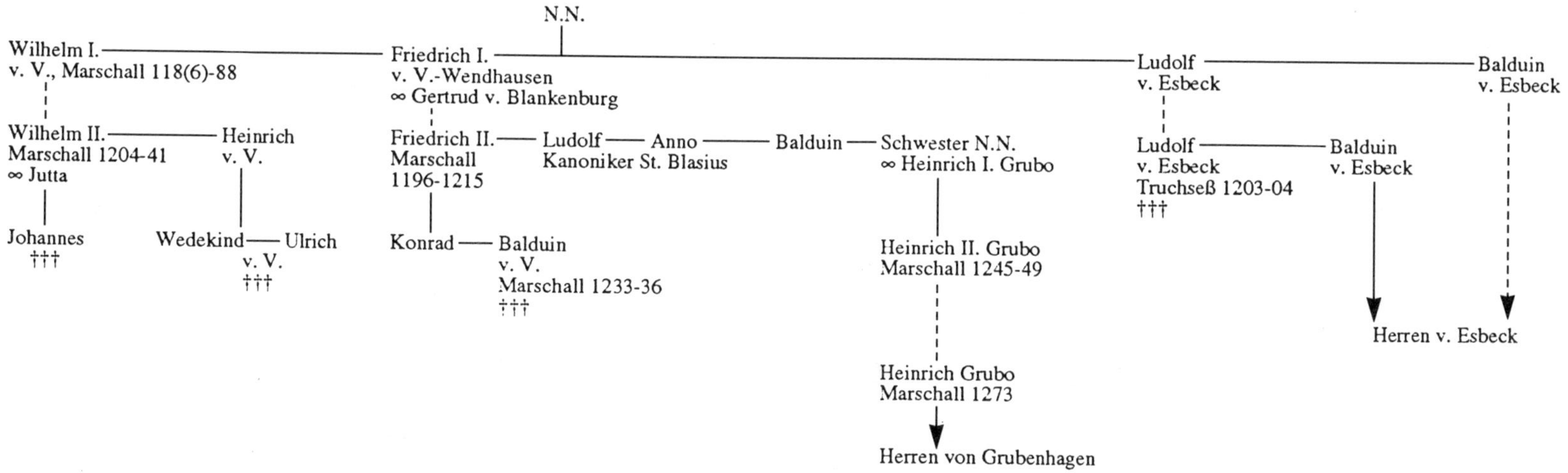

3 Übersichtstafel zu den Kämmerern von Uetze

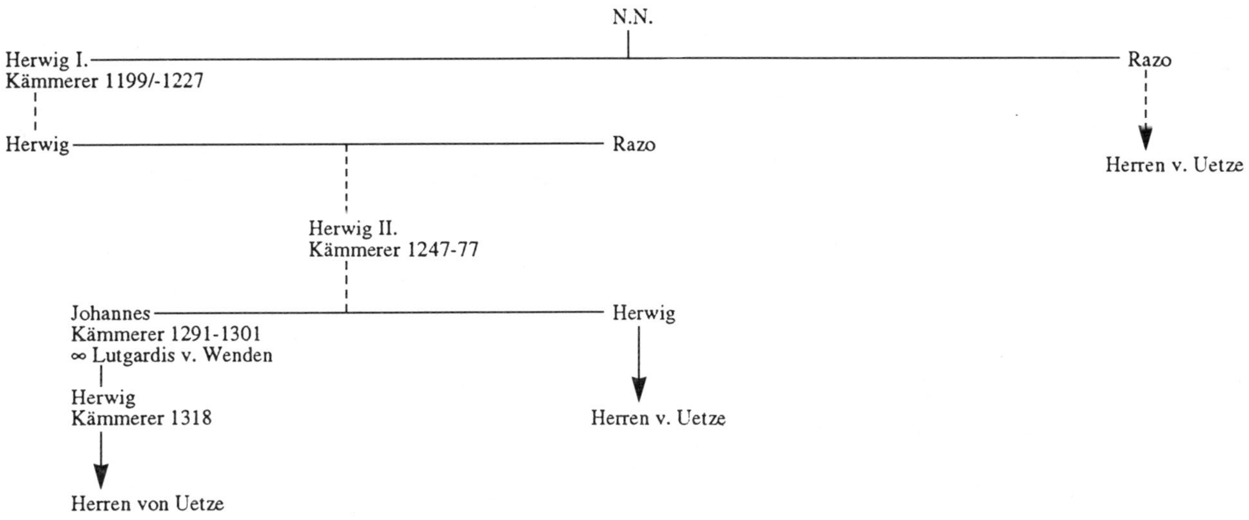

4 Übersichtstafel zu den Vögten von Dahlum-Wenden

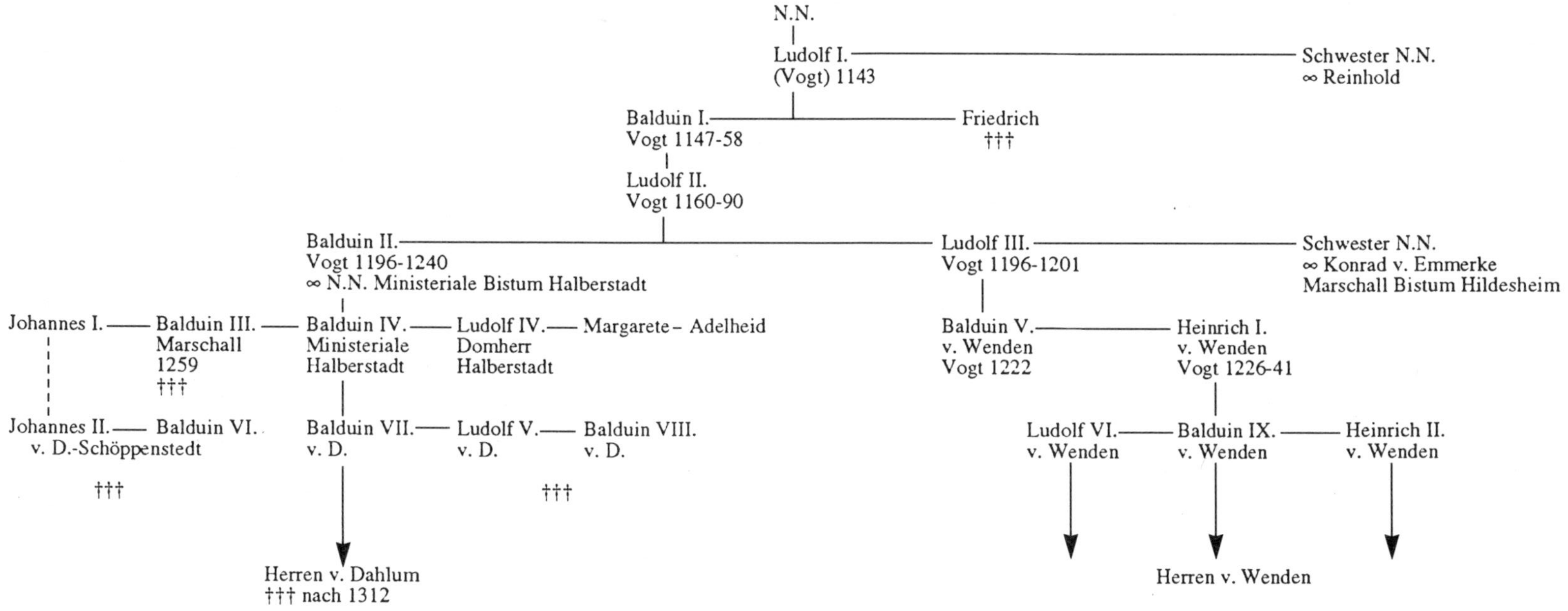